Spaß mit Mikro

Einführung in die Mikroökonomik

Von
Professor
Dr. Ferry Stocker

6., bearbeitete Auflage

R. Oldenbourg Verlag München Wien

Die Deutsche Bibliothek - CIP-Einheitsaufnahme

Stocker, Ferry:
Spaß mit Mikro : Einführung in die Mikroökonomik / von
Ferry Stocker. – 6., bearb. Aufl.. – München ; Wien :
Oldenbourg, 2002
  ISBN 3-486-25853-2

© 2002 Oldenbourg Wissenschaftsverlag GmbH
Rosenheimer Straße 145, D-81671 München
Telefon: (089) 45051-0
www.oldenbourg-verlag.de

Das Werk einschließlich aller Abbildungen ist urheberrechtlich geschützt. Jede Verwertung außerhalb der Grenzen des Urheberrechtsgesetzes ist ohne Zustimmung des Verlages unzulässig und strafbar. Das gilt insbesondere für Vervielfältigungen, Übersetzungen, Mikroverfilmungen und die Einspeicherung und Bearbeitung in elektronischen Systemen.

Gedruckt auf säure- und chlorfreiem Papier
Druck: R. Oldenbourg Graphische Betriebe Druckerei GmbH
ISBN 3-486-25853-2

Vorwort zur 6. Auflage

Nach längerem Nachdenken habe ich mich entschlossen, mit Ausnahme der Beseitigung einiger bis in die 5. Auflage hartnäckig überlebender Tipp- und sinnstörender Zeichenfehler keine grundsätzliche Überarbeitung des Textes selbst vorzunehmen.

Schließlich ist es doch besonders erfreulich, dass gerade in der letzten Zeit die Schumpeter'sche Idee des innovativen Pionierunternehmers, die auch diesem Zugang zur Mikroökonomik zugrundeliegt, eine ebenso unerwartete wie gerechtfertigte Renaissance erlebt. Das vorliegende Werk dürfte damit trotz - vielleicht gerade wegen (!) - aller Unvollkommenheiten an Aktualität und Relevanz gewonnen haben.

Vorwort zur 4. Auflage

Ich freue ich mich, daß die überaus positive Aufnahme von *'Spaß mit Mikro'* bereits eine weitere Auflage erlaubt und mittlerweile auch ein *'Mikroökonomik: Repetitorium mit Übungen'* aus meiner Feder vorliegt, was eine Erprobung und Vertiefung des Stoffs ermöglicht.

Vorwort zur 3. Auflage

Diese Neuauflage gibt mir erstmals Gelegenheit zur gründlicheren Überarbeitung und Korrektur des Textes, der selbst überwiegend unverändert bleibt. Die wesentlichen inhaltlichen Neuerungen dieser Auflage bestehen in der Hinzunahme der *langfristigen Kostentheorie* (Kapitel 2.5.4), der Probleme bei *asymmetrischer Informationsverteilung* (Kapitel 8.3) sowie einer zusammenfassenden Beurteilung der *Informationsleistung marktwirtschaftlicher Systeme* (Kapitel 7.7).

Schließlich wurde dem Text ein 'Null-Kapitel' vorangestellt. Es enthält den 'Plan des Buches', der in etwa dem Ablauf des marktwirtschaftlichen 'Entknappungsprozesses' entsprechen sollte, sowie - als durchgängig verbindenden roten Faden - die Logik des Opportunitätskostenkalküls. Das sollte die 'Orientierung durch die Mikroökonomik', die ja *ohne Preissignale (!)* erfolgen muß, erleichtern.

Obwohl die Mikroökonomie im wesentlichen eine statische Allokationstheorie ist, wird in diesem Buch vor allem auch die dynamisch-prozessurale Seite des (Markt-)Wirtschaftens herausgestellt, eine Idee, die der *'Österreichischen Schule der Nationalökonomie'* entlehnt ist. Diese betont ja gerade die Bedeutung der *kontinuierlichen Suche nach Verbesserungen*. Eingedenk dessen sowie meiner eigenen Unvollkommenheit bin ich weiterhin allen Lesern für Kritiken und Verbesserungsvorschläge sehr dankbar.

Vorwort (zur ersten Auflage)

Die Mikroökonomik ist eine faszinierende Wissenschaft, zugleich wohl auch das Fundament der modernen Volkswirtschaftslehre schlechthin. Sie eröffnet eine Fülle tiefer ökonomischer Einsichten in die Funktionsweise marktwirtschaftlicher Systeme und liefert dazu noch mannigfaltige und wertvolle Anwendungsmöglichkeiten, die sowohl aus gesamtwirtschaftlicher (i.e. wirtschaftspolitischer) wie freilich auch einzelwirtschaftlicher Perspektive unverzichtbar sind.

Gerade die Mikroökonomik ist aber auch mit einer Flut schwerwiegender Vorurteile – insbesondere von Studentenseite aus – konfrontiert, die, pointiert formuliert, auf nichts weniger als die 'Nutzlosigkeit' der Materie hinauslaufen. Irgendetwas stimmt hier also nicht, noch dazu, wenn man bedenkt, daß die Mikroökonomik das wirtschaftliche und damit das tagtägliche Handeln von Otto Normalverbraucher thematisiert.

Ein Grund für diese doch himmelweite Meinungsdifferenz dürfte in dem Umstand begründet liegen, daß die zugegebenermaßen komplexe Materie, vielleicht aber auch der Wissenschaftlichkeitsanspruch der Ökonomen mit einer dementsprechend komplizierten Darstellung und Formalisierung Hand in Hand geht. Den Studenten wird damit der Zugang zur Mikroökonomik nicht gerade leicht gemacht.

Die Intention des vorliegenden Buches ist es deshalb, die zentralen mikroökonomischen Theoreme in einer möglichst einfachen und verständlichen Sprache, ja sogar plakativ darzustellen, die zwischen ihnen bestehenden Zusammenhänge herauszustreichen und den Blick für mögliche Nutzanwendungen zu schärfen.

Vorwort

Der von üblichen Mikrotexten abweichende Aufbau des Buches ergibt sich zwingend aus der spezifischen Perspektive, unter der der mikroökonomische 'Kernbestand' analysiert wird. Diese Perspektive ist die des der Thematik grundsätzlich kritisch gegenüberstehenden Pragmatikers, der dem Motto 'Was bringt's?' verpflichtet ist. So dominiert die Sicht des jeweils 'direkt Betroffenen' bzw. Angesprochenen, und damit die des Lesers: Wir beobachten und erklären das Verhalten eines Gewinnchancen aufspürenden 'Jungunternehmers', ohne daß dabei das Anliegen des Konsumenten übersehen würde. Schließlich findet der solch profanen Dingen nicht zugetane Zeitgenosse eine – wie ich hoffe – verständlich präsentierte 'Mikro' sowie eine ökonomische Analyse der Umweltproblematik, auch hier mit einer Vielzahl von wirtschaftspolitischen Hinweisen.

Durch diese 'Methodik' kann vielleicht gerade für den Skeptiker ein Zugang zur Mikroökonomik gelingen. Es darf keinesfalls übersehen werden, daß der hier gewählte Ansatz selbstverständlich mit Opportunitätskosten verbunden ist. Diese liegen eben im Verzicht auf die traditionelle Darstellung und Aufbereitung des Stoffs, die damit jedoch in keiner Weise zurückgesetzt werden soll.

Beim Schreiben dieses Buches habe ich sehr viel gelernt. Unter anderem, wie wichtig, unverzicht- und unbezahlbar (!) der Rat von und die Diskussion mit Kollegen ist. Zu denen, die das Schlimmste verhindert haben und denen ich zu tiefstem Dank verpflichtet bin, zählen Engelbert Dockner, Hansjörg Klausinger, Alfred Sitz, Maria Stückler und Gert Wehinger. Die trotz allem – selbstverständlich beabsichtigten – Fehler hoffe ich durch den Scharfsinn der Leser zu finden! Ich freue mich auf jede Art von Response und wünsche dem Leser, dem dieses Buch gewidmet ist, jedenfalls

viel Spaß!

Ferry Stocker

Übersicht über die wichtigsten Abkürzungen und Symbole

Zeichen bzw. Symbol	Erläuterung
A	Angebot
N	Nachfrage
Q bzw. q	produzierte/angebotene/nachgefragte Menge
P	Preis
N	Nutzen
GN	Grenznutzen
GRS	Grenzrate der Substitution
$(G)RT$	(Grenz)Rate der Transformation
TP bzw. Q	Totalprodukt bzw. Output
GP	Grenzprodukt
DP	Durchschnittsprodukt
WGP	Wertgrenzprodukt
TK	Totalkosten
GK	Grenzkosten
TDK	Totale Durchschnittskosten (Durchschnittliche Totalkosten = Stückkosten)
VDK	Variable Durchschnittskosten (Durchschnittliche variable Kosten)
FK	Fixkosten
aFK	anteilige Fixkosten
VK	variable Kosten
LTK	Langfristige Totalkosten
$LTDK$	Langfristige totale Durchschnittskosten
E	Erlöse (= Umsatz)
GE	Grenzerlöse
Π ('Pi')	Gewinn
EK	Einkommen
BG	Budgetgerade
I	Indifferenzkurve
Gd	Geldeinheiten
ε ('epsilon')	Elastizität generell und Preiselastizität der Nachfrage im speziellen
η ('eta')	Einkommenselastizität der Nachfrage
κ ('kappa')	Preiselastizität des Angebots
KR	Konsumentenrente
PR	Produzentenrente

Inhaltsverzeichnis

Vorworte V
Abkürzungsverzeichnis VIII
0. Der Plan des Buches. Oder: Der rote Faden 1
1. Was geht mich das an? Oder:
Das ökonomische Grundproblem 5

    1.1 Warum studiere ich eigentlich? 5

    1.2 Begriffe und Konzepte 19

        1.2.1 Das Rationalkalkül 19

        1.2.2 Das Opportunitätskostenkalkül 24

            1.2.2.1 Das Opportunitätskostenkonzept bei
Produktionsentscheidungen 25

            1.2.2.2 Das Opportunitätskostenkonzept
bei Konsumentscheidungen 27

            1.2.2.3 Explizite und implizite Kosten 30

            1.2.2.4 Sunk Costs 32

        1.2.3 Die Produktionsmöglichkeitenkurve 35

        1.2.4 Die Produktionsfunktion 39

            1.2.4.1 Das Gesetz des fallenden Grenzertrages ... 42

            1.2.4.2 Totale Faktorvariation 50

2. Worum geht es eigentlich? Oder:
Produktion, Konsumtion und Tausch 53

    2.1 Es geschah an einem Sommertag ... (Geschichten
vom Strand I) 53

    2.2 Was wirklich geschah 55

    2.3 Produktion, Konsumtion und Tausch – Was eigentlich
ist Mikroökonomik? 57

    2.4 Auf den Punkt gebracht . ! 66

    2.5 Begriffe und Konzepte: Die Kosten der Unternehmung . 68

2.5.1 Die einzelnen Kostenkonzepte der
Unternehmung 68
2.5.2 Der Zusammenhang zwischen Produktions-
und Kostenfunktionen 74
2.5.3 Das Betriebsoptimum 77
2.5.4 Die langfristige Betrachtung der Kosten 78
    2.5.4.1 Die Minimalkostenkombination 78
    2.5.4.2 Die langfristigen Kostenkurven 82
    2.5.4.3 Substitutions- und Outputeffekt einer
    Faktorpreisänderung 83

3. Wie soll's gemacht werden? Oder: Fragestellungen eines (Jung-)Unternehmers 85

3.1 Unternehmer & Idee, Gebrauchswert,
Tauschwert & Absatzpotential 85

3.2 Die Organisation der Unternehmung 92

3.3 Begriffe und Konzepte 93

    3.3.1 Die optimale Betriebsgröße 93
    3.3.2. Kalküle der Gewinnmaximierung 98
        3.3.2.1 Die Inputregel 98
            3.3.2.1.1 Ein variabler Faktor 99
            3.3.2.1.2 Mehrere variable Faktoren 103
        3.3.2.2 Die Outputregel 107
        3.3.2.3 Gewinnmaximierung: Totale Größen
        und Grenzgrößen 110
    3.3.3 Die Angebotskurve der Wettbewerbs-
    unternehmung 113
    3.3.4 Produktionsmöglichkeitenkurve und
    Gewinnmaximierung der Unternehmung 118

4. Was tue ich eigentlich? Oder: Wir Nutzenmaximierer! 122

4.1 Geschichten vom Strand II: Lauter Nutzenmaximierer! 122

4.2. Die Problemstellung des Haushalts 126

4.3 Begriffe und Konzepte 1: Gesamtnutzen und
Grenznutzen: Der Schlüssel zum Verständnis 131

    4.3.1 Die 'Zauberformel' für das Nutzenmaximum ... 134

    4.3.2 'Schwindel' oder nützlicher Trick? 136

4.4. Begriffe und Konzepte 2: Das ordinale Nutzenkonzept:
Die Präferenzordnung des Haushalts
und die Indifferenzkurvenanalyse 141

    4.4.1 'Kardinale' Probleme und deren Eliminierung .. 141

    4.4.2 Bestimmungsgründe der Wohlfahrt
des Haushalts 144

    4.4.3 Die Annahmen und die Logik
der Präferenzordnung 146

    4.4.4 Die Indifferenzkurvenanalyse: Die graphische
Darstellung der Präferenzordnung 147

        4.4.4.1 Konsummöglichkeitenmenge und
Budgetgerade 148

        4.4.4.2 Die Präferenzen des Haushalts:
Die Indifferenzkurven 151

            4.4.4.2.1 Die Grenzrate der Substitution 152

            4.4.4.2.2 Die Logik der Indifferenzkurven 154

        4.4.4.3 Die geometrische Darstellung des
Haushaltsoptimums 159

    4.4.5 Was soll's? 161

4.5 Begriffe und Konzepte 3: Vom Haushaltsoptimum zur
Haushaltsnachfrage 163

    4.5.1 Die Ableitung der Haushaltsnachfrage 163

    4.5.2 Einkommens- und Substitutionseffekt 165

    4.5.3 Inferior oder Superior? Das ist hier die Frage!
Die Einkommenselastizität 168

    4.5.4 Der Gesamteffekt einer Preisänderung 174

4.6 Begriffe und Konzepte 4: Von der Nachfrage des
Haushalts zur Marktnachfrage 177

    4.6.1 Um wieviel genau ... Die Preiselastizität
der Nachfrage 178

        4.6.1.1 Bestimmungsgründe der Preiselastizität
        der Nachfrage 186
        4.6.1.2 Wozu das Ganze? 187
    4.6.2 Endstation: Nachfragetheorie 189

5. We're living in a Box ... an Edgeworth-Box! Oder: Nutzengewinn durch Tausch und arbeitsteilige Produktion 191

  5.1 Geschichten vom Strand III: Thomas und Katharina .. 191

  5.2 Zwei unterschiedliche Vorteile des Tausches 192

  5.3 Begriffe und Konzepte 1: Die Edgeworth-Box und das 'reine' Tauschgleichgewicht: Keine Produktion 196

    5.3.1 Die Konstruktion der Edgeworth-Box 198
    5.3.2 Was passiert in der Edgeworth-Box? 201

  5.4 Begriffe und Konzepte 2: Tausch und Produktion 209

    5.4.1 Die Ausgangssituation: Das Gleichgewicht der Robinson-Crusoe-Wirtschaft 209

    5.4.2 Das Tauschgleichgewicht bei Produktion und Freihandel 213

    5.4.3 Absolute und relative Kostenvorteile: Von Adam Smith zu David Ricardo 220

  5.5 Was Sie das alles angeht? 223

    5.5.1 Vorsicht, 'Rent-Seeker'! 223
    5.5.2 Eine höchst aktuelle wirtschaftspolitische Frage! 225
    5.5.3 Sie zum Beispiel 226

6. Wie schwer es ist, ein (echter) Monopolist zu sein ... und zu bleiben! Oder: Von der Notwendigkeit des Gewinns 229

  6.1 Geschichten vom Strand IV: Ein Ökonom unter den Badegästen 229

  6.2 Geschichten vom Strand V: Sommergewitter mit deftiger Abkühlung 237

Inhaltsverzeichnis

6.3. Vom Dasein des Monopolisten. Oder: Wie kommt der Monopolist überhaupt zu seinem Monopol? 239

6.4 Begriffe und Konzepte 1: Die Nachfragekurve des Monopolisten 246

6.5 Begriffe und Konzepte 2: Das Gewinnmaximum des Monopolisten ... und was dabei im besonderen zu berücksichtigen ist. 251

    6.5.1 Das Gewinnmaximum des echten (Lehrbuch-)Monopolisten 251

    6.5.2 Für Spezialisten und solche, die 253

    6.5.3 Der clevere Monopolist übe sich in Bescheidenheit! 256

    6.5.4 Der Traum jedes Monopolisten: Vollständige Preisdiskriminierung und Multi-Part-Pricing 257

    6.5.5 Die Hoffnung so manches Monopolisten: Partielle Preisdiskriminierung 261

6.6 Längerfristige Perspektiven 262

    6.6.1 Goldene Zeiten: Das langfristige Gewinnmaximum des 'echten' Monopolisten 262

    6.6.2 Über kurz oder lang: Monopolistische Konkurrenz 264

6.7 Resümee: Das Monopol: Ein Januskopf! 269

7. Worauf es ankommt! Oder: Angebot und Nachfrage 276

7.1 Schritt für Schritt: Der Zusammenhang und die Fragestellungen 276

7.2 Die Marktnachfrage – ein Rückblick auf die Haushaltstheorie 278

7.3 Begriffe und Konzepte 1: Das Marktangebot 281

    7.3.1 Marktangebot Teil 1: Ein Rückblick auf die Entscheidungssituation der Unternehmung 281

    7.3.2 Das Marktangebot Teil 2: Faktoren jenseits des Entscheidungsspielraums der einzelnen Unternehmung 282

7.3.2.1 Der Faktor-Preis-Effekt 282
7.3.2.2 Externe Ökonomien und Disökonomien .. 284
7.3.3 Das Marktangebot Teil 3: Reaktion im
Zeitablauf: Momentanes, kurzfristiges
und langfristiges Angebot 287
7.3.4 Die Elastizität des Angebots 289

7.4 Begriffe und Konzepte 2: Angebot und Nachfrage:
Konkurrenz 290

7.4.1 Funktionsfähiger Wettbewerb und
vollständige Konkurrenz 291
7.4.2 Wie funktioniert das in der Praxis eigentlich? .. 299
7.4.3 Halten wir (uns) fest! 301

7.5 Begriffe und Konzepte 3: Darstellungsformen
von Angebot und Nachfrage 303

7.5.1 Statische Modellierung des Marktgleichgewichtes
im Angebots-Nachfrage-Schema 305
7.5.2 Änderungen von Angebot und Nachfrage:
Komparative Statik und ihre
graphische Darstellung 310
7.5.3 Dynamik 313

7.6 Wohin geht's? Wichtige Bestimmungsgrößen
von Angebot und Nachfrage 316

7.7 Zur Informationsleistung der Marktwirtschaft 321

8. Die 'Wunder' des Kapitalismus. Oder: Konsumenten- und Produzentenrente 325

8.1 Was bisher geschah ... ein Rückblick
und eine erste Bilanz 325

8.2 Noch einmal: 'Gewinn' oder Ausbeutung? 329

8.3 Probleme aufgrund asymmetrischer
Informationsverteilung 333

8.3.1 Moral Hazard 333
8.3.2 Falsche Auslese (Adverse Selection) 336

8.4 Begriffe und Konzepte: Konsumentenrente,
Produzentenrente und Wohlfahrt 339

    8.4.1 Vollkommener Markt und vollständige
Konkurrenz 339

    8.4.2 Konsumenten- und Produzentenrente 341

    8.4.3 Die Beurteilung des Marktergebnisses bei
vollständiger Konkurrenz (Wettbewerbsmärkte)
mit Hilfe des Konzeptes der
Konsumenten- und Produzentenrente 344

    8.4.4 Extreme Gegensätze: Vergleich des
Marktergebnisses beim 'echten' Monopol' mit
dem der vollständigen Konkurrenz 349

    8.4.5 Realitätsnäher und relevanter: 'Vergleich'
des Marktergebnisses bei monopolistischer
Konkurrenz mit dem der vollständigen
Konkurrenz 352

8.5 Noch einmal: Die Bedeutung der
Transaktionskosten 354

8.6 Zum Schluß: Das Wertparadoxon 360

9. Die 'Wunden' des Kapitalismus. Oder: Marktversagen? 363

9.1 Geschichten vom Strand VI: Happy End
mit kleinen Schönheitsfehlern 363

9.2 Begriffe und Konzepte: Externe Effekte
und öffentliche Güter 367

    9.2.1 Externe Effekte 367

        9.2.1.1 Was sind externe Effekte eigentlich? 367

        9.2.1.2 Warum gibt es überhaupt
externe Effekte? 368

    9.2.2 Das Coase-Theorem 370

    9.2.3 Öffentliche Güter und
das Problem des 'Freifahrens' 377

    9.2.4 Gibt es staatliche Korrekturmöglichkeiten? 386

        9.2.4.1 Der Hinweis von Coase: Bedenke
die Transaktionskosten! 386

9.2.4.2 Der Vorschlag von Pigou:
Das Sozialkostenkonzept 388
9.2.4.3 Übersicht über die staatlichen
Handlungsmöglichkeiten bei Marktversagen 394

9.3 Beruhigendes und weniger Beruhigendes:
Das Umweltproblem 396

9.3.1 Eine Paradoxie 396

9.3.2 The Tragedy of the Commons 402

10. 'Economics is everybody's business!' Oder: Warum Sie sich Mikro doch noch genauer anschauen sollten! 409

10.1 Viele gute Gründe 409

10.2 Endlich: Das definitive Schlußwort! 411

Namen- und Sachregister 413

0. Der Plan des Buches. Oder: Der rote Faden!

Wenn die mikroökonomische Theorie das Verständnis über Wirkungszusammenhänge im marktwirtschaftlichen System vermitteln soll, darf sie sich nicht allein der rein statischen Allokationslogik widmen. So wichtig und elegant die Darstellung der Verteilung knapper Güter und Ressourcen auf unterschiedliche Verwendungsrichtungen, also die Analyse des Tausches gegebener Güter auch ist, so ist – bei allen damit verbundenen Problemen – vor allem auch das für die Marktwirtschaft konstitutive Element der *dynamischen Abläufe,* das Schaffen *neuer* Güter und damit *neuer* Handlungsalternativen sowie die zentrale Bedeutung der *rechtlich-institutionellen Anreizstruktur,* vor allem der *Eigentumsrechte,* für das Verständnis des marktwirtschaftlichen Wohlfahrtsprozesses grundlegend. Dies rechtfertigt die Betonung der Rolle des *Schumpeter'schen Pionierunternehmers* in diesem Buch, der diesen Prozeß – vor einem ganz spezifischen *rechtlich-institutionellen Hintergrund* – vorantreibt, temporäre Monopolstellungen einnimmt, um dann seinerseits daraus wieder 'vertrieben' zu werden. Er ist damit die treibende Kraft in einem zwischen Angebot und Nachfrage sich abspielenden Prozeß, dessen Ausgangspunkt die Knappheit und dessen Ziel deren sukzessive Reduzierung ist und der sich grob wie folgt darstellen läßt:

Übersicht 0.1: Phasen des
marktwirtschaftlichen Entknappungsprozesses

> Die Kapitel 1 und 2 skizzieren das ökonomische Grundproblem der Knappheit und seine 'Lösung' im marktwirtschaftlichen System.

↓ ↓ ↓

> Das ökonomische Grundproblem ist das der Güterknappheit. Dies impliziert, daß der Einsatz knapper Ressourcen (Produktionsmittel) immer mit Opportunitätskosten verbunden ist.

↓ ↓ ↓

> Die Suche nach dem bestmöglichen Einsatz der knappen Ressourcen (= Effizienz) ist angesichts der Knappheit eine sinnvolle individuelle und gesellschaftliche Strategie. Insoweit Güter Preise haben, also Knappheit durch die Preissignale zum Ausdruck kommt, führt individuelles Vorteilsstreben über die 'Logik der unsichtbaren Hand' zu kontinuierlichen gesellschaftlichen Wohlstandserhöhungen.

> Die Kapitel 3 – 6 befassen sich deshalb mit den handelnden Wirtschaftsakteuren Haushalt, Unternehmung und Unternehmer, mit ihren Entscheidungssituationen und ihrem Entscheidungsverhalten sowie mit dem marktwirtschaftlichen Wachstums- und Wohlfahrtsprozeß. Dieser kann wie folgt skizziert werden:

> 1. 'Entwicklung' und Angebot eines neuen Gutes bzw. einer neuen Technologie durch innovative Unternehmer in Gewinnerzielungsabsicht (3. Kapitel).

↓↓↓

> Damit ein neues Gut 'ankommt', muß es besser sein als 'alte' Güter oder aber gleich gut, dafür aber billiger! Warum sollten sich sonst dafür Tauschpartner finden? Der Tausch ist ja eine freiwillige Aktion! Im 4. und 5. Kapitel wird die Grundlogik des Tausches dargelegt.

↓↓↓

> 2. Das Anbieten eines neuen Gutes bedeutet vorerst eine 'Monopolstellung' am Markt und im Falle des Erfolges ökonomische Gewinne, also über die Opportunitätskosten hinausgehende Erlöse. (6. Kapitel)

↓↓↓

> 3. Jetzt kommen die Marktzutrittsbeschänkungen ins Spiel. Davon hängt die künftige Marktstruktur und Wohlfahrtsverteilung ab.

↓↓↓

> 4. In Abhängigkeit von diesen Marktzutrittsbeschänkungen sowie von der vom Innovator verfolgten Preispolitik ('strategisches' Verhalten) kann sich nun eine oligopolistische, monopolistische Konkurrenz bzw. schließlich auch 'vollständige' Konkurrenz entwickeln.

Übersicht 0.2: Die grundlegende
Entscheidungslogik: Das Opportunitätskostenkalkül:

> Vor dem universellen Hintergrund der Knappheit ist der Einsatz knapper Ressourcen (Produktionsmittel) immer mit Opportunitätskosten verbunden, weil eine spezifische Mittelverwendung andere Mittelverwendungen ausschließt.

↓↓↓

> Die wirtschaftlichen Akteure Haushalt und Unternehmung versuchen, aus einer bestimmten Situation (Ressourcenausstattung und Zielsystem) das Beste zu machen, den Gewinn bzw. den Nutzen zu maximieren (Maximierungskalkül unter Nebenbedingungen).

↓↓↓

> Die Akteure gehen dabei nach dem 'Plus-Minus-Entscheidungskalkül' vor, sie wählen aus den ihnen zur Verfügung stehenden Alternativen ständig die für sie optimale aus.

↓↓↓

> Wenn die Akteure nach dem Plus-Minus-Entscheidungskalkül vorgehen, stellt sich die Frage, was dabei, insgesamt gesehen, als Ergebnis herauskommt (Gleichgewichtskonzept).

> Solange die Akteure alle Opportunitätskosten in ihren Entscheidungen berücksichtigen und dem Wettbewerb ausgesetzt sind, ist über die 'invisible hand'- bzw. Tausch-Logik auch ein gesellschaftliches Wohlfahrtsoptimum (in Abhängigkeit von der Ausgangslage) gesichert.

> Das Opportunitätskostenkalkül ist nun nicht nur im privatwirtschaftlichen Bereich von Relevanz, sondern auch im öffentlichen, und zwar sowohl im Zusammenhang mit der Wohlfahrtspolitik, wo zunächst Möglichkeiten der Wohlstandsverbesserung aufgespürt werden müssen und dann geprüft werden muß, ob der Nutzen wirtschaftspolitischer Eingriffe die Kosten dieser Maßnahmen übersteigt (Kosten-Nutzen-Analyse).

1. Was geht mich das an? Oder: Das ökonomische Grundproblem

1.1 Warum studiere ich eigentlich?

VWL, Vau-weh-ell, darin sind sich wohl die meisten Wirtschaftsstudenten einig, ist eine öde und staubtrockene Angelegenheit, betrieben von absonderlichen Typen fernab der 'Realität' im hehren Elfenbeinturm der Wissenschaft. Das wäre – würde man es damit bewenden lassen – an sich nichts Schlimmes. Ärgerlich sei jedoch – so der fast einhellige studentische Kanon –, daß die in nutzlosen und praxisfernen Modellen und Theorien sich niederschlagenden Elaborate dieser sonderbaren Menschenklasse offenbar primär dazu ersonnen werden, die 'armen' Studenten in eine geistige Folterkammer zu sperren und damit das 'Verstehen' oder zumindest das Nachsagen dieser abstrakten Konstrukte wie weiland den Widerruf der Ketzer zu erpressen. Denn: Zumindest eine 'große' Prüfung aus VWL – für viele *der* Haken – muß von jedem Studiosus rerum commercialium absolviert werden. Wollen Sie also dieses Studium absolvieren, dann führt kein Weg an VWL vorbei!

Doch halt! Warum wollen Sie dieses Studium überhaupt absolvieren? Wenn Sie den durchschnittlichen Begeisterungsgrad des Wirtschaftsstudenten für sein Studium teilen, so wohl deshalb, weil Sie die *Erwartung* hegen, mit einer kaufmännischen und noch dazu akademischen Ausbildung später im Berufsleben (.. in der Praxis!) besser dazustehen, *mehr* zu verdienen, *um* damit Ihre stets wachsenden *Bedürfnisse* intensiv befriedigen oder, um es schöner zu formulieren: kultivieren zu können. Stimmt's?

Apropos Bedürfnisse: Denken Sie ein paar Minuten lang darüber nach, welche *Güter* Sie im Laufe eines Tages – von denen der Nacht sehen wir hier aus verständlichen Gründen ab – regelmäßig *konsumieren*.

Ganz allgemein verstehen wir hier unter Gütern all jene Dinge, die in der Lage sind, menschliche Bedürfnisse im weitesten Sinne zu befriedigen.

Denken Sie dabei nicht bloß an jene Güter, die Sie tagtäglich für bares *Geld erwerben (eintauschen),* sondern auch an solche, die Sie längere Zeit hindurch nutzen wie beispielsweise die Kaffeemaschine, das Küchengeschirr und das Silberbesteck, die Polstergruppe, den Fotoapparat, die Stereoanlage, Ihre Bilder u. ä.. Und nun denken Sie - aber bitte nicht zu lange - an alle jene Güter und Annehmlichkeiten im weitesten Sinne (wie z. B. an einen erholsamen Spaziergang im eigenen Schloßpark), die Sie gerne haben (= *konsumieren*) würden, ... wenn, tja, wenn Sie über die nötigen finanziellen Mittel verfügen könnten.

Doch zurück zur Realität: Es ist ein unbezweifelbares Faktum: Wir alle konsumieren täglich eine kaum mehr als solche wahrgenommene Vielzahl an Gütern. Wir nennen diese Güter *Konsumgüter*. Denken wir nun auch an all jene Güter, die zur Herstellung dieser Konsumgüter erforderlich sind – Man nennt solche Güter *Produktions-* und *Investitionsgüter* –, dann steigt die Zahl der Güter nochmals um ein Vielfaches! Es umgibt uns also eine enorme Güterfülle, die wir als solche kaum noch wahrnehmen und gar nicht so recht überblicken können.

Ein herrlich auf der Zunge zergehendes Eis wurde offensichtlich in einer Eismaschine hergestellt, von der 'bestimmte Teile' zunächst mit enormem Aufwand in irgendeiner vielleicht tausende Kilometer entfernten Gegend aus der Erde gebuddelt, dann in riesigen Stahlwerken, Gießereien und Maschinenfabriken oder was auch immer mitunter auch in eben diese Teile der Eismaschine 'transformiert' wurden. Denken Sie an den Energieinput, der der Produktion einer Eiskugel 'vorangeht', nochmals vom Ausbuddeln des Erzes bis zum Eis, serviert auf einer Silbereisschale, für deren Herstellung im Grunde ganz Ähnliches gilt, denken Sie an das dafür erforderliche Transportwesen und die Infrastruktur ... Übrigens gilt für die hübsch verzierte (Papier-)Serviette, mit der man sich als kultivierter Zeitgenosse anschließend genüßlich um den Mund fährt, Entsprechendes.[1]

Das war *ein* gemischtes Eis ohne Schlag und eine Papierserviette, konsumiert an einem ganz normalen Sommertag! Nun nochmals: Wieviele Güter konsumieren Sie pro Tag, welche und wieviel würden Sie gerne konsumieren? Und jetzt fragen Sie sich: Wieviele dieser Güter, die ich täglich konsumiere, *produziere* ich selbst? Keine ...

---

[1] Wenn Sie Schwierigkeiten in Kostenrechnung haben, dann versetzen Sie sich einen Moment lang in die Situation, die Kosten für eine im Eissalon servierte Eiskugel entsprechend all den dafür erforderlichen Leistungen, vom Ausbuddeln des Erzes, von der nötigen Energie ... zu berechnen! Eine unlösbare Aufgabe! Wer nimmt sie uns ab? Was kostet diese enorme Leistung?

1. Das ökonomische Grundproblem

eins ... drei, zwanzig ... von wievielen insgesamt?

Wenn Sie Ihr Studium absolviert haben, verfügen Sie über ein Spezialwissen – obwohl Sie als Ökonom im Vergleich zu einem Kunstgeschichtler ein 'Generalist' sind! – (Sie sind in vielen Branchen einsetzbar: in der Konsumgüterindustrie ebenso wie in der Investitionsgüterindustrie, als Ministerialbeamter ebenso wie in der Interessenvertretung der Industrie oder der Arbeitnehmer.) Trotzdem werden Sie sich bereits frühzeitig auf dem einen oder anderen Feld *spezialisieren.*

Diese *Spezialisierung* beginnt bereits in der Mittelschule, setzt sich in der Wahl Ihres Studiums fort und findet hier nochmals eine Verfeinerung! Denn jeder Betriebswirt hat sein eigenes Spezialgebiet, seine 'Spezielle BWL'!

Wenn Sie sich für eine Steuerberater- und Wirtschaftsprüferlaufbahn entschieden haben sollten, dann werden Sie nur *ein einziges* von Ihnen selbst produziertes *marktfähiges Gut* konsumieren: Sie erstellen Ihre eigene Einkommensteuererklärung selbst! Alle anderen marktfähigen Güter produzieren – so unglaublich das klingen mag – *andere für Sie.* Sie *tauschen* diese Güter für Geld ein, das Sie durch den Verkauf *Ihrer eigenen* Leistungen – auch Arbeit ist ein Gut – verdienen. Das ganze vollzieht sich in einem vielfältig vernetzten System, das wir salopp und zumeist ohne weiteres Nachdenken 'Wirtschaft' nennen und mit dem wir alle über eine Vielzahl von Märkten, auf denen die einzelnen Güter gegeneinander in einem bestimmten Verhältnis getauscht werden, verbunden sind: Wir leben in einer *Marktwirtschaft!*

Täglich treten wir auf einer Vielzahl von *Märkten* auf, als Nachfrager vieler, ganz unterschiedlicher Produkte: vom täglichen Frühstücksgebäck über unseren Lieblingstee, von selbstschließenden Kühlschranktüren und ähnlichem bis zur abendlichen Auswahl aus dem Satellitenfernsehprogramm, aber auch als Anbieter von ganz spezifischen Arbeitsleistungen, von Kapital und Grund und Boden, die sich in unserem Besitz befinden. Für eine so hoch entwickelte Wirtschaft mit einer derartigen, noch nie dagewesenen Fülle von Gütern, wie wir sie heute erleben, bedarf es – neben anderem – einer ganz entscheidenden Ingredienz, um sie voll funktionsfähig zu machen: eines allgemein verbindlichen und auch akzeptierten *Tauschmittels,* das jedermann gerne anzunehmen bereit ist: *Geld. Geld* erspart bzw. senkt die sogenannten *Transaktionskosten*.

Unter Transaktionskosten versteht man ganz allgemein all jene Kosten, die entstehen, wenn man ein Tauschgeschäft eingehen und abwickeln will.

Wenn Sie sich zum Beispiel auf die Suche nach einer neuen Wohnung machen, müssen Sie sich erst Zutritt zum relevanten Wohnungsmarkt verschaffen. Dies kann durch den Kauf einer entsprechenden Zeitung, die Einschaltung einer Annonce geschehen, aber auch dadurch, daß Sie sich die gewünschte Information, den Überblick über das Markt angebot von sogenannten Marktinsidern beschaffen. In diesem Fall von den Wohnungsmaklern. Alle Ihnen für die Ermöglichung der gewünschten Transaktion anfallenden Kosten, auch die dafür aufgewendete Zeit, fallen unter die Bezeichnung *Transaktionskosten*.

Und es gilt: Je höher die Transaktionskosten, desto geringer die Wahrscheinlichkeit, daß es zum Abschluß des gewünschten Tauschgeschäftes kommt. Und weil ein Tausch in der Regel nur dann erfolgen wird, wenn *beide Tauschpartner* daraus einen Vorteil ziehen können, ist die *Wohlstandseinbuße* bei Existenz von Transaktionskosten, die viele an sich gewünschte Transaktionen vereiteln, evident. Und umgekehrt: je mehr Märkte existieren und je besser sie funktionieren, desto größer ist der dadurch ermöglichte Nutzengewinn. Die Ferienwohnung, die aufgrund einer Erkrankung eines Urlaubers zwei Wochen lang leersteht, wäre um die Häfte des normalen Preises zu haben gewesen. Unter diesen Bedingungen hätten Sie gerne einen Kurzurlaub eingeschaltet. Beide Tauschpartner, der Vermieter der Ferienwohnung wie der Kurzentschlossene hätten einen Nutzengewinn verbucht, hätten sie die *relevante Information* gehabt, die funktionierende Märkte 'produzieren'. Gibt es einen Markt für 'Ferien, in letzter Minute'? Wissen Sie davon?

Am deutlichsten tritt der Nutzengewinn durch die enorme Verringerung von Transaktionskosten nun gerade durch die Verwendung von Geld zutage: Existierte nämlich kein allgemein akzeptiertes Zahlungsmittel – man spricht dann von einer *Naturaltauschwirtschaft* –, dann müßte in unserem Beispiel mit dem Steuerberater dieser einen Tauschpartner finden, der für die Erstellung seiner Einkommensteuer er klärung genau dasjenige Gut in der Quantität und Qualität einzutauschen bereit ist, für das der Steuerberater seine Lei-

1. Das ökonomische Grundproblem

stung hingeben will, beispielsweise für eine Wohnung, einen Teppich, nicht irgendeinen, sondern einen ganz bestimmten!, oder einfach 'nur für Nahrungsmittel' (aber wiederum nicht irgendwelche)! Zwei idente Tauschwünsche müßten einander also spiegelbildlich gegenüberstehen! Mit anderen Worten: Es muß eine sogenannte *doppelte Koinzidenz*, d.h. eine 'zweimalige Zufälligkeit' vorliegen. Es versteht sich von selbst, daß sich unser Steuerberater erst gar nicht auf die Suche nach einem solchen Tauschpartner macht. Das wäre schier aussichtslos. Damit muß er aber jene Güter, die durch Spezialisierung wesentlich billiger hätten hergestellt werden können, selbst produzieren. Was er aber angesichts der dazu erforderlichen Mittel und Fähigkeiten nicht kann ... die Güterversorgung und damit der Wohlstand verschlechtern sich ...

Jetzt muß Ihnen klargeworden sein: Die individuelle *Spezialisierung* geht Hand in Hand mit einer immer weiter fortschreitenden, heute weltweiten *Arbeitsteilung*[2], die es gemeinsam mit der enormen *Kapitalakkumulation* und dem *technischen Fortschritt* ermöglicht, die ungeheure Vielzahl der Güter in riesigen Mengen so günstig zu produzieren, daß sie sich sehr viele Menschen auch leisten können. Darauf basiert unser enorm gestiegener *Wohlstand*, der es ermöglicht, unsere ungeheuer *diversifizierte* Bedürfnisstruktur zu befriedigen!

Spezialisierung in der Produktion, Diversifizierung im Konsum sind mithin ein komplementäres Phänomen. Beide hingegen sind der *Lösungsansatz* für *das = jedermanns Grundproblem*, das gleichzeitig das Gravitationszentrum der ökonomischen Theorie bildet: das *Knappheitsproblem*.

Das ökonomische Grundproblem ist das Knappheitsproblem. Die Knappheit der Güter ist die Ursache aller ökonomischen Probleme.

Knappheit ist dabei eine relative Größe. Ganz allgemein gesprochen entsteht sie dadurch, daß wir von bestimmten Gütern deutlich mehr haben *wollen*, als uns davon gratis zur Verfügung steht! Die verfügbare Gütermenge ist also in bezug auf unsere Bedürfnisse knapp. Die verfügbaren Güter sind also jedenfalls begrenzt (knapp), die menschlichen Bedürfnisse demgegenüber unbegrenzt.

---

[2] Das Phänomen 'Arbeitsteilung' erfolgt dabei auf mehreren Ebenen: auf einer internationalen, einer nationalen, einer betrieblichen, aber auch einer zwischen Betrieb und Haushalt. Siehe dazu Kapitel 2.

Die Knappheit der Güter 'zwingt' uns, über deren Einsatz, für den es immer mehrere Möglichkeiten gibt, zu entscheiden, sie 'zwingt' uns zum Wirtschaften! Es geht dabei also um die Frage: Wie sollen knappe Mittel (= Ressourcen) auf alternative Verwendungsrichtungen verteilt, alloziert werden, um unsere Bedürfnisse zu befriedigen?

Selbst wenn alle gewünschten Güter in unbegrenzten Mengen vorhanden wären, wir also im Schlaraffenland lebten, so hätten wir als sterbliche Wesen *nicht genug Zeit*, diese auch entsprechend zu genießen. Deshalb müßten wir über die Verwendung des *knappen Gutes Zeit* entscheiden!

Wir leben aber ganz offensichtlich nicht im Schlaraffenland. Die Güter sind knapp. Und, wollen wir in den Genuß dieser Güter gelangen, wollen wir sie erwerben, so müssen wir regelmäßig *bereit sein*, dafür etwas *hin-* oder *aufzugeben*, und sei es 'bloß' die Zeit, die man braucht, um es zu produzieren *und* zu konsumieren. Regelmäßig werden wir also für den Erhalt eines Gutes etwas *eintauschen*. Regelmäßig muß ein *Preis* für den Erwerb eines Gutes bezahlt, also eine Summe Geldes *hergegeben* werden. *Ausdruck* der Knappheit eines Gutes ist also regelmäßig sein *Preis*, egal ob dieser Preis nun als Geldpreis, wie wir es gewohnt sind, oder als *Tauschrate*, z.B. zwei Packungen Kaugummi für eine Tafel Schokolade, angegeben wird.

Grundsätzlich können aber nur *marktfähige* oder *private Güter* einen Preis haben.

Ein marktfähiges bzw. privates Gut liegt dann vor, wenn sich dieses Gut handeln läßt, wenn für dieses Gut also das sogenannte 'Ausschlußprinzip' gilt. Das Ausschlußprinzip legt fest, daß nur derjenige in den Besitz des Gutes kommt, der den geforderten Preis bezahlt.

Das tägliche Brot, die Milch, den Kaffee, Ihre Lieblingsschokolade, Ihre Wohnung und Ihr Auto, alles *marktfähige Güter*, können Sie nur deshalb genießen, weil Sie den Preis dieser Güter auch bezahlen. Als Großstadtbewohner können Sie aber nicht das Gut 'frische Luft' erwerben, Sie können es nicht am Markt kaufen, 'frische Luft' ist kein marktfähiges Gut. Wollen Sie es konsumieren, dann müssen Sie dazu aufs Land fahren, also bestimmte Ressourcen wie Zeit und Geld *aufwenden*, um in den Genuß dieses Gutes zu kommen. Doch gibt es keinen Preis für dieses Gut. Nur für *marktfähige und entsprechend*

1. Das ökonomische Grundproblem

knappe Güter müssen bzw. können Sie also einen Preis bezahlen.[3]

Der Preis eines Gutes ist eine entscheidende Voraussetzung für einen wirtschaftlichen Umgang mit ihm. Leider gibt es auch knappe Güter, die, weil sie nicht marktfähig sind, keinen Preis haben. Dann kommen wir regelmäßig in die Bredouille. Die Umwelt ist beispielsweise ein solches Gut, das in vielen Bereichen nicht marktfähig ist – das Ausschlußprinzip funktioniert nicht. Damit gibt es für das Gut 'Umwelt' keinen Preis und deshalb wird es mehr und mehr *über*nutzt.[4]

Halten wir zunächst fest:

Sobald zur Erlangung eines Gutes Mittel, d.s. Geld und Zeit (denn Zeit ist Geld!) aufgewendet werden müssen, wird angesichts der stets limitierten Verfügbarkeit von Mitteln in Relation zur Unbegrenztheit der Bedürfnisse auf der individuellen wie auf der gesamtwirtschaftlichen Ebene das Knappheitsproblem manifest, und es stellt sich die Frage, was zu tun ist, um es zu lösen.

Wie lösen Sie Ihre persönlichen Knappheitsprobleme? Wenn Ihnen finanziell wenig oder keine Beschränkungen auferlegt sind, wie lösen Sie das Problem des optimalen Umgangs mit der immer knappen Zeit? Sie sehen: Dies sind unumgängliche tagtäglich zu lösende Aufgaben, die jedermann, keineswegs nur Wirtschaftsstudenten betreffen!

Eine sehr erfolgreiche Möglichkeit der 'Bewältigung' dieses Knappheitsproblems besteht in der oben vereinfacht und ausschnitthaft beschriebenen *Arbeitsteilung*, die die *Produktivität* und damit das insgesamt zur Verfügung stehende Gütervolumen enorm erhöht. Denn stellen Sie sich vor, Sie würden alle Güter, die Sie tagtäglich zu konsumieren gewohnt sind, selbst produzieren! Verweilen Sie einen Augenblick lang bei dieser Vorstellung! Überlegen Sie genau, welche Güterversorgung Sie - ganz auf sich selbst gestellt - bewerkstelligen könnten! Sie könnten bestenfalls die allernotwendigsten Güter beschaffen! Wie lange würden Sie wohl durchhalten? Spielen Sie dieses Gedankenexperiment konsequent durch! Luxusfüllfeder, Maha-

---

[3] Wenn bei einem Preis von Null das Angebot größer ist als die Nachfrage, dann ist dies kein knappes, sondern ein *freies* Gut, beispielsweise Sand in der Wüste, oder eben gute, reine Luft für einen Bewohner eines abseits jeglicher Industrie und jeglichen Verkehrs liegenden Bergdorfes.

[4] Wir werden im Kapitel 9 genau darauf wieder zurückkommen und das Umweltproblem aus ökonomischer Perspektive eingehend untersuchen.

gonischreibtisch, multifunktionales Digitaltelefon, buntgestreifte Boxershorts, Spitzendessous, zig-fach oversampelnder CD-Player und antiker Orientteppich wären gewiß entbehrlich. Doch versetzen Sie sich in die Lage eines beinahe nackten Schiffbrüchigen, der das Pech hat, nicht auf eine paradiesische Südseeinsel, sondern auf ein rauhes Eiland verschlagen zu werden. Nahrung wird sich vielleicht finden ... doch schützende und wärmende Kleidung ... und Behausung?[5]

Arbeitsteilung und damit Spezialisierung setzt indes eine grundsätzliche Bereitschaft zur Zusammenarbeit, eine grundsätzliche Tauschbereitschaft, voraus.

Würde in einer Gruppe Schiffbrüchiger jeder sein eigenes Süppchen kochen, oder würden die Gestrandeten die zu verrichtende Arbeit teilen? Nach welchen Gesichtspunkten würden sie dabei wohl vorgehen? Sie müßten sich zusammensetzen und einen *Plan* erstellen, die zu verrichtende Arbeit also bewußt organisieren!

Welche *Institution* sorgt nun aber in hochentwickelten und industrialisierten Volkswirtschaften mit Hunderttausenden von Gütern dafür, daß die individuellen Produktions- und Konsumtionspläne von Millionen von Wirtschaftssubjekten ohne jegliche zentrale Planungsinstanz *koordiniert* werden?

Diese eminent bedeutsame und im Alltagsverständnis für selbstverständlich angesehene Funktion der Koordination von Millionen von individuellen Wirtschaftsplänen erfüllt in einer Marktwirtschaft das Preissystem.

Es kann Sie jetzt nicht mehr verwundern, wenn im Mittelpunkt der mikroökonomischen Analyse die Funktions- und Wirkungsweise des marktwirtschaftlichen Systems steht: Deshalb heißt sie ja auch *Preistheorie*. Die Preise, die sich auf den einzelnen Märkten bilden, dort, wo die Güter *getauscht* werden, sind das Resultat von *Angebot und Nachfrage*. Ökonomisches Denken ist daher immer ein Denken in den Kategorien von *Angebot und Nachfrage*!

Die auf den Märkten sich bildenden Preise stellen eine ungemein

---

[5] 'Aussteiger' aus unserem mercedessternhimmelumwölbten Wirtschaftswundersystem sind sehr oft 'erfolgreiche' Manager, die, *nachdem* das erforderliche Kleingeld angehäuft ist, auf zumeist feudalen Landsitzen Schafe züchten, aber trotzdem eine Vielzahl von Gütern, die andere produzieren, nach wie vor eintauschen oder vor ihrem 'Rückzug' eingetauscht haben!

1. Das ökonomische Grundproblem

komprimierte und wichtige Information für die Marktteilnehmer dar. Sie signalisieren relative Überschüsse und Knappheiten.

Ob eine Erhöhung des Angebots an Speiseeis in Eissalons gewünscht ist, signalisieren die *relativen Preise*, also die *Austauschraten* der Güter untereinander: Genauer die relativen Preise zwischen dem erzeugten Produkt Speiseeis (*Produktpreis*) und den zu seiner Herstellung erforderlichen *Produktionsfaktoren* (*Faktorpreise*). Der Preis für eine im Eissalon servierte Kugel Speiseeis, der Preis für die Maschinen zur Eiserzeugung, die Preise für die erforderlichen Rohmaterialien, die Miete (= der Preis für die Überlassung passender Geschäftslokale), der Zins (= der Preis für das aufzunehmende Kapital) etc., alle diese Preise sind von den entsprechenden Märkten her gegeben, sie *und* die *Zielsetzungen* der Wirtschaftsakteure, die in der *Nutzen- bzw. Gewinnmaximierung* liegen, bestimmen in einem marktwirtschaftlichen System, ob ein zusätzlicher Eissalon seine Pforten öffnen wird oder nicht.

Wenn Eis als derart annehmliches Gut empfunden wird, das 'wichtige', 'dringliche' Bedürfnisse befriedigt, dann wird dafür *freiwillig* ein entsprechender Preis bezahlt – denn es wird bekanntlich niemand zum Eiskonsum gezwungen –, dann werden zusätzliche Eissalons öffnen, dann wird das Angebot an Speiseeis steigen, die Versorgung mit diesem Gut verbessert – unter wievielen Eissalons können Sie wählen? – indem nicht nur mehr Eis angeboten wird, sondern bei *Konkurrenz* zwischen den Eissalonbesitzern *ceteris paribus*[6] der Preis für Speiseeis und damit der Gewinn der Eisproduzenten sinkt und letztendlich nur die 'Kosten' der Speiseeiserzeugung gedeckt werden. Dies alles ist für Sie als leidenschaftlicher Konsument von Speiseeis vielleicht nicht uninteressant!

Mit Sicherheit bedeutsamer ist für Sie indes Ihre eigene *Investition*, die Sie als Student (der Wirtschaftswissenschaften) vielleicht ohne Ihr explizites Wissen seit Jahren, gerade auch jetzt tätigen, bzw. wahrscheinlich noch einige Zeit lang tätigen werden. Unter *Investition* versteht man ganz allgemein *Schaffung neuen Kapitals*, also *Kapitalakkumulation,* was in der Zukunft zu höherem Einkommen

---

[6] *Ceteris paribus* ist eine lateinische Formulierung und bedeutet soviel wie 'unter sonst gleichbleibenden Umständen'. Diese ceteris-paribus-Klausel ist eine in der Ökonomik sehr häufig verwendete Bedingung, um einfache Ursache-Wirkungs-Zusammenhänge leichter aufdecken zu können.

führen sollte. Bei dem für Sie äußerst bedeutsamen und langfristigen Investitionsprojekt handelt es sich um Ihre Ausbildung. Auch diese ist ein Gut, ein besonders kostbares sogar, dessen Erwerb mit nicht unbeträchtlichen Kosten verbunden ist. Zwar stellt der Staat, wie in sehr vielen Ländern der Welt, das Ausbildungssystem bzw. Teile davon 'gratis'[7] zur Verfügung und/oder gewährt überdies Stipendien, trotzdem fallen Ihnen Kosten an, die Sie *explizit* oder *implizit* in Ihr Kalkül aufgenommen haben: Sehen wir von den Kosten für die unbedingt erforderlichen Lernbehelfe (Bücher, Hefte, Schreibutensilien etc.) ab, so ergeben sich – vereinfacht ausgedrückt – die persönlichen Kosten Ihres Studiums aus dem *Verzicht* auf den Einsatz Ihrer Zeit in jener *alternativen* Tätigkeit, in der Sie die größten Erträge erwirtschaften könnten. Denken Sie an einen Hobby-Informatiker mit großem Programmiertalent. Die Zeit, die er für das Studium aufwendet, ist für das mit reichlichem Salär verbundenen Programmieren gleichsam 'verloren'. Die *Opportunitätskosten* seines Studiums, d.s. jene Kosten, die dadurch entstehen, daß einer alternativen Beschäftigung nicht mehr nachgegangen werden kann, sind enorm hoch. Damit ist die Wahrscheinlichkeit gering, daß dieser Student, wenn überhaupt, sein Studium in der gleichen Semesteranzahl absolviert wie ein vergleichbarer Kommilitone ohne gleichwertige Programmierkenntnisse. Hohe Opportunitätskosten sind also mit Sicherheit eine Begründung für eine hohe Drop-out-Rate. Hat unser Computer-Freak jedoch außerdem eine ausgeprägte Präferenz für sein Studium oder bewertet er seine späteren Erfolgschancen bei Abschluß des Studiums entsprechend hoch, dann wird obiger Vergleich freilich nicht mehr ohne weiteres halten und auch das Studium mit entsprechendem Einsatz betrieben werden.

Jeder, ob Student, Hausfrau, Stahlarbeiter oder Generaldirektor, hat also unterschiedlich hohe *Opportunitätskosten*.

Die Opportunitätskosten der konkreten Verwendung knapper Mittel (eben auch und gerade von Zeit) bestehen im entgangenen Gewinn der bestmöglichen Alternative.

Das *Opportunitätskostenkonzept* ist eines der tragenden Konzepte

---

[7] Das Ausbildungssystem selbst ist freilich keineswegs umsonst zu haben, es beansprucht jedenfalls *knappe* Ressourcen, für deren Finanzierung nicht unbedeutende Steuermittel benötigt werden, die nur dann reichlich fließen, wenn ... (können Sie fortsetzen?)

1. Das ökonomische Grundproblem

der Mikroökonomik, es hat überall Gültigkeit, wo für die Verwendung knapper Mittel mehrere einander ausschließende Alternativen zur Wahl stehen (was für das für jedermann knappe Gut 'Zeit' eben immer der Fall ist!). Es läßt sich deshalb auf alle Entscheidungssituationen anwenden. So sind die Opportunitätskosten der Ehe der Verzicht auf ein Single-Dasein. (Machen Sie sich das bitte ganz bewußt!) Umgekehrt kann man das natürlich auch sehen: Die Opportunitätskosten des Single- Daseins liegen im Verzicht auf die Familienfreuden.

Das Opportunitätskostenkalkül zwingt zu einem besonders aufmerksamen Umgang mit unseren Ressourcen, denn es sagt, daß uns *jede* getroffene (Verwendungs-)Entscheidung etwas *kostet*. Nämlich den Verzicht auf jene Alternativen, die dann nicht mehr zugänglich sind. Daher darf auch nicht übersehen werden: auch die Arbeitsteilung, die uns unseren Wohlstand beschert, 'kostet' etwas: unsere Unabhängigkeit nämlich! As the Americans say: 'There is no such thing as a free lunch!' Dies wird uns bisweilen schmerzhaft bewußt: So, wenn bestimmte Berufsgruppen wie Bahn- und sonstige Verkehrsbedienstete streiken. Oder jemand am Ölhahn dreht.

Doch nun zurück zu unserem Beispiel: Ihrem Studium als *Humankapitalinvestition*. Die dabei anfallenden Opportunitätskosten sind – zum Glück – nur die eine Seite der Medaille. Ihre *Investition* in Ihr Studium, das notwendigerweise mit *Opportunitätskosten* verbunden ist, wird – Ihren eigenen *Erwartungen* gemäß – später reichlich Früchte bringen. Und in der Tat ist die Wahrscheinlichkeit sehr groß, als fundiert ausgebildeter Wirtschaftsakademiker einen Job zu finden, der, auf die Berufszeit gerechnet, wesentlich einträglicher ist als ein Job ohne Studium. Den *Kosten* Ihrer Investition in Ihr *Humankapital*, dem *Minus dieser Entscheidung*, auf der einen Seite stehen Erträge des *akkumulierten Humankapitals*, das *Plus dieser Entscheidung*, auf der anderen Seite gegenüber. Beide Größen, Plus und Minus, werden miteinander verglichen[8] und entsprechend dem Ausfall des Vergleichs wird entschieden. Ob Sie es also wußten oder nicht: dieses *rationale Investitionskalkül* ist der Grund dafür, daß Sie studieren, was Sie studieren, dafür, daß Sie vor diesem Buch sitzen!

'Stimmt ja gar nicht!' werden jetzt einige von Ihnen - und hof-

---

[8] Was freilich nur durch die Wahl eines gemeinsamen Bezugspunktes korrekt möglich ist. D.h. durch einen Vergleich der Bar- oder Endwerte der Investition.

fentlich nicht wenige – einwenden: 'Mir macht das Studium Spaß, ich genieße es, ich ziehe großen *Nutzen* daraus!' Dazu beglückwünsche ich Sie, dann kann ja gar nichts mehr schief gehen! Dennoch bleibt die Opportunitätskostenüberlegung davon unberührt. Daß Sie das tun, was Sie tun, kostet Sie das, was Sie statt dessen hätten tun können! Denn auch ein Kunstgeschichtestudent erfährt eine große Befriedigung (= *Nutzen*) aus seinem Studium und später aus seinem Beruf. Daß er – höchstwahrscheinlich – weniger verdienen wird als ein ausgebildeter Wirtschaftsakademiker, nimmt er bewußt und gerne in Kauf. Die hohe Befriedigung, die er aus seiner Tätigkeit zieht, ist ihm gerade diese Einbuße - seine Opportunitätskosten - wert. Deshalb wählen viele Menschen nicht immer jene Alternative, die ihnen am meisten in 'Cash' einbringt, sondern diejenige, die ihren Erwartungen zufolge den größten *Nutzen*, der neben der pekuniären Seite noch durch eine Vielzahl anderer bedeutsamer Aspekte bestimmt ist, stiftet.[9]

Ein zweiter und gar nicht so selten vernommener Einwand gegen das vorhin kurz skizzierte Modell 'Studium als Humankapitalinvestition' ist jener, daß das ganze Studium an sich für die Praxis eigentlich nichts bringe. Damit habe das Studium mit einer Humankapitalinvestition gar nichts gemein, denn die *Produktivität* der praktischen Arbeit, der späteren Berufsarbeit, steige durch das Studium jedenfalls nicht an! Darüber ließe sich gewiß kontroversiell diskutieren. Die Frage, warum Sie aufgrund dieser Überzeugung trotzdem studieren, ließe sich dann durch das bestätigte, wenngleich an sich noch zu klärende Faktum begründen, daß Akademiker eben mehr verdienen als Nicht- Akademiker.

Versuchen wir eine Klärung dieses etwas undurchsichtigen Zustandes. Zunächst: Um welches Gut handelt es sich eigentlich? Es handelt sich um das Gut 'Arbeitsleistung'. Zweitens: Wer weiß um die Qualität, in diesem Fall über die Produktivität des Gutes 'Arbeitsleistung' Bescheid? Und hier zeigt sich, daß diese Information über die Marktteilnehmer, genauer: auf die beiden *Marktseiten*, die Anbieter von und die Nachfrager nach 'Arbeitsleistung', ungleich verteilt ist. Es liegt eine sogenannte *asymmetrische Informationsverteilung* vor: Vor der Einstellung weiß nur der Arbeitnehmer über die

---

[9]Die dabei entstehenden Kosten durch den Verzicht auf eine lukrativere Beschäftigung sind dennoch in Geldgrößen meßbar!

1. Das ökonomische Grundproblem

Produktivität seiner Arbeitsleistung einigermaßen genau Bescheid, während der prospektive Arbeitgeber mehr oder weniger auf Vermutungen angewiesen ist. Was kann nun in einer solchen Situation Abhilfe schaffen? Die Arbeitnehmer mit höherer Produktivität werden versuchen, via irgendwelcher *Signale* dem Arbeitgeber eine Information über die Qualität ihrer Arbeitsleistung zukommen zu lassen. Und genau dieses Signal besteht nun in einem erfolgreich abgeschlossenem Studium! Möglichst an einer Universität mit einem hohen Renommee! Dieses Phänomen nennen wir *Signalling*. Voraussetzung dafür, daß dieses *Signalling* tatsächlich funktioniert, sind zwei Annahmen. Die erste ist, daß die Personen, die ein Studium erfolgreich absolviert haben, auch in der Praxis – unabhängig vom Inhalt des Studiums -- eine bessere Performance, mithin eine höhere Produktivität, aufweisen als Personen ohne Studium, die zweite, daß dieser Tatbestand für das Unternehmen durch die Vorlage eines Magister- oder Doktordiploms günstiger festgestellt werden kann als durch eigene Untersuchungen.[10] Sie sehen also, daß trotz der möglicherweise weitverbreiteten Überzeugung, ein Studium bringe nichts für die Praxis, *ökonomische* Gründe dafür vorliegen, trotzdem zu studieren.

Die Fälle von asymmetrischer Informationsverteilung in bezug auf die Qualität eines bestimmten Gutes sind nun keineswegs auf das Gut 'Arbeitsleistung' beschränkt. In sehr vielen Fällen stehen wir als Konsumenten vor dem Rätsel, ob das Gut, das wir zu kaufen beabsichtigen, tatsächlich das hält, was es verspricht. Auch hier müssen wir wiederum Erwartungen bilden. Das Buch, das Sie gerade lesen, ist auch so ein Beispiel. Vor dem Kauf *und* vor dem Gebrauch dieses Buches, also seiner aufmerksamen Lektüre, wissen Sie über die Qualität des Buches kaum Bescheid. Ob sich Ihre Erwartungen erfüllen werden und ob Ihnen damit 'Spaß mit Mikro' tatsächlich zumindest das *wert* ist, was Sie dafür auf den Ladentisch gelegt haben, wissen Sie erst im nachhinein bzw. mittlerweile. In diesem Falle hat sich also Ihre Erwartung bestätigt. Hätte sie sich als falsch erwiesen – im vorliegenden Fall ein Ding der Unmöglichkeit –, wäre auch nicht viel verloren gewesen.

Das ändert sich freilich, je mehr Sie für ein Gut auf den Tisch

---

[10] Schlecht qualifizierte Leute in wichtige Positionen einer Unternehmung zu setzen, kann den Untergang der Unternehmung bedeuten, was einer extrem kostspieligen Überprüfung der Qualität des Managements gleichkäme!

legen müssen. Beispielsweise für eine Stereoanlage. Wer ist als Konsument so qualifiziert, tatsächlich die Qualität eines CD-Players einigermaßen zutreffend einschätzen zu können. In solchen Fällen schafft dann die *Marke* eines Produkts eine gewisse, eine *Garantie* des Erzeugers die 'absolute' Sicherheit.[11] Das ist freilich seinerseits wieder nicht umsonst zu haben. Markengeräte und Produkte mit Garantien kosten üblicherweise mehr als vergleichbare Produkte ohne diese Attribute. Marken und Garantien treten also in Fällen asymmetrischer Informationsverteilung auf. Auch sie sind ein erfolgreiches Mittel des *Signalling*.

All diese für jedermann ganz einfach nachvollziehbaren Situationen, *Entscheidungssituationen*, weisen auf eine der wesentlichsten *Grundannahmen* der ökonomischen Theorie und bestätigen sie zugleich immer wieder: Die Unterstellung vom *Rationalverhalten der Wirtschaftssubjekte:* Die einzelnen Akteure - so die Theorie - verhalten sich rational, indem sie die sich gesetzten Ziele mit dem geringsten Mitteleinsatz zu erreichen trachten – denken Sie bloß daran, aus welchem Grund Sie bisweilen Ihre Prüfungen bei ganz bestimmten Professoren ablegen – oder aus den gegebenen Mitteln das Beste herauszuholen versuchen. Wenn es aber nun tatsächlich schon so ist, nämlich daß wir uns alle ohnedies 'rational' verhalten – so könnten Sie spitz einwenden –, warum dann noch Mikro büffeln?

Zunächst einmal eine eher bewußt kryptisch gehaltene Antwort: Es könnte doch interessant sein zu erfahren, was insgesamt als Ergebnis dieses Rationalverhaltens, als Resultante der unzähligen *nutzen- und gewinnmaximierenden Entscheidungen* von Millionen von Individuen auf den Märkten herauskommt. Auf diese Überlegung wird in diesem Buch im Grunde immer wieder zurückgekommen werden, wenngleich bisweilen nicht explizit auf die Bedeutung der Aussagen der mikroökonomischen Theorie für Ihr persönliches Vorteilskalkül hingewiesen werden wird. Das wäre zu leicht, überdies wäre dieses Buch dann viel zu billig!

Und jetzt eine etwas konkretere Antwort: Um nun tatsächlich die für Sie beste Alternative herauszufinden – und Sie selbst wissen am besten, wie oft bei der Vielzahl der von Ihnen stets zu treffenden Entscheidungen etwas danebengeht (Vielleicht hätten Sie es sich doch nicht so leicht machen und mit der Minimumstrategie durchs

---

[11] Auch ein Blick in Fachjournale kann in einem solchen Fall sehr hilfreich sein!

1. Das ökonomische Grundproblem

Studium kreuzen sollen! Warum? Dazu später!) – um aus dem Gegebenen, aus Ihren individuellen Anlagen und den für Sie möglichen Alternativen, das Beste zu machen, um nicht allzusehr Gefahr zu laufen, eine fatale Fehlinvestition (z.B. ein falsches Studium) zu tätigen, sollten Sie sich dieser Entscheidungen im besondern Maße bewußt werden und damit *alle relevanten Faktoren sorgsam bedenken lernen*. Ökonomisches Denken lehrt, besonders konsequent die Folgen, die *positiven* wie auch die *negativen*, der einzelnen Handlungsalternativen zu durchdenken und abzuwägen. Je besser Sie diesen Prozeß beherrschen, desto besser werden Sie Ihre Ziele erreichen können. Und dazu gehört zunächst einmal, nach relevanter *Information* Ausschau halten ... Es lohnt! Sie sehen: Es geht Sie doch persönlich an!

1.2 Begriffe und Konzepte

1.2.1 Das Rationalkalkül

Das Rationalkalkül ist die grundlegendste *Verhaltensannahme* der Wirtschaftstheorie:

Den Wirtschaftssubjekten (d.s. Haushalte und Unternehmungen[12]) wird dabei jedoch lediglich unterstellt, daß diese ihre Ziele in der Regel durch die Wahl der besten der ihnen zur Verfügung stehenden Handlungsalternativen zu erreichen versuchen.

Noch einfacher können wir sagen, daß ein Wirtschaftssubjekt einer Handlungsalternative ein *Plus*, die *subjektiv geschätzten Erträge* dieser Handlung zuordnet, diese Handlungsalternative aber immer auch mit einem *Minus*, den ebenfalls *subjektiv geschätzten Kosten*, die diese Handlung impliziert, verbunden ist. Plus und Minus der einzelnen Handlungsalternativen werden miteinander verglichen und erst entsprechend dieses Vergleichs wird entschieden, welche Alternativen gewählt werden und welche nicht.

Es wird nicht unterstellt, daß sich die überwiegende Mehrzahl der

---

[12] Hinzu kommen noch andere in unseren Gesellschaftssystemen besonders einflußreiche Akteure: Regierungen bzw. deren 'Bestandteile', die Politiker. Auch diesen wird Rationalverhalten unterstellt, nicht jedoch in der Hinsicht, daß diese stets eine 'rationale Politik' verfolgen würden, also für ein gesellschaftliches Ziel jene Mittel auswählten, die dieses Ziel am effektivsten und effizientesten erreichen würden. Politiker handeln vielmehr in Verfolgung ihrer eigenen Interessen, die nicht unbedingt mit jenen der Gesellschaft ident sein müssen.

Wirtschaftssubjekte ihres grundsätzlichen Rationalverhaltens bewußt wäre bzw. dieses noch zusätzlich durch den ständigen Einsatz von Bleistift und Taschenrechner akribisch verfeinert und ausgefeilte mathematische Methoden zur Perfektionierung ihres Rationalverhaltens ersinnt. Gerade dies tut Otto Normalverbraucher, dessen Verhalten die ökonomische Theorie untersucht, *nicht!* Nicht aber deshalb, weil er irrational ist, sondern gerade, *weil er sich rational verhält*, indem er das *Minus*, die *geschätzten Kosten*, die ihm das Erlernen und Beherrschen dieser Methoden verursachen würde, dem *Plus*, den *erwarteten Erträgen* all dieser für ihn sehr mühseligen Aktivitäten gegenüberstellt, und diese Anstrengungen 'einfach sein läßt', eben weil die Kosten die Erträge überwiegen.

Dieses Rationalverhalten findet in der ökonomischen Theorie eine weitere Spezifizierung in *normativer*[13] Hinsicht durch das sogenannte *ökonomische Prinzip*, das man gewissermaßen als den (kategorischen) *ökonomischen Imperativ* bezeichnen könnte:

Es besagt, daß mit den gegebenen Mitteln das bestmögliche Ergebnis erzielt werden soll bzw. gesetzte Ziele mit dem geringsten Mittelaufwand erreicht werden sollen.

Wenn Sie daran denken, wie viele Studenten das Ziel 'das Studium in einer bestimmten Zeit Absolvieren' in der Tat mit dem geringsten Mittelaufwand bewerkstelligen, dann haben Sie für das ökonomische Prinzip eine erste, wenngleich sehr fragwürdige Bestätigung! Wenn Sie aber an Ihre eigenen finanziellen (aber auch sonstigen) Ressourcen denken, dann können Sie sofort nachprüfen, ob Sie selbst diesem ökonomischen Imperativ gerecht werden. Ich hoffe, jetzt nicht falsch verstanden zu werden: Wenn jemand sein Geld auf einem Sparkonto um die Hälfte des üblichen Zinssatzes 'verkommen' läßt, weil er nicht als kleinlicher Zinsfeilscher in Verruf geraten will, oder weil er der Ansicht ist, die Mühe des Feilschens lohne sich nicht, handelt er, *seinen Zielen entsprechend, rational*. Wenn jemand eine längerfristige Bindung seiner Spargelder nicht eingehen will und damit auf bessere Zinsen verzichtet, weil er nicht weiß, wann er wieviel Geld brauchen wird, so 'bezahlt' er natürlich für die hohe Liquidität, aus der er offensichtlich einen großen Nutzen zieht, mit dem Verzicht auf eine

---

[13] *Normative* Aussagen sind *'Sollenssätze'* im Gegensatz zu *positiven* Aussagen, sogenannten *'Seienssätzen'*.

1. Das ökonomische Grundproblem

höhere Verzinsung. Er handelt – entsprechend seinen Zielen – rational. Denn er läßt trotz seiner hohen Liquiditätspräferenz sein Geld nicht zu Hause im Sparstrumpf liegen, wo er noch höhere Opportunitätskosten hätte und ein besonders großes Risiko des Verlustes eingehen würde.

Freilich wäre es natürlich absurd, behaupten zu wollen, daß wir uns in *jeder* Situation auch nach diesem 'entschärften' Rationalkalkül verhalten würden. Immer wieder passieren uns 'irrationale Ausrutscher', erliegen wir einem Impulsivkauf, der uns gleich anschließend wieder reut, können kurzfristig gesetzte Aktionen mit unseren langfristigen Zielvorstellungen konfligieren. Aber angesichts der Vielzahl der ökonomischen Entscheidungen, die wir tagtäglich treffen, bleiben die irrationalen Elemente in geradezu 'verschwindender Minderzahl'. Die wirtschaftlichen Akteure finden ihre, also die gegebenen Restriktionen beachtende 'optimale' Lösung quasi automatisch, durch Lernprozesse und Erfahrung, 'trial and error'. Das bedeutet eben auch, daß sie immer wieder einmal 'danebenliegen', also Fehlentscheidungen treffen.

Sie können Entscheidungen freilich auch bewußt und trotzig 'aus dem Bauch heraus', also blind, launenhaft, nach Gefühl oder Vorurteilen, gewohnheits- oder instinktmäßig treffen, diese Varianten wären sozusagen die Alternativen zur Rationalentscheidung wie sie von den Ökonomen als Regel unterstellt wird. Damit stellt der Verzicht auf eine instinktmäßig getroffene Entscheidung die Kosten der Rationalentscheidung dar! Wenn Sie der festen Überzeugung sind, daß Sie instinktmäßig, launenhaft oder aus Gewohnheit heraus getroffene Entscheidungen den Ihnen gesetzten Zielen näher bringen als eine 'rational' gefällte Entscheidung, dann werden Sie auch instinktiv oder launenhaft entscheiden und dabei den Verzicht auf die Rationalentscheidung als Opportunitätskosten zu bewerten haben! Sie sehen, das Opportunitätskostenprinzip läßt sich auf alles und jedes anwenden.

Das Rationalkalkül tritt nun bei den Haushalten in Form des *Nutzenmaximierungsverhaltens*, bei den Unternehmungen in Form des *Gewinnmaximierungsverhaltens auf*. Wichtig ist dabei zu beachten, daß das den Haushalten unterstellte Ziel der *Nutzenmaximierung* lediglich ein *Formalkalkül* ist: Maximiere Deinen Nutzen!, es ist nicht inhaltlich bestimmt! Man spricht deshalb von *formaler Rationalität*. Der Nutzen ist immer eine subjektive Größe. Was dem einen Haushalt Nutzen stiftet, mag dem anderen unangenehm sein. Woraus der einzelne Haushalt Nutzen zieht, die inhaltliche Bestimmung also, ist ihm völlig freigestellt.[14] Das den Unternehmungen, die eine *'artifizielle Aktionseinheit'* darstellen, unterstellte Gewinnmaximierungskalkül hingegen ist ein wesentlich stringenteres Konzept, da es inhaltlich feststeht.[15] Man spricht hier von *substantieller Rationalität*, weil man den Bewertungsmaßstab, nämlich den Gewinn, kennt.

Beide Annahmen über das Verhalten der Haushalte und der Unternehmungen sind äußerst plausibel.

Dazu einige Beispiele:

- Ihr Ziel, zur Universität oder zu Ihrem Arbeitsplatz zu kommen, werden Sie regelmäßig dadurch erreichen, daß Sie den kürzesten oder den für Sie angenehmsten/passendsten Weg einfach durch Probieren und Erfahrung herausfinden. Kaum jemand wird den kürzesten Weg mit Hilfe einer Karte ausmessen!

- Sie wollen einen "Schein" machen (= eine Prüfung ablegen), nicht deshalb, weil Sie ein besonderes Interesse für das Fach hegen, sondern weil Sie das Zeugnis brauchen: Sie werden sich den leichtesten Prüfer aussuchen. Gerade auch dieses in Studentenkreisen immer wieder festzustellende Verhalten bestätigt eindrucksvoll die ausgeprägte Suche nach *geringsten Kosten* und *höchsten Erträgen*. Beachten Sie aber bitte die hier gewählte Formulierung: ... 'weil Sie das Zeugnis brauchen'. Das ist das hier unterstellte Ziel, die gewählte Kostenminimierungsstrategie die rationale Vorgangsweise dazu! Ob Sie hinsichtlich des Inhalts des Zieles irren, also die Relevanz der Lehrveranstaltung in bezug auf die Vorteile für Ihre persönliche Qualifikation falsch eingeschätzt haben, ist eine andere Sache!

- Sie wollen in den Sommerferien etwas dazuverdienen: Sie werden den Job nehmen, der Ihren Wünschen und Neigungen sowie finanziellen Vorstellungen am nächsten kommt.

- Sie suchen eine neue Wohnung: Zwei 'identische' Wohnungen, im selben Haus, im selben Stockwerk, werden Ihnen zu unter-

---

[14] Wir kommen auf die hier auftretenden Probleme noch genauer in Kapitel 4 zu sprechen.

[15] Wir kommen darauf in Kapitel 3 noch genauer zurück.

1. Das ökonomische Grundproblem

schiedlichen Preisen angeboten. In welche werden Sie einziehen?

- Sie stehen unmittelbar vor Ihrem Italienurlaub, daher eilen Sie zu Ihrer Bank und kaufen Lire (dabei gehen Sie natürlich zu dem Schalter, bei dem am wenigsten Leute anstehen!). In Italien gehen Ihnen dann Ihre Lire aus, deshalb gehen Sie dort in ein Geldinstitut und wechseln denselben Betrag wie zu Hause. Doch siehe da: Sie bekommen für Ihre Schilling oder DM mehr Lire als in Wien bzw. in Hamburg! Was werden Sie bei Ihrem nächsten Italienurlaub diesbezüglich tun?

- Karli ist ein sechsjähriger aufgeweckter Bub. Weil er mich bei einem Mühlespiel geschlagen hat, gewinnt er einen bescheidenen Geldbetrag. Karli läuft ins Kaufhaus. Was wird er kaufen?

- Sie erhalten Ihr Salär einmal im Monat auf Ihr Konto überwiesen. Gehen Sie dann gleich auf die Bank und beheben einen Betrag in der Höhe, daß die gesamten Monatsausgaben darin Deckung finden? Oder gehen Sie mehrmals pro Monat Geldabheben? Was bestimmt also Ihre '(Bar-)Geldnachfrage'?

- Sie verfügen über ein beschränktes monatliches Budget: Sie werden, ohne bewußt mit Schreibstift und Taschenrechner zu kalkulieren, diese Summe so auf die einzelnen von Ihnen präferierten Güter aufteilen, daß dabei Ihr Nutzen maximiert wird.

- Sie wollen sich eine neue Stereoanlage zulegen. Da Sie auf diesem Gebiet kein Fachmann sind, müssen Sie sich eingehend beraten lassen. Sie gehen also in ein Fachgeschäft. Nachdem Sie solcherart informiert Ihre Entscheidung getroffen haben, kaufen Sie das gewählte Gerät ... bei einem Elektrodiscounter!

- Sie beabsichtigen, sich ein neues Auto zu kaufen. Gehen Sie in den nächstbesten Autosalon der von Ihnen präferierten Marke und kaufen das Modell, das Sie wollen, vom Fleck weg? Gewiß nicht! Sie machen sich zunächst einmal auf Informationssuche, schauen, was Sie für Ihr altes Auto bekommen, wieviel Prozente Sie beim neuen erhalten, wieviel Sie im Falle eines Eintausches (Altfahrzeug als Anzahlung auf das neue) bekommen .... etc. Sie investieren also einiges an Zeit in die Informationssuche.

Wann werden Sie diese abbrechen? Was unterscheidet die Anschaffung eines neuen Autos von der eines neuen Pullovers? Wie hängt dies mit der rationalen Informationsbeschaffung zusammen?

- Vor einem Autobahntunnel gibt es zehn besetzte Mautstellen. Während Sie sich den Mautstellen nähern, überlegen Sie, welche Sie anfahren sollen. Sie sehen, daß sich vor den Mautstellen unterschiedlich lange Autokolonnen gebildet haben. Für welche Mautstelle werden Sie sich entscheiden? Wie werden sich andere Autofahrer, die ebenfalls bei der Mautstelle eintreffen, verhalten? Was folgt daraus?

- Sie sind auf dem Weg zu einer Party bei guten Freunden und, wie immer, zu spät dran. Sie sind mit Ihrem Auto unterwegs und müssen eine stark frequentierte Stadtautobahn benutzen. Da wechseln Sie die Fahrspur nach links, weil Sie bemerkt haben, daß es dort schneller weitergeht. Nach etwa zwei Kilometern überholt Sie ein alter Lastwagen auf der rechten Fahrspur, der vor Ihrem Fahrspurwechsel noch einige Autos hinter Ihnen war. Was ist passiert ... ?

- Wird die Firmenleitung einer Aktiengesellschaft tatsächlich versuchen, den Gewinn zu maximieren? Tut sie es nicht oder gelingt es ihr nicht – was ja bekanntlich auch immer wieder vorkommt –, dann wird sie entweder von den Aktionären abberufen und durch eine Führungsmannschaft ersetzt, die den Gewinn maximiert. Oder die Kurse der Aktien sinken aufgrund der schlechten Gewinnsituation: Dann ist die Wahrscheinlichkeit groß, daß die Unternehmung von einer anderen übernommen wird und die Firmenleitung durch eine andere, eine, die den Gewinn maximiert, ersetzt werden wird. Oder – im schlechtesten Fall – scheidet die Firma aus dem Markt aus. Damit verbleiben erst diejenigen, die den Gewinn maximieren.

1.2.2 Das Opportunitätskostenkalkül

Abweichend von der umgangssprachlichen Gebrauchsweise des Wortes 'Kosten' hat die Ökonomik ein klares und konsistentes Kostenkonzept entwickelt, das 'Konzept der Opportunitätskosten', auch 'Alternativkostenkonzept' genannt, dessen Verständnis für die gesamte Mikroökonomik ebenso grundlegend wie für Ihre persönlichen Entscheidungen und effizienten Planungen unverzichtbar ist.

Das Opportunitätskostenkonzept ist gleichermaßen eine Operationalisierung des Rationalkalküls. Ganz allgemein gesprochen geht man davon aus, daß zur Erlangung eines Gutes immer Mittel, wozu insbesondere auch die dafür benötigte Zeit zählt, aufgewendet werden müssen. Werden nun – egal ob in der Produktion oder beim Konsum – Mittel für eine bestimmte Verwendung aufgebraucht, dann sind sie für eine andere nicht mehr verfügbar. Auf das, was man *statt dessen* hätte produzieren oder konsumieren können, *muß* man verzichten.

In der Ökonomik versteht man daher unter Kosten ganz allgemein den Wert jener Alternative, auf die durch die getroffene Entscheidung verzichtet werden mußte, die also statt dessen hätte gewählt werden können. Stehen mehrere Alternativen zur Wahl, dann entstehen die Kosten durch den Verzicht auf jene Alternative, die den höchsten Alternativnutzen, sei es in der Konsumtion oder in der Produktion, besitzt.

George Bernhard Shaw erfreute sich offensichtlich noch im hohen Alter seines berühmt berüchtigten spitzen Geistes. Als er nämlich an seinem 90. Geburtstag gefragt wurde, wie er sich so mit 90 fühle, meinte er: 'Großartig, wenn Sie die *Alternative* bedenken!'

Differenzieren wir nun der Genauigkeit halber das Opportunitätskostenkonzept nach seiner Verwendung bei Produktions- und Konsumtionsentscheidungen:

1.2.2.1 Das Opportunitätskostenkonzept bei Produktionsentscheidungen

Weil die zur Verfügung stehenden *Produktionsmittel*, man spricht auch von *Ressourcen* oder *Inputs* knapp sind, muß entschieden werden, wofür, d.h. für die Produktion welcher Güter und Dienstleistungen sie verwendet werden sollen. Aus dem Faktum der Knappheit folgt die Notwendigkeit der Entscheidung. Weil Entscheiden stets den Verzicht auf die nicht gewählten Alternativen bedeutet, ist jede Entscheidung mit Opportunitätskosten verbunden. Opportunitätskosten sind die Folge von Knappheit.

In einer knappen Welt ist es vernünftig, die Ressourcen möglichst sparsam einzusetzen und Verschwendung zu vermeiden. *Effizienz* bedeutet ganz allgemein das bestmögliche Nutzen der vorhandenen Ressourcen, oder anders herum: die *Absenz von Verschwendung*. *Effiziente* Produktion muß damit bedeuten, daß die Erhöhung der Erzeugung eines Gutes, wir verwenden dafür oft den schönen Begriff 'Output', nur mehr durch eine Senkung des Outputs bei einem anderen Gut, damit durch den *Verzicht* auf gerade diese Menge des anderen Gutes, *erkauft* werden. Die stets begrenzten Ressourcen müssen für die Outputerhöhung bei einen Gut von der Produktion eines anderen Gutes abgezogen werden. Man kann mit einer endlichen Anzahl von vollausgelasteten und effizient eingesetzten Ressourcen also *entweder* mehr von dem einen *oder* von dem anderen Gut produzieren, *nicht* aber mehr von beiden. Dies gilt für eine einzelne Unternehmung ebenso wie für die Volkswirtschaft insgesamt, betrachtet als eine einzige große Unternehmung.

Werden in einer Volkswirtschaft nur Einfamilienhäuser und Automobile produziert, so muß eine Erhöhung des Outputs an Einfamilienhäusern mit einer Verminderung des Outputs an Autos erkauft werden. Die Arbeiter und das Kapital können entweder in der Automobil- oder in der Bauindustrie eingesetzt werden, nicht aber in beiden Industrien gleichzeitig. (Hiezu eine interessante Frage: Wer bestimmt nun eigentlich, was produziert werden soll, mehr Autos oder mehr Einfamilienhäuser?)

Das Opportunitätskostenkalkül wird auch bei der Entscheidung eines Bauern sehr plastisch, der vor die Frage gestellt ist, womit er seine Äcker dieses Jahr bestellen soll. Baut er Mais an, so sind die damit bestellten Böden nicht mehr für Getreide verfügbar. Baut er Kartoffeln an, scheiden die Zuckerrüben aus!

Am drastischsten ist das Kanonen-oder-Butter Beispiel, wobei Kanonen für Rüstungsgüter und Butter für Güter des täglichen zivilen Bedarfs stehen. Eine Erhöhung des Outputs an Kanonen muß durch eine Senkung des Outputs an Butter erkauft werden. Der 'Preis' für die Erhöhung des Kanonenoutputs besteht im Rückgang von Output an Butter, hervorgerufen durch eine Reallokation der Ressourcen von der Butter- zur Kanonenindustrie. Leider können wir das immer noch beobachten: Denken Sie dabei an momentan aktuelle Krisen. Arbeitskräfte werden aus der zivilen Produktion zum Kriegsdienst eingezogen, sie können damit nicht mehr Konsum- und

1. Das ökonomische Grundproblem

Investitionsgüter produzieren. Das muß dann irgendwo fehlen. Der Schaden für die Volkswirtschaft insgesamt ist damit enorm.

1.2.2.2 Das Opportunitätskostenkonzept bei Konsumentscheidungen

Die Widmung der dem einzelnen Haushalt zur Verfügung stehenden knappen Mittel in einer bestimmten Verwendungsrichtung ist immer mit dem Verzicht auf den Erwerb anderer Güter verbunden. Zwar sind die Haushalte heute zumeist relativ reichlich mit finanziellen Mitteln ausgestattet, dennoch sind diese knapp, oft sehr knapp. Bei geplanter voller und nutzenmaximierender Verausgabung der Konsumsumme ist der Erwerb einer Einheit des einen Gutes mit dem Verzicht auf den Erwerb anderer Güter verbunden. Die Opportunitätskosten des Erwerbs einer neuen (zusätzlichen) Stereoanlage bestehen im (erzwungenen) Verzicht auf die (heurige) Fernreise. Die Opportunitätskosten der neuen Kücheneinrichtung liegen im Verzicht auf die Renovierung der Almhütte. Die Opportunitätskosten des neuen Sportcoupés liegen im Verzicht auf die Anschaffung einer Segeljacht.

Am markantesten tritt das Opportunitätskostenprinzip im Konsum aber hervor, wenn es um die Allokation des für jeden Haushalt gleichermaßen knappen Gutes 'Zeit' geht. Sie können nach Arbeitsschluß Tennis *oder* Squash spielen, Schwimmen *oder* Joggen gehen, in das eine *oder* das andere Restaurant Abendessen gehen, ins Kino *oder* ins Theater, ins Konzert *oder* zum Heurigen gehen, mit Claudia *oder* mit Paula ausgehen, niemals aber beides gleichzeitig. Noch krasser formuliert: Silvias Opportunitätskosten, mit Gert zu gehen, bestehen im Verzicht, Gustav zum Freund zu haben! Da gibt's keinen Weg drum herum! Also *entweder – oder!*[16]

Die Opportunitätskosten Ihrer erfolgreich abgelegten VWL-Prüfung bestehen in dem Verzicht auf einige Tage Schlendrian, einige Nächte in In-Beiseln und ähnlichem. Das läßt sich freilich auch umdrehen: Die Opportunitätskosten einiger Tage 'Blaumachen' liegen in der Nicht-Ablegung der VWL-Prüfung!

Die Opportunitätskosten dieses Buches – das, was Sie dafür bezahlt haben – bestehen im Verzicht auf die Verausgabung dieser

---

[16] Gelingt es wirklich, gleichzeitig zwei Freundinnen/Freunde zu haben? Wenn ja, worin liegen die Opportunitätskosten dieses Vorgehens?

Summe in Ihrem Lieblingslokal, für Ihre Lieblingslektüre (die sich allerdings bald ändern wird ...), für Theaterbesuche oder was auch immer Sie gerne konsumieren, oder aber allgemein ausgedrückt, im Verzicht auf den Nutzen desjenigen Gutes, das Sie sich mit der für 'Spaß mit Mikro' verausgabten Geldsumme hätten kaufen können.

Die Opportunitätskosten der *Lektüre* dieses Buches, die Ihnen in diesem Augenblick entstehen, liegen in der momentan nicht möglichen Verwendung Ihrer Zeit für jene Beschäftigungen, denen Sie besonders gerne nachgehen. Aber keine Panik! Laufen Sie jetzt nicht weg! Die Opportunitätskosten des *Kaufs und der Lektüre* dieses Buches sind einfach lächerlich gering im Vergleich zu den Erträgen, die Ihnen die aufmerksame Lektüre dieses Buches eröffnen wird. Bleiben Sie also ruhig dran, Sie werden sehen, es lohnt sich gewiß!

Apropos dieses Buch! Sie haben es sich doch redlich erworben, also gekauft ... oder? ... oder etwa nicht? Sie haben es sich kopiert? Ja? ... na, das war eine folgenreiche Fehlentscheidung! (Wenn Sie sich jetzt umdrehen, ich stehe direkt hinter Ihnen und gleich ...) ... doch eins nach dem anderen.

Analysieren wir: Sie sind vor einer Entscheidung gestanden, nämlich: Soll ich dieses eigenartige Buch 'Spaß mit Mikro' kaufen oder soll ich es kopieren? Opportunitätskosten können nur dort entstehen, wo sich für den Einsatz von (stets knappen) Mitteln Alternativen auftun, nur dort! Für den Kauf müssen Sie den Kaufpreis, die lächerliche Summe von ... na wirklich! ... hinlegen. Dann haben Sie es sich redlich erworben. (Recht so, sage ich!) Sie haben aber auch – das gebe ich schon zu – die Alternative, dieses Buch irgendwo zu kopieren. Dann fallen Ihnen zunächst einmal die Kopierkosten an ... das macht soundsoviel ... kommt also viel, viel billiger, als das Buch zu kaufen. Damit sind die Opportunitätskosten des Buch*kopierens* auf den ersten Blick extrem gering. Und genau deshalb haben Sie sich ja für das Buchkopieren entschieden. Und jetzt werden Sie mir vielleicht noch mit einem smiling face sagen: 'clever, nicht? So rational, wie ihr Volkswirte immer behauptet! Ha!'

Doch da haben Sie die Rechnung ohne den (Volks-)Wirt gemacht! Sie haben nämlich einige Opportunitätskosten vergessen. Zunächst einmal die *Zeit*, die Ihnen entgangen ist, als Sie sich in der Bibliothek oder anderswo zum Kopieren anstellen mußten und dann selbst kopiert haben. Währenddessen hätten Sie sich – in einem beque-

1. Das ökonomische Grundproblem

men Fauteuil zurückgelehnt – bei einer Tasse herrlichen Kaffees dem Blättern des *Buches* hingeben können, einen ersten 'Spaß mit Mikro' gehabt. Das sind übrigens weitere Opportunitätskosten: die *Nutzeneinbuße* die darin besteht, daß Sie nicht ein gebundenes Buch praktisch überall hin mitnehmen und hineinschmökern können, wann Sie wollen, sondern daß die unhandlichen Papierzettel auseinanderfallen und schwer transportierbar sind, am kleinen Cafetisch in Ihrem Lieblingslokal keinen Platz finden etc. Dann haben Sie auch noch den *Augenschaden* vergessen, der Ihnen durch das Blitzlicht beim Kopieren zugefügt wurde und Sie sehr teuer zu stehen kommen kann. Sehen Sie bereits verschwommen? ... so fängt's üblicherweise an. Und schließlich haben Sie noch etwas ganz Entscheidendes übersehen und Opportunitätskosten 'eingefahren', die teils in Geld, teils kaum in Geld abschätzbar sind. Sie haben eine *Gesetzesübertretung* begangen und gegen das Copyright verstoßen. Wenn wir Sie erwischen, wird's teuer. Viel schlimmer noch: Aus ist's mit Ihrem ruhigen Schlaf. Vergegenwärtigen Sie sich die Gewissensbisse, die Sie von nun an plagen werden, weil Sie den Autor und den Verlag um ihr hart erarbeitetes Brot geprellt haben!

Alles in allem: Ein schlechtes Geschäft also! Die Opportunitätskosten des Kopierens von 'Spaß mit Mikro' sind also, geht man ihnen genauer nach, mit Sicherheit um einiges höher als der redliche käufliche Erwerb dieses interessanten Büchleins! Zeit, Nutzeneinbuße, möglicher Gesundheitsschaden, mögliche Folgen einer Gesetzesübertretung und ein schlechtes Gewissen! Ein Hoch auf den redlichen Erwerber! Wenn Sie ein solcher sind, dürfen Sie sich zu dieser weisen Entscheidung beglückwünschen.

Wenn Sie aber zu jenen gehören, die den Kopierweg beschritten haben, dann ... dann besteht die beste Möglichkeit der Wiedergutmachung darin, 'Spaß mit Mikro' gleich zu kaufen, für Sie selbst, als Geschenk für Freunde ... und es wärmstens weiterzuempfehlen.

Und jetzt haben Sie hoffentlich 'spielend' mitgekriegt, was das Opportunitätskostenkalkül für die eigenen Entscheidungs- und Planungsprobleme bedeutet: die Vor- und Nachteile, alle möglichen Kosten und Erträge der einzelnen zur Wahl stehenden Alternativen genau durchzudenken und abzuwägen! Und dann erst zu handeln! Denken Sie nur einmal daran, wieviel Zeit sie durch solche Entscheidungen *gewinnen* könnten! Überlegen Sie, worin mögliche Konsequenzen für Ihre Studienplanung liegen, wenn Sie Ihr (Vor)Urteil revidieren und sich doch mehr Zeit für die Ökonomik nehmen würden ... !

1.2.2.3 Explizite und implizite Kosten

Die genaue Diskussion der Frage "Buch 'Spaß mit Mikro' kaufen oder kopieren", eine Entscheidung, wie wir sie in vielen ähnlichen Varianten täglich zig-mal treffen müssen, hat gezeigt, daß wir, aus welchen Gründen auch immer, oftmals gar nicht unbedeutende Kosten und Erträge, die mit den verschiedenen Alternativen verbunden sind, nur oberflächlich bedenken. Ähnlich liegen die Dinge bei der Unterscheidung von *expliziten* und *impliziten Kosten*.

Die expliziten Kosten (einer Unternehmung) sind diejenigen, die von der Buchhaltung ausdrücklich als Kosten erfaßt werden.

Dazu zählen beispielsweise Löhne und Gehälter, die Ausgaben für bezogene Roh-, Hilfs- und Betriebsstoffe oder auch Abschreibungen. All diese Kosten tauchen *explizit* in der Buchhaltung auf. Für *implizite* Kosten gilt dies nun gerade nicht:

Unter impliziten Kosten versteht man alle entgangenen Erträge, die durch den Verzicht auf eine anderweitige Verwendung der unternehmungseigenen Ressourcen entstehen.

Ein Paradebeispiel für solche implizite Kosten ist der sogenannte *Unternehmerlohn:* Der Unternehmer selbst, der seinen Betrieb führt und dafür keine explizite Entschädigung erhält, könnte eben diese seine Arbeitskraft im selben zeitlichen Umfang und mit ihrer spezifischen Qualität auch anderswo gegen Bezahlung eines Gehalts einsetzen. Die Kosten für die unternehmerische Tätigkeit, die entgangenen Erträge aus dem Einsatz dieser Arbeit in anderen Verwendungen – die Alternativkosten –, scheinen aber regelmäßig in der Buchhaltung nicht auf. Damit wird aber gleichzeitig der Gewinn der Unternehmung als zu hoch ausgewiesen!

Ebenso verhält es sich natürlich mit dem unternehmungs*eigenen* Kapital, für das in der Buchhaltung keine Zinsen auf der Soll-Seite der Gewinn-und-Verlustrechung in Abzug gebracht werden (dürfen). Was das in der Unternehmung eingesetzte *unternehmungseigene* Kapital – nicht aber das Fremdkapital, für das sehr wohl Zinszahlungen erbracht werden müssen – anderswo hätte verdienen können, das

1. Das ökonomische Grundproblem

sind *implizite Kosten,* die in einem ökonomischen Kalkül nicht fehlen dürfen.

Zieht man nun all diese Kosten genau mit in Betracht, dann sieht es freilich mit den Gewinnen nicht mehr so rosig aus. Schauen Sie sich einmal genauer nach Beispielen dafür um, diese sind sehr zahlreich! Bei einem 'Beispiel' kommen Sie gewiß regelmäßig vorbei: Die Buchhandlung gleich in der Nähe Ihrer Universität macht also einen satten Gewinn? Na, bei der Lage! Hunderte Studenten täglich kommen hier vorbei! Macht diese Buchhandlung tatsächlich einen *ökonomischen Gewinn* oder bloß einen buchhalterischen Buchhandlungsgewinn, weil die *impliziten Kosten,* die nicht ins Kalkül mit eingehen, nicht in der Buchhaltung aufscheinen. Diese Frage ist nur zu beantworten, wenn man z.B. weiß, wem das Geschäftslokal, in dem die Buchhandlung untergebracht ist, gehört. Gehört es der Buchhandlung selbst, ist es also eine *unternehmungseigene* Ressource, dann *könnte* sie es auch vermieten! Wofür eben in dieser Lage gewiß ein guter Preis zu erzielen wäre. Genau das wären die *impliziten Kosten, die Opportunitätskosten,* die vom buchhalterisch ermittelten Gewinn in Abzug gebracht werden müßten! Erst das, was nach Abzug aller Kosten, der *expliziten und der impliziten Kosten,* von den Erlösen der Unternehmung übrigbleibt, nennen wir *Gewinn im ökonomischen Sinne.*

Unter dem ökonomischen Gewinn verstehen wir also ganz allgemein die Differenz zwischen den Erlösen aus dem Verkauf von Gütern und Dienstleistungen und den Opportunitätskosten aller Ressourcen, die zur Erstellung dieser Güter oder dieser Leistungen erforderlich bzw. in der Unternehmung eingesetzt waren. Und eben diese Opportunitätskosten umfassen auch die impliziten Kosten, sei es für eigene Ressourcen, sei es für die Übernahme eines spezifischen Risikos.

Schon an dieser Stelle soll auf etwas hingewiesen werden, was später noch ausführlicher behandelt werden wird und ein zentrales Moment des marktwirtschaftlichen Allokationsprozesses darstellt:

Einen solchen ökonomischen Gewinn, der nicht mit der umgangssprachlichen Bedeutung des Begriffs 'Gewinn' zu verwechseln ist, gibt es nun in langfristiger Betrachtung gar nicht, funktionierende Konkurrenzmechanismen auf den Märkten vorausgesetzt.

Dies ist die Aussage des sogenannten *Zero-Profit-Theorems*.[17] Gibt es nämlich Branchen, in denen ein positiver ökonomischer Gewinn erzielt wird, in denen also die Erträge die Opportunitätskosten der Produktionsfaktoren übersteigen, und besteht *freier Marktzutritt*, dann werden die Ressourcen eben verstärkt in diese Branche fließen, woraufhin deren Output steigt, was ceteris paribus zu einem Fallen der Preise der dort produzierten Güter und damit auch zum Fallen der Gewinne dieser Branchen bzw. mitunter auch zu deftigen Verlusten führen wird.[18]

Machen Sie mit Ihren Ressourcen, bewertet zu Opportunitätskosten einen ökonomischen Gewinn? Worin bestehen Ihre impliziten Kosten, über welche Ressourcen verfügen Sie? Denken Sie doch einmal darüber nach, Sie haben gewiß mehr Ressourcen und höhere Opportunitätskosten als Sie im ersten Moment meinen ....

1.2.2.4 Sunk Costs

Es ist Ihnen sicherlich auch schon einmal passiert, daß Sie die Kosten und Mühen eines weiten Weges auf sich genommen haben, um ein Gut zu erstehen, das irgendwo besonders günstig angepriesen wurde, dann aber leider schon vergriffen war. Da gibt es irgendwo außerhalb der Stadt in einem großen Einkaufscenter einen Elekto-Discounter, der – in Tageszeitungen fest beworben – zu sagenhaft günstigen Preisen CDs anbietet. Da lohnt es sich, die Fahrtspesen auf sich zu nehmen und hinzufahren. Doch partout diese beworbenen CDs, die Sie sich zulegen wollten, sind schon weg. Was tun? Die Fahrtkosten sind angefallen, die kriegen Sie nicht mehr zurück: Das sind *sunk costs*.

Unter sunk costs ('versunkene Kosten') versteht man irreversiblen Aufwendungen der Vergangenheit, die also nicht mehr 'gutzumachen' sind. Sie sind die Folge der unter Unsicherheit getroffenen Entscheidungen der Vergangenheit und zählen keinesfalls als Opportunitätskosten. Deshalb dürfen sie in weiteren Entscheidungen keine Rolle mehr spielen.

Ob Sie jetzt – weil sie schon die Kosten der Anreise zum Ein-

---

[17] Siehe dazu genauer Kap. 7.4.1.
[18] Es kann auch aufgrund der verstärkten Nachfrage nach Ressourcen zu Preissteigerungen (für diese Inputs) kommen, was den Gewinn der Unternehmungen ebenfalls, diesmal 'von unten' (von den Faktormärkten her) abbaut.

1. Das ökonomische Grundproblem

kaufszentrum auf sich genommen haben – noch andere CDs kaufen oder nicht, sollte ausschließlich von den Preisen abhängen. Sind diese günstiger als in der Stadt und wollten Sie sich auch andere CDs zulegen, dann sollten Sie kaufen, sonst nicht. Alles andere hieße: schlechtem Geld gutes nachzuwerfen.

Dazu noch ein anderes Beispiel aus der Unternehmungstheorie, das das Konzept der *sunk costs* noch etwas deutlicher darstellen soll: Eine Unternehmung hat eine 'maßgeschneiderte' Maschine angeschafft, für die es *keine* andere Verwendungsmöglichkeit gibt, als ein bestimmtes Produkt zu erzeugen. Denken Sie beispielsweise an eine Papiermaschine. Weder sei eine Vermietung dieser Maschine möglich, noch würde der Schrottpreis die Abbruchkosten einigermaßen decken. D.h. diese Maschine besitzt keinen Wert außer für die Firma und in ihrer gegenwärtigen Verwendung. Damit sind die Opportunitätskosten dieser Maschine Null. Etwaige mit der 'bloßen' Existenz dieser Maschine verbundenen Kosten, wie beispielsweise Abschreibungen, dürfen für die Entscheidung, zu produzieren oder nicht zu produzieren, keine Relevanz besitzen.

Dies wird dann deutlich, wenn wir uns das Beispiel genauer ansehen: Wird mit dieser Maschine produziert, dann seien die Kosten aller anderen Faktoren, die noch beschafft werden müssen 100.000,- Geldeinheiten.[19], die Erlöse der damit produzierten Güter würden sich auf 135.000,- Gd belaufen, jeweils pro Produktionsperiode. Die Abschreibungen pro Periode belaufen sich auf 50.000,- Gd. Die Entscheidung, vor der die Unternehmung steht, ist nun, ob zu diesen Bedingungen produziert werden soll oder nicht. Um das richtig zu entscheiden, müssen das *Plus und das Minus dieser Entscheidungssituation* miteinander verglichen, müssen den Erträgen die Opportunitätskosten gegenübergestellt werden. Die Opportunitätskosten bestehen – wie Sie jetzt bereits wissen – aus den entgangenen Erträgen aus der alternativen Verwendung der Ressourcen. Für die Maschine bestehen aber *keine* solche alternativen Verwendungsmöglichkeiten! Daher dürfen die aus der Anschaffung der Maschine resultierenden Kosten, wie die Abschreibungen, *nicht* als Opportunitätskosten angesehen werden. Vielmehr sind die Opportunitätskosten der Maschine Null! Das Kalkül Erträge (135.000,-) minus Opportunitätskosten

---

[19] Wir verwenden im folgenden für Geldeinheiten immer die Abkürzung *Gd*.

(100.000,- für die noch zu beschaffenden Faktoren) ergibt also einen *Gewinn* von 35.000,- Gd, damit ist die Entscheidung für die Produktion gefallen. Hätten wir die Abschreibungen in Höhe von 50.000,- Gd, Kosten, die aus einer nicht änderbaren Vergangenheit herrühren, mit in das Kalkül gezogen, dann führte die Entscheidung zu produzieren zu einem 'Verlust' in Höhe von 15.000,- Gd, die Produktion müßte deshalb unterbleiben. Damit würden aber überhaupt keine Erlöse erzielt, das Resultat wäre ein Verlust in Höhe der verbleibenden Abschreibungen, also von 50.000,- Gd. Mit der auf Grund des Opportunitätskostenkalküls gefällten Entscheidung für die Produktion, hätte sich aber der Buchverlust durch den damit erzielbaren Deckungsbeitrag von 35.000,- auf 15.000,- Gd reduzieren lassen. Werden hingegen die 'sunk costs' miteinbezogen, dann führt dies zu einer *falschen* Entscheidung.

Der grundsätzliche Unterschied ist noch einmal klar herauszustreichen: Für ein erst noch zu realisierendes Investitionsprojekt müssen *alle* damit verbundenen Erlöse und Kosten mit ins Kalkül gezogen werden. Ist jedoch ein Projekt bereits (teilweise) realisiert, so dürfen auch hier *nur die Opportunitätskosten* eine Rolle spielen und in dem Fall, in dem keine alternativen Verwendungsmöglichkeiten für eine Anlage bestehen, *keine* Kosten in Ansatz gebracht werden.

Ganz ähnlich liegt der Fall oben bei der Entscheidung, ob nun andere CDs gekauft werden sollen oder nicht. Die Kosten für die Fahrt zum Discounter sind und bleiben angefallen. Sie zählen daher für *künftige Entscheidungen* nicht mehr. Ausschlaggebend ist hier einzig und allein, ob jene CDs, die Sie sich auch anschaffen wollten, entsprechend billiger sind als in der Stadt (oder dort, wo Sie sie üblicherweise kaufen); sind sie es nicht und Sie kaufen sie trotzdem, 'weil Sie schon da sind', dann handeln Sie falsch: Sie werfen gutes Geld schlechtem nach; sind sie billiger und Sie kaufen, dann handeln Sie rational.

Was also in der Vergangenheit irreversibel investiert wurde und wofür keine alternativen Verwendungsmöglichkeiten in der Gegenwart oder Zukunft besteht, ist völlig irrelevant für heutige korrekte Entscheidungen. Die damit verbundenen Kosten sind die sunk costs.

Was vergangen ist, ist vergangen: Let bygones be bygones! Für die heute zu treffenden Entscheidungen sind einzig und allein zukünftige Erträge und zukünftige Opportunitätskosten maßgebend.

Dies wird nur zu oft übersehen! Nicht nur bei ökonomischen Entscheidungen, beim Kartenspielen, in der Kriegsführung, sondern auch auf einem damit 'eng verwandten' Gebiet: der Liebe! Nur daß Sie in der Vergangenheit in eine Beziehung sehr viel 'investiert' haben, ist kein ausreichender Grund dafür, sich weiterhin ins Zeug zu werfen, wenn die Aussichten auf 'Gewinn' schlechter und schlechter werden! Denken Sie gleich darüber nach, wo Sie vielleicht einem solchen Irrtum aufsitzen!

1.2.3 Die Produktionsmöglichkeitenkurve

Um das Opportunitätskostenkonzept auch graphisch anschaulich darzustellen, wollen wir uns nun der sogenannten Produktionsmöglichkeitenkurve zuwenden. Betrachten Sie dazu bitte Abbildung 1.1. Wir gehen von einer Volkswirtschaft, gesehen als eine einzige große Unternehmung, aus. Mit den der Volkswirtschaft insgesamt zur Verfügung stehenden Ressourcen können Konsumgüter, wir bezeichnen sie mit X, die wir auf der X-Achse (man nennt diese Achse auch die Abszisse) abtragen, und 'Sicherheitsgüter' (für die innere und äußere Sicherheit), wir bezeichnen sie mit Y, die wir auf der Y-Achse (die auch Ordinate genannt wird) abtragen, produziert werden. Diese Gütergruppen 'konkurrieren' nun um die der Volkswirtschaft zur Verfügung stehenden Ressourcen.

Die Produktionsmöglichkeitenkurve stellt alle möglichen Kombinationen zweier Güter(gruppen) dar, die mit den gegebenen Ressourcen einer Unternehmung bzw. einer Volkswirtschaft und mit der gegebenen Technologie effizient produziert werden können. Effizient heißt dabei: ohne irgendeine Verschwendung von Ressourcen!

Damit stellt die Produktionsmöglichkeitenkurve gleichzeitig eine Trennungslinie dar: Sie trennt zwei Bereiche scharf voneinander ab: den für die Volkswirtschaft *unerreichbaren* Bereich, er liegt oberhalb bzw. rechts von der Produktionsmöglichkeitenkurve, und einen, der uns als *Produktionsmöglichkeitenmenge* zugänglich ist: Dies ist der von den Koordinatenabschnitten und der Produktionsmöglichkeitenkurve umschlossene Bereich OAB. Dieser Bereich ist *begrenzt* und *endlich* und signalisiert somit die *Knappheit*. So ist beispielsweise der Punkt D, der eine bestimmte Kombination von Konsum- und Sicherheitsgütern darstellt, Element dieser Produktionsmöglichkeitenmenge. Doch stellt dieser Punkt D kein *effizientes* Produktionsergebnis – wir verwenden dafür auch den Begriff der *Allokation* – dar. Denn nur Punkte *auf* der Produktionsmöglichkeitenkurve markieren ein *effizientes* Ergebnis, eine *effiziente Allokation*. Die durch den Punkt D repräsentierte Outputkombination ist deshalb ineffizient, weil durch eine *Reallokation*, d.i. eine Umverteilung der Faktoren, die zur Produktion dieses Güterbündels erforderlich waren, der Output insgesamt erhöht werden kann. Die effiziente Outputkombination E, die auf der Produktionsmöglichkeitenkurve liegt, enthält im Vergleich zur ineffizienten Outputkombination D von *beiden* Gütern, X und Y mehr Einheiten, obwohl sie mit *demselben* Ressourceneinsatz erstellt wurde!

Abb. 1.1: Die Produktionsmöglichkeiten- oder Transformationskurve

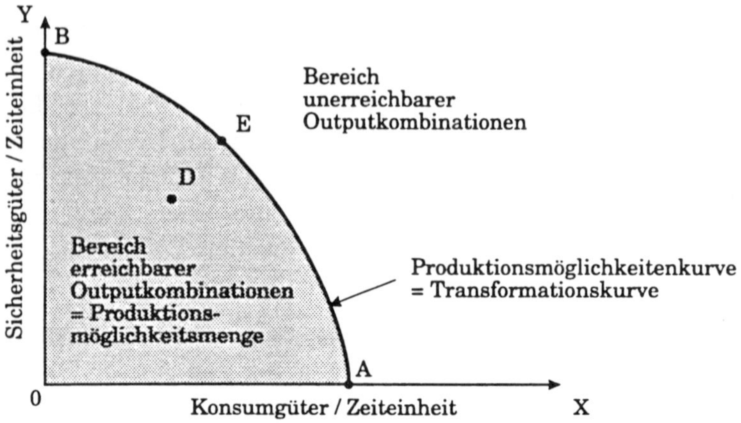

Damit haben wir zu einer einleuchtenden Definition von *Effizienz*, genau genommen der *technischen Effizienz* gefunden:

Eine Unternehmung bzw. Volkswirtschaft produziert dann technisch effizient, bzw. liegt dann technische Effizienz vor, wenn es nicht mehr möglich ist, den Output eines Gutes zu erhöhen, ohne gleichzeitig den Output eines anderen Gutes reduzieren zu müssen.

Und dieses strenge Effizienzkriterium gilt eben nur für die Trennungslinie zwischen den für eine Volkswirtschaft erreichbaren und unerreichbaren Kombinationen, also *nur* für die Produktionsmöglichkeitenkurve: Nur *auf* der Produktionsmöglichkeitenkurve

1. Das ökonomische Grundproblem

wird das produziert, was mit den verfügbaren Ressourcen und der verfügbaren Technologie gerade noch, also maximal möglich ist.

Daß wir, vor die Frage gestellt, einen Punkt auszuwählen, einen auf der Produktionsmöglichkeitenkurve wählen, ist wohl unmittelbar einsichtig. Doch welchen? *Jeder* Punkt auf der Produktionsmöglichkeitenkurve, die damit die Summe der technisch effizienten und damit rationalen Alternativen beschreibt, hat nun ganz bestimmte, *reale* Kosten – von (Geld-)Preisen für die beiden Güter wollen wir vorerst einmal absehen.[20]

Das Opportunitätskostenkonzept, das – ganz allgemein gesprochen – aussagt, daß, um etwas zu erhalten, immer etwas aufgegeben werden muß, kommt nun durch die *negative Neigung* der Produktionsmöglichkeitenkurve zum Ausdruck. Diese *negative* Beziehung zeigt auf den ersten Blick, daß 'etwas mehr' von den Konsumgütern mit 'etwas weniger' von den Sicherheitsgütern erkauft werden muß. Damit zeigt die Produktionsmöglichkeitenkurve die *realen Kosten* der jeweiligen (technisch) effizienten Alternativen. Sie zeigt, welche Menge der einen Gütergruppe aufgegeben werden muß, um *eine* Einheit von der anderen Gütergruppe zu erhalten. Bewegungen auf der Produktionsmöglichkeitenkurve *transformieren* also die Zusammensetzung des effizienten Gesamtoutputs. Deshalb wird die Produktionsmöglichkeitenkurve auch *Transformationskurve* genannt.

Die Kosten für eine Einheit des einen Gutes, ausgedrückt in jenen Mengeneinheiten des anderen Gutes, auf die zwecks Produktion einer Einheit des einen Gutes verzichtet werden mußte, nennt man Rate der Transformation. Diese Transformationsrate entspricht den realen Opportunitätskosten.

Bezeichnen wir mit ΔY jene Menge des Gutes Y, die aufgegeben werden muß, um *eine* Einheit von X zu erhalten, die wir mit ΔX bezeichnen, und setzen wir beide Differenzen zueinander in Beziehung, dann erhalten wir als Differenzquotienten die *Rate der Transformation*:

$$RT = -\frac{\Delta Y}{\Delta X}$$

---

[20] Erst bei Miteinbeziehung der Preise der Güter kommt, als *umfassendster Effizienzbegriff* die ökonomische Effizienz ins Spiel. Siehe dazu: Kap. 3.5 Produktionsmöglichkeitenkurve und Gewinnmaximum der Unternehmung.

und lesen dies: Wieviele Einheiten des Gutes Y müssen aufgegeben werden (= Zähler ΔY), um *eine* zusätzliche Einheit von Gut X zu erhalten (= Nenner ΔX).

Mit dem Symbol Δ bezeichnen wir immer eine (kleine) Differenz, hier eben das Mehr oder das Weniger von X und Y. Lassen wir ΔX immer kleiner werden, also $\Delta X \to 0$ (Sprich: 'Delta geht gegen Null'), dann erhalten wir statt des Differenzenquotienten den Differentialquotienten $\frac{dY}{dX}$, den wir die *Grenz*rate der Transformation nennen. Und wir schreiben:

$$GRT = -\frac{dY}{dX}$$

Die (Grenz)Rate der Transformation ist *negativ*, weil mehr von Gut X nur in Verbindung mit weniger von Gut Y möglich ist, zwischen dem Output beider Güter also eine *negative Beziehung* besteht.

Dies wird in Abbildung 1.2 dargestellt. Die Bewegungen auf der Produktionsmöglichkeitenkurve von E_1 bis E_4 stellen diese Transformation des Outputs dar, wobei bei jedem Schritt der Output um *eine* zusätzliche Einheit von Gut X erhöht und um entsprechende Einheiten von Gut Y vermindert wird.

Abb. 1.2: Die Produktionsmöglichkeiten- oder Transformationskurve
und die steigende Rate der Transformation

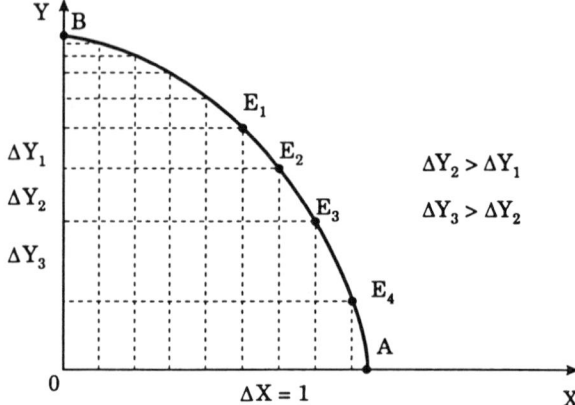

Und noch etwas zeigt uns diese Produktionsmöglichkeitenkurve durch ihren zum Ursprung hin *konkaven* Verlauf:[21] daß bei fortschreitender Transformation eine zusätzliche Einheit an Konsumgütern

---

[21] Eine Kurve hat einen *konkaven* Verlauf, wenn die Tangente daran oberhalb

1. Das ökonomische Grundproblem

durch den Verzicht auf *immer mehr* von den Sicherheitsgütern erkauft werden muß. Während durch den Schritt von E_1 auf E_2 *eine* zusätzliche Einheit von Konsumgütern durch den Verzicht auf *eine* Einheit Sicherheitsgüter erkauft werden muß, sind es beim Schritt von E_2 auf E_3 bzw. von E_3 auf E_4 jeweils deutlich mehr Einheiten Sicherheitsgüter, die für eine zusätzliche Einheit Konsumgüter aufgegeben werden müssen. Das sukzessive Transformieren von Sicherheitsgütern in Konsumgüter wird also immer teurer! Oder, mit anderen Worten: *Bei fortgesetzter Transformation steigt die (Grenz-) Rate der Transformation an!*

Ganz allgemein wollen wir an dieser Stelle dazu nur anmerken, daß offenbar die Produktion eines Gutes ab einem bestimmten Niveau nur mehr mit *überproportional steigendem Mitteleinsatz* vermehrbar ist. Diesem bei der Produktion von Gütern regelmäßig auftretenden Phänomen wollen wir uns nun genauer zuwenden.

1.2.4 Die Produktionsfunktion

Produktion bedeutet die Herstellung von Gütern und Dienstleistungen. Dazu müssen *Produktionsfaktoren, Inputs,* verwendet werden. Diese möglichst *effizient*, also ohne Verschwendung, zu nutzen, leuchtet ein. Deshalb macht man sich Gedanken um den Prozeß der Produktion, die *Technologie*.

Die Produktionsfunktion beschreibt nun den technologischen Zusammenhang zwischen dem Erzeugnis, wir nennen es das (Total-) Produkt oder den Output, und den dafür erforderlichen Inputs, wir nennen diese die Produktionsfaktoren oder einfach nur Faktoren oder Inputs. Bei der Produktionsfunktion geht es immer um physische Einheiten, um Mengen an Inputs und Mengen an Outputs und darum, wie diese zusammenhängen.

Formal läßt sich dieser Zusammenhang so darstellen:

$$Q = F(a, b, c, d, ...)$$

Wir lesen das so: Der Output Q ist eine Funktion des Einsatzes der Produktionsfaktoren a, b, c, d, ... Das Symbol F bezeichnet die Technologie.

---

dieser Kurve liegt, liegt die Tangente unterhalb der Kurve, dann wird diese *konvex* genannt.

Gleich hier ist eine erste wichtige Klassifikation der Produktionsfunktionen angebracht:

Ist bei der Produktion eines Gutes eine freie Wahl bzw. Kombination der Faktoren möglich, sind also die Inputs vollständig oder auch nur innerhalb bestimmter Grenzen gegeneinander austauschbar, so spricht man von vollständig (alternativ) bzw. teilweise (periphär) substitutionalen Produktionsfunktionen und substitutiven Produktionsfaktoren. Müssen die Inputs dagegen in einem genau festgelegten Verhältnis im Produktionsprozeß eingesetzt werden, dann spricht man von limitationalen Produktionsfunktionen und von komplementären Produktionsfaktoren.

Ein Beispiel für eine limitationale Produktionsfunktion finden wir in einer Taxiunternehmung: Hier funktioniert die Produktion nur mit Fahrzeug *und* mit dem Fahrer – andernfalls gibt es keinen Output. Demgegenüber liegt bei Gütertransportunternehmungen eine beschränkt substitutionale Produktionsfunktion vor: die Faktorkombination, der Inputmix ist über bestimmte Bereiche variierbar. So läßt sich die Größe des LKWs und die Länge des Zuges, den eine Person lenken kann, variieren. Kapital und Arbeit sind also teilweise gegeneinander austauschbar. Ähnlich ist es auch mit einer 'Vorlesung': als Inputs treten der Vortragende, der Hörsaal samt Ausstattung und sonstige Hilfsutensilien auf, sie sind grundsätzlich komplementär, aber dennoch innerhalb bestimmter Bereiche substituierbar: durch den Einsatz von Kapital ist die Vorlesung via Video auch auf andere Hörsäle übertragbar. Beispiele für vollständig substitutionale Produktionsfunktionen sind äußerst selten. Es ist zu befürchten, daß man in der Biotechnologie schon bald soweit ist, den Faktor 'Land' bei der Kartoffelproduktion vollständig durch Kapital zu ersetzen.

In bezug auf die *Verfügbarkeit* der Produktionsfaktoren ist eine zweite wichtige Klassifikation geboten: In sehr vielen Fällen ist die Verfügbarkeit über die einzelnen Inputs eingeschränkt. *Kurzfristig* werden die verfügbaren Mengen von vielen der zur Produktion erforderlichen Faktoren als gegeben, als *unveränderlich* angesehen werden müssen und nur von *bestimmten* Faktoren 'beliebige' Mengen beschafft werden können.

Produktionsfaktoren, die die Unternehmung kurzfristig ohne prohibitiv hohe Kosten in 'jeder' gewünschten Menge beschaffen kann,

1. Das ökonomische Grundproblem

nennen wir variable Faktoren.

Dazu zählen beispielsweise Rohstoffe, wie etwa Rundholz für ein Sägewerk, Brennstoffe für ein Heizwerk, Erz für ein Stahlwerk etc. Innerhalb kürzester Zeit können die gewünschten Mengen beschafft werden (beispielsweise durch die Entnahme aus Lägern oder durch den Bezug von Händlern).

Produktionsfaktoren, die nicht jederzeit beliebig beschafft werden können, deren Beschaffung sich also eine nicht unbeträchtliche Zeit hinauszieht, nennen wir fixe Faktoren.

So ist das Realkapital, im Falle eines Sägewerks die Produktionshalle mit den entsprechenden Maschinen, und damit die Kapazität des Werks kurzfristig gegeben und selbst wenn man alles mögliche versuchen würde, also viel Geld zu zahlen bereit wäre, nicht von heute auf morgen veränderbar. Die Erweiterung eines Sägewerks, der Bau einer neuen, einer größeren Produktionshalle, die Installierung größerer Maschinen nimmt immer einige Zeit in Anspruch. Dies ist von Industrie zu Industrie unterschiedlich und kann sich unter Umständen jahrelang hinziehen. Denken Sie an den Bau eines großen Kraftwerkes. Das kann von der Planung bis zur Fertigstellung mitunter auch länger als 20 Jahre dauern!

Langfristig gesehen können wir aber alle Produktionsfaktoren als variabel ansehen, kurzfristig nicht. Das Abgrenzungskriterium zwischen lang- und kurzfristig ist nicht eine irgendwie bestimmte Periode von drei Monaten oder zwei Jahren, sondern, wie in den Beispielen gezeigt, jener Zeitraum, in dem zu 'vertretbaren' Bedingungen die gewünschten Faktoren in beliebigen Mengen beschafft werden können.

Nimmt der Bau eines neuen Sägewerkes also beispielsweise ein Jahr in Anspruch, so ist für die Sägeindustrie die kurzfristige Periode, in der definitionsgemäß der fixe Faktor, zumeist ist dies das Sachkapital, als unabänderlich hingenommen werden muß, ein Jahr. Kann im Falle einer KFZ-Werkstätte hingegen der Sachkapitalbestand in nur drei Monaten erweitert werden, so ist die kurzfristige Periode in dieser Branche eben nur mit einem Vierteljahr begrenzt. Die Perioden sind also von Industrie zu Industrie ganz unterschiedlich.

1.2.4.1 Das Gesetz des fallenden Grenzertrages

Untersuchen wir nun das Verhalten der Produktionsfunktion in der kurzen Periode, in der, wie gesagt, einige Faktoren fix, einige variabel sind, und variieren wir nun den Einsatz *eines Faktors bei gleichzeitiger Konstanz aller anderen Produktionsfaktoren*. Man spricht in diesem Falle von *partieller Faktorvariation*. Die oben angeführte Produktionsfunktion reduziert sich damit auf:

$$Q = f(a) \qquad b, c, d \ \ldots \ fix$$

Wir lesen diese funktionale Beziehung zwischen Output und Input so: *Die Höhe des Outputs Q ist eine Funktion der Einsatzmenge des Faktors a*, wobei alle anderen Faktoren $b, c, d, \ldots$ *fix* vorgegeben seien.

Man nennt eine Produktionsfunktion mit nur einem variablen Input auch eine Ertragsfunktion, den Output dementsprechend auch Ertrag.

Der in dieser Situation interessierende und von der *Ertragsfunktion* beschriebene Zusammenhang lautet damit:

Wie verändert sich der Output, wenn der variable Input – bei Konstanz aller anderen Inputs – variiert wird? Was passiert also bei partieller Faktorvariation?

Die von der Ökonomik als eine *technologische* Bedingung – also von außen – in ihr Theoriegebäude aufgenommene Gesetzmäßigkeit besagt nun:

Mit zunehmendem Einsatz eines Inputs bei gleichzeitiger Konstanz aller anderen Inputs nimmt der Output (Ertrag) zunächst mit steigenden, dann mit fallenden Grenzerträgen zu, bis schließlich auch diese negativ werden, d.h. der Output ab einer bestimmten Einsatzmenge des variablen Inputs fällt. Dies ist das Gesetz der zunächst steigenden, dann fallenden Grenzerträge, das sogenannte klassische Ertragsgesetz.[22]

Und wir definieren als *Grenzertrag* bzw. *Grenzprodukt*:[23]

---

[22] Da aus einsichtigen Gründen angenommen werden kann, daß die Produktion immer in den Bereich der fallenden Grenzerträge vorgedrungen ist, spricht man etwas verkürzt und nicht ganz korrekt zumeist nur vom Gesetz der *fallenden* Grenzerträge.

[23] Wir verwenden die Begriffe Grenz*ertrag* und Grenz*produkt* synonym.

1. Das ökonomische Grundproblem

Unter dem Grenzprodukt versteht man nun die Veränderung des Outputs hervorgerufen durch eine geringe Veränderung eines einzelnen variablen Inputfaktors, ceteris paribus, also bei Konstanz aller anderen Einsatzfaktoren.

Das Gesetz des abnehmenden Grenzertrages wurde aus Beobachtungen in der Landwirtschaft abgeleitet, wo gerade die erwähnten Bedingungen besonders deutlich hervortreten: Das zur Bebauung verfügbare Land ist in seinem Umfang unabänderlich vorgegeben. Es ist der fixe Faktor. Arbeit hingegen, Saat und Düngemittel können beliebig variiert werden.

Tabelle 1.1: Total-, Grenz- und Durchschnittsprodukt des Einsatzes von Düngemitteln auf fixem Land:

Faktoreinsatz	Totalprodukt	Grenzprodukt	Durchschnittspr.
kg Dünger	kg Getreide	kg Getreide	kg Getreide
1	30	30	30
2	80	50	40
3	150	70	50
4	190	40	47,5
5	220	30	44
6	240	20	40
7	245	5	35
8	230	-15	28,5

Werden jetzt also am *fixen* Land *zusätzliche* Faktoreinheiten eines *variablen* Faktors, etwa Arbeit oder Düngemittel, eingesetzt, so ergeben sich zunächst *steigende Grenzerträge*. D.h., das 1. Kilo Düngemittel, das auf dem fixen Stück Land, sagen wir einem Hektar Getreideacker, eingesetzt wird, bringt einen *zusätzlichen* Ouput von 30 kg Getreide, das 2. Kilo Düngemittel einen *zusätzlichen* Output von 50 kg, das 3. Kilo Düngemittel *zusätzliche* 70 kg Getreide. Sind die Grenzerträge bislang gestiegen, von 30, über 50 auf 70 kg Getreide, so wird mit weiter zunehmenden Düngemitteleinsatz irgendwann einmal ein Punkt erreicht werden, wo die *Grenzerträge* wieder *fallen*. In unserem Beispiel bringe das 4. zusätzliche Kilo nur mehr 40, das 5. 30 und das 6. gar nur mehr 20 Kilo zusätzliches Getreide. *Die Grenzerträge* fallen also mit zunehmendem Düngemitteleinsatz *ab einem bestimmten Einsatzniveau*. Schließlich kann der *Grenzertrag auch negativ* werden. Der Einsatz des 8. Kilos Düngemittel führe zu einer Reduktion des Gesamtoutputs an Getreide um 15 Kilo! Tabelle 1.1 zeigt dies Schritt für Schritt übersichtlich.

Diese Zusammenhänge gelten nun regelmäßig für die landwirtschaftliche wie für die nicht-landwirtschaftliche Produktion, also auch für den *sekundären* (= industriellen) wie für den *tertiären* (= im Dienstleistungs-)Sektor. *Voraussetzung* dafür ist lediglich, daß *wesentliche Inputfaktoren* für die betrachtete Periode *fix* sind. Die bei zunehmendem Einsatz eines Faktors auftretenden steigenden oder fallenden Grenzerträge gehen *nicht* eigentlich auf eine höhere Produktivität des zusätzlich verwendeten Faktors *an sich* zurück, sondern darauf, daß der damit mögliche *Faktormix, die Kombination der Produktionsfaktoren, insgesamt produktiver* wird. Durch eine zusätzlich eingestellte Arbeitskraft ist eine *neue Organisation der Arbeitsprozesse,* eine *weitergehende Spezialisierung und Verfeinerung der Arbeitsteilung* möglich. Dies ist der eigentliche Grund für das nunmehr höhere Grenzprodukt.

Um bei unserem Beispiel vom Sägewerk zu bleiben: Der erste Arbeiter wird – muß er alle Arbeitsgänge selbst ausführen – zwar gewiß einen positiven Gesamtoutput zustandebringen; kommen jedoch ein zweiter, ein dritter oder mehrere hinzu, so wird durch die innerbetriebliche Arbeitsteilung das Grenzprodukt des 2., 3., etc. Arbeiters mit Sicherheit größer sein als das des ersten Arbeiters, der alle Arbeitsgänge allein durchführen muß.[24] *Eine zweckmäßigere Organisation der Arbeitsabläufe ist also der eigentliche Grund für die steigende Grenzproduktivität!* Die innerbetriebliche Organisation und Arbeitsteilung stößt aber früher oder später zunehmend auf ihre Grenzen. Im Sägewerk werden nunmehr bereits so viele Arbeitskräfte beschäftigt, daß diese beginnen, sich gegenseitig im Weg zu stehen, einander zu behindern, wodurch das Grenzprodukt, der zusätzliche Output, den ein zusätzlicher Arbeiter dem Sägewerk hinzufügt, fällt, Null und endlich negativ wird.

Zur Verdeutlichung der beschriebenen Zusammenhänge erweist sich eine graphische Darstellung der Produktionsfunktion in Abbil-

---

[24] Genau genommen handelt es sich nicht um das Grenzprodukt des 3. Arbeiters, sondern um das Grenzprodukt des Einsatzes von drei Arbeitern.

1. Das ökonomische Grundproblem

dung 1.3 als besonders hilfreich.

Abb. 1.3: Die klassische Produktionsfunktion oder das klassische Ertragsgesetz

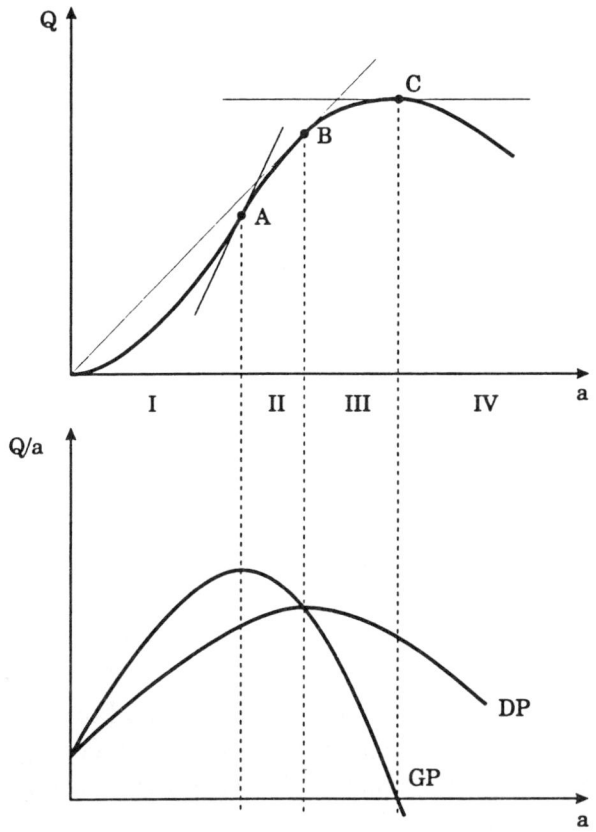

Der obere Teil der Graphik zeigt die 'Klassische Produktionsfunktion' oder das 'Klassische Ertragsgesetz', also die Veränderung des Outputs, hier: *Ertrages*, infolge der Variation *eines* Inputs bei gleichzeitiger Konstanthaltung *aller* übrigen Produktionsfaktoren. Die *abhängige* Variable, der Output Q, wird auf der Y-Achse, der Ordinate, abgetragen, die *unabhängige* aber den Output *bestimmende* Variable a auf der X-Achse, der Abszisse.

Im oberen Teil der Abbildung 1.3 sehen wir, entsprechend des Ertragsgesetzes, den typisch S-förmigen Verlauf der Ertragskurve. Zunächst steigt der Output mit jeder zusätzlichen Inputeinheit stärker an: die *Grenzerträge* steigen. Dies ist ganz deutlich im unteren Teil der Graphik an der ebenfalls zunächst *ansteigenden Grenzertragskurve GP* abzulesen. (Beachten Sie bitte, daß hier auf der Ordinate Q/a abgetragen ist!) Bis zum Punkt A auf der Ertragsfunktion, der auch als *Schwelle des Ertragsgesetzes* bezeichnet wird, steigt der zusätzliche Output, der Grenzertrag, aufgrund einer zusätzlichen Inputeinheit *progressiv* an. Erinnern Sie sich an unser Beispiel vom Sägewerk ...

Wird das Sägewerk in diesem Fall zusätzliche Arbeiter einstellen? Gewiß, denn dadurch läßt sich die Produktivität *aller* Arbeiter, die *Durchschnittsproduktivität* erhöhen. Das leuchtet ein.

Ebenso einsichtig ist, daß ab einem bestimmten Punkt, dem Schwellenpunkt A – oder auch Punkt der fallenden Grenzerträge genannt – die Grenzerträge zwar weiterhin positiv sind, nunmehr aber abnehmen. Jeder zusätzliche Arbeiter fügt also zum Gesamtoutput noch einen *positiven* Grenzertrag hinzu, doch wird dieser nach und nach geringer. Die Produktionsfunktion hat den *Bereich der fallenden Grenzerträge* – schauen Sie auf die Grenzertragsfunktion, sie fällt! – erreicht.

Schließlich wird der Grenzertrag Null, was geometisch dem Schnittpunkt der Grenzertragskurve mit der Abszisse entspricht. Eine zusätzliche Inputeinheit läßt die Höhe des Outputs unberührt. (Punkt C der Gesamtertragsfunktion). Darüber hinaus markiert diese Höhe des Faktoreinsatzes eine entscheidende Wende: Denn ab diesem Punkt des Faktoreinsatzes führt eine zusätzliche Inputeinheit nicht mehr zu einer Erhöhung, sondern zu einer Verminderung des Outputs. Der Grenzertrag wird *negativ!* (Die Grenzertragskurve befindet sich im negativen Bereich!)

Schauen wir uns jetzt die Graphik noch einmal und etwas genauer an. Haben wir bisher nur die Ertragsfunktion und die Grenzertragsfunktion betrachtet, so kommt nun die *Durchschnittsertragsfunktion DP* hinzu. Damit haben wir nunmehr drei Möglichkeiten, die Produktionsfunktion zu beschreiben und können uns nun ganz allgemeinen, wichtigen Zusammenhängen zwischen Grenz- und Durchschnittsprodukt zuwenden.

Zur Wiederholung definieren wir die verwendeten Begriffe exakt:

- Die *Ertragsfunktion* zeigt den Zusammenhang, die *funktionale Beziehung,* zwischen dem Gesamtoutput und dem Einsatz des variablen Inputs bei gleichzeitiger Konstanz aller anderen

1. Das ökonomische Grundproblem

Inputs (kurzfristiger Fall!).

- Die *Grenzertragsfunktion* beschreibt, wie sich der *Ertrag* (Output, Produkt) bei einer *marginalen* Veränderung des Inputs *verändert*, ob er also zunimmt, abnimmt, und wieviel diese Veränderung jeweils ausmacht. Eine Möglichkeit besteht freilich auch darin, daß der Output durch eine zusätzliche Inputeinheit gleich bleibt. In diesem Fall ist der Grenzertrag Null. Zum Beispiel: Wie verändert sich der Output des Sägewerks durch den Einsatz *eines* zusätzlichen Arbeiters: steigt er, fällt er oder bleibt er gleich. Also: Wenn der Output um 40 Einheiten durch den Einsatz eines zusätzlichen Arbeiters – es sei der 5. – steigt, dann ist das Grenzprodukt des 5. Arbeiters 40 Einheiten.

  Formal läßt sich dies als Differenzenquotient anschreiben:

  $$\frac{\Delta Q}{\Delta a}$$

  Und wir lesen: Um wieviel ändert sich der Output (= Zähler ΔQ), im Beispiel 40 Einheiten, wenn sich der Input um *eine* Einheit ändert (= Nenner Δa), im Beispiel ein zusätzlicher Arbeiter.

  Betrachten wir nur sehr kleine Veränderungen des Inputs, wird also Δa sehr klein ($\Delta a \to 0$), dann wird der hier dargestellte Differenzenquotient zum Differentialquotienten $\frac{dQ}{da}$ und wir können den Grenzertrag bzw. das Grenzprodukt exakt definieren als:[25]

  $$GP = \frac{dQ}{da}$$

- Schließlich treffen wir auf den *Durchschnittsertrag* bzw. das *Durchschnittsprodukt* bzw. auf die *Durchschnittsertragsfunktion*. Das Durchschnittsprodukt – wir verwenden dafür den

---

[25] Damit geht es, graphisch gesehen, nicht mehr um die Steigung *zwischen* zwei Punkten auf der Ertragskurve (wie beim Differenzenquotienten), sondern um die Steigung *in* einem Punkt der Kurve. Sie haben es wahrscheinlich schon erkannt: $\frac{dQ}{da}$ ist die 1. Ableitung der Ertragsfunktion und gibt damit die Steigung der Ertragskurve an der jeweiligen Stelle an (diese entspricht der Steigung der *Tangente* an die Ertragskurve an dieser Stelle). So ist beispielsweise in Punkt C die Steigung der *Tangente* an die Produktionsfunktion Null, die Grenzertragsfunktion im unteren Teil von Abbildung 1.3 schneidet daher an diesem Punkt die Abszisse.

zentralen Begriff *Produktivität* – ist definiert als *Output pro Inputeinheit*, also als Division des Outputs durch die jeweilige Anzahl der dafür verwendeten Inputs:

$$DP = Q/a$$

Die Durchschnittsertragsfunktion ordnet jeder Inputmenge ihren Durchschnittsertrag zu, gibt damit an, wieviel Outputeinheiten auf eine eingesetzte Inputeinheit entfallen. Graphisch ergibt sich daraus die Durchschnittsertragskurve. Auch der Durchschnittsertrag kann steigen, gleich bleiben oder fallen.[26]

Um unser Beispiel mit dem Sägewerk fortzusetzen: Sind in diesem Sägewerk 10 Arbeiter beschäftigt und beträgt der Output dieser Arbeiter insgesamt 100.000 Einheiten pro Periode, dann ist der Durchschnittsertrag pro Arbeiter, Q/a, 100.000 : 10 = 10.000 Einheiten. Fügen wir nun den 10 Arbeitern des Sägewerks, die einen Output von 100.000 Einheiten erzeugten, einen zusätzlichen, also einen elften, hinzu, und ist die *Grenzproduktivität* dieses 11. Arbeiters 5.000 Einheiten, ist dann die Durchschnittsproduktivität gefallen oder gestiegen? Sie ist natürlich gefallen! Denn der Gesamtoutput macht nunmehr 105.000 Einheiten aus, der auf nunmehr insgesamt 11 Arbeiter zu verteilen ist. Damit ergibt sich eine neue Durchschnittsproduktivität von 105.000 : 11 = 9.545,45.

Damit kommen wir nun zum wichtigen Zusammenhang zwischen Grenz- und Durchschnittsertrag: Das Beispiel mit dem 11. Arbeiter im Sägewerk zeigt: Ist der Grenzertrag einer zusätzlichen Inputeinheit kleiner als der Durchschnittsertrag, so fällt damit automatisch der Durchschnittsertrag. (Und damit selbstverständlich auch die Durchschnittsertragskurve! Siehe den unteren Teil der Graphik 1.3.) Ist hingegen der Grenzertrag größer als der Durchschnittsertrag, dann steigt der Durchschnittsertrag mit jeder zusätzlichen Einheit an. Be

---

[26] Da wir den Output im oberen Teil der Graphik auf der Ordinate ablesen, den Inputeinsatz auf der Abszisse, sehen wir, daß die In-Beziehung-Setzung der relevanten Achsenabschnitte, Ordinatenabschnitt zu Abszissenabschnitt – Output/Input = Q/a – gerade das Durchschnittsprodukt ergibt. Damit aber entspricht der Anstieg der *Sekante*, der Linie vom Koordinatenursprung zur Produktionsfunktion auf Höhe des jeweiligen Inputeinsatzes, der jeweils gesuchten Durchschnittsproduktivität.

1. Das ökonomische Grundproblem

tritt also ein nicht ganz gertenschlanker Kollege mit etwa 100 Kilo Lebendgewicht den Hörsaal und beträgt das Durchschnittsgewicht der Anwesenden ca. 70 Kilo, dann ist das Durchschnittsgewicht aller Anwesenden gestiegen. Klar: denn das 'Grenzprodukt' war größer als das 'Durchschnittsprodukt'!

Solange also der Grenzertrag größer ist als der Durchschnittsertrag, *steigt* der Durchschnittsertrag (und damit natürlich auch die Durchschnittsertragskurve), sobald aber der Grenzertrag kleiner als der Durchschnittsertrag wird, *fällt* auch der Durchschnittsertrag (und damit natürlich auch die Durchschnittsertragskurve). Graphisch gesehen bedeutet das nichts anderes, als daß die Grenzertragskurve die Durchschnittsertragskurve *von oben* in ihrem Maximum schneiden muß. Und wir sehen: Fällt eine Durchschnittsgröße, dann muß die Grenzgröße immer kleiner sein als die Durchschnittsgröße, steigt sie, so gilt das Gegenteil. Im Schnittpunkt entsprechen sich Grenzertrag und Durchschnittsertrag – beide Größen sind also gleich groß. Dies entspricht im oberen Teil der Graphik dem Punkt B, dem Punkt der *fallenden Durchschnittserträge*.[27]

Fassen wir zusammen:

Die Produktionsfunktion läßt sich bei *partieller Faktorvariation* graphisch darstellen als Ertragsfunktion, als Grenz- und als Durchschnittsertragsfunktion. Die Ertragsfunktion weist unterschiedliche Bereiche auf:

- Bereich 1: Hier steigt der Grenzertrag bis zur Schwelle des Ertragsgesetzes progressiv an (Punkt A).

- Bereich 2: Hier fällt der Grenzertrag, ist aber positiv und noch größer als der Durchschnittsertrag, weshalb auch dieser bis zur Schwelle B steigt: Hier sind Durchschnitts- und Grenzertrag gleich groß.

- Bereich 3: Hier fällt der Grenzertrag, ist kleiner als der Durchschnittsertrag, weshalb auch dieser nunmehr fällt. Schließlich fällt der Grenzertrag auf Null, womit der Gesamtertrag sein Maximum erreicht. Eine zusätzliche Einheit des Input würde den Ertrag nun nicht mehr erhöhen.

---

[27] Graphisch gesehen gilt: *Tangente und Sekante* an die Gesamtertragsfunktion haben in diesem Punkt gleichen Anstieg!

- **Bereich 4:** Jetzt befinden wir uns jenseits des Maximums der Ertragsfunktion, der Grenzertrag ist negativ: zusätzliche Inputeinheiten reduzieren den Output.

Die hier beschriebenen Gesetzmäßigkeiten betreffen, das kann nicht oft genug wiederholt werden, die *kurze* Periode, in der die Verfügbarkeit über wichtige Produktionsfaktoren eingeschränkt ist. Wenden wir uns nun abschließend einer anderen, nun aber die *lange* Periode betreffende Fragestellung zu.

1.2.4.2 Totale Faktorvariation

Sind *alle* Produktionsfaktoren in beliebigen Mengen variabel, dann haben wir es mit der *langfristigen* Periode bzw. mit entsprechend *langfristigen* Überlegungen zu tun. Es leuchtet ein, daß in diesem Fall andere Gesetzmäßigkeiten zum Tragen kommen, als im oben erläuterten kurzfristigen Fall, in dem definitionsgemäß *nicht alle* Produktionsfaktoren beliebig variierbar sind.

Wir wollen uns hier nur mit einer Variante der totalen Faktorvariation befassen, nämlich mit der *proportionalen Variation aller Inputs*.

Dabei wird ein einmal gewähltes Faktoreinsatzverhältnis beibehalten und alle Produktionsfaktoren werden um denselben Faktor (Skalar) variiert. Man spricht deshalb in diesem Fall auch von Skalen- oder Niveauvariation.

Reduzieren wir die Produktionsfunktion auf zwei Argumente, beispielsweise auf die Inputs Arbeit a und Kapital k, so stellt sich die entsprechende Produktionsfunktion formal so dar:

$$Q = f(a, k)$$

Erhöhen wir nun beide Inputs a und k um denselben Faktor λ – das Faktoreinsatzverhältnis bleibt also unverändert –, und gilt:

$$f(\lambda a, \lambda k) = \lambda^r f(a, k) = \lambda^r Q$$

so bezeichnet man solche Produktionsfunktionen als *homogen*. Der Proportionalitätsfaktor r bezeichnet nun den *Homogenitätsgrad* dieser Produktionsfunktion.

Nun sind mehrere Fälle zu unterscheiden:

1. Das ökonomische Grundproblem

- Führt eine λ-fache Erhöhung der Inputs zu einer λ-fachen Erhöhung des Outputs, also beispielsweise eine Verdreifachung der Inputs zu einer Verdreifachung des Outputs, dann spricht man von *konstanten Skalenerträgen*. In diesem Fall ist $r = 1$ und man spricht von einer *linear-homogenen* Produktionsfunktion. Wenn limitationale Produktionsfunktionen diese Bedingung erfüllen – was auch regelmäßig der Fall ist –, dann spricht man von linear-limitationalen Produktionsfunktionen.

- Führt eine λ-fache Erhöhung der Inputs zu einer *mehr* als λ-fachen Erhöhung des Outputs, also beispielsweise eine Verdreifachung der Inputs zu einer Verfünffachung des Outputs, dann spricht man von *steigenden Skalenerträgen*. In diesem Fall ist $r > 1$. Eine solche Produktionsfunktion nennt man *überlinear-homogen*.

- Führt eine λ-fache Erhöhung der Inputs zu einer *weniger* als λ-fachen Erhöhung des Outputs also beispielsweise eine Verdreifachung der Inputs nur zu einer Verdoppelung des Outputs, so spricht man von *fallenden Skalenerträgen*. In diesem Fall ist $r < 1$ und man nennt solche Produktionsfunktionen *unterlinear-homogen*.

In einer Tabelle läßt sich das übersichtlich zusammenstellen:

Tabelle 1.2:
Reaktionsmöglichkeiten homogener Produktionsfunktionen auf Niveauvariationen:[28]

Proportionalitätsfaktor	Homogenitätsgrad der PF	Skalenerträge
$r = 1$	linear-homogene PF	konstante SE
$r > 1$	überlinear-homogene PF	steigende SE
$r < 1$	unterlinear-homogene PF	fallende SE

Soweit die rein technische Seite der proportionalen Faktorvariation. Es ist leicht einsichtig, daß die totale Faktorvariation, die nichts anderes bedeutet als die *Variation der Betriebsgröße* nun in

---

[28] In Tabelle 1.2 werden Produktionsfunktion mit PF, Skalenerträge mit SE abgekürzt.

der Praxis gerade aufgrund der damit verbundenen Möglichkeit *steigender Skalenerträge* äußerst bedeutsam ist. Denn steigende Skalenerträge bedeuten ja nichts anderes als *sinkende Durchschnitts-* oder *Stückkosten*, und welche Unternehmung will oder kann es sich leisten, nicht zu den günstigsten Stückkosten zu produzieren? Wir werden im nächsten Kapitel den Zusammenhang zwischen Produktions- und Kostenfunktionen erläutern und uns anschließend im Kapitel 3 der entscheidenden 'Suche nach den geringsten Stückkosten' und den *Gründen* für konstante, steigende und fallende Skalenerträge genauer zuwenden.

2. Worum geht es eigentlich? Oder: Produktion, Konsumtion und Tausch

2.1 Es geschah an einem Sommertag ... (Geschichten vom Strand I)

Claudio Gelatino ist Student an einer Wirtschaftsuni. Als Abkömmling einer italienischen Einwandererfamilie ist er alles andere als mit finanziellen Mitteln gesegnet. Er studiert Betriebswirtschaftslehre und hält – wie viele seiner Kolleginnen und Kollegen – eigentlich nichts von VWL. Für ihn ist VWL eine Hürde im Studium, die er nehmen muß, mehr nicht.

Um seine wie immer angespannte finanzielle Situation etwas zu entschärfen, arbeitet Claudio Gelatino in den Sommerferien – wie könnte es anders sein – in einem Eissalon eines guten Bekannten. Da er hauptsächlich abends im Einsatz ist, hat er tagsüber viel Zeit, den Sommer zu genießen. Das tut er auch. Er hat viele Hobbies: Tennis, Squash, Reiten, Drachenfliegen und ... natürlich Schwimmen! Und so verläßt er an heißen Sommertagen mit seiner Freundin früh morgens die Großstadt und fährt an einen großen und weitläufigen Stausee in einem abgelegenen, waldreichen Gebiet. Der See ist – Gott sei Dank – an seinen Ufern nicht mit Straßen erschlossen und wer ein Liegeplätzchen am Ufer ergattern will, muß einen kleinen Fußmarsch auf sich nehmen. Dafür herrscht freier Zutritt und viele Badefreudige tun es Claudio und seiner Freundin gleich. Das ist nicht so tragisch, weil der Stausee groß und weitverzweigt ist, sodaß jeder ein passendes Plätzchen findet.

Claudio liegt also wieder einmal am Strand des besagten Stausees in der Sonne und brütet. 'Jetzt ein Eis, ... hmm ..., das wäre was!' denkt er. Gedacht, getan! Claudio sprintet zu seinem Auto und fährt zu einem einige Kilometer entfernten 'Strandcafe', dem einzigen weit und breit. Dort besorgt er sich das gewünschte Eis, obwohl er sich über die Preise, die doppelt so hoch sind wie in der Stadt, ärgert. Er beschließt, seine Portion gleich unterwegs zu vertilgen. Wie er so eisschleckend an den anderen Badegästen am Stand vorbeikommt, bemerkt er deren 'gierige' Blicke und ein kleiner Junge stürzt auf ihn zu und 'bittet' – wie kleine Kinder heute offenbar bitten: 'Eis, Eis ... mir auch!' Was Claudio aus Rücksicht auf seine Freundin zwar bedauernd, aber energisch ablehnen muß. Erst als er sieht, daß sich diese offenbar sehr angeregt mit einem großen blonden Jüngling unterhält, kommt er der flehentlichen Bitte eines zweiten Jungen nach und schenkt ihm die eigentlich für seine Freundin vorgesehene Portion. Es kommt, wie es kommen muß! Der nachfolgende lebhafte Streit entzweit das Liebespaar und Claudio ist fassungslos, als er seine Freundin offenbar völlig unbekümmert auf dem Surfbrett ihres neuen Verehrers zusammen mit diesem davonbrausen sieht.

Nachdem Claudio sich beruhigt hat, beginnt er über die Sache mit dem Eis nachzudenken. 'Verdammt hoher Preis dort drüben' ärgert er sich. 'Doch was, wenn ich das Eis von 'meinem' Salon mitnehme und selbst den Strand abklappere, das Eis also den Leuten selbst serviere? Das ist *die* Idee!' Claudio stürzt sich in die Fluten und beginnt, über diesen Einfall noch einmal mit kühlem Kopf nachzudenken. Vergessen ist der Schmerz über das schmähliche Verhalten seiner Ex-Freundin. Der Geschäftssinn macht sich in seinem Denken breit, er beginnt zu rechnen ... die Idee auf ihre Vor- und Nachteile hin abzuklopfen. Das Eis könnte er direkt vom Eissalon seines Bekannten beziehen. Dieser würde ihm sicher einen guten Preis machen. Auf der anderen Seite wären die Leute am Strand sicherlich bereit, einen höheren Preis zu bezahlen als im Strandcafe, zu dem sie sich ja immerhin selbst durchschlagen müßten. Abends im Eissalon seines Bekannten schaut er sich besonders sorgfältig um. Welche Eissorten finden besonderen Anklang ... schließlich spricht er mit seinem Chef.

Tags darauf startet Claudio wieder – diesmal allerdings alleine – zum Stausee, bepackt mit Kühltaschen und jeder Menge verschiedener, speisefertig und portioniert abgepackter Eissorten. Und seine Idee geht auf: Trotz der Tatsache, daß Claudio sein Eis nicht gerade billig verkauft – er verlangt circa das Dreifache dessen, was das Eis im Eissalon in der Stadt kostet –, findet sein Eis reißenden Absatz. Schon bald ist er völlig ausverkauft, einen Großteil des Strandes hat er dabei gar nicht 'abgeklappert' und selbst dort, wo er war, mußten einige kaufwillige Kunden abgewiesen werden.

Die Taschen voll Geld tritt Claudio – nicht ohne vorher ein besonders genüßliches Bad im kühlenden See genommen zu haben – die Heimreise an. Er hat ein gutes Geschäft gemacht ... spielend ein Vielfaches dessen verdient, wofür er jeden Abend bei seinem Bekannten für einige stressige Stunden Eisportionen verkaufen muß.

2.2 Was wirklich geschah ...

Analysieren wir: So simpel der Fall hier auch liegen mag, er enthält fast alle entscheidenden Aspekte, auf die es für einen erfolgreichen Unternehmer ankommt. Claudio, unser unter Beobachtung stehendes Wirtschaftssubjekt, tritt uns zunächst als Haushalt (er konsumiert ausgiebig), später dann als Unternehmer entgegen. Das hat einen entscheidenden Vorteil, nämlich den, daß Claudio als Haushalt Vorlieben, Neigungen, Geschmäcker und Bedürfnisse am eigenen Leib intensiv erfährt. Vor allem aber auch um *latente Bedürfnisse* weiß, die durch neue Produkte findiger Unternehmer geweckt und befriedigt werden können. Den entscheidenden Anstoß zur *Idee* hat Claudio als Haushalt und durch aufmerksame Beobachtung erhalten: Er verspürte das intensive Bedürfnis nach einer kühlenden und aufmunternden Erfrischung. Um dieses Bedürfnis zu befriedigen, war er als Haushalt bereit, für das Eis im Strandcafe das Doppelte des üblichen Preises zu bezahlen und die Mühen des Weges dorthin auf sich zu nehmen. Niemand hat ihn dazu gezwungen. Und daraus zieht Claudio wichtige Schlußfolgerungen.

Grundsätzlich können wir festhalten: Der *Unternehmer*[1] Claudio bietet den am Strand brütenden *Haushalten* keineswegs plötzlich das *Gut* 'Eis am Strand' an, bloß weil es ihm gefällt, herrlich kühlendes Eis am Strand anzubieten, sondern um einen *Gewinn* zu machen. Die Aussicht auf Gewinn ist das treibende Element in marktwirtschaftlichen Systemen. Daher versucht der Unternehmer Claudio, seine Ressourcen dort einzusetzen, wo sie das meiste erwirtschaften, also verdienen kann. Um aber etwas zu verdienen, muß man etwas produzieren, das die Leute, seien dies Haushalte oder Unternehmungen, auch kaufen *wollen*. Denn alle Markttransaktionen sind *freiwillig* und *zweiseitig*.

Der *Unternehmer* muß also Produkte im weitesten Sinne finden, die man verkaufen kann: ein *innovativer Akt*. Die *Ausführung der Produktion* findet in der *Unternehmung* statt, die dann das Produkt möglichst kostengünstigst produziert und den Haushalten verkauft. Wenn die Haushalte das Gut tatsächlich kaufen, also gegen Geld ein-

---

[1] Wir differenzieren hier zwischen der *Unternehmung*, unter der wir ein 'gewinnmaximierendes Konstrukt' verstehen wollen und dem *Unternehmer*, der *Ideen* generiert, nach Gewinnchancen und Marktlücken sucht und ein besonderes *Risiko* zu tragen bereit ist.

tauschen, dann ist der *Nutzen aller Marktteilnehmer* erhöht worden. D.h. nicht nur, daß die Unternehmung Claudio einen Gewinn erwirtschaftet hat, auch der Nutzen aller an den Transaktionen beteiligten Haushalte konnte erhöht werden. Denn diese treten in ein Tauschgeschäft nur ein, wenn sie sich verbessern können oder ihnen das eingetauschte Gut gerade noch das Geld *wert* ist, das sie für dessen Erwerb aufwenden müssen.

Also, durch die *Initiative des Unternehmers* Claudio werden *alle* Marktteilnehmer bessergestellt. Das alles scheint Ihnen nicht mit rechten Dingen zuzugehen? Tatsächlich ist hier etwas 'Unheimliches' im Spiel, nämlich *die unsichtbare Hand.* Gemeint ist damit die *Funktions- und Wirkungsweise des Preissystems!* Ein System, das von selbst und automatisch relative Knappheiten und Überschüsse anzeigt und die Handlungen der einzelnen Wirtschaftssubjekte dadurch derart 'lenkt', daß der Nutzen, die Wohlfahrt aller, erhöht wird. Der Unternehmer Claudio wurde nämlich aufgrund der herrschenden (relativen) Preise initiativ. *Die (relativen) Preise geben die entscheidenden Signale.*

Die Vorstellung von der 'unsichtbaren Hand', die die *eigennutzbezogenen Handlungen* der einzelnen Wirtschaftssubjekte in solche Bahnen lenkt, daß dabei die Gesamtwohlfahrt erhöht wird, ist die wohl berühmteste Metapher der Wirtschaftswissenschaften. Sie wurde von einem ihrer Begründer, dem schottischen Philosophen *Adam Smith* (1723 - 1790) in seinem im Jahre 1776 erschienenen ökonomischen Hauptwerk *Wohlstand der Nationen* formuliert und soll wegen ihrer fundamentalen Bedeutung für das Verständnis der Funktionsweise marktwirtschaftlicher Systeme noch einmal vereinfacht und komprimiert wiedergegeben werden:

Das Theorem der unsichtbaren Hand:

Ein Individuum wird vom Eigeninteresse geleitet, seine Ressourcen dort einzusetzen, wo sie das meiste erwirtschaften, also verdienen können. Um etwas zu verdienen, muß man etwas produzieren, was die Leute auch eintauschen, also kaufen wollen. Markttransaktionen sind immer zweiseitig und freiwillig! Daraus folgt: Indem die Individuen ihren eigenen Vorteil suchen, werden sie angehalten, automatisch jene Güter und Dienstleistungen zu produzieren, die die Konsumenten auch kaufen wollen. Die relevanten Informationen dazu lie-

2. Produktion, Konsumtion und Tausch

fert das Preissystem, indem es relative Knappheiten und Überschüsse signalisiert. Damit wird die Wohlfahrt insgesamt erhöht, obwohl keiner der Handelnden dies bezweckt hat.

Nehmen Sie sich bitte ausreichend Zeit, dies alles mehrmals in Ruhe durchzudenken. Genau nach dem selben Mechanismus funktioniert nicht nur die Eisversorgung an irgendeinem Stausee oder in einer Großstadt, sondern die *gesamte Versorgung einer aus Millionen von Individuen bestehenden Gesellschaft*, und zwar, wie wir gesehen haben, mit einer enormen, kaum mehr überblickbaren Güterfülle.

Keine zentrale Planungsinstanz sorgt dafür, daß Sie das bekommen, was Sie haben wollen, sondern die Wirkungsweise des Marktmechanismus.

Er koordiniert die Entscheidungen von Millionen Individuen, macht ihre Pläne miteinander kompatibel. 'Ganz einfach' durch Steigen und Fallen der relativen Preise, die die entscheidenden Informationen an alle Wirtschaftsakteure übermitteln. Durch diese 'automatische' Koordinationsleistung des Preissystems wird der enorme Wohlstandsgewinn durch weltweite Arbeitsteilung und Spezialisierung überhaupt erst möglich.

Eines von diesen Millionen Individuen mit einer ganz spezifischen Konsumstruktur und einer hoch-spezialisierten 'Produktion' sind Sie. Sie können sich also selbst von der Leistungsfähigkeit eines marktwirtschaftlichen Systems ein Urteil bilden. Bekommen Sie die Güter und Dienstleistungen, die Sie wollen, haben Sie genügend Auswahl unter vielen unterschiedlichen Angeboten? Denken Sie darüber einmal intensiv nach!

2.3 Produktion, Konsumtion und Tausch – Was eigentlich ist Mikroökonomik?

Die Mikroökonomik ist im wesentlichen eine Entscheidungstheorie. Sie untersucht die Entscheidungen von einzelnen Individuen (= Wirtschaftssubjekten) in Knappheitssituationen.

Weil wir uns eigentlich immer in solchen Knappheitssituationen befinden, kann die mikroökonomische Theorie auf die meisten Situationen unseres Lebens ausgedehnt werden. Es mag auf den ersten Blick verwunderlich erscheinen: Auch die Entscheidung über die Zahl

Ihrer Kinder kann dadurch erstaunlich einleuchtend erklärt werden![2]

Der 'harte Kern' der Mikroökonomik kreist jedoch nach wie vor um das rationale Verhalten von Akteuren in einem marktwirtschaftlichen Umfeld.

In bezug auf diese Akteure trifft sie eine erste Klassifikation: Wirtschaftssubjekte können als *Haushalt* oder als *Unternehmung* auftreten. Nur die Haushalte haben individuelle Vorlieben, Geschmäcker, *Präferenzen*, sie *konsumieren*, d.h. sie treten als Nachfrager auf Produktmärkten (= Märkte für Konsumgüter) auf. In dieser Rolle wird der Haushalt auch als Konsument angesprochen. Andererseits bietet er die in seinem Besitz stehenden *Produktionsfaktoren* wie Arbeit oder Kapital an. Bei den hier zu treffenden Entscheidungen – Welche Güter frage ich nach? Wieviel Arbeit und Kapital biete ich an? – versucht der Haushalt, seinen Nutzen zu maximieren. Das kann natürlich aus einer Vielzahl von Gründen immer wieder einmal daneben gehen – was wir aus eigener Erfahrung ja leider immer wieder bestätigen müssen. Die Unternehmungen hingegen werden in der Mikroökonomik als eine 'künstliche Aktionseinheit' aufgefaßt, die Gewinnmaximierung betreiben, die die von den Haushalten angebotenen Faktorleistungen nachfragen und damit Güter und Dienstleistungen *produzieren*, die sie den Haushalten zum Kauf anbieten. Die wichtigsten wirtschaftlichen Handlungen sind hiemit bereits umrissen:

- *Die Produktion in der Unternehmung*
- *Die Konsumtion im Haushalt*
- *Der Tausch auf Märkten*

Wie Sie sofort erkennen, schließt sich hier ein ganz simpler Kreislauf. Doch so einfach ist es nun auch wieder nicht. Denn tatsächlich finden wir uns in *beiden Rollen*, als Haushalt *und* als Unternehmung wieder. Ständig konsumieren, produzieren *und* investieren wir. *Investieren* bedeutet ganz allgemein die Schaffung von neuen Produktionsfaktoren und damit die *Akkumulierung von Kapital*.[3]

---

[2] Der Nobelpreisträger für Nationalökonomie im Jahre 1992, *Gary Becker*, hat das ökonomische Entscheidungskalkül, also das 'Plus-Minus-Kalkül' auf viele, bislang nicht als ökonomisch angesehene Bereiche des menschlichen Lebens angewandt und dabei äußerst einleuchtende Erklärungen geliefert.

[3] Da Kapital regelmäßig ein *komplementärer* Einsatzfaktor zur Arbeit ist, ist

2. Produktion, Konsumtion und Tausch

So investieren Sie derzeit gerade in Ihr Humankapital. Dieses wird sich in konkrete Fähigkeiten umsetzen lassen, die Sie gegen gutes Geld am Faktormarkt für hoch- bzw. in einer spezifischen Hinsicht qualifizierte Arbeit verkaufen können. Diese Akkumulation von Humankapital ist *Ihre* Investition. Investieren ist aber ein Charakteristikum der *Unternehmung*. Daher sind Sie in dieser Funktion eine *Unternehmung*. Noch etwas: Sie selbst tragen das *Risiko* einer Fehlinvestition. Risikotragung ist aber ein Charakteristikum des *Unternehmers*. Dieses Risiko freilich trachten Sie zu minimieren: Erinnern Sie sich: Als Wirtschaftsakademiker sind Sie quasi universell einsetzbar: Sie sind ein Generalist.

Manche von Ihnen werden später einmal 'richtige' Unternehmer werden. Diese zeichnet unter anderem auch die hohe Bereitschaft aus, besondere Risiken auf sich zu nehmen. Wenn Sie später einmal oder vielleicht schon jetzt als leitender Angestellter in einer Firma oder als Ministerialrat oder Sektionschef in spe in einem Ministerium recht gut verdienen, dürfen Sie sich nicht darüber beschweren, daß Ihr Studienkollege, der mit derselben Ausbildung Unternehmer geworden ist, noch wesentlich mehr verdient als Sie. Er trägt ja das Risiko seines Unternehmens, das, einfach gesagt, darin besteht, daß etwas bzw. alles daneben gehen kann. Was wir auch immer wieder durch einen Blick in die Insolvenzspalten der Tageszeitungen bestätigt erhalten. Sie hingegen als Angestellter oder Beamter *präferieren* Sicherheit und sind deshalb bereit, eine *Versicherungsprämie* zu bezahlen – ohne dies wahrscheinlich zu wissen! Ihr sicheres Gehalt ist ja geringer als das riskante Einkommen eines im wesentlichen über dieselbe Ausbildung verfügenden Unternehmers. Die Differenz ist Ihr 'Sicherheitsabschlag', Ihre 'Versicherungsprämie' für ein relativ sicheres Einkommen.

Freilich spielen bei der Entscheidung, Unternehmer zu werden, neben der persönlichen Einstellung zum Risiko auch andere Überlegungen eine Rolle: Die mögliche 'Selbstverwirklichung', die Möglichkeit, sein eigener Chef zu sein, ... ; tun und lassen, was man will ... das geht aber selbst als Unternehmer nicht! Dieser Illusion sollten Sie besser nicht unterliegen. Denn auch als Unternehmer ist man ganz deutlich spürbaren 'Gesetzen' und Zwängen ausgeliefert.

---

ausreichendes Investieren für Beschäftigung und Wirtschaftswachstum von zentraler Bedeutung.

Je besser Sie aber über diese Zwänge, und 'Gesetze' Bescheid wissen, desto besser werden Sie sich zurechtfinden, desto größer Ihr Freiheitsspielraum!

Jedenfalls können wir festhalten, daß Unternehmer bereit sind, Risiko zu tragen, da sie auf der einen Seite feststehende Kontrakte eingehen wie Dienstverträge, Mietverträge, etc., die mit *Sicherheit* zu erfüllen sind, während sie auf der anderen Seite immer mit der *Unsicherheit* konfrontiert werden, ob ihre Produkte und Dienstleistungen zu den geplanten Preisen auch tatsächlich in den geplanten Mengen abgesetzt werden können. Der Gewinn, der dem Unternehmer nach Abzug *all* seiner Verpflichtungen und Kosten, wozu *auch* eine angemessene Entschädigung für seine eigene *Koordinations-* und *Organisationsleistung* gehört, für das *Risiko des tatsächlichen Gelingens des 'Unternehmens'* übrigbleibt, heißt bezeichnenderweise *Residuum*. Und das ist eben im höchsten Maße risikobehaftet.

An dieser Stelle erscheint eine probate Klassifikation einzelner Risiken angebracht. Selbst Unternehmer, die eine größere Risikoneigung haben als Angestellte oder Beamte, wollen ihr Risiko *nicht maximieren*, sondern – wenn irgend möglich – *minimieren*. Eine Unternehmung trägt zunächst einmal ein *technologisches* Risiko, indem die meist mit hohem Kapitaleinsatz errichteten Produktionsanlagen ständig Gefahr laufen, durch technologische Entwicklungen überholt zu werden. (Ist dieses Risiko auch für Ihre Humankapitalinvestition gegeben?) Die Unternehmung trägt auch ein *Branchenrisiko*, d.h. sie teilt in der Regel aber nicht unbedingt das Schicksal der gesamten Branche. (Sind Sie bereits jetzt auf eine bestimmte Branche 'eingeschossen'?) Dies dürfte ein Grund sein, warum viele Großunternehmungen in unterschiedliche Branchen *diversifizieren*. *Diversifikation* ist immer eine Strategie der Risikominderung. Schließlich gibt es noch ganz allgemein ein *Konjunkturrisiko*, indem sich die gesamtwirtschaftliche Entwicklung regelmäßig in den Bilanzen der Unternehmungen niederschlägt.[4]

Trotz all der Versuche, das Risiko zu vermindern, bleibt die Tatsache bestehen, daß Unternehmer ein wesentlich höheres Risiko tragen als Arbeitnehmer, dafür aber auch die Chance haben, (wesentlich) mehr zu verdienen. Die meisten von Ihnen werden aber unter der Leitung von Unternehmern arbeiten. Und als Trost ein kleiner Tipp:

---

[4] Auch dafür gibt es einen Ausweg: Siehe Kap. 4.5.3.

2. Produktion, Konsumtion und Tausch

Je mehr Sie können, desto höher Ihr Grenzprodukt, desto höher auch Ihr Verdienst.[5]

Auch und gerade als Haushalt, als Besitzer von Ressourcen, sind Sie also in gewisser Hinsicht – wie die gerade in Klammern gesetzten Fragen zeigen – als Unternehmer gefordert, Sie suchen nach der für Sie besten Verwendung Ihrer stets knappen Mittel, Sie bewegen sich auf bestimmten (Faktor-)Märkten, Sie laufen ganz bestimmte Risiken!

Wir sehen also: Die mikroökonomische Klassifikation der Wirtschaftssubjekte in Unternehmungen und Haushalte ist artifiziell, dennoch ist sie sehr sinnvoll. Denn: Trotz der vielen Überschneidungen von Produktion und Konsumtion erfolgt doch der überwiegende Teil der Produktion in den Unternehmungen, der überwiegende Teil der Konsumtion in den Haushalten. Doch welcher Teil wo und warum? Ist nicht gerade auch die sogenannte *Haushaltsproduktion*[6] ganz wesentlich für unser Wohlbefinden verantwortlich?

Was wir nun im Haushalt selbst produzieren und was in Unternehmungen hängt in erster Linie davon ab, ob die Produktion eines Gutes innerhalb einer Unternehmung *kostengünstiger* erfolgen kann oder nicht. Und dafür sind primär die Möglichkeiten der zweckgerechten Organisation und Arbeitsteilung und eng damit verbunden die Möglichkeiten des Einsatzes von produktivitätssteigernden Technologien verantwortlich. Dies ist der entscheidende Grund für die 'Aufgabenteilung': Produktion in Unternehmungen und Konsumtion in Haushalten.

Doch ist dies tatsächlich schon ein hinreichender Grund für die Existenz von Unternehmungen? Könnte nicht jeder 'irgendwie' arbeitsteilig produzieren und mit allen anderen die Bedingungen für den Austausch der Produkte über Märkte ausmachen? Bei genauerem Hinsehen stoßen wir hier wiederum auf das schon bekannte Phänomen der *Transaktionskosten*. Es zeigt sich nämlich, daß gerade diese Transaktionskosten ganz wesentlich mitentscheidend dafür sind, daß es Unternehmungen überhaupt gibt. Denn was passiert eigentlich *im* oder *durch* das 'Konstrukt' Unternehmung? Hier fin-

---

[5] Sie sollten nach Durchsicht des Buches wieder zu dieser Stelle zurückkehren und noch einmal überlegen, welche Faktoren (Mehrzahl!) Ihr zukünftiges Einkommen im wesentlichen bestimmen werden.

[6] Diese 'geht am Markt vorbei' und ist daher auch im *Bruttosozialprodukt*, grob definiert als die Summe aller für die Endnachfrage erstellten Güter und Dienstleistungen während eines Jahres, nicht erfaßt.

den *zwei* Seiten 'zueinander': Auf der einen Seite die Unternehmung, auf der anderen die Ressourcenbesitzer. Sie schließen miteinander einen *zweiseitigen* Vertrag ab, der festlegt, was, wann, wie und wo an Leistungen und Gegenleistungen zu erbringen ist. Wir finden also lauter *bilaterale* Verträge, die leicht abschließbar und – worauf es auch ganz entscheidend ankommt – *kontrollierbar* sind. Diese innerhalb der Unternehmung bilateral erfolgenden Transaktionen sind also mit geringeren Kosten, geringeren *Transaktionskosten*, verbunden als wenn wir *multilaterale* Verträge abschließen würden. Ein Großteil der arbeitsteiligen Produktion erfolgt somit aus Kostengründen *in* der Organisationsform 'Unternehmung', ein anderer, für den diese Kostenvorteile nicht gelten, wird über die Märkte organisiert. Stellen Sie sich einmal den Aufwand vor, wenn jeder an einem 'normalerweise' *in* einer Unternehmung ablaufenden, arbeitsteiligen Prozeß Involvierte mit jedem anderen daran Beteiligten *multilaterale* Verträge abschließen müßte über seine Leistung und die Leistung der anderen, über die Verteilung der Erlöse aus dem Verkauf des erstellten Produktes! Das wäre unter Umständen noch möglich. Wie aber würde die Kontrolle funktionieren? Nehmen wir als Beispiel die 'Produktion eines Buches': Bei einem solchen Projekt könnten sich alle Beteiligten zusammensetzen und ihre Leistungen sowie die Verteilung der (unsicheren) Erlöse aushandeln. Das geschieht aber nicht. Es gibt eine Unternehmung, einen *Verlag*, der das alles in Form von *bilateralen* Verträgen organisiert, weil ... Sie sehen sofort, daß die damit verbundenen Kosten enorm wären. Genau deshalb hat man die Möglichkeit 'erfunden', unter dem Konstrukt Unternehmung kostengünstige bilaterale Verträge zwischen den einzelnen Ressourcenbesitzern und der 'Unternehmung' abzuschließen und damit eine besonders effiziente Organisationsform der Produktion etabliert.

Wir dürfen eben bei der hier vorgenommenen Aufgabenteilung zwischen Haushalt und Unternehmung, zwischen Konsumtion und Produktion, nicht übersehen, daß eine solche 'Arbeitsteilung' nicht in Form einer Schwarz-Weiß-Malerei erfolgt, sondern daß sich Arbeitsteilung sowohl in der Unternehmung als auch – und dies in stets steigendem Ausmaß – zwischen den Unternehmungen abspielt. Regelmäßig werden die Unternehmungen vor die Frage gestellt, welche Leistungen sie von anderen Unternehmungen zukaufen sollen bzw. können, und welche in der Unternehmung selbst erstellt werden sol-

2. Produktion, Konsumtion und Tausch

len. *Zwei* Aspekte sind hier also auseinanderzuhalten:

Zunächst spielen bei Beantwortung dieser Frage eben die gerade erwähnten *Transaktionskosten* eine bedeutende Rolle. Denn zentrale Voraussetzung für den 'Fremdbezug' einer Leistung über Märkte ist, daß es sich dabei um einen *marktfähigen Kontrakt* handelt. Die über Märkte bezogene Leistung muß also 'leicht' aushandelbar *und* leicht kontrollierbar, vor allem aber auch ohne Schwierigkeiten und kontinuierlich *verfügbar* sein.

Ist dies gegeben, dann ist ausschließlich der Vorteilhaftigkeitsvergleich zwischen inner- und zwischenbetrieblicher Arbeitsteilung maßgebend. Und dieser Vorteilhaftigkeitsvergleich ändert sich nun fortwährend. Dies ist im wesentlichen die Folge *steigender Skalenerträge,* die sich durch die Verfeinerung der Arbeitsteilung und die damit verbundenen Anwendungsmöglichkeiten neuer Technologien bei Ausweitung aller Produktionsfaktoren ergeben.

Vereinfacht ausgedrückt, bedeuten steigende Skalenerträge, daß bei größeren Stückzahlen, d.h. in größeren Unternehmungen zu günstigeren Stückkosten produziert werden kann.

Vor einigen Jahren mag es für einen Autoproduzenten vorteilhaft gewesen sein, die meisten für seine Autos benötigten Teile selbst herzustellen. Die technologisch bedingten *Skaleneffekte* in der Zulieferindustrie aber führen notwendigerweise zu einer Aufgabe der Eigenproduktion und zum kostengünstigeren Fremdbezug. Nunmehr haben sich viele größere Zulieferbetriebe etabliert, die genau diese Skalenerträge nutzen und – miteinander in Konkurrenz stehend – diese Vorteile an die Autoproduzenten weitergeben müssen. Herrscht nicht nur auf dem 'Zuliefer'-, sondern auch auf dem Automarkt ein *funktionierender Wettbewerb,* dann werden diese Kostenvorteile letztlich auch an die Konsumenten weitergeben.

Kehren wir aber wieder zum Badestrand zurück: Ob Sie sich als Badegast des oben erwähnten Stausees das Eis selbst von einem entfernten Strandcafe holen, also 'im Haushalt produzieren', oder direkt bei Claudio Gelatino kaufen – die Produktion 'Überwindung räumlicher Distanzen' erfolgt in diesem Fall in einer Unternehmung – hängt zum einen von den *relativen Preisen,* dem *Preis* einer Portion Eis im Strandcafe zum *Preis* des Eises direkt am Strand, zum anderen von den Kosten und Mühen des Selbstholens, den *Transaktionskosten,* ab.[7] Ob Sie es glauben oder nicht, genau nach dieser Devise und aufgrund der durch die *Preise* gegebenen *Informationen* entscheidet der am Strand brütende Haushalt und damit auch Sie! Sie erkennen sofort: auch hier ist wieder das *Opportunitätskostenkalkül* im Spiel.

Die Zubereitung des Frühstücks zu Hause kostet Sie möglicherweise (höchstwahrscheinlich) weniger – gegeben die Ausstattung des Haushalts mit der dafür erforderlichen 'Kücheninfrastruktur', übrigens handelt es sich dabei um *sunk costs* – als das Frühstück im Cafehaus. Das Waschen, Trocknen und Bügeln der Wäsche, typische Haushaltsproduktion, ist für viele zu Hause günstiger als in der Wäscherei, für einige aber teurer. Dasselbe kann für die Zubereitung von Speisen, ebenfalls eine typische Haushaltsproduktion, gelten. Denn: Je nach den individuellen Opportunitätskosten müssen die Vorteilhaftigkeitsverhältnisse bewertet werden. Ein Absolvent einer Wirtschaftsuniversität oder generell ein berufstätiger Zeitgenosse könnte, anstatt die Wohnung zu säubern, seinem Beruf nachgehen und Geld verdienen. Kocht, putzt und wäscht er selbst, entstehen unter Umständen hohe Opportunitätskosten. In einer Gesellschaft, in der die (Frauen-)Beschäftigung und das Reallohnniveau zunehmen, wird also der Umfang der Haushaltsproduktion kontinuierlich sinken. Es kommt die Putzfrau, die Wäsche 'geht' in die Putzerei.[8]

Dasselbe gilt für die eigene Zubereitung des Essens. So kommt es, daß man dafür nicht mehr drei oder vier Stunden täglich aufwenden kann. Verdient man beispielsweise 100 Geldeinheiten (Gd) pro Stunde, dann beliefen sich die Zeitkosten (die Opportunitätskosten in Form von entgangenem Einkommen) auf 300,- bis 400,- Gd täglich. Daher erfolgt ein Umstieg, eine *Substitution*, von selbst zubereiteten Speisen auf bzw. durch Fertiggerichte und Restaurantbesuche. Doch Vorsicht: Falls Ihnen das Zubereiten von Speisen Spaß bereitet, also Nutzen stiftet, dann schaut die Sache wieder anders aus. Dann wird 'Kochen' sozusagen zum Konsumgut und geht mit positiven Vorzeichen in die individuelle Nutzenfunktion ein. Das ist eben individuell ganz verschieden.

Hieraus wird auch besonders deutlich ersichtlich, warum es zur

---

[7] Nicht jeder eispräferierende Stauseehaushalt wird bei Claudio kaufen, einige werden sich das Eis nach wie vor selbst holen. Warum?

[8] Als unternehmerischer Typ müßte Ihnen an dieser Stelle sofort die Frage durch den Kopf schießen, was das für die künftige Entwicklung bestimmter Märkte bedeutet.

2. Produktion, Konsumtion und Tausch

Herausbildung von Unternehmungen kommt. Denn während die Haushaltsproduktion (heute insbesondere durch die steigende Frauenbeschäftigung) generell zunehmend 'unwirtschaftlich' wird und deshalb schwindet, also Produktion in Organisationseinheiten verlegt wird, die dies günstiger bewerkstelligen können, gibt es viele Bereiche, in denen es von vornherein niemals (Ausnahme: Steinzeit) zu einer Haushaltsproduktion kommt. Denken Sie an die Produktion von Gläsern, von Geschirr, der gesamten Küchen- und Sanitäreinrichtung, von Büchern, Autos, Fernsehern und an vieles andere mehr.

Zweckmäßige Organisation der Arbeitsteilung und technologische Bedingungen sind mithin eine entscheidende Ursache für die Herausbildung von Unternehmungen, in denen enorme Kostenvorteile durch eine große Ausbringungsmenge realisiert werden können. In ökonomischer Terminologie spricht man in diesem Fall von fallenden Durchschnitts- oder Stückkosten. Diese treten einerseits regelmäßig bei feststehender Betriebsgröße im Falle steigender Durchschnittserträge auf. Andererseits lassen sich fallende Stückkosten regelmäßig durch sogenannte Skalenökonomien bei Variation der Betriebsgröße lukrieren. Es handelt sich hier also um die Kostenvorteile der Massenproduktion durch eine Vervielfachung aller Produktionsfaktoren – wir nannten dies totale Faktorvariation.

Die vorerst in ihrer Größe feststehende Unternehmung Claudio Gelatino beispielsweise 'rutscht' auf ihrer *Durchschnittskostenkurve* zügig abwärts. Die Kosten für das Transportmittel (Entschädigung für die durch den Einsatz des Autos erfolgende Abnutzung durch entsprechend anzusetzende Kilometergelder), für das Kühlgerät, den aufgewendeten Arbeitseinsatz, all diese Kosten fallen unabhängig davon an, wieviel Claudio von der damit gegebenen *Kapazität* nutzt. Liefert er pro Transport nur eine Portion Eis an, dann müßte er die gesamten Fixkosten dieser Portion anlasten. Dann ist es fraglich, ob er diese eine Eisportion auch verkaufen kann. Je mehr er jedoch von seiner Kapazität nutzt, desto geringer werden die *anteiligen Fixkosten*. Können Sie sagen, woraus sich Claudio Gelatinos variable Kosten in diesem einfachen Beispiel zusammensetzen?

Daß diese Kostenvorteile dann im Laufe der Zeit regelmäßig im vollen Umfang an die Haushalte weitergegeben werden müssen, dafür sorgt die Konkurrenz. Nur die *Konkurrenz* auf den Märkten stellt also sicher, daß diese Produkte letztlich lediglich zu den Produktionskosten an die Haushalte verkauft werden, so günstig, wie Sie sie selbst niemals hätten produzieren können. Doch halt! Hat denn die Unternehmung Claudio Konkurrenz? Vorläufig noch nicht: Claudio ist *Monopolist*, der *einziger Anbieter* eines bestimmten Produktes, der einer Vielzahl von Haushalten gegenübersteht!

Dennoch erweist es sich auch hier in unserem einfachen Beispiel für den einzelnen Badegast als *vorteilhaft*, direkt vom Monopolisten Claudio zu kaufen. Kaum ein Badegast hätte bei Berücksichtigung aller ihm dabei entstehenden Kosten so günstig ein Eis beschaffen können, obwohl es noch immer dreimal soviel kostet wie in der Stadt! Die Transaktion, die die Haushalte *freiwillig* mit Claudio, dem Monopolisten (!), eingehen, bringt ihnen also noch immer einen deutlichen Zugewinn.

2.4 Auf den Punkt gebracht . . !

Die Unterscheidung von Haushalten auf der einen und Unternehmungen auf der anderen Seite erweist sich aber noch aus einem anderen Grund als ungemein vorteilhaft: Denn wir können dadurch ganz präzise Fragen stellen. Und es dürfte Sie durchaus interessieren, wie zwei dieser Fragen, die fast die ganze Mikroökonomik – gewissermaßen auf den Punkt gebracht – umfassen, lauten:

1. *Wie gebe ich – als Haushalt – mein Geld aus?* bzw. *Wie soll ich es ausgeben?*

2. *Wie verdiene ich – als Unternehmer – mein Geld?* bzw. *Wie kann ich Geld verdienen?* [9] [10]

Das sind doch gewiß auch für Sie sehr aktuelle Fragen, von denen Sie die zweite wahrscheinlich mehr interessieren dürfte als die erste.

Nun, die erste Frage wird in Lehrbüchern der Mikroökonomik in der sogenannten *Haushaltstheorie* abgehandelt. Von dort ausgehend entwickelt man die Theorie der *Nachfrage*.

---

[9] Die Arbeitsangebotsentscheidung des Haushalts, die Frage, wieviel an Arbeitsleistung zum gegebenen Lohnsatz angeboten werden soll, ist also unter dieser Fragestellung nicht zu subsumieren!

[10] An den hier formulierten Fragestellungen sehen Sie besonders schön den Unterschied zwischen *positiven (Seiens-)* und *normativen (Sollens-)Aussagen*. Erstere beschreiben erklären und prognostizieren, letztere reflektieren ein *Werturteil*, indem sie sagen, wie etwas gemacht werden *soll*!

2. Produktion, Konsumtion und Tausch

Die zweite Frage wird in der *Unternehmungstheorie* eingehend diskutiert und dann zum Konzept des *Angebots* erweitert.

Beide, Haushalt und Unternehmung, wobei sich jeder von uns ab und zu auch als Unternehmung wiederentdeckt, gehen bei der Lösung dieser Fragen nach einem *Optimierungskalkül*, der *Nutzen*- bzw. *Gewinnmaximierung* vor.

Schließlich treffen die beide Seiten, *Nachfrage und Angebot, auf Märkten* aufeinander. Dort spielt dann das *Gleichgewichtskonzept* die zentrale Rolle. *Optimierungskalkül* und *Gleichgewichtskonzept* zählen deshalb zu den wichtigsten *Methoden* der Mikroökonomik. Da zwischen dem Optimierungskalkül der einzelnen Marktteilnehmer und den nach Gleich- bzw. Ungleichgewichtsgesichtspunkten sich ein stellenden Marktergebnissen strikte Interdependenzen bestehen, müssen Sie, wenn Sie also die Frage 2 erfolgreich beantworten wollen, sich auch über das Geschehen auf Märkten den Kopf zerbrechen. Von nichts wird eben nichts!

FASSEN WIR ZUSAMMEN:

Die Mikroökonomik erklärt die Existenz und untersucht das Verhalten der wirtschaftlichen Akteure Haushalt und Unternehmung, aber auch von Regierungen (!) in *marktwirtschaftlichen Systemen*. Diese sind grundsätzlich dadurch charakterisiert, daß *Privateigentum* auch an *Produktionsmitteln* wie Grund und Boden und Kapital möglich ist und weitestgehende individuelle *Entscheidungs- und Dispositionsfreiheit* über die im Besitz der Haushalte und in der Verfügung der Unternehmungen stehenden Produktionsmittel gewährleistet ist. Können die einzelnen Wirtschaftssubjekte frei über die Verwendung ihrer Ressourcen entscheiden, dann ist die Annahme plausibel, daß sie danach trachten, das Beste daraus zu machen, d.h. ihren eigenen Vorteil zu mehren. Entsprechend dem Rationalverhalten wählen die Wirtschaftssubjekte in aller Regel von selbst jene der ihnen zur Auswahl stehenden Alternativen, die sie ihren Zielen – dem Nutzenmaximum des Haushalts, dem Gewinnmaximum der Unternehmung – (erwartungsgemäß) am nächsten bringen. Wichtig ist dabei, daß alle aus dem individuellen Vorteilskalkül heraus erfolgenden Tauschgeschäfte der Wirtschaftssubjekte, *alle Markttransaktionen*, grundsätzlich durch *Gegenseitigkeit* und *Freiwilligkeit* gekennzeichnet sind. Darüber hinaus analysiert die Mikroökonomik die *Folgen*, die sich aus dem individuellen Rationalverhalten der Haushalte und der Unternehmungen auf den Märkten ergeben. Die *Funktions- und Wirkungsweise von marktwirtschaftlichen Systemen,* also der Prozeß der Organisation der arbeitsteiligen Produktion und des Tausches durch Märkte, der *Allokationsmechanismus,* ist ein Schwerpunkt der Mikroökonomik. Das sich auf den Märkten einstellende Ergebnis ist das sogenannte *Allokationsergebnis.* Nach welchen Kriterien die erstellten (knappen) Güter auf die einzelnen Mitglieder der Gesellschaft verteilt werden, wird ebenfalls analysiert (*Distributionsproblematik*).

Schließlich versucht die Mikroökonomik, das Ergebnis des marktwirtschaftlichen Allokationsmechanismus nach bestimmten Kriterien zu *bewerten.* Sie überschreitet damit die Grenzen positiver Analyse der Erklärung und der Prognose und betritt mit *wohlfahrtstheoretischen Fragestellungen,* mit Fragen der 'Erwünschbarkeit' und der Effizienz unterschiedlicher Allokationsergebnisse, *normatives,* d.h. mit Werturteilen behaftetes Terrain.

* * *

Im folgenden, eher technischen Abschnitt soll nun zunächst näher auf die Kosten der Unternehmung, auf die einzelnen Kostenkonzepte eingegangen werden. Daran anschließend wird der Zusammenhang zwischen Produktions- und Kostenfunktionen diskutiert und damit der Faden zu den Ausführungen zur Produktionsfunktion wieder aufgenommen. Für den an solch 'technischen' Fragen kaum interessierten Leser kann dieser Abschnitt (2.5.2) auch übersprungen werden.

2.5 Begriffe und Konzepte: Die Kosten der Unternehmung

2.5.1 Die einzelnen Kostenkonzepte der Unternehmung

Das Opportunitätskostenkalkül hat ganz allgemein verdeutlicht, was man in der Ökonomik unter Kosten versteht:

Unter den Kosten versteht man ganz allgemein den Wert der besten Alternative, auf die durch die Widmung von knappen Faktoren für eine bestimmte Verwendungsrichtung verzichtet werden mußte.

2. Produktion, Konsumtion und Tausch

So zeigt das Opportunitätskostenkalkül, daß Knappheit die Notwendigkeit der Entscheidung mit sich bringt, und es unter den gegebenen Umständen stets als vernünftig erscheint, 'das Beste herauszuholen', die zur Verfügung stehenden Mittel also *effizient* zu nutzen. *Effizienz* ist damit ein zentrales Thema der Mikroökonomik und ein brennendes praktisches Problem. Gerade auch für die Unternehmung! Sucht diese doch stets nach der kostengünstigsten Faktorkombination, um einen gewünschten Output zu produzieren.

Das Opportunitätskostenkonzept liegt daher allen folgenden Ausführungen zum Kostenproblem der Unternehmung zugrunde. Wir treffen in diesem Zusammenhang zunächst gleich die Annahme, daß die Unternehmung alle für die Produktion erforderlichen *Faktorleistungen* – nicht aber die Faktoren selbst – von den Ressourcenbesitzern für eine bestimmte Zeitspanne kauft oder mietet. Die Ressourcen selbst bleiben also im Eigentum der Haushalte, für die zeitweise Überlassung, die Nutzung der Ressourcen wird ein bestimmtes Entgelt, das für die Unternehmung Produktionskosten darstellt, bezahlt. Märkte, auf denen die Faktoren – oder genauer: hier deren zeitweise Überlassung – gehandelt werden, heißen *Faktormärkte*. Den Besitzern der Ressourcen Arbeit, Kapital sowie Grund und Boden – man spricht von den drei *klassischen Produktionsfaktoren* – fließen also *Lohn*, *Zins* und *Pacht* zu. Weiterhin wird unterstellt, daß die Unternehmung regelmäßig auf den Faktormärkten mit vielen anderen Unternehmungen um die zeitweilige Überlassung der Produktionsfaktoren konkurriert und dabei die auf den Faktormärkten herrschenden Preise als gegeben hinnimmt bzw. durch eigene Aktionen nicht verändern kann. Sie ist ein *Preisnehmer*.[11]

Die Unternehmung kauft also auf diesen Faktormärkten die zur Produktion erforderlichen Faktorleistungen in einer bestimmten Menge und Zusammensetzung – wir werden noch genau sehen, nach welchem Prinzip sie hierbei vorgeht – und setzt diese im Produktionsprozeß entsprechend der durch die jeweilige Technologie bestimmten Produktionsfunktion ein.

Damit ergeben sich die *Totalkosten (TK)* aus der Summe der eingesetzten Faktormengen bewertet zu Faktorpreisen:

---

[11] Ist das nicht der Fall, hat also eine Unternehmung die Macht, auf die Faktorpreise einzuwirken, beispielsweise weil sie der einzige Nachfrager nach Arbeit an einem bestimmten Ort ist, dann spricht man von einem *Monopsonisten*.

$$TK = aP_a + kP_k + lP_l$$

wobei:

a	Menge des eingesetzten Faktors Arbeit
k	Menge des eingesetzten Faktors Kapital
l	Menge des eingesetzten Faktors Grund und Boden
P_a, P_k, P_l	die Preise für die Überlassung der jeweiligen Produktionsfaktoren für eine bestimmte Zeitperiode.

Nun sind in der *kurzfristigen* Betrachtung – wie wir oben bei der Beschreibung der Produktionsfunktion bereits gesehen haben – regelmäßig einige Faktoren fix, d.h. für die unter Betrachtung stehende Produktionsperiode unabänderlich vorgegeben – *sie bestimmen damit die Betriebsgröße* –, andere aber variabel, d.h. sie stehen in einem unmittelbaren Zusammenhang mit dem produzierten Output. Bei Berücksichtigung dieses in aller Regel anzutreffenden Umstandes lassen sich die Totalkosten aufspalten in die *Fixkosten (FK)* und in die *variablen Kosten (VK)*. Die variablen Kosten werden manchmal auch als direkte oder auch 'vermeidbare' Kosten betrachtet, während die Fixkosten als overhead oder 'unvermeidliche' Kosten bezeichnet werden. Die variablen Kosten fallen nur in dem Maße an, in dem der variable Einsatzfaktor im Produktionsprozeß Verwendung findet, die fixen Kosten stehen indes ihrer Höhe nach für die betrachtete Zeitspanne fest. Man sieht, daß variable Kosten durch 'beliebigen' Einsatz der variablen Faktoren, fixe Kosten durch die unabänderliche Menge an fixen Faktoren bestimmt sind. 'Unabänderlich' sind nun – wie bei der Produktionsfunktion erörtert – die fixen Faktoren in der Regel nur im kurz- oder mittelfristigen Fall. Langfristig können sie gewählt, also durchaus variiert werden. Jedenfalls legt die Wahl der fixen Faktoren die *Betriebsgröße* fest und bestimmt damit die kurzfristigen Kostenfunktionen.

Wir betrachten hier zunächst den *kurzfristigen* Fall, die Wahl der fixen Faktoren ist also bereits getroffen, die Betriebsgröße festgelegt. Die Totalkosten spalten sich demgemäß in die Fixkosten und in die variablen Kosten auf:

Allgemein also:

$$TK = FK + VK$$

2. Produktion, Konsumtion und Tausch

Unterstellen wir hier eine Produktionsfunktion mit nur einem einzigen variablen Faktor, dem Faktor Arbeit a, alle anderen Einsatzfaktoren seien fix vorgegeben.

Die Produktionsfunktion hat dann die bekannte einfache Form:

$$Q = f(a)$$

Bilden wir dazu die Umkehrfunktion, auch inverse Funktion genannt, dann erhalten wir:

$$f^{-1}(Q) = a = \phi(Q)$$

Dies ist die sogenannte *Faktorverbrauchsfunktion*. Sie gibt an, welche Menge eines variablen Faktors in Abhängigkeit von der Outputmenge gebraucht wird, wenn *effizient*, also ohne Verschwendung, produziert wird und alle anderen Faktoren fix vorgegeben sind. Bewerten wir nun diesen Faktorverbrauch mit dem entsprechenden Faktorpreis P_a, und zählen die Fixkosten hinzu, dann gelangen wir zu den Totalkosten:

$$TK = FK + P_a \phi(Q)$$

Graphisch gesehen bedeutet dies in etwa eine 'auf den Kopf gestellte' (an der 45° Linie gespiegelte und um die Fixkosten angehobene) Produktionsfunktion. Zu beachten ist hier, daß im Unterschied zur Totalproduktkurve die Totalkostenkurve *nicht* im Ursprung entspringt, sondern am Ordinatenabschnitt auf Höhe der Fixkosten.

Eine solche Totalkostenfunktion ist im oberen Teil der Abbildung 2.1 dargestellt, in der auf der Abszisse die unabhängige Variable, der Output, auf der Ordinate die abhängige Variable, die Totalkosten abgetragen sind: Die Totalkosten sind – wie bereits aus der Gleichung klar ersichtlich – eine Funktion der Fixkosten, der Faktorpreise und der Produktionsfunktion.

Im unteren Teil der Abbildung 2.1 sind die zur Totalkostenkurve gehörigen Verläufe der *Grenzkosten*, der *totalen* und *variablen Durchschnittskosten* sowie der *anteiligen Fixkosten* dargestellt. Beachten Sie, daß auf der Ordinate nunmehr die *Kosten pro Outputeinheit* (entweder die Durchschnitts-, Grenz- oder anteiligen Fixkosten) abgetragen sind.

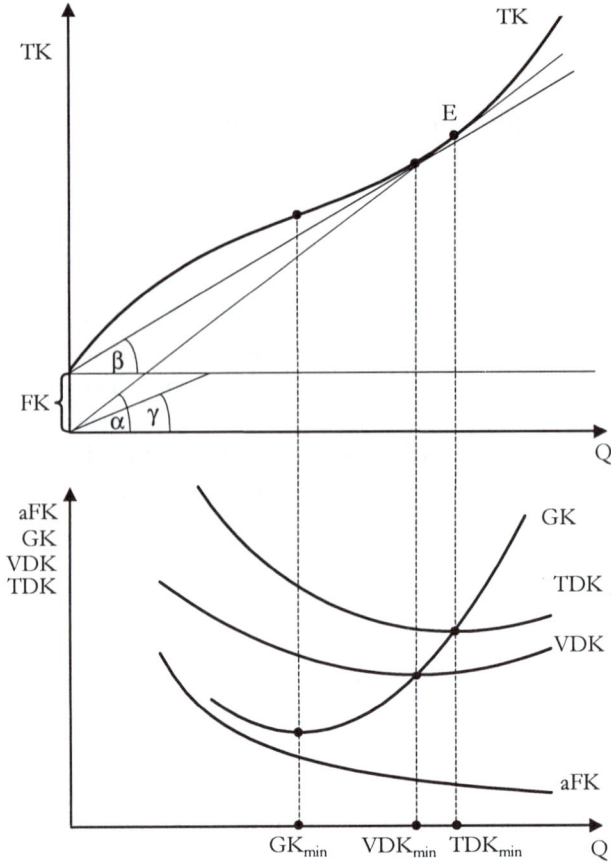

Abb. 2.1: Die Kostenkurven der Unternehmung bei ertragsgesetzlicher Produktionsfunktion

Wir definieren:

- die *Grenzkosten* (GK) als jene *zusätzlichen* Kosten, die durch die Erhöhung des Outputs um eine *marginale* Einheit entstehen. Geometrisch gesehen entspricht dies dem Anstieg der Totalkostenkurve *im jeweiligen Punkt* (dem Winkel der Tangente an diesen Punkt), was durch die Bildung der ersten Ableitung der Totalkostenfunktion beim jeweiligen Outputniveau ermit-

telt wird:
$$GK = \frac{dTK}{dQ}$$

- die *variablen Durchschnittskosten* (VDK) oder die *durchschnittlichen variablen Kosten* als die Beziehung zwischen den *variablen* Kosten zum damit erzielbaren Output:

$$VDK = \frac{VK}{Q}$$

Geometrisch gesehen entspricht dies dem Anstieg der Sekante, die von der Höhe der Fixkosten an die Totalkostenkurve gelegt wird ($\tan \beta$).

- die *totalen Durchschnittskosten* (TDK), *durchschnittlichen Totalkosten* oder auch *Stückkosten* setzen sich aus zwei Komponenten zusammen. Sie umfassen neben den durchschnittlichen variablen Kosten noch die Fixkosten, ergeben sich also aus den anteiligen Fixkosten und den variablen Durchschnittskosten:

$$TDK = \frac{FK}{Q} + \frac{VK}{Q}$$

Geometrisch gesehen entspricht dies dem Anstieg der Sekante aus dem Ursprung an die Totalkostenkurve beim jeweiligen Outputniveau ($\tan \alpha$).

- die *anteiligen Fixkosten* (aFK) als Relation der Fixkosten zur jeweiligen Outputmenge. Sie nehmen mit steigender Outputmenge kontinuierlich ab. So bringt eine Verdoppelung der Outputmenge eine Halbierung der anteiligen Fixkosten mit sich. Beachten Sie auch, daß eine Veränderung der Fixkosten die variablen und damit die Grenzkosten unverändert läßt.

$$aFK = \frac{FK}{Q}$$

Geometrisch gesehen entsprechen die anteiligen Fixkosten dem Anstieg der Sekante an die Fixkostenkurve beim jeweiligen Outputniveau ($\tan \gamma$).

Auch hier haben die bei der Diskussion der Produktionsfunktion erläuterten Zusammenhänge zwischen den Durchschnitts- und Grenzgrößen unverändert Gültigkeit. Prüfen Sie dies gleich selbst nach: Die Durchschnittskosten fallen, solange die Grenzkosten kleiner sind als die Durchschnittskosten. Liegen die Grenzkosten höher als die Durchschnittskosten, müssen auch die Durchschnittskosten ansteigen. Beachten Sie insbesondere, daß die Grenzkostenkurve die Durchschnittskostenkurve in deren Minimum, *von unten kommend*, schneidet. Zur Überprüfung schauen Sie auf die Totalkostenkurve: Der Anstieg der Sekante an die Totalkostenkurve (i.e. die Durchschnittskosten) erreicht dort sein Minimum, wo die Sekante zur Tangente (deren Anstieg ja die Grenzkosten sind) an die Totalkostenkurve wird. (Punkt E in Abbildung 2.1.)

2.5.2 Der Zusammenhang zwischen Produktions- und Kostenfunktionen

Abb. 2.2: Der Zusammenhang zwischen Produktions- und Kostenfunktionen

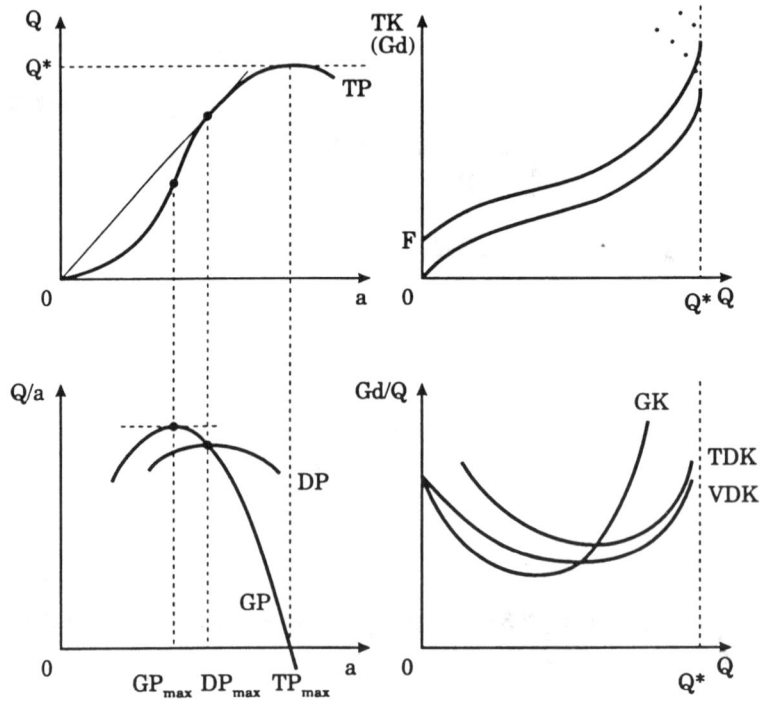

2. Produktion, Konsumtion und Tausch

Um den Zusammenhang zwischen der Produktionsfunktion und der Totalkostenfunktion herauszuarbeiten, wird in der Abbildung 2.2 links die Produktionsfunktion (mit ertragsgesetzlichem Verlauf), rechts die Kostenfunktion dazu dargestellt. Beachten Sie die strichlierte Linie auf Höhe des maximalen Outputniveaus Q^*. Während diese bei der Produktionsfunktion horizontal verläuft, erscheint sie in der Kostengraphik vertikal. Beide Abbildungen zeigen, daß es ökonomisch unsinnig wäre, den Faktoreinsatz über diese Grenze hinaus auszuweiten. (Deshalb wird die Kostenkurve hier nur mehr strichliert weitergezeichnet bzw. verlaufsmäßig angedeutet.)

Die beiden nebeneinanderliegenden unteren Teile der Abbildung 2.2 machen auch den *inversen* Zusammenhang zwischen der Grenzproduktivität und den Grenzkosten sowie zwischen der Durchschnittsproduktivität und den Durchschnittskosten deutlich. Versuchen Sie, auch wenn es Sie im ersten Moment abschrecken mag, die nachfolgende Gleichung gedanklich Schritt für Schritt nachzuvollziehen:

$$GK \equiv \frac{dTK}{dQ} \equiv \frac{P_a da}{dQ} \equiv \frac{P_a}{dQ/da} \equiv \frac{P_a}{GP_a}$$

also:

$$GK \equiv \frac{P_a}{GP_a}$$

Hier ist entscheidend, daß der Preis für den Faktor Arbeit P_a für die Unternehmung als Datum hinzunehmen und konstant ist. Unter dieser Bedingung gilt:

Steigende Grenzkosten korrespondieren mit fallenden Grenzerträgen (in unserem Beispiel des Faktors Arbeit) und umgekehrt. Lesen Sie diese Gleichung nochmals Schritt für Schritt: Die Grenzkosten sind definiert als die Veränderung der Totalkosten (TK), hervorgerufen durch eine *marginale* zusätzliche Outputeinheit: dQ. Die Veränderung der Totalkosten dTK wiederum setzt sich hier aus einer Veränderung des Einsatzes des Faktors Arbeit bewertet mit seinem Preis zusammen: $P_a da$. Der Nenner des Grenzkostenterms bleibt davon unberührt. Dividiert man nun den Term insgesamt durch da, dann erhält man $\frac{P_a}{dQ/da}$, dessen Nenner dQ/da aber nichts anderes als das Grenzprodukt der Arbeit ist. Steigt es, so wird der Bruch kleiner und damit sinken die Grenzkosten. Fällt das Grenzprodukt der Arbeit, so wird der Bruch größer und die Grenzkosten steigen.

Ganz ähnlich verhält es sich zwischen dem Durchschnittsprodukt DP und den durchschnittlichen variablen Kosten:

$$VDK \equiv \frac{VK}{Q} \equiv \frac{P_a a}{Q} \equiv \frac{P_a}{Q/a} \equiv \frac{P_a}{DP_a}$$

$$VDK \equiv \frac{P_a}{DP_a}$$

Versuchen Sie nun selbst einen schrittweisen verbalen Nachvollzug dieser Formel und interpretieren Sie das Ergebnis!

Die Existenz von Fixkosten verkompliziert den Zusammenhang zwischen den durchschnittlichen Totalkosten und dem Durchschnittsprodukt etwas, er ist aber dennoch durchschaubar:

$$TDK \equiv \frac{TK}{Q} \equiv \frac{FK + P_a a}{Q} \equiv \frac{FK}{Q} + \frac{P_a a}{Q} \equiv \frac{FK}{Q} + \frac{P_a}{DP_a}$$

All diese Ausführungen über den Zusammenhang zwischen Ertragsfunktionen einerseits und Kostenfunktionen andererseits zeigen deutlich die Abhängigkeit der Kostenfunktionen von der zugrundeliegenden Produktionsfunktion.

Bei für die Unternehmung feststehenden Faktorpreisen ist der Verlauf der Kostenkurven von der Gestalt der Produktionsfunktion abhängig. Die Kostenfunktion selbst spiegelt also 'nur' die ökonomische Bewertung der Technologie wider.

Zeigt die (kurzfristige) Produktionsfunktion einen klassischen Verlauf, also zunächst steigende und dann fallende Grenz- bzw. Durchschnitts*erträge*, dann erscheinen auch die Grenz- und Durchschnitts*kosten*funktionen zunächst mit negativem, schließlich aber doch mit positivem Anstieg.

Damit dominiert das Gesetz des zunächst steigenden und dann abnehmenden Grenzertrages die Kostenverläufe der Unternehmung.

Deshalb zeigt die (kurzfristige) Durchschnittskostenkurve einen sogenannten *'u-förmigen'* Verlauf, was für die Unternehmung, die ja immer auf der Suche nach den geringsten Stückkosten ist, von besonderer Bedeutung ist. Bei einer Produktionsausweitung auf niedrigem Niveau fallen aufgrund der steigenden Durchschnittsproduktivität die Durchschnittskosten, sie erreichen ein Minimum – dies

2. Produktion, Konsumtion und Tausch

entspricht dem Maximum der Durchschnittsproduktivität. Schließlich zeigt die Durchschnittskostenkurve einen positiven Anstieg: In diesem Bereich korrespondiert sie mit fallender Durchschnittsproduktivität. Diese fällt hier so stark, daß die variablen Durchschnittskosten schneller steigen als die durchschnittlichen (die anteiligen) Fixkosten fallen.

2.5.3 Das Betriebsoptimum

Abb. 2.3: Der typisch u-förmige Verlauf der Durchschnittskostenkurve einer Unternehmung

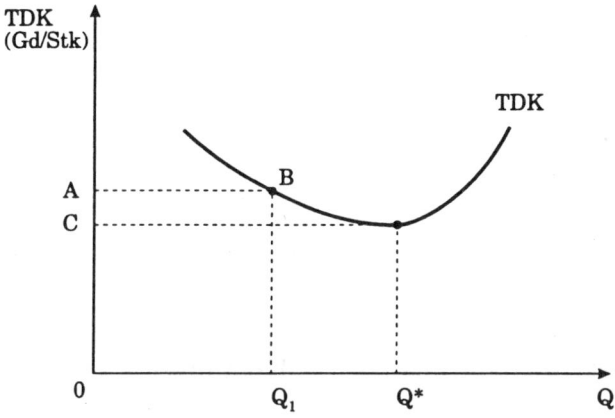

Abbildung 2.3 zeigt nun nur mehr die Durchschnittskostenkurve (*einer* bestimmten Betriebsgröße), anhand derer wir nun ganz leicht die praktische Bedeutung der geschilderten Zusammenhänge zeigen können: Wie gewohnt sind auf der Abszisse die Outputmenge, auf der Ordinate die zugehörigen Durchschnittskosten abgetragen. Damit können die Durchschnittskosten ebenso wie die Gesamtkosten des jeweiligen Outputniveaus leicht abgelesen werden: Die Gesamtkosten sind durch die Fläche zwischen den Achsenabschnitten und den dazu parallelen Geraden zum relevanten Punkt auf der Durchschnittskostenkurve festgelegt. In Abbildung 2.3 ergeben sich die Durchschnittskosten des Outputniveaus Q_1 entsprechend der Durchschnittskostenkurve in *Höhe* von OA ($= Q_1 B$), die Gesamtkosten durch die *Fläche* $OABQ_1$ (dies ist die Menge OQ_1 mal zugehörige Durchschnittskosten $Q_1 B$.) Produziert die Unternehmung nun beim Outputniveau Q_1, dann kann sie durch die Ausweitung der Produkti-

on die Durchschnittskosten senken: Ihr Minimum erreichen die Durchschnittskosten beim Output Q^*. Und dieses Minimum der totalen Durchschnittskosten legt nun das sogenannte *Betriebsoptimum* fest.

Das Betriebsoptimum markiert die maximale Outputmenge, die bei gegebener Betriebsgröße ohne steigende Durchschnittskosten produziert werden kann. Dies wird auch als Kapazität der Unternehmung bezeichnet.

Abweichend vom umgangssprachlichen Gebrauch bedeutet Kapazität hier nicht eine absolute obere Grenze der Produktion einer Unternehmung, sondern nur die maximale Outputmenge, die ohne steigende Durchschnittskosten produziert werden kann. Überschußkapazität, *excess capacity,* bedeutet demzufolge, daß eine Unternehmung im Bereich der fallenden Durchschnittskosten und damit (noch) nicht im *Betriebsoptimum* produziert.

Beachten sie jedoch immer: Die hier vorgestellte Produktionsfunktion (das Gesetz des abnehmenden Grenzertrages) gilt nur für die *kurzfristige* Periode, in der definitionsgemäß einige wichtige Inputfaktoren *nicht* variierbar, also fix sind. *Langfristig* hingegen schaut das wieder anders aus.

2.5.4 Die langfristige Betrachtung der Kosten

2.5.4.1 Die Minimalkostenkombination

Langfristig, wenn *alle Produktionsfaktoren variabel* sind, kann für jedes beliebige Outputniveau die kostenminimale Inputkombination gesucht werden. Geometrisch wird dieses Problem mithilfe von *Isoquanten* und *Isokostengeraden* gelöst.

Eine Isoquante steht für die Produktionsfunktion mit zwei variablen Inputfaktoren. Sie ist der geometrische Ort aller Inputkombinationen, die denselben Output ergeben.

Dazu werfe man einen Blick auf Abbildung 2.4, die ein sogenanntes *Produktionsgebirge* darstellt. Auf den beiden horizontalen Achsen sind nun die *beiden* variablen Inputs abgetragen, während auf der vertikalen Achse der Output als Ergebnis des Einsatzes der beiden Inputs abzulesen ist. Eine Isoquante entsteht nun durch einen *horizontalen* Schnitt durch das 'Produktionsgebirge' bei einem bestimmten Outputniveau, z. B. bei Q_1 : AB, bei Q_2 : CD. Demgegenüber entsteht

2. Produktion, Konsumtion und Tausch

die oben diskutierte *Ertragsfunktion* durch einen *vertikalen* Schnitt durch das 'Produktionsgebirge', was den *fixen Einsatz eines* Faktors, z. B.: $\bar{A}ACE$, bedeutet.

Zurück zum horizontalen Schnitt durch das Produktionsgebirge, zur Isoquante. Man sieht: Mit zunehmender Entfernung einer Isoquante vom Ursprung steigt das durch sie verkörperte Outputniveau, aber auch der Faktoreinsatz, der Einsatz beider Faktoren. Es sei im weiteren unterstellt, daß Isoquanten einen zum Ursprung hin *konvexen* Verlauf haben.

Abb. 2.4: Herleitung der Isoquanten

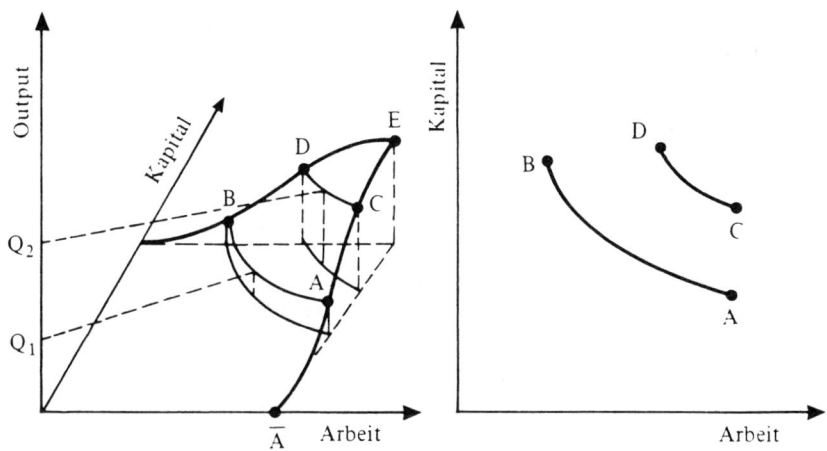

Die Gleichung der Isoquante für den Fall zweier Inputs (Arbeit A und Kapital K) lautet:

$$I_0 = \{A, K | f(A, K) = Y_0\}$$

Man liest dies so: Die Isoquante I_0 ist die Menge aller Inputkombinationen von Arbeit und Kapital, die denselben Output Y_0 ergeben. Da Y_0 jeweils der *maximale* Output einer Kombination von A und K ist, spricht man *Outputeffizienz* der Isoquanten. D.h. mit einer gegebenen Kombination von Arbeit und Kapital wird der *maximale* Output erwirtschaftet.

Das totale Differential einer Isoquante, also die Veränderung des Outputs bei gleichzeitiger Variation beider Inputfaktoren, muß, da der Output auf ihr definitionsgemäß konstant ist, Null sein:

$$dY_0 = GP_A dA + GP_K dK = 0$$

wobei GP_A und GP_K die partiellen Ableitungen nach Arbeit A und Kapital K und somit das *Grenzprodukt* der Arbeit bzw. des Kapitals sind. Nach Umformung ergibt sich:

$$\frac{GP_A}{GP_K} = \frac{-dK}{dA}$$

bzw. die *Grenzrate der <u>technischen</u> Substitution*:

$$GRTS = \frac{dK}{dA} = -\frac{GP_A}{GP_K}$$

Die *Grenzrate der technischen Substitution* sagt aus, auf wieviel Einheiten des Inputfaktors K verzichtet werden kann, wenn man eine Einheit des Inputfaktors A mehr einsetzt, *ohne* daß dabei das Outputniveau verändert würde. Da durch eine zusätzliche Einheit von Arbeit A zusätzlicher Output in Höhe des Grenzprodukts der Arbeit GP_A entsteht, kann – um den Output gleichzuhalten – auf soviel Einheiten von Kapital K verzichtet werden, wie das Grenzprodukt von Kapital (GP_K) im Grenzprodukt der Arbeit (GP_A) enthalten ist. Ist beispielsweise das Grenzprodukt der Arbeit 25 Outputeinheiten, das Grenzprodukt von Kapital 5 Outputeinheiten, so kann beim Mehreinsatz von einer Arbeitseinheit auf fünf Kapitaleinheiten verzichtet werden, ohne daß sich dabei der Output ändern würde. Die Grenzrate der technischen Substitution ist hier also fünf.

Die Grenzrate der technischen Substitution zeigt damit das Austauschverhältnis der beiden Inputs in einem bestimmten Punkt der Isoquante an, wobei dadurch das Outputniveau nicht verändert wird (man befindet sich ja auf einer Isoquante)!

Die Grenzrate der technischen Substitution, die geometrisch der Steigung der Isoquante entspricht, ist *negativ*, solange beide Inputfaktoren positive Grenzprodukte haben. Sobald ein Inputfaktor ein negatives Grenzprodukt aufweist, wird die Steigung der Isoquante positiv. Den Bereich der negativ geneigten Isoquante nennt man *technisch effizient*. Bereiche mit negativen Grenzprodukten, also positiv ansteigende Isoquantenbereiche, sollten vermieden werden, ganz einfach, weil im Bereich negativer Grenzprodukte die Kosten für ein bestimmtes Outputniveau nicht minimiert werden können. Eine positive Steigung der Isoquante bedeutet ja, daß dasselbe Outputniveau mit *mehr von beiden Inputfaktoren* und damit teurer erzeugt werden

2. Produktion, Konsumtion und Tausch

kann. Keine gewinnmaximierende Unternehmung würde also im positiven Bereich der Isoquante arbeiten.

Geometrisch ist der *technisch effiziente* Bereich durch die Tangentialpunkte der Isoquanten mit den *Kammlinien* (d.s. Parallele zu den Achsen, die die Isoquanten tangieren) abgegrenzt.

Um die Aufgabe der Erstellung eines bestimmten Outputniveaus zu minimalen Kosten lösen zu können, braucht man aber nicht nur Kenntnisse über den Verlauf der Produktionsfunktion, sondern auch Kenntnisse über die *Preise der benötigten Inputfaktoren*. Diese Information geben die sogenannten *Isokostenlinien* oder *Isokostenkurven* (siehe Abbildung 2.5).

Eine Isokostenkurve zeigt all jene Kombinationen der Inputfaktoren, die dieselben Kosten verursachen. Sind die Preise der Inputfaktoren konstant und für die Unternehmung gegeben, so ist die Isokostenkurve eine Gerade, deren Steigung durch das Preisverhältnis $-P_A/P_K$ und deren Lage durch die Kostensumme gegeben ist. Je höher die Kostensumme, desto weiter ist die Isokostenkurve vom Ursprung entfernt.

Abb. 2.5: Isoquante und Isokostenkurve:
    Optimale Inputkombination: Minimalkostenkombination

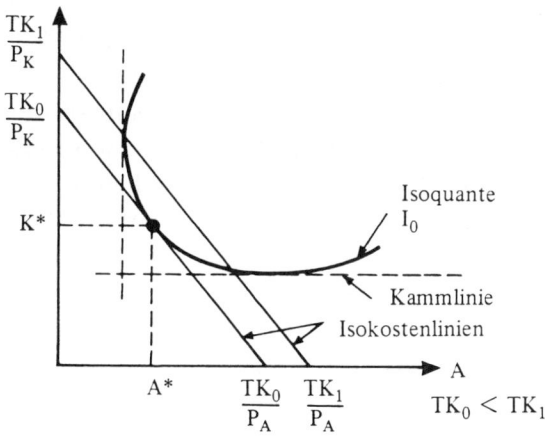

Die Gleichung der Isokostenkurve lautet:

$$TK_0 = P_A A + P_K K$$

Löst man diese nach K auf, dann erhält man:

$$K = \frac{TK_0}{P_K} - \frac{P_A}{P_K}A$$

Das *Kostenminimum eines bestimmten Outputniveaus* ist nun dort erreicht, wo die entsprechende Isoquante die *niedrigste* Isokostenkurve gerade noch tangiert. In diesem Punkt entsprechen einander der Anstieg der Isoquante und der Anstieg der Isokostenkurve, es gilt also:

$$GRTS = \frac{dK}{dA} = \frac{P_A}{P_K}$$

Nur in diesem Punkt spricht man von *ökonomisch effizienter Produktion*. Denn hier wird ein bestimmtes Outputniveau mit den geringsten Kosten produziert (= Minimalkostenkombination). Ökonomisch effiziente Produktion ist eine Bedingung für das Gewinnmaximum der Unternehmung. Dies ist in Abbildung 2.5 dargestellt.

Daß die Steigungen von Isoquante und Isokostengerade einander entsprechen, bedeutet ökonomisch interpretiert, daß in diesem Punkt die 'innere Tauschrate', die durch die Produktionsfunktion der Unternehmung bestimmt ist, der 'äußeren Tauschrate' entspricht, die durch die Preise der Inputfaktoren für die Unternehmung gegeben ist. Wäre das nicht der Fall, dann gäbe es noch Möglichkeiten, die Kosten weiter zu reduzieren. Denn würde – um das obige Beispiel (siehe Seite 80) mit der Grenzrate der technischen Substitution von 5 fortzusetzen – das Faktorpreisverhältnis 2 betragen, so könnten über den Markt zwei Einheiten Kapital gegen eine Einheit Arbeit eingetauscht und dabei drei Einheiten Kapital eingespart werden. Durch den Einsatz einer Einheit Arbeit, für die mit zwei Einheiten Kapital bezahlt werden mußte, werden insgesamt fünf Einheiten Kapital frei.

2.4.5.2 Die langfristigen Kostenkurven

Durch die Verbindung der Tangentialpunkte zwischen allen Isoquanten (Outputniveaus) eines Outputbereichs und den dazu niedrigsten Isokostenkurven, also aus der Verbindung der *ökonomisch effizienten Inputkombinationen,* der *Minimalkostenkombinationen,* ergibt sich der sogenannte *Expansionspfad,* von dem die *langfristige Totalkostenkurve* abgeleitet werden kann (siehe Abbildung 2.6).

2. Produktion, Konsumtion und Tausch

Der übliche Verlauf der langfristigen Totalkostenkurve ähnelt dem der kurzfristigen Totalkostenkurve.[12] Auch bei langfristiger Betrachtung zeigt sich regelmäßig, daß eine Outputerhöhung zunächst mit fallenden, ab einem bestimmten Outputniveau schließlich aber doch wieder steigenden *langfristigen Grenz- bzw. Durchsschnittskosten* verbunden ist, was zu einer u-förmigen *langfristigen Durchschnittskostenkurve* führt.[13]

Abb. 2.6: Herleitung der langfristigen Totalkostenkurve

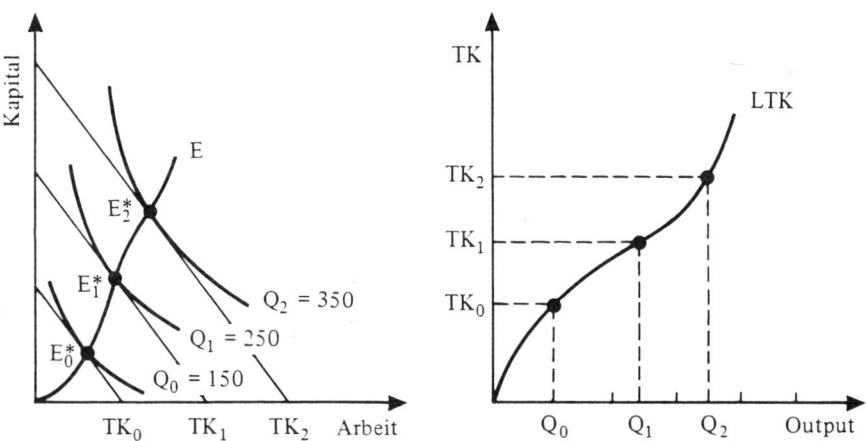

2.4.5.3 Substitutions- und Outputeffekt einer Faktorpreisänderung

Mithilfe von Isoquanten und Isokostenkurven lassen sich schließlich auch die Auswirkungen geänderter Faktorpreise auf die optimale Inputkombination eruieren.

Ein Steigen des Preises für den Inputfaktor Arbeit führt zu einer Drehung der Isokostengerade nach innen (siehe Abbildung 2.7). Die Bewegung vom alten zum neuen Optimum (Gesamteffekt der Preisänderung) läßt sich[14] in zwei Effekte zerlegen: in einen

---

[12] Ein wesentlicher Unterschied zwischen kurzfristiger und langfristiger Totalkostenkurve besteht darin, daß die langfristige Totalkostenkurve im Ursprung beginnt, die kurzfristige aber bei jenem Punkt auf der Ordinate, der die Fixkosten angibt. Langfristig gibt es keine Fixkosten!

[13] Diese gibt die geringsten Kosten für jedes Outputniveau an unter der Bedingung, daß *alle Faktoren variabel* sind, zum Unterschied zu den kurzfristigen Durchschnittskostenkurven, die die geringsten Stückkosten bei *feststehender Betriebsgröße,* die durch die fixen Kosten determiniert ist, zeigen.

[14] Analog zur Situation in der Haushaltstheorie, siehe dazu Kap. 4.5.2.

Substitutions- und einen *Outputeffekt.*

Der *Substitutionseffekt* beschreibt eine *Veränderung der optimalen Inputkombination bei konstantem Output,* beschreibt also eine Bewegung auf derselben Isoquante. Er ergibt sich ausschließlich aufgrund der *veränderten relativen Preise* der Produktionsfaktoren. Und es zeigt sich: Der teurer gewordene Inputfaktor wird teilweise durch den nunmehr relativ billigeren *substituiert.* Weil Preis- und Mengenreaktionen hier stets einander entgegengerichtet sind, ist der Substitutionseffekt immer *negativ.*

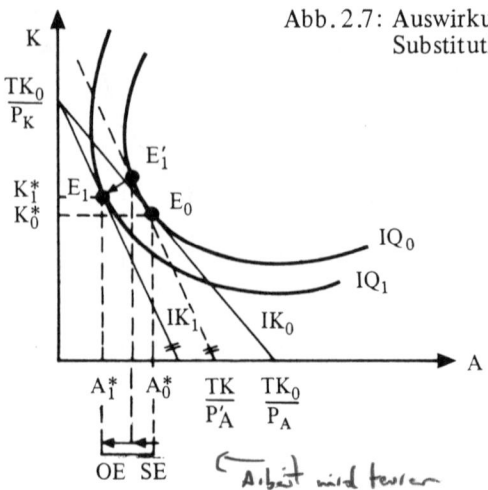

Abb. 2.7: Auswirkungen einer Inputpreissteigerung: Substitutions- und Outputeffekt

Der *Outputeffekt* beschreibt hingegen die *Veränderung des Outputs,* also den *Wechsel* der Isoquanten, hervorgerufen durch die Veränderung der Inputpreise. Fällt der Preis *eines* Inputs, so wird regelmäßig, nicht aber notwendigerweise von *beiden* Inputfaktoren mehr nachgefragt.

Aufgrund der Faktorpreissteigerung, hier des Preises des Faktors Arbeit, müßte bei Konstanz der Kostensumme das Outputniveau reduziert werden. Gleichzeitig wird *weniger* Arbeit im Produktionsprozeß eingesetzt. Soll auch nach der Preiserhöhung das gleiche Outputniveau kostenminimal produziert werden, so erhöhen sich durch die Preissteigerung des Inputfaktors Arbeit die Produktionskosten. Diese steigen allerdings nicht proportional zur Verteuerung des Inputfaktors, weil Arbeit relativ zu dem andern Inputfaktor teurer geworden ist und deshalb teilweise durch Kapital *substituiert* wird.

3. Wie soll's gemacht werden? Oder: Fragestellungen eines (Jung-)Unternehmers

In diesem Abschnitt soll versucht werden, einige jener Fragen zu skizzieren, die für die Unternehmung von zentraler Bedeutung sind. Wir gehen dabei aber nicht von einer bereits bestehenden Unternehmung aus, sondern verfolgen zunächst einige zentrale Probleme, die sich einem (prospektiven) Unternehmer im Zusammenhang mit der Gründung der Unternehmung, der praktischen Umsetzung einer Idee in die ökonomische Wirklichkeit, stellen.

Die zentralen Fragen, die sich in diesem Zusammenhang ergeben, sind im einzelnen:

1. Welchen grundlegenden Kriterien muß das zu erstellende Gut (Produkt) genügen, um am Markt Aufnahme zu finden?

2. Welche grundlegenden Entscheidungen sind mit der praktischen Umsetzung dieser Produktidee verbunden?

3. Auf welchen Märkten tritt die Unternehmung auf? Welche Marktstruktur liegt vor, d.h. wie viele Anbieter und Nachfrager stehen einander auf diesem Markt gegenüber?

4. Welche möglichen Entwicklungen dieses bzw. der damit verbundenen Märkte sind absehbar?

5. Welche Rolle spielen künftige technologische Entwicklungen?

In diesem Abschnitt wollen wir uns den ersten beiden Fragen genauer zuwenden.

3.1 Unternehmer & Idee, Gebrauchswert, Tauschwert & Absatzpotential

Unser Blick fällt zunächst auf die Person des *Unternehmers*, des *Entrepreneurs*. Er wird immer wieder und völlig zurecht als die treibende, die initiative Kraft im marktwirtschaftlichen System bezeichnet. Er bringt neue Produkte und neue Produktionsverfahren auf den Markt, wodurch mitunter 'alte', eingesessene Marktpositionen ins Wanken geraten können. Der bedeutende österreichische Nationalökonom *Joseph A. Schumpeter* (1883 - 1950) sprach in diesem Zusammenhang vom 'Prozeß der schöpferischen Zerstörung'.

Die Qualitäten, die ein erfolgreicher Unternehmer in seiner Person vereinigen muß, sind äußerst vielfältig. Ein Charakteristikum, wie eine ausgeprägte Risikoneigung, wurde bereits erwähnt, ein anderes ist die 'Tatfreude', eben der 'Unternehmungsgeist'. Hier soll lediglich noch einmal auf das Beispiel Claudio Gelatinos hingewiesen werden und auf das oben erwähnte 'Theorem der unsichtbaren Hand'.

Die *Idee*, die Sie haben müssen, um erfolgreich zu sein, steht am Beginn. Das Produkt, das Sie anbieten, mag sein, was immer es will. Schauen Sie sich einmal die erfolgreichen Produkte der letzten Zeit etwas genauer an. Immer müssen diese Produkte *bestimmte Kriterien* erfüllen, eines davon ist das der (tatsächlichen oder vermeintlichen) *Nützlichkeit*, was immer dies im konkreten Fall bedeutet. Stark vereinfacht formuliert, muß es dem Käufer einen Nutzen stiften, den er jedenfalls höher bewertet als den dafür zu erlegenden Preis. Das jeweils in Frage stehende Gut muß also einen *Gebrauchswert* besitzen. Je höher dieser ist, desto besser. Dabei ist es völlig irrelevant, ob es sich um einen Konsumartikel oder um ein Investitionsgut handelt. Beim Konsumenten muß es einen Nutzengewinn bewirken, bei der Unternehmung einen maßgebenden pekuniären Vorteil, beispielsweise eine Kosteneinsparung. Stimmt Nutzengewinn bzw. Kosteneinsparung im Verhältnis zum Preis des Produkts, wird gekauft, sonst nicht. Vorausgesetzt, der prospektive Käufer weiß um die Existenz und die Qualitäten des Produktes. Dies ist kein geringes Problem, eines, das mit dem ausgefeilten Instrumentarium des Marketing angegangen werden muß. Ich darf Sie auf die einschlägige Fachliteratur verweisen.

All das kann natürlich auch auf das Produkt bezogen werden, das Sie gerade in Händen halten. Auch dieses Buch ist ein Gut, das, um gekauft zu werden, einen Nutzen haben muß. Auch hier begegnen wir wieder dem Informationsproblem. Viele prospektive Kunden wissen nicht um die Existenz und die Qualitäten dieses Buches, hinzu tritt – wie bei vielen anderen Fällen – das Problem der asymmetrischen Informationsverteilung. Bevor Sie das Buch 'Spaß mit Mikro' kaufen, wissen Sie nicht mit Sicherheit, ob es das hält, was es verspricht! Sie müssen also eine Erwartung bilden! Nur wenn Ihr *Erwartungsnutzen*

3. Fragestellungen eines (Jung-)Unternehmers

den Preis des Buches – im Sinne der Opportunitätskosten – übertrifft, werden Sie kaufen, korrekt eigentlich: ... übertroffen hat, haben Sie gekauft ..., sonst nicht. (Mittlerweile hat sich diese Ihre Erwartung mehr als bestätigt. Jetzt wissen Sie schon längst, daß 'Spaß mit Mikro' seinen *Preis* mehr als *wert* ist.)

Neben dem Gebrauchswert, der Voraussetzung für den Kauf des Gutes ist, muß sichergestellt sein, daß das Gut auch mit einem *Tauschwert*, also mit einem *Preis* belegt werden kann, sodaß nur derjenige, der zahlt, das Gut auch erwerben kann.

Damit ein Gut produziert und auf Märkten angeboten wird, muß das Ausschließbarkeitskriterium gegeben sein. Dieses wird durch sogenannte private Eigentumsrechte gewährleistet. Private Eigentumsrechte sind von grundsätzlicher Relevanz für das marktwirtschaftliche System. Denn sie legen fest, was man mit einer Sache tun darf und was nicht: Sie legen das ausschließbare Recht der Nutzung durch den Eigentümer einer Sache fest, regeln die Übertragbarkeit dieses Rechts durch den Eigentümer sowie die Durchsetzbarkeit des Rechts gegenüber Dritten.[1]

Private Eigentumsrechte gewährleisten also die Ausschließbarkeit von Gütern, was bedeutet, daß nur derjenige in den Genuß des Gutes kommen kann, der bereit ist, den geforderten Kaufpreis zu erlegen. Dies ist mitunter gar nicht so leicht zu gewährleisten. Denken Sie wieder an dieses Buch, Sie könnten auch in eine Bibliothek gehen und es kopieren. Da gibt es also bereits Schwierigkeiten. Ebenso bei Schallplatten, Musikcassetten und CDs. Denken Sie nur an Computerprogramme, an die zig-Millionen Schilling, die den Produzenten durch Raubkopien entgehen (und wie sie sich dagegen schützen).

Ist das Ausschließbarkeitskriterium auf ein Gut nicht anwendbar, dann wird es erst gar nicht produziert und angeboten. Damit kommt eine mögliche Verbesserung der Güterversorgung nicht zustande. Genau das ist das 'Problem weiter Bereiche der Umwelt': Viele zentrale Umweltgüter sind durch die bestehende Eigentumsrechtsstruktur nicht private, sondern öffentliche Güter. Deshalb besteht keinerlei Anreiz, mit ihnen sparsam umzugehen, bzw. sie zu produzieren.

---

[1] Durchsetzbarkeit bedeutet, daß im Falle einer Verletzung des Eigentumsrechtes der Staat mit Polizei und Gerichten dem Eigentümer zur Wahrung seiner Rechte zur Seite steht.

Nichts stellt die Bedeutung des Ausschließbarkeitskriteriums und damit der Eigentumsrechtsstruktur deutlicher unter Beweis als die kaum mehr überblickbare Fülle *privater* Güter auf der einen Seite und die zunehmende Knappheit *öffentlicher* Umweltgüter auf der anderen Seite. Sie sehen:

Nur wenn ein Gut mit einem Tauschwert belegt werden kann, sodaß der Nicht-Zahlungswillige vom Konsum ausgeschlossen bleibt, besteht überhaupt erst ein wirksamer Anreiz, nach Produkten zu suchen, die anderen Nutzen stiften!

Lesen Sie sich nochmals aufmerksam das Theorem der unsichtbaren Hand durch! Sie kommen nämlich deshalb gar nicht auf die Idee, in der Stadt einen Park anzulegen, zu pflegen und/oder zu verschönern, weil Sie hier nicht in den Genuß der Früchte Ihrer Arbeit kämen. Diese ernteten viele andere! Denn Sie können niemanden vom Besuch dieses Parks ausschließen. Es sei denn, Sie errichten rund um ihn eine Mauer und verlangen einen Preis für den Eintritt und sperren damit die Nicht-Zahler aus. Das aber käme viel zu teuer im Verhältnis zu den möglichen Erträgen, weshalb diese Aktivität unterbleibt. Die möglichen Erträge eines privaten Parkanbieters sind allerdings deshalb so gering, weil er mit öffentlichen Parks, die zum Nulltarif angeboten werden, konkurrieren muß.

Mit dem Hinweis auf den 'Öffentlichen-Gut-Charakter' eines Stadtparks stellt regelmäßig die jeweilige Stadtgemeinde öffentliche Parks zur Verfügung. Die Stadtverwaltung meint, 'fehlende Privatinitiative' durch 'öffentliche Initiative' ersetzen zu müssen. Ein kritischer Ökonom sollte sich freilich fragen, warum es in diesem Bereich an Privatinitiative mangelt? Der Hinweis auf ein *öffentliches Gut* sollte ihm nicht genügen. Es sollte also weiter gefragt werden, warum es sich hier um ein öffentliches Gut handelt bzw. warum ein solches nicht doch auch von Privaten *freiwillig* zur Verfügung gestellt werden sollte?[2]

Das klassische Beispiel für ein öffentliches Gutes ist die 'äußere Sicherheit', die Landesverteidigung. Weil niemand vom Gebrauch, vom Nutzen dieses Gutes ausgeschlossen werden kann, besteht von priva-

---

[2]Warum sollten sich nicht einige Personen zusammenschließen und beispielsweise in Form eines Vereins einen Park errichten und erhalten? Gibt es nicht in vielen kleineren Ortschaften sogenannte 'Verschönerungsvereine'? Warum dort und nicht in der Stadt?

3. Fragestellungen eines (Jung-)Unternehmers

ter Seite aus kein Anreiz, dieses Gut zu produzieren. Also springt der Staat ein und stellt ein Heer auf! Er hat die Möglichkeit, das sogenannte *free-rider-Problem* durch die Auferlegung von *Zwangsabgaben*, von *Steuern*, zu 'entschärfen'. Das *free-rider-Problem* besteht, kurz gesagt, darin, daß, gerade weil niemand vom Konsum eines öffentlichen Gutes ausgeschlossen werden kann, auch niemand eine Veranlassung dazu hätte, dafür etwas zu bezahlen und damit zur Finanzierung des Gutes auch etwas beizutragen (es ist ja nicht umsonst!). Obwohl natürlich jeder, wenngleich im unterschiedlichen Umfang, das öffentliche Gut nutzt. Müßten wir Sie also um Ihren persönlichen Beitrag zur Landesverteidigung, für die Sauberkeit der Straßen, für ein öffentlich zugängliches Erholungsgebiet etc. *bitten*, dann würden Sie ihre Einschätzung dieses Gutes (Ihre Präferenz) wohl *nicht* wahrheitsgemäß offenbaren und sagen: 'Nein danke! Das brauche ich nicht!'. Denn Sie müßten fürchten, in dem Maße, in dem Sie Ihre Nutzeneinschätzung 'bekennen', auch für die Finanzierung dieses öffentlichen Gutes herangezogen zu werden. Sagen Sie also (rationalerweise) 'Nein danke! ...', dann können Sie Ihren Kostenbeitrag verweigern, obwohl Sie all diese Güter sehr wohl und (vielleicht) sehr gerne nutzen. Also müssen Sie zur Bezahlung Ihres Beitrags *gezwungen* werden ... Sie müssen Ihre Steuern zahlen. Der interessanten Frage, *wieviel* von diesen öffentlichen Gütern produziert werden soll, werden wir uns später zuwenden.[3]

Entscheidend ist also:

Sie als Unternehmer müssen die Aussicht auf die Früchte Ihrer Bemühungen und Arbeit haben, Sie müssen die richtige Anreizstruktur vorfinden. Ansonsten funktioniert's nicht! Und aus ist's mit der reichlichen Güterversorgung zu günstigen Preisen! Gerade das Marktsystem stellt aber einen solchen Anreizmechanismus dar.

Das Fehlen einer solchen Anreizstruktur ist nun nicht nur im Umweltbereich zu beklagen. Gerade auch bei der Produktion bestimmter Informationen wie beispielsweise Erfindungen ist die Anreizstruktur mitunter mangelhaft. Es handelt sich hier um die Produktion wertvoller (weil nutzenstiftender oder effizienzsteigernder) Information, die – ist sie einmal 'ausgespuckt' – den Charakter eines öffentlichen Gutes annimmt. Jeder könnte sie nutzen und profitiert davon, ohne

---

[3] Die damit verbundenen Fragen und Probleme behandeln wir in Kapitel 9.

den eigentlichen Erfinder für seine Idee und Leistung entsprechend zu entschädigen. Denken Sie zum Beispiel nur an das 'schwarze' Kopieren von Computerprogrammen! Dies ist der Grund dafür, daß man das Instrument des *Patentschutzes* oder auch des *Urheberrechtes* erfunden hat und damit über *private Eigentumsrechte* auch den Schutz geistigen Eigentums zu gewährleisten versucht. Damit sollte weitgehend sichergestellt werden, daß der Erfinder die Früchte seiner Arbeit auch selbst ernten kann. Würde staatlicherseits kein solches *Recht* gewährt, so fehlte der entsprechende Anreiz, neue, bessere, nützlichere, kosten- und energiesparende Verfahren und Technologien zu entwickeln.[4]

Das Anreizsystem muß also funktionieren, das Ausschlußprinzip gewährleistet sein, ansonsten gibt es keine Marktproduktion, kein Angebot, ... keine kontinuierliche Linderung von Knappheit!

Eine gute Produktidee, Gebrauchswert und Ausschließbarkeit sind aber leider noch nicht genug für einen erfolgreichen Unternehmungsstart. Das Produkt muß auch einen *Markt*, ein *Absatzpotential* haben, was in erster Linie, abgesehen von der Nützlichkeit, vom Preis des Produktes abhängig ist. Sie haben das treibstofflos getriebene, völlig schadstofffreie und 100 % recyclierbare Auto erfunden! Eine Meisterleistung, ich gratuliere! Ein wirklich hoher Gebrauchswert! ... Nur hat die Sache einen Haken. Es ist so teuer, daß es sich niemand leisten kann! Dann werden Sie trotz allem damit wenig Geld machen können!

Bleiben wir noch ein wenig bei diesem Beispiel. Wenn Sie mit dem bisher dazu Gesagten nicht ganz einverstanden sind, dann dürften Sie sich schon auf dem Weg zum 'richtigen Ökonomen' befinden. Denn irgendwie ist diese Argumentation nicht ganz stichfest, unvollständig, irgendetwas fehlt! Doch was? Nun, zwar ist es einleuchtend, daß die Kosten der Entwicklung dieses Fahrzeugtyps sowie der Erstellung eines Prototyps enorm hoch sind. Eine Umlegung dieser Entwicklungskosten auf fünf oder zehn Autos macht diese so teuer, daß sie fast mit Sicherheit unverkäuflich sind. Doch bei einer Großserienproduktion schaut die Sache dann vielleicht wieder ganz anders aus. Denn bei 100.000 oder mehr Autos pro Jahr sind die Entwicklungskosten schon

---

[4] Allerdings darf hier nicht die Findigkeit einiger begabter Zeitgenossen unterschätzt werden, doch relativ wirksame 'Ausschußmöglichkeiten' zu ersinnen. Denken Sie an die Gefahr, beim unerlaubten Kopieren von Computerprogrammen gleich ein Virus mitgeliefert zu bekommen!

3. Fragestellungen eines (Jung-)Unternehmers

viel eher verkraftbar.

Forschungs- und Entwicklungskosten sind klassische *Fixkosten* und diese Fixkosten sind ökonomisch nur dann vertretbar, wenn sie im Rahmen einer Massenproduktion auf tausende Stück eines Produktes umgelegt werden können und, aufs einzelne Produkt bezogen, von ihnen dann nicht mehr viel übrigbleibt. Die *anteiligen Fixkosten* fallen ja mit zunehmender Ausbringungsmenge! Das nennen wir *Fixkostendegression*. Um diese Fixkostendegression nutzen zu können, brauchen Sie aber einen entsprechenden Markt. Claudio Gelatino kann, findet er nur zwei Badegäste, seine Fixkosten nicht anteilsmäßig auf diese beiden Kunden aufteilen: denn zu dem dann sich ergebenden Preis, würden diese erst gar nicht kaufen. Freilich: Claudio Gelatino hat sein *Absatzpotential* sehr wohl vorher erkundet. Hätte er nur zwei Badegäste gesehen, hätte er sich zu seiner Aktion erst gar nicht hinreißen lassen. Sie brauchen also genauso wie unser Eisverkäufer ein Absatzpotential, einen *Markt* für Ihr Produkt. Und je größer dieser Markt ist, desto besser können Sie entweder die *Fixkostendegressionen bei gegebener Ausstattung bzw. Betriebsgröße* ausnutzen – sie 'rutschen' auf Ihrer Durchschnittskostenkurve zügig abwärts –, oder desto eher *Skalenerträge durch die Vergrößerung der Produktionsanlagen (Ausweitung der Betriebsgröße)* lukrieren. (Fast) ganz egal, wie hoch die Forschungs- und Entwicklungskosten für Ihr treibstoffloses, schadstofffreies und 100 % recyclierbares Auto sind, steht Ihnen ein 'entsprechender' Markt zur Verfügung, dann schaut die Sache schon ganz anders aus.

Diese Effekte eines großen Marktes, der es vielen Unternehmern erst ermöglicht, Fixkostendegressionen und Skalenvorteile voll auszunutzen, sind ein wesentliches Element des *Europäischen Binnenmarktkonzeptes*. Durch einen großen europäischen Markt sollen vielen europäischen Unternehmungen Wachstumsmöglichkeiten geboten werden, um schließlich auch international, am Weltmarkt, dem 'rauhen' Wettbewerb gewachsen zu sein..Auch diese Idee ist keineswegs neu, auch sie geht auf *Adam Smith* zurück, der den Umfang der Arbeitsteilung durch die Größe des Marktes begrenzt sah und deshalb auch *internationalen Freihandel* propagierte. All dies bedeutet natürlich keineswegs 'Begünstigung für Großunternehmungen', sondern schlicht Vorteile, und zwar enorme Vorteile für die Konsumenten. Denn durch freien Marktzutritt gesicherter Wettbewerb der Unternehmungen führt dazu, daß diese die Vorteile von Fixkostendegression und Massenproduktion über entsprechend geringere Preise an die Konsumenten weitergeben müssen.

3.2 Die Organisation der Unternehmung

Die Produktidee, das kann vom geschliffenen Glas (!) – übrigens eines der erfolgreichsten österreichischen Produkte der letzten Jahre – bis zu einem hochkomplizierten Produktionsverfahren reichen, diese Idee steht also zweifellos am Beginn der unternehmerischen Tätigkeit. Der Idee aber folgt die praktische Umsetzung, und dem ist nun genauer nachzugehen. Es sind Fragestellungen herauszuarbeiten, die allen Unternehmungen und Unternehmungsgründungen gemein sind und deren zweckentsprechende Beantwortung Ihnen – als möglicher prospektiver Unternehmer – bei Ihren Entscheidungsproblemen eine erfolgreiche Hilfestellung bieten sollen.

Die nächste Aufgabe der Unternehmung ist es also – denken Sie an das 'triviale' Beispiel von Claudio Gelatino –, eine zweckgemäße *Unternehmensorganisation* aufzubauen. Ein weiterer, ganz entscheidender Beitrag des Entrepreneurs ist also seine *Organisationsfähigkeit*, weniger oder überhaupt nicht die Zur-Verfügung-Stellung von Kapital. Das besorgen schon die Kapitalgeber. Für seine *unternehmerischen Fähigkeiten*, für seine *Organisationsleistung*, vom Aufbau der innerbetrieblichen Organisationsstruktur, der Errichtung der Vertriebs- und Beschaffungswege bis zu Mitarbeitermotivation und Marketingideen etc. erhält er – wenn er es gut gemacht *und* auch ein wenig Glück hat – den Gewinn als *Residuum*.[5] Das Ziel des Unternehmers ist es, einen Gewinn, einen *ökonomischen Gewinn* zu erwirtschaften, also einen über die *Opportunitätskosten* der in der Unternehmung eingesetzten Faktoren hinausgehenden Gewinn. Und hier geraten wir allzu leicht und allzu schnell in eine Falle![6] Da gilt es nicht nur Ausdauer zu beweisen und Einsatz zu zeigen, sondern auch 'Köpfchen zu haben'. Denn diesem Versuch, einen *ökonomischen Gewinn* zu erwirtschaften, läuft die Wirkungsweise der Marktkräfte

---

[5] Der Unternehmerlohn zählt zu den Opportunitätskosten! Denn mit seiner Qualifikation hätte der Unternehmer auch als leitender Manager gut verdienen können.

[6] Von der Warte des Unternehmers aus gesprochen. Der Konsument hat hier gewiß andere Vorstellungen. Können Sie sagen warum?

3. Fragestellungen eines (Jung-)Unternehmers

entgegen! Diesen Mechanismus der Marktkräfte gilt es also mit ins Kalkül zu ziehen. Doch dazu später.

Welche Fragen der Organisation stellen sich nun? Aus den unheimlich vielen Detailfragen, die hier zu lösen sind – denken Sie an die Fragestellungen der einzelnen 'speziellen Betriebswirtschaftslehren' –, wollen wir im folgenden nur zwei zentrale Fragen behandeln, die für jede Unternehmung zu lösen sind:

- Die Frage nach der *optimalen Betriebsgröße*

- Die Frage, wie bei *feststehender Betriebsgröße* die *gewinnmaximale Inputkombination* bzw. *die gewinnmaximale Outputmenge* zu bestimmen ist.

Auf beide Fragen soll jetzt näher eingegangen werden.

3.3 Begriffe und Konzepte:

3.3.1 Die optimale Betriebsgröße

Die Frage nach der optimalen Betriebsgröße zählt zu den wichtigsten strategischen, weil regelmäßig langfristigen Entscheidungen der Unternehmung. Im wesentlichen geht es hier um die Suche nach den geringsten Stückkosten der Produktion!

Bei der Lösung dieses Problems sind wir hier allerdings nicht mehr an die sehr einengende Restriktion der nur sehr beschränkten oder gar nicht möglichen Variation wichtiger Produktionsfaktoren gebunden. Hier, *langfristig,* sind *alle Faktoren variabel* und gesucht ist diejenige Inputkombination, die die Stückkosten der Produktion minimiert. Es leuchtet ein, daß in unterschiedlichen *Betriebsgrößen* regelmäßig zu unterschiedlichen Stückkosten produziert werden kann. Üblicherweise und etwas vereinfacht lautet der Zusammenhang: Je größer die Unternehmung, desto geringer sind die Stückkosten der Produktion. Die Vergrößerung einer Unternehmung, darunter verstehen wir die Ausweitung *aller Produktionsfaktoren,* wir nannten dies *Niveauvariation* – also nicht wie beim Gesetz des fallenden Grenzertrages die Erhöhung *eines* Faktors bei gleichzeitiger *Konstanz* aller anderen Produktionsfaktoren – diese *Ausweitung aller Inputfaktoren* ermöglicht regelmäßig eine die Produktivität nachhaltig und bedeutsam erhöhende innerbetriebliche Arbeitsteilung und Spezialisierung. Zusätzlich ergeben sich durch diese 'bloße' Ausdehnung des Inputeinsatzes verstärkte Möglichkeiten der technologischen Verbesserung, also des technologischen Fortschritts. All das führt bei vielen Produktionen zu *steigenden Skalenerträgen.* Die Auto- und Computerfabriken zählen wohl zu den beeindruckendsten Beispielen. Arbeits- und Kapitaleinsatz wurden enorm ausgedehnt, damit gleichzeitig ganz neue Technologien ermöglicht. Ausweitung des Inputeinsatzes und technologische Neuerungen gehen also oft Hand in Hand.

Mit der Ausweitung der Betriebsgröße eng verbunden ist ein weiterer, ebenfalls sehr wichtiger Grund, warum in großen Einheiten regelmäßig günstiger produziert werden kann. Er liegt in 'rein' kaufmännischen Erwägungen: Werden große Mengen an Inputs zugekauft, so gibt es dafür besonders günstige Konditionen! Der große Vorteil von 'Handelsriesen' gegenüber dem kleinen Kaufmann an der Ecke liegt vor allem darin begründet: Durch die im Vergleich zum Greißler gewaltigen Bestellmengen, verkaufen die 'Großen' mitunter billiger, als die 'Kleinen' einkaufen können!

Liegen solche Voraussetzungen vor, lassen sich also durch Ausweitung *aller* Produktionsfaktoren Kostenvorteile aufgrund von Verfeinerung der Arbeitsteilung und technischem Fortschritt sowie aufgrund von günstigeren Einkaufsbedingungen etc. realisieren, so spricht man, wie erwähnt, von sogenannten *Skalenökonomien* oder, um beim englischen Ausdruck zu bleiben, von *economies of scale.*[7]

Wir müssen aber keineswegs beim doch etwas starren Konzept der exakt proportionalen Erhöhung aller Inputs kleben bleiben. Viel realistischer erscheint die Ausweitung aller Inputs *im unterschiedlichen Ausmaß:* Dann sprechen wir einfach von *economies of size!* Die Installation einer 'doppelt so leistungsfähigen' Druckmaschine braucht vielleicht nur einen geringfügig höheren Arbeitseinsatz, muß auch nicht zu einer exakten Verdoppelung der Produktionshallen führen etc. Entscheidend ist einfach, daß regelmäßig durch eine Ausweitung *aller Faktoren in beliebiger Weise*, also durch eine Ausweitung der *Betriebsgröße*, die Durchschnittskosten der Produktion sinken!

Freilich hat diese mit einer Betriebsgrößenausweitung verbundene

---

[7] Wir haben die technische Seite dieses Problems bereits bei der Diskussion der Produktionsfunktion als *proportionale totale Faktorvariation* kennengelernt. Vgl. Kap. 1.2.4.2.

3. Fragestellungen eines (Jung-)Unternehmers

Senkung der Stückkosten auch eine Grenze. Daß Unternehmungen nicht ins Unendliche wachsen, hat auch ganz einfache ökonomische Gründe. Denn mit zunehmender Unternehmungsgröße wachsen die Kosten der innerbetrieblichen Koordination, Kontrolle und damit auch der Verwaltung (overhead). Viele Aufgaben müssen delegiert werden, die Unternehmungsleitung muß von den täglichen Geschäften entlastet werden, entfernt sich damit aber zunehmend davon. Probleme der Delegation und der raschen und effizienten Informationsweiterleitung in der Unternehmung entstehen. Damit wird es aber immer schwieriger, die für eine schlagkräftige Unternehmensführung notwendigen Informationen rasch und zuverlässig zu erhalten und Ineffizienzen in der Unternehmung zu orten. Die Grenze des Unternehmungswachstums ist also dort erreicht, wo die Kostenvorteile der Massenproduktion – die freilich auch ihre Grenzen haben – durch die steigenden Kosten der innerbetrieblichen Koordination und den damit verbundenen Reibungsverlusten im Informations- und Entscheidungsprozeß überkompensiert werden. Damit steigen die *gesamten* Durchschnittskosten wieder an und die Unternehmung betritt den Bereich der *diseconomies of scale!* [8]

Für die kurze Periode ist nun die Betriebsgröße mit der Wahl des fixen Faktors festgelegt. Und genau vor dieser, die *kurze Periode* bestimmenden Entscheidung stehen wir:

Welche für die kurze Periode fixen Faktoren, welche Betriebsgröße soll gewählt werden, um die Stückkosten (Durchschnittskosten) zu minimieren?

Vor dieser Wahl sind also alle Faktoren variabel,[9] *nach* dieser Wahl nicht mehr, die fixen stehen für diese Perioden fest, nur die variablen können entsprechend flexibel gewählt werden.

Das bedeutet aber nichts anderes, als daß mit der Wahl der fixen Faktoren, der Bestimmung der Betriebsgröße, die Rahmenbedingungen für die kurze Periode unabänderlich festgelegt sind.

Und die 'kurze' Periode kann unter Umständen 'sehr lange dauern'. Deshalb spricht man bei der Wahl der Betriebsgröße von einer

---

[8] Steigen die Stückkosten wieder an, so spricht man auch von *(internen) Disökonomien.*
[9] Erinnern Sie sich: Wir hatten die lange Periode definiert als eine Periode, in der *alle* Faktoren variabel sind.

klassischen langfristigen, einer *strategischen* Entscheidung.

Wir wollen uns eine solche Entscheidungssituation nun anhand der Abbildung 3.1 etwas genauer ansehen. Unsere hier angesprochene Unternehmung stehe vor der Wahl, aus drei unterschiedlichen Betriebsgrößen, gegeben durch drei unterschiedliche Produktionsanlagen (fixer Ausstattungsfaktor), einer kleinen, einer mittleren und einer großen, eine zu realisieren. Jede dieser drei Produktionsanlagen wird nun in Abb. 3.1 durch eine zugehörige (kurzfristige) Durchschnittskostenkurve ($KTDK_1, KTDK_2, KTDK_3$) repräsentiert.

Die Wahl einer dieser Betriebsgrößen (Produktionsanlagen) ist jetzt bestimmt durch den *geplanten* bzw. *erwarteten Output*, der seinerseits vom künftig erwarteten Preis abhängig ist. Erwartet man beispielsweise ein Absatzvolumen von Q_1, so ist die kleinste Anlage $KTDK_1$ die beste Lösung, denn keine andere Anlage kann den *geplanten* Output günstiger erstellen. Prüfen Sie dies in Abbildung 3.1 selbst nach! Errichten Sie das Lot auf Q_1 und suchen Sie nach der für diese Menge optimalen Anlage (Betriebsgröße), also jener, die diese Menge zu den geringsten Stückkosten herstellen kann.

Abb. 3.1: Die Wahl der optimalen Betriebsgröße

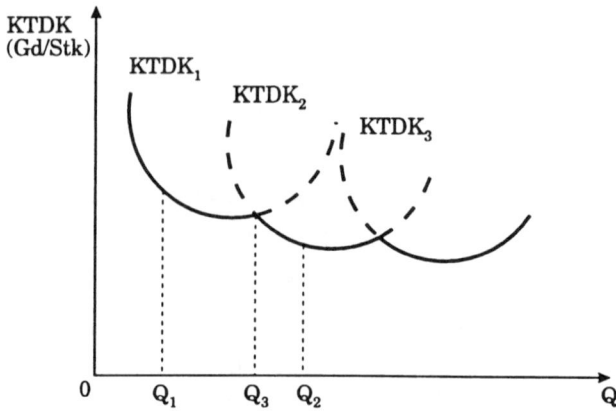

Erwartet das Management den Absatz der Menge Q_2, so bietet sich die mittelgroße Produktionsanlage (Betriebsgröße) $KTDK_2$ an. Auch in diesem Fall gilt: keine andere Anlage kann den Output Q_2 günstiger, also zu geringeren Stückkosten, herstellen. Keine Eindeutigkeit besteht indes, wenn just der Absatz der Menge Q_3 erwartet wird. In diesem Fall kann die erwartete Absatzmenge sowohl mit der

3. Fragestellungen eines (Jung-)Unternehmers

kleinen ($KTDK_1$) als auch mit der mittelgroßen Produktionsanlage ($KTDK_2$) zu gleich hohen Stückkosten hergestellt werden. In diesem Fall werden zusätzliche Überlegungen angestellt werden müssen, nämlich, ob man in weiterer Folge mit einer Absatzausweitung oder -einschränkung rechnet. Erwartet man eine Expansion, so empfiehlt sich die mittelgroße Anlage, ist man eher skeptisch, daß die Menge Q_3 auch in Hinkunft gehalten werden kann, so wird man die Kleintechnologie bevorzugen. Dieses Beispiel zeigt sehr schön:

Kurzfristig, nachdem die Wahl der Betriebsgröße getroffen wurde, kann die Produktion nur auf der bestehenden Anlage, im Rahmen der festgelegten Betriebsgröße, ausgedehnt oder eingeschränkt werden. Langfristig hingegen kann auch die Produktionsanlage, der fixe Faktor und damit die Betriebsgröße verändert und den neuen Bedingungen angepaßt werden, es kann also auf die jeweils günstigere Technologie umgestiegen werden. Nur langfristig sind alle Faktoren variabel!

Damit wird deutlich:

Die Wahl der optimalen Betriebsgröße ist für die Unternehmung von zentraler Bedeutung, sie ist aber im wesentlichen von Erwartungen hinsichtlich der künftigen Marktentwicklung abhängig.

Umso grundlegender ist es, die Erwartungen, auf denen diese Entscheidung beruht, durch solide Überlegungen in bezug auf künftige *Marktentwicklungen* abzusichern. Hier geht es also um die Frage, wie sich die relevanten Märkte, Angebot *und* Nachfrage, in der Zukunft entwickeln werden (Fragestellung 4 am Beginn dieses Kapitels). Entsprechende Hilfestellungen leisten die Ausführungen über die Nachfrage (Kapitel 4) und über das Zusammenspiel von Angebot und Nachfrage im Zeitablauf (Kapitel 7).

Zurück zu Abbildung 3.1: Verbinden wir nun die einzelnen, jeweils 'untersten' Teile der kurzfristigen Durchschnittskostenkurven miteinander, so erhalten wir eine Näherungslösung für die *langfristige Durchschnittskostenkurve*. Weil diese – was schön zu sehen ist – alle kurzfristigen Durchschnittskostenkurven 'umschließt', heißt sie auch *Umhüllende, Umschließende* oder mit der englischen Bezeichnung *envelope curve*.[10]

---

[10]Vorsicht: Exakt gezeichnet liegen die Minima der einzelnen kurzfristigen Durchschnittskostenkurven mit einer Ausnahme *nicht* auf der Umhüllenden!

Die langfristige Durchschnittskostenkurve ist ein wichtiges Planungsinstrument:

Sie gibt die geringsten Kosten für jedes Outputniveau an unter der Bedingung, daß – was langfristig gilt – alle Faktoren variabel sind.[11] *Eine Betriebsgröße muß gewählt werden, diejenige nämlich, die den erwarteten Output zu den geringsten Kosten produzieren kann.*

Ist diese Entscheidung gefallen, so können wir zum 'daily business' übergehen ... und uns jetzt die

3.3.2 Kalküle der Gewinnmaximierung

genauer ansehen:

Hier geht es um die Wahl der gewinnmaximierenden Inputs bzw. die Bestimmung des gewinnmaximierenden Outputniveaus, nachdem die Entscheidung bezüglich der zu wählenden Betriebsgröße gefallen ist.

Hatten wir die Wahl der fixen Faktoren, also die Wahl der Betriebsgröße, als eine *strategische* Entscheidung bezeichnet, weil sie die unternehmensinternen Rahmenbedingungen für die kurze Periode festlegt – was je nach Industrie sehr lange dauern kann –, so sprechen wir bei den hier angeführten Kalkülen der Gewinnmaximimierung von *operativen* Fragestellungen. Zur Lösung dieser operativen Gewinnmaximierungsfrage stehen *zwei* Beantwortungsmöglichkeiten zur Verfügung, die jedoch immer zum selben Ergebnis führen: die *Inputregel* und die *Outputregel*.

3.3.2.1 Die Inputregel

Die Inputregel gibt Antwort auf die Frage, in welchem Umfang und in welcher Zusammensetzung die einzelnen variablen Faktoren in der, der Größe nach feststehenden Unternehmung einzusetzen sind, damit ein maximaler Gewinn erzielt wird.

Zunächst wenden wir uns der einfachen Entscheidungssituation zu, in der die optimale Einsatzmenge *eines* Faktors gesucht wird.

---

[11] Zum Unterschied zu den kurzfristigen Durchschnittskostenkurven, die die geringsten Stückkosten bei *feststehender Betriebsgröße* zeigen!

3. Fragestellungen eines (Jung-)Unternehmers

Daran anschließend erweitern wir die Problemstellung auf mehrere Produktionsfaktoren.

3.3.2.1.1 Ein variabler Input

Auch hier gilt im Grunde wieder die simple Plus-Minus-Logik: Dem Plus des Faktoreinsatzes, seinen 'Erträgen', ist das Minus, seine Kosten gegenüberzustellen und entsprechend zu entscheiden. Schauen wir uns also das Plus und das Minus dieser Entscheidung, eine zusätzliche Einheit eines Faktors im Produktionsprozeß einzusetzen näher an:

Das Plus des zusätzlichen Faktoreinsatzes nennen wir *Wertgrenzprodukt (WGP)*:

> Unter Wertgrenzprodukt versteht man jenen Betrag, um den sich der Erlös (= Umsatz) durch den Einsatz einer zusätzlichen Einheit eines Produktionsfaktors verändert.

Das Wertgrenzprodukt eines zusätzlichen Faktoreinsatzes besteht aus zwei Komponenten: Einmal aus dem (physischen) Grenzprodukt (Grenzertrag): $\frac{\partial Q}{\partial a}$, das durch den zusätzlichen Faktoreinsatz via Produktionsfunktion bewirkt wurde. Dieses (physische) Grenzprodukt muß dann noch mit dem *Produktpreis* P_Q multipliziert werden: $\frac{\partial Q}{\partial a} P_Q$.

Es ist natürlich stets zu bedenken, wie das durch den zusätzlichen Faktoreinsatz bewirkte zusätzliche Angebot am Markt aufgenommen wird. Das zusätzliche Angebot der Unternehmung kann – ceteris paribus – den Marktpreis senken oder unverändert lassen. Wir wollen hier unterstellen, daß das zusätzliche Angebot zum herrschenden Marktpreis am Produktmarkt aufgenommen wird und die Unternehmung nicht die Macht hat, durch Änderungen der angebotenen Menge den Produktpreis zu beeinflussen. Ist dies der Fall, dann sprechen wir von einer *Wettbewerbsunternehmung*. Nur wenn es sich um eine Wettbewerbsunternehmung handelt, gilt für das Wertgrenzprodukt die oben abgeleitete Formel $\frac{\partial Q}{\partial a} P_Q$.

Das Minus des zusätzlichen Faktoreinsatzes sind die mit ihm verbundenen Kosten, genauer: die *Grenzkosten des zusätzlichen Faktoreinsatzes*.[12] Ist die Unternehmung auch auf den *Faktormärkten*

---

[12] Verwechseln Sie diese bitte nicht mit den Grenzkosten einer zusätzlichen *Outputeinheit!*

ein Preis nehmer – eine Annahme, die wir hier treffen wollen –, dann entsprechen die Grenzkosten einer zusätzlichen Faktoreinheit dem (herrschenden) Marktpreis dieses Faktors. Die Grenzkosten des zusätzlichen Faktoreinsatzes entsprechen damit dem *Faktorpreis*.

Nun haben wir also das relevante Plus und Minus der Faktoreinsatzentscheidung gefunden und können die Inputregel bezogen auf den Einsatz *eines einzelnen* Faktors ableiten:

Solange das Wertgrenzprodukt des zusätzlichen Einsatzes eines Faktors die Grenzkosten dieses Faktoreinsatzes übersteigt, solange lohnt der zusätzliche Einsatz dieses Faktors. Das Gewinnmaximum ist erreicht, wenn Wertgrenzprodukt und Grenzkosten des zusätzlichen Faktoreinsatzes einander entsprechen.

Formal:
$$WGP_f = P_f$$

Während in der Praxis die Grenzkosten regelmäßig ihrer Höhe nach mehr oder weniger eindeutig zu bestimmen sind – die Unternehmung entnimmt die Preise für die von ihr benötigten Faktoren von den jeweiligen Faktormärkten –, sind die Grenzerlöse oft mit größeren Unsicherheiten belastet, sei es hinsichtlich des (physischen) Grenzproduktes – man spricht in diesem Zusammenhang vom *Produktionsrisiko* –, sei es hinsichtlich des tatsächlich erzielbaren Marktpreises – man spricht hier vom *Marktrisiko*.

Die Inputregel mag möglicherweise etwas abstrakt anmuten, sie ist jedoch – und das ist leicht zu durchschauen – für *jede* wirtschaftliche Handlung von grundlegender Relevanz. Eine im Rahmen einer Unternehmung gesetzte Handlung, sei es im Organisationswesen, im Marketing, im Einkauf oder im Controlling bringt Kosten mit sich (die freilich eher einzuschätzen sind), aber auch – hoffentlich – Erträge bzw. Erlöse (diese sind aber meist eher ungewiß).

Beide, das Minus, die (Opportunitäts-)Kosten durch die Widmung knapper Mittel für eine bestimmte Verwendung einerseits, und das Plus, der Ertrag, der aus dieser Widmung resultiert, andererseits, sind, bevor über die Handlung zu entscheiden ist, gegeneinander sorgfältig abzuwägen!

Aber auch für die fast unüberschaubar große Anzahl Ihrer (des Haushalts) täglichen (wirtschaftlichen) Handlungen gilt die Inputre-

3. Fragestellungen eines (Jung-)Unternehmers

gel genauso. Je mehr Sie sich dessen bewußt sind, desto besser können Sie entscheiden! Deshalb:

1. Das *Plus* und das *Minus* der Handlungsalternativen bedenken (mögliche Handlungsfolgen abschätzen!),
2. Plus und Minus gewichten (im Falle des Haushalts ein subjektiver Akt, daher von Person zu Person unterschiedlich),
3. Plus und Minus miteinander vergleichen und entsprechend entscheiden! Bravo! [13]

Wir wollen uns nun dazu ein einfaches Beispiel anschauen: Eine Obstplantage (der fixe Ausstattungsfaktor, die Betriebsgröße) werde durch den Einsatz von Arbeitskräften bewirtschaftet. Die Ernte steht ins Haus und es stellt sich die Frage nach dem optimalen Einsatz des Faktors 'Arbeitskraft'. Wir wissen: Gemäß der Inputregel ist der Einsatz dieses Faktors so lange auszudehnen, bis das Wertgrenzprodukt den Grenzkosten des Faktoreinsatzes entspricht.

Tabelle 3.1: Bestimmung des Wertgrenzproduktes eines zusätzlichen Arbeitseinsatzes

Faktoreinsatz	Grenzprodukt	Produktpreis	Wertgrenzprod.
Arbeiter/Tag	kg Äpfel	10,- /kg	Geldeinheiten
10.	50	10,-	500,-
11.	40	10,-	400,-
12.	30	10,-	300,-
13.	20	10,-	200,-
14.	10	10,-	100,-
15.	5	10,-	50,-

Da die Unternehmung mit vielen anderen Unternehmungen als Nachfrager am Arbeitsmarkt auftritt und einer Vielzahl an Arbeitsanbietern gegenübersteht, ist der am Arbeitsmarkt sich bildende Preis, der Lohnsatz, auch für diese Unternehmung verbindlich. Die

---

[13] Ein Hinweis: *Eine* zentrale Bedingung für das Haushaltsoptimum, das wir im nächsten Kapitel ableiten werden, ist im Grunde nichts anderes als genau diese Inputregel. Haben Sie dieses Kalkül also einmal verstanden, brauchen Sie es nur immer wieder (bei mikroökonomischen Fragestellungen) anzuwenden!

Grenzkosten sind damit der vom Arbeitsmarkt gegebene Lohnsatz, sie sind konstant. Worin besteht nun das Wertgrenzprodukt? Wie wir bereits gesehen haben, ergibt es sich aus der Multiplikation von physischem Grenz*ertrag* mit dem Verkaufspreis des erstellten Produktes. Da die Unternehmung auch hier, am Produktmarkt, mit vielen anderen Anbietern konkurriert, ist auch dieser Preis eine für sie nicht beeinflußbare Größe, ein Datum. Bei Konstanz der Produktpreise bestimmt sich das Wertgrenzprodukt durch den Verlauf der Produktionsfunktion. Tabelle 3.1 zeigt nur mehr den Bereich fallender Grenzerträge. Wenn nun der Lohnsatz für einen Arbeiter pro Tag 180 Geldeinheiten (Gd) ausmacht, so bedeutet dies für unsere 'gewinnmaximierende Plantage', daß der optimale Arbeitseinsatz mit 13 Arbeitern festzusetzen ist: Der letzte, der 13. Arbeiter erwirtschaftet ein Wertgrenzprodukt von 200 Gd, da für ihn 180 Gd aufzuwenden sind, ergibt sich gerade noch ein Gewinn von 20 Gd. Schon das Einstellen eines einzigen weiteren Arbeiters, würde den Gewinn der Plantagen-Unternehmung aber reduzieren: sein Wertgrenzprodukt von 100 Gd ist deutlich geringer als seine Grenzkosten von 180 Gd.

Abb. 3.2: Optimaler Einsatz eines Inputfaktors

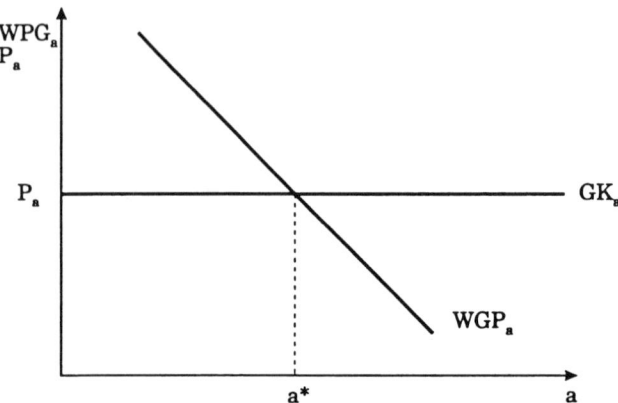

In Abbildung 3.2 ist nun diese Situation, allerdings stark vereinfacht mit 'geglättetem' Verlauf der Wertgrenzproduktkurve dargestellt. Graphisch ergibt sich der optimale Einsatz eines Inputfaktors dort, wo sein Wertgrenzprodukt seinen Grenzkosten entspricht, also im Schnittpunkt der jeweiligen Kurven. Beachten Sie bitte für den

Verlauf der Wertgrenzproduktkurve, daß sich diese durch die Multiplikation von physischem Grenzprodukt (Grenzertrag) und dem herrschenden Produktpreis ergibt. Steigt der Produktpreis am Markt, so dreht sich die Wertgrenzproduktkurve nach außen. Die Grenzkostenkurve ist – da der Preis für den Inputfaktor vom Markt her gegeben ist – eine Parallele zur Abszisse, die Grenzkosten des zusätzlichen Arbeitseinsatzes sind konstant. Und Sie sehen: Je höher der Preis eines Inputfaktors, desto geringer ceteris paribus sein Einsatz!

3.3.2.1.2 Mehrere variable Faktoren

In der Praxis werden aber die Dinge nicht so einfach liegen. Es ist zumeist der *optimale, d.h. gewinnmaximierende Inputmix* gesucht. Hier kann das 'Problem' auftreten, daß die Wertgrenzprodukte zunächst bei allen Faktoren größer sind als ihre Grenzkosten! Wie sieht in diesem Fall die optimale Faktorkombination aus?

Um den Gewinn zu maximieren, gilt es, die Wertgrenzprodukte der einzelnen Faktoren pro aufgewendeter Geldeinheit auszugleichen.

Auch dies soll durch ein Beispiel verdeutlicht werden: Ein Bauer hat die Möglichkeit, in seinem Betrieb zusätzliche Faktoren einzusetzen: Die Wertgrenzprodukte und die Grenzkosten der einzelnen Faktoren seien wie folgt:

Tabelle 3.2: Wertgrenzprodukte mehrerer Faktoren

Faktoreinsatz (FE)	WGP	GK/FE	WGP/GK je FE
Geräte/Std	15,- /Std	10,-/Std	1,5
Dünger/kg	7,- /kg	5,-/kg	1,4
Arbeit/Std	30,- /Std	15,-/Std	2,0
Traktor/Std	40,- /Std	30,-/Std	1.33

Diese Tabelle zeigt nun in der letzten Spalte, wieviel an Wertgrenzprodukt *bezogen auf eine Geldeinheit* also *pro eingesetzter Geldeinheit* beim jeweiligen Produktionsfaktor zu erwirtschaften ist. Wo dieses Verhältnis am größten ist, dort wird zunächst der Faktoreinsatz konzentriert, denn dort bringt er am meisten.

Solange die Wertgrenzprodukt-Grenzkosten-Relationen unverändert bleiben, ist die profitmaximierende Strategie, den zusätzlichen

Geldeinsatz in die Arbeitskraft zu stecken. Denn Arbeit erzielt in unserem Beispiel pro aufgewendeter Geldeinheit das höchste Wertgrenzprodukt. Doch ist die Annahme, daß dieses auch bei zusätzlichem Einsatz des Faktors Arbeit unverändert bleibt, höchst unrealistisch. Denn wir erinnern uns an eine zentrale Gesetzmäßigkeit der Produktionstheorie: an das Gesetz der abnehmenden Grenz*erträge*: Mit zunehmendem Einsatz eines Faktors nimmt das Grenzprodukt ab. Mehr und mehr Arbeit bringt zwar *positive, aber fallende Grenzerträge* (solange andere wichtige Einsatzfaktoren konstant bleiben). Und das gilt regelmäßig für jeden Faktor! D.h. bei den *variablen* Faktoren begegnen wir irgendwann einmal mit Sicherheit dem Gesetz des abnehmenden Grenzertrages. Und das bedeutet nun: Mit weiterhin zunehmendem Einsatz des Faktors Arbeit *nehmen* die Grenzerträge $\frac{\partial Q}{\partial a}$ ab. Das bedeutet, daß das Wertgrenzprodukt $\frac{\partial Q}{\partial a} P_Q$ ebenfalls fällt! Demgegenüber bleiben die Faktorkosten P_a konstant. Die Wertgrenzprodukt-Grenzkosten-Relation fällt. Damit verliert diese Einsatzvariante zunehmend an Attraktivität, andere Faktorverwendungen werden relativ günstiger und wenn das Wertgrenzprodukt pro eingesetzter Geldeinheit bei anderen Faktoren größer wird als beim Faktor Arbeit, dann wird man auf diese umsteigen.

Im Gewinnmaximum muß daher gelten, daß die einzelnen Wertgrenzprodukt-Grenzkosten-Relationen der jeweiligen Faktoren einander entsprechen. Formal läßt sich die Bedingung für den *optimalen Inputmix* so darstellen:

$$\frac{WGP_a}{P_a} = \frac{WGP_d}{P_d} = \frac{WGP_g}{P_g} = \frac{WGP_k}{P_k}$$

und allgemein:

$$\frac{WGP_i}{P_i} = \frac{WGP_j}{P_j}$$

Diese Bedingung des Ausgleichs der einzelnen Wertgrenzprodukt-Grenzkosten-Relationen ist zwar eine notwendige, aber noch keine hinreichende Bedingung für das Gewinnmaximum. Denn:

Zusätzlich muß für den optimalen Inputmix gelten, daß alle Wertgrenzprodukt-Grenzkosten-Relationen gleich eins sind.

3. Fragestellungen eines (Jung-)Unternehmers

Auch das leuchtet unmittelbar ein: Denn ist das Wertgrenzprodukt eines zusätzlichen Faktoreinsatzes größer als die Grenzkosten dieses Faktoreinsatzes, d.h. daß die Wertgrenzprodukt-Grenzkosten-Relation größer als eins ist, dann übersteigt das Plus dieser Handlung das Minus. Damit könnte also noch etwas verdient werden. Solange daher diese Wertgrenzprodukt-Grenzkosten-Relation größer als eins ist, kann der Gewinn sein Maximum noch nicht erreicht haben!

Der gewinnmaximierende Inputmix ist daher erst dann erreicht, wenn alle Wertgrenzprodukt-Grenzkosten-Relationen nicht nur ausgeglichen, sondern auch gleich eins sind!

Also:
$$\frac{WGP_i}{P_i} = \frac{WGP_j}{P_j} = 1^{14}$$

Solange diese Bedingung nicht erfüllt ist, ist eine Umschichtung zu Faktoren mit höheren Wertgrenzprodukten pro eingesetzter Geldeinheit mit einer Erhöhung des Gewinns verbunden. Ergo kann man sich in einer solchen Situation noch nicht im Gewinnmaximum befunden haben!

Ist Ihnen das zu kompliziert? Sind Sie skeptisch, daß in der Praxis tatsächlich irgendjemand so vorgeht? Nun, eine solche Tabelle wie unser Beispiel-Bauer wird der Wirkliche-Welt-Bauer vielleicht nicht aufstellen, das gebe ich schon zu, nur *handeln* wird er nach diesem Prinzip – einer *Opportunitätskostenerwägung* übrigens: Wo gibt es den höchsten Ertrag pro eingesetztem Schilling? – sehr wohl. Da können Sie ganz sicher sein. Denjenigen Betrag, den der Bauer für die Arbeitskraft ausgibt, kann er nicht mehr für den Kauf von Dünger verwenden. Daher wird er das Geld dort einsetzen, wo es ihm seinen Erfahrungen und Erwartungen gemäß den größten Ertrag bringt bzw. zumindest versuchen, diese Erlös-Kosten-Relation auszugleichen.

Nein? Noch immer nicht überzeugt? Dann müssen Sie sich selbst

---

[14] Formen wir diese Bedingung etwas um, so erhalten wir:

$$\frac{WGP_i}{WGP_j} = \frac{P_i}{P_j}$$

Legen wir Zähler und Nenner dieser Gewinnmaximierungsbedingung auseinander, dann sehen Sie, daß dies die Gewinnmaximierungsbedingung für den Einsatz der *einzelnen* Inputfaktoren ergibt.

als Beispiel nehmen und diesen rationalen Ansatz bestätigen oder verwerfen. Denken Sie doch an Ihre letzte Klausur! Sind Sie durchgefallen? Ja? Dann haben Sie *entweder* zuwenig gelernt *oder* die Sache verpfuscht, d.h. die Methode des erfolgreichen Klausurschreibens nicht angewendet. Diese weitverbreitete und auch legitime Methode beruht nun ebenfalls gerade auf dem Prinzip der Inputregel! Eine Klausur besteht üblicherweise aus einer Reihe von Fragen, für deren richtige Beantwortung es unterschiedlich viele Punkte gibt. Für eine positive Note müssen Sie eine bestimmte Punkteanzahl erreichen. Das ist Ihnen alles hinlänglich vertraut. Nun wollen wir das ganze einmal in eine ökonomische Terminologie übersetzen: Die Punkte der einzelnen Fragen sind sozusagen die 'Grenzerträge', eine jeweils feststehende Anzahl, die Sie Ihrem Ziel: Prüfungsablegung (= Produktion!) näherbringt. Diese Punkteanzahl, diese Grenzerträge, sind in diesem Fall eine objektive Komponente. Die subjektive Komponente sind hier die Grenzkosten, der Verbrauch an knapp bemessener Prüfungszeit, die es Sie kostet, die jeweiligen Fragen zu beantworten. Und diese subjektiven Grenzkosten sind von Kandidat zu Kandidat verschieden, weil jeder etwas anderes besser, schlechter oder überhaupt nicht kann. Wenn Sie nun die Klausurangaben in die Hände bekommen, dann – jetzt müssen Sie's mir also doch glauben – *gewichten* Sie. Nach folgenden Kriterien: Welche Frage ist mit welcher Punkteanzahl verbunden (= Grenzertrag)? Je mehr Punkte, desto besser! Doch ist das nur die Hälfte der Wahrheit! Die zweite Frage lautet: Wie schaut es *in Relation dazu* mit den Kosten aus, die Ihnen die Beantwortung der jeweiligen Fragen verursacht? D.h. Sie 'sortieren' die Fragen nach der Höhe der Punkteanzahl (des Grenzertrages) und stellen diese dann den Grenzkosten gegenüber! Damit erhalten Sie eine Reihung der Fragen! (Was eben von Person zu Person unterschiedlich ist, weil jeder etwas anderes kann oder nicht kann!) Dort, wo das Verhältnis Grenzerträge (= Punkteanzahl) zu Grenzkosten der Fragebeantwortung am größten ist, dort beginnen Sie mit Ihrer Fragenbeantwortung und schreiten von Frage zu Frage fort, nach Maßgabe Ihrer Reihung, entsprechend der sukzessiven Verschlechterung dieses Verhältnisses. So geht das also vor sich! Wenn Sie Ihre Klausuren bisher tatsächlich nach diesem Muster geschrieben haben, dann sind Sie nicht schlecht unterwegs ... Sie denken bereits sehr ökonomisch. Wenn nicht, dann freuen Sie sich über diese

3. Fragestellungen eines (Jung-)Unternehmers

wertvolle Information und handeln Sie nächstens danach![15]

3.3.2.2 Die Outputregel

Ebenso wie bei der Inputregel ist es das Ziel der Outputregel, das Gewinnmaximum der Unternehmung, deren Betriebsgröße feststeht, zu bestimmen. Dies erfolgt hier jedoch nicht über die explizite Variation der Inputs, sondern über die *Variation des Outputs*.[16] Es geht hier also um die Frage, ob eine *zusätzliche Outputeinheit produziert werden soll oder nicht?* Das relevante Plus dieser Entscheidung ist der *Grenzerlös:*

Der Grenzerlös ist jener Geldbetrag, der durch den Verkauf einer zusätzlichen (marginalen) Outputeinheit erlöst werden kann.

Das relevante Minus dieser Entscheidung sind die *Grenzkosten*, die die Produktion dieser zusätzlichen (marginalen) Outputeinheit verursacht. Und die Entscheidungsregel lautet hier:

Solange der Grenzerlös einer zusätzlichen Outputeinheit größer ist als die Grenzkosten dieser zusätzlichen Outputeinheit, solange lohnt die Produktion einer zusätzlichen Outputeinheit. Das Gewinnmaximum der Unternehmung ist dort erreicht, wo Grenzerlös und Grenzkosten der zusätzlichen Outputeinheit einander entsprechen.

Wir wollen hier annehmen, daß der Grenzerlös einer zusätzlichen Outputeinheit vom Produktmarkt her für die Unternehmung unabänderlich gegeben ist (Wettbewerbsunternehmung): Wenn der Produktpreis durch Aktionen der Unternehmung nicht beeinflußt werden kann, dann entspricht der Grenzerlös einer Outputeinheit dem (herrschenden) Marktpreis.

---

[15] Beachten Sie aber bitte, daß das Ziel in dieser Entscheidungssituation lediglich das 'Durchkommen' bei einer Klausur war. Das bloße erfolgreich Durchkommen bei den Klausuren muß aber nicht die richtige Strategie für Ihre erfolgreiche Zukunft sein! Wie Sie gerade hier sehen, gibt's inhaltlich viel 'Entscheidendes' zu lernen! Denken Sie daran!

[16] Da aber Input und Output über die Produktionsfunktion miteinander verbunden sind, ist es intuitiv klar, daß beide Verfahren zum gleichen Ergebnis hinsichtlich des Gewinnmaximums kommen. Ist im Falle nur eines variablen Inputs mit der Outputregel auch dessen Einsatz eindeutig bestimmt, so lockert sich dieser Zusammenhang bei mehreren variablen Inputs. Das Gewinnmaximum hingegen bleibt dasselbe.

Der *Erlös (Umsatz)* ist definiert als Preis mal Menge, also:

$$E = P_Q Q$$

Damit ist der Grenzerlös (GE) die erste Ableitung der Erlösfunktion nach Q

$$GE_Q = \frac{\partial E}{\partial Q} = \frac{\partial (P_Q Q)}{\partial Q} = P_Q$$

Die Grenzkosten einer zusätzlichen Outputeinheit sind durch die Grenzkostenfunktion gegeben. Diese gibt die Kosten an, die bei der Produktion einer zusätzlichen Outputeinheit entstehen. Wir nehmen an, daß die Unternehmung im Bereich steigender Grenzkosten operiert.

Das optimale, das *gewinnmaximierende Outputniveau* ist nun dort erreicht, wo der Grenzerlös einer zusätzlichen Outputeinheit – in unserem Fall ist er konstant und gleich dem Marktpreis – den Grenzkosten der zusätzlichen Outputeinheit entspricht.

Formal stellt sich diese Bedingung für die gewinnmaximale Outputmenge (d.i. das gewinnmaximale Angebot der Unternehmung) so dar:

$$GE_Q = P_Q = GK_Q$$

Schauen wir uns nun diese Zusammenhänge in einer graphischen Darstellung näher an. Zu den Ihnen schon bekannten Kostenkurven tritt in Abbildung 3.3 noch die *Grenzerlöskurve* der Unternehmung.

Die Grenzerlöskurve der Unternehmung zeigt an, wie der Erlös

3. Fragestellungen eines (Jung-)Unternehmers

(Umsatz) reagiert, wenn die abgesetzte Menge variiert wird.

Abb. 3.3: Bestimmung der gewinnmaximalen Outputmenge nach der Outputregel

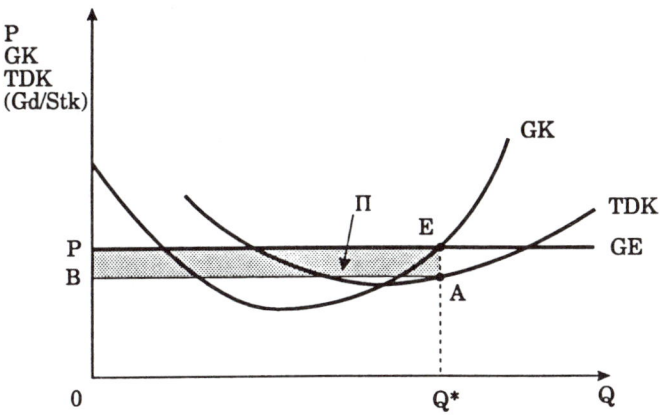

In unserem Fall, bei vom Markt her für die Unternehmung gegebenem und unveränderbarem Produktpreis, ist die Grenzerlöskurve eine *horizontale* Linie auf Höhe des herrschenden Marktpreises. Der Grenzerlös ist damit für die Unternehmung eine Konstante, eben der Marktpreis. (Die Unternehmung kann also an sich beliebige Mengen zum herrschenden Marktpreis absetzen, durch ein steigendes Angebot einer einzelnen Unternehmung ändert sich hier der Marktpreis nicht!) Der Erlös (= Preis mal Menge) läßt sich leicht durch die *Fläche* unter der Grenzerlöskurve bis zum jeweiligen Outputniveau ablesen.

Durch den Schnittpunkt E der Grenzerlös- mit der Grenzkostenkurve ist die optimale, die *gewinnmaximierende Outputmenge* bestimmt. Im Schnittpunkt ist die obige Gleichung erfüllt, die Grenzkosten entsprechen den Grenzerlösen (dem Marktpreis).

Aber erst die Lage der Durchschnittskostenkurve zeigt uns an, ob überhaupt und wenn ja, wieviel Gewinn erwirtschaftet wird. Zur Berechnung des Gewinns selbst brauchen wir also die Durchschnittskostenkurve!

Auf Höhe der durch den Schnittpunkt E der Grenzerlös- mit der Grenzkostenkurve festgelegten *optimalen Outputmenge* Q^* lesen wir die dazugehörigen Durchschnittserlöse (die aufgrund der Konstanz der Grenzerlöse mit diesen übereinstimmen müssen! $DE = GE =$

$P)^{17}$ und Durchschnittskosten ab ($Q^*A = OB$). Die Berechnung der Höhe des maximalen Gewinns ergibt sich dann leicht durch den Abzug der Gesamtkosten (Output mal Durchschnittskosten) vom Gesamterlös, dem Umsatz (Output mal Durchschnittserlös): (Π steht für 'Gewinn'.)

$$\Pi = Q^*P - Q^*A$$

In Abbildung 3.3. entspricht dies dem schraffierten Rechteck $BAEP$.

3.3.2.3 Gewinnmaximierung: Totale Größen und Grenzgrößen

Abschließend wollen wir nun das outputseitige Gewinnmaximierungskonzept der Unternehmung durch Gegenüberstellung zweier graphischer Ermittlungsarten und eine bescheidene Formalisierung noch einmal zusammenfassen.

Der Gewinn ist zunächst einfach definiert als Saldo von Erlös und Kosten (zu Opportunitätskosten). Die zu maximierende Gewinnfunktion lautet damit:

$$\Pi = E - TK$$

wobei, wie betont, üblicherweise gilt, daß sich die Totalkosten in Fixkosten und in variable Kosten aufspalten:

$$TK = FK + VK(Q)$$

Weil es sich hier um eine Wettbewerbsunternehmung handelt, also der Marktpreis als von der Unternehmung nicht änderbares Datum gegeben ist, gilt für die Erlöse:

$$E = P_Q Q$$

Eingesetzt in die Gewinnfunktion ergibt das:

$$\Pi = P_Q Q - FK - VK(Q)$$

Um das Maximum der Gewinnfunktion zu berechnen, müssen wir ihre 1. Ableitung bilden und gleich Null setzen (damit ist, graphisch gesehen, der Anstieg der Gewinnfunktion Null):

---

[17]Wiederholen Sie die Beziehungen, die zwischen Durchschnitts- und Grenzgrößen gelten!

3. Fragestellungen eines (Jung-)Unternehmers

$$\frac{\partial \Pi}{\partial Q} = \frac{\partial E}{\partial Q} - \frac{\partial VK}{\partial Q} = 0$$

also:
$$\frac{\partial E}{\partial Q} = \frac{\partial VK}{\partial Q}$$

Wir wissen, daß
$$\frac{\partial E}{\partial Q} = \frac{\partial (P_Q Q)}{\partial Q} = P_Q$$

und die Veränderung der variablen Kosten durch eine zusätzliche Outputeinheit den Grenzkosten entspricht:

$$\frac{\partial VK}{\partial Q} = GK$$

Dies oben in die erste Ableitung der Gewinnfunktion eingesetzt, ergibt:
$$P = GK$$

also das bekannte Ergebnis: Im Gewinnmaximum müssen die Grenzerlöse (hier konstant, der Marktpreis) den Grenzkosten entsprechen. (Sie sehen auch, daß die Fixkosten fr die Bestimmung der optimalen Outputmenge irrelevant sind!) Dies ist eine notwendige, aber noch keine hinreichende Bedingung für das Gewinnmaximum.

Um wirklich zu gewährleisten, daß dieses Outputniveau das Gewinnmaximum markiert, muß die 2. Ableitung der Gewinnfunktion negativ[18], und daher die 2. Ableitung der Kostenfunktion positiv sein (Die Grenzkostenfunktion muß die Grenzerlösfunktion von *unten* kommend schneiden).

$$\frac{\partial^2 \Pi}{\partial Q^2} = -\frac{\partial^2 VK}{\partial Q^2} < 0$$

---

[18] Der Anstieg der Gewinnfunktion ist ja auch in deren Minimum Null! Um zu gewährleisten, daß es sich also tatsächlich um das Maximum der Gewinnfunktion handelt, muß die 2. Ableitung der Gewinnfunkion negativ sein. Die zugehörige Frage lautet: Wie ändert sich der Gewinn durch die Ausbringung einer zusätzlichen Einheit. Sind wir im Maximum, dann muß der Gewinn dadurch sinken, die zweite Ableitung der Gewinnfunktion also negativ sein!

Daraus folgt:
$$\frac{\partial^2 VK}{\partial Q^2} > 0$$

Abb. 3.4: Gewinnmaximierung: Totale- und marginale Größen:

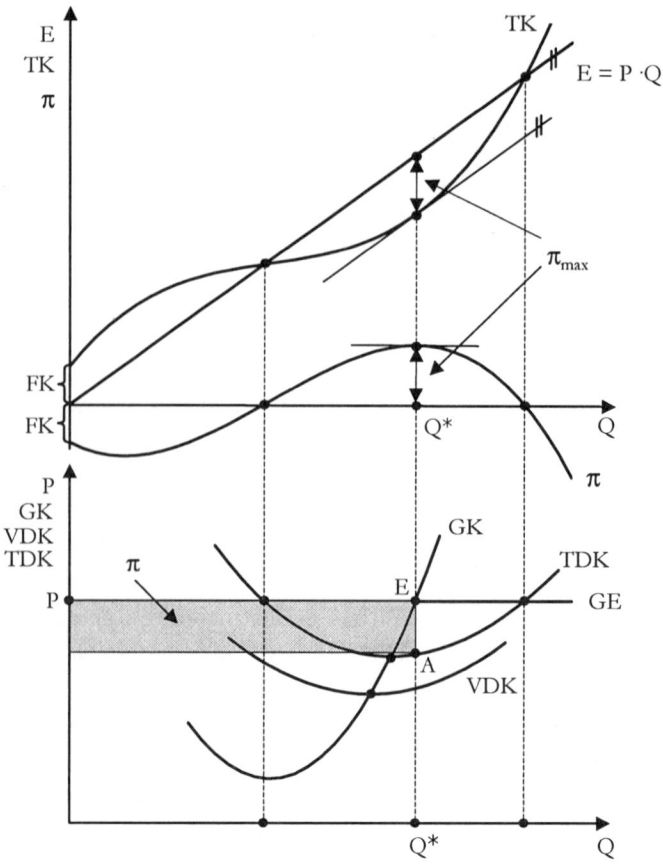

Abbildung 3.4 zeigt das nun sehr anschaulich: Im oberen Teil sind die totalen Größen, d.h. die Totalkosten-, die Erlös- und die Gewinnkurve dargestellt. Die Erlöskurve ergibt sich hier als Gerade aus dem Ursprung, wobei die Steigung P durch die Höhe des Preises bestimmt ist. Die Gewinnkurve ergibt sich aus der *absoluten* Differenz zwischen Erlösen und Totalkosten beim jeweiligen Outputniveau. Das Gewinnmaximum ergibt sich demnach durch den *maximalen Vertikalabstand* zwischen Erlös- und Totalkostenkurve. Dieser Punkt ist leicht zu finden, indem man die zur Erlöskurve parallele Tangente an

die Totalkostenkurve sucht.

Die Grenz- und Durchschnittskostenkurven zu den angegebenen Totalkosten- und Erlösfunktionen sind im unteren Teil der Abbildung 3.4 eingetragen. Sie zeigen den bekannten Verlauf. Die Grenzerlöskurve, die Ableitung der Erlösfunktion nach dem Output zeigt, entsprechend der Annahme des fixen Marktpreises, den bekannten horizontalen Verlauf auf der Höhe des herrschenden Marktpreises P. Der Schnittpunkt zwischen Grenzerlös- und *von unten* sich nähernder Grenzkostenkurve markiert das Gewinnmaximum der Unternehmung, in dem gilt:

$$GE_Q = P_Q = GK_Q$$

3.3.3 Die Angebotskurve der Wettbewerbsunternehmung

Variiert nun der vom Produktmarkt her gegebene Preis – davon wird in der Praxis auszugehen sein –, dann bedeutet dies graphisch eine *Verschiebung* der horizontalen Grenzerlöskurve nach oben bzw. nach unten, je nachdem, ob der Preis steigt oder sinkt. Dadurch erhalten wir jeweils neue Schnittpunkte mit der Grenzkostenkurve, die unter den jeweiligen Marktpreisbedingungen die gewinnmaximalen Outputniveaus markieren. Damit erhält aber die Grenzkostenkurve eine neue, *zusätzliche* Bedeutung: *Sie wird zur Angebotskurve der Unternehmung.* (Allerdings gilt das nicht für die gesamte Grenzkostenkurve, sondern nur für einen ganz bestimmten Abschnitt!)

Schauen Sie dazu auf Abbildung 3.5. Im linken Teil sehen Sie die Grenzkostenkurve, die variable und totale Durchschnittskostenkurve. Die Grenzkostenkurve schneidet beide von unten kommend in deren Minimum. Zusätzlich ist je eine Grenzerlöskurve für drei unterschiedliche Preise für das Produkt der Unternehmung eingezeichnet.

Wir wollen nun – in die Position dieser Wettbewerbsunternehmung versetzt – untersuchen, welche Outputmenge angesichts der am Markt vorgefundenen Preise (bei ceteris paribus für Technologie und Kosten) die optimale Antwort der Unternehmung auf diese Umfeldbedingungen darstellt.

Beginnen wir beim hohen Preis P_1. Wir suchen den Schnittpunkt der zugehörigen Grenzerlöskurve GE_1 mit der Grenzkostenkurve. Dieser (E_1) legt die gewinnmaximale Menge Q_1 fest. Da in diesem Fall der Preis die Durchschnittskosten übersteigt, erzielen wir einen 'schönen' Gewinn (Versuchen Sie, diesen in Abb. 3.5 als Rechteck zu identifizieren!)

Abb. 3.5: Die Ableitung der Angebotskurve der Unternehmung

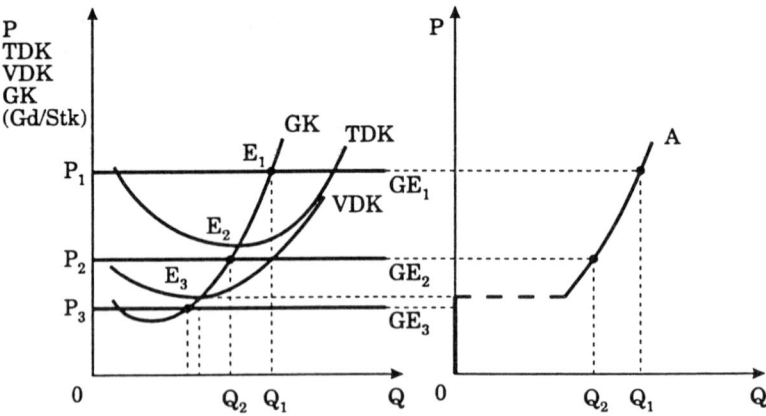

Also: Herrscht am Markt Preis P_1, dann finden wir das Unternehmungsoptimum durch den Schnittpunkt $GE_Q = P_1 = GK_Q$. Da an dieser Stelle $TDK < P_1$, resultiert daraus ein Gewinn.

Analysieren wir nun die Situation, in der der Marktpreis für unsere Wettbewerbsunternehmung auf P_2 gefallen ist. Wiederum suchen wir zunächst den Schnittpunkt der Grenzerlöskurve GE_2 mit der Grenzkostenkurve. Dieser (E_2) bestimmt die neue gewinnmaximale Menge Q_2. Doch Vorsicht: Wenn wir im zweiten Schritt überprüfen, wie groß nun dieser Gewinn ausgefallen ist, müssen wir feststellen, daß es hier gar keinen Gewinn gibt! Denn beim Preis P_2 ist der Durchschnittserlös ($= P_2$) ja geringer als die totalen Durchschnittskosten dieser Ausbringungsmenge. Wir machen in dieser Situation also einen Verlust! Aber ist es dann nicht überhaupt besser, gar nichts zu produzieren und zuzusperren? Wo doch ein Verlust entsteht?

Nun, hier gibt der Mikroökonom wieder einmal eine entscheidende Hilfestellung. Denn er fragt:

Was sind denn die Konsequenzen der Alternative zuzusperren und nichts zu produzieren?

Die Konsequenzen sind die Fixkosten, die so und so bezahlt werden müssen, also unabhängig davon anfallen, ob überhaupt produ-

3. Fragestellungen eines (Jung-)Unternehmers 115

ziert wird oder nicht! *Sie dürfen die Entscheidung also gar nicht beeinflussen!*[19] *Sie sind, wenn die Anlage nicht anderweitig verwertbar ist, überhaupt sunk costs!*

Würden Sie also die auf den ersten Blick vorteilhaft erscheinende Alternative wählen (Motto: Wenn ich einen Verlust baue, sperre ich zu!), dann wäre die Konsequenz jedenfalls ein *höherer* Verlust, als wenn Sie weiterhin beim Preis P_2 die Menge Q_2 produzieren würden! Denn: beim Preis P_2 erwirtschaften Sie immerhin noch einen *positiven Deckungsbeitrag*, einen, wie der Name schon sagt, *Beitrag zur Deckung der Fixkosten* – die Durchschnittserlöse übersteigen die variablen Kosten der Produktion ($DE = P_2 > VDK$)! Dieser positive Deckungsbeitrag würde bei der Einstellung der Produktion wegfallen. Damit wird durch die richtige Entscheidung, die Menge Q_2 zu produzieren, der *Verlust minimiert*.

Solange also der am Markt erzielbare Preis die variablen Durchschnittskosten übersteigt, solange ist es vorteilhaft, die nach der Grenzkosten-Preis-Regel bestimmte Menge zu produzieren.

Sinkt aber nun der Preis *unter* die durchschnittlichen variablen Kosten, wie hier auf Preis P_3, dann ist es in der Tat ratsam, die Produktion einzustellen und nicht den durch den Schnittpunkt E_3 der Grenzkosten- mit der Grenzerlöskurve bestimmten Output Q_3 zu produzieren. Denn dann deckt der Verkaufserlös nicht einmal mehr die variablen Kosten. Mit jeder produzierten Einheit würde mehr Verlust angehäuft.

Ist der Preis also geringer als die variablen Durchschnittskosten, dann wird nicht mehr produziert, die angebotene Menge fällt damit auf Null!

Und damit hätten wir den exakten Verlauf der Angebotskurve der Wettbewerbsunternehmung ermittelt (rechter Teil der Abbildung 3.5).

Die Grenzkostenkurve ist tatsächlich die Angebotskurve der Unternehmung, allerdings erst ab dem Minimum der durchschnittlichen variablen Kosten. Liegt der Preis darunter, so fällt die angebotene Menge auf Null!

---
[19] Die beeinflussen aber die *Lage* der TDK-Kurve!

FASSEN WIR ZUSAMMEN:

Die Wettbewerbsunternehmung darf also, um richtig entscheiden zu können, nicht 'bloß' blindlings der Grenzkosten-Preisregel vertrauen. Sie muß, nachdem sie die Grenzkosten-Preisregel angewendet hat, zusätzlich den jeweiligen Preis (= Grenzerlös = Durchschnittserlös = konstant) mit den variablen und den totalen Durchschnittskosten vergleichen.

Und hier sind *drei* Varianten denkbar:

1. Liegt der Preis (Durchschnittserlös) über den variablen Durchschnittskosten *und* über den totalen Durchschnittskosten, dann erwirtschaftet die Unternehmung nicht nur einen positiven Deckungsbeitrag, sondern auch einen Gewinn, einen über die Opportunitätskosten der Produktion hinausgehenden *ökonomischen Gewinn*. Zweifellos *der* erstrebenswerte Zustand!

2. Liegt der Preis (Durchschnittserlös) über den variablen Durchschnittskosten, aber unter den totalen Durchschnittskosten, so erwirtschaftet die Unternehmung zwar einen *positiven Deckungsbeitrag,* der aber nicht ausreicht, um die Fixkosten der Produktion zur Gänze zu decken. Trotzdem ist es in diesem Fall die richtige Strategie zu produzieren, denn die Alternative, nicht zu produzieren, ist mit dem Wegfall des positiven Deckungsbeitrages verbunden. Damit wäre der Verlust noch größer. Durch die Entscheidung zu produzieren, minimiert die Unternehmung ihren Verlust.

3. Schließlich kann als dritte Variante der Fall eintreten, daß der Marktpreis nicht einmal mehr die variablen Durchschnittskosten deckt. Mit jeder produzierten Einheit würde damit der Verlust steigen. In diesem Fall ist es vernünftig, die Produktion einzustellen.

Abbildung 3.6 stellt diese Entscheidungssituation der Unternehmung in der kurzen Periode (feststehende Betriebsgröße) noch einmal dar. Sie zeigt exakt dieselbe Kostensituation wie Abbildung 3.5. Allerdings wurden hier *zwei* ganz entscheidende Punkte eingezeichnet, deren Benennung bzw. Bedeutung uns nun ganz klar ist:

- Zum einen bezeichnet man das Minimum der variablen Durchschnittskosten (Punkt A) als *shut-down-point:* Sinkt der Preis

- Das Minimum der totalen Durchschnittskosten (Punkt B) hingegen bezeichnet man als *break-even point*: Steigt der Preis auf dieses Niveau an, so können erstmals alle Produktionskosten gedeckt werden. Geschafft, Ende der Durststrecke! Steigt der Preis darüber hinaus, werden 'echte', *ökonomische Gewinne* geschrieben!

Abb. 3.6: Shut-down und Break-even Punkte bzw. Preise

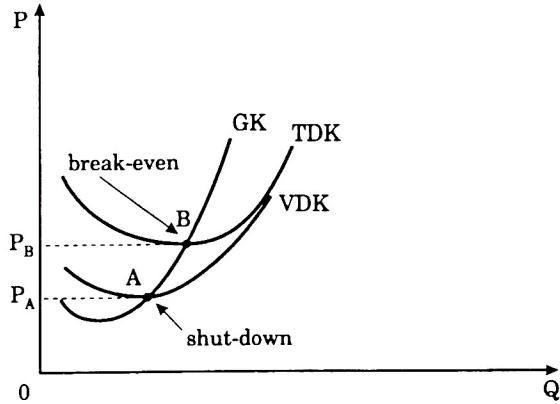

Alle hier formulierten Handlungsimperative gelten, darauf wurde wiederholt hingewiesen, für die *kurze* Periode, die, definitionsgemäß, nur die Anpassung der variablen Faktoren an geänderte Rahmenbedingungen (Preisänderungen auf den Produkt- und Faktormärkten) erlaubt. *Langfristig* sieht die Sache etwas anders aus.

Während kurzfristig die Unternehmung am Markt bleiben soll, auch wenn lediglich die variablen Durchschnittskosten im Marktpreis Deckung finden, ist dies langfristig nicht möglich. Langfristig kann die Unternehmung diese Situation nicht durchstehen, langfristig müssen alle Kosten (die totalen Durchschnittskosten) im Preis ihre Deckung finden, sonst muß die Unternehmung früher oder später ausscheiden.[20]

---

[20] Bei Opportunitätskosten von Null für die fixen Faktoren der Unternehmung wird sie spätestens dann, wenn Ersatzinvestitionen fällig sind und die Preise nicht entsprechend gestiegen sind, ausscheiden.

Langfristig hat die Unternehmung die Alternative, entweder aus dem Markt auszusteigen, also die Produktion einzustellen, die derzeitige Betriebsgröße beizubehalten oder auf eine andere Betriebsgröße umzusteigen. Wovon wird das abhängen? Zum einen vom gegenwärtigen, tatsächlichen Preis und zum anderen vom künftig *erwarteten*! Wiederum sehen Sie: Es kommt entscheidend auf die *Erwartung* hinsichtlich der künftigen Entwicklungen der relevanten Märkte an! Umso wichtiger ist es, diese Erwartungen durch solide Theorien abzustützen und damit das Risiko fundamentaler Fehlentscheidungen zu minimieren! Wenn das kein Grund für das 'Mikro-Pauken' ist?

Ganz entscheidend und deshalb explizit angesprochen (obwohl sich das in der Marktentwicklung niederschlagen würde) ist auch die Frage nach der absehbaren *technologischen Entwicklung* (Fragestellung 5 am Beginn dieses Kapitels). Die Miteinbeziehung technologischer Entwicklungen und damit die Änderung der langfristigen Kostenkurven wird in der Mikrotheorie als *ultralangfristige Perspektive* ansgesprochen. Wer heute den technologischen Wandel (Computer-, Biotechnologie) aufmerksam verfolgt, kann dies freilich nur als leichtfertige Unterschätzung ansehen. Sie sollten sich daher auch und insbesondere darum rechtzeitig explizit Gedanken machen!

3.3.4 Produktionsmöglichkeitenkurve und Gewinnmaximierung der Unternehmung

Anhand des in Kapitel 1 vorgestellten Konzepts der Produktionsmöglichkeitenkurve, die bekanntlich alle *technisch effizienten* Outputkombinationen einer Volkswirtschaft abbildet,[21] können wir nun sehr anschaulich dieses Konzept auf die *Zwei-Produkt-Unternehmung* anwenden, die nach der *gewinnmaximierenden Outputkombination* der *beiden* von ihr erstellten *Produkte*[22] sucht. Gewissermaßen als By-Product können wir dabei das Konzept der *ökonomischen Effizienz* anschaulich darstellen.

Verfügt eine Unternehmung über eine *gegebene Menge von Inputfaktoren*, so fallen damit *fixe* Kosten an. Diese Fixkosten sind also

---

[21] Erinnern Sie sich: Technische Effizienz ist *auf* der Produktionsmöglichkeitenkurve deshalb gegeben, weil sich eine Outputerhöhung des einen Produktes nur mehr durch eine Outputverminderung des anderen Produktes erreichen läßt.

[22] Nicht nach dem gewinnmaximierenden Inputmix!

3. Fragestellungen eines (Jung-)Unternehmers

die Folge des der Unternehmung aufgrund dieser Inputkombination zur Verfügung stehenden Produktionsapparates. Entsprechend der Produktionsmöglichkeitenkurve können nun damit viele unterschiedliche Outputkombinationen produziert werden. Sehen wir hier von weiteren variablen Kosten ab, dann wird diese Unternehmung ihren Gewinn dadurch maximieren, indem sie – weil die Kosten feststehen – den *Gesamterlös*, den *Umsatz* aus dem Verkauf der beiden Produkte maximiert. In diesem *Spezialfall* bedeutet Gewinnmaximierung also gleichzeitig Umsatzmaximierung. (Wenn die Kosten unabänderlich feststehen, kann der Gewinn nur durch die Maximierung des Umsatzes maximiert werden!)

Die Gewinnfunktion lautet also:

$$\Pi = E - FK$$

und die Handlungslosung: 'Maximiere den Gewinn durch die Maximierung der Differenz zwischen Gesamterlösen und fixen Kosten!', oder einfacher: 'Maximiere die Erlöse!' *Nur* in diesem Fall, wo neben den durch die gegebenen Inputs anfallenden Fixkosten keine zusätzlichen Kosten mehr anfallen, besteht die Aufgabe in der Maximierung der Gesamterlöse!

Sind die Preise der von der Unternehmung erzeugten Produkte X und Y vom Markt her unveränderlich gegeben, für die Unternehmung also ein Datum, dann lautet die Erlösfunktion:

$$E = P_X X + P_Y Y$$

Lösen wir diese Gleichung nach Y auf, dann erhalten wir die sogenannte *Isoerlöskurve*:

$$Y = \frac{E}{P_Y} - \frac{P_X}{P_Y} X$$

die hier in Abbildung 3.7 dargestellt ist und die alle Outputkombinationen von X und Y zeigt, die *denselben* Erlös ergeben, deshalb *Iso*erlöskurve. Durch das feststehende Preisverhältnis $-P_X/P_Y$ ist der *Anstieg* der Isoerlöskurve gegeben, ihre *Lage*, die Entfernung vom Ursprung hängt von der Höhe des Gesamterlöses ab. Je höher dieser Gesamterlös, desto weiter vom Ursprung entfernt liegt die entsprechende Isoerlöskurve. Prüfen Sie dies einfach dadurch nach, daß Sie in Abbildung 3.7 die Koordinatenabschnitte für den jeweiligen

Gesamterlös ($E_1/P_X, E_1/P_Y, E_2/P_X, E_2/P_Y$) ablesen. Je größer die Koordinatenabschnitte, desto höher der Erlös der jeweiligen Isoerlöskurve.

In Abbildung 3.7 sehen wir nun die Ihnen bereits bekannte Produktionsmöglichkeitenkurve der Unternehmung und einige Isoerlöskurven. Wo wird nun die Lösung unseres Gewinnmaximierungsproblems liegen?

Abb. 3.7: Ein Spezialfall: Das Gewinnmaximum einer Zwei-Produkt-Unternehmung mit fixem Faktorbestand

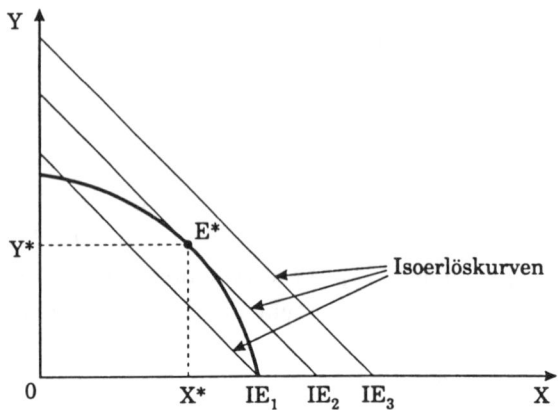

Nun, das ist in diesem Falle 'ganz einfach' zu bestimmen. Nachdem sich die Gewinnmaximierung hier auf die Erlösmaximierung reduziert, müssen wir nach der *höchsten* Isoerlöskurve, die mit der gegebenen Produktionsmöglichkeitenkurve gerade noch erreichbar ist, suchen. Und das ist jene Isoerlöskurve, die die Produktionsmöglichkeitenkurve gerade *tangiert,* in unserem Fall ist dies die Isoerlöskurve IE_2. Der Tangentialpunkt E^* dieser gerade noch erreichbaren Isoerlöskurve bestimmt nun die *gewinnmaximale* Outputkombination X^* und Y^*. Und das ist nun die *ökonomisch effiziente Outputkombination!*

Würde die Unternehmung irgendeinen anderen Punkt auf der Produktionsmöglichkeitenkurve auswählen, dann wäre dieses Ergebnis zwar *technisch effizient,* d.h. sie hätte zwar ein Maximum des technisch Möglichen erreicht, nicht jedoch das *technisch Machbare an die ökonomischen Bedingungen (die Knappheitsbedingungen) optimal angepaßt* und damit die *ökonomische Effizienz* verfehlt.

3. Fragestellungen eines (Jung-)Unternehmers

Nur im Tangentialpunkt der Produktionsmöglichkeitenkurve mit der höchsten noch erreichbaren Isoerlöskurve wird mit den gegebenen Ressourcen auch der größte monetäre Erfolg, der maximale Gewinn erzielt. Erst wenn das erreicht ist, spricht man von einer ökonomisch effizienten Outputkombination.

Wir sehen also, daß ökonomische Effizienz technische Effizienz *voraussetzt* und nur ein einziger Punkt der durch lauter technisch effiziente Punkte zusammengesetzten, hier streng konkaven Produktionsmöglichkeitenkurve bei gegebenen relativen Preisen den Gewinn der Unternehmung maximiert.[23]

---

[23] Beachten Sie bitte, daß im Tangentialpunkt E^* die Steigung der Produktionsmöglichkeitenkurve der Steigung der Isoerlöskurve entspricht. Damit gilt im Gewinnmaximum, daß die Grenzrate der Transformation der beiden Güter dem reziproken Preisverhältnis der beiden Güter entspricht, also, formal angeschrieben, gilt:
$$\frac{dY}{dX} = \frac{P_X}{P_Y}$$
Diese Formel hat nun eine interessante Interpretation: Die linke Seite dieser Gleichung sagt aus, wieviel Einheiten des Gutes Y die Unternehmung aufgrund ihrer Produktionsfunktion bereit ist aufzugeben, wenn sie eine Einheit von Gut X dazuerhält. Dafür muß sie – das steht rechts – den Preis P_X bezahlen. Finanzieren kann sie diese Ausgabe nur durch Verkauf von Gut Y, wofür sie P_Y erhält. Sie muß also für die Beschaffung einer Einheit des Gutes X soviele Einheiten Y aufgeben, als P_Y in P_X enthalten ist. Müßte sie nun weniger oder mehr von Gut Y aufgeben, so könnte sie sich nicht im Gewinnmaximum befinden! Probieren Sie, das mit einem Beispiel nachzuvollziehen!

4. Was tue ich eigentlich? Oder: Wir Nutzenmaximierer!

4.1 Geschichten vom Strand II: Lauter Nutzenmaximierer!

Kehren wir zurück zum Geschehen an den Ufern des weitläufigen Stausees, an dem wir schon Claudio Gelatino bei seinen ersten Schritten als Unternehmer bzw. Unternehmung beobachtet haben. Was sehen wir in dieser wunderschönen, verträumt-pittoresken Gegend nicht alles! Alle gehen ihrer Lieblingsbeschäftigung und ihren Hobbies nach: Ob Sonnen- und Wasserbaden, vielerlei Varianten von Strand- und Wasserspielen oder einfach bloß Ausspannen und Mit-der-Seele-Baumeln. Wir treffen aber auch semiprofessionelle Botaniker, Geologen, Biologen, Ichtyologen, begeisterte Hobbyfischer, Schmetterlingfänger, ... Ökologen, ... hunderterlei Beschäftigungen läßt sich hier nachgehen.

Unser Blick, der des Ökonomen, registriert all diese Betätigungen und die Ausdrucksweise des Ökonomen findet dafür *eine umfassende* Beschreibung: Wir sehen lauter ihrer Entspannung und Erholung frönende *nutzenmaximierende Haushalte,* die fein verstreut überall am Strand herumliegen: Auf kleineren, aber relativ leicht zugänglichen Liegewiesen eher gedrängt beieinander, aber natürlich auch auf einsam- abgelegenen und deshalb nur nach mühevollem Weg erreichbaren Strandplätzen. Jeder findet aber ein Plätzchen, das ihm zusagt, wo er sich wohlfühlt. Manche präferieren die ruhige und ungestörte Abgeschiedenheit, andere wiederum den unmittelbaren Kontakt zu anderen. Auch das Verlangen nach Sonne und Schatten ist durchaus unterschiedlich. Einige bevorzugen die direkte Sonnenbestrahlung, andere hingegen den etwas kühlenden Schatten dichtbelaubter Bäume.

Jedenfalls hat der die Sachlage inspizierende Ökonom allen Grund anzunehmen, daß sich die Haushalte jene Plätzchen aussuchen, die sie entsprechend ihren Vorstellungen *präferieren*, also anderen Plätzen vorziehen. Kommen einige Haushalte zu spät, und finden sie ihr Lieblingsplätzchen bereits besetzt vor, so stehen sie vor einem Entscheidungsproblem: Sich auch dort niederzulassen, wo sich bereits ein anderer breitgemacht hat, oder die *Kosten*, also die Mühe eines weiteren Marsches durch dichtes Unterholz auf sich zu nehmen, mit der

4. Haushalt und Nachfrage

Aussicht auf *Ertrag*, also um doch noch ein abgelegenes und schönes Stückchen für sich alleine zu haben.

Ist es dem Haushalt diese Mühe nicht *wert*, dann wird er bleiben, wo er ist. Allgemein gesprochen: Paßt einem etwas an einer vorgefundenen Situation nicht, dann wird man sie verändern wollen. Übersteigen in der subjektiven Einschätzung des Haushalts jedoch die Kosten dieser Aktion die Erträge, dann wird diese Aktion unterlassen. Deshalb kommt der Ökonom zum Schluß, daß die Haushalte dort, wo sie sind, weil sie es ja *freiwillig* sind, auch sein möchten, d.h. Nutzen und Mühen abgewogen habend, das für sie beste Plätzchen gefunden haben. Das wäre eine ganz allgemeine Vorstellung von *Gleichgewicht*: Eine Situation, die keinen Anlaß zur Veränderung gibt bzw. zeigt. Wir können ganz allgemein festhalten:

Der Ökonom beurteilt eine Situation nach den von den Haushalten tatsächlich gefällten Entscheidungen, also nach ihren tatsächlich beobachtbaren Aktionen, nicht nach ihren lautstark verkündeten oder vollmundig geäußerten Meinungen oder Aussagen.

Dieses Phänomen, daß nämlich die Taten eine ganz andere Schlußfolgerung zulassen als die geäußerten Worte, treffen wir immer wieder an, so beispielsweise in Fragen, die die Umwelt betreffen: Wir alle sind doch für reine Luft und geringe oder minimale Umweltverschmutzung, nicht wahr? Doch fahren die meisten von uns regelmäßig mit dem Auto, *bekunden* aber gerade damit ihre *Präferenz* fürs Autofahren und nicht für eine saubere Umwelt.[1]

Genauso ist es auch mit den am Strand des Stausees brütenden Haushalten. Gibt es ein besonders reizvolles Fleckchen, zu dem man aber nur sehr schwer hinkommen kann, und ist dieses Plätzchen frei, dann ist es eben keinem der Haushalte die Mühe *wert* gewesen. Entsprechend liegt ein Haushalt in der Sonne und nicht im Schatten, weil er die Sonne präferiert und daher in der Sonne liegen will und nicht im Schatten. Anderenfalls würde er sich in den Schatten legen. Wir

---

[1] Allerdings ist's – genau genommen – so einfach auch nicht. Denn das Autofahren kann trotz einer Präferenz für eine saubere Umwelt rational sein, wenn man bedenkt, daß ein *einzelner* Haushalt, der auf die Autofahrt verzichtet, regelmäßig *keinen* erkennbaren Beitrag zum *öffentlichen* Gut 'Umweltqualität' leistet. Das Plus, der Nutzen dieser Aktion ist damit äußerst gering, das Minus, die Kosten (durch den Verzicht auf die Nutzung des eigenen PKWs) relativ dazu groß. Ergo unterbleibt die Handlung.

sehen auch hier besonders schön, daß – wie es die Mikroökonomen zum Bauen ihrer Theorien voraussetzen – die Haushalte den Nutzen einer Vielzahl von 'Güterbündeln' ständig abschätzen, miteinander vergleichen und dann entsprechend entscheiden. Der Mikroökonom setzt voraus, daß die sich rational verhaltenden Haushalte *alle* – in einem sehr umfassenden Sinne – 'Güterbündel' (d.s. Kombinationen von Gütern) einschätzen, bewerten, diese Bewertungen miteinander vergleichen und dann entsprechend entscheiden. Die Haushalte wägen also die Kosten (die Gefahren) des Sonnenkonsums und den Nutzen des Sonnenkonsums miteinander ab. Und es ist ganz offenbar nicht wenigen Haushalten ein brauner, attraktiver Teint das erhöhte Risiko einer Schädigung der Haut durch einen zu intensiven Sonnengenuß *wert*. Das gilt nicht nur für den Sonnenkonsum, der uns weniger bewußt ist, es gilt für den Konsum aller Güter, so auch des Gutes 'Eis am Strand': Kauft ein Haushalt ein Eis bei Claudio Gelatino zu dem von ihm verlangten Preis, so ist dem Haushalt die einzelne Eiskugel *zumindest* das *wert*, was sie *kostet*, was als *Preis* für den Erhalt dieses Gutes hinzulegen ist. Anderenfalls würde der Haushalt, der selbst frei über seine Mittelverwendung entscheiden kann, ja kein Eis kaufen. Wir können daher ganz allgemein festhalten:

Durch unser Verhalten, durch unsere Taten und nicht durch unsere schönen Worte bekunden wir unsere Präferenzen, kommt ganz klar und nüchtern zum Ausdruck, was wir wollen und was nicht!

Der Vergleich von 'Eiskonsum' und 'Sonnenkonsum' zeigt eine interessante Problematik auf: Der übermäßige Konsum von Sonne kann viel gefährlicher sein als der übermäßige Konsum von Eis! Nun kommt es entscheidend darauf an, ob die Haushalte von den Gefahren des übermäßigen Sonnenkonsums auch *wissen*. Gemeint ist hier nicht der schlaf- und ruheraubende Sonnenbrand, sondern die langfristigen Auswirkungen, die erhöhte Gefahr von Hautkrebs. Und davon kann nun keineswegs mit Selbstverständlichkeit ausgegangen werden.

Dieses Wissen zu generieren einerseits und es entsprechend bekanntzumachen andererseits, ist nun ein gutes Beispiel für ein spezifisches *öffentliches* Gut: ein *meritorisches* Gut:

Unter meritorischen Gütern versteht man ganz allgemein Güter, deren Nutzen der einzelne 'nicht richtig einzuschätzen' vermag. Deshalb würde von solchen Gütern regelmäßig zu wenig konsumiert, ins-

4. Haushalt und Nachfrage

besondere dann, wenn der einzelne auch unmittelbar dafür bezahlen müßte.

Daher wird der Konsum dieser Güter sozusagen 'von oben' verordnet, was einigermaßen problematisch ist, da dabei unterstellt wird, daß der 'Staat' weiß, was für den einzelnen 'gut' ist und was nicht. Der Haushalt hat damit keine Wahlfreiheit mehr. Klassische Beispiele für meritorische Güter sind die allgemeine Schulpflicht, medizinische Pflichtuntersuchungen sowie verpflichtend vorgeschriebene Schutzimpfungen. Auch im Falle ganz bestimmter wichtiger 'Informationen', wie eben beispielsweise beim Wissen um die Konsequenzen von übermäßigem Sonnenkonsum sorgt der 'paternalistische' Staat für seine 'Schäfchen', indem er die entsprechende Grundlagenforschung betreiben läßt und das dort 'produzierte' Wissen dann auch unters Volk bringt. Allerdings kann der einzelne Haushalt in diesem Falle – im besseren Wissen – selbst entscheiden.

Doch zurück zu unserem Strand: Dort liegen die Haushalte nicht nur am Strand, in der Sonne oder im Schatten. Am und im See herrscht reges Treiben. Es wird enorm konsumiert! Schwimmen, Tauchen (allerdings mehr oder weniger freiwillig und mit mehr oder weniger Ausrüstung), Windsurfen, Ruder-, Tret-, Elektrobootfahren und Segeln sind einige der aktiven Tätigkeiten, denen sich die Haushalte ganz offensichtlich mit viel Vergnügen hingeben.

Nun können bzw. sollten uns zwei Fragestellungen interessieren, nämlich *erstens, warum* einige Haushalte windsurfen, andere lieber segeln, einige mit dem Ruder- und Tretboot, andere mit dem Elektroboot fahren und andere 'bloß' am Strand liegen und vor allem, *wie lange* sie diesen Beschäftigungen nachgehen, d.h. wie viel sie von einem bestimmten Gut konsumieren?

Und *zweitens* ist zu fragen, *wer* bzw. *was* es den Haushalten überhaupt *ermöglicht*, all diese Güter nachzufragen.

Zu der letzten Frage haben wir schon im vorigen Kapitel Entscheidendes angeführt. Den Unternehmern 'verdanken' wir das Angebot, den Verleih von Surfbrettern, Segel-, Ruder-, Tret- und Elektrobooten, den Unternehmern 'verdanken' wir die Möglichkeit zum Wasserschilaufen ebenso wie zum Paragliding. Wir brauchen uns aber nicht bei diesen zu bedanken, denn die Unternehmungen tun das ja nicht umsonst, sondern um einen Gewinn zu erzielen.

Trotzdem ist festzuhalten, daß eine umfassende Güterversorgung ohne unternehmerische Initiative in einem freiheitlich-marktwirtschaftlichen System wohl kaum denkbar wäre. Voraussetzung für die Wohlfahrt der Haushalte ist also zunächst einmal der Kreis der Alternativen, die ihm zugänglich sind. Daß dieser ständig wächst, dafür sorgen Unternehmer *und* der Wettbewerb.

Irgend jemand wollte offensichtlich einmal nicht mehr länger 'nur in der Sonne brüten' und hatte auf der Suche nach einer reizvollen und sportiven Abwechslung im erfrischenden Naß eine geniale *Idee*: Er konstruierte das erste Surfbrett. Und landete einen Bomben-Erfolg![2] Das 'latente' Bedürfnis vieler Haushalte nach noch mehr Spaß im Wasser kann damit auf besonders reizvolle Art befriedigt werden! (Achten Sie bitte auf die Methodik! Haushalt – Idee ... aber auch das et cetera.)

Uns interessiert in diesem Kapitel aber in erster Linie das Verhalten der Haushalte, hier der sonnengebräunten Stauseebadestrandhaushalte. *Welche* der angebotenen Leistungen werden diese tatsächlich *konsumieren*, also *nachfragen?* Versetzen Sie sich selbst in die Situation eines Stauseebadestrandhaushaltes! Wovon wird es abhängig sein, ob Sie Ruder-, Tret- oder Elektroboot fahren? Na klar, *erstens* davon, welche dieser drei zur Wahl stehenden Aktivitäten Ihnen am meisten Spaß macht, welche also Ihren *Präferenzen* am besten entspricht, *zweitens* von den *Preisen*, den Bootsgebühren für Ruder-, Tret- oder Elektroboot pro Stunde und *drittens* natürlich von Ihrem *Einkommen* (denn nur wenige der Stauseebadestrandhaushalte werden eine 10-kajütige Segeljacht zu Wasser lassen)!

4.2. Die Problemstellung des Haushalts

Dieses Kapitel beschäftigt sich mit dem Verhalten der bereits im Kapitel 2 definierten wirtschaftlichen Aktionseinheit 'Haushalt'.

Als 'Haushalt' haben wir all jene wirtschaftlichen Akteure bezeichnet, die auf Faktormärkten die in ihrem Besitz stehenden Ressourcen (Arbeit, Kapital, Grund und Boden) anbieten und das daraus erzielte Haushaltseinkommen für Konsumzwecke verausgaben, also auf Gütermärkten Konsumgüter und Dienstleistungen nachfragen, und

---

[2] Die Bomben-Pleite, die in weiterer Folge mit der Surfbrettproduktion (in Österreich) verbunden war, hätte sich – hätte man sich 'die Mikro' richtig angeschaut – vermeiden lassen! Siehe dazu unten: Die Bestimmungsgründe der Nachfrage: Marktsättigung!

4. Haushalt und Nachfrage

zwar in der Weise, daß dabei der Nutzen des Haushalts maximiert wird.

Wir können uns bereits an dieser Stelle merken, daß Faktorangebotsentscheidungen des Haushalts, also beispielsweise die Frage 'Wieviel Arbeit soll ich anbieten?' keineswegs unabhängig sind von der Frage 'Wieviel kann ich an Konsumgütern und Dienstleistungen auf Gütermärkten nachfragen?' Denn die Faktorangebotsentscheidung bestimmt das Einkommen und dieses begrenzt den Konsum. Beide Entscheidungen sind also *interdependent*, müssen vom Haushalt gleichzeitig, also *simultan*, getroffen werden. Wir werden uns in diesem Kapitel jedoch ausschließlich mit dem Konsumverhalten des Haushalts beschäftigen, gehen also davon aus, daß der Haushalt über ein bereits feststehendes Budget verfügen kann.

Das alles klingt nun zunächst einmal ziemlich abgehoben, erscheint für den 'Durchschnittskonsumenten' der Wirtschaftswissenschaften als reichlich überzogen und nutzlos, weil – wie Sie wahrscheinlich vermuten – durch die Vielzahl der im Haushaltsmodell enthaltenen Annahmen dieses fernab jeglicher Realität steht.

Nun, das mag bisweilen aufgrund der oftmals etwas 'verzwickten' Darstellungs- und Ausdrucksweise der Ökonomen tatsächlich so den Anschein haben. In Wirklichkeit ist aber die Haushaltstheorie eine Theorie über unser aller *Konsumverhalten* und hat deshalb ihr Auge geradezu auf den Puls des Lebens gerichtet, weil wir – wie erklärt – ja eigentlich ständig konsumieren! Worum es also in der Haushaltstheorie geht, ist im Grunde die schon erwähnte, ganz einfach so formulierte Frage:

Wie gebe ich (als Haushalt) mein Geld optimal aus?

Es geht also um die Beschreibung und Erklärung des tatsächlichen Konsumverhaltens des Haushalts, von dem in weiterer Folge die *Nachfrage* bzw. die *Bestimmungsgründe der Nachfrage* abgeleitet werden. (Das müßte Sie wiederum als Unternehmer ganz besonders interessieren!) Die Ableitung der Nachfrage(-kurve) bzw. die Bestimmungsgründe der Nachfrage sind also das eigentliche Ziel dieser Überlegungen.

Zu lernen ist hier aber auch unter anderem:

Wie kann ich (als Haushalt) meine 'Position' noch verbessern?[3]

---

[3] Dies ist eine *normative* Fragestellung, weil es hier um Handlungsanleitungen

Sie erinnern sich: Wenn tatsächlich alles 'super', d.h. optimal wäre, dann könnten Sie, wenn Sie keinen Spaß am Wissenserwerb per se haben, das Buch eigentlich wieder zuschlagen und sich wieder ihren Lieblingsgenüssen hingeben ... also *konsumieren!* D.h. Sie allozieren Ihr knappes Gut 'Zeit' in der Weise, daß Sie jeweils jene Beschäftigung oder Nicht-Beschäftigung auswählen, die Ihnen den höchsten Nutzen stiftet! (Sie Nutzenmaximierer, Sie!) Im Zuge der Klärung Ihres eigenen Verhaltens als Haushalt ergeben sich aber zahlreiche relevante Aspekte, die Ihnen mit relativ geringem Aufwand helfen können, Ihr Entscheidungsverhalten, und damit Ihre Lage zu verbessern. Deshalb sollten Sie auf alle Fälle dranbleiben!

Übrigens ... warum werfen Sie eigentlich Ihr Geld nicht tatsächlich und nicht bloß bildlich gesprochen beim Fenster hinaus? Warum werden Sie keinen 1000-DM-Schein zum Anzünden einer Zigarette verwenden? Warum tapezieren Sie sich nicht mit echten 1000-DM-Noten Ihre Büroräumlichkeiten?

All diese Verwendungen Ihres – wir wollen hoffen – rechtmäßig erarbeiteten Geldes sind unter normalen, also die Masse der Fälle ausmachenden Umständen ganz offensichtlich absurd. Irrational! Kein normaler Mensch würde solche Handlungen setzen!

Was aber, wenn Sie tatsächlich einmal einem solchen Verhalten begegnen oder es gar selbst 'begehen' würden? Was würden Sie in diesen Situationen sofort annehmen?

Wenn jemand tatsächlich Geld aus dem Fenster wirft, sagen wir 1000-DM-Noten, dann ist derjenige entweder wahnsinnig (wo kommt aber dann das Geld her? ... geerbt?) oder er hat *so viel,* daß es für ihn keinen *Wert* mehr besitzt.

Wenn Sie 1000-DM-Scheine zum Feuerentzünden verwenden, sind Sie entweder wahnsinnig (woher haben Sie dann das Geld?) oder aber Sie befinden sich in einer Extremsituation; im Gebirge, in irgendeinem abwegigen und menschenleeren Gebiet, frieren bitterlich und haben keinerlei leicht entflammbares Material, beispielsweise Papier, um damit ein Feuer zu entzünden. In dieser Situation ist 'Wärme' ein derart existenziell knappes Gut, sodaß Ihnen dieses den 1000-DM-Schein tatsächlich *wert* ist. Sie verhalten sich also rational!

Wenn Sie sich Ihre Büro- oder sonstigen Räumlichkeiten mit echten 1000-DM-Noten tapezieren, gilt das oben Gesagte entsprechend:

---

geht, die sagen, was man tun *soll!*

4. Haushalt und Nachfrage

Entweder Sie sind wahnsinnig (woher kommen dann die wertvollen Geldscheine?), oder frönen Ihren Renommiergelüsten, d.h. Sie wollen ostentativ zur Schau stellen, was Sie sich leisten können. So etwas kommt in Form von nach außen, also für jedermann erkenntlicher Konsumtion bestimmter Luxusgüter – beispielsweise großer, schwerer Autos – recht häufig vor und heißt in der ökonomischen Fachterminologie *conspicuous consumption*.[4]

Alle drei Extremsituationen sind also im Normalfall und bei normalen Menschen fast absolut auszuschließen. Auch glaube ich kaum, daß Sie, lieber Leser, mit dem Gedanken spielen, hohe Geldbeträge aus dem Fenster zu werfen oder als Tapete zu benutzen!

Aber wie verwenden Sie Ihr Geld dann? Sie verhalten sich, wie die überwiegende Mehrzahl aller Menschen – ob Sie's glauben oder nicht – (im Durchschnitt) *rational*. D.h. Sie wählen im Durchschnitt aus den Ihnen zur Verfügung stehenden Handlungsalternativen jene aus, die Sie Ihren Zielen am nächsten bringt. Oder noch einfacher und deutlicher formuliert:

Sie setzen eine Handlung dann, wenn das Plus der Handlung, der erwartete Nutzen der Handlung(sfolgen), das Minus der Handlung, die damit verbundenen Kosten, gemeint sind freilich wieder die Opportunitätskosten, übersteigt!

Sie haben sich dieses eigentümliche Buch 'Spaß mit Mikro' gekauft. *Vor* der Kaufhandlung haben Sie zwei Aspekte miteinander abgewogen:

1. *Was bringt's?* (Was nützt es?) Das wußten Sie nicht genau. Deshalb mußten Sie *Erwartungen* bilden!

2. *Was kostet's?* Den Preis, den Sie dafür auf den Ladentisch legen müssen! Genauer: Das für das Buch hinzulegende Geld ließe sich auch anderweitig verwenden. Der Nutzen, der Ihnen dadurch entgeht, daß Sie das *mit diesem Geldbetrag nicht mehr machen können*, sind Ihre Opportunitätskosten der Entscheidung, das Buch zu kaufen.

Sie haben das Plus, den erwarteten Ertrag, also höher oder zumindest gleich hoch eingeschätzt als diese Opportunitätskosten, das

---
[4] Wir kommen auf ein ähnliches Phänomen, den sog. *Snob-Effekt* unten noch genauer zu sprechen!

Minus dieser Transaktion. Und genau deshalb haben Sie die Handlung gesetzt und das Buch 'Spaß mit Mikro' gekauft.

Die *tatsächliche* Lektüre des Buches kostet Zeit. Für Ihre sehr knappe Zeit gibt es aber immer eine Fülle von alternativen Verwendungen, die alle mit einer ganz bestimmten Nutzenstiftung verbunden sind. Der Ertrag der Lektüre muß also die Kosten der Lektüre (beispielsweise Verzicht auf Schlaf, Sport oder Spiel) überwiegen, sonst würden Sie jetzt, gerade in diesem Moment, nicht über 'Spaß mit Mikro' sitzen.

Weil Sie also in der überwiegenden Mehrzahl der Fälle für jede Ihrer Handlungen deren *erwarteten* Erträge und Kosten abschätzen und entsprechend handeln, verhalten Sie sich rational. Dem zum Trotze können Sie sich bei der Einschätzung von Erträgen und Kosten auch irren und daher weniger erfreut aussteigen als erwartet. Das ist leider auch immer wieder der Fall. Was könnte man dagegen wohl unternehmen?

Bei diesen Ausführungen haben Sie also gleich gemerkt, worum es schon wieder geht: um das Opportunitätskostenprinzip. Wir wollen dieses Rationalverhalten der Wirtschaftssubjekte, das wir schon im ersten Kapitel erläutert haben, noch einmal kurz herausstreichen, weil es natürlich auch der Haushaltstheorie zugrundeliegt:

DIE DER ÖKONOMISCHEN THEORIE ZUGRUNDE LIEGENDE
GRUNDANNAHME MENSCHLICHEN VERHALTENS

Ein Individuum wägt bei der Entscheidung über eine Handlungsalternative deren erwarteten Nutzen und die damit verbundenen Kosten gegeneinander ab. Es wird diese Handlungsalternative dann wählen, wenn der erwartete Nutzen die Kosten der Handlung übersteigt. Die Kosten ergeben sich dabei aufgrund des Opportunitätskostenkalküls, weil in einer konkreten, durch Knappheit charakterisierten Entscheidungssituation die Entscheidung für eine Handlungsalternative alle anderen Alternativen ausschließt. Damit wird jene Handlungsalternative gewählt, bei der die Differenz zwischen erwarteten Erträgen und Kosten am größten ist!

Deshalb schmeißen Sie Ihr Geld, für dessen Verwendung es unzählige, aber verschieden hohen Nutzen stiftende Möglichkeiten gibt, eben gerade nicht zum Fenster hinaus, sondern geben es dort aus, wo es Ihnen den *größten Nutzen* stiftet. Der Haushalt maximiert seinen Nutzen! Und wie er das genau macht, wollen wir uns nun näher anschauen.

4.3 Begriffe und Konzepte 1: Gesamtnutzen und Grenznutzen: Der Schlüssel zum Verständnis

Entscheidend für das Verständnis des Haushaltsoptimums ist die penible Unterscheidung zwischen dem *Gesamtnutzen*, den die *insgesamt zur Verfügung stehende Menge eines Gutes* stiftet, einerseits und dem *Grenznutzen*, der mit der Konsumtion *einzelner Einheiten eines Gutes* verbunden ist, andererseits.

Der Nutzen eines Gutes ist stets eine rein subjektive Größe, hängt er doch von der Einstellung, dem Geschmack, den Vorlieben, kurz den Präferenzen eines Haushalts ab.

Und diesbezüglich gehen bekanntlich die Meinungen auseinander. De gustibus non est disputandum.

Darüber hinaus ist der Nutzen eines Gutes aber auch für einen einzelnen Haushalt keine feststehende Größe, sondern variiert mit der Menge dieses Gutes, die der Haushalt konsumiert. Der Nutzen ist daher eine Funktion der pro Zeiteinheit konsumierten Menge eines Gutes.

Formal können wir das ganz einfach so anschreiben:

$$N = f(Q)$$

Der Grenznutzen ist nun definiert als die erste Ableitung der Nutzenfunktion:

$$GN \equiv \frac{\partial N}{\partial Q}$$

Der Gesamtnutzen ist also jener Nutzen, der uns durch die insgesamt konsumierte Menge eines Gutes (pro Zeiteinheit) gestiftet wird. Der Grenznutzen mißt hingegen die Veränderung des Gesamtnutzens durch die Hinzufügung oder Wegnahme einer weiteren (zusätzlichen, marginalen) Einheit eines Gutes. Der Grenznutzen bezieht sich also stets auf eine zusätzliche bzw. marginale Einheit eines Gutes, wobei in aller Regel jeder einzelnen Einheit ein anderer Grenznutzen zugeordnet ist, obwohl – das können wir gleich festhalten – für jede Einheit des Gutes derselbe Preis zu bezahlen ist.

Der Nutzen, der Ihnen durch den gesamten Schokoladekonsum pro Tag gestiftet wird, ist also der Gesamtnutzen des täglichen Schokoladekonsums, der durch die einzelnen Einheiten (Stückchen) Schokolade gestiftete Nutzen, der Grenznutzen des jeweiligen Schokoladestückchens. Dabei wird das letzte von Ihnen täglich konsumierte Schokoladestückchen einen anderen Grenznutzen haben als das erste, das Sie sich gönnen.

Das deutet auf die der Nutzentheorie und damit der gesamten Haushalts- und Nachfragetheorie zugrundeliegende fundamentale Gesetzmäßigkeit, das *Gesetz des abnehmenden Grenznutzens*, das auch nach seinem 'Entdecker', dem Deutschen *Hermann Heinrich Gossen* (1810 - 1858), das *erste Gossen'sche Gesetz* genannt wird.

Es besagt, daß der Grenznutzen, den ein Haushalt durch die Konsumtion einer zusätzlichen Einheit eines Gutes erfährt bei fortgesetzter Konsumtion dieses Gutes beständig abnimmt, bis schließlich Sättigung eintritt. Bei sehr großen Verbrauchsmengen kann der Grenznutzen schließlich auch negativ werden, d.h. eine zusätzliche Einheit eines Gutes bringt keinen Nutzenzuwachs, sondern eine Verschlechterung des subjektiven Wohlbefindens mit sich.

In Abbildung 4.1 soll dieser Zusammenhang graphisch deutlich gemacht werden. Die Daten sind dabei der Tabelle 4.1 entnommen. Der obere Teil der Abbildung 4.1 zeigt die Gesamtnutzenfunktion des Konsums eines Gutes (beispielsweise des täglichen Bonbonverzehrs eines bestimmten Haushalts), der untere Teil die Grenznutzenfunktion. Diese zeigt also an, wie sich der im oberen Teil der Abbildung dargestellte Gesamtnutzen des täglichen Bonbonkonsums bei einer kleinen Veränderung der konsumierten Einheiten (ein Bonbon mehr oder weniger) verhält. Überprüfen Sie selbst, daß in Abbildung 4.1 die mit Kleinbuchstaben markierten 'Grenznutzenblöcke' im oberen und unteren Teil gleich groß sind![5]

---

[5] Daraus können Sie auch erkennen, daß die *Fläche unter der Grenznutzenkurve* den *Gesamtnutzen* der jeweiligen Menge des Gutes angibt.

4. Haushalt und Nachfrage

Tabelle 4.1: Gesamtnutzen und Grenznutzen des täglichen Bonbonkonsums:

Anzahl (Bonbons/Tag)	Gesamt-nutzen	Grenz-nutzen
0	0	0
1	7	7
2	12	5
3	15	3
4	17	2
5	18	1
6	18,5	0,5
7	18	-0,5
8	16	- 2

Abb. 4.1: Gesamtnutzen- und Grenznutzenkurve

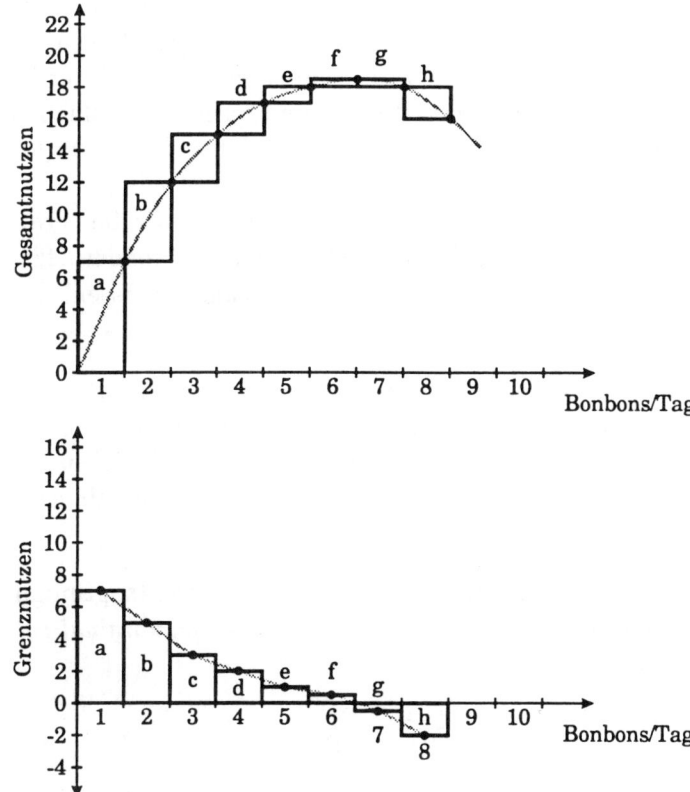

4.3.1 Die 'Zauberformel' für das Nutzenmaximum

Wie kommen wir aber nun ins Nutzenmaximum? Sollten bzw. werden Sie vernünftigerweise so viel von einem Gut, hier: von Bonbons, konsumieren, daß Ihnen dabei schlecht wird? Das mag unter Umständen einmal vorkommen, die Regel aber ist ein solches Verhalten gewiß nicht. Denn als Haushalte streben wir – so die Grundannahme der Haushaltstheorie – alle nach persönlichem Wohlbefinden, wir versuchen, dieses zu mehren, Leid und uns Unangenehmes so weit irgend möglich zu vermeiden. Kraß und deutlich ausgedrückt: Wir trachten ständig danach, unseren *Nutzen zu maximieren!*

Und gerade um nun das Nutzenmaximum erreichen zu können, ist die Beziehung zwischen Grenznutzen und Gesamtnutzen der einzelnen Güter ganz entscheidend. Fällt nämlich mit zunehmender Konsumtion eines Gutes sein Grenznutzen, also sein Beitrag zu unserem Wohlbefinden, zum Gesamtnutzen, sukzessive, so müssen wir bei der Konsumtion *verschiedener* Güter immer darauf achten, jenes Gut auszuwählen, dessen Grenznutzen einer zusätzlichen Einheit am größten ist, das damit den größten Zielerreichungsbeitrag liefert. Zunächst ist also festzuhalten, daß wir, gerade aufgrund des Gesetzes vom fallenden Grenznutzen sehr viele *unterschiedliche* Güter konsumieren, gerade weil die fortgesetzte Konsumtion eines einzelnen Gutes mit abnehmendem Grenznutzen verbunden ist. Wir *diversifizieren* also unseren Konsum, um unseren Nutzen zu maximieren!

Darüber hinaus müssen wir aber bedenken, daß wir die Güter, die wir gerne konsumieren, nicht umsonst bekommen, sondern für jede Einheit den Preis des betreffenden Gutes bezahlen müssen! Das ist das Minus dieser Aktion!

Damit müssen wir den Grenznutzen, den uns eine zusätzliche Einheit eines bestimmten Gutes stiftet, mit dem Preis dieses Gutes bewerten, d.h. den Grenznutzen auf eine Geldeinheit beziehen. Dieses Verhältnis muß nun im Haushaltsoptimum für alle vom Haushalt regelmäßig konsumierten Güter ausgeglichen sein.

Formal stellt sich die Bedingung für das Haushaltsoptimum, die auch das *zweite Gossen'sche Gesetz* oder auch *equimarginal rule* genannt wird, so dar:

$$\frac{GN_i}{P_i} = \frac{GN_j}{P_j}$$

4. Haushalt und Nachfrage

Erst wenn alle weiteren Einheiten aller von Ihnen konsumierten Güter dasselbe Verhältnis Grenznutzen/Preis zeigen, *der mit den jeweiligen Preisen gewichtete Grenznutzen also für alle konsumierten Güter ausgeglichen ist*, erst dann haben wir das Nutzenmaximum erreicht. Und das geschieht nun ganz automatisch, von selbst, ohne bewußte Reflexion über diese Zusammenhänge.

Wir können das in eine etwas prägnantere Fragestellung ummünzen: Wie geben Sie Ihr stets beschränktes Geld aus, um damit Ihren Nutzen zu maximieren? Sie kaufen zunächst einmal nur solche Güter, die Sie (anderen gegenüber) präferieren. Diese Güter haben aber in der Regel einerseits unterschiedliche Preise, andererseits sind die einzelnen Einheiten dieser Güter mit unterschiedlichen Grenznutzen verbunden. Deshalb – aufgrund der unterschiedlichen Preise der Güter sowie der unterschiedlichen Grenznutzen der einzelnen Einheiten – werden Sie versuchen, den *Grenznutzen pro aufgewendete Geldeinheit zu maximieren*. Und d.h.: Solange pro aufgewendete Geldeinheit der Grenznutzen einer Einheit eines Gutes noch höher ist als der eines anderen Gutes, können Sie ihr Haushaltsoptimum noch nicht erreicht haben. Durch die Umschichtung des Konsums von einer marginalen Einheit eines Gutes auf eine eines anderen können Sie Ihnen Gesamtnutzen noch erhöhen!

Ihr Maximum haben Sie also erst dann erreicht, wenn durch eine solche Umschichtung des Geldes von einem Gut auf ein anderes kein Nutzengewinn mehr möglich ist. Wenn also der Grenznutzen pro aufgewendeter Geldeinheit in allen Verwendungsrichtungen gleich groß ist.[6]

Wir wollen uns dazu ein Beispiel ansehen: Thommy verfügt über ein tägliches Budget von 100 Geldeinheiten, seine bevorzugten Güter sind Hamburger (X_1), Schokoriegel (X_2), Cola (X_3) und Kaugummi

---

[6] Diese Bedingung für das Nutzenmaximum des Haushaltes erinnert Sie sofort an die Gewinnmaximierungsbedingung der Unternehmung, wie sie in der *Inputregel* (Kap. 3.3.2.1) formuliert ist. Hatte es dort geheißen, daß das *Wertgrenzprodukt pro eingesetzter Geldeinheit für alle Faktoren gleich groß sein muß*, um den Gewinn zu maximieren, so lautet die Bedingung für das Nutzenmaximum des Haushalts völlig analog dazu: *Im Nutzenmaximum muß der Grenznutzen pro eingesetzter Geldeinheit für alle vom Haushalt konsumierten Güter gleich groß sein*. Ist er es nicht, so bringt eine Substitution von einzelnen Einheiten der konsumierten Güter durch andere einen Nutzengewinn, den jeder Haushalt natürlich ausschöpfen wird!

(X_4). Nachstehende Tabelle gibt nun den mit einzelnen Einheiten dieser Güter verbundenen Grenznutzen und den mit den zugehörigen Preisen gewichteten Grenznutzen der einzelnen Einheiten der Güter an:

Tabelle 4.2: Mit den Preisen gewichteter Grenznutzen verschiedener Güter:

Stk	X_1	$P_1 = 25$	X_2	$P_2 = 12$	X_3	$P_3 = 8$	X_4	$P_4 = 3,5$
	GN	GN/Gd	GN	GN/Gd	GN	GN/Gd	GN	GN/Gd
1.	75	3	24	2	32	4	18	5,1
2.	50	2	12	1	24	3	13	3,7
3.	35	1,4	8	0,66	16	2	9	2,6
4.	20	0,8	0	0	10	1,25	7	2

Aus dieser Tabelle läßt sich nun leicht Thommys optimales Güterbündel finden! Suchen Sie zunächst selbst nach der richtigen Lösung![7]

4.3.2 'Schwindel' oder nützlicher Trick?

Diese Überlegungen werden Ihnen gewiß einleuchten. Trotzdem gibt es hier ein Problem, das wir bisher nicht erwähnt, sondern geschickt umschifft haben. Wir haben zwar ständig die Begriffe 'Nutzen' und 'Grenznutzen' verwendet, auch haben wir auf die Subjektivität des Nutzenbegriffs hingewiesen, wir haben aber nicht gesagt, in welchen Maßeinheiten wir den Nutzen bzw. den Grenznutzen, mit denen wir ständig operieren, eigentlich *messen!* In Tabelle 4.1 ebenso wie in Abbildung 4.1 haben wir uns über dieses Problem 'hinweggeschwindelt'! Denn es blieb offen, mit welchem Maßstab Nutzen und Grenznutzen, für die wir ja ganz konkrete Zahlenwerte angegeben haben, gemessen werden. Und das ist nun in der Tat ein großes Problem! Wie wird es gelöst? *Zwei* Antworten gibt es darauf: Die eine ist: Das Problem, wie man den Nutzen mißt, stellt sich gar nicht! D.h. wir entwickeln einfach eine Haushaltstheorie, die auf die *absolute Meßbarkeit des Nutzens überhaupt verzichtet!* Man spricht hier von der *ordinalen*

---

[7]Die optimale Güterkombination lautet: 2 Hamburger, 1 Schokoriegel, 3 Cola und 4 Kaugummi!

4. Haushalt und Nachfrage

Nutzenkonzeption, die im nächsten Abschnitt detailliert vorgestellt wird.

Die andere Variante hingegen geht von der Annahme aus, daß der Nutzen unter bestimmten Bedingungen doch mit einem objektiven Maßstab gemessen werden kann, beispielsweise mit Geldeinheiten! Hier wird also die Annahme getroffen, daß ein Haushalt den Nutzen, den ihn der Konsum eines Gutes stiftet, mit absoluten Zahlen, mit *Kardinalzahlen* belegen kann, mit denen man dann die üblichen Rechenoperationen durchführen kann. Man spricht daher in diesem Fall von einem *kardinalen* Nutzenkonzept.[8] Genau diese Annahme muß der Tabelle 4.1, die ja konkrete Zahlenwerte für Nutzen und Grenznutzen nennt, zugrundeliegen. Dasselbe gilt freilich für die Abbildung 4.1. In dem dort dargestellten Fall gibt der Haushalt ja für jede einzelne Einheit des fraglichen Gutes den zugehörigen Grenznutzen an. Damit ist der Gesamtnutzen und der Grenznutzen in seiner Höhe absolut bekannt: Das erste Bonbon ist mit einer Nutzenerhöhung (Grenznutzen) von 7 'Nutzeneinheiten', das zweite mit einer Nutzenerhöhung von 5 'Nutzeneinheiten' verbunden und so fort. Der Gesamt- und der Grenznutzen ist also in der kardinalen Nutzenvorstellung quantitativ meßbar.[9]

Als eine konkrete und sehr praktische Maßeinheit für die Messung von Gesamt- und Grenznutzen erweisen sich nun Geldeinheiten! Das setzt aber voraus, daß der Grenznutzen des Geldes selbst konstant bleibt. Daß dem tatsächlich so ist, ist durch die Gültigkeit des Gesetzes vom abnehmenden Grenznutzen, das sich auch auf das Gut 'Geld' bzw. das Einkommen bezieht, jedenfalls fragwürdig. Läßt sich aber die Konstanz des Grenznutzens des Geldes nicht aufrechterhalten, dann ändert sich der Maßstab für den Nutzen selbst, was die Brauchbarkeit des Maßstabes hinfällig macht.[10]

---

[8] Überhaupt keine Schwierigkeit bereitet uns die kardinale Konzeption der Produktionstheorie. Hier sind Output und Grenzertrag jeweils eindeutig (absolut) meßbar, ob in Stück, Kg, Liter oder m^3 pro Zeiteinheit. In solchen Maßeinheiten läßt sich dann leicht rechnen und vergleichen.

[9] Das heißt freilich nicht, daß es dafür nur einen Maßstab gäbe. Eindeutig quantitativ meßbar sind beispielsweise die Temperatur oder die Höhenlage. Wir können dafür jedoch *mehrere Maßstäbe* verwenden: für die Temperatur Celsius oder Fahrenheit, für die Höhe Meter oder Fuß. Die Maßstäbe unterscheiden sich also in der Maßeinheit und bei der Temperatur zusätzlich noch im Nullpunkt.

[10] Ist der Grenznutzen des Geldes nicht nur konstant, sondern darüber hinaus auch für alle Haushalte gleich groß, dann wäre der Nutzen interpersonell ver-

Gehen wir aber für den Moment von dieser Annahme, daß der Nutzen tatsächlich absolut und in Geldeinheiten gemessen werden kann, aus und machen wir ein kleines Experiment: Denken Sie an ein von Ihnen regelmäßig und gern konsumiertes Gut, beispielsweise an feine Bonbons (jedenfalls ein Gut, das sich regelmäßig in Ihrem Einkaufskorb befindet). Fragen wir zunächst: Wieviel Bonbons würden Sie sich täglich gönnen, *wenn* der Preis dieser Bonbons Null wäre? Wir wollen uns diese Situation nun einmal genauer in einem Preis-Mengen- Diagramm ansehen. Betrachten Sie bitte die Abbildung 4.2: Wir finden hier die 'geglättete' Grenznutzenkurve aus Abbildung 4.1 wieder (wir haben nicht mehr die einzelnen 'Grenznutzenblöcke' eingezeichnet, sondern die jeweiligen Grenznutzenwerte miteinander zu einer Linie verbunden). Auf der Ordinate ist der Grenznutzen abgetragen. Diesmal ist die Maßeinheit aber nicht verschwiegen, diesmal wird der Grenznutzen exakt (!) in Geldeinheiten gemessen. Auf der Abszisse wird die konsumierte Menge an Bonbons abgetragen. Wären diese Bonbons nun gratis, dann werden Sie davon keineswegs unendlich viel konsumieren, sondern so viele Einheiten, bis Sie – im wörtlichen Sinne – davon genug haben, und das heißt, ökonomisch formuliert, bis der *Grenznutzen* der zuletzt konsumierten Einheit Null ist! Jene *zusätzliche* Einheit Bonbons, deren Grenznutzen nun gerade Null ist, markiert also jene *Gesamtmenge* an Bonbons, die Sie zum Preis von Null konsumieren möchten. Das ist Ihre *Sättigungsmenge:* Wir können sie graphisch leicht ausmachen, indem wir den Schnittpunkt der Grenznutzenkurve mit der Abszisse suchen: in diesem Punkt S ist der Grenznutzen der entsprechenden Einheit des Gutes ja Null! Zum Preis von Null würden Sie also genau diese Menge konsumieren, d.h. *nachfragen.*

Fragen wir weiter: Wie hoch müßte der Preis für Bonbons steigen, damit Sie Ihre Nachfrage ganz einstellen, also auf Null reduzieren würden? Dies wird durch einen zweiten wichtigen Punkt, den Schnittpunkt R der Grenznutzenkurve mit der Ordinate, angezeigt. Hier ist der Preis gerade so hoch, daß Sie sich sagen: Jetzt kaufe ich

---

gleichbar. Beides, die Konstanz und die Identität des Grenznutzens des Geldes für alle Haushalte, sind sehr starke Annahmen, die keineswegs ohne weiteres akzeptiert werden können. Bei der Betrachtung *eines ganz spezifischen* Marktes, beispielsweise nur des Marktes 'Eis am Strand', kann dies nur deshalb plausibel unterstellt werden, weil die meisten der Stauseebadestrandhaushalte über ähnliche Haushaltsbudgets verfügen.

4. Haushalt und Nachfrage

nichts mehr! Bei diesem Preis R, den wir *Reservationspreis* nennen, ist die nachgefragte Menge also Null.

Setzen wir nun den dritten Schritt in unserem Experiment: Fragen wir, welche Menge an Bonbons Sie zu unterschiedlichen Preisen konsumieren möchten? Beginnen wir mit einem sehr geringen Preis für dieses Gut und lassen diesen dann beständig *ansteigen*, so werden Sie nach und nach Ihren Konsum dieses Gutes *reduzieren*. *Die von Ihnen nachgefragte Menge fällt also, wenn die Preise steigen!*

Aber nach welchem Kriterium gehen Sie bei der Bestimmung der von Ihnen nachgefragten Mengen zu unterschiedlichen Preisen vor? Nach dem *Gesetz des abnehmenden Grenznutzens,* das in der Abbildung 4.2 durch die fallende Grenznutzenkurve zum Ausdruck kommt.

Abb. 4.2: Die Grenznutzenkurve als Nachfragekurve

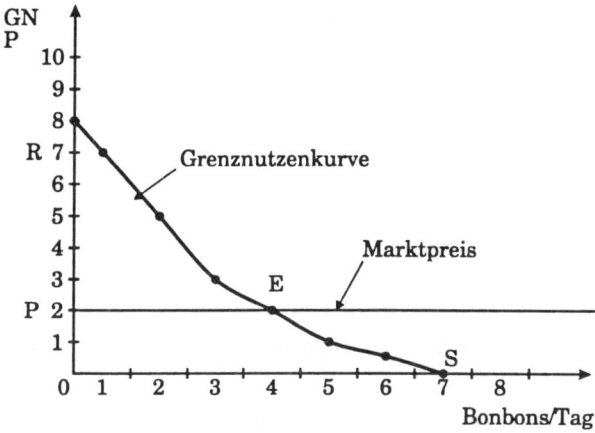

Sie vergleichen also ständig den Preis eines Gutes mit dem Grenznutzen der jeweiligen Einheiten und konsumieren so lange oder so viel, bis der Grenznutzen der letzten von Ihnen konsumierten Einheit dieses Gutes gerade noch seinem Preis entspricht.

Sie sind also *bereit,* soviel zu zahlen, wie Ihnen die *letzte* Einheit dieses Gutes gerade noch wert war. Steigt daher der Preis von Bonbons von Null auf eine Geldeinheit pro Stück, dann werden Sie *insgesamt* soviel Bonbons kaufen, sodaß Ihnen das *letzte* Stück gerade noch eine Geldeinheit *wert* ist. Beachten Sie dabei: Da *derselbe* Preis für *alle* Einheiten des in Frage stehenden Gutes zu bezahlen ist – eben der Preis pro Stück –, ist Ihr Grenznutzen aller Einheiten, die Sie *vor* der letzten konsumieren, *höher* als der Preis![11] Jedenfalls entspricht Ihr Grenznutzen für die *zuletzt* konsumierte Einheit gerade dem Preis, der für *eine*, also *jede einzelne* Einheit, dieses Gutes zu bezahlen ist.

Durch dieses Experiment haben wir nun aber etwas wichtiges herausgefunden:

Ihre Nachfragekurve nach einem bestimmten Gut ist nichts anderers als Ihre Grenznutzenkurve!

Normalerweise wird aber für Ihre Bonbons weder ein exorbitant hoher Preis zu bezahlen sein, zu dem Sie gar nichts mehr kaufen wollen (Reservationspreis), noch werden Ihnen die Bonbons gratis nachgeschmissen (Sättigungsmenge). Normalerweise wird ein bestimmter Preis zu bezahlen sein, den Sie als Konsument nicht ändern können, sondern als gegeben hinnehmen müssen. Sie diskutieren mit der Verkäuferin im Supermarkt ja nicht, ob Sie's etwas billiger kriegen! Allerdings werden Sie bei einem Sonderangebot gleich mehrere Packungen Ihrer Lieblingsbonbons in Ihrem Einkaufswagen finden!

Entsprechend dem jeweils vorgegebenen Preis, passen Sie sich mit Ihrer nachgefragten Menge so an, daß im Optimum der Grenznutzen der letzten Einheit dieses Gutes dem Marktpreis dieses Gutes entspricht.

Was wir jetzt getan haben, ist, mithilfe der kardinalen Nutzentheorie die Nachfragekurve für ein bestimmtes Gut abzuleiten. Wir sind dabei zum Ergebnis gelangt, daß die nachgefragte Menge eines von Ihnen gerne und regelmäßig konsumierten Gutes bestimmt ist durch die Identität von Grenznutzen der letzten Einheit dieses Gutes und dem Preis dieses Gutes. In der Abbildung 4.2 wird diese optimale Nachfragemenge durch den Schnittpunkt E der Preislinie mit der Grenznutzenkurve angezeigt. Und dort gilt:

$$GN_Q = P_Q$$

---

[11] Und das ist ein entscheidender Gewinn für Sie. Es ist Ihre Rente, die *Konsumentenrente*, kurz gesagt der Unterschied zwischen dem, was Sie für eine Einheit eines Gutes zahlen *müssen* und dem was Sie dafür zu zahlen *bereit* wären. Genaueres dazu jedoch in Kapitel 8!

4.4 Begriffe und Konzepte 2: Das ordinale Nutzenkonzept: Die Präferenzordnung des Haushalts und die Indifferenzkurvenanalyse

4.4.1 'Kardinale' Probleme und deren Eliminierung

Streng genommen können wir die zentrale Annahme des kardinalen Nutzenkonzepts, nämlich die der Meßbarkeit des Nutzens nicht aufrechterhalten. Weder hat ein Gut einen objektiven Nutzen, noch läßt sich der subjektive Nutzen mittels eines objektiven Maßstabes messen. Die Antwort, die sich die Ökonomen auf diese substantiellen Einwände haben einfallen lassen, ist ebenso überraschend wie einfach: Wir können auf die Meßbarkeit des Nutzens überhaupt verzichten! In der *ordinalen Nutzenkonzeption*, der wir uns nun näher zuwenden, reicht es vollkommen aus, wenn der Haushalt eine *Reihung aller Güterbündel* angeben kann. Alles, was von einem Haushalt verlangt wird, ist, daß er sagen kann, ob er ein Güterbündel einem anderen gegenüber als besser, schlechter oder gleich gut einstuft. Er muß aber *nicht* mehr sagen können (wie in der kardinalen Nutzenkonzeption), *um wieviel* er ein Güterbündel als besser oder schlechter einstuft. In die 'Nutzenterminologie' übersetzt, heißt das: Alles, was der Haushalt können muß, ist, auszusagen, ob der *Grenznutzen* einer Einheit eines Gutes *positiv, negativ* oder *Null* ist, er muß also *nichts mehr über den absoluten Wert des Grenznutzens* aussagen können.

Die beiden Ansätze der Haushaltstheorie, der kardinale und der ordinale, und ihre Unterschiede treten dann besonders deutlich hervor, wenn wir uns die Problemsituation noch einmal anschaulich anhand einer Graphik vor Augen führen. Im oberen Teil der Abbildung 4.3 ist ein dreidimensionales 'Nutzengebirge' dargestellt. In der Ebene, entlang der horizontalen Koordinaten sind die Mengen zweier Güter X und Y abgetragen. Darüber, in der dritten, der *vertikalen* Dimension erhebt sich als Funktion des Konsums dieser beiden Gütern das 'Nutzengebirge' des Haushalts. Der Nutzen des Haushalts ist hier also eine Funktion der konsumierten Mengen der beiden Güter X und Y. Wir schreiben das formal so an:

$$N = f(X,Y)$$

Auf der vertikalen Achse ist dieser Nutzen in nicht näher spezifizierten 'Nutzeneinheiten' abgetragen. Hier sehen wir gewissermaßen die kardinale Dimension, hier stellt sich das Problem, wie, in welchen Einheiten der Nutzen gemessen werden soll.

Schneiden wir nun *vertikal*, parallel zu einer Mengenachse durch dieses Nutzengebirge (beispielsweise bei Punkt A auf der y-Achse), so erhalten wir die Nutzenfunktion *eines* Gutes bei Konstanz der Menge des anderen Gutes, also *ceteris paribus*. Wir erhalten durch diesen Schnitt also eine Nutzenkurve *eines* Gutes (in Abbildung 4.3a $ABCDEG$), ähnlich wie sie am Beginn dieses Kapitels in Abbildung 4.1 dargestellt ist. Was wir dort nicht erwähnt haben, wird jetzt deutlich: Die Nutzenfunktion eines Gutes gilt immer nur *ceteris paribus*, d.h. bei Konstanz des Konsums von anderen Gütern. Formal entspricht sie somit der *partiellen Ableitung* der Nutzenfunktion $N = f(X, Y)$ nach X, also:

$$GN_X = \frac{\partial N}{\partial X}{}^1$$

Schneiden wir jetzt nicht vertikal, sondern *horizontal* durch das Nutzengebirge, so 'köpfen' wir gewissermaßen die kardinale Dimension, wir eliminieren sie ganz einfach und sind damit alle mit ihr verbundenen Probleme los! Als Ergebnis dieser horizontalen Schnitte durch das Nutzengebirge erhalten wir, auf die x-y-Ebene gelegt, die sogenannten *Indifferenzkurven*.

Unter einer Indifferenzkurve verstehen wir den geometrischen Ort aller Kombinationen der Güter X und Y, die dem Haushalt denselben Nutzen stiften, die also dasselbe Nutzenniveau des Haushalts repräsentieren. Der Haushalt ist also gegenüber jedem Punkt (i.e. jeder Güterkombination) auf der Indifferenzkurve (ex definitione) indifferent!

Solche horizontalen Schnitte durch das Nutzengebirge wurden im

---

[1] Wichtig ist auch, daß der Grenznutzen einer Einheit des Gutes X vom Niveau des Konsums des Gutes Y abhängig ist; graphisch gesehen also, wo wir parallel zur x-Achse durch das Nutzengebirge schneiden. Mathematisch kommt diese gegenseitige Abhängigkeit dadurch zum Ausdruck, daß die Kreuzableitungen der Nutzenfunktion nicht Null sind:

$$\frac{\partial^2 N}{\partial X \partial Y} \neq 0$$

4. Haushalt und Nachfrage   143

oberen Teil der Abbildung 4.3 auf den Nutzenniveaus CC, DD, und
EE durchgeführt. Projiziert in die $x - y$-Ebene ergibt dies die Indifferenzkurven $C'C'$, $D'D'$ und $E'E'$. Diese sind im unteren Teil der
Abbildung 4.3 nur mehr in der $x - y$-Ebene dargestellt. Und wir sehen: Je höher wir den horizontalen Schnitt durch das Nutzengebirge
ansetzen, desto höher das Nutzenniveau, desto weiter rechts oben liegen die entsprechenden Indifferenzkurven: die Präferenzrichtung ist
damit rechts oben. Das heißt:

*Je weiter die Indifferenzkurven vom Ursprung entfernt sind, desto
höher ist das Nutzenniveau, das sie repräsentieren.*

Abb. 4.3: Das Ergebnis von horizontalen Schnitten durch das Nutzengebirge:
Die Indifferenzkurven

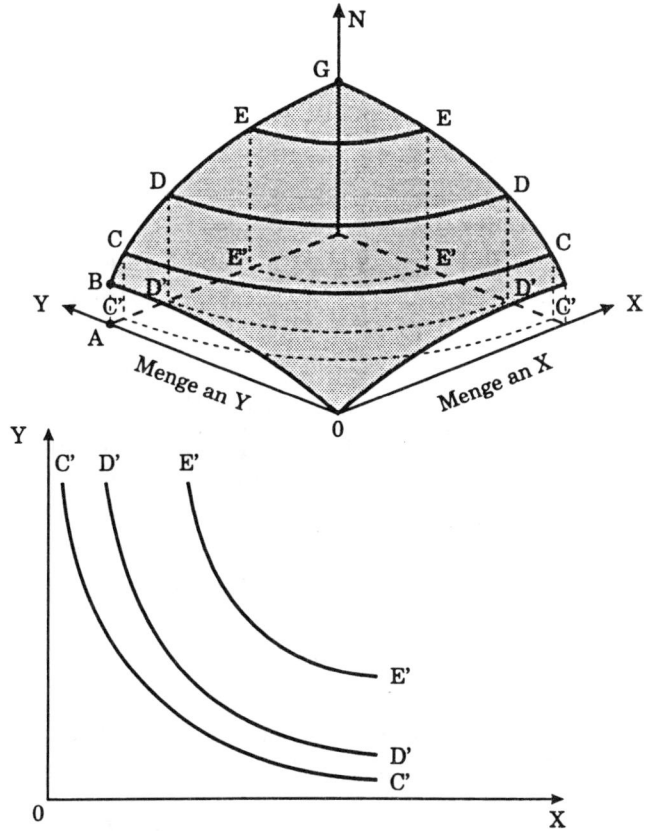

Noch einmal: Weder sagen wir in diesem Konzept etwas über das absolute Nutzenniveau aus, das eine bestimmte Indifferenzkurve repräsentiert, noch machen wir Angaben darüber, um wieviel sich das Nutzenniveau einer Indifferenzkurve von dem einer anderen unterscheidet. Wir stellen nur einen *Vergleich* der durch die Indifferenzkurven zum Ausdruck gebrachten Nutzenniveaus an, sagen also nur, ob ein bestimmtes Güterbündel einem anderen gegenüber höher, geringer oder gleich gut eingeschätzt wird. Wir nehmen also nur eine *Reihung der Güterbündel* vor![2]

Bevor wir uns aber nun mit der ordinalen Nutzenkonzeption, der Logik der Präferenzordnung und den Indifferenzkurven näher auseinandersetzen, noch ein paar Worte zur Problem- und Entscheidungslage des Haushalts im allgemeinen:

4.4.2 Bestimmungsgründe der Wohlfahrt des Haushalts

Wir sollten bei der Darstellung der Haushaltstheorie nie vergessen, von wem hier eigentlich die Rede ist, nämlich von uns selbst, *wir* sind diese Haushalte, um die es geht. Wir wollen daher, ehe wir uns mit der konkreten Entscheidungs*logik* des Haushalts befassen, kurz klären, welche wesentlichen Bedingungen für unsere Wohlfahrt zunächst erfüllt sein müssen. *Drei* wichtige Aspekte treten dabei in den Vordergrund:

1. Zunächst einmal sind wir mit einer 'Unmenge' von 'Güterkombinationen' konfrontiert, eine riesige und kaum noch überschaubare Anzahl von Gütern und Dienstleistungen – im wesentlichen das Ergebnis des marktwirtschaftlichen Anreizsystems – konkurriert um unser stets knappes Budget. Die dem Haushalt offenstehenden Wahlmöglichkeiten sind also zunächst einmal eine zentrale *Voraussetzung* dafür, überhaupt entsprechend entscheiden zu können. Es ist ein großer Unterschied, zwischen zwei Autos, einem roten und einem weißen, oder unter 50 verschiedenen Marken, Typen, zig Ausstattungsvarianten u.s.w. wählen zu können. Wir sind es zumeist gewöhnt,

---

[2] Reihungen werden durch *Ordinal*zahlen zum Ausdruck gebracht! Der 1. Papst, der 5. Papst. *Kardinal*zahlen hingegen verwenden wir für alle gewöhnlichen Rechenoperationen: 4, 3, 5, 67, 87, ... Die Differenzbildung ergibt hier einen Sinn: 87 - 67 = 20, nicht hingegen bei den Ordinalzahlen!

4. Haushalt und Nachfrage 145

eine reiche und vielfältige Auswahl als Selbstverständlichkeit hinzustellen. Dem ist aber – wie ein Blick in die Realität und Konkursmasse planwirtschaftlicher, aber auch grundsätzlich kapitalistischer, jedoch durch vielfältige Staatseingriffe und hohen Monopolgrad gekennzeichneter Systeme zeigt – nicht so. Freilich sind wir in marktwirtschaftlichen Systemen quasi dem 'Dauerbeschuß' der Werbung ausgesetzt, was mitunter Zweifel an unserer selbständigen Entscheidungsfähigkeit und den Verdacht auf 'vollständige Manipuliertheit' der Konsumenten aufkommen läßt. Aber wie schaut die Alternative dazu aus? (Opportunitätskosten! Es gibt nichts umsonst! Alles hat Vor- *und* Nachteile, Plus *und* Minus.)

2. Ein weiterer entscheidender Einflußfaktor für unser Wohlstandsniveau sind freilich unsere stets *knappen* finanziellen Mittel, unsere *Budgetbeschränkung* sowie die *Preise* der Güter. Dies erlaubt uns niemals, alles, was wir uns wünschten, auch anzuschaffen, sondern zwingt uns zur Wahl, was immer auch Verzicht bedeutet. Jedenfalls scheiden durch die Budgetbeschränkung und die Preise der Güter viele Güterkombinationen schon von vorneherein aus. Jedoch spielt auch hier ein *funktionierender Wettbewerb* eine zentrale Rolle: Zum einen konkurrieren die Unternehmungen um die Arbeitskraft, auch hier ist die Wahlmöglichkeit des Haushalts für seine Wohlfahrt grundlegend. Zum anderen drückt der Wettbewerb auf den Gütermärkten die Preise tendenziell auf das Kostenniveau, das wiederum durch die Einführung neuer Technologien ständig (real, d.h. um die Geldentwertungsrate bereinigt) fällt! Steigen (real) die Preise, so steigt in der Regel auch die Qualität der Güter. So mögen die Preise von Autos auch um die Inflationsrate bereinigt in den letzten beiden Dekaden gestiegen sein, ein Standardauto der 60er-Jahre ist aber gewiß nicht einem Standardauto der 90er-Jahre gleichzusetzen!

3. Um uns in der Warenvielfalt zurechtzufinden, helfen uns schließlich unsere *Präferenzen*, die aus dem gigantischen Warenangebot insgesamt nur jene Güter in unsere engere Wahl kommen lassen, die uns auch gefallen, die unseren Geschmack treffen. Gerade hier, im individuell zu bestimmenden 'Zielbereich', kann

es aber größere Schwierigkeiten geben, die einer besonders erfolgreichen Nutzenmaximierung im Wege stehen. Man sollte daher klar sagen können, was man will, d.h. die individuellen Präferenzen gründlich reflektieren, um Inkonsistenzen der Präferenzstruktur möglichst zu vermeiden.

Doch nun wird's ernst:

4.4.3 Die Annahmen und die Logik der Präferenzordnung

Bei der Präferenzordnung, der Reihung der Güterbündel durch die Haushalte, werden – abgesehen vom grundsätzlichen Rationalverhalten – *vier* wesentliche Annahmen vorausgesetzt.

Diese Annahmen sind nun im einzelnen:

1. Die *erste Annahme* unterstellt, daß der Haushalt in der Lage ist, *alle Güterbündel* einzuschätzen, zu bewerten. (Denken Sie an das Beispiel mit dem Sonnenkonsum am Badestrand. Raucher wägen den Genuß des Rauchens mit dem erwiesenermaßen höheren Risiko von Lungenkrebs ab, Autofahrer oder Verkehrsteilnehmer den Gewinn an Mobilität mit dem höheren Risiko des Verunfallens etc.) Diese Annahme, daß der Haushalt tatsächlich alle Güterbündel einschätzen und damit in eine Rangordnung bringen kann, nennt man die Bedingung der *Vollständigkeit der Präferenzordnung*.

2. Diese Rangordnung aller Güterbündel muß nun – so die *zweite Annahme* – *widerspruchsfrei, konsistent* sein. Diese Annahme der *Transitivität der Präferenzordnung* schreibt fest, daß, wenn Güterbündel A höher eingeschätzt wird als Güterbündel B, und dieses Güterbündel B höher eingeschätzt wird als Güterbündel C, dann *muß* auch das Güterbündel A höher eingeschätzt werden als das Güterbündel C. In formaler Schreibweise schaut das so aus:

$$A \preceq B \wedge B \preceq C \Leftrightarrow A \preceq C$$

3. Die *dritte Annahme* ist die *Nichtsättigungsbedingung*: Es wird unterstellt, daß der Haushalt eine Situation mit 'mehr von einem Gut' *immer* der mit 'weniger von einem Gut' vorzieht. Ein *negativer Grenznutzen* ist also im folgenden *ausgeschlossen*.

4. Die *vierte Annahme* entspricht der für die kardinale Nutzentheorie üblichen Annahme eines sinkenden Grenznutzens. Sie unterstellt den Haushalten eine *Vorliebe für eine diversifizierte Konsumstruktur*. Das bedeutet, daß immer wenn ein Haushalt zwischen zwei Warenkörben indifferent ist, er einen Warenkorb, der eine Mischung dieser beiden Warenkörbe darstellt, jedem der ursprünglichen Warenkörbe vorziehen würde. Bemühen wir hiezu das von Ökonomen seit jeher beliebte Äpfel-Birnen- Beispiel: Nehmen wir an, ein Haushalt schätzt den Konsum von 1 kg Äpfel genau gleich hoch wie den von 1 kg Birnen. Dann verlangt unsere Annahme, daß er jedem dieser einseitigen Warenkörbe, z.B. die Kombination 1/2 kg Äpfel und 1/2 kg Birnen (aber auch 10 dag Äpfel und 90 dag Birnen) vorzieht. In diesem Sinne hat er eine Vorliebe für diversifizierten Konsum. Präferenzen mit dieser Eigenschaft nennt man auch *strikt konvex*, die vierte Annahme daher die Annahme der *strikten Konvexität der Präferenzen*.

4.4.4 Die Indifferenzkurvenanalyse: Die graphische Darstellung der Präferenzordnung

Wir wollen uns nun näher ansehen, wie sich diese Bedingungen der Präferenzordnung des Haushalts auf die graphische Darstellung in Form der Indifferenzkurvenanalyse auswirken. Wir arbeiten im folgenden in einem x-y-Diagramm, das die Fläche darstellt, über der sich das Nutzengebirge erhebt und in die die Indifferenzkurven durch horizontale Schnitte durch das Nutzengebirge projiziert werden. (Blättern Sie nochmals zu Abbildung 4.3 zurück!) Was wir also in diesem x-y-Koordinatensystem sehen, sind alle möglichen (unendlich viele) Kombinationen der Güter X und Y.

Zu dem hier verwendeten Güterbegriff sollten wir folgendes wissen:

Am allgemeinsten könnte man unter 'Gut' etwas verstehen, von dem 'mehr zu haben jedenfalls besser ist als weniger'. Nur Güter in diesem Sinne werden dieser Analyse zugrundegelegt, es handelt sich also um sogenannte 'goods' im Gegensatz zu den 'bads', für die das Gegenteil gilt.[3] Zu den traditionellen 'bads' gehört bei-

---
[3] Freilich kann es ab und zu einmal vorkommen, daß aus einem 'good' ein 'bad' wird, dann nämlich, wenn wir von einem Gut bereits so viel haben bzw.

spielsweise der Hausmüll und viele Arten der Umweltverschmutzung. Jeder von uns wird eine Situation (ein Güterbündel) mit weniger Hausmüll einer Situation mit mehr Hausmüll vorziehen. Wir können dieses 'bad' nun in ein 'Gut' uminterpretieren, indem wir vom Gut 'Hausmüllbeseitigung' sprechen. Von diesem Gut gilt nun jedenfalls, daß wir eine Situation mit mehr Hausmüllbeseitigung einer Situation mit weniger Hausmüllbeseitigung vorziehen. Darüber hinaus treffen wir die sehr plausible und die Untersuchung wesentlich erleichternde Annahme, daß es beim Konsum von Gütern weniger um diese Güter selbst geht, als um die *Nutzenströme*, die der Konsum dieser Güter pro Zeiteinheit stiftet. Beim Konsum eines Apfels, eines Brötchens, einer Banane gibt's keine Probleme. Sie stiften Nutzen, das ist klar. Doch was ist mit dem Auto, dem Haus? Das sind von dauerhaften und regelmäßig sehr teuren Konsumgütern ausgehende *Nutzenströme*, diese und nicht das Auto oder das Haus als solches sollten wir als relevante Größe in unsere Betrachtung aufnehmen. Der Vorteil dieser Annahme ist, daß damit das Problem der nicht beliebigen Teilbarkeit der Güter gelöst ist und solche 'Güter' leichter mit anderen vergleichbar werden: 0,0054 'Autos', das entspricht einer einstündigen Autofahrt, und 0,5 Haarschnitte pro Woche können so miteinander verglichen werden.

4.4.4.1 Konsummöglichkeitenmenge und Budgetgerade

Stellen wir zunächst klar, welches Problem sich nun eigentlich stellt:

Es geht hier um die Suche nach dem optimalen, dem nutzenmaximierenden Güterbündel, das sich der Haushalt unter den gegebenen Restriktionen, d.h. bei gegebenen Preisen und gegebenem Einkommen (knappe Mittel!) leisten kann.

Nun können wir als ersten die Sachlage wesentlich aufklärenden Schritt den setzen, daß wir jene Güterkombinationen, die für den Haushalt aufgrund seiner begrenzten finanziellen Mittel von vorneherein nicht in Frage kommen, gleich einmal aus der Menge der möglichen Lösungen ausschließen. Das geschieht mit dem Konzept der *Konsummöglichkeitenmenge*.

---

konsumieren, daß sein Grenznutzen *negativ* wird. Dies ist aber hier durch die Nicht- Sättigungsbedingung ausgeschlossen.

4. Haushalt und Nachfrage

Die Konsummöglichkeitenmenge gibt an, was sich der Haushalt bei gegebenen Güterpreisen und Einkommen leisten kann und was nicht. Die dem Haushalt zugängliche Konsummöglichkeitenmenge wird im Zwei-Güter-Diagramm durch die beiden Achsenabschnitte sowie durch die Budgetgerade oder Budgetlinie abgegrenzt.

Das wird gleich verständlich werden, wenn wir uns Abbildung 4.4 näher ansehen:

Abb. 4.4: Die Budgetgerade des Haushalts

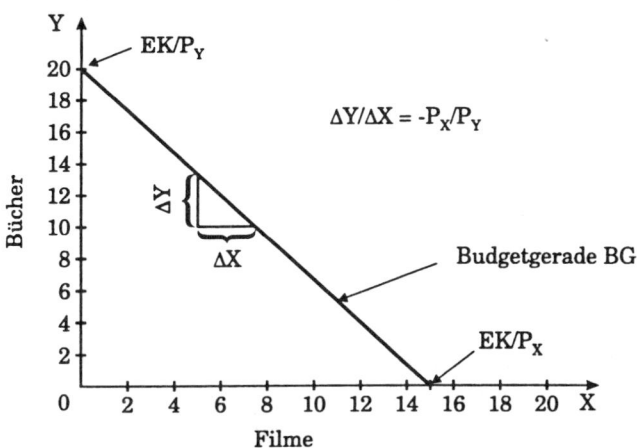

Diese zeigt eine Konsummöglichkeitenmenge für den Zwei-Güter-Fall. Es seien auf der Abszisse der wöchentliche Spielfilmkonsum, auf der Ordinate der wöchentliche Buchkonsum abgetragen. Die Achsenabschnitte sind durch die Quotienten aus dem dem Haushalt zur Verfügung stehenden Wochenbudget EK (= Einkommen, Budget) mit den jeweiligen Güterpreisen $EK/P_X, EK/P_Y$ festgelegt, die durch die Verbindung dieser Punkte gewonnene *Budgetgerade (Budgetlinie)* hat den Anstieg $-P_X/P_Y$. Die Gleichung der Budgetlinie lautet:

$$EK = P_X X + P_Y Y$$

Gebe ich alles für den Filmkonsum aus, dann gehen sich maximal EK/P_X Filme pro Woche aus, gebe ich alles für Bücher aus, dann ist das Maximum des wöchentlichen Buchkonsums mit EK/P_Y begrenzt. Ist der Preis pro Film 20 Geldeinheiten, das wöchentliche Einkommen (= Konsumbudget) 300 Geldeinheiten, dann ist der Abszissenabschnitt bestimmt durch: $EK/P_X = 300/20 = 15$.

Bei einem Preis von 15 Geldeinheiten pro Buch ist der Ordinatenabschnitt durch: $EK/P_Y = 300/15 = 20$ bestimmt.

Zur Abbildung 4.4 noch einige klärende Hinweise:

Die *Lage der Budgetgeraden* ist bestimmt durch die Höhe des Einkommens (= Größe des Budgets) EK. Je größer das Budget, desto weiter rechts oben liegt die Budgetgerade. In unserem Fall macht das Wochenbudget 300 Geldeinheiten aus. Also: EK = 300.

Die *Steigung der Budgetgeraden* ist bestimmt durch das *Preisverhältnis* $-P_X/P_Y$ bzw. $-P_Y/P_X$. Dies ist leicht ersichtlich, wenn wir die Budgetgleichung nach X und nach Y ableiten. In einem Fall ergibt das $15 : 20 = 3/4 = 0.75$. Durch dieses Preisverhältnis ist der Preis des einen Gutes in Einheiten des anderen ablesbar. Das Preisverhältnis sagt also aus, in welchem Verhältnis die Güter miteinander getauscht werden können:

$$\frac{\Delta Y}{\Delta X} = \frac{P_X}{P_Y} = \frac{20}{15} = \frac{4}{3}$$

sagt also aus, wieviele Einheiten von Gut Y ich aufgeben *muß*, um eine Einheit von Gut X zu erhalten. In diesem Fall müssen für eine Einheit X 4/3 Einheiten des Gutes Y aufgegeben werden. D.h. der Preis eines Films ist 4/3 Bücher bzw. der eines Buches ist 3/4 Filmeinheiten. Weil das Preisverhältnis, also die *Tauschrate* zwischen den beiden Gütern konstant ist, ist die Budgetlinie eine Gerade

Weil wir die Steigung normalerweise immer von links nach rechts gehend messen, lautet die Frage, wieviel Einheiten von Gut Y muß man aufgeben, um eine Einheit von Gut X zu erhalten, und das entspricht eben immer dem umgekehrten Preisverhältnis, also $-P_X/P_Y$. (Ist ja ganz logisch: P_X muß ich für eine Einheit des Gutes X bezahlen; wie oft nun P_Y (der Preis des anderen Gutes) in P_X (dem Preis des zu erhaltenden Gutes) enthalten ist, sagt mir, wieviel Einheiten von Y ich dafür aufgeben muß! In der 'umgedrehten' Version würde man eben jeweils eine bestimmte Menge von Gut X gegen *eine* zusätzliche Einheit Y eintauschen.)

In unserem Beispiel lautet die Gleichung der Budgetgeraden damit:

$$300 = 20X + 15Y$$

4. Haushalt und Nachfrage

nach X aufgelöst:

$$X = 15 - 0,75Y$$

nach Y aufgelöst:

$$Y = 20 - 1,33X$$

Die letzte Gleichung ist nun ganz einfach wie folgt zu lesen: Ist $X = 0$, dann kann ich alles für Bücher ausgeben, also 20 Bücher kaufen. Ist $X = 1$, dann nur mehr 18,64 Bücher, ist $X = 2$, dann nur mehr 17,31 Bücher etc.

Die Budgetgerade oder Budgetlinie zeigt also die alternativen Kombinationen zweier Güter, die der Haushalt wählen kann, wenn er die gesamte Konsumsumme ausgibt. Alle erreichbaren Kombinationen dieser beiden Güter, die die Konsummöglichkeitenmenge insgesamt ausmachen, sind also immer begrenzt, und zwar durch die Höhe der Preise einerseits und das knappe Budget (das Einkommen des Haushalts) andererseits.

Entsprechend der Annahme der Nichtsättigung gibt der Haushalt sein gesamtes Einkommen aus. Die von ihm zu maximierende Nutzenfunktion $N = N(X, Y)$ steht damit unter der Nebenbedingung des beschränkten, zur Gänze ausgegebenen Budgets, was sich formal so ausdrückt: $P_X X + P_Y Y = EK$

4.4.4.2 Die Präferenzen des Haushalts: Die Indifferenzkurven

Ist die Konsummöglichkeitenmenge bzw. die Budgetgerade ein graphischer Ausdruck dafür, was sich der Haushalt bei gegebenen Preisen und Einkommen leisten *kann*, so geben die Indifferenzkurven die *subjektive Nutzeneinschätzung* der unterschiedlichen Güterbündel durch den Haushalt wieder. Sie sind der graphische Ausdruck der Präferenzordnung des Haushalts. Anstatt den 'Nutzen' zu zeigen, zeigen die Indifferenzkurven Güterbündel, denen der Haushalt dasselbe Nutzenniveau zuordnet.

Eine Indifferenzkurve ist also der geometrische Ort all jener Güterkombinationen, die das gleiche Nutzenniveau repräsentieren.

Und weil der Haushalt jedenfalls mehr Gütereinheiten höher bewertet als weniger Gütereinheiten, steigt das Nutzenniveau, das die einzelnen Indifferenzkurven repräsentieren, an, je weiter diese vom Koordinatenursprung entfernt liegen.[4]

4.4.4.2.1 Die Grenzrate der Substitution

Wir wollen uns in Abbildung 4.5 eine solche Indifferenzkurve nun etwas genauer anschauen. Auf der Indifferenzkurve I_0 sind die Güterbündel A, B, C, D, E und F eingezeichnet. Wird also unser Haushalt vor die Wahl gestellt, ein Güterbündel aus den Kombinationen A, B, C, D, E und F auszuwählen, so ist er *allen* Angeboten gegenüber *völlig indifferent*, alle sind ihm gleich recht. Wir wollen ihm hier das Güterbündel A, das vom Gut X und Y die bezeichneten Mengen enthält, zuteilen und das folgende Experiment starten: Auf wieviele Einheiten von Gut Y ist der Haushalt *bereit* zu verzichten, wenn wir ihm eine zusätzliche Einheit von Gut X, bezeichnet mit ΔX, anbieten, wobei das Nutzenniveau des Haushalts bei dieser Transaktion *unverändert* bleiben soll.

Abb. 4.5: Die Indifferenzkurve des Haushalts: Seine Präferenzen und seine Bereitschaft zum Tausch

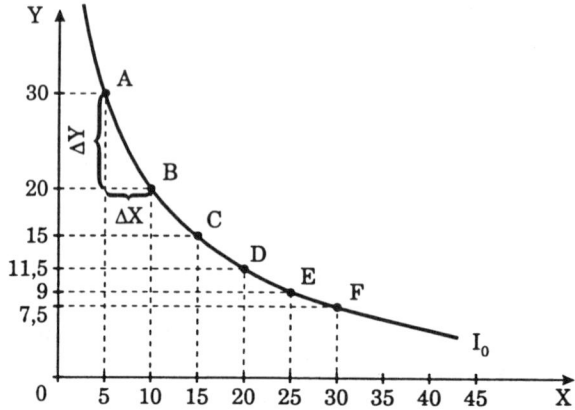

---

[4]Zur Erinnerung: Über die absolute Höhe des Nutzens, den eine bestimmte Indifferenzkurve repräsentiert, kann ebensowenig eine Aussage getroffen werden, wie über die Höhe der Nutzendifferenz zwischen zwei Indifferenzkurven.

4. Haushalt und Nachfrage

Genau das können wir nun auf der Indifferenzkurve I_0 ablesen! Es ist dies die Menge ΔY. Damit zeigt die Indifferenzkurve aber nichts anderes, als daß der Haushalt die zusätzliche Menge ΔX mit der Menge ΔY *bewertet*, auf die er bei Erhalt der Menge ΔX zu verzichten *bereit* ist. Der *Wert* von ΔX ist also ΔY ! Das Verhältnis $\Delta Y/\Delta X$ ist aber auch der durchschnittliche Anstieg der Indifferenzkurve zwischen den Punkten A und B. Allerdings gilt dieses Tauschverhältnis *nur* zwischen den Punkten A und B, *nicht* zwischen anderen Punkten auf der Indifferenzkurve. So ist beispielsweise dieses 'innere' Tauschverhältnis, das Verhältnis, zu dem der Haushalt *bereit* ist, Y gegen X einzutauschen, *zu substituieren,* ohne daß sich dabei sein Nutzenniveau verändert, zwischen Punkt B und C bereits ein anderes als zwischen Punkt A und B.

Das ist nun eine besonders interessante und wichtige Information: Der Anstieg der Indifferenzkurve zeigt den *Wert* eines Gutes ausgedrückt in Einheiten des anderen Gutes, also gewissermaßen eine *'innere' Tausch-* oder *Substitutionsrate.* Lassen wir nun die Mengen des zusätzlichen Gutes immer kleiner werden, d.h. ΔX geht gegen Null, dann wird aus dem Differenzenquotienten $\frac{\Delta Y}{\Delta X}$ der Differentialquotient dY/dX. Dieser Differentialquotient wird nun *Grenzrate der Substitution* genannt und entspricht der *Steigung* der Indifferenzkurve *im* jeweiligen Punkt.

Die Grenzrate der Substitution besagt, wieviele Einheiten von Gut Y der Haushalt aufzugeben bereit ist, wenn er eine marginale Einheit von Gut X dazuerhält, wobei sein Nutzenniveau von dieser Transaktion unberührt, also konstant bleibt. Die Grenzrate der Substitution ist negativ, weil einem Plus, die zusätzliche marginale Einheit von X, ein Minus, die Anzahl der Y, die der Haushalt dafür aufzugeben bereit ist, gegenübersteht. Plus und Minus zusammen ergeben immer ein Minus. (Die Steigung der Indifferenzkurve ist ja auch negativ!)

Wir schreiben also:

$$GRS = -\frac{dY}{dX}$$

Formal können wir die Grenzrate der Substitution auch ableiten, indem wir das *totale Differential* der Nutzenfunktion bilden. Unsere Nutzenfunktion hat hier zwei Argumente, nämlich die Mengen der beiden Güter X und Y, also

$$N = N(X,Y)$$

Das totale Differential hievon ist:

$$dN = \frac{\partial N}{\partial X}dX + \frac{\partial N}{\partial Y}dY$$

Und da die Nutzenänderung auf einer Indifferenzkurve *ex definitione* Null ist, muß das totale Differential ebenfalls Null sein, also:

$$dN = \frac{\partial N}{\partial X}dX + \frac{\partial N}{\partial Y}dY = 0$$

Da

$$\frac{\partial N}{\partial X} = GN_X \quad \text{und} \quad \frac{\partial N}{\partial Y} = GN_Y$$

ergibt sich nach Umformung:

$$GN_X dX = -GN_Y dY \quad \text{bzw.} \quad -\frac{dY}{dX} = \frac{GN_X}{GN_Y}$$

4.4.4.2.2 Die Logik der Indifferenzkurven

Wir wollen uns nun kurz näher anschauen, wie sich die Bedingungen bzw. die Logik der Präferenzordnung des Haushalts in der Indifferenzkurvenanalyse niederschlagen. Dabei können wir die oben angeführten Annahmen kurz rekapitulieren:

1. Reihung *aller* Güterbündel
   (*Vollständigkeit der Präferenzordnung*)

   Diese Bedingung forderte, daß der Haushalt für *alle* Güterbündel eine Reihung im Sinne von 'besser', 'gleich gut' oder 'schlechter' angeben kann (siehe dazu Abbildung 4.6a).

   Bezogen auf die Indifferenzkurvenanalyse bedeutet das, daß jeder Punkt des x-y-Diagramms auf einer Indifferenzkurve liegen muß.

2. Widerspruchsfreie Reihung der Güterbündel
(*Konsistenz der Präferenzordnung*)

Neben der doch als leicht erfüllbar anzusehenden Bedingung, daß wir zwei *beliebige* Güterbündel zueinander stets in Beziehung setzen können, also sagen können, ob wir das eine dem anderen vorziehen oder umgekehrt oder ob wir zwischen ihnen indifferent sind, muß – wie erwähnt – noch eine zweite wichtige Bedingung für die Haltbarkeit der ordinalen Präferenzordnung erfüllt sein, nämlich die Bedingung der *Transitivität*. Diese besagt, daß wir uns bei der Reihung der einzelnen Güterbündel *konsistent* verhalten müssen.

Als Folge dieser Annahme können Indifferenzkurven einander *nicht schneiden*. Eine Inkonsistenz würde im Fall der in Abbildung 4.6b dargestellten Situation vorliegen. Die Indifferenzkurven I_0 und I_1 reflektieren definitionsgemäß *unterschiedliche Nutzenniveaus*. Das durch den Punkt A bezeichnete Güterbündel ist, weil es auf derselben Indifferenzkurve I_0 wie Güterbündel B liegt, mit demselben Nutzenniveau wie B verbunden, der Haushalt bewertet also A und B gleich gut. Er ist beiden Güterbündeln gegenüber ja völlig indifferent (*Indifferenzkurve*)! Güterbündel A liegt jedoch auch auf der Indifferenzkurve I_1, weshalb der Haushalt auch zwischen den Güterbündeln A und C indifferent ist. Güterbündel C enthält jedoch von beiden Gütern X und Y mehr, ist deshalb – mehr ist *besser* als weniger! – jedenfalls besser als Güterbundel B. Damit ist die Transitivitätsbedingung verletzt.

Wir sehen also, daß sich die Bedingung der Transitivität der Präferenzordnung geometrisch darin ausdrückt, daß die Indifferenzkurven einander nicht schneiden können.

3. Mehr ist immer besser als weniger (*Nichtsättigung*)[5]

Diese Annahme hat in bezug auf die geometrische Darstellung zur Folge, daß die Indifferenzkurven stets einen *fallenden Ver-*

---

[5] Sollten Sie dabei mit dem Sparen Schwierigkeiten haben, also meinen, daß die empirisch beobachtbare Tatsache des Sparens diese Annahme der Nichtsättigung des Haushalts auf das Augenscheinlichste widerlege, dann interpretieren Sie 'Sparen' ganz einfach als ein Gut, nämlich 'zukünftigen Konsum' und schon ist dieses Problem beseitigt.

lauf zeigen. Schauen Sie auf Abbildung 4.6c:

Legen wir ein 'Kreuz' durch den Punkt A, der ein Güterbündel mit einer bestimmten Menge an Film- und Bücherkonsum, repräsentiert. Für die mit 1 bezeichnete Fläche, die Grenzen (außer A selbst) eingeschlossen, gilt, daß die hier liegenden Güterkombinationen zumindest von einem Gut mehr enthalten als die Güterkombination A. Da alle Güter 'goods' sind, mehr also jedenfalls präferiert wird, kann kein zu A indifferentes Güterbündel in diesem Feld liegen. Das Umgekehrte gilt völlig analog dazu im Feld 3, wiederum einschließlich der Grenzen (außer A selbst): Da alle Güterkombinationen zumindest von einem Gut weniger enthalten, sind sie schlechter als Güterkombination A. Deshalb können keine zu A indifferenten Güterbündel in Feld 1 und 3 liegen!

Hätte eine Indifferenzkurve hingegen tatsächlich einen positiven Anstieg, dann hieße dies, daß – den entsprechenden Gutsbegriff vorausgesetzt – der Haushalt zwischen Güterbündeln indifferent ist, die von beiden Gütern mehr enthalten!! Wie können wir aber ein Güterbündel mit einem anderen als gleichwertig ansehen, das von beiden Gütern mehr enthält? Dies wäre nur dann möglich, wenn bei einem Gut bereits die Sättigungsmenge erreicht und der Grenznutzen zusätzlicher Einheiten negativ wäre. Gerade dies ist aber durch die Annahme der Nichtsättigung ausgeschlossen.

Als Folge der Nicht-Sättigungsbedingung müssen die Indifferenzkurven daher negativen Anstieg haben.

4. Vorliebe für diversifizierten Konsum
   (*Konvexität der Präferenzen*)

Diese Annahme bestimmt den zum Koordinatenursprung hin *strikt konvexen* Verlauf der Indifferenzkurven. Wir haben als (Grenz-)Rate der Substitution: $(G)RS = \frac{\Delta Y}{\Delta X}$ jene (innere) Austauschrate abgeleitet, die angibt, in welcher Relation ein Haushalt *bereit* ist, eine kleine Menge des Gutes Y gegen eine kleine Menge des Gutes X auszutauschen, *ohne* daß sich dabei das Nutzenniveau des Haushalts verändern würde. Die Grenzrate der Substitution, von der Überlegung her völlig analog zur

4. Haushalt und Nachfrage

Grenzrate der Transformation, gibt also an, wieviele Einheiten des Gutes Y der Haushalt *bereit* ist, für den Erhalt *einer* Einheit des Gutes X aufzugeben, wenn der Gesamtnutzen des Haushalts dabei *unverändert* bleibt.

Abb. 4.6: Die Eigenschaften der Präferenzordnung bestimmen die Indifferenzenkurvendarstellung

Abb. 4.6a: Annahme der Vollständigkeit der Reihung

Abb. 4.6c: Annahme der Nichtsättigung

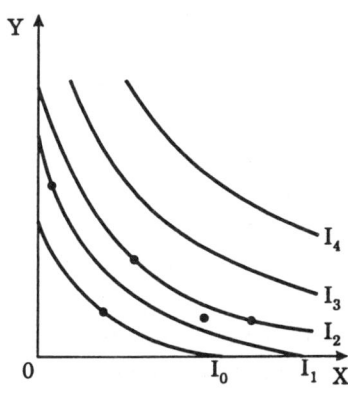

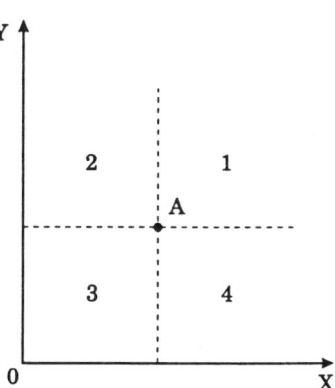

Abb. 4.6b: Annahme der konsistenten Reihung der Güterbündel

Abb. 4.6d: Annahme der Konvexität der Präferenzen

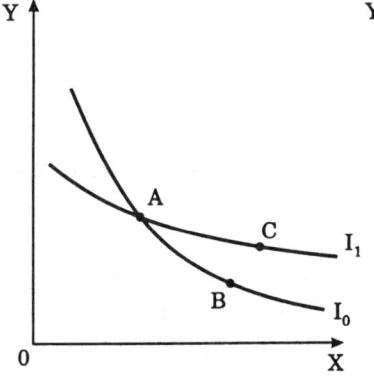

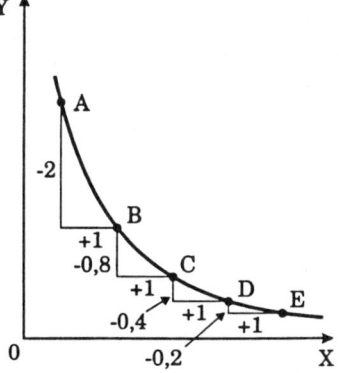

Die Annahme der Konvexität der Präferenzen bedeutet also in der Indifferenzkurvenanalyse, daß die Grenzrate der Substitution bei fortgesetzter Substitution von Y durch X (absolut) fällt, demnach die Indifferenzkurve immer flacher wird oder, anders ausgedrückt, einen von unten strikt konvexen Verlauf zeigt.

Da Konvexität der Präferenzen eine Vorliebe für diversifizierten Konsum bedeutet, stimmt der Haushalt einer fortgesetzten Substitution des Gutes Y durch das Gut X nur dann zu, wenn er (bei Konstanz des Nutzenniveaus) für ein zusätzliches X immer weniger von Gut Y aufzugeben braucht. Das aber entspricht nun gerade einer fallenden Grenzrate der Substitution. Vereinfacht gesagt, kommt dadurch zum Ausdruck, daß man, je mehr man von einem Gut hat, zusätzliche Einheiten davon immer geringer einschätzt. In Abbildung 4.6d und 4.5 ist dieser Prozeß dargestellt. Prüfen Sie auch dort nach, daß der Haushalt bei fortgesetzter Substitution des Gutes Y durch das Gut X *immer weniger* von Gut Y aufzugeben bereit ist.

Tabelle 4.3 faßt die 'Transposition' der Annahmen der Präferenzordnung in die Indifferenzkurvendarstellung zusammen:[6]

Tabelle 4.3: Bedingungen der ordinalen Nutzenkonzeption

Bedingungen der Präferenzordnung bzw. empirisches Gesetz	→	Niederschlag in der Indifferenzkurvendarstellung
Vollständigkeit (jed. Güterbündel)	→	*jeder* Punkt liegt auf einer IK
Transitivität	→	IKn können sich *nicht schneiden*
Nicht-Sättigung	→	*negativer* Anstieg der IKn
Konvexität der Präferenzen	→	*strikt konvexer* Verlauf der IKn

Wie nun die Annahme der Konvexität der Präferenzen und ihr geometrisches Pendant, die fallende Grenzrate der Substitution gezeigt hat, geht freilich auch die ordinale Nutzenkonzeption davon aus, daß mit dem Konsum zusätzlicher Einheiten eines Gutes der damit verbundene Zugewinn bzw. Wert immer geringer wird. Was

---

[6] In Tabelle 4.3 wird 'Indifferenzkurve' mit IK abgekürzt.

aber die ordinale Nutzenkonzeption grundlegend von der kardinalen unterscheidet, ist, daß sie diesen Wert nicht mit bestimmten 'Nutzeneinheiten' mißt, sondern durch die Anzahl der Einheiten anderer Güter, die dafür aufgegeben werden müssen. Damit werden verschiedene Güter *direkt* miteinander verglichen!

4.4.4.3 Die geometrische Darstellung des Haushaltsoptimums

Wir können nun, da wir die Budgetbeschränkung *und* die Nutzenvorstellungen des Haushalts in eine graphische Form 'übersetzt' haben, unser Haushaltsoptimum auch geometrisch ganz einfach dadurch bestimmen, daß wir beide Konzepte in eine Graphik zusammenlegen. Dies ist in Abbildung 4.7 der Fall. Die immer noch aktuelle Frage ist:

Welches ist – unter den gegebenen Umständen, also gegebenen Preisen der Güter, gegebenem Einkommen und gegebenen Präferenzen des Haushalts – das optimale Güterbündel?

Abb. 4.7: Das Haushaltsoptimum

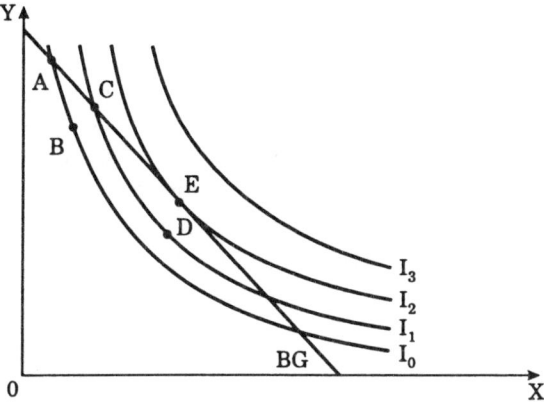

Da der Haushalt nach der Maximierung seines Nutzens strebt, bedeutet dies in der graphischen Darstellung seiner Entscheidungssituation den Versuch, eine möglichst weit vom Ursprung entfernte Indifferenzkurve zu erreichen. Denn wir wissen: Je weiter eine Indifferenzkurve vom Ursprung entfernt ist, desto höher das Nutzenniveau. Eine solche wäre – wie in Abbildung 4.7 eingezeichnet – beispielsweise

Indifferenzkurve I_3. Unglücklicherweise sind die Güterbündel dieser Indifferenzkurve für unseren Haushalt mit dem durch die Budgetgerade BG beschriebenen finanziellen Möglichkeiten nicht erreichbar. Er muß sich nach der Decke strecken und kann ausschließlich solche Güterbündel wählen, die auch auf seiner Budgetgeraden liegen. Ein solches erreichbares Güterbündel wäre Güterbündel A auf der Indifferenzkurve I_0.

Ist aber A die optimale Lösung? Nein, das ist sie keineswegs! Wir können das so nachvollziehen: Gehen wir von A auf der Indifferenzkurve I_0 nach Punkt B, eine Güterkombination, der der Haushalt 'an sich' völlig indifferent gegenübersteht, die ihm aber weniger kostet, dann 'sehen wir von B aus' den Punkt C. Weil dieser Punkt rechts oberhalb von Punkt B liegt, repräsentiert er ein Güterbündel, das von *beiden* Gütern mehr enthält, das unser Haushalt also jedenfalls den Güterbündeln A und B vorzieht! Er wird daher zu Bündel C wechseln, das auf einer höheren Indifferenzkurve (I_1) liegt und das er sich auch leisten kann. Durch diese Transaktion kann sich also der Haushalt verbessern. Ist aber nun das durch den Punkt C repräsentierte Güterbündel das Beste, was der Haushalt erreichen kann? Wieder ist die Antwort nein! Versuchen Sie mit genau derselben Argumentation wie vorhin nachzuweisen, warum der Punkt E auf der Indifferenzkurve I_2 den beiden indifferenten Punkten C und D mit Sicherheit vorgezogen wird.

Erst im Punkt E ist also eine Situation erreicht, in der sich der Haushalt durch den Aus*tausch* der beiden Güter nicht mehr verbessern kann. Das durch den Punkt E bezeichnete Güterbündel ist damit das *optimale*, das beste, was der Haushalt mit dem durch die Budgetline BG gegebenen Mitteln erreichen kann, I_2 damit die höchstmögliche Indifferenzkurve. Und wir sehen: Im Punkte E ist die Budgetgerade BG eine *Tangente* zur höchsten, gerade noch erreichbaren Indifferenzkurve I_2, damit sind aber im Punkt E die Steigungen der Indifferenzkurve I_2 und der Budgetgeraden BG ident!

Im Haushaltsoptimum entspricht die Grenzrate der Substitution, das innere Tauschverhältnis, zu dem der Haushalt bereit ist, die Güter gegeneinander auszutauschen, dem von außen, durch die relativen Preise der beiden Güter vorgegebenen Tauschverhältnis. Der seinen Nutzen maximierende Haushalt wird sich damit so lange angepassen, bis seine innere Tauschrate, seine Grenzrate der Substitution, der

4. Haushalt und Nachfrage

äußeren *Tauschrate, dem Preisverhältnis, entspricht.*

Diese Bedingung für das Haushaltsoptimum läßt sich damit formal somit wie folgt anschreiben:

$$-\frac{dY}{dX} = \frac{P_X}{P_Y}$$

Während diese Bedingung 'lediglich' die richtige Steigung der Indifferenzkurve festlegt, ist dadurch noch nicht sichergestellt, daß dieser Punkt auch auf der *höchsten, mit dem gegebenen Haushaltsbudget gerade noch erreichbaren Indifferenzkurve* liegt. Dies ist nur dann der Fall, wenn zusätzlich gilt:

$$P_X X + P_Y Y = EK$$

also das gesamte Haushaltseinkommen verausgabt wurde.

Weil die Grenzrate der Substitution – wie oben abgeleitet – dem umgekehrten Verhältnis der Grenznutzen beider Güter entspricht, können wir schreiben:

$$-\frac{dY}{dX} = \frac{GN_X}{GN_Y} = \frac{P_X}{P_Y}$$

und haben damit dasselbe Resultat erhalten wie durch die 'Zauberformel' im kardinalen Nutzenkonzept! Allerdings ohne uns jemals auf die Schwierigkeiten eingelassen zu haben, die uns bei der kardinalen Nutzentheorie im Zusammenhang mit der Messung des Nutzens begegnen!

4.4.5 'Was soll's?'

könnten Sie jetzt sagen. Wozu der ganze Aufwand, wenn man ohnedies wußte, daß dasselbe herauskommt? Nun, zunächst müssen wir auf die dem ordinalen Nutzenkonzept zugrundeliegenden Annahmen verweisen. Gehen Sie diese selbst noch einmal durch und vergewissern Sie sich, daß diese auch für den Durchschnittskonsumenten 'Otto Normalverbraucher' in der Regel wohl als gewährleistet angesehen werden können. Das ist das eine.

Das zweite ist die Interpretation dieses Ergebnisses: Wir sind damit zu einer doch interessanten Erkenntnis vorgedrungen, zur

Klärung der Begriffe: *'Wert'* und *'Preis'* bzw. dem Verhältnis, das zwischen diesen Größen besteht.

Wir können also wie folgt formulieren:

- Der *Wert* – eine strikt *subjektive Größe* – eines Gutes ist das, was wir dafür *maximal aufzugeben bereit sind*. Zwei Güter haben für uns dann genau *denselben* Wert, wenn das, was wir für den Erwerb des einen Gutes aufgeben, *genauso gut* ist wie das Gut, das wir dafür erwerben. (Schauen Sie auf die Abbildung 4.5: Die Menge ΔX ist dem Haushalt gerade die Menge ΔY wert! Er bleibt daher auf derselben Indifferenzkurve, wenn er diese Mengen gegeneinander austauscht.)

- Dieser *Wert* eines Gutes ist nun keineswegs eine konstante Größe. Er hängt nicht nur von unseren Präferenzen ab, sondern auch davon, *wieviel* wir davon bereits besitzen. Je knapper also das Gut Y wird, desto wertvoller wird es für den Haushalt. Immer weniger Einheiten von Y ist er bereit, für eine zusätzliche Einheit X einzutauschen: Die Grenzrate der Substitution fällt, die Indifferenzkurve wird immer flacher!

- Der *Preis* eines Gutes ist demgegenüber das, was wir statt dessen *aufgeben müssen,* um es zu erhalten. Er ist in aller Regel dem Haushalt von *außen* unveränderlich vorgegeben.

- Schließlich kaufen wir etwas

    - entweder dann, wenn es uns *mehr wert* ist, als es uns kostet,
    - oder wir hören spätestens dann auf, etwas zu kaufen, also eine zusätzliche Einheit eines Gutes gegen andere *einzutauschen,* wenn der *Wert* der letzten Einheit dieses Gutes, dem *Wert* der dafür aufgegebenen Einheiten, d.i. regelmäßig dem Preis (der Geldbetrag, der nicht mehr für andere Güter ausgegeben werden kann), gerade noch entspricht.

Damit haben wir eine eindrucksvolle Präzisierung der hier dem individuellen Verhalten unterstellten Handlungsmaxime 'Setze eine Handlung, wenn das Plus das Minus übersteigt' gefunden.

Und schließlich sind wir mit dieser Analyse unserem Ziel, der Ableitung der Nachfragekurve, entscheidend näher gekommen.

4.5 Begriffe und Konzepte 3: Vom Haushaltsoptimum zur Haushaltsnachfrage

4.5.1 Die Ableitung der Haushaltsnachfrage

Nachdem wir nun das Haushaltsoptimum im ordinalen Nutzenkonzept und damit die optimale *nachgefragte Menge* des Haushalts *ceteris paribus*, d.h. bei gegebenen Preisen der Güter, gegebenem Einkommen und gegebenen Präferenzen der Haushalte, abgeleitet haben, können wir nun einer uns sehr interessierenden Frage nachgehen. Diese Frage lautet:

Was passiert, wenn sich der Preis eines Gutes ändert? Wie reagiert der Haushalt auf eine Preisänderung eines Gutes mit der nachgefragten Menge ceteris paribus?

Abb. 4.8: Ableitung der Nachfragekurve aus den Haushaltsoptima zu unterschiedlichen Marktpreisen

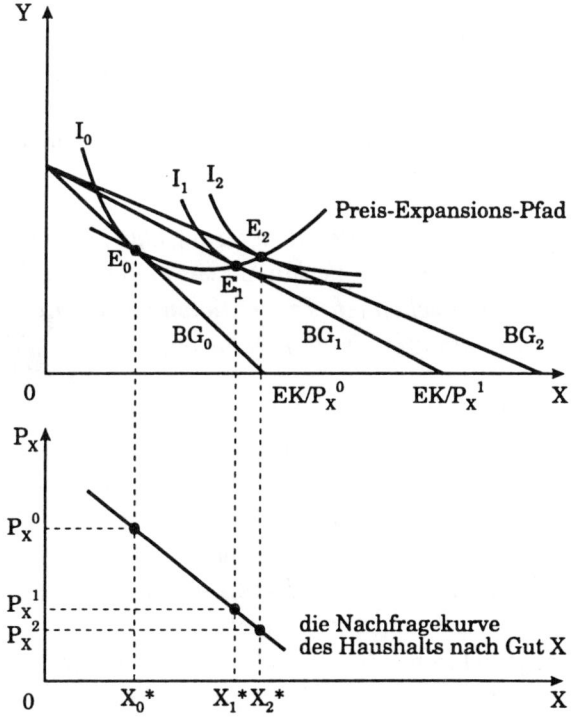

Das wollen wir uns nun wieder anhand einer Abbildung näher ansehen: Der obere Teil von Abbildung 4.8 zeigt mehrere Haushaltsoptima: das anfängliche Haushaltsoptimum zum Preis des Gutes X von P_X^0, ein zweites zu einem neuen, nunmehr gesunkenen Preis des Gutes X von P_X^1 ($P_X^1 < P_X^0$), schließlich ein drittes Haushaltsoptimum zum Preis von P_X^2 ($P_X^2 < P_X^1$). Diese Preissenkung des Gutes X von P_X^0 auf P_X^1 und P_X^2 drückt sich in einer *Drehung der Budgetgeraden nach außen* aus: Fällt der Preis des Gutes X wie hier, dann erhöht sich der Bruch $\frac{EK}{P_X}$, und damit wird der Abszissenabschnitt größer (während der Ordinatenabschnitt $\frac{EK}{P_Y}$ unverändert bleibt). Die Budgetgerade BG_0 bezeichnet die Situation des Haushalts zum anfänglich höheren Preis P_X^0, die neuen, nach außen gedrehten Budgetgeraden BG_1 und BG_2 die Konsummöglichkeiten, *nachdem* der Preis des Gutes X von P_X^0 auf P_X^1 bzw. P_X^2 gefallen ist. Die Tangentialpunkte E_0, E_1 und E_2 markieren das Ausgangs- und die neuen Haushaltsoptima. Mit den neuen Budgetgeraden kann der Haushalt jeweils höhere Indifferenzkurven erreichen. (Die Tangentialpunkte E_1 bzw. E_2 liegen jeweils auf weiter vom Ursprung entfernten Indifferenzkurven I_1 bzw. I_2!) Der Haushalt hat damit von der Preissenkung profitiert und jeweils ein *höheres Nutzenniveau* erreicht. Damit zeigt Abbildung 4.8 die Reaktion des Haushalts auf eine Preissenkung des Gutes X. Und wir sehen:

Fällt der Preis von Gut X, so dehnt der Haushalt seine nachgefragte Menge nach diesem Gut aus. Verbinden wir die entsprechenden Haushaltsoptima (die entsprechenden Tangentialpunkte), dann erhalten wir dadurch den sogenannten Preis-Expansions- Pfad.

Dieser ist im oberen Teil der Abbildung 4.8 eingezeichnet. Im unteren Teil der Abbildung 4.8 wird nun auf der Ordinate der Preis des Gutes X, auf der Abszisse die Menge des Gutes X abgetragen. Ziehen wir je eine horizontale Linie auf Höhe der Preise P_X^0, P_X^1 und P_X^2 und ordnen wir diesen die durch eben diese Preise bestimmten optimalen nachgefragten Mengen zu (Vertikale durch das jeweilige Haushaltsoptimum nach unten), dann erhalten wir in den Schnittpunkten der zugehörigen Linien *drei* Punkte der *Nachfragekurve des Gutes X*, und, indem wir diese verbinden bzw. ergänzen, die *Nachfragekurve des Haushalts nach dem Gut X* selbst.

Und wiederum sind wir zum selben Ergebnis wie in der kardinalen

4. Haushalt und Nachfrage

Nutzentheorie gelangt: zum *fundamentalen Gesetz der Nachfrage*:

Wie die Nachfragekurve zeigt, geht die nachgefragte Menge eines Gutes mit steigendem Preis zurück und umgekehrt.

Warum dies so ist, wollen wir jetzt genauer erklären.

4.5.2 Einkommens- und Substitutionseffekt

Was ist eigentlich passiert? Preis P_X ist gefallen, die Anpassung des Haushalts an die neuen Gegebenheiten zeigt, daß er mehr von diesem Gut nachfragt. Infolge der Preissenkung weitet der Haushalt also die nachgefragte Menge aus! Wir haben hier im wesentlichen bloß einen Vergleich zweier Haushaltsoptima dargestellt, wir haben aber *nicht* erklärt, *warum* der Haushalt bei einer Senkung des Preises eines Gutes die nachgefragte Menge ausdehnt. Wir wollen nun eine Erklärung dieser Vorfälle liefern.

Schauen wir dazu in Abbildung 4.9, in der wir dieselbe Situation wie vorhin in Abbildung 4.8 vorfinden. Wiederholen wir kurz, was vorgefallen ist:

Abb. 4.9: Einkommens- und Substitutionseffekt

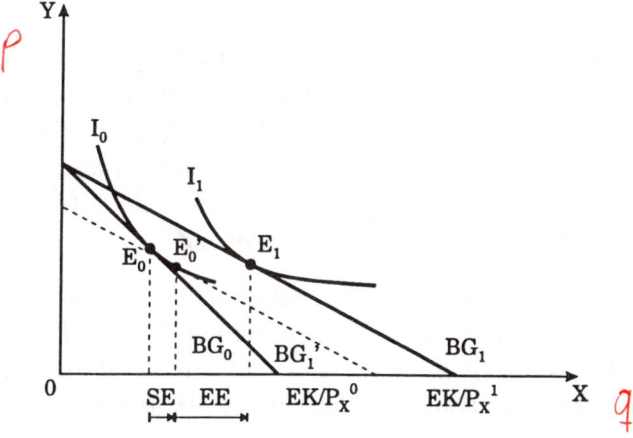

Eine Senkung des Preises von Gut X bedeutet in unserer Indifferenzkurvendarstellung eine *Veränderung der relativen Preise*, damit eine Änderung der *Steigung* der Budgetgeraden. Hier dreht sich die Budgetgerade um den fixen Ordinatenabschnitt nach außen. Damit kann der Haushalt eine höhere Indifferenzkurve, also ein höheres Nutzenniveau erreichen. In Abbildung 4.9 ist dies durch den Punkt E_1, den Tangentialpunkt der neuen Budgetgeraden mit der unter den neuen Gegebenheiten höchstmöglichen Indifferenzkurve dargestellt. So weit, so gut!

Die Bewegung vom Ausgangsgleichgewicht, dem Punkt E_0 zum Punkt E_1 können wir nun in *zwei* Komponenten aufgliedern, in einen sogenannten *Substitutions-* und einen *Einkommenseffekt*.

Der Substitutionseffekt zeigt auf, wie der Haushalt allein auf eine Änderung der relativen Preise reagiert. Sein Realeinkommen bleibt dabei unverändert, konstant.

Unter einem konstanten Realeinkommen verstehen wir eine Situation, in der sich die Wohlfahrt des Haushalts nicht ändert: Sein Nutzenniveau bleibt also gleich, d.h. in der graphischen Analyse: Er bleibt auf *derselben* Indifferenzkurve![7] Die Konstanz des Realeinkommens kommt also in Abbildung 4.9 dadurch zum Ausdruck, daß der Haushalt auf seiner ursprüngliche Indifferenzkurve I_0 verbleibt. *Geändert* hat sich jedoch durch den Fall des Preises P_X das *Preisverhältnis* $\frac{P_X}{P_Y}$. Um nun den Effekt der Änderung der relativen Preise auf das Haushaltsoptimum zu isolieren, suchen wir nach einer zur neuen Budgetgeraden BG_1 (deren Steigung durch das neue Preisverhältnis gegeben ist) *parallelen* Geraden, die die alte Indifferenzkurve I_0 gerade tangiert. Das ist die 'Budgetgerade' BG_1'. Diese tangiert im Punkt E_0' die alte Indifferenzkurve I_0.

Die Bewegung auf der alten Indifferenzkurve (konstantes Realeinkommen!) vom ursprünglichen Haushaltsoptimum E_0 zum Punkt E_0' ist nun der Substitutionseffekt (SE)! Er zeigt, wie der Haushalt bei Konstanz seines realen Einkommens auf eine Änderung der relativen Preise reagiert.

Und es zeigt sich:

---

[7] *Konstantes Realeinkommen* kann auf mehrere Arten definiert werden. Hier verstehen wir darunter ein konstantes Nutzenniveau.

4. Haushalt und Nachfrage

Der Substitutionseffekt ist immer negativ, d.h. der Preisänderung entgegengesetzt.

Steigt also der Preis eines Gutes, so wird *weniger* davon nachgefragt – das Gut wird teilweise durch andere, jetzt relativ günstigere Güter *substituiert*. Fällt der Preis eines Gutes hingegen, so *steigt* die nachgefragte Menge nach diesem Gut, weil es nunmehr relativ zu anderen Gütern, deren Preis konstant geblieben ist, günstiger geworden ist und andere, nunmehr relativ teurer gewordene Güter damit ersetzt (*substituiert*) werden können. Genau das zeigt in Abbildung 4.9 die Bewegung von E_0 zu E_0': die nachgefragte Menge von Gut X steigt infolge der *Preissenkung* dieses Gutes ceteris paribus (insbesondere bei Konstanz des Realeinkommens).

Damit haben wir *eine* bedeutende Antwort auf die Frage gefunden, warum die nachgefragte Menge eines Gutes steigt, wenn der Preis dieses Gutes sinkt. Eine *zweite*, doch weniger eindeutige Antwort auf diese Frage liefert der zweite Teil des Preisänderungseffektes, der *Einkommenseffekt* (EE). Betrachten wir wiederum Abbildung 4.9: Der *Einkommenseffekt* besteht in der Bewegung von Punkt E_0' zu Punkt E_1.

Er besteht in der Reaktion des Haushalts auf Veränderungen seines Realeinkommens – deshalb Einkommenseffekt! –, nunmehr aber bei konstantem Preisverhältnis.

Wie Sie in Abbildung 4.9 deutlich sehen können, ist der Unterschied zwischen den Punkten E_0' und E_1 nicht durch ein unterschiedliches Preisverhältnis (Anstieg der Indifferenzkurve und der Budgetgeraden in diesem Punkt) charakterisiert, sondern durch ein unterschiedliches Realeinkommen. Dieser Einkommenseffekt, eine Erhöhung des Realeinkommens des Haushaltes – die 'Budgetgerade' BG_1' verschiebt sich nach außen – hat nun ebenfalls Auswirkungen auf die Güternachfrage des Haushalts, im besonderen nach dem Gut, dessen Preis gefallen ist (Dieser Preisverfall ist ja der Auslöser der Substitutions- und des Einkommenseffektes!).

Allerdings ist die Auswirkung im Gegensatz zum Substitutionseffekt, der ja immer negativ ist, beim Einkommenseffekt grundsätzlich unbestimmt.

Der Einkommenseffekt hat also *keine* a-priori feststehende Richtung, d.h. 'bloß' aufgrund der Veränderung des Realeinkommens des Haushalts ist *keine* sichere Aussage darüber zu treffen, wie sich die nachgefragte Menge nach dem Gut, dessen Preis gesunken ist, ändern wird.[8] In unserer Darstellung in Abbildung 4.9 ist der Einkommenseffekt positiv, d.h. aufgrund der *Erhöhung des Realeinkommens* wird mehr nach dem Gut X nachgefragt.

Damit hätten wir eine *zweite* Antwort auf die Frage gefunden, warum die nachgefragte Menge eines Gutes bei fallendem Preis steigt: Sie steigt deshalb, weil durch den fallenden Preis das *Realeinkommen (Einkommenseffekt!)* des Haushalts steigt. Er ist jetzt 'reicher' und kann sich daher mehr leisten!

Allerdings ist, wie wir kurz erwähnt haben, die *Richtung* des Einkommenseffektes grundsätzlich unbestimmt. D.h. es *muß* nicht immer so sein, wie oben (in Abbildung 4.9) dargestellt, daß 'bloß' aufgrund einer Einkommenssteigerung die Nachfrage nach einem Gut steigt. Welche Möglichkeiten der Reaktion beim Einkommenseffekt denkbar sind, wollen wir uns nun kurz näher anschauen.

4.5.3 Inferior oder Superior? Das ist hier die Frage! Die Einkommenselastizität

Wir wollen nun analysieren, wie sich die Nachfrage nach einem Gut verändert, wenn das Haushaltseinkommen und damit das Konsumbudget des Haushalts *ceteris paribus* steigt. Bei sonst gleichbleibenden Verhältnissen, also bei unveränderten relativen Preisen, verschiebt eine Erhöhung der Konsumsumme die Budgetgerade parallel nach rechts. Damit kann eine höhere Indifferenzkurve erreicht, also ein höheres Nutzenniveau realisiert werden. Führen wir mehrere Einkommenserhöhungen nacheinander durch, verschieben wir also die Budgetgerade sukzessive nach außen und verbinden wir die jeweiligen Haushaltsoptima (Tangentialpunkte), so erhalten wir als Verbindungslinie all dieser Punkte den sogenannten *Einkommens-Expansions-Pfad*. Dies ist in Abbildung 4.10a dargestellt.

Tragen wir in einem neuen Koordinatensystem (Abbildung 4.10b)

---

[8] Allerdings kann man aufgrund der Annahme der Nicht-Sättigung sicher sein, daß jeweils das gesamte Einkommen ausgegeben wird, und daher 'im Durchschnitt' der betroffenden Güter eine höheres Einkommen zu einer höheren Nachfrage führen wird.

4. Haushalt und Nachfrage

nun das Einkommen auf der Abszisse, die in Abhängigkeit vom Einkommen nachgefragte optimale Menge nach Gut X auf der Ordinate ab, so erhalten wir die sogenannte *Engelkurve*.[9]

Die Engelkurve zeigt die Veränderung der (optimalen) nachgefragten Menge eines Gutes infolge einer Änderung des Haushaltseinkommens.

Abb. 4.10: Einkommensexpansionspfad und Engelkurven

Abb. 4.10a: zwei unterschiedliche Einkommensexpansionspfade

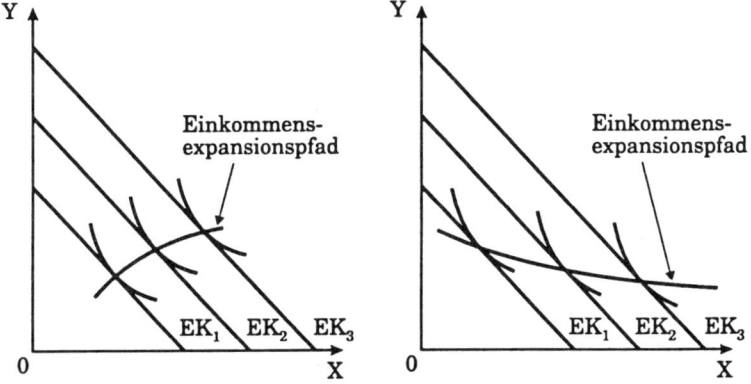

Abb. 4.10b: zwei unterschiedliche Engelkurven

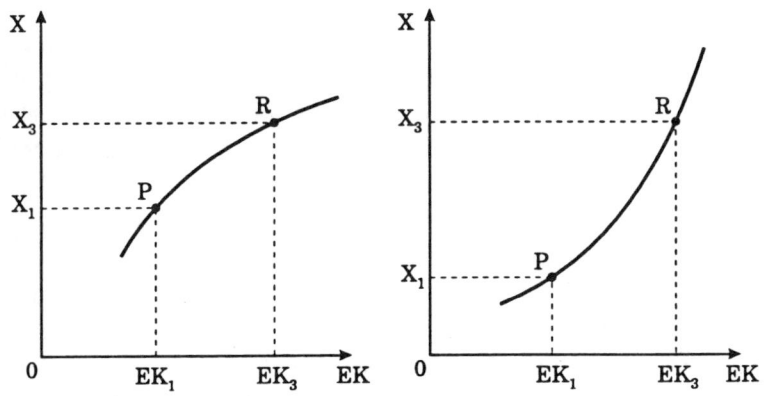

---

[9] Die Bezeichnung *Engel*kurve ist freilich nicht ganz korrekt. Denn der deutsche Statistiker *Ernst Engel* hat im 19. Jahrhundert erstmals den genauen Zusammenhang zwischen steigendem Haushaltseinkommen und den *Ausgaben* für Grundnahrungsmittel (und nicht wie hier den *Mengen*) erhoben.

Wir können hier *drei* Möglichkeiten unterscheiden:

- Die Nachfrage nach dem Gut *bleibt gleich*, ist also vom Einkommen unabhängig. Ihre Nachfrage nach Salz wird sich kaum mit steigendem Einkommen erhöhen, ebensowenig jene nach Klebstoffen, Toilettenpapier und Schuhpaste. Der Einkommenseffekt ist damit bei diesen Gütern Null, die Güter *einkommensneutral*.

- Die Nachfrage nach einem Gut *nimmt* infolge der Einkommenserhöhung *zu*. In diesem Fall handelt es sich um *normale* Güter, normal deshalb, weil wir einen solchen Zusammenhang *normalerweise* annehmen würden. Wir können nach der Intensität der Zunahme der Nachfrage aufgrund einer Einkommenserhöhung von den normalen Gütern noch die *superioren* oder Luxusgüter unterscheiden. Steigt bei normalen Gütern die Nachfrage infolge einer Einkommenserhöhung *unterproportional*, wie das in Abbildung 10b links dargestellt ist, so steigt sie bei superioren Gütern *überproportional* (Abbildung 10b rechts). Beispiel für solche Luxusgüter sind viele (Hochglanz-)Zeitschriften und Journale, teurere und komfortablere Autos, aber auch Reisen und Restaurantbesuche, Bildungs- und Kulturgüter. Eben all jene Güter, die mit steigendem Wohlstandsniveau eine deutlich verstärkte Nachfrage erleben.[10]

- Schließlich gibt es aber auch eine Vielzahl von Gütern, deren Nachfrage mit steigendem Haushaltseinkommen *zurückgeht*. Solche Güter nennt man *inferiore* Güter. Paradebeispiel dafür sind einfache Grundnahrungsmittel, aber auch öffentliche Verkehrsmittel: Je wohlhabender die Haushalte werden, desto geringer wird ihre Nachfrage nach öffentlichen Verkehrsmitteln, weil sie zunehmend auf das eigene Vehikel umsteigen. Zu den inferioren Gütern zählen auch bestimmte einfache Grundnahrungsmittel wie beispielsweise Bohnen oder Getreidesorten generell, aber auch Hamburger. Steigt das Einkommen, so steigen die Haushalte mehr und mehr auf Fleischkonsum um, was

---

[10] Auch scheint die 'Umweltqualität' ein solch superiores Gut zu sein: Je wohlhabender wir werden, d.h. in dem Maße, in dem die 'lebensnotwendigen' Güter beschafft sind, desto stärker scheint sich das Bedürfnis nach einer sauberen und intakten Umwelt zu entwickeln.

4. Haushalt und Nachfrage

eben zwangsläufig mit einem Rückgang des Getreidekonsums einhergeht.[11] Und manchmal werden sogar 'Kinder' als Beispiel für inferiore Güter angeführt.

Es ist allerdings zu beachten, daß ein und dasselbe Produkt einmal ein superiores, normales oder inferiores Gut sein kann. Denn wir wissen: Die Wertzuschreibung eines Gutes ist eine ausschließliche Angelegenheit des Haushalts: Sein Nutzen und dessen Änderung im Zeitablauf entscheidet. Damit ist nicht nur die Entwicklung des Haushaltseinkommens, sondern auch sein Niveau zu beachten. Abbildung 4.11 zeigt eine Engelkurve mit einem superioren, normalen und inferioren Bereich für ein und dasselbe Gut. Fällt Ihnen dazu ein Beispiel ein?

Abb. 4.11: Eine Engelkurve für sehr breite Einkommensintervalle

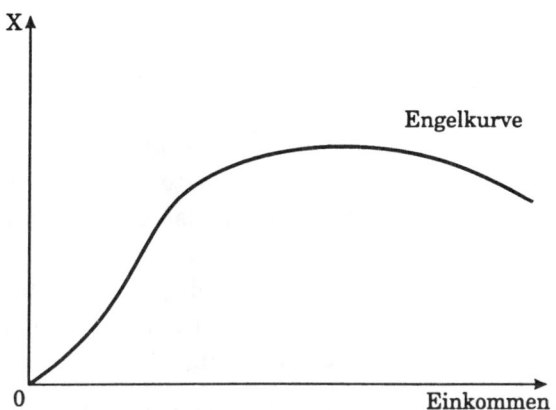

Ein solches Gut, das all diese Stadien durchläuft, wäre beispielsweise 'Schweinefleisch': Steigt das Haushaltseinkommen auf niedrigem Niveau, dann wird der Schweinefleischkonsum zunächst drastisch, d.h. überproportional, ausgedehnt. Bei weiter steigendem Einkommen wird Schweinefleisch dann zum normalen Gut, ehe der Haushalt in eine noch höher Einkommenskategorie hineinwächst, in der Schweinefleisch schließlich zum inferioren Gut wird. Jetzt wird Kalbfleisch aktuell!

Die Reaktionsmöglichkeiten der Nachfrage nach einem Gut infolge einer Änderung des Einkommens des Haushalts haben wir jetzt

---

[11] Ist dies für die Getreidebauern 'gut' oder 'schlecht'? Könnten Sie das näher ergründen?

lediglich verbal und graphisch beschrieben. In der Ökonomik suchen wir aber nach exakten Ausdrucksformen und deshalb kommt uns die Mathematik mit ihrer klaren Darstellungsweise sehr zuhilfe – sie ist sozusagen die dritte Sprache des Ökonomen![12] Weil wir sowohl die Änderung des Haushaltseinkommens als auch die dadurch bewirkte Änderung der Nachfrage nach einem Gut messen können, können wir auch beide Änderungen zueinander ins Verhältnis setzen. Damit sind wir nun bei der *Einkommenselastizität der Nachfrage* gelandet: Diese gibt nun ganz exakt an, wie stark die Nachfrage nach einem Gut auf Einkommensänderungen reagiert:

Die Einkommenselastizität der Nachfrage gibt an, um wieviel Prozent sich die Nachfrage nach einem Gut ändert, wenn sich das Einkommen des Haushalts um einen bestimmten Prozentsatz geändert hat.

Das Elastizitätskonzept ist ein besonders wichtiges Konzept der Mikroökonomik. Es begegnet uns immer wieder und daher ist es ratsam, sich einmal gründlich damit auseinanderzusetzen.

Zunächst ist zu sagen, daß die Elastizität immer die *prozentuelle* (d.i. die relative und nicht die absolute) Veränderung einer ökonomischen Größe (einer *abhängigen* Variablen) ins Verhältnis setzt zur prozentuellen (d.i. die relative und nicht die absolute) Veränderung einer anderen Größe, einer *unabhängigen* Variablen. Im Zähler des Elastizitätsterms steht also die Wirkung, im Nenner die Ursache. Allgemein kann man das so anschreiben:

$$\varepsilon = \frac{\%\text{ uelle Veränderung der abhängigen Variablen}}{\%\text{ uelle Veränderung der unabhängigen Variablen}}$$

Und gleich konkret anhand der eben definierten *Einkommenselastizität der Nachfrage*:

$$\eta = \frac{\%\text{ uelle Veränderung der nachgefragten Menge}}{\%\text{ uelle Veränderung des Haushaltseinkommens}}$$

$$\eta = \frac{\frac{\Delta Q}{Q}}{\frac{\Delta EK}{EK}} = \frac{\Delta Q}{\Delta EK} \frac{EK}{Q}$$

---

[12] Das ist auch ein wichtiger Lernhinweis: Wenn Sie in Mikro etwas nicht verstehen, probieren Sie's einfach in einer anderen Sprache: *verbal, graphisch* und *formal!* Mikro ist eben mehrsprachig!

4. Haushalt und Nachfrage

Die Einkommenselastizität sagt uns also, wie stark sich die Nachfrage nach einem Gut ändert, wenn das Einkommen des Haushalts variiert.

Mit dieser Einkommenselastizität können wir nun konkrete Zahlenwerte angeben und die folgende Klassifikation erstellen:

1. Reagiert die Nachfrage auf Einkommensänderung überhaupt nicht, dann ist die Einkommenselastizität der Nachfrage Null:

$$\eta = 0$$

   Wir nennen solche Güter *einkommensneutral*.

2. Bei *normalen* Gütern ist die Einkommenselastizität positiv, sie liegt zwischen Null und eins:

$$0 < \eta \leq 1$$

   d.h. wenn das Einkommen steigt, steigt zwar auch die Nachfrage nach einem Gut, doch *unterproportional* (bzw. bestenfalls proprotional) im Verhältnis zur Einkommenssteigerung.

3. Bei *superioren* Gütern, den *Luxusgütern*, ist die Einkommenselastizität ebenfalls positiv, sie ist aber größer als eins, d.h. die Nachfrage nach einem Gut steigt *überproportional* im Verhältnis zur Einkommenssteigerung:

$$\eta > 1$$

   So stark dieser Trend im Konjunkturaufschwung zieht, so stark fällt er den diese Güter anbietenden Unternehmungen natürlich in einer Rezessionsphase auf den Kopf! Denn wenn dann das Einkommen fällt, so fällt die Nachfrage nach Luxusgütern natürlich auch stärker als bei den 'normalen' Gütern! (Wo wird zuerst gespart?)

4. Schließlich kommt es auch vor, daß mit steigendem Einkommen die Nachfrage nach einem Gut sogar absolut zurückgeht. Hier liegt dann der Fall der schon erwähnten *inferioren Güter* vor. Die Einkommenselastizität der Nachfrage ist also negativ:

$$\eta < 0$$

Wir können das Ergebnis auch in einer Tabelle festhalten:

Tabelle 4.4: Klassifikation der Güter nach ihrer Einkommenselastizität

Güterbezeichnung	Einkommenselastizität
neutral	$\eta = 0$
normal	$0 < \eta \leq 1$
superior	$\eta > 1$
inferior	$\eta < 0$

Damit wären die möglichen Reaktionen der Nachfrage nach einem Gut infolge einer Variation des Haushaltseinkommens erschöpfend aufgezählt.

4.5.4 Der Gesamteffekt einer Preisänderung

Abschließend können wir nun den Einkommens- und den Substitutionseffekt einer Preisänderung wieder zusammenfügen und uns die möglichen Ergebnisse der Preissenkung insgesamt, den *Preiseffekt*, noch einmal in einer graphischen Darstellung näher ansehen:

Wir können folgende Fälle, die in Abbildung 4.12 dargestellt sind, unterscheiden:

- Im Falle eines *normalen* oder eines *superioren* Gutes wirkt der Einkommenseffekt in dieselbe Richtung wie der Substitutionseffekt (wie in den Abbildungen 4.9 und 4.12a). Vom Gut, dessen Preis gefallen ist, wird also mehr nachgefragt, in diesem Fall sowohl aufgrund des Substitutions- als auch des Einkommenseffektes.

- Im Falle eines *inferioren* Gutes ist zwar der Einkommenseffekt *gegen* den Substitutionseffekt gerichtet, die *Gesamtwirkung* der Preissenkung ist dennoch eine Erhöhung der nachgefragten Menge. Hier ist also ausschließlich der Substitutionseffekt für eine Erhöhung der nachgefragten Menge verantwortlich. Dargestellt ist dieser Fall in Abbildung 4.12b.

- Nun gibt es aber noch einen sehr seltenen Spezialfall zu bedenken: Ist der Einkommenseffekt bei einem Gut so stark

4. Haushalt und Nachfrage

inferior, daß er den Substitutionseffekt übertrifft, diesen also mehr als kompensiert, dann spricht man von einem *Giffen-Gut*. Während sonst bei inferioren Gütern der Einkommenseffekt den Substitutionseffekt 'bloß' abschwächt, ist er bei einem *Giffen-Gut* stärker als der Substitutionseffekt. Dieser Fall ist in Abbildung 4.12c dargestellt.

Abb. 4.12: Die unterschiedlichen Formen des Preiseffekts

a) Normales Gut   b) Inferiores Gut

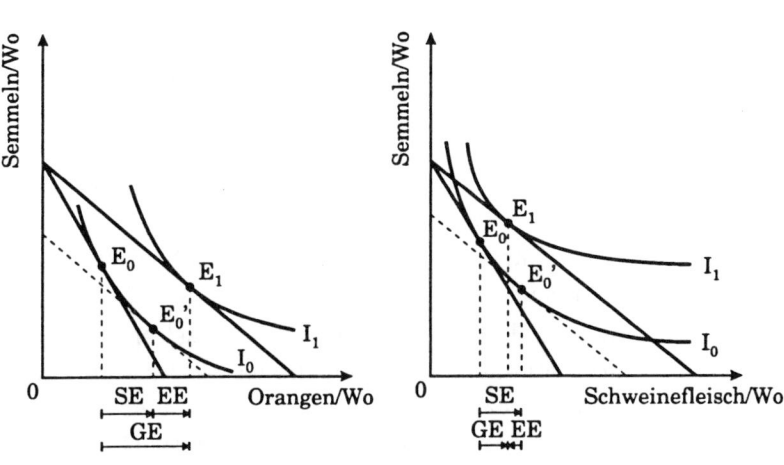

c) Giffen Gut

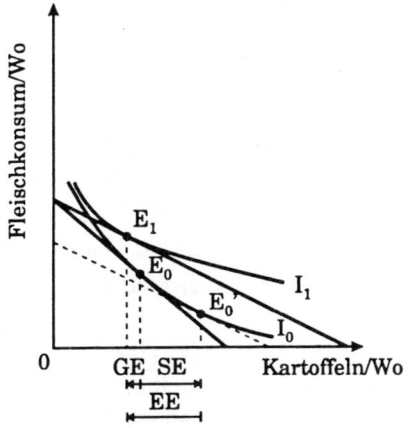

EE ... Einkommens-Effekt
SE ... Substitutions-Effekt
GE ... Gesamt-Effekt (SE und EE)

Verwechseln Sie bitte nicht inferiore Güter mit Giffen-Gütern. Für *inferiore* Güter gilt, daß davon bei *steigendem Einkommen* weniger nachgefragt, für Giffen-Gütern, daß bei *fallendem Preis* weniger nachgefragt wird. Ein Giffen-Gut muß immer ein inferiores Gut sein, aber ein inferiores Gut kein Giffen-Gut.

Für Giffen-Güter gilt, daß eine Preissenkung eine Reduktion der nachgefragten Menge bewirkt und umgekehrt, eine Preissteigerung eine Erhöhung der nachgefragten Menge. Solche Giffen-Güter sind nun äußerst selten. Um wirklich den Fall eines Giffen-Gutes vorliegen zu haben, brauchen wir regelmäßig eine zweite Annahme, nämlich, daß dieses Gut einen Großteil des Haushaltsbudgets absorbieren muß. Als beliebtes Beispiel dafür wird die Beobachtung von *Sir Giffen* angeführt: In der besonders armen Bevölkerung Irlands im 19. Jahrhundert führte ein starker Preisverfall bei Kartoffeln gerade zu diesem eigentümlichen und der einfachen Logik des Nachfragegesetzes widersprechenden Phänomen: Die Preise von Kartoffeln fielen und es wurde weniger von ihnen nachgefragt! Dieser starke Preisverfall setzte eben beachtliche Budgetmittel frei, die anderweitig – in diesem Falle beispielsweise für Fleischkonsum – ausgegeben wurden. Damit fiel die Nachfrage nach Kartoffeln!

Giffen-Güter sind nun in der Tat so selten, daß sie die 'überwältigende Dominanz' des Nachfragegesetzes, der 'normalen' also gegenläufigen Beziehung zwischen Preis und nachgefragter Menge, keineswegs in Frage stellen. Hier gilt wirklich, daß die Ausnahme die Regel bestätigt.

Positiv geneigte Nachfragekurven – die Konsequenz des Giffen-Falls – sind also die äußerst seltene Ausnahme vom Gesetz der Nachfrage. Dennoch sind sie eine hoch interessante und für findige Unternehmer besonders lukrative Ausnahme, denn: je teurer das Gut, desto größer die nachgefragte Menge, das kann nur der Traum eines Unternehmers sein. Für bestimmte, man könnte sagen: 'exzessive' Luxusgüter, kann man nun tatsächlich einen solchen 'perversen' Zusammenhang beobachten.[13] Hier tritt ein *'Snob-Effekt'*, das schon erwähnte Phänomen der *conspicuous consumption* auf. Es gibt Haushalte, die Güter nicht wegen ihres 'inneren' Wertes kaufen, sondern

---

[13] Es tritt hier der paradoxe Fall ein, daß der Preis dieser Güter zu einer ganz entscheidenden Determinante des Nutzens dieser Güter wird, d.h. der Preis geht mit positivem Vorzeichen in die Nutzenfunktion des Haushalts ein!

weil sie damit nach außen ihren Wohlstand und ihren Reichtum für alle gut erkenntlich demonstrieren können. Diamanten, Luxusuhren und teure Nobelkarossen vermitteln diesen Eindruck. Diese Güter werden also gekauft, *weil* sie teuer sind. Würden die Preise dieser Güter fallen, wäre dieser Effekt verloren. Damit geht die Nachfrage *dieser* Haushalte nach diesen Gütern zurück. Also: Je teurer, desto besser! (In der Einschätzung des Konsumenten!) So bewirbt beispielsweise eine Kosmetik- oder Autofirma ihr Produkt mit dem Zusatz: 'Das ist das teuerste Parfum/Auto der Welt!' Glauben Sie, daß in diesem Fall der Absatz steigt, wenn die Firma den Preis senkt und dann verkündet: 'Dies ist das zweitteuerste Parfum/Auto der Welt!'?

Die mit dem Snob-Effekt verbundene steigende Nachfragekurve ist nun ein Phänomen, das freilich nur auf individueller, auf Haushaltsebene auftreten kann und damit den Ökonomen nicht weiter beunruhigen muß. Denn für die Marktnachfrage insgesamt besteht guter Grund, an deren fallenden Verlauf zu glauben: Wie viele Haushalte würden sich doch gerne diese Güter leisten, wenn sie etwas/um einiges günstiger wären?

4.6 Begriffe und Konzepte 4: Von der Nachfrage des Haushalts zur Marktnachfrage

Von der Nachfrage des einzelnen Haushalts zur Marktnachfrage der Haushalte insgesamt ist es nun nur noch ein kleiner Schritt, indem ganz einfach die Nachfragen der einzelnen Haushalte zur Marktnachfrage zusammengefaßt, d.h. *aggregiert* werden. In Abbildung 4.13 wird die Aggregation der Nachfragen von drei Haushalten zur Marktnachfrage graphisch dadurch bewerkstelligt, daß die einzelnen Nachfragekurven *horizontal* addiert werden. Sie können die Konstruktion der Marktnachfragekurve ganz einfach so nachvollziehen, indem Sie fragen: Welche Mengen fragen die drei Haushalte in Abbildung 4.13, die hier die Nachfrageseite ausmachen, zu unterschiedlichen Preisen *insgesamt*, beispielsweise bei Preis P_3 nach? Haushalt 1 fragt zu diesem Preis P_3 die Menge 1 nach (was leicht auf seiner Nachfragekurve abzulesen ist), Haushalt 2 die Menge 2, Haushalt 3 gar nichts. Die am Markt insgesamt nachgefragte Menge zum Preis P_3 ergibt sich damit als Summe der nachgefragen Mengen der Haushalte zu diesem Preis. Diese Gesamtmenge (1 + 2) ordnen wir dem Preis P_3 im rechten Teil der Abbildung 4.13 zu. Führen wir diese Operationen für viele unterschiedliche Preise durch, so gelangen wir zur Marktnachfragekurve.

Abb. 4.13: Ableitung der Marktnachfragekurve durch horizontale Addition der Nachfragekurven der einzelnen Haushalte

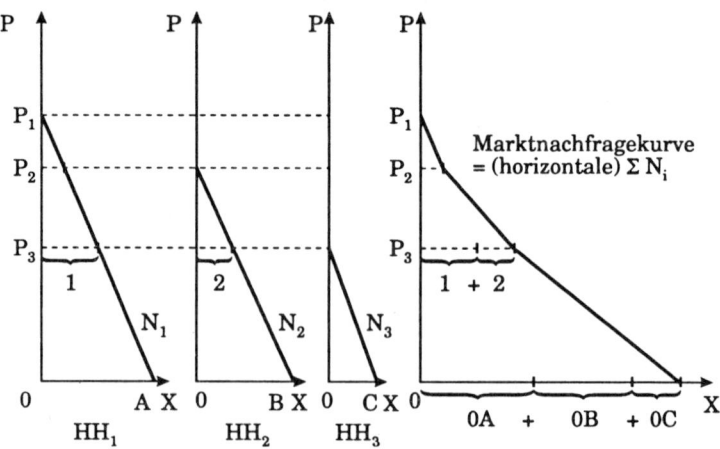

Am inversen Zusammenhang von Preis und nachgefragter Menge eines Gutes ändert sich dadurch nichts. Gerade weil dieser inverse Zusammenhang von Preis und nachgefragter Menge ständig seine empirische Bestätigung findet, spricht man in diesem Zusammenhang sogar vom *Gesetz der Nachfrage:*

Eine Preissenkung führt in aller Regel zu einer Erhöhung der nachgefragten Menge und umgekehrt eine Preiserhöhung eines Gutes zu einer Reduktion der nachgefragten Menge.

4.6.1 Um wieviel genau ... Die Preiselastizität der Nachfrage

Während wir beim Gesetz der Nachfrage nur eine *qualitative* Aussage über einen bedeutsamen ökonomischen Zusammenhang abgeleitet haben, gehen wir nun einen Schritt weiter und versuchen, die bestehenden funktionalen Zusammenhänge *quantitativ* genauer zu untersuchen. Mit anderen Worten: Wir wollen uns genauer die Beziehungen, die Reaktionen einer Variablen auf die Veränderung einer anderen Variablen oder eines Parameters hin ansehen. Und wir wol-

4. Haushalt und Nachfrage

len diese Veränderung *messen*. Beispielsweise wollen wir wissen, *wie stark* sich die nachgefragte Menge infolge einer Preissenkung erhöht. Dazu bedienen wir uns wieder des Elastizitätskonzeptes, diesmal der sogenannten *(direkten* bzw. *eigenen) Preiselastizität der Nachfrage:*

Die (direkte/eigene) Preiselastizität der Nachfrage gibt an, um wieviel Prozent sich die nachgefragte Menge ändert, wenn sich der Preis dieses Gutes um einen bestimmten Prozentsatz geändert hat.

$$\varepsilon = \frac{\%\text{uelle Veränderung der nachgefragten Menge}}{\%\text{uelle Veränderung des Preises dieses Gutes}}$$

Bei der Preiselastizität kommt es nun nicht auf die grundsätzliche Beziehung zwischen der nachgefragten Menge und dem Preis an – formal kommt das ja einfach dadurch zum Ausdruck, daß die hier bestehende Beziehung negativ ist, die Größen sind invers korreliert –, sondern exakt auf das Ausmaß, die Stärke der Reaktion, die Sensitivität der nachgefragten Menge auf die Preisänderung. Und diese Sensitivität wird nun nicht als absolute Veränderung, als ΔQ angegeben, sondern als relative Veränderung, als $\frac{\Delta Q}{Q}$, die der sie bewirkenden relativen Preisänderung $\frac{\Delta P}{P}$ gegenübergestellt wird.[14]

Damit kommen wir nun zur exakten Formel für die Preiselastizität der Nachfrage:

$$\varepsilon = \frac{\frac{\Delta Q}{Q}}{\frac{\Delta P}{P}}$$

die üblicherweise so angeschrieben wird:

$$\varepsilon = \frac{\Delta Q}{\Delta P}\frac{P}{Q}\text{[15]}$$

---

[14] Das Rechnen in absoluten Größen hätte wenig Aussagekraft. Ein Preisanstieg um wenige Schilling, Pfennig, macht viel aus bei billigen Gütern wie Bananen, Zeitungen, Gebäck oder Mineralwasser und wenig bzw. 'nichts' bei teuren wie Autos, Häusern, Computer etc.

[15] Die Preiselastizität der Nachfrage wird mitunter auch als positive Zahl, also als

$$\varepsilon = \left|\frac{\Delta Q}{\Delta P}\frac{P}{Q}\right|$$

definiert.

Hinsichtlich der Berechnung bzw. der Aussagekraft der Elastizität sind nun einige Feinheiten zu beachten. In der Regel ist die Nachfragekurve in der Praxis nicht gegeben. In diesem Fall verwendet man die hier angegebene Elastizitätsformel und bezeichnet sie auch als *Bogenelastizität*.

Die Bogenelastizität gibt die Sensitivität der nachgefragten Menge auf eine prozentuelle Preisänderung innerhalb eines bestimmten Intervalls an.

Und um hier zu aussagekräftigen Ergebnissen und nicht in Schwierigkeiten zu kommen, müssen wir bei der Berechnung der Bogenelastizität für die Werte der Bezugsgrößen P und Q jeweils deren arithmetisches Mittel verwenden. Ein Beispiel illustriert am besten, welche Schwierigkeiten es zu vermeiden gilt: Nehmen wir an, wir hätten folgende Daten, Preis-Mengen-Kombinationen, zur Verfügung:

Tabelle 4.5:
Preis-nachgefragte Mengen-Kombinationen eines Gutes

Preis (Gd/Stk)	nachgefragte Menge (Stk)
4	60
6	50
8	20

Berechnen wir nun die Bogenelastizität im Preisintervall von 4 bis 6 Geldeinheiten. Wir untersuchen also die prozentuelle Reaktion der nachgefragten Menge, hervorgerufen durch einen 50 %igen Anstieg des Preises (von 4 auf 6 Geldeinheiten pro Stück). Wir nehmen also die Formel für die Bogenelastizität

$$\varepsilon = \frac{\Delta Q}{\Delta P} \frac{P}{Q}$$

und setzen ein:

für ΔQ ... $60 - 50 = 10$
für ΔP ... $4 - 6 = -2$

damit ergibt sich der erste Term der Elastizitätsformel

$$\frac{\Delta Q}{\Delta P} = \frac{10}{-2} = -5$$

4. Haushalt und Nachfrage

Soweit ist alles in Ordnung. Nun müssen wir aber die Bezugsgrößen P und Q wählen. Wählen wie die Werte der Ausgangskonstellation, also $P = 4$ und $Q = 60$, dann ergibt sich für den zweiten Term $\frac{4}{60} = \frac{1}{15}$ und damit für die Elastizität:

$$\varepsilon = -5 \times \frac{1}{15} = -\frac{1}{3} = -0,33$$

Wählen wir demgegenüber als Bezugsgrößen P und Q die Werte der 'Endkonstellation', also $P = 6$ und $Q = 50$, dann ergibt sich für den zweiten Term $\frac{6}{50} = \frac{3}{25}$ und damit für die Elastizität

$$\varepsilon = -5 \times \frac{3}{25} = -\frac{3}{5} = -0,6$$

Wir sehen also, daß diese Art der Berechung der Bogenelastizität zu völlig unterschiedlichen und damit aussagelosen Ergebnissen führt. Um diese Schwierigkeiten zu vermeiden, verwendet man nun als Bezugsgrößen die Mittelwerte von P und Q, also das jeweilige Mittel aus Anfangs- und Endwert. In unserem Beispiel ergibt sich damit für den zweiten Term: der Elastiziätsformel:

anstatt P $\quad \frac{P_1+P_2}{2} \quad = \quad \frac{4+6}{2} \quad = \quad 5$

anstatt Q $\quad \frac{Q_1+Q_2}{2} \quad = \quad \frac{60+50}{2} \quad = \quad 55$

Der zweite Term ergibt dann $\frac{5}{55} = 0,09$. Damit kommen wir nun zum korrekten Wert für die Bogenelastizität von

$$\varepsilon = -5 \times 0,09 = -0,45.$$

Der Übersichtlichkeit halber wollen wir die Berechnungsformel für die Bogenelastizität noch einmal explizit anschreiben:

$$\varepsilon = \frac{\Delta Q}{\Delta P} \frac{(P_1 + P_2)/2}{(Q_1 + Q_2)/2}$$

Und nun zu einer zweiten, auch sehr gebräuchlichen Elastizitätsformel.

Ist die Nachfragekurve gegeben, dann können wir in jedem Punkt der Nachfragekurve die Elastizität berechnen und sprechen dann von Punktelastizität.

Die Formel für die Punktelastizität erhalten wir, wenn wir *infinitesimale* Änderungen des Preises auf die nachgefragte Menge eines Gutes betrachten, wenn also $\Delta P \to 0$ gilt. Dann erhalten wir:

$$\varepsilon = \frac{dQ}{dP}\frac{P}{Q}$$

Auch hier ist besondere Vorsicht angezeigt: Die (Punkt-)Elastizität ist keinesfalls mit der Steigung der Nachfragekurve zu verwechseln. Steigung und Elastizität sind nicht ident. Das zeigt auch ein Blick auf die Formeln! Die Steigung einer Nachfragekurve ist gegeben durch die Ableitung der Nachfrage nach Q, also $\frac{dP}{dQ}$. Der erste Term der Elasitzitätsformel $\frac{dQ}{dP}$ ist also der reziproke Wert der Steigung der Nachfragekurve. Der zweite Term der Elastizitätsformel gibt jedoch den *Punkt* auf der Nachfragekurve an, *an dem* die Elastizität gemessen wird. (Parallele Nachfragekurven haben deshalb wohl dieselbe Steigung, nicht aber dieselbe Elastizität.) In der Bezeichnung *Punkt*elastizität kommt eben zum Ausdruck, daß sich diese Elastizität nur auf einen ganz bestimmten Punkt auf der Nachfragekurve bezieht. Abbildung 4.14 zeigt eine lineare Nachfragekurve, entlang der die Elastizität die ganze Bandbreite der Werte von Null (Schnittpunkt mit der Abszisse) bis Unendlich (Schnittpunkt mit der Ordinate) durchläuft.[16]

Abb. 4.14: Unterschiedliche Elastizitäten in jedem Punkt der Nachfragekurve

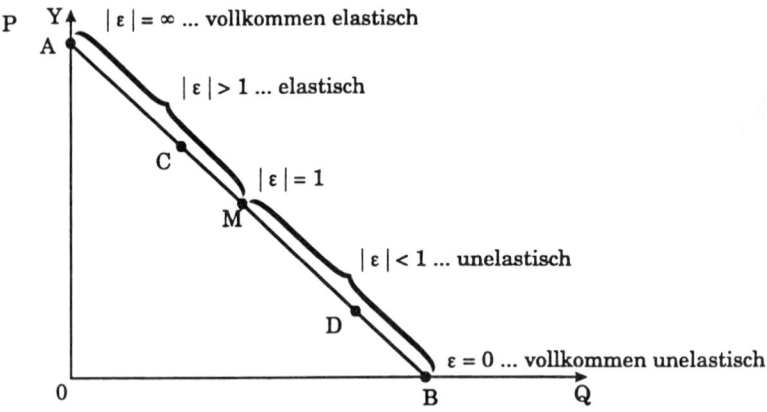

---

[16] Es ist daher nicht ganz richtig zu sagen, die Nachfrage (= Nachfragekurve) sei elastisch oder unelastisch, weil sich die Elastizität ja immer nur auf einen bestimmten Punkt der Nachfragekurve bezieht.

4. Haushalt und Nachfrage

Wir können diese Nachfragekurve in zwei Abschnitte, einen elastischen und einen unelastischen unterteilen. Im elastischen Bereich ist die relative Reaktion der nachgefragten Menge größer als die relative Preisänderung, der Absolutwert der Elastizität also größer als eins. Im unelastischen Bereich ist es umgekehrt.

Je nach der Größe des konkreten Elastizitätswertes sprechen wir also von einer *elastischen, unelastischen* oder *isoelastischen* Nachfrage (an einem bestimmten Punkt bzw. in einem bestimmten Bereich der Nachfragekurve). Um besser zu verstehen, was dies genau bedeutet, betrachten wir den Zusammenhang zwischen der Preiselastizität der Nachfrage und der *Veränderung der Konsumausgaben* der Haushalte für dieses Gut.[17]

Abbildung 4.15 zeigt drei mögliche Fälle der Preiselastizität der Nachfrage bzw. der Reaktion der Ausgaben der Haushalte auf Preisänderungen:

Abb. 4.15: Unterschiedliche Nachfrageelastizitäten

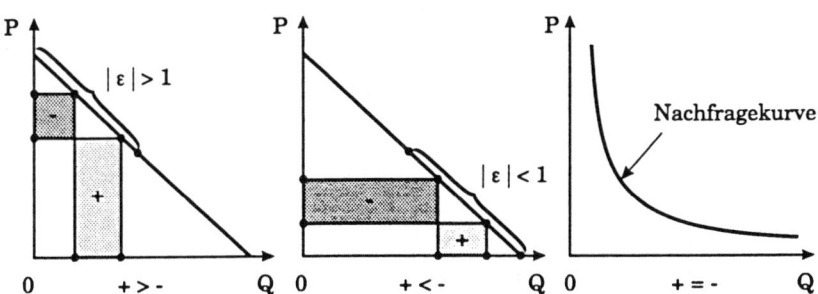

1. Eine *elastische* 'Nachfrage' liegt vor, wenn eine Senkung des Preises zu einer überproportionalen Ausweitung der nachgefragten Menge führt, sodaß die Ausgaben der Haushalte für dieses Gut steigen! (Abbildung 4.15a) Der Absolutwert der Preiselastizität der Nachfrage ist in diesem Fall größer als eins:

$$|\varepsilon| > 1$$

---

[17]Beachten Sie, daß die Ausgaben der Haushalte für ein bestimmtes Gut den Erlösen der Unternehmung, die dieses Gut anbietet, entsprechen muß. Demgemäß entspricht die Veränderung der Konsumausgaben bei Variation des Preises dem Grenzerlös der Unternehmung! Siehe dazu die Ausführungen in Kapitel 6 zum Monopol.

2. Dagegen liegt in Abbildung 4.15b eine *unelastische* 'Nachfrage' vor. Von einer solchen spricht man, wenn eine Preisreduktion zu einem unterproportionalen Anstieg der nachgefragten Menge führt, sodaß die Konsumausgaben für dieses Gut *fallen* (und damit freilich auch der Umsatz der dieses Gut anbietenden Unternehmung.) Der Absolutwert der Elastizität ist hier kleiner als eins:

$$|\varepsilon| < 1$$

3. Schließlich sehen wir in Abbildung 4.15c den Spezialfall einer *isoelastischen* Nachfrage: Die prozentuelle Mengenänderung entspricht hier (in jedem Punkt – es handelt sich um den Spezialfall einer gleichseitigen Hyperbel) exakt der prozentuellen Preisänderung. Preis- und Mengeneffekt heben sich also gegenseitig auf, damit bleiben die Konsumausgaben der Haushalte für dieses Gut unverändert. Der Absolutwert der Preiselastizität der Nachfrage ist *in jedem Punkt der Nachfragekurve* exakt eins:

$$|\varepsilon| = 1$$

Abb. 4.16: Zwei Spezialfälle: Vollkommen unelastische und vollkommen elastische Nachfrage

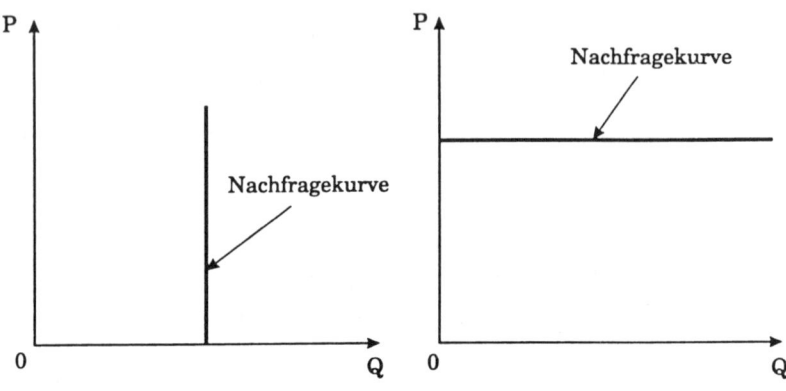

4. Haushalt und Nachfrage

Und dann gibt es noch zwei Extremfälle zu beachten, die in Abbildung 4.16 dargestellt sind: Den einer *völlig unelastischen* Nachfrage ($\varepsilon = 0$), hier verläuft die Nachfragekurve *vertikal*, und den einer *unendlich elastischen* Nachfrage ($\varepsilon = \infty$), hier verläuft die Nachfragekurve *horizontal*.[18] Beide sind in der Praxis wohl eher selten auftretende Extremfälle.[19]

Neben der (eigenen/direkten) Preiselastizität der Nachfrage ist nun noch eine weitere Elastizität zu erwähnen: Die *indirekte* oder *Kreuzpreiselastizität*. Die Nachfrage eines Gutes ist ja nicht nur von dessen Preis, sondern – neben anderem (Einkommenselastizität!) – auch vom Preis *anderer* Güter abhängig.

Die indirekte oder Kreuzpreiselastizität gibt an, wie sich die Nachfrage nach einem Gut X ändert, wenn der Preis eines anderen Gutes Y variiert. Sie zeigt damit wichtige Interdependenzen zwischen diesen Gütern auf.

Formal können wir das so anschreiben:

$$v = \frac{\frac{\Delta X}{X}}{\frac{\Delta P_Y}{P_Y}} = \frac{\Delta X}{\Delta P_Y} \frac{P_Y}{X}$$

Ist die Kreuzpreiselastizität *positiv*, dann handelt es sich bei den betrachteten Gütern um *Substitutionsgüter*. Steigt also der Preis von Speiseeis an, dann steigt die Nachfrage nach Erfrischungsgetränken. Erfrischungsgetränke sind ein Substitut für Speiseeis. Umgekehrt führt ein Anstieg des Preises von Speiseeis zu einem Rückgang auch der Nachfrage nach Eiswaffeln. Im Falle von *Komplementärgütern* ist also die Kreuzpreiselastizität *negativ*. Dasselbe gilt für den Preis von Autos und die Nachfrage nach Benzin, von Wohnungen und Einrichtungsgegenständen. Versuchen Sie selbst, einige Beispiele für positive (Substitutionsgüter) und negative (Komplementärgüter) Kreuzpreiselastizitäten zu finden.

---

[18] Beide Varianten sind ebenfalls isoelastisch, da in jedem Punkt dieser Nachfragekurven dieselbe Elastizität gilt.

[19] Im Modellfall der *vollständigen Konkurrenz* (siehe dazu Kapitel 7 sowie Kapitel 3, insbesondere Abbildung 3.4) ist die Nachfragekurve eines Anbieters eine Horizontale auf Höhe des herrschenden Marktpreises, damit die Preiselastizität der Nachfrage für *einen einzelnen* Anbieter unendlich elastisch. Für die Branche insgesamt ist eine solche Preiselastizität allerdings nicht realistisch, hier wird man eine fallende Nachfragekurve annehmen können.

4.6.1.1 Bestimmungsgründe der Preiselastizität der Nachfrage

Eine (insbesondere auch für unternehmerische Zielsetzungen) wichtige Frage ist nun im vorliegenden Zusammenhang jene nach den *Bestimmungsgründen* der Preiselastizität?

Vier zentrale Einflußgrößen lassen sich ausmachen:

1. Zunächst hängt die Elastizität von der Möglichkeit der Substitution dieses Gutes durch andere Güter ab. Das hängt insbesondere auch von der Definition des in Frage stehenden Gutes ab! Je 'breiter' ein Gut definiert ist, desto unelastischer die Nachfrage: Denkt man beispielsweise an Nahrungmittel, so wird ein Preisanstieg von Nahrungsmitteln wohl kaum zu einem Rückgang der nachgefragten Menge an Nahrungsmitteln führen. Denn womit sollte denn in diesem Fall substituiert werden? Die Elastizität des Gutes 'Nahrungsmittel' ist gewiß äußerst gering, vielleicht sogar Null. Doch beim Gut 'Schweinefleisch' sieht die Sache schon ganz anders aus! Hiezu gibt es eine Vielzahl an Substituten! Und es gilt: Je mehr Substitute zur Verfügung stehen, je größer mithin die Möglichkeit, bei Preissteigerungen auf andere Güter umzusteigen, desto höher die Preiselastizität der Nachfrage. Mitentscheidend ist hier freilich auch der Preis der Substitute. Steigt der Preis für Taxifahrten stark an, so besteht die Möglichkeit auf den eigenen PKW oder öffentliche Verkehrsmittel umzusteigen.

   Allgemein gilt:

   Je größer die Anzahl der Substitute, desto elastischer die Nachfrage. Gibt es ein perfektes Substitut, dann ist die Preiselastizität der Nachfrage unendlich elastisch!

2. Die Elastizität hängt im entscheidenden Maße von der Wichtigkeit des Produktes ab. Handelt es sich um ein 'lebensnotwendiges' Produkt (Brot, Milch), so ist ein Verzicht darauf und ein Umstieg auf andere Produkte nicht bzw. nur sehr schwer möglich. Die Preiselastizität der Nachfrage wird für solche Güter sehr gering sein.

   Allgemein gilt:

4. Haushalt und Nachfrage

> *Je wichtiger das Produkt (das kann von Person zu Person freilich ganz unterschiedlich sein!), desto geringer die Preiselastizität der Nachfrage.*

3. Die Elastizität hängt schließlich auch von dem Anteil der Ausgaben für dieses Produkt am Haushaltsbudget insgesamt ab. Ist dieser Anteil gering, ist mit einer geringen Preiselastizität der Nachfrage zu rechnen. Zu denken ist hier an Produkte wie Salz, Watte oder Zahnstocher.

Allgemein gilt:

> *Je unbedeutender der Anteil der Ausgaben für ein Produkt am Haushaltsbudget, desto geringer die Preiselastizität der Nachfrage.*

4. Schließlich ist der *Zeitaspekt* von zentraler Bedeutung: Sehr oft muß nach möglichen Substituten erst gesucht werden (Lernprozesse). Denken Sie an die krasse Verteuerung des Erdöls im Zuge der beiden Erdölkrisen: Infolge des starken Preisanstieges ging man erst auf die Suche nach Substituten.

Allgemein gilt:

> *Je länger die gewählte Zeitperiode, desto höher die Preiselastizität der Nachfrage.*

4.6.1.2 Wozu das Ganze?

Wie erwähnt ist das Elastizitätskonzept insbesondere für unternehmerische Entscheidungen von grundsätzlicher Bedeutung. Wir wollen hier abschließend nur ein paar solcher Fragen, die sich auf die Preiselastizität der Nachfrage konzentrieren, anreißen, ist sie doch ein zentraler Einflußfaktor auf die *Preispolitik* der Unternehmung.

Zunächst besteht das Problem darin, daß die Unternehmung zwar den inversen Zusammenhang zwischen Preis und nachgefragter Menge vermutet, nicht aber die exakte Beziehung bzw. Sensitivität kennt! Um dies zu erfahren, wäre die Unternehmung gewiß bereit, eine stolze Summe zu bezahlen. Schließlich geht es um die Frage: Wie reagiert die abgesetzte Menge, wenn ich den Preis meines Produktes erhöhe bzw. senke? Bzw. zu welchem Preis soll ich ein neues

Produkt überhaupt einführen? Gerade hier geben die möglichen Substitutionsbeziehungen einen möglichen Anhaltspunkt. Ein Substitut für das von Claudio Gelatino am Strand servierte Eis ist das Eis im entfernten Strandcafe! Der Preis dieses Substitutes ist also ein wichtiger Anhaltspunkt (den Claudio ja auch mit ins Kalkül zieht!). Auch der Umstand, daß eine Portion Eis am Strand teurer ist als in der Stadt, hängt eng mit den möglichen Substituten zusammen. (Sie sollten jetzt die Bestimmungsgründe für die Elastizität noch einmal durchgehen.)

Würde eine Unternehmung also 'ihre' Nachfrage oder die entsprechenden Elastizitäten kennen, dann wäre ihr enorm gedient. Denken Sie an die Frage, wie beispielsweise ein neues Buch oder eine neue Zeitung zu bepreisen ist? Es ist für die Unternehmung keineswegs einerlei, ob sie eine bestimmte Zielmenge zum Preis x oder x + 20 % absetzen kann!

Damit geht es um die Frage: Welche Strategie wird eine Unternehmung verfolgen, die einer sehr unelastischen bzw. sehr elastischen Nachfrage gegenübersteht? Im unelastischen Fall wird sie natürlich versuchen, die angebotene Menge zu reduzieren.[20]

Eine Unternehmung, die eine Produkteinführung oder eine Preisänderung für ihre Produkte erwägt, ist jedenfalls gut beraten, alle Einflußfaktoren entsprechend sorgfältig ins Kalkül zu ziehen.

Ein immer wieder auftauchendes Problem, insbesondere bei Unternehmungen mit hohem Fixkostenanteil, ist der naive Versuch, die Umsätze mittels Preissteigerungen erhöhen zu wollen. Dabei wird von der falschen Vorstellung ausgegangen, daß die relevante Nachfragekurve unelastisch verlaufe. Dies ist aber sehr selten der Fall, eben dort, wo kaum bzw. keine Substitutionsmöglichkeiten für das im Preis gestiegene Gut bestehen. So resultiert zwar eine Erhöhung der Postgebühren in einer Erhöhung der Umsätze (kaum bzw. keine Substitutionsmöglichkeiten), nicht unbedingt aber eine Erhöhung der Bahn- oder Bustarife. Werden sie teurer, steigen viele eben 'aus' bzw. um! Das Resultat: Infolge einer unelastischen Nachfrage gehen die Umsätze zurück. Und das ist gerade das Gegenteil dessen, was man eigentlich bezweckte!

Abschließend noch ein kleiner, aber wertvoller Hinweis: Das Kon-

---

[20] Können Sie sagen, worin der Gewinn dieser Aktion liegt? Zur Lösung siehe Kapitel 6.

4. Haushalt und Nachfrage

zept der Kreuzpreiselastizität weist auf die Zusammenhänge, die zwischen einzelnen Märkten bestehen ... eben auf Komplementaritäts- und Substitutionsbeziehungen. Je eindeutiger Sie diese identifizieren, desto ...

Der Schlüssel liegt also im *systematischen* Denken! Auch und gerade das Elastizitätskonzept gibt eine wichtige Methode dafür an die Hand. Aber freilich auch die ...

4.6.2 Endstation: Nachfragetheorie

Sinn und Zweck der Nachfragetheorie ist es, die verschiedenen Bestimmungsgründe der Nachfrage aufzudecken.

Wichtig ist es, Sie hier auf eine terminologische Feinheit hinzuweisen, die Sie nicht übersehen dürfen: den Unterschied zwischen der *Nachfrage* und der *nachgefragten Menge*.

Unter Nachfrage verstehen wir den funktionalen Zusammenhang zwischen Preis und nachgefragter Menge, graphisch gesehen also die Nachfragekurve. Demgegenüber subsumiert man unter den 'Bestimmungsgründen der Nachfrage' all jene Einflußfaktoren, die sich auf diesen funktionalen Zusammenhang, auf die Nachfrage, graphisch gesehen auf die Lage der Nachfragekurve auswirken.

Während der Preis *den zentralen Einflußfaktor auf die nachgefragte* Menge eines Gutes darstellt, ist für die Bestimmung der *Nachfrage* eine Vielzahl anderer, äußerst bedeutsamer Einflußfaktoren relevant, die keinesfalls übersehen werden dürfen:

Zu den wichtigsten dieser Einflußgrößen zählen insbesondere:

- das Konsumenteneinkommen,

- die Preise anderer Güter,

- die Präferenzen der Konsumenten,

- die Einkommensverteilung,

- die Gesamtbevölkerung bzw. die Anzahl der als potentielle Kunden in Frage kommenden Personen,

- der Wohlstand (das Vermögen) der Konsumenten,

- die Kreditmöglichkeiten der Konsumenten,
- die vergangene Nachfrage,
- die Erwartungen hinsichtlich der zukünftigen Entwicklungen,
- eine mögliche Marktsättigung,
- zukünftige Trends und Moden,

  vor allem aber:
- das rechtlich-institutionelle Umfeld bzw. dessen absehbare Änderungen (denken Sie nur an die EG-Binnenmarktkonzeption und den Außenhandelsschutz), sowie
- sonstige 'externe' Einflüsse, wie beispielsweise – lachen Sie jetzt bitte nicht – Witterungseinflüsse! So ist nicht nur Claudios Nachfrage nach 'Eis-am-Strand' vom Lachen der Sonne abhängig, sondern auch die Nachfrage nach Brennstoffen, Schneeketten, Schiern, Winterbekleidung, Bikinis, nach Hotelbetten, Südseeurlauben, Videos, Gasthausbesuchen und vieles andere mehr. Suchen Sie nach weiteren Beispielen!

In diesem Zusammenhang ist es besonders wichtig, noch einmal darauf hinzuweisen, daß all die hier aufgelisteten Einflußfaktoren bei der graphischen Darstellung einer konkreten 'Nachfrage' in Form der Nachfragekurve, als *ceteris paribus*-Faktoren auftreten. Eine Änderung dieser Größen hat demgemäß eine *Verschiebung* der Nachfragekurve zur Folge. Wir werden darauf im 7. Kapitel wieder zurückkommen und näher eingehen.

5. We're living in a Box ... an Edgeworth-Box! Oder: Nutzengewinn durch Tausch und arbeitsteilige Produktion

5.1 Geschichten vom Strand III: Thomas und Katharina

Unser romantisch gelegener Stausee, an dessen verträumten Ufern der Ihnen schon bekannte Claudio Gelatino auf wundersame Weise seine unternehmerischen Fähigkeiten entdeckt und erstmals ausprobiert hat, wird freilich keinesfalls nur von solch geschäftstüchtigen Typen bevölkert. Die Ruhe und Abgeschiedenheit des Stausees, das milde Klima und das zum Baden einladende erfrischende Wasser locken viele Erholungs- und Entspannungssuchende ganz unterschiedlicher Provenienz an. Daß man fernab vom lärmenden Strandcafe auch noch ein Eis serviert bekommt, ohne seine Entspannungsphasen auch nur kurz unterbrechen zu müssen, ist für die meisten Strandgäste ein Service, den sie ganz besonders willkommen heißen und für den sie gerne etwas mehr zu zahlen *bereit* sind. Wir erinnern uns: Jede Markttransaktion ist *zweiseitig und freiwillig*.

Unter den die entspannende Atmosphäre voll genießenden Badegästen sind auch Thomas, ein einundzwanzigjähriger, etwas verträumter, aber begeisterter Kunstgeschichtestudent, der sich an den Strand natürlich reichlich Fachliteratur mitgenommen hat, und Katharina, eine neunzehnjährige Maturantin, die, den Abiturstress hinter sich, einmal so richtig ausspannen will.

Thomas und Katharina haben einander am Strand kennengelernt, was eigentlich auf die Initiative von Katharina zurückzuführen ist. Denn als Thomas, der seinen 'Strandstützpunkt' nur wenige Meter von dem Katharinas entfernt aufgeschlagen hat, sich ganz offensichtlich in Richtung Eisverkäufer in Bewegung setzte, bat Katharina ihn, ihr gleich auch ein Eis mitzunehmen. So ist man dann ins Gespräch gekommen, findet sich sehr sympathisch und 'rückt' zusammen.

Nach einer anregenden und viele gemeinsame Interessen aufdeckenden Unterhaltung und anschließendem ausgiebigen Badespaß kramen beide ziemlich hungrig und durstig in ihren Badetaschen nach Eß- bzw. Trinkbarem. Katharina hat einige fein zubereitete Brötchen dabei, Thomas zwei große Flaschen zwar nicht mehr eiskaltes, aber dennoch durstlöschendes Mineralwasser. Katharina und Thomas teilen nun also Brötchen und Mineralwasser miteinander. Der kleine Imbiß und Drink tut so richtig wohl. Was will man mehr? Prost, Mahlzeit!

Halten wir kurz fest: Ökonomisch gesprochen haben wir zwei Wirtschaftssubjekte vor uns, die jeweils über eine bestimmte *Ausgangsausstattung* verfügen, Katharina über fein zubereitete Brötchen, Thomas über Mineralwasser. Diese individuellen Ausgangsausstattungen, eine bestimmte Menge an Gütern, über die die beiden Haushalte zunächst für sich allein und ohne Tauschaktivitäten einzugehen verfügen, stiften beiden einen aufgrund ihrer jeweiligen Präferenzstruktur nur individuell bestimmbaren Nutzen. Der gestiftete Nutzen – ein rein subjektives Maß – ist neben der *Präferenzstruktur* und der Art des Gutes auch von der *Menge eines Gutes* abhängig. Hier treffen wir wieder auf die der ganzen Haushalts- und Nachfragetheorie zugrundeliegende psychologische Gesetzmäßigkeit, auf das *Gesetz des abnehmenden Grenznutzens*, eine 'Säule' der Mikroökonomik. Es besagt, daß je mehr von einem Gut konsumiert wird, desto geringer wird der *zusätzliche Nutzen*, der *Grenznutzen* der nacheinander konsumierten Einheiten. Dieses Gesetz sowie die grundsätzliche Tauschbereitschaft bewirken, daß Thomas und Katharina 'in einen Tausch eintreten': Brötchen gegen Mineralwasser. Dabei interessiert uns hier das Tauschverhältnis vorerst nicht, sondern bloß die Tatsache, die wir nochmals unterstreichen und betonen sollten: der Tausch bringt für beide Tauschpartner eine deutliche *Verbesserung* der Situation, eine Nutzenerhöhung, und das erstaunlicherweise bei einer *gleichgebliebenen Ausgangsausstattung*. Der bloße Tausch von Gütern erhöht damit schon die Wohlfahrt!

5.2 Zwei unterschiedliche Vorteile des Tausches

Die Beobachtung unserer beiden Badegäste Thomas und Katharina von einem ökonomischen Standpunkt aus, hat uns also gezeigt:

> *Bei gegebener Ausgangsausstattung, d.h. gegebener Verteilung bereits existenter Gütermengen auf die Tauschpartner, können ganz einfach durch Tausch beide Tauschpartner bessergestellt werden. Beide erzielen einen Nutzengewinn, indem sie vorhandene Gütermengen in bestimmter Weise aufeinander aufteilen. Bestimmend dafür war das Gesetz des abnehmenden Grenznutzens sowie*

5. Tausch und arbeitsteilige Produktion

ihre grundsätzliche Tauschbereitschaft. Das Tauschgeschäft selbst ist eine freiwillige und zweiseitige Transaktion.

Im folgenden wollen wir uns näher mit dem Phänomen des Tausches befassen, den wir im zweiten Kapitel als zentrales Thema der Mikro bezeichnet haben. Wir wollen hier ein Konzept vorstellen, mit dessen Hilfe genauer aufgezeigt und bewertet werden kann, was eigentlich beim Tausch vor sich geht und wozu das Ganze führt.

Zunächst einmal wollen wir aber nur feststellen, welche *zwei* unterschiedlichen Vorteile der Tausch an sich ermöglicht:

1. Zunächst ermöglicht der Austausch von Gütern die oft überhaupt nicht gesehene und manchmal bezweifelte Möglichkeit, bei *gegebenem Güterbestand*, d.h. bei *absolut* feststehender Quantität und Qualität der Güter, den Nutzen der Tauschpartner zu erhöhen. Ökonomisch formuliert heißt das:

Durch eine Reallokation der vorhandenen Konsumgüter können die beteiligten Tauschpartner Nutzengewinne realisieren.

Denken Sie an das Beispiel von Thomas und Katharina oder versetzen Sie sich selbst in eine ähnliche Situation. Stellen Sie sich vor, Sie würden während einer Seminarexkursion zum Zwecke der Feststellung der Umweltqualität am Südpol unvorhergesehener- und unfreiwilligerweise auf einer kleinen Insel gemeinsam mit den anderen Seminarteilnehmern drei Wochen länger 'ausgesetzt' als ursprünglich vorgesehen. Alle 15 Exkursionsteilnehmer verfügen über eine unterschiedliche, insgesamt aber feststehende Ausstattung an Gütern. Der *Güterraum* wäre also 'abgeschlossen', d.h. insgesamt 74 Coca-Colas, 23 Brotlaibe, 12 Salamistangen, 3 kg Käse, 15 Tafeln Schokolade etc. gibt's und mehr nicht! Ist diese Ausstattung unterschiedlich auf die einzelnen Seminarteilnehmer verteilt und haben die neuen Inselbewohner annähernd gleiche Präferenzen, oder ist die Ausstattung annähernd gleich verteilt und haben die neuen Inselbewohner unterschiedliche Präferenzen, dann werden sie zu tauschen beginnen und so *mehr* aus einer an sich gegebenen Situation machen! Jeder würde sich an einem Tausch freilich nur beteiligen, wenn er seine Lage dadurch verbessern könnte, zumindest aber nicht verschlechtert.

Es ist dabei – wie erwähnt – nicht irrelevant, ob die Individuen mit einer gleichen individuellen Ausgangsausstattung versehen sind oder nicht, ob sie dieselbe Präferenzstruktur haben oder nicht. Pauli und Irma verfügen beispielsweise über *dieselbe* Ausstattung an Mineralwasser und Brötchen, je 4 Einheiten Mineralwasser und 2 Einheiten Brötchen (Punkt A in Abbildung 5.1a). Wenn Pauli nun Mineralwasser und Irma Brötchen präferieren, dann werden beide in einen Tausch eintreten. Eruieren Sie in Abbildung 5.1a die Allokation nach dem Tausch und vergleichen Sie sie mit der vor dem Tausch!

Bei gleicher Anfangsausstattung und unterschiedlichen Präferenzen kommt es also zu einem für beide Seiten nutzenerhöhenden Tausch.

Verfügen hingegen beide über dieselbe Präferenzstruktur bezüglich Schokolade und Keks, jedoch über eine unterschiedliche Ausgangsausstattung, dann ist auch in diesem Fall wieder ein Nutzengewinn für beide Seiten realisierbar! Eruieren Sie die Anfangsausstattung und die Verteilung nach dem Tausch der beiden Haushalte in Abbildung 5.1b).

Bei unterschiedlicher Güterausstattung aber ähnlicher Präferenzstruktur bringt der Tausch beiden Partnern Vorteile, eine Nutzenerhöhung.

Abb. 5.1: Nutzengewinn durch Reallokation vorhandener Gütermengen

Abb. 5.1a: Gleiche Ausstattung und unterschiedliche Präferenzen

Abb. 5.1b: Unterschiedliche Ausstattung und ähnliche Präferenzen

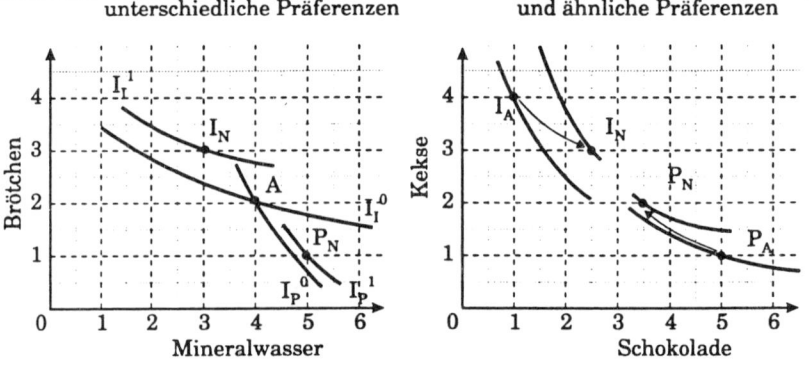

5. Tausch und arbeitsteilige Produktion

Verfügen die Individuen über die gleiche Anfangsausstattung und die gleichen Präferenzen, dann würden wir in einer Einheitswelt von Millionen einander 'aufs Haar gleichenden' Individuen leben, die bereits eine ihren Präferenzen entsprechende Güterverteilung vorfinden, eine schreckliche Vorstellung. Daß dies tatsächlich nicht der Fall ist, zeigt die Realität zum Glück wohl sehr anschaulich. Es ist deshalb als sehr unwahrscheinlich anzunehmen, daß die Individuen von vorneherein über gerade diejenige Güterausstattung verfügen, die ihnen unter den gegebenen Restriktionen den größten Nutzen stiftet.

Der erste Vorteilhaftigkeitsaspekt des Tausches war also – um es noch einmal zu wiederholen – daß es bei insgesamt *gegebener* Güterausstattung *allein durch die freiwillige Umverteilung* der bereits *vorhandenen* Güter zu einer Nutzenerhöhung für die Tauschpartner kommt.

2. Der erzielbare Nutzengewinn durch den Tausch bereits vorhandener Güter ist aber bei weitem nicht der einzige Vorteil, den die *individuelle Tauschbereitschaft* und *die Möglichkeit eines ungehinderten Warenaustausches* eröffnen.

Der zweite und weit über den ersten hinausgehende Gewinn besteht darin, daß durch den Austausch von Gütern eine arbeitsteilige Produktion ermöglicht wird, die es jedem der beteiligten Individuen erlaubt, sich auf jene Aktivität zu spezialisieren, in der – den individuellen Anlagen gemäß – die Produktivität am größten ist.

Dies bringt insgesamt gesehen für alle Beteiligten einen enormen Wohlstandsgewinn, der sich in einer äußerst reichhaltigen und umfangreichen Versorgung mit Gütern und Dienstleistungen manifestiert und damit eine sehr diversifizierte und ergo mit einem hohen Nutzenniveau verbundene Konsumstruktur erlaubt.

Nur die Arbeitsteilung, die aber ihrerseits an die Bedingung des Austausches der arbeitsteilig produzierten Güter geknüpft ist, ermöglicht es also, unsere äußerst vielfältigen Bedürfnisse auch entsprechend zu befriedigen.

Denken Sie wiederum daran, welche der Güter, die Sie regelmäßig konsumieren, auch von Ihnen selbst hergestellt werden und wie es um Ihre Güterversorgung bestellt wäre, wenn Sie sich 'alles' selbst machen müßten – was selbstverständlich ein Ding der Unmöglichkeit ist –, weshalb Ihr Nutzenniveau in einem solchen Autarkiefall drastisch absinken würde. Oder denken Sie an das Beispiel der unfreiwilligen Verlängerung der Südpolexkursion, an die kleine Gruppe auf einer unbewohnten Insel ausgesetzter Menschen. Die vorhandenen Güter werden zunächst getauscht und bereits dadurch werden beachtliche Nutzengewinne realisiert. Doch bald wird das vorhandene Gütervolumen aufgebraucht sein. Also gilt es, für Nahrung, Kleidung und Unterkunft der Gruppe zu sorgen. Und weil Max ein geübter Fischer, Pauli Techniker ist und Irma Botanik studiert, so werden sich Max zum Fischen, Pauli zur Errichtung einer schützenden Unterkunft und Irma zum Früchte-, Kräuter- und Beerensammeln aufmachen. Insgesamt wird also *arbeitsteilig* produziert werden und auf diese Weise die Versorgung aller neuen Inselbewohner deutlich über dem Niveau liegen, das erreicht worden wäre, wenn jeder sein eigenes Süppchen gekocht hätte.

5.3 Begriffe und Konzepte 1: Die Edgeworth-Box und das 'reine' Tauschgleichgewicht: Keine Produktion

Um das Konzept der Edgeworth-Box schrittweise zu entwickeln, gehen wir von einer einfachen Indifferenzkurvendarstellung aus. Wir wollen uns hier mit der Frage der Vorteilhaftigkeit des Austausches zwischen zwei Ländern mit unterschiedlichen Wirtschaftsstrukturen, einem hochentwickelten 'Dienstleistungsland' – bezeichnet mit D – und einem bereits im Stadium der Industrialisierung befindlichen, also 'entwickelten' Entwicklungsland – bezeichnet mit E – befassen. Das Dienstleistungsland verfüge über eine reichhaltige Ausstattung an Dienstleistungen (beispielsweise High-Tech-Know-How, Bank-, Versicherungs-, Bildungs-, Unterhaltungs- und andere 'luxusähnliche' Serviceleistungen), das Entwicklungsland hingegen über eine reichhaltige Palette von agrarischen und nichtagrarischen Rohstoffen und Industriewaren. All diese Produkte bezeichnen wir als *tangible* (d.h. anfaßbare) Güter, die Dienstleistungen hingegen als

5. Tausch und arbeitsteilige Produktion

intangible (d.h. nicht anfaßbare) Güter.[1]

Diese Situation wollen wir nun in einer Graphik, in Abbildung 5.2, zeigen:

Abb. 5.2: Konstruktion der Edgeworth-Box

Abb. 5.2a: Die Anfangsausstattung von Entwicklungs- und Dienstleistungsland

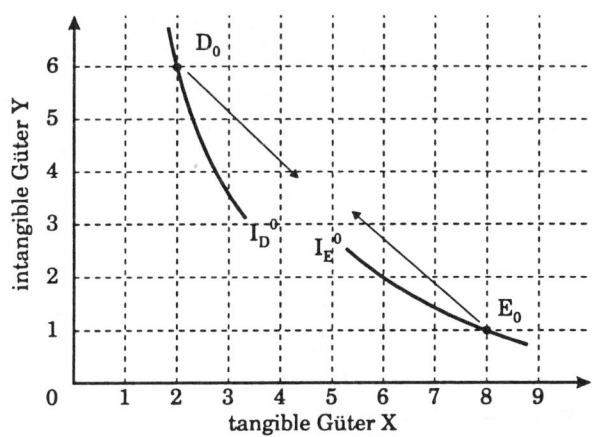

Abb. 5.2b: Die Konstruktion der Edgeworth-Box

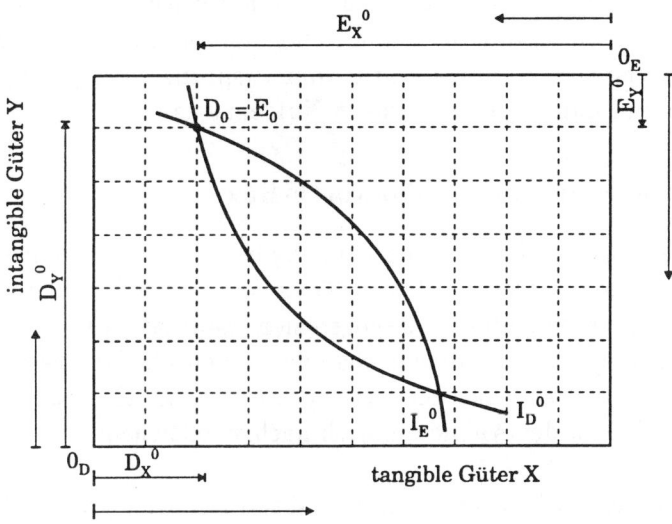

---

[1] Wir unterstellen hier die Existenz einer gesellschaftlichen Indifferenzkurve sowie die Handelbarkeit der Dienstleistungen.

Tragen wir auf der Abszisse die *tangiblen* Güter, auf der Ordinate die *intangiblen* Güter, also die Dienstleistungen ab, dann erkennen wir in den Punkten D_0 für das Dienstleistungsland und E_0 für das Entwicklungsland die auf den jeweiligen Indifferenzkurven I_D^0, I_E^0 liegenden Ausgangspositionen der beiden Länder, ihre jeweiligen Ausgangsausstattungen und ihre jeweiligen Nutzenniveaus, *bevor* Tauschaktivitäten zwischen ihnen einsetzen. Die Summe der den individuellen Ausgangsausstattungen zugeordneten tangiblen und intangiblen Güter bestimmt den *Güterraum*, d.h. das insgesamt beiden Volkswirtschaften zur Verfügung stehende Gütervolumen, wobei wir in diesem Stadium von produktiven Aktivitäten vorerst absehen.

Daß nun in dieser Ausgangssituation Tauschaktivitäten für beide Länder grundsätzlich vorteilhaft wären, erkennen wir an der Lage und der unterstellten, *strikt konvexen* Form der Indifferenzkurven I_D^0, I_E^0, die eine 'normale', also diversifizierte Präferenzstruktur zu erkennen geben. Da beide Länder von 'ihren' Gütern relativ zu viel besitzen – daher der Grenznutzen dieser Gütereinheiten bereits gering ist – ermöglicht ein Austausch dieser Gütergruppen die Erreichung einer diversifizierteren Konsumstruktur und damit ein höheres Nutzenniveau für beide Länder. Die jeweils vorteilhaften 'entgegengesetzten' und miteinander kompatiblen 'Richtungen' des Tausches sind in der Abbildung 5.2a durch die Pfeile angedeutet. Ein Tausch von Dienstleistungsgütern gegen Agrar- bzw. Industriegüter bringt also beide Länder auf eine höhere, d.i. eine weiter vom Ursprung entfernte Indifferenzkurve und damit auf ein höheres Nutzenniveau.

5.3.1 Die Konstruktion der Edgeworth-Box

Um nun den sich entwickelnden Tauschvorgang besonders anschaulich darzustellen, wenden wir einen kleinen Trick an: Wir konstruieren ausgehend von der in Abbildung 5.2a gegebenen Information über die Anfangsausstattung und das Nutzenniveau der beiden Länder eine sogenannte *Tauschbox:* Versuchen Sie das folgende ebenso schrittweise, wie es erklärt wird, in der Abbildung 5.2b nachzuvollziehen!

1. Schritt: Zunächst 'schließen' wir den Güterraum auch graphisch ab: Die Menge der insgesamt vorhandenen tangiblen und intangiblen Güter läßt sich durch die Koordinatenwerte der Punkte der jeweiligen Anfangsausstattungen der beiden Länder in Ab-

5. Tausch und arbeitsteilige Produktion

bildung 5.2a leicht feststellen. Verfügt das Dienstleistungsland vor Einsetzen des Tausches über 2 Einheiten an tangiblen Gütern und 6 Einheiten an intangiblen Gütern, das Entwicklungsland über 8 Einheiten tangibler Güter und 1 Einheit intangibler Güter – lesen Sie diese Koordinatenwerte aus Abbildung 5.2a ab –, so ist die *Länge* der Box (der nunmehr abgeschlossene Abszissenabschnitt), die die insgesamt zur Verfügung stehende Menge an tangiblen Gütern angeben soll, 10 Einheiten (= 8 + 2 Einheiten tangibler Güter). Die *Höhe* der Box (der nunmehr abgeschlossene Ordinatenabschnitt), die die insgesamt zur Verfügung stehende Menge an intangiblen Gütern darstellt, ist mit 7 Einheiten (= 6 + 1 Einheiten intangibler Güter) festgelegt. Das wird noch deutlicher, wenn wir auf den jeweiligen Koordinatenabschnitten exakt bei diesen Gesamtmengen eine entsprechende Vertikale errichten. Dann erhalten wir eine Box, ein Rechteck, das exakt den zur Verfügung stehenden Güterraum beschreibt.

2. Schritt: Während der Koordinatenursprung des Dienstleistungslandes O_D und damit die Lage und Bedeutung der Indifferenzkurve I_D^0 unverändert, also wie gewohnt links unten verbleibt bzw. sich konvex nach links unten ausrichtet, *verlegen* wir nun den Koordinatenursprung und damit die Indifferenzkurve des Entwicklungslandes I_E^0 durch eine Drehung seines Bezugspunktes um 180 Grad in den rechten oberen Eckpunkt, sodaß das neue Bezugszentrum des Entwicklungslandes O_E (rechter oberer Eckpunkt der Box) diagonal zum unverändert gebliebenen Bezugszentrum des Dienstleistungslandes O_D (linker unterer Eckpunkt der Box) zu liegen kommt.

3. Schritt: Tragen wir nun, *ausgehend* von diesem neuen Bezugszentrum für das Entwicklungsland O_E, dessen Anfangsausstattung ab, die wir von O_E weg messen, dann sehen wir, daß die Punkte, die in Abbildung 5.2a die Anfangsausstattungen beider Länder beschreiben, nunmehr *zu einem Punkt zusammenfallen!* Jeder Punkt der so entstandenen Tauschbox ordnet also die insgesamt verfügbaren Mengen an tangiblen und intangiblen Gütern den beiden Ländern zu, jeder Punkt markiert *eine* bestimmte Allokation dieser Güter auf die beiden

Länder! *Jeder* Punkt ist aber auch Element je einer Indifferenzkurve des Dienstleistungs- und des Entwicklungslandes. (Erinnern Sie sich an die Annahme der Vollständigkeit der Präferenzordnung!) Gilt für das Dienstleistungsland, dessen Koordinatenursprung unverändert geblieben ist, wie gewohnt, daß ein desto höheres Nutzenniveau erreicht wird, je weiter die Indifferenzkurve vom Koordinatenursprung, also von links unten, entfernt liegt, so gilt nun für das Entwicklungsland mit seinem nun auf den Kopf gestellten Koordinatenursprung O_E im Prinzip genau dasselbe, doch nun vom *anderen Bezugszentrum rechts oben* aus gesehen. Die jeweiligen Indifferenzkurven des Entwicklungslandes zeigen also ein desto höheres Nutzenniveau, je weiter die Indifferenzkurven vom oberen rechten Eckpunkt 0_E (zu diesem strikt konvex) entfernt liegen.

Konkret bedeutet dies in Abbildung 5.2b: Das Entwicklungsland verfügt vor dem Einsetzen von Tauschaktivitäten über relativ mehr an tangiblen Gütern (= Strecke E_X^0) und relativ wenig an intangiblen Gütern (= Strecke E_Y^0) und realisiert das durch die Indifferenzkurve I_0^E beschriebene Nutzenniveau. Man liest also die Ausgangsausstattung des Entwicklungslandes von seinem Koordinatenursprung O_E, also dem rechten oberen Eckpunkt der Box, ausgehend ab. Demgegenüber wird die Ausgangsausstattung des Dienstleistungslandes wie gewohnt von dessen Koordinatenursprung O_D, dem Eckpunkt links unten, abgelesen. Das Dienstleistungsland verfügt also über die Menge D_X^0 und damit über eine relativ geringe Menge an tangiblen Gütern, ist aber reichlich mit Dienstleistungsgütern D_Y^0 versorgt, es realisiert das durch die Indifferenzkurve I_0^D beschriebene Nutzenniveau. Insgesamt ergeben sich die *Länge* der Box als Summe der Mengen an tangiblen Gütern $E_X^0 + D_X^0$, die *Höhe* dieser Box als Summe der Mengen an intangiblen Gütern $E_Y^0 + D_Y^0$. (Zur Einübung in diese Darstellungsweise sollten Sie beliebige Punkte der Box auswählen und die damit festgelegte Verteilung der Güter auf die beiden Länder angeben!)

Die durch diese 'Operation' entstandene Box heißt nach ihrem Erfinder, dem britischen Ökonomen *Francis Y. Edgeworth* (1845 - 1926), der die Indifferenzkurvenanalyse in die Ökonomik eingeführt hat, *'Edgeworth-box'*. Die Box ist abgeschlossen und verdeutlicht

5. Tausch und arbeitsteilige Produktion

damit – ganz analog wie bei der Produktionsmöglichkeitenkurve – erneut die *Knappheitsproblematik*. Jeder Punkt in der Edgeworth-Box gibt eine Aufteilung der vorhandenen Güter bzw. Ressourcen auf die beiden Länder und damit verbunden deren Nutzenniveau an.

5.3.2 Was passiert in der Edgeworth-Box?

Weil wir uns jetzt als Individuen eines dieser Länder wiederentdecken, oder aber selbstverständlich auch eine auf unsere persönlichen Verhältnisse zugeschnittene Box modellieren können, können wir sagen: 'We're living in a box!' Das ist nun keineswegs ein Grund zur Verzweiflung. In dieser Box läßt es sich nämlich recht angenehm einrichten. Sie ahnen schon wie? Genau! Dadurch, daß die beteiligten Länder beginnen, ihre relativ überschüssigen Güter gegen relativ knappe auszutauschen. Das wollen wir uns jetzt etwas genauer ansehen. Dazu betrachten wir in Abbildung 5.3, die die Situation aus Abbildung 5.2b unverändert übernimmt, den Punkt $D_0 = E_0$, also jenen Punkt, der die Ausgangsausstattung der beiden Länder vor dem Tausch angibt.

Abb. 5.3: Tausch in der Edgeworth-Box

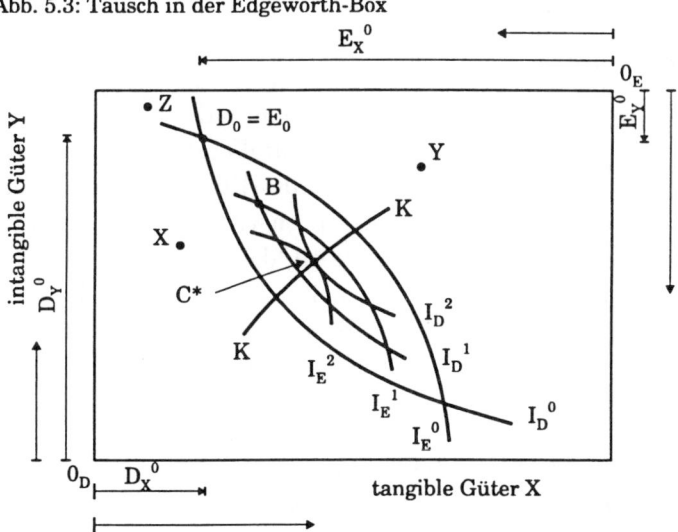

In dieser Situation erreicht das Entwicklungsland das durch die Indifferenzkurve I_E^0 markierte Nutzenniveau, das Dienstleistungsland das durch die Indifferenzkurve I_D^0 markierte Nutzenniveau. Schließen die beiden nun ein Geschäft ab, das den Tausch einer bestimmten Menge tangibler Güter gegen intangible Güter vorsieht, so können beide Parteien eine neue Güterverteilung realisieren, sagen wir jene durch den Punkt B beschriebene Allokation, in der *beide* am Tausch beteiligte Parteien eine höhere Indifferenzkurve erreichen. Prüfen Sie dies gleich nach! Die durch den Punkt B laufenden, stets streng konvexen (!) Indifferenzkurven beider Länder (I_0^E, I_0^D) sind jeweils *weiter* vom entsprechenden Bezugszentrum entfernt, markieren deshalb ein *höheres* Nutzenniveau für beide Länder!

Wenn aber durch ein Tauschgeschäft beide Partner profitieren können, warum sollten sie es dann nicht abschließen? Also werden sie es tun, um die damit verbundenen jeweiligen Nutzengewinne auch realisieren zu können. Nun stellt sich die Frage: Bei gegebener Anfangsallokation $D_0 = E_0$, welche Neuverteilungen der Güter kommen überhaupt in Frage und welche scheiden von vorneherein aus? Die neue Allokation B ist ja nur *eine* mögliche neue Verteilung! Daß eine solche prinzipiell zustande kommen kann, ist deshalb einsichtig, weil beide Tauschpartner sich dadurch verbessern können. Für Punkte wie X oder Y oder Z in Abbildung 5.3 ist dies hingegen mit Sicherheit nicht der Fall. Sie scheiden als Verhandlungsergebnisse von vorneherein aus! Warum? Nun, durch einen Vertrag, der die Neuverteilung mit X festlegt, würde sich zwar das Entwicklungsland wesentlich verbessern können. Prüfen Sie nach, daß es im Punkt X eine weiter von seinem Ursprung entfernte Indifferenzkurve und damit ein höheres Nutzenniveau erreichen kann. Doch würde die Verteilung X eine Verschlechterung für das Dienstleistungsland erbringen. Niemand schließt freiwillig Verträge ab, die seine Situation verschlechtern! Deshalb wird diese Neuverteilung nicht zustande kommen. Prüfen Sie dies für die Neuverteilung Y sowie für die absurde Variante Z nach, durch die sogar beide Tauschparteien schlechter gestellt würden!

Da also nur solche Neuverteilungen in Frage kommen, in denen beide entweder gleichgut oder besser gestellt werden, ist der Bereich der möglichen Verhandlungslösungen mit der Linse begrenzt, die durch die die Ausgangsausstattung kennzeichnenden Indifferenzkurven der beiden Tauschpartner beschrieben wird. Diese durch die Indifferenzkurven der Ausgangslagen bestimmte Tauschlinse markiert

5. Tausch und arbeitsteilige Produktion

den Bereich möglicher Verhandlungslösungen der Tauschpartner.

Anders formuliert, beschreibt die Linse den Bereich möglicher Nutzenverbesserungen *zumindest eines* Tauschpartners bei gleichzeitiger *Nichtverschlechterung* des anderen. Denn zur Linse gehören ja auch ihre Grenzen, also die beiden Ausgangsindifferenzkurven. Auf einer Indifferenzkurve gilt ein bestimmtes Nutzenniveau, wobei es den betroffenen Individuen ex definitione egal ist, durch welche Güterkombination auf der Indifferenzkurve dieses Nutzenniveau erreicht wird. Der Bereich *innerhalb* der Linse kann hingegen als die *Region beidseitiger Vorteilhaftigkeit* bezeichnet werden, weil jeder Punkt *innerhalb* der Linse von *beiden* Tauschpartnern gegenüber der Anfangsausstattung präferiert wird. In Abbildung 5.4, die die Edgeworth-Box aus Abbildung 5.3 unverändert übernimmt, bezeichnet der dunkle Bereich einschließlich seiner Grenzen, den Indifferenzkurven der Ausgangsausstattung, die *Region möglicher Verhandlungslösungen*.

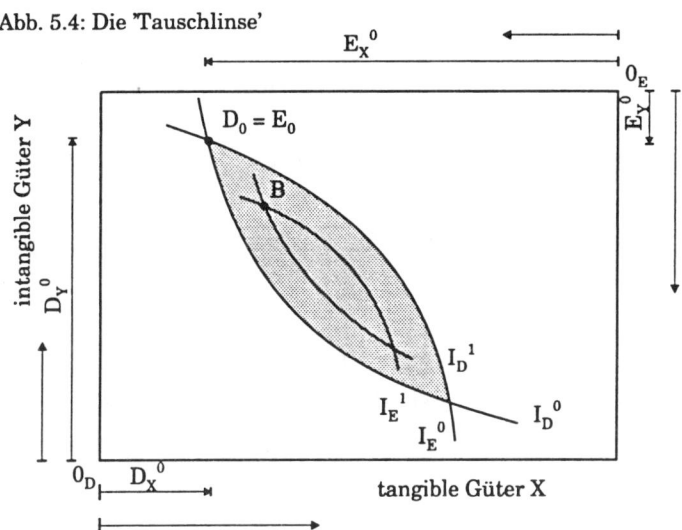

Abb. 5.4: Die 'Tauschlinse'

Doch fragen wir weiter: Ist bei der neuen, beide Seiten besser stellenden Allokation B in Abbildung 5.3 der Tauschprozeß zu Ende, sind hier mögliche Nutzenverbesserungen für beide Teile bereits voll 'ausgereizt'? Die Antwort darauf ist: nein!

Die Tauschpartner werden so lange tauschen, als sie noch mögliche Nutzenerhöhungen realisieren können. Erst wenn sie ein Ergebnis erzielen, das keine Verbesserungen mehr zuläßt, wird kein weiterer Tausch mehr stattfinden.

Graphisch bedeutet nun ein solches Optimum einen Punkt, in dem die Indifferenzkurven der beiden Tauschpartner einander *tangieren!* Erst dort ist eine weitere Verbesserung für beide Teile nicht mehr möglich. *Ein* solcher Tangentialpunkt beider Indifferenzkurven ist der Punkt C^* in Abbildung 5.3. In diesem Punkt C^* ist eine Reallokation der vorhandenen Güter nun nicht mehr möglich, *ohne daß einer der Tauschpartner schlechter gestellt würde.* Deshalb wird eine solche Neuverteilung auch unterbleiben!

Ein solch optimales Ergebnis ist im Tangentialpunkt beider Indifferenzkurven C^* erreicht. Hier gibt es keine Tendenz mehr zu einer Veränderung: Ein Tauschgleichgewicht, dem sich die Tauschpartner von selbst sukzessive angenähert haben – weil ja beide dadurch ihre Situation verbessern konnten –, ist erreicht!

Und wir sehen hier etwas besonders Interessantes: Da in einem Tauschgleichgewicht die Indifferenzkurven beider 'Partner' einander tangieren, muß im Gleichgewicht die *Grenzrate der Substitution* zwischen den beiden Gütern *für beide Tauschpartner* gleich groß sein. Die Bedingung für ein Tauschgleichgewicht ist damit die Identität der Grenzraten der Substitution beider Tauschpartner:

$$GRS_{YX}^D = GRS_{YX}^E$$

Die in diesem Gleichgewicht verwirklichte Lösung hat nun eine ganz *spezifische Qualität*, es handelt sich nämlich um eine sogenannte *pareto-effiziente* Lösung.

Unter einer pareto-effizienten Situation oder einem Pareto-Optimum versteht man einen Zustand, eine Verteilung der Güter auf die Gesellschaftsmitglieder, in dem durch eine Reallokation der Güter niemand mehr besser gestellt werden kann, ohne daß dadurch irgendjemand anderer schlechter gestellt würde.

Das Konzept der *Pareto-Effizienz* geht auf den berühmten italienischen Ökonomen *Vilfredo Pareto* (1848 - 1923) zurück, der sich unter

5. Tausch und arbeitsteilige Produktion

anderem intensiv mit den Fragestellungen der *Wohlfahrtsökonomik* befaßt hat. Diese Fragestellungen kreisen um das Problem einer Definition von allgemeiner Wohlfahrt und untersuchen und bewerten das Allokationsergebnis marktwirtschaftlicher Wirtschaftssysteme. Wie Sie natürlich schon gemerkt haben, ist das gerade auch ein Thema dieses Kapitels. Denn auch hier untersuchen wir – vereinfacht gesagt und vereinfacht dargestellt – zweierlei:

1. einerseits, welches Ergebnis sich in einem marktwirtschaftlichen System einstellt, in dem die beteiligten Akteure frei handeln, also *tauschen* können. Wir nennen dieses auf Märkten sich einstellende Ergebnis *Gleichgewicht, Tauschgleichgewicht.*

    Davon zu unterscheiden ist andererseits die

2. Frage nach der *Qualität* des von selbst sich einstellenden Marktgleichgewichtes. Als ein Qualitätskriterium haben wir das *Paretokriterium* genannt. Ein auf einem Markt bzw. auf allen Märkten sich einstellendes Gleichgewicht, wir sprechen von einem *Allokationsergebnis*, ist dann pareto-optimal, wenn es durch eine Reallokation der Güter bzw. Ressourcen nicht mehr möglich ist, einen Beteiligten besserzustellen, *ohne* gleichzeitig einen anderen Beteiligten schlechterzustellen.

Wir müssen also die zwei Dinge scharf auseinanderhalten: das, was auf Märkten 'herauskommt' einerseits, und die Qualität dieses Ergebnisses, gemessen am Pareto-Kriterium, andererseits.

Zurück in unsere Edgeworth-Box: Betrachten wir den Tauschprozeß noch einmal ausgehend von der Ausgangsallokation $D_0 = E_0$ in Abbildung 5.3, so können wir leicht feststellen, daß mit zunehmendem Ausreizen der möglichen Nutzenverbesserungen durch Tauschaktivitäten die Linse immer kleiner wird, bis sie schließlich im Tangentialpunkt, in der Gleichgewichtslösung C^*, völlig verschwunden ist! Die Region des beidseitigen Vorteils durch Tausch schrumpft also in dem Maße, in dem diese Möglichkeiten des Tausches auch genutzt werden!

Ein Zweites zeigt die graphische Darstellung des Tauschprozesses durch die Edgeworth-Box. Das endgültige Allokationsergebnis ist in der hier diskutierten Situation, also bei einer beschränkten Anzahl von Tauschpartnern und ohne daß für die gehandelten Güter Marktpreise existierten, *nicht eindeutig vorhersagbar!* Es gibt nämlich eine *unendliche* Anzahl von möglichen Verhandlungslösungen, weil es eine unendliche Anzahl von Tangentialpunkten der beiden Indifferenzkurven gibt.

Man nennt die Summe aller Tangentialpunkte der Indifferenzkurven der beiden Tauschpartner, also auch jener außerhalb der Linse, die Kontraktkurve.

Sie ist in Abbildung 5.3 mit KK bezeichnet. Welcher Punkt der Kontraktkurve innerhalb der Linse (einschließlich ihrer Grenzen) letztendlich realisiert wird, hängt in diesem Falle ganz entscheidend vom *Verhandlungsgeschick* der Tauschpartner ab. Sie müssen in dem hier vorgestellten Fall ja erst das *Tauschverhältnis* untereinander ausmachen.[2] Werfen wir dazu noch einen Blick auf unsere Edgeworth-Box in Abbildung 5.5.

Abb. 5.5: Zwei extrem unterschiedliche Ergebnisse des Tausches

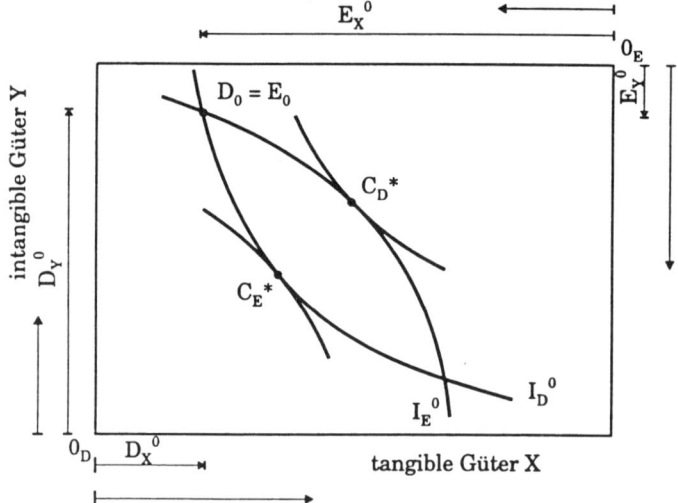

Die Ausgangslage $D_0 = E_0$ sei dieselbe wie oben geschildert und dargestellt. Hier sind jedoch andere Ergebnisse darge-

---

[2] Bei den Tauschgeschäften, die wir täglich unzählige Male abschließen, haben wir jedoch die jeweiligen *Tauschverhältnisse* durch die *Geldpreise* der Güter eindeutig vorgegeben. Freilich ist es auch in unserem Beispiel wenig wahrscheinlich, daß das Verhandlungsergebnis zwischen dem Dienstleistungs- und dem Entwicklungsland ausschließlich von deren Verhandlungsgeschick abhängen wird. Für die gehandelten Güter gibt es in der Regel Preise, Weltmarktpreise, die die beiden Tauschpartner als gegeben hinnehmen müssen.

5. Tausch und arbeitsteilige Produktion

stellt. Während das in Abbildung 5.3 dargestellte Verhandlungsergebnis beide Tauschpartner besser gestellt hatte, es liegt ja *in* der Region beidseitiger Vorteilhaftigkeit, sind die hier angedeuteten Lösungen C_D^* und C_E^* lediglich mit einem Nutzengewinn für jeweils ein Land, das Dienstleistungsland oder das Entwicklungsland, verbunden. Wird die Lösung C_D^* realisiert, dann gewinnt nur das Dienstleistungsland denn nur dieses erreicht eine höhere Indifferenzkurve und damit ein höheres Nutzenniveau. Das Entwicklungsland ist in seiner Nutzenlage durch den Tauschprozeß *unverändert* geblieben. Der Tauschprozeß vollzog sich *entlang* der Indifferenzkurve des Entwicklungslandes, bis schließlich wieder ein *Tangentialpunkt* beider Indifferenzkurven und damit eine endgültige Lösung, das Gleichgewicht C_D^*, erreicht wurde. Das Entwicklungsland ist definitionsgemäß gegenüber Güterkombinationen *auf* seiner anfänglichen Indifferenzkurve indifferent, da sich der Nutzen auf einer Indifferenzkurve ex definitione nicht ändert. Wir sehen also, daß in diesem Fall – dem Tausch zweier Partner, die die näheren Bedingungen des Tausches, insbesondere natürlich das *Tauschverhältnis*, selber bestimmen und festlegen können bzw. müssen, also über keine von außen für sie unveränderbar vorgegebenen *Preise* verfügen – das Tauschergebnis selbst nicht unwesentlich vom Verhandlungsgeschick der Tauschpartner beeinflußt ist. Dessen ungeachtet wird jemand in einen Tauschprozeß jedoch freiwillig nur dann eintreten, wenn er sich davon Vorteile, also einen Nutzengewinn, verspricht oder der neuen Situation gegenüber indifferent ist.[3]

Beachten Sie, daß *auch* im Punkt C_D^* das Effizienzkriterium von Pareto erfüllt ist. Denn in diesem Punkt ist keine Neuverteilung der Güter mehr möglich, die einen Tauschpartner besser stellt, *ohne* daß der andere dadurch schlechter gestellt würde.[4]

'Glückhafter' für das Entwicklungsland verlief hingegen der im Punkt C_E^* endende Tauschprozeß, der ebenfalls in Abbildung 5.5 dargestellt ist. Das hier erreichte Gleichgewicht C_E^* bedeutet die maximale Verbesserung für das Entwicklungsland, während diesmal das Dienstleistungsland auf seiner ursprünglichen Indifferenz-

---

[3] Stehen einander nur zwei Tauschpartner gegenüber, so spricht man von der *Marktform* des *zweiseitigen Monopols*. In der Tat ist bei dieser Marktform das Marktergebnis unbestimmt.

[4] Damit erlaubt das Pareto-Kriterium *keinen* Vergleich von *auf der Kontraktkurve* liegenden Allokationen!

kurve I_D^0 und damit auf dem ursprünglichen Nutzenniveau verbleibt. Auch diese Lösung ist pareto-effizient. Daraus erkennen wir, daß grundsätzlich alle Punkte auf dem Teil der Kontraktkurve, der innerhalb der Linse einschließlich ihrer Grenzen liegt, als Gleichgewichtslösungen in Frage kommen.

Keineswegs abhängig vom individuellen Verhandlungsgeschick ist das 'endgültige' Tauschergebnis allerdings dann, wenn für die Tauschpartner bereits *Preise* und damit *Tauschrelationen* für die betrachteten Güter bestehen, die sie als unveränderliche Daten hinzunehmen haben. Gerade dies ist aber die Realität der Marktwirtschaft!

Damit können wir wieder etwas besonders Interessantes festhalten:

Als Ergebnis der freiwilligen Tauschbemühungen passen die Tauschpartner die mengenmäßige Zusammensetzung ihrer Güterbündel so lange an, bis ihre Grenzraten der Substitution zweier konsumierter Güter dem von außen gegebenen umgekehrten Güterpreisverhältnis entsprechen. Da die Preise dieser Güter vom Markt her gegeben sind und für alle Haushalte gelten, entsprechen damit auch die Grenzraten der Substitution zweier Haushalte für zwei von ihnen konsumierte Güter einander:

$$GRS_{YX}^D (= \frac{\Delta Y}{\Delta X}) = \frac{P_X}{P_Y} = GRS_{YX}^E$$

Nichts anderes hatten wir ja im vorigen Kapitel in der Haushaltstheorie – zwar in leicht verändertem Zusammenhang – abgeleitet! Allerdings hatten wir von der Bedingung für das individuelle Haushaltsoptimum noch nicht die Verbindungsbrücke zur Qualität des Tausch-(Markt-)gleichgewichtes geschlagen. Wir können damit festhalten, daß das Marktgleichgewicht, das Resultat freiwilliger individueller Tauschhandlungen das Kriterium der Paretoeffizienz erfüllt![5]

---

[5] Streng genommen müßten wir von einem *Wettbewerbsgleichgewicht* sprechen. Wir haben aber betont, daß für die Gültigkeit dieser Aussage insbesondere gelten muß, daß *kein* Marktteilnehmer die Macht besitzt, auf die Marktpreise Einfluß zu nehmen. *Alle Beteiligten dieses Spiels sind also Preisnehmer,* weil sie die Preise der Güter nicht ändern können, also als gegeben hinnehmen müssen, *und Mengenanpasser,* weil sie sich an die gegebenen Preise mit ihren Mengen anpassen.

5.4 Begriffe und Konzepte 2: Tausch und Produktion

Wir haben also anhand des Modells der Edgeworth-Box gesehen, daß das 'living in a box' mit einer insgesamt *gegebenen* Ausstattung an Ressourcen – im obigen Fall mit Konsumgütern – durch Tauschaktivitäten verbessert werden kann und insgesamt – zumeist für alle Beteiligten – Nutzengewinne zu lukrieren sind. Doch wir müssen uns keineswegs mit diesem an sich schon positiven Ergebnis bescheiden. Dem Nutzengewinn durch den Austausch bereits vorhandener Güter gesellt sich ein zusätzlicher und wesentlich bedeutenderer Nutzengewinn dadurch hinzu, daß der *freie Austausch von Gütern und Dienstleistungen* zwischen Individuen, Regionen, Staaten und schließlich Kontinenten eine *bessere, effizientere Organisation der Produktion* ermöglicht, sodaß aus den *gegebenen Ressourcen* durch eine *Erweiterung und Verfeinerung der Arbeitsteilung und der Spezialisierung* das verfügbare Gütervolumen erhöht und damit die Güterversorgung wesentlich *verbessert* werden kann.

Um dies besonders anschaulich zu zeigen, gehen wir zunächst von einem Land aus, das noch nicht internationalen Handel betreibt, sondern – gleich einer Inselwirtschaft á la Robinson Crusoe – entsprechend den vorgefundenen Ressourcen, der Technologie und den gegebenen Präferenzen produziert.

5.4.1 Die Ausgangssituation: Das Gleichgewicht der Robinson-Crusoe-Wirtschaft

Um diese Robinson-Crusoe-Situation graphisch darzustellen, erinnern wir uns eines Grundkonzeptes der Mikroökonomik, das wir im 1. Kapitel ausführlich erläutert haben: die Produktionsmöglichkeiten- oder Transformationskurve. Entsprechend den vorgefundenen Ressourcen und dem Stand des technischen Wissens zeigt die in Abbildung 5.6 dargestellte Produktionsmöglichkeitenkurve die Grenzen des Möglichen, die *technisch effiziente* Produktion von tangiblen, wieder auf der Abszisse abgetragenen, und intangiblen, wiederum auf der Ordinate abgetragenen Gütern, und grenzt damit den Raum des Möglichen, die Produktionsmöglichkeitenmenge OAB, gegenüber den für dieses in Isolation lebende Land nicht erreichbaren Güterkombinationen ab.

Versucht dieses Land – es sei 'unser' Entwicklungsland – in dieser

Situation ohne Außenhandel eine sukzessive Erweiterung der Produktion an intangiblen Gütern, so ist dies mit einem stets zunehmenden Verzicht auf tangible Gütern, die dafür aufgegeben werden müssen, verbunden. Die realen Opportunitätskosten steigen also mit zunehmender Produktion von intangiblen Gütern stark an. (Ordnen Sie – zur Wiederholung und Übung – einer jeweiligen Zunahme der Produktion an intangiblen Gütern den damit verbundenen und zunehmend größer werdenden Verzicht an tangiblen Gütern zu!)[6]

Abb. 5.6: Gleichgewicht einer Robinson-Crusoe-Wirtschaft
(Entwicklungsland vor Aufnahme des internationalen Handels)

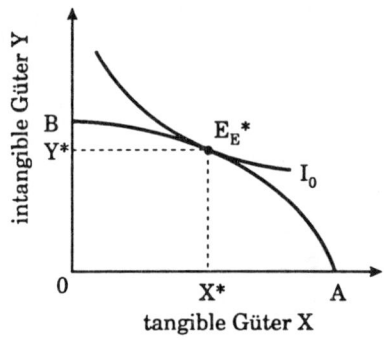

Welche Güterkombination wird nun diese in völliger Isolation lebende Volkswirtschaft tatsächlich produzieren? Um diese Frage zu beantworten, brauchen wir neben der Kenntnis der Produktionsmöglichkeitenkurve Informationen über die Präferenzen der einzelnen Haushalte dieser Volkswirtschaft. Nehmen wir der Einfachheit halber an, diese Volkswirtschaft bestehe aus vielen in ihrer Präferenzstruktur identen Haushalten, die eine diversifizierte Konsumstruktur bevorzugen, dann können wir in Abbildung 5.6 neben der Produktionsmöglichkeitenkurve, die die Wirtschaftskraft und damit das Wohlstandsniveau der Volkswirtschaft abbilden soll, sogenannte 'aggregierte Indifferenzkurven' einzeichnen. Entsprechend der üblichen Indifferenzkurvenanalyse gilt freilich auch hier, daß die Indifferenzkurven ein desto höheres Nutzenniveau anzeigen, je weiter sie vom Ursprung entfernt sind. Entsprechend der Nutzenmaximierungsannahme ist die optimale Lösung nun leicht zu finden:

---

[6]Wir transformieren hier sozusagen in die Gegenrichtung: Wieviel an tangiblen Gütern (ΔX) muß das Entwicklungsland aufgeben, um eine zusätzliche Einheit an intangiblen Gütern (ΔY) zu erhalten.

5. Tausch und arbeitsteilige Produktion

Die optimale Lösung im Autarkiefall ist dort erreicht, wo mit den gegebenen Ressourcen technisch effizient produziert wird und gleichzeitig das höchste Nutzenniveau erreicht werden kann. Und dies ist im Tangentialpunkt E_E^* von Produktionsmöglichkeitenkurve mit der höchsten noch erreichbaren Indifferenzkurve der Fall.

Dieser Tangentialpunkt E^* bestimmt, *was* – gegeben Ressourcen und Technologie – zu produzieren ist, nämlich die Mengen X^* an tangiblen und Y^* an intangiblen Gütern, um damit den Nutzen der Einwohner zu maximieren.

Beachten Sie, daß im Tangentialpunkt E^* der Produktionsmöglichkeitenkurve mit der höchsten Indifferenzkurve die Steigungen beider Kurven einander entsprechen, damit die *Grenzrate der (technischen) Transformation in der Produktion der Grenzrate der Substitution in der Konsumtion* der beiden Güter(gruppen) entspricht:

$$GRT_{YX} = GRS_{YX}$$

Das heißt: nur im Tangentialpunkt der Produktionsmöglichkeitenkurve mit der höchstmöglichen Indifferenzkurve entspricht die Menge an Y, die die Individuen bei Konstanz ihres Nutzenniveaus für eine zusätzliche Einheit von X aufzugeben bereit sind, genau jener Menge von Y, auf die man aus produktionstechnischen Gründen verzichten muß, um eben diese zusätzliche Einheit an X produzieren zu können.

Das ist also das beste Ergebnis, das diese in Isolation steckende Volkswirtschaft erreichen kann: *technisch effizienter* Gebrauch ihrer Ressourcen in der Weise, daß der daraus gestiftete Nutzen *maximal* wird!

Ist beides der Fall, also technische Effizienz und Nutzenmaximierung, dann spricht man von ökonomischer Effizienz.

Daß dies tatsächlich eine Gleichgewichtssituation abbildet, wird dann deutlich, wenn wir uns die 'Unhaltbarkeit' eines Ungleichgewichtszustandes einmal näher anschauen. Dazu legen wir die Produktionsmöglichkeitenkurve und die Indifferenzkurven wieder auseinander, wie dies in den Abbildungen 5.7a und 5.7b dargestellt ist. Im linken Teil der Abbildung (5.7a) sei die Ausgangslage auf der Produktionsmöglichkeitenkurve mit dem Punkt A_0, im rechten Teil der

Abbildung (5.7b) sei die Ausgangslage mit dem Punkt B_0 auf der Indifferenzkurve I_0 markiert. In dieser Situation herrscht nun kein Gleichgewicht, eben weil die (Grenz)Rate der Transformation in der Produktion und die (Grenz)Rate der Substitution in der Konsumtion der beiden Güter einander *nicht* entsprechen.

Abb. 5.7: Auseinanderfallen der Transformations- und Substitutionsrate

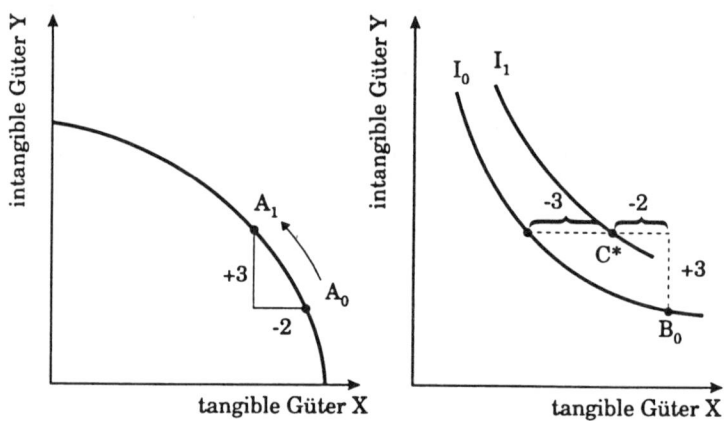

Wie ist das nun einfach zu erklären? Werfen wir zunächst einen Blick in die Produktionssphäre: Im Ausgangspunkt A_0 ist es möglich, durch den Verzicht auf zwei Einheiten tangibler Güter drei zusätzliche Einheiten an intangiblen Gütern zu erstellen. Führen Sie diesen Schritt durch, indem Sie auf der Produktionsmöglichkeitenkurve den Weg von A_0 zu A_1 zurücklegen und dadurch zwei Einheiten tangible Güter in drei Einheiten intangible Güter *transformieren*. Die Rate der Transformation zwischen tangiblen und intangiblen Gütern beläuft sich damit in der Ausgangslage auf: $RT_{XY} = 2:3$! Jetzt wechseln wir in die Konsumsphäre (Abbildung 5.7b): Laut Indifferenzkurve I_0 sind die Konsumenten bereit, für drei zusätzliche Einheiten an intangiblen Gütern *fünf* Einheiten an tangiblen Gütern aufzugeben, *ohne* daß sich dadurch ihr Nutzenniveau verändern würde. Die Rate der Substitution im Konsum zwischen tangiblen und intangiblen Gütern beläuft sich damit in der Ausgangslage B_0 auf: $RS_{XY} = 5:3$.

Da es gemäß Produktionsmöglichkeitenkurve bei der Ausgangslage A_0 möglich ist, *drei* zusätzliche Einheiten an intangiblen Gütern zu erzeugen, indem man auf die Produktion von nur *zwei* Einheiten an tangiblen Gütern verzichtet, läßt sich durch diese Transformation in der Produktion in der Konsumsphäre eine höhere Indifferenzkurve und damit ein höheres Nutzenniveau erreichen: Denn diese drei zusätzlichen Einheiten an intangiblen Gütern erfordern von den Haushalten nur den Verzicht von *zwei* Einheiten an tangiblen Gütern und nicht von *fünf* Einheiten, zu denen sie, entsprechend ihrer Präferenzen, d.h. *ohne Nutzenverlust,* an sich zu verzichten *bereit gewesen wären.* Damit wird diese Aktion mit einem Wohlstandsgewinn durchgeführt.

Die Konsumenten erreichen nun eine höhere Indifferenzkurve und damit ein höheres Wohlstandsniveau: C^* auf I_1. Damit konnte die mit A_0 und B_0 bezeichnete Ausgangssituation aber *kein* Gleichgewicht sein! Denn durch eine 'bloße' Reallokation der Ressourcen ist es möglich geworden, die Konsumenten besser zu stellen.

Es werden daher solange Tauschprozesse erfolgen, bis die Grenzrate der Transformation in der Produktion der beiden Güter mit der Grenzrate der Substitution im Konsum der beiden Güter übereinstimmt. Und genau dies ist im Tangentialpunkt der Produktionsmöglichkeitenkurve und der höchsten noch erreichbaren Indifferenzkurve, eben im Punkt E^* in Abbildung 5.6 der Fall. Nur dort ist ein *paretoeffizientes* Gleichgewicht erreicht.

5.4.2 Tauschgleichgewicht bei Produktion und Freihandel

Nun können wir den nächsten Schritt setzen und die Isolation dieses Landes durchbrechen, indem wir *internationalen Handel* zulassen. Dadurch ergibt sich eine völlig neue Situation. Das Land wird nun mit international bestimmten und für das Land annahmegemäß als gegeben hinzunehmenden *(relativen) Preisen* für den Austausch von tangiblen und intangiblen Gütern konfrontiert.[7] Graphisch wird dies in Abbildung 5.8 durch die Einfügung einer Preislinie BG mit dem negativen Anstieg $-P_X/P_Y$ verdeutlicht. (P_X und P_Y stehen für die Preise der tangiblen bzw. der intangiblen Güter.)

Diese Preisgerade wird zweckmäßigerweise dort eingezeichnet, wo sie die Produktionsmöglichkeitenkurve des Landes gerade noch tangiert (BG). Sie erkennen sofort: Diese Preisgerade entspricht der

---

[7] Wir können hier die plausible Annahme treffen, daß kein am internationalen Handel teilnehmendes Land die Möglichkeit hat, auf den (Weltmarkt-)Preis der Güter Einfluß zu nehmen.

Isoerlöskurve der Zwei-Produkt-Unternehmung![8] Dort wurde das Gewinnmaximum durch den Tangentialpunkt der höchstmöglichen Isoerlöskurve mit der Produktionsmöglichkeitenkurve der Unternehmung erreicht. Ganz analog hier! Nur betrachten wir jetzt die Volkswirtschaft als *eine* große Unternehmung, die tangible und intangible Güter entsprechend der gesamtwirtschaftlichen Produktionsmöglichkeitenkurve produziert und hier im internationalen Handel nach dem vorteilhaftesten Outputmix sucht. Und dieser ist – ganz wie bei der Zwei-Produkt-Unternehmung – durch den Tangentialpunkt P_E^* von Preislinie und gesamtwirtschaftlicher Produktionsmöglichkeitenkurve bestimmt.

Abb. 5.8: Die 'Früchte' des Handels

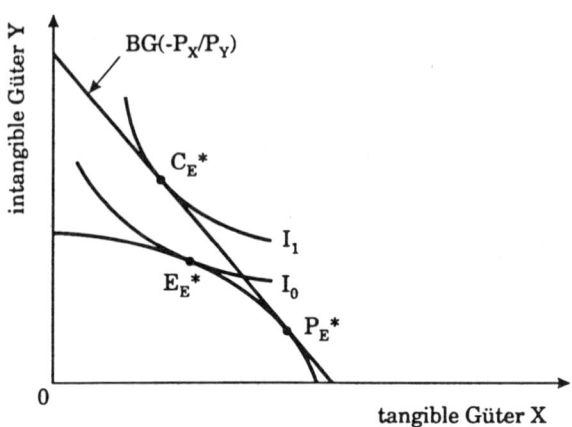

Damit ist das *Produktionsoptimum* des Landes deshalb bestimmt, weil nur im Tangentialpunkt von Produktionsmöglichkeitenkurve und Preislinie *BG* das für das Land höchste, zu Weltmarktpreisen bewertete Sozialprodukt erreichbar ist. Das ist gewissermaßen der größte Erlös, das höchstmögliche *Budget*, das dann sozusagen für 'Konsumzwecke' verfügbar ist. Würde eine Preislinie über der Produktionsmöglichkeitenkurve eingezeichnet, dann wäre der dadurch repräsentierte Erlös für das Land nicht mehr erreichbar, würde sie aber die Produktionsmöglichkeitenkurve schneiden, dann wäre dieser Erlös zwar realisierbar, aber keineswegs maximal!

---

[8] Siehe Kap. 3.3.5: Die Produktionsmöglichkeitenkurve und das Gewinnmaximum der Unternehmung.

5. Tausch und arbeitsteilige Produktion

Mit diesem für das Land maximal realisierbaren Erlös aus der eigenen Produktion (= maximales Budget) – graphisch angezeigt durch jene Preislinie mit dem Anstieg $-P_X/P_Y$, die die Produktionsmöglichkeitenkurve tangiert (BG) – kann nun jenes Güterbündel erstanden werden, das den höchsten Nutzen stiftet! Dies ist in Abbildung 5.8 im Punkt C_E^*, dem Tangentialpunkt der Budgetlinie BG mit der höchstmöglichen Indifferenzkurve I_1, der Fall. Damit wird aber nunmehr ein Nutzenniveau erreicht, das *höher* liegt als im Fall ohne internationalen Freihandel!

Dieses höhere Nutzenniveau konnte nur durch die Separation von Produktions- und Konsumtionsoptimum erreicht werden, was seinerseits internationalen Warenaustausch, also internationalen Freihandel zur Voraussetzung hat.

Wir wollen diese Separationsmöglichkeit von Produktions- und Konsumtionsoptimum noch einmal genauer und mit Blick auf Abbildung 5.8 nachvollziehen. Im Falle ohne Handel fallen Produktions- und Konsumtions*optimum* notwendigerweise zusammen. Es wird das produziert, was aufgrund der eigenen Präferenzstruktur zu konsumieren gewünscht wird und gleichzeitig auch aufgrund der *eigenen* Produktionsmöglichkeitenkurve technisch effizient möglich ist. Dies ist in Abbildung 5.8 durch den Punkt E_E^*, das sogenannte Robinson-Crusoe-Gleichgewicht, der aus der Abbildung 5.6 ohne Änderung übernommen wurde, dargestellt. Durch die Konfrontation mit einem international gegebenen Preisverhältnis ist nunmehr eine *weiter*gehende Spezialisierung des Entwicklungslandes auf die Produktion von tangiblen Gütern aufgrund der durch die Produktionsmöglichkeitenkurve ausgedrückten technologischen Gegebenheiten (*komparative Vorteile*) angezeigt. Im Tangentialpunkt von höchster erreichbarer Budgetgeraden und Produktionsmöglichkeitenkurve P_E^* ergibt sich nunmehr das neue *Produktionsoptimum*.

Warum ist die Identität von Grenzrate der Transformation und reziprokem Güterpreisverhältnis eine Bedingung für das Gewinnmaximum der Unternehmung? Nun, die (Grenz-)Rate der Transformation $\frac{\Delta Y}{\Delta X}$ besagt, wieviele Einheiten des Gutes Y bei effizienter Produktion aufgegeben werden müssen, um *eine* zusätzliche Einheit von Gut X produzieren zu können. Das reziproke Preisverhältnis $\frac{P_X}{P_Y}$ sagt, wie man bei gegebenen Marktpreisen die Anschaffung einer Einheit X, wofür der Preis P_X zu bezahlen ist, durch die Aufgabe von Einheiten des Gutes Y, wofür man pro Stück den Preis P_Y realisiert, finanzieren kann. Im Unternehmungsoptimum müssen die beiden Verhältnisse einander entsprechen, tun sie es nicht, ist noch ein Gewinn zu realisieren: Überlegen Sie: Tauschen sich also die Güter X und Y auf dem Markt im Verhältnis 1 : 5, so bedeutet das, daß der Preis von Gut X fünfmal so hoch ist wie der von Gut Y, damit $\frac{P_X}{P_Y} = 5$. Beträgt die Grenzrate der Transformation der Unternehmung 2, so brauchen zwei Einheiten Y aufgegeben werden, um eine Einheit X zu produzieren. Diese Einheit X kann dann auf dem Markt gegen fünf Einheiten Y eingetauscht werden. Das ist ein 'schöner Gewinn' für die Unternehmung. Sie verfügt in dieser Situation über *komparative Vorteile*.

Unter einem komparativen Vorteil versteht man eine 'günstigere' (Grenz-)Rate der Transformation als es den gegebenen Preisverhältnissen entspricht. Dieser komparative Vorteil wird solange genutzt, bis er erschöpft ist.

Die Unternehmung wird daher beginnen, mehr vom Gut X zu produzieren. Aufgrund des *Gesetzes vom fallenden Grenzertrag* wird die Grenzrate der Transformation aber steigen, d.h. immer mehr Einheiten von Gut Y müssen aufgegeben werden, um eine Einheit X zu produzieren.

Das Unternehmungsoptimum ist dort, wo die (Grenz-)Rate der Transformation dem reziproken Güterpreisverhältnis entspricht, die Produktionsmöglichkeitenkurve also die höchstmögliche Isoerlöskurve tangiert!

Dieser Tangentialpunkt P_E^* gewährleistet damit den höchstmöglichen Erlös und damit das größte 'Konsumbudget' (das höchstmögliche *Volkseinkommen*), für das nunmehr in einem zweiten Schritt das nutzenmaximierende Güterbündel im Konsum gefunden werden muß. Dies ist in Punkt C_E^* erreicht, in dem mit den aus der Produktion erlösten maximalen Einkommen (Budget) die höchstmögliche Indifferenzkurve erreicht wird.[9]

Stellen wir die Bedingungen für das *Produktionsoptimum*:

---

[9] Real ist dieser Prozeß so interpretierbar, daß tangible Güter des Entwicklungslandes gegen intangible Güter des Dienstleistungslandes eingetauscht werden. Dazu gleich später.

5. Tausch und arbeitsteilige Produktion

$$GRT_{YX} = \frac{P_X}{P_Y}$$

(Anstieg der Produktionsmöglichkeitenkurve = Anstieg der Preisgeraden oder Budgetlinie)

und für das *Konsumtionsoptimum*

$$\frac{P_X}{P_Y} = GRS_{YX}$$

(Anstieg der Preisgeraden = Anstieg der Indifferenzkurve)

einander gegenüber, so sehen wir, daß in diesem Fall, also *bei gegebenen Preisen* die Bedingung für das Paretooptimum in einer internationalen Freihandelswirtschaft

$$GRT_{YX} = \frac{P_X}{P_Y} = GRS_{YX}$$

erfüllt ist.

Damit ist freilich auch der Beweis erbracht, daß in einer Wettbewerbswirtschaft, die ihren Teilnehmern ja die Preise vorgibt, egal ob national oder international – entscheidend ist, daß keiner der Beteiligten über irgendeine Preissetzungsmacht verfügt – das erzielte Allokationsergebnis paretoeffizient ist. Wenn das keine Leistung ist![10]

Zum Unterschied vom Fall ohne Außenhandel können jedoch im Fall internationalen Warenaustausches durch die hier mögliche Separation von Produktions- und Konsumtionsoptimum die Vorteile der *weiter*gehenden Spezialisierung und Arbeitsteilung genutzt werden, sodaß – *mit dem gegebenen Faktorbeständen* – das verfügbare Gütervolumen insgesamt und regelmäßig für alle am Handel teilnehmenden Länder wesentlich vergrößert werden kann. Auch dies kann graphisch – hier in Abbildung 5.9 – besonders anschaulich dargestellt werden. Zeichnen wir in das linke Diagramm die Produkti-

---

[10] In der hier vorgestellten Version einer einfachen Modellwelt haben wir nicht nur von Transportkosten abgesehen, sondern insbesondere von der Existenz sogenannter *externer Effekte*. Wir werden die damit verbundene Problematik im 9. Kapitel eingehend analysieren.

onsmöglichkeitenkurve des Entwicklungslandes ein,[11] das *komparative* Vorteile bei der Produktion von tangiblen Gütern hat, und in das rechte Diagramm die Produktionsmöglichkeitenkurve des für die Produktion von intangiblen Gütern besser geeigneten Dienstleistungslandes, dann sehen wir zunächst in den Punkten E_E^* für das Entwicklungsland und E_D^* für das Dienstleistungsland die jeweiligen Optima, die *ohne* internationale Austauschbeziehungen erreichbar sind. Das sind die jeweiligen 'Robinson-Crusoe-Gleichgewichte'!

Abb. 5.9: Nutzengewinne durch die Aufnahme von Tauschbeziehungen zwischen Entwicklungs- und Dienstleistungsland: Nutzung komparativer Vorteile

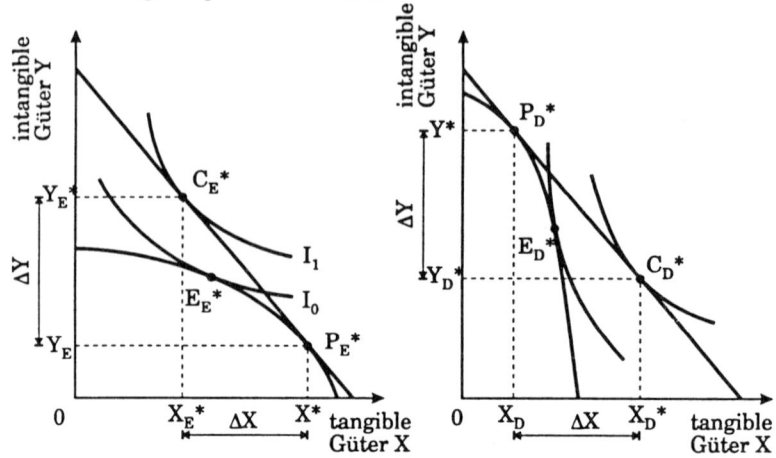

Der entscheidende Punkt liegt nun darin, daß *beide* Länder aufgrund ihrer Präferenzstruktur beide Gütergruppen konsumieren möchten. Bei gegenseitiger *Isolation* müssen sie ihre Ressourcen auch tatsächlich für die Produktion beider Gütergruppen entsprechend dem 'Diktat' des Tangentialpunktes der Produktionsmöglichkeitenkurve mit der höchstmöglichen Indifferenzkurve einsetzen (E_E^*, E_D^*). Bei internationalem Freihandel hingegen 'lockert' sich dieses Diktat. Nun können die *komparativen Vorteile* in der Produktion durch eine *weiter*gehende Spezialisierung genutzt werden.

Diese outputsteigernde Spezialisierung und Arbeitsteilung, wir sprechen auch von einer Erhöhung der Produktivität, wird durch die

---

[11] Die Situation des Entwicklungslandes wurde unverändert aus Abbildung 5.6 übernommen.

Aufnahme des freien Waren- und Dienstleistungsaustausches zwischen den beiden Ländern überhaupt erst ermöglicht.

Es wird nun jene Outputkombination produziert, die die Erlöse maximiert. Graphisch kommt das durch den Tangentialpunkt der Produktionsmöglichkeitenkurve mit der gerade noch erreichbaren und durch das Preisverhältnis P_X/P_Y in ihrer Steigung festgelegten 'Budgetgeraden' (Isoerlöskurve) zum Ausdruck. Nunmehr intensiviert das Entwicklungsland seine Produktion an tangiblen Gütern (Produktionsoptimum P_E^*), das Dienstleistungsland hingegen spezialisiert sich auf die vermehrte Erstellung von intangiblen Gütern (Produktionsoptimum P_D^*). Mit den solcherart maximierten Erlösen, die den *zugänglichen Güterraum erweitern*,[12] wird nun das jeweilige Nutzenmaximum angestrebt. Abbildung 5.9 zeigt deutlich, daß sich durch die internationale Arbeitsteilung das Nutzenniveau sowohl im Entwicklungsland (C_E^*) wie auch im Dienstleistungsland (C_D^*) wesentlich erhöhen läßt.

Abbildung 5.9 zeigt außerdem die ausgetauschten Mengen: So produziert das Dienstleistungsland insgesamt die Menge Y^* an intangiblen Gütern, verbraucht davon aber selbst nur die Menge Y_D^*, die Differenz $\Delta Y = Y^* - Y_D^*$ wird ins Entwicklungsland exportiert und gegen ΔX eingetauscht. Dieses ΔX ergibt sich, nachdem im Entwicklungsland vom optimalen Output an tangiblen Gütern X^* der Eigenverbrauch abgezogen wird ($\Delta X = X^* - X_E^*$). Bestimmt sind diese Mengen durch das Preisverhältnis $\frac{P_X}{P_Y}$.

Entscheidend ist bei all dem, daß erst die *Ermöglichung des freien Warenaustausches, die Existenz international freier Märkte* oder umgekehrt die *Nichtexistenz von Handelsbarrieren* die einzelnen Länder zu der für sie jeweils vorteilhaftesten Spezialisierung anhält und dadurch der Wohlstand – gemessen an der Güterversorgung beider Länder – auf 'wundersame Weise von selbst' zunimmt. Auch und gerade hier – auf internationaler Ebene – hat also das marktwirtschaftliche System seine *'invisible hand'* im Spiel!

---

[12] Beiden Ländern gelingt es, durch die Aufnahme von Handelsbeziehungen ihren eigenen Produktionsmöglichkeitsgrenzen zu 'entwischen'. Weil sie über ihre eigenen Produktionsmöglichkeitenkurven hinaus gelangen, ist ihnen ein *größerer Konsumraum* zugänglich.

5.4.3 Absolute und relative Kostenvorteile: Von Adam Smith zu David Ricardo

Hatte der Erfinder der Metapher der 'unsichtbaren Hand', *Adam Smith*, das fundamentale Tauschtheorem formuliert und mit *absoluten Kostenvorteilen* der Produzenten in unterschiedlichen Ländern argumentiert, so ging der klassische englische Nationalökonom *David Ricardo* (1772 - 1823) diesem Phänomen genauer nach und entwickelte das berühmte *Theorem der komparativen Kostenvorteile*.

Das Theorem der komparativen Kostenvorteile besagt, daß bei Vorliegen unterschiedlicher relativer Kosten in zwei Ländern der internationale Warenaustausch auch dann von Vorteil für beide Tauschpartner ist, wenn ein Land beide Güter absolut (!) günstiger herstellen kann.

Wenn Sie in Abbildung 5.9 die Steigung in den Tangentialpunkten E_E^* und E_D^* vergleichen, sehen Sie, daß *vor* Aufnahme des internationalen Handels *unterschiedliche relative Kosten* in den beiden Ländern bestehen.[13] Im Zuge des internationalen Handels wird nun der komparative Vorteil entsprechend genutzt, d.h. die jeweils vorteilhaftere Produktion ausgedehnt. Damit kann – wie gezeigt wurde – mit den gegebenen Faktorbeständen insgesamt mehr an Output (von beiden Gütergruppen) erzeugt werden. Die vorteilhaftere Produktion wird dabei solange ausgedeht, bis aufgrund der schließlich einsetzenden fallenden Grenzerträge und damit der steigenden Kosten die Vorteile 'verschwunden' sind. Im Gleichgewicht bei internationalem Handel haben sich die relativen Kosten in beiden Ländern angeglichen. Graphisch gesehen, befinden sich beide Länder auf Punkten *identischen Anstiegs* der jeweiligen Produktionsmöglichkeitenkurve.

Wir wollen uns dazu ein Beispiel ('Zwei-Länder-Zwei-Güter-Fall') ansehen: Wir nehmen an, daß alle Faktoraufwendungen für die Herstellung der beiden Güter Holz und Wein, die in beiden Ländern produziert werden, in Arbeitsstunden angegeben werden können. Betrachtet werden nun diese in Arbeitsstunden gemessenen Produkti-

---

[13] Versuchen Sie dies mithilfe der jeweiligen Grenzrate der Substitution zu formulieren. Also: 'Wenn das Entwicklungsland eine zusätzliche Einheit an tangiblen Gütern produziert, muß es eine bestimmte Anzahl von intangiblen Gütern aufgeben. Wenn dagegen das Dienstleistungsland eine zusätzliche Einheit an tangiblen Gütern produziert, ...

5. Tausch und arbeitsteilige Produktion

onskosten in zwei verschiedenen Ländern, in Österreich und in Italien, die vorerst in gegenseitiger Isolation nebeneinander 'leben'. Bei beiden Produkten hat die 'Gunstregion' (Italien) absolute Kostenvorteile, d.h. beide Produkte können in Italien absolut günstiger hergestellt werden. So benötigt man für eine Einheit Wein in Italien 5, für eine Einheit Holz 25 Arbeitsstunden. In Österreich dagegen muß man für eine Einheit Wein 10 Arbeitsstunden, für eine Einheit Holz 30 Arbeitsstunden aufwenden. Das läßt sich in einer Tabelle veranschaulichen:

Tabelle 5.1:
Unterschiedliche komparative Kosten in zwei Ländern

Arbeitseinsatz in Stunden

1 Einheit von	Österreich	Italien
Holz	30 Std	25 Std
Wein	10 Std	5 Std

Aus dieser Tabelle ersieht man, daß in Italien für die Produktion einer Einheit Holz fünfmal soviel Arbeit aufgewendet werden muß wie für die Produktion von Wein. Bei vollständiger Konkurrenz in Italien wird damit der Preis von Holz fünfmal so hoch sein wie der von Wein. Holz und Wein tauschen sich damit im Verhältnis 1:5, d.h. für eine Einheit Holz erhält man in Italien fünf Einheiten Wein.

In Österreich, das beide Produkte *absolut teurer* herstellt, gelten aufgrund derselben Überlegungen andere *relative Preise*. Hier ist eine Einheit Holz dreimal so teuer wie eine Einheit Wein. Holz und Wein tauschen sich also in Österreich 1:3, d.h. für eine Einheit Holz erhält man in Österreich 3 Einheiten Wein.

Wir wollen nun untersuchen, was passiert, wenn wir die Isolation beider Länder aufheben und freien Handel zulassen. Wie ist es unter den oben angegebenen Umständen – absolute Kostenvorteile für *beide* Güter in Italien – möglich, daß sich für beide Länder ein Austausch dieser Waren lohnt? Überlegen Sie, was passiert, wenn eine Einheit Holz von Österreich nach Italien exportiert wird? Was wird Österreich dafür eintauschen können, wenn die Tauschverhältnisse in Italien konstant bleiben?

Verfolgen wir die mit diesem Geschäft verbundenen Transaktionen genauer: Österreich exportiert also eine Einheit Holz (die hier absolut teurer produziert wird als in Italien!) nach Italien ... und tauscht diese Einheit Holz dort gegen Wein ein. Wieviel Einheiten Wein kann es für diese Einheit Holz eintauschen? Da in Italien die italienischen Tauschverhältnisse gelten, sind es fünf Einheiten Wein, die die 'Österreicher' für eine Einheit Holz in Italien 'erlösen' können, und das sind um zwei Einheiten mehr als 'zu Hause' in Österreich! Österreich kann durch diese Transaktion also nur gewinnen, während Italien gleichgut gestellt bleibt! Jedoch: was wird passieren, wenn die 'Österreicher' diese für sie äußerst vorteilhafte Transaktion immer öfter setzen? Dann wird, nach den *Regeln von Angebot und Nachfrage* ceteris paribus, durch die Erhöhung des Angebots an Holz in Italien dessen Tauschverhältnis (Preis) sinken. Man wird also nicht mehr fünf Einheiten Wein für eine Einheit Holz eintauschen können, sondern 'nur' mehr vier! Jetzt haben aber auch die 'Italiener' gewonnen, denn ihre Versorgung mit Holz ist billiger geworden!

Versuchen Sie selbst, nun das Ganze umgekehrt zu spielen: Die Italiener 'verschiffen' drei Einheiten Wein nach Österreich. Wieviel Einheiten Holz können sie dafür bei Geltung der österreichischen Tauschverhältnisse dafür eintauschen? Zu Hause in Italien hätten sie bloß ...

Soweit ein Beispiel zum 'berühmten' Theorem der komparativen Kostenvorteile von *David Ricardo*.[14] Wir können also sehr eindrucksvoll sehen, daß nicht absolute, sondern 'bloß' *komparative Kostenvorteile* Voraussetzung für einen, regelmäßig für alle Beteiligten vorteilhaften Tausch sind. Wir können festhalten:

Internationaler Waren- und Dienstleistungsaustausch hat das Vorliegen unterschiedlicher relativer Kosten, unterschiedlicher Opportunitätskosten, und d.h. komparative Vorteile der einzelnen Länder zur Voraussetzung!

Womit wir eben wieder beim wohlvertrauten *Opportunitätskostenkonzept* 'gelandet' wären! Wie bereits erwähnt, kommen

---

[14] Es wird Sie wohl kaum verwundern, daß jemand, der derartige Raffinessen aufdeckt, auch in persönlichen Belangen recht clever ist. Er hatte mit 42 Jahren genug Geld 'erspekuliert', um sich in aller Ruhe der Ökonomik zu widmen.

5. Tausch und arbeitsteilige Produktion 223

diese komparativen Kostenvorteile, die unterschiedlichen *Opportunitätskosten* in der *unterschiedlichen Steigung* der Produktionsmöglichkeitenkurven vor Aufnahme des internationalen Handels, also in den Autarkieoptima E_E^* und E_D^* der beiden Länder, zum Ausdruck. Schauen Sie sich das gleich noch einmal genauer in Abbildung 5.9 an!

5.5 Was Sie das alles angeht?

5.5.1 Vorsicht, 'Rent-Seeker'!

Was Sie das alles angeht, wollen Sie wissen? Nun, sehr, sehr viel! Denn als Konsument kann Ihnen weder der Umfang des verfügbaren Gütervolumens, die *Quantität* und natürlich auch nicht die *Qualität* der angebotenen Güter und Dienstleistungen einerlei sein und noch weniger freilich die *Preise*, die für all diese Waren zu bezahlen sind! Und beides ist im entscheidenden Maße davon abhängig, wie frei und ungehindert der Warenaustausch auf regionaler, nationaler und internationaler Ebene vor sich geht, d.h. im wesentlichen, ob für *Anbieter und Nachfrager freier und ungehinderter Marktzutritt* besteht. In der Realität finden wir auf allen Stufen mehr oder weniger stark ausgeprägte *institutionelle* Hemmnisse, die den freien und ungehinderten Waren- und Dienstleistungsaustausch auf dem einen oder anderen Gebiet einschränken. Und dies geschieht zumeist keineswegs im Sinne des 'allgemeinen Wohls' – wie in blumigen Festreden mitunter vollmundig beschworen –, sondern zumeist in zielstrebiger Verfolgung von Partikularinteressen! Diese Partikularinteressen manifestieren sich in Aktionen und Regelungen, die die *Konkurrenz beschränken* und *Monopolstellungen* schaffen, um – solcherart vom Wettbewerb geschützt – deftige Gewinne lukrieren zu können. Dazu muß zumeist auf staatliche Organe, die über legislative und administrative Gewalt verfügen, Einfluß genommen werden. Für all diese Anstrengungen, in den Besitz staatlich geschützter Monopolstellungen zu gelangen, werden nun *knappe Ressourcen* eingesetzt, die aber für die Gesellschaft verloren sind – also zur Erzeugung von Gütern und Dienstleistungen fehlen! – daher in *zweifacher* Weise zu Wohlstandseinbußen führen. Solche Aktivitäten, die leider gar nicht so selten vorkommen, nennt man *rent-seeking*, den Versuch, in den Genuß von *Renten* zu kommen.

Als Renten bezeichnet man in der Ökonomik ganz allgemein Einkommen, das nicht durch produktive Aktivitäten, also durch Schaffung von Gütern und Dienstleistungen, sondern durch 'natürliche' oder künstlich erzeugte Knappheitszustände zustande kommt.

Der Verlust, der für die Gesellschaft entsteht, ist also ein zweifacher: einmal werden knappe Mittel verwendet, um zunächst einmal in den Besitz von Monopolstellungen zu gelangen. Man nennt diese Aktivitäten *appropriative activities*. Die dafür eingesetzten Ressourcen dienen somit nicht dazu, das Angebot zu erweitern und damit die Versorgung zu verbessern. Es kommt hier lediglich zu Umverteilungseffekten. Zum zweiten wird die Monopolstellung ja bezogen, um das Angebot zu beschränken und ungerechtfertigt hohe Gewinne (wieder auf Kosten der Allgemeinheit) 'einzufahren'.

Es ist daher stets eine penible Prüfung der Sachlage angezeigt, wenn der Wettbewerb in irgendeiner Weise einer Beschränkung unterworfen ist bzw. unterworfen werden soll. Denken Sie an gesetzlich geschützte Monopole oder Kartelle, an die Vielzahl von Einfuhrlizenzen, aber auch an 'Konzessionen' für Apotheken, Ärzte, Taxis, Gasthäuser, Würstelbuden und vieles andere mehr.

Unbeschadet dessen können freilich auch einmal triftige Gründe für die Einschränkung eines freien Güteraustausches bestehen. Eines der gängigsten Argumente gegen den Freihandel ist das sogenannte *infant-industry*-Argument. Hier wird die (temporäre) Einführung bzw. Aufrechterhaltung von Einfuhrzöllen damit gerechtfertigt, daß die betroffene heimische Industrie gewissermaßen 'noch in den Kinderschuhen stecke'. D.h., sie hat noch nicht die Größe erreicht, bei der sich entsprechende *Skalenökonomien* und damit verbunden die 'Minimalkosten' der Produktion realisieren lassen. Damit hat sie ausländischen Konkurrenten gegenüber einen Entwicklungsrückstand und bei freiem Warenaustausch auch gar nicht die Möglichkeit, diesen Rückstand gutzumachen. Damit ist aber die Gefahr verbunden, daß der industrielle *take-off* nicht gelingt, mit all den damit verbundenen Nachteilen für die Wirtschaftsentwicklung generell. Mit diesem Argument wird also für einen (temporären) Zollschutz argumentiert, solange die heimische Industrie diesen Rückstand noch nicht aufgeholt hat.

5.5.2 Eine höchst aktuelle wirtschaftspolitische Frage!

Rekapitulieren wir: Was haben wir in diesem Kapitel eigentlich getan? Wir haben das im zweiten Kapitel vorgestellte *fundamentale Tauschtheorem* angewendet und gesehen, daß durch die Ausweitung des Tausches über den lokalen und nationalen Rahmen hinaus die damit verbundenen Wohlfahrtswirkungen wesentlich gesteigert werden können. Freier und unbeschränkter Waren- und Dienstleistungsaustausch bedeuten *unbeschränkten Marktzutritt* für die Unternehmungen, damit die Möglichkeit der *weiter*gehenden Nutzung der Vorteile der Arbeitsteilung und Spezialisierung. Die quantitative und qualitative Güterversorgung verbessert sich, das Realeinkommen der Haushalte steigt.

Daß durch die Öffnung bzw. Schaffung großer Märkte das Wirtschaftswachstum effektiv und nachhaltig gefördert werden kann, ist die *wirtschaftspolitische Schlußfolgerung* aus dieser Erkenntnis. Die Beseitigung von Handelshemmnissen, also die Schaffung großer freier Märkte ist gleichzeitig quasi die leitende Idee des Konzeptes des einheitlichen europäischen Wirtschaftsraumes, der ja gerade durch freien und ungehinderten Waren- und Dienstleistungsverkehr charakterisiert ist. Dadurch soll den europäischen Unternehmungen die Möglichkeit eröffnet werden, in entsprechende *Betriebsgrößen* hineinzuwachsen und relevante *Skalenvorteile* zu nutzen. Sie können dadurch der internationalen Konkurrenz am Weltmarkt gestärkt und mit kompetitiven Strukturen gegenübertreten. Der freie Wettbewerb, worüber *im Inneren* mit einer eigenen Behörde (Kartellamt) zusätzlich gewacht wird und der *im Außenhandel* durch das 'Offenhalten der Märkte' sichergestellt werden soll, wird diese Unternehmungen dann auch dazu zwingen, die mit dem Unternehmungswachstum verbundenen Kosteneinsparungen an die Konsumenten weiterzugeben.

Die Konsumenten gewinnen nicht nur durch eine größere Quantität an Gütern und damit eine erweiterte Auswahlmöglichkeit, sondern auch aufgrund der Verbilligung vieler Waren und Dienstleistungen durch den entstehenden intensiveren Wettbewerb. Damit steigt aber die *reale* Kaufkraft der Konsumenten. Das durch die Verbilligungen Ersparte können sie nun für andere, auch neue Produkte ausgeben.[15] Darauf setzen wiederum innovative Unternehmungen, die neue Produkte und Dienstleistungen anbieten: *Neue Märkte entstehen!*[16] Auf diese Art und Weise entfaltet die Marktwirtschaft ihre dynamische, fortschritts- und wachstumsfördernde Wirkung, weil sie im wesentlichen eine *Anreizstruktur* darstellt, indem durch die Aussicht auf Gewinne die entsprechende Motivation der einzelnen Wirtschaftsakteure, die ihre Lage verbessern möchten, ebenso gewährleistet ist, wie der dazu nötige Handlungsspielraum der Wirtschaftssubjekte. Die disziplinierende Kraft der *Konkurrenz* sorgt dann dafür, daß diese eigennutzbestimmten Aktivitäten in eine allgemeine Wohlfahrtssteigerung umgelegt werden.

Dies alles ist *keineswegs* neu! Vor mehr als 200 Jahren hat *Adam Smith* in seinem 1776 erschienenen Klassiker der Nationalökonomie, dem *Wohlstand der Nationen*, eben diese Gedanken in der Sprache seiner Zeit erstmals *systematisch geordnet* formuliert. Seither haben die Ökonomen 'lediglich' versucht, die diesen Aussagen zugrundeliegenden Bedingungen genauer zu ergründen und ein exaktes und extrem verfeinertes theoretisches Fundament zu legen ... Das Resultat: die Mikro!

5.5.3 Sie zum Beispiel ...

können nun abschließend die Probe aufs Exempel machen. Denn noch wesentlich krasser läßt sich der Nutzengewinn durch die Möglichkeit eines freien Waren- und Dienstleistungsaustausches dann darstellen, wenn Sie *Ihre eigene* Situation abbilden. Wählen wir die Ordinate als jene Achse, auf denen das von Ihnen produzierte Gut abgetragen wird und die Abszisse als jene, auf der alle anderen von Ihnen 'theoretisch produzierbaren' Güter abgetragen werden, dann schaut das ungefähr so wie in Abbildung 5.10 dargestellt aus:

Wenn Sie jetzt nicht tauschen könnten, dann hätte das zur Konsequenz, daß Sie selbst sehr viel Zeit und Mühe aufwenden müßten,

---

[15] Die Konstanz der Nominaleinkommen wird hier unterstellt.

[16] Doch merke: Die bereits durch ein hohes Wohlstandsniveau charakterisierten Haushalte können das durch die Realeinkommenssteigerungen Gewonnene neben der mengenmäßig Ausweitung ihrer Nachfrage nach bestehenden Produkten nur dann auch ausgeben, wenn *Unternehmer* entsprechende *neue* Produkte (sehr 'verlockend') zum Kauf anbieten. Wir stoßen damit immer wieder auf die zentrale Rolle des *Unternehmers* in der Marktwirtschaft!

5. Tausch und arbeitsteilige Produktion

um das Minimum an jenen Gütern selbst zu produzieren, auf die Sie einfach nicht verzichten können (elementare Nahrung und Kleidung, schützende Unterkunft etc.). Diese Situation wird in Abbildung 5.10 durch den Punkt A^* wiedergegeben. Ihr Nutzenniveau ist dementsprechend ... bedauernswert!?

Abb. 5.10: Ihr 'Robinson-Crusoe-Gleichgewicht' im Vergleich zu Spezialisierung und Tausch

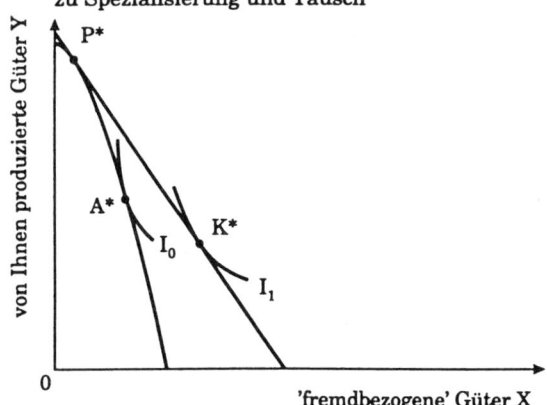

Eröffnet sich jedoch die Möglichkeit eines freien Warenaustausches, dann können Sie sich ganz Ihrer Arbeit, Ihrem Beruf, widmen, sich ausgiebig spezialisieren. Welcher Tätigkeit Sie sich zuwenden, wird entscheidend davon abhängig sein, wofür Sie am besten geeignet sind bzw. wofür unter Berücksichtigung Ihrer Qualifikationen am besten bezahlt wird.[17] Der Umfang Ihrer Spezialisierung ist durch das Preisverhältnis zwischen dem von Ihnen hergestellten Gut und dem Durchschnittspreis aller anderen Güter bestimmt. Dieses Preisverhältnis ist Ihnen von außen vorgegeben und dementsprechend wählen Sie jenen Punkt auf Ihrer Produktionsmöglichkeitenkurve, der das für Sie maximale (Einkommen) Budget sichert (P^*). Und dann können Sie sich dem nutzenmaximierenden Konsum widmen ... Produktions- und Konsumtionsoptimum sind in diesem Falle also separierbar! Die Folge ... sehen Sie selbst, welches Nutzenniveau Sie nun erreichen können (K^*)! 'Kein Vergleich' zur Situation ohne Tauschmöglichkeiten! 'Um Welten besser!'[18] Und das alles, obwohl 'we're still living in a box!' Allerdings nunmehr in einer wesentlich

---

[17]Kirchturmdachdecker können durchaus mehr verdienen als Psychologen. Warum ist der Psychologe aber dann kein Kirchturmdachdecker?

[18]Was müßten Sie hier kritisch einwenden?

größeren. Denn erinnern Sie sich: Der bloße Austausch von bereits *vorhandenen* Gütern brachte regelmäßig Nutzengewinne! Die aufgrund der Möglichkeit des Warenaustausches erfolgende Spezialisierung auf die Produktion jener Güter, für die man besonders geeignet ist, läßt aber den *Output bei gegebenen Ressourcen (!) enorm steigern*, damit *vergrößert* sich das Gütervolumen und damit natürlich auch die Edgeworth-Box! Damit entpuppt sich Ihre Box als ein zunehmend komfortableres und luxuriöser ausgestattetes Haus im Grünen!

6. Wie schwer es ist, ein (echter) Monopolist zu sein ... und zu bleiben! Oder: Von der Notwendigkeit des Gewinns

6.1 Geschichten vom Strand IV: Ein Ökonom unter den Badegästen

Wir wollen nun wieder einen genaueren Blick auf das Treiben unseres Studienobjektes, der Unternehmung Claudio Gelatino, werfen. Einige wunderschöne Sommertage waren mittlerweile ins Land gezogen und die Hitze der Tage korrelierte ausgesprochen positiv mit den Umsätzen unserer Eisversorgungsunternehmung, die mittlerweile – wie Sie sich wohl haben denken können – ihren Tätigkeitsbereich ein wenig ausgeweitet hat.[1]

Wir erinnern uns, am Tag, als die Unternehmung Claudio Gelatino ihre Leistungen das erste Mal anbot, konnten zum verlangten Preis bei weitem nicht alle Kundenwünsche befriedigt werden: Zum 'geforderten' Preis war die *nachgefragte* Menge größer als die *angebotene*. Achten Sie bitte auf die penible Wortwahl, die für Sie vielleicht etwas eigentümlich klingen mag. Umgangssprachlich hätten wir vielleicht gesagt, daß die Nachfrage größer als das Angebot war, doch das ist im strengen Sinn der ökonomischen Terminologie nicht ganz korrekt. Sie wissen schon, warum.

Nun aber wieder zur Marktsituation des ersten Tages: Zum für die Nachfrageseite *herrschenden Preis* war also die *nachgefragte Menge* größer als die *angebotene Menge*. Damit ist es für die sogenannte *kürzere Marktseite* zu *Mengenrationierungen* gekommen. Ganz allgemein versteht man unter der *kürzeren Marktseite* jene, deren Pläne zum herrschenden Marktpreis nicht vollständig erfüllt werden können. Und das war in unserem Beispiel die Nachfrageseite. Sie erinnern sich: Viele zum *verlangten Preis* Kaufwillige mußten unverrichteter Dinge wieder abziehen, gingen leer aus. In solchen Situationen heißt es dann regelmäßig: Wer zuerst kommt, mahlt zuerst!

---

[1] Wie bereits erwähnt hängt, so komisch das klingen mag, das ökonomische Geschick ganzer 'Industrien', nicht 'bloß' der Landwirtschaft, tatsächlich stark vom Wetter, von Sonnenschein und Schneefall, ab! Denken Sie an die verschiedenen Zweige der Fremdenverkehrsindustrie und den damit verbundenen Vorleistungsindustrien (Sport- und Freizeitindustrien). Dies gilt natürlich insbesondere für ein Fremdenverkehrsparadeland wie Österreich!

Was wir hier besonders deutlich sehen können, ist eines der zentralen Probleme jeder Gesellschaft, nämlich das sogenannte *Verteilungs-* oder *Distributionsproblem*. Solange wir nicht im Schlaraffenland leben, in dem alle Güter in Hülle und Fülle zur Verfügung stehen, und jeder nehmen kann, wonach ihm gelüstet, gibt es ein solches Verteilungsproblem.

Sobald Güter knapp werden bzw. produziert werden müssen, stellt sich die Frage, wer denn nun das Ergebnis der arbeitsteiligen Produktion schlußendlich erhalten soll. Wie, nach welcher Regel sollen die erstellten Güter auf die Mitglieder einer Gesellschaft verteilt werden?

Diese Frage stellt sich in *allen arbeitsteiligen Gesellschaften*, unabhängig davon, ob sie markt- oder planwirtschaftlich organisiert sind.

In Marktwirtschaften regeln primär die Preise die Verteilung der Güter. Nur derjenige kommt in ihren Genuß, der den geforderten Preis zu zahlen bereit ist.

Und auch zahlen kann, was wiederum von den Preisen der Güter bzw. Leistungen, über die das Individuum verfügt, abhängig ist. Allerdings kann es mitunter auch in Marktwirtschaften immer wieder einmal vorkommen, daß der Preismechanismus nicht rechtzeitig und nicht ausreichend in Funktion tritt, daß also beispielsweise bei besonders lebhafter Nachfrage der Preis zunächst nicht steigt (wie in unserem Strandbeispiel). Dann muß jedoch ein *anderer* Zuteilungsmechanismus in Kraft treten, nämlich üblicherweise die Regel: wer zuerst kommt, mahlt zuerst.[2]

Zurück zum Badestrand: Für Claudio Gelatino, eine *'Monopolunternehmung'* – er ist der *einzige* Anbieter dieses Gutes – ist hingegen der von ihm aufgestellte Plan in Erfüllung gegangen, d.h. die zum gewählten Preis – der Monopolist 'kann' seinen Preis *setzen* – geplante Absatzmenge konnte tatsächlich verkauft werden. Und damit ist für die Unternehmung schon viel gewonnen. Eine jener Fragen, die Claudio in der Nacht vor seinem ersten Versuch als Unternehmer wohl am meisten beschäftigt haben dürfte, war gewiß jene, welche Menge zu welchem Preis anzubieten sei. Daß Claudio vom negativen

---

[2] Was meinen Sie, ist dieser Mechanismus (im ökonomischen Sinne) besser als der Preismechanismus?

6. Die Rolle des Monopols

Zusammenhang zwischen Preis und nachgefragter Menge weiß, dürfen wir als sicher annehmen, daß er hingegen auch darüber im Bilde ist, daß man unter *diesem Zusammenhang* die *Nachfrage* versteht, ist fraglich. Mehr noch: ob er weiß, daß die graphische Wiedergabe dieses Zusammenhanges durch die *Nachfragekurve*, die im Falle einer monopolistischen Marktstruktur auch *Preis-Absatz-Kurve* heißt, darf mit gutem Grund bezweifelt werden. Jedenfalls: der grundsätzlich *negative Zusammenhang* zwischen *Preis* und *nachgefragter Menge* ist wohl jedermann einsichtig: Je weniger für eine Eisportion zu bezahlen ist, desto größer wird die *nachgefragte* Menge ausfallen. Im vierten Kapitel haben wir aus der individuellen Entscheidungssituation der Haushalte ganz exakt die Gründe für diese Zusammenhänge abgeleitet.

Während also weitestgehend Klarheit über die negative Beziehung zwischen Preis und nachgefragter Menge besteht, ist der genaue quantitative Zusammenhang zwischen beiden Größen zumeist unklar. Diesen muß der Monopolist Claudio wie viele Unternehmungen in ähnlichen Situationen quasi erst durch ein trial-and-error- Verfahren herausfinden, er muß angesichts der darüber bestehenden *Unsicherheit* und in Ermangelung von Erfahrungswerten (beispielsweise des Vorliegens von Verkaufsstatistiken) *Erwartungen* bilden. Aufgrund dieser subjektiven Erwartungen wird schließlich der *Absatzplan* erstellt. Während dieser Absatzplan der Unternehmung in unserem Beispiel tatsächlich in Erfüllung gegangen ist, sind einige der zum verlangten Preis kaufwilligen Konsumenten bekanntlich leer ausgegangen. Ihre (ihre, nicht Ihre) *Pläne*, zum verlautbarten bzw. herrschenden Preis 2, 4 oder welche Anzahl auch immer an Eisportionen zu kaufen, sind *nicht* in Erfüllung, diese Nachfrager damit leer ausgegangen. Damit war der 'Eisportionen-am-Strand'-Markt offensichtlich *nicht* im *Gleichgewicht*. Was einige Haushalte in der gegebenen Situation tun *wollten*, konnten sie nicht tun.

Denken wir einen Augenblick darüber nach, welche Möglichkeiten in dieser Situation bestanden hätten, doch zu einem Gleichgewicht zu kommen. Eigentlich gibt es nur eine einzige, da die Unternehmung im *ultra-kurzfristigen* Fall die angebotene Menge ja nicht ändern kann. Dem Monopolisten verbleibt in dieser Situation damit als *strategische Variable* nur mehr der Preis. Diesen hätte er so lange erhöhen und damit die *Überschußnachfrage* sukzessive reduzieren können, bis die angebotene Menge der nachgefragen entspricht und damit ein Gleichgewicht gefunden ist. Wenn wir uns diesen Prozeß genauer ansehen, dann merken wir, daß die Haushalte sehr genau den *Grenznutzen*, den ihnen eine Eisportion stiftet, mit dem *Preis der Eiskugel gewichten* und nach einem individuellen Haushaltsoptimum streben. Gerade dies wird bei diesem Prozeß deutlich: Wenn der Preis eine individuell bestimmte Schwelle übersteigt, 'dreht' ein Haushalt eben ab: Zu diesem Preis *will* er gar nicht mehr kaufen! Er verzichtet freiwillig darauf. Wenngleich er sich wahrscheinlich über den Preis 'beschweren' wird. Beim vom Monopolisten Claudio verlangten Preis, hätte er aber *gerne* zwei Eisportionen gekauft, was er nicht mehr kann, weil er zu spät gekommen ist. Seine Absicht, sein Plan ist damit gescheitert.

Zwar gibt es gewiß viele Situationen, in denen man als Konsument immer wieder einmal *mengenrationiert* wird, daß jedoch der Anbieter in einer solchen Situation gleich die Preise hinaufsetzt und dadurch einen Rückgang der *nachgefragten Menge* bewirkt, scheint uns ebenso ungewohnt wie unverschämt.

Wann ist es Ihnen zuletzt passiert, daß Sie das, was Sie zum herrschenden Preis kaufen wollten, nicht mehr erhalten haben, weil Sie zu spät gekommen sind? Denken Sie nach, solche Situationen gibt es durchaus auch ab und zu. 'Gibt's nicht mehr' heißt es dann mit einem mehr oder weniger freundlich bedauernden Achselzucken. Die Semmel, die Sie sich noch kurz vor Ladenschluß in der Bäckerei besorgen wollten; eine bestimmte Schokolade oder eine bestimmte Zigarettensorte, die Sie sich noch schnell vor der Vorlesung am Buffet vor dem Hörsaal gönnen wollten; ein Ihnen in einer Auslage einer Boutique entgegenleuchtendes Poloshirt, das in Ihrer Größe bereits verkauft ist, ... in all diesen Fällen kommen Sie de facto zu spät. Viel bessere Beispiele für diese Situation sind aber Konzertbesuche oder die Teilnahme an bestimmten Feiern und Großereignissen. Zu einem bestimmten *festgesetzten Preis* gibt es *eine bestimmte Anzahl* von Eintrittskarten. Wenn diese Menge verkauft ist, gibt's einfach nichts mehr. Haben Sie nicht bekommen, was Sie wollten, sind Sie mengenrationiert.[3]

---
[3] Wenn Sie jetzt unbedingt zum Konzert von Elton John gehen wollen, aber im regulären Verkauf keine Karten mehr erhalten konnten (Warum? Weil: wer zuerst kommt, mahlt zuerst!), was werden Sie tun? Nun, Sie werden am sogenannten 'Schwarzmarkt' als Nachfrager auftreten und versuchen, hier doch noch zu Ihrer Karte zu kommen. Allerdings zu einem höheren Preis. Wenn Sie also unbedingt

6. Die Rolle des Monopols

Stellen Sie sich vor, Sie kommen fünf Minuten vor Ladenschluß in eine Bäckerei. Fünf Semmeln liegen noch im Körberl. Sonst gibt's nichts mehr. Gemeinsam mit Ihnen wollen noch zwei weitere Kunden diese fünf Semmeln. Daß die Verkäuferin unverblümt die Frage an die Kundschaften stellt, wer denn wieviel zu zahlen bereit wäre und nachfolgend ein wildes Überbieten der Nachfrager einsetzt, gehört gewiß nicht zu Ihrem Erfahrungsschatz. Wer zuerst kommt, mahlt zuerst. Das ist hier die – leider sehr ineffiziente – Zuteilungsregel. Alles andere wäre geradezu verpönt!

Dennoch gibt es geradezu ein 'Lehrbuchbeispiel' eines solchen 'abenteuerlichen' und 'unverschämten' Prozesses, und noch dazu vor den Augen eines großen Publikums, das diesen Prozeß selbst verursacht und an ihm mit großem Interesse teilnimmt! Waren Sie schon einmal bei einer Auktion? Dort ist regelmäßig dieser Prozeß zu verfolgen. Zum (niedrigen) Ausrufungspreis gibt es in der Regel viele Kaufinteressenten für *ein* bestimmtes Versteigerungsobjekt. Um die angebotene Menge mit der nachgefragten in Übereinstimmung zu bringen, erhöht der Auktionator sukzessive den Preis, bis nur mehr *ein* Bieter übriggeblieben ist. Dieser erhält dann den Zuschlag: Gleichgewicht.

Bei diesem Beispiel sollten Sie sich zwei Dinge merken: Erstens gibt es hier jemanden, den *Auktionator*, der den Prozeß leitet und ihn zum Gleichgewicht hinführt. Im normalen Marktgeschehen gibt es keinen solchen Auktionator, hier wirken bei Vorliegen bestimmter Marktbedingungen *automatische Konkurrenzmechanismen*. Zweitens werden bei einer Auktion die Transaktionen erst dann ausgeführt, wenn das Gleichgewicht erreicht ist. Im normalen Marktgeschehen kann es unter Umständen vorkommen, daß noch bevor der Gleichgewichtspreis erreicht ist, Transaktionen zu Ungleichgewichtspreisen – wie beispielsweise am Strand – vollzogen werden, was mitunter zu

---

zum Konzert gehen wollen, 'koste es, was es wolle', dann werden Sie vielleicht das Doppelte oder Dreifache des regulären Preises hinzulegen haben. Gemein, nicht wahr? Oder doch nicht? Kaufen Sie nicht *freiwillig* die Eintrittskarte zum höheren Preis? Oder wurden Sie dazu gezwungen? Auf der anderen Seite muß sich der Anbieter am 'Schwarzmarkt' ja auch etwas einfallen lassen, um zu den Konzertkarten zu kommen. Vielleicht muß er sich sehr früh und/oder sehr lange irgendwo anstellen oder mehrere Leute ausschicken, um zu den Karten zu kommen. Schließlich trägt er auch das Risiko: Findet er keine Käufer, ist sein Geld verloren. Auch wäre zu fragen, warum Sie im regulären Verkauf keine Karten bekommen haben? Aha, Sie hatten keine Zeit, viel zu tun etc. ... Vielleicht waren Ihre Opportunitätskosten zu hoch, um sich selbst anzustellen?

Störungen im Anpassungsprozeß führen kann. Man spricht vom *false trading*.

Nun ist ein Badestrand eben kein Auktionssaal. Ein solches Verhalten – an einem Ort als legitim angesehen – wäre am Strand vielleicht wenig angebracht. Deshalb hat Claudio auch gewiß von dieser Strategie abgesehen. Für die *zukünftige* Absatzplanung bleibt jedoch eine Erhöhung des Preises pro Eisportion *eine* mögliche Alternative. Dann ist allerdings damit zu rechnen, daß die *nachgefragte Menge* nach Eis fällt. Doch wie stark wird die Nachfrage zurückgehen? ... Vorsicht: Diese Formulierung ist im vorliegenden Zusammenhang, genau genommen, falsch! Richtig muß es heißen: Wie stark wird die *nachgefragte Menge* infolge der Preiserhöhungen zurückgehen, beispielsweise bei einer Preiserhöhung um 2,-, 3,-, ... Geldeinheiten pro Eisportion? Genau das sagt uns nämlich die Nachfrage, die ja gerade dieser *Zusammenhang* zwischen Preis und nachgefragter Menge ist und graphisch besonders leicht in einem Preis-Mengen-Diagramm durch die negativ geneigte Nachfragekurve dargestellt werden kann. Und diese Nachfragekurve zeigt uns nicht nur, daß Preis und nachgefragte Menge in einem inversen Verhältnis zueinander stehen, sondern macht ganz exakte Aussagen, wie dieser Zusammenhang konkret ausschaut, wie *sensibel* die nachgefragte Menge auf Erhöhungen oder Senkungen des Marktpreises reagiert. Für diese *Sensibilität* der nachgefragten Menge auf Preisvariationen haben sich die Ökonomen – Sie wissen es bereits – die klingende Bezeichnung *Elastizität*, exakt in diesem Zusammenhang die *Preiselastizität der Nachfrage* einfallen lassen. Jeder Unternehmung (Ausnahme: eine Unternehmung bei vollständiger Konkurrenz) wäre es gewiß einiges wert, könnten Sie ihr die Preiselastizität der Nachfrage für ihre Produkte angeben. Wir kommen auf dieses zentrale Thema später mit einem anschaulichen Beispiel zurück.[4]

Doch kennen wir in der Regel die exakten Relationen der interessierenden Nachfrage (leider) nicht oder nicht sehr genau, doch im Laufe der Zeit führen Lernprozesse und Erfahrung doch zu einer (guten) Annäherung an die 'tatsächlichen' Werte, zu einer *Identifikation der Nachfrage*. Ganz das gleiche Problem wie Claudio haben all jene Unternehmungen, die neue Produkte einführen wollen. Das *Marktpotential*, der mögliche Kreis der Käufer für ein bestimm-

---

[4] Vgl. Abschnitt 6.5.2: Für Spezialisten und solche ....

6. Die Rolle des Monopols

tes neues Produkt mag noch mit einiger Sicherheit abschätzbar sein (d.h die Frage, wo kann dieses Produkt zunächst einmal – ohne noch seinen Preis ins Spiel zu bringen – überhaupt Verwendung finden? ist gewiß nicht allzu schwer beantwortbar), die größten Schwierigkeiten liegen aber in der Preisgestaltung, der *Preispolitik*. Da mit der Entwicklung neuer Produkte in der Regel große Investitionssummen verbunden sind, steht hier zweifelsfrei viel auf dem Spiel. Deshalb ist es wenig verwunderlich, daß nicht unbeträchtliche Summen in die *empirische Marktforschung* fließen, die mit ausgefeilten Methoden auf der Suche nach der relevanten Nachfragekurve ist. Man versucht, die jeweilige Nachfragekurve zu 'identifizieren'.[5]

Zurück zu Claudios Entscheidungsproblem: Neben der Erhöhung der Preise kann als zweite Alternative die angebotene Menge bei gleichbleibendem Preis erhöht werden. Und schließlich bestehen eine Unzahl von Kombinationsmöglichkeiten zwischen diesen 'extremen' Vorgangsweisen. Also ein bißchen mehr Preis und mehr Menge ... Welche Strategie sollte nun aber gewählt werden? Welche ist die optimale?

Warum aber sollte das Unternehmen überhaupt seine Strategie ändern? Warum sollte es infolge einer Ungleichgewichtssituation, noch dazu der anderen, der Nachfrager (!), also überhaupt zu Anpassungsreaktionen kommen, die zu einem Gleichgewicht hinführen? Ganz allgemein dann und nur dann, wenn die einzelnen Wirtschaftssubjekte ihre Situation *verbessern* können. Und wir wissen, daß alle Marktteilnehmer nach einem *Optimierungskalkül* vorgehen, ergo werden sie, wenn es eine Möglichkeit der Verbesserung gibt, diese auch wahrnehmen. Und im Falle einer Unternehmung, der wir strikte Gewinnmaximierungsabsicht unterstellen, wird diese ihre Strategie dann ändern, wenn sie den Gewinn erhöhen kann bzw. nach jener Strategie suchen, die den Gewinn maximiert.

Dies gilt für die Seite des Angebots. Für die Seite der Nachfrage gilt genau dasselbe. Nur wenn Sie Ihre Lage verbessern können, werden Sie Ihre Strategie ändern, dann wählen Sie die Strategie, die entsprechend Ihren Erfahrungen und Ihrem Informations- und *Kenntnis*stand (Mikro!!) den erwartungsmäßg höchsten Zielerreichungsgrad besitzt, also den größten Nutzen zu stiften verspricht.

---

[5] Was könnte Ihnen als Hinweis auf die Preisgestaltung eines neuen Produktes, abgesehen von den Produktionskosten, dienen?

Wären Sie also einer der vortags mengenrationierten Badegäste, dann könnten Sie am nächsten Tag zunächst aufmerksam auf das Auftauchen des Eisverkäufers lauern, dann hineilen, um noch vor den anderen das knappe Eis zu ergattern oder den Eisverkäufer im Ansturm der Kaufwütigen durch Ihre Bereitschaft, einen höheren Preis zu bezahlen, überzeugen, daß es auch in seinem Interesse ist, Ihnen das knappe Eis zu verkaufen. Wenn Sie jedoch verstanden haben, wie Angebot und Nachfrage auf solche Ungleichgewichtssituationen reagieren, wie sich die Marktteilnehmer als optimierende Subjekte beim nächsten Mal verhalten werden, als findiger Ökonom sozusagen, dann werden Sie es den anderen Badegästen, die erwartungsgemäß genau so wie beschrieben handeln werden, *nicht* gleichtun und ruhig in der Sonne liegenbleiben! Und ... dennoch zu Ihrem Eis kommen. Kein die Erholung störendes nervöses Lauern auf das Auftauchen des Eisverkäufers, kein aufgeschreckter Sprint, kein überzogenes Hinauflizitieren der Preise wird nötig sein: Sie kommen zu Ihrem Eis, oder eigentlich und *noch besser*: das Eis kommt zu Ihnen! Und das ganz ohne irgendeine zusätzliche Beschwernis. Ist das nicht super? Ihre Beschäftigung mit Mikro zeigt erste Erträge! Sie haben sich viel Zeit und Mühe erspart und kommen quasi spielend zu dem, was Sie wollen: zu Ihrem Eis! Warum? Wie geht dies vor sich?

Nun ganz einfach durch die bereits geschilderten Anpassungsprozesse in Folge von Ungleichgewichtssituationen, die zum Marktgleichgewicht hinführen, wenn Angebot und Nachfrage 'normal' sind, d.h. graphisch gesehen Angebots- und Nachfragekurven normalen Verlauf aufweisen, die Angebotskurve also mit dem Preis steigt, die Nachfragekurve mit steigendem Preis fällt und die beiden einander auch noch schneiden. Man kann in aller Regel darauf vertrauen, daß die entsprechenden Angebots- und Nachfragereaktionen zu einem Gleichgewicht führen bzw. sich einem solchen annähern werden. In unserem Beispiel vom Eisverkauf am Badestrand vertraut unser Ökonom auf eine entsprechende mengenmäßige Angebotserweiterung als Reaktion auf die Ungleichgewichtssituation vom Vortag. Die Unternehmung Claudio, der der Nachfrageüberschuß vom Vortag ja nicht verborgen geblieben ist, wird bei Erwartung derselben Nachfrage, bei Beibehaltung der Preise vom Vortag und wenn sich die Grenzkosten im entsprechenden Bereich nicht wesentlich ändern, das Angebot ausweiten. Genau das hat Claudio auch getan: Seine gewinnerhöhende

6. Die Rolle des Monopols 237

Reaktion auf die Überschußnachfrage bestand in einer Erhöhung des mengenmäßigen Angebots bei Konstanz des Verkaufspreises. Und auf diese Strategie hat unser Badestrand-Ökonom vertraut und recht behalten.[6] Für den Anfang nicht schlecht![7]

6.2 Geschichten vom Strand V: Sommergewitter mit deftiger Abkühlung

Die Unternehmung Claudio ist ihrerseits mit ihrer Strategie auch am 2. Tag erfolgreich. Die nunmehr verdoppelte Angebotsmenge konnte zum selben Preis abgesetzt werden. Diesmal konnte ein bestimmter, abgeschlossener Teil des Strandes beliefert und alle Kaufwünsche vollständig befriedigt werden. Kein Kunde mußte abgewiesen werden, keine Eisportion ist übriggeblieben. Die *angebotene* Menge entsprach damit exakt der *nachgefragten*. Alle Pläne aller Marktteilnehmer (und auch die der Nichtmarktteilnehmer!) sind in Erfüllung gegangen, die Konsumenten strahlen eisschlürfend, die Sonne scheint: ein Bilderbuch-Eis-am-Strand-Marktgleichgewicht.

Auch Claudio ist mit sich sehr zufrieden. Doch stellt er fest, daß er nicht nur länger gearbeitet hat als am Vortag, sondern auch härter. Bis oben hin bepackt mit den Kühltaschen hatte er mehrere Male den Weg zwischen dem Strand und seinem Auto in Windeseile zurücklegen müssen. Bei seiner auf der Heimreise angestellten Strategieplanung für den nächsten Tag, geht Claudio von der Überlegung aus, daß die Bearbeitung eines *zusätzlichen* Strandabschnitts und damit das Angebot einer *zusätzlichen* Menge Speiseeis nicht durch einen proportional wachsenden Arbeitseinsatz zu bewerkstelligen sein wird, sondern nur durch darüber hinausgehende Anstrengungen. Eine besondere Geschicklichkeit, höhere Belastbarkeit und höhere Konzentration werden erforderlich sein, um eine noch größere Menge Eis in der relativ kurzen Zeitspanne, die es ohne Schaden überdauern kann, an eine größere, aber auch weiter verstreute Anzahl von Konsumenten zu verkaufen. Für das Gelingen dieser Aufgaben vergrößert

---
[6] Hätte Claudio statt dessen die Preise erhöht, dann wäre unser Ökonom wahrscheinlich auch zu seinem Eis gekommen. Warum?
[7] Unser Badestrandökonom hat freilich vorher einen kühlen Blick rundum getan und festgestellt, daß im Vergleich zum Vortag vor Auftauchen des Strandeisverkäufers sich kaum etwas verändert hat. So ist insbesondere die Badestrandpopulation gleich geblieben. In ökonomische Terminologie übersetzt: Die *ceteris-paribus*-Bedingung ist als erfüllt anzusehen.

sich daher nicht nur die Arbeitsmühe überproportional, auch das Risiko eines Verderbs bei nicht zeitgerechtem Verkauf des Eises steigt und muß mit in das Kalkül gezogen werden. 'Das wird jedenfalls teurer' meint Claudio. Diese Fakten bedeuten – in ökonomische Terminologie übersetzt: Die Unternehmung Claudio beginnt nunmehr in einen Produktionsbereich vorzudringen, in dem *die Kosten der zusätzlichen Outputeinheiten deutlich steigen!* Und da in unserem Fall die *Grenzkosten das Minimum der (totalen) Durchschnittskosten* natürlich deutlich übersteigen[8] und damit auch die *Durchschnittskosten* markant ansteigen, wird der Verkaufspreis erhöht!

Gesagt, getan: So wird der Preis am nächsten Tag um zwei Geldeinheiten pro Eiskugel hinaufgesetzt und die Nachfrage nach Eis geht infolgedessen am 'alten' Strandabschnitt tatsächlich zurück. ... nein! Falsch! *Die Nachfrage bleibt unverändert!* Infolge des erhöhten Preises geht nunmehr die *nachgefragte Menge* zurück! Dies kann aber durch die *zusätzliche Nachfrage* am neu bearbeiteten Strandabschnitt kompensiert werden. Bis auf eine Portion wird alles verkauft. Das ist durchaus im Interesse Claudios: Die letzte Eisportion gönnt er sich selbst. Sie schmeckt besonders gut. Auch diesmal also Gleichgewicht! Claudio hat hart gearbeitet und es hat sich bezahlt gemacht, er hat gut verdient. Die harte, aber einträgliche Arbeit tagsüber veranlaßt ihn, den Abendjob im Eissalon seines Bekannten aufzugeben und sich mehr seiner unternehmerischen Tätigkeit zuzuwenden. Doch vorerst gönnt er sich etwas Erholung. Jetzt kann er es sich eben leisten. Er stellt für einige Zeit seine unternehmerische (Denk-)Arbeit ein und verbringt einen lustigen Abend im Kreise seiner ihn nunmehr mit neidischen Blicken musternden Freunde ... auch die Mädchen sind ganz anders als sonst ... es wird sehr spät.

Am nächsten Tag, der infolge der nächtlichen Aktivitäten später als üblich beginnt, will Claudio – bestärkt durch die in Erfüllung gegangenen Pläne des Vortages – die gelungene Aktion wiederholen. Er disponiert die gleiche Menge und startet - - noch immer nicht ganz munter – in Richtung Stausee. Doch hat er diesmal etwas ganz Entscheidendes übersehen bzw. überhört: Die Meteorologen hatten eine stark abkühlende Gewitterfront prognostiziert, und gerade dies-

---

[8] Können Sie schlüssig erklären, warum wir hier diese Voraussetzung als selbstverständlich gegeben erachten können? Versuchen Sie die Erklärung, indem Sie annehmen, daß die Grenzkosten das Minimum der Durchschnittskosten bislang *nicht* erreicht gehabt hätten und warum dieser Fall überhaupt nicht einsichtig ist!

6. Die Rolle des Monopols 239

mal haben sie auch recht. Als Claudio sich dem See nähert, haben sich die Wolken bereits zu hohen, dunklen Gewittertürmen aufgebaut und schon donnert es bedenklich. Die ersten Badegäste verlassen den Strand ... und auch die anderen packen schnell noch ihre Sieben Sachen zusammen. Nur Claudio ist noch da: Jetzt steht er – buchstäblich – im Regen. Die *Nachfrage* ist weg! Und auch ihm selbst ist jegliche Lust auf ein Eis vergangen. Tatsächlich eine deftige und ernüchternde Abkühlung!

6.3. Vom Dasein des Monopolisten. Oder: Wie kommt der Monopolist überhaupt zu seinem Monopol?

Jeder von uns hat eine ungefähre Vorstellung davon, was ein Monopol ist. Und auch soviel scheint uns klar: ein Monopol ist jedenfalls eine schlechte und ausbeuterische Angelegenheit.

Es taucht das Bild eines befrackten, dickleibigen und glatzköpfigen älteren Herren auf, der im opulenten Ambiente fürstlich diniert, Havanna Zigarren raucht und sich das alles nur leisten kann, weil er ein gräßlicher Monopolist ist, also irgendwelche Unglückslagen anderer Leute für seinen Profit schamlos ausnutzt. Tatsächlich kann es solche Monopolisten auch geben. Doch denken wir an Claudio Gelatino, auch er ist ein Monopolist, ein hart arbeitender allerdings: Er ist der *einzige*, der am Strand des besagten Stausees Eis zum Verkauf anbietet. Am Markt 'Eis am Strand' ist Claudio also der *einzige Anbieter*, der jedoch vielen Nachfragern, nämlich allen Stauseebadestrandhaushalten, gegenübersteht.

Damit sind wir also ganz allgemein bei der Definition eines Monopols:

Ein Monopol liegt dann vor, wenn auf einem Markt oder, ganz streng genommen, in einer gesamten Branche ein einziger Anbieter sehr vielen Nachfragern und damit der gesamten Marktnachfrage gegenübersteht.

Damit besitzt der Monopolist die Macht, den Preis seines Produktes 'zu setzen', nämlich – wie wir gleich sehen werden – im wesentlichen *durch die Wahl seiner Angebotsmenge* festzulegen. Der Monopolist verfügt also über eine 'absolute' Macht der Preisfestsetzung im Vergleich zu einem Anbieter, der einer *vollständigen Konkurrenz* 'ausgesetzt' ist, d.i. eine Marktsituation, in der sehr viele Anbieter und auch Nachfrager am Markt teilnehmen, sodaß sie den dort sich bildenden Preis als Datum hinnehmen müssen und damit lediglich ihre *Menge* anpassen können. (Erinnern Sie sich an die Gewinnmaximierungsstrategie der Wettbewerbsunternehmung in Kapitel 3.) Während bei vollständiger Konkurrenz, man verwendet dafür auch den Begriff *Polypol*, einer Art Idealwelt der Ökonomen, die wir im nächsten Kapitel näher kennenlernen werden, die von der einzelnen Unternehmung *angebotene Menge eine Funktion des Preises* ist, ist es beim *Monopol gerade umgekehrt!* Hier ist der Preis, der sich am Markt ergeben wird, eine *Funktion der vom Monopolisten angebotenen Menge.*

Formal schaut das dann so aus: Bei der Wettbewerbsunternehmung:

$$q = q(P)$$

beim Monopol hingegen:

$$P = P(Q)^9$$

Achten Sie auf die Notation: (Klein) q steht hier für die angebotene Menge eines einzigen Anbieters, die in Relation zum gesamten Marktangebot verschwindend gering ist. (Groß) Q hingegen steht für das Marktangebot insgesamt! Damit ist in der Marktform des Monopols die angebotene Menge – gehen wir von einer gegebenen Nachfragekurve aus – allein von der (gewinnmaximierenden) Entscheidung des Monopolisten abhängig! Hier verfügt er über eine 'absolute' Macht, Marktmacht!

Doch ist diese 'absolute' Macht auf dem Monopolmarkt in der überwiegenden Mehrzahl der praktischen Fälle im Grunde eigentlich doch nur *relativ*. Und zwar deswegen, weil für das Produkt des Monopolisten regelmäßig mehr oder weniger viele *Substitutionsmöglichkeiten* gegeben sind, die der Monopolist keineswegs außer acht lassen darf! So kann beispielsweise der Monopolist Claudio auf

---

[9] Doch Vorsicht: $q = q(P)$ mit $q' > 0$ ist die Gleichung für die *Angebotskurve* einer einzelnen Wettbewerbsunternehmung. Eine solche Angebotskurve gibt es beim Monopolisten aber überhaupt nicht. $P = P(Q)$ mit $P' < 0$ ist hingegen die Gleichung der *Marktnachfragekurve*, die unabhängig davon so ausschaut, ob die Angebotsseite polypolistisch oder monopolistisch strukturiert ist. Allerdings wählt der Monopolist die angebotene Menge Q und setzt damit den Preis (auf der Nachfragekurve)!

6. Die Rolle des Monopols

seinem Markt, d.h. vis-a-vis *seiner* Nachfragekurve in gewisser Weise den Preis für sein Produkt 'Eis am Strand' variieren, aber eben grundsätzlich nur in dem Bereich, in dem dies seine (natürlich fallende!) Nachfragekurve zuläßt. Und diese Nachfragekurve orientiert sich auch und sogar sehr stark an den *Preisen für Substitutionsgüter*, d.h. an den Kosten für in der eigenen Kühltasche mitgebrachtes Mineralwasser oder vom Preis des Eises im etwas abgelegenen Strandcafe und vielen anderen Einflußfaktoren mehr. Damit, durch die *Existenz und Verfügbarkeit von Substitutionsgütern*, die im weitesten Sinne ein bestimmtes Bedürfnis befriedigen können (z.B. Durststillung, Erfrischung), wird selbst der Monopolist deutlich diszipliniert. Er kann also keineswegs tun, was er will. Auch der Monopolist braucht Tauschpartner, Kunden, die zu dem von ihm festgesetzten Preis kaufen, also *freiwillig* tauschen!

So betrachtet ist der Monopolist nur dann eine wirkliche 'Gefahr', im Sinne eine ungebührlichen Ausbeutung des 'Publikums', wenn er im ausschließlichen Besitz von Gütern des lebensnotwendigen Bedarfs wäre, wenn er beispielsweise die gesamte Milch- oder Brotproduktion eines Landes kontrollieren könnte, also exklusiv Produkte anbietet, für die es kaum bzw. nur äußerst bedingt Substitutionsgüter gibt. Auch ein kleiner Greißler in einem sehr abgelegenen Tal ist ein Monopolist. Kann er deshalb seinen Kunden abknöpfen, was er will? Er kann dies nur in einem bestimmten Preisbereich tun. Wird er zu teuer, werden es seine Kunden vorteilhafter finden, die Mühe einer längeren Einkaufsfahrt auf sich zu nehmen. Oder aber es wird ein zweiter Laden seine Tore öffnen ... und etwas billiger anbieten, also der Nachfrage des Ex-Monopolisten ein schönes Stück herausschneiden![10]

Denken Sie nach! Welche Monopole der Art, daß diese über Produkte verfügen, die sehr schwer bzw. überhaupt nicht substituierbar sind, kennen Sie? Ja, es gibt sie in der Tat. So beispielsweise das Salz- oder das Zucker- oder Tabakmonopol! Ein genaueres Hinsehen zeigt aber auch sofort, daß diese Monopole nicht etwa über Marktprozesse entstanden sind, sondern aufgrund staatlicher, gesetzlicher Maßnahmen bestehen! Diese Monopole existieren, weil ihnen das Mo-

---

[10] Was passiert in diesem Fall mit der Nachfragekurve des einstigen Monopolgreißlers? Allerdings besteht in diesem Fall auch die Möglichkeit eines natürlichen Monopols. Siehe dazu gleich unten!

nopolrecht von staatlicher Seite eingeräumt wurde. Und damit haben wir schon *einen* wesentlichen Grund für die Existenz von Monopolen entdeckt: Der Staat selbst gewährt Monopole durch gesetzliche Einschränkungen und Handelsbeschränkungen!

Was im Falle von Salz oder Zucker, wohl zwei lebensnotwendige Produkte, deren Substitution gewiß nur sehr schwer möglich sein dürfte, doch als eine sehr fragwürdige staatliche Maßnahme anzusehen ist,[11] wird jedoch bei anderen staatlich gewährten Monopolstellungen verständlich.

Der Staat bzw. die internationale Staatengemeinschaft gewährt Erfindern, die darum ansuchen, einen sogenannten *Patentschutz*, was ja nichts anderes darstellt, als das *Monopol* auf ein bestimmtes Verfahren oder Produkt. Patent- und in gewisser Weise auch Markenschutz sind nun – ganz im Gegensatz zu den staatlich sichergestellten Salz- und Zuckermonopolen – äußerst sinnige und segensreiche Institutionen. Mithilfe des (für einen Zeitraum von 17 Jahren) gewährten Patentschutzes (bzw. des unbefristeten Markenschutzes) ist ein entscheidender *Anreiz* geschaffen, der alle findigen Geister dazu ermutigt, sich auf die Suche nach neuen Verfahren und Produkten zu machen, die von hohem Nutzen für die Allgemeinheit sind. Ohne dieses Patentschutzsystem, das zu einer *temporären Monopolstellung* verhilft, würden heute (von Großunternehmungen) keinesfalls derart riesige Summen in Forschungs- und Entwicklungsaktivitäten gesteckt, die die Grundlage für den technologischen Fortschritt bilden, und auch das private Genie wäre kaum motiviert.

Denn der Anreiz besteht ja gerade darin, daß durch die internationale Institution des Patentschutzes weitestgehend sichergestellt wird, daß die möglichen Erträgnisse einer Erfindung auch tatsächlich dem Erfinder (bzw. dessen Finanzier) zufallen. Patente schützen in erster Linie bestimmte Produktionsverfahren, also ein bestimmtes Wissen, das, ist es einmal irgendwo eingesetzt und bekannt geworden, oft sehr leicht kopiert, abgeschaut und nachgemacht werden kann und dann freilich nicht mehr verkauft werden könnte.[12]

---

[11] Dies deshalb, weil bei staatlichem Eingriff in gewisser Weise immer selbstredend unterstellt wird, daß dieser zum Wohle der Allgemeinheit erfolgt. Hier geht es aber paradoxerweise gerade nicht um den Schutz *vor* dem Monopolisten, sondern um den Schutz *des* Monopolisten durch den Staat!

[12] Diese Art von Wissen ist ein *öffentliches* Gut – denken Sie beispielsweise an Computerprogramme –, das deshalb nicht im ausreichenden Maße produziert

6. Die Rolle des Monopols

Mittels des Patentschutzes (oder auch des Urheberrechtes) gewährt die Staatengemeinschaft jedoch den Erfindern die Möglichkeit, nur demjenigen die Umsetzung bzw. Benutzung der Erfindung zu gestatten, der dafür auch bezahlt. Hier werden also mit gutem Grunde Monopolpositionen und damit Monopolgewinne in Aussicht gestellt, allerdings nur temporär, um alle potentiellen Erfinder bzw. gewinnorientierte Finanziers entsprechend zu motivieren.

Diese entscheidende Motivationsfunktion übernimmt im marktwirtschaftlichen System im allgemeinen der Gewinn, bzw. die Aussicht darauf, wenn es gelingt, (neue) Produkte anzubieten, die dem Abnehmer entsprechenden Nutzen stiften.

Hätte ein Unternehmer nicht die Aussicht, (zumindest) temporär in den Genuß einer Monopolrente zu gelangen, also einen über die Opportunitätskosten hinausgehenden ökonomischen Profit zu erwirtschaften, dann hätte er keinerlei Anreiz, überhaupt unternehmerisch tätig zu werden, indem er neue, bessere oder billigere Produkte anbietet und damit die Güterversorgung insgesamt (ohne dies eigentlich zu bezwecken) verbessert.

Denn hat der Unternehmer tatsächlich eine gute Idee und damit auch einen wirtschaftlichen Erfolg gelandet, dann droht diese Idee von potentiellen Konkurrenten kopiert, also nachgemacht zu werden – was eine bestimmte Zeit in Anspruch nimmt, während dessen der *erste* Unternehmer seine Monopolrente abschöpft. Der Wettbewerb kann also nicht zu unrecht auch als ein *Entdeckungsverfahren*, ein *Entdeckungswettbewerb* interpretiert werden, der freilich letztlich wieder gegen den Entdecker selbst arbeitet und dessen Idee allen zugute kommen läßt.

Denn: Bieten dann, im Laufe der Zeit, mehrere Unternehmungen das gleiche oder ähnliche Produkt an, dringen also in den Markt des Monopolisten ein, dann wird dessen Nachfrage reduziert und damit sein Gewinn früher oder später wieder verschwinden.[13] Während dieser Prozeß im allgemeinen sehr erwünscht ist, stellt er in gewisser Weise auch eine Gefahr dar. Gäbe es kein Patentrecht, dann wäre bei sehr aufwendigen und damit mit ungemein hohen Entwicklungskosten

---

würde, weil sich die Erträgnisse daraus, gäbe es keinen gesetzlichen Schutz – *nicht* bzw. äußerst schwer individuell aneignen lassen. Siehe dazu genaueres im Kapitel 9.

[13] Siehe dazu gleich unten Abschnitt 6.6.2: Monopolistische Konkurrenz.

verbundenen neuen Verfahren und Produkten die Zeit zu kurz, um die Kosten der Entwicklung zu decken! Damit würden viele bedeutende Erfindungen aber wahrscheinlich unterbleiben.

Schließlich kann es noch in zwei weiteren Fällen zu einem Monopol kommen, wobei hier der Staat seine Finger allerdings nicht im Spiel hat. Zunächst einmal kann jemand in der glücklichen Lage sein, im *ausschließlichen Besitz einer sehr kostbaren Ressource* zu sein. Man ist versucht, hier in erster Linie an bestimmte Erzvorkommen oder ähnliches zu denken. Gewiß ein sehr naheliegendes und oft zitiertes Beispiel. Man braucht aber, genau genommen, gar nicht so weit zu gehen. Es gibt ja Mittel und Wege, um sich selbst in den Besitz sehr seltener Ressourcen, solcher 'außergewöhnlicher' Kenntnisse und Fähigkeiten zu bringen, also in gewisser Weise selbst Monopolist zu werden – ein Ziel, das wir, wenn wir ehrlich sind, *alle* mehr oder weniger teilen! Denken Sie beispielsweise an bekannte Schauspieler oder weltberühmte Dirigenten ... Wenn Sie über die *Patentlösung*, also über *Fähigkeiten* verfügen, die Sie zum gesuchten Mann machen, sind Sie Monopolist! Wären Sie beispielsweise jemand, der jeder noch so darniederliegenden Firma wieder auf die Beine helfen könnte, ...

Der Besitz solcher Fähigkeiten und Talente, die mit substantiellen Kostensenkungen und Ertragssteigerungen verbunden sind, führt uns gleich zum letzten Grund für die Existenz eines Monopols, nämlich zum sogenannten *natürlichen Monopol*.

Von einem solchen natürlichen Monopol sprechen wir dann, wenn eine Unternehmung noch immer im Bereich fallender Durchschnittskosten produziert, obwohl ihr Output (fast) die gesamte Marktnachfrage deckt.

Eine solche Situation ist in Abbildung 6.1 dargestellt. Anstatt von fallenden Durchschnittskosten im relevanten Marktbereich könnten wir aber auch ganz einfach sagen:

Ein natürliches Monopol bildet sich von selbst dann heraus, wenn eine Unternehmung allein billiger als alle Konkurrenten produzieren kann. Ein natürliches Monopol ist also ein Unternehmen, das den gesamten Marktoutput am günstigsten erstellen kann, günstiger jedenfalls, als wenn mehrere Anbieter diese Aufgabe gemeinsam übernehmen würden.

Daß dies im Falle des natürlichen Monopols so ist, wird in Ab-

6. Die Rolle des Monopols

bildung 6.1 ebenfalls deutlich. Würden sich zwei Unternehmungen diesen Markt teilen, dann wären die Kosten für diesen Output doppelt so hoch! Und dies wäre ökonomisch ganz offensichtlich unsinnig! Die gängigsten Beispiele für solche natürlichen Monopole sind die Strom- und Wasserversorgung, oder das Telefon- und Postwesen. Sofort fällt auf, daß diese Unternehmungen zumeist von öffentlichen Körperschaften geführt werden. Auch der Grund dafür ist sehr naheliegend: Der natürliche Monopolist unterliegt einer nicht geringen Versuchung, seine Monopolsituation, die ihm ja aufgrund seiner Kostenstruktur kaum jemand wird streitig machen können, entsprechend auszunutzen, d.h. 'ungerechtfertigt' hohe, d.s. markant über den Durchschnittskosten liegende Preise zu verrechnen.[14] Ob allerdings staatlich geführte natürliche Monopole aufgrund des in diesen Organisationen zumeist fehlenden Drucks zur Kosteneinsparung ihren Kunden 'gerechtfertigte' Preise 'abknöpfen' – wie oft behauptet –, sei hier dahingestellt![15]

Abb. 6.1: **Natürliches Monopol: Niemand kann die gesamte Marktnachfrage günstiger herstellen**

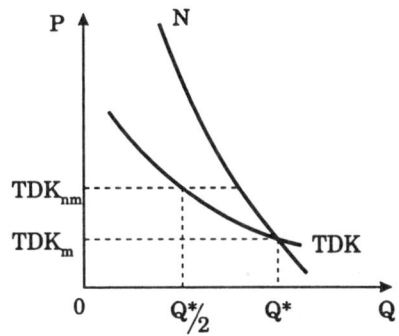

---

[14] Vgl. dazu aber gleich unten Abschnitt 6.5.3: Limit Pricing.

[15] Denn wie werden die Preise dieser Produkte bestimmt? Als 'gerechtfertigt' wird in solchen Fällen zumeist ein Preis angesehen, der die totalen Durchschnittskosten deckt. Die Monopolunternehmung muß dazu Unterlagen vorlegen. Zu beachten ist jedoch, daß gerade durch diese Regel die Unternehmung einen starken *Anreiz* hat, ihre Durchschnittskosten zu *erhöhen!* Es ist daher nicht verwunderlich, wenn in diesen Unternehmungen das Lohn- und Gehaltsniveau markant über dem Durchschnitt liegt, der Arbeitseinsatz (nein, freilich nicht die Anstrengungen der Beschäftigten, sondern ihre Zahl!) generell zu hoch ist und Direktoren und Generaldirektoren über sumptuös ausgestattete Etagen mit Marmorbädern, Swimmingpool und Sauna verfügen!

Halten wir also fest:

Monopole existieren:

- weil staatliche Eingriffe den Wettbewerb auf bestimmten Märkten nicht zulassen,

- aufgrund von Patent- und Markenschutzbestimmungen,

- weil jemand im exklusiven Besitz bestimmter natürlicher oder menschlicher Ressourcen und/oder Fähigkeiten ist und

- weil aufgrund natürlicher Kostenvorteile nur eine einzige Unternehmung in der Lage ist, die Marktnachfrage am kostengünstigsten zu decken.

Es ist also auf jeden Fall festzuhalten, daß dem Monopolisten nur dann eine entscheidende Macht zufällt, wenn das von ihm angebotene Gut 'lebensnotwendig' ist und dafür kaum bzw. überhaupt keine Substitutionsmöglichkeiten, also Ausweichmöglichkeiten auf andere Güter, bestehen. So ist der Strommonopolist einer Großstadt 'relativ' machtlos, wenn er nicht gleichzeitig über das Gasmonopol verfügt.

Gerade daß der Monopolist regelmäßig nicht das tun kann, 'was er will', wie oft vorschnell behauptet, zeigt seine unter der Bedingtheit der Verfügbarkeit von Substitutionsprodukten stehende, also ständig 'potentiell bedrohte' Nachfragekurve, die in diesem Fall der Marktnachfragekurve entspricht. Und ehe wir auf das Gewinnmaximierungsproblem des Monopolisten genauer eingehen wollen, müssen wir uns dieser Marktnachfragekurve etwas näher zuwenden.

6.4 Begriffe und Konzepte 1: Die Nachfragekurve des Monopolisten

Den Ausgangspunkt unserer Überlegungen zum Verständnis des konkreten Entscheidungsproblems des Monopolisten stellt seine Nachfragekurve dar, die ja in diesem Fall der Marktnachfragekurve entspricht. Diese Marktnachfragekurve wurde im Kapitel 4 als die Summe der individuellen Nachfragekurven der einzelnen Haushalte bestimmt und hat den gewohnten negativen Verlauf.

6. Die Rolle des Monopols

Das Spezifikum des Monopolisten ist, daß er sich der Marktnachfragekurve, also der negativ geneigten Preis-Absatz-Kurve gegenübersieht und nicht wie eine Unternehmung der vollständigen Konkurrenz einem gegebenen Marktpreis, zu dem beliebige Mengen abgesetzt werden können.

Und das bedeutet nun wiederum, daß der Monopolist über eine *Preissetzungsmacht* verfügt: Wie bereits erwähnt, bestimmt der Monopolist durch das Festlegen seiner Outputmenge den Marktpreis! Doch welche Besonderheiten hat der mit einer solchen Preissetzungsmacht ausgestattete Monopolist zu berücksichtigen? Worauf muß er im besonderen Bedacht nehmen?

Für den Monopolisten gewinnt der *Grenzerlös*, auf den er durch die Wahl seiner Outputmenge Einfluß nehmen kann, entscheidende Bedeutung.

Der Grenzerlös (ganz allgemein, wie auch) des Monopolisten ist definiert als die Veränderung des Gesamterlöses, wenn eine zusätzliche Outputeinheit verkauft wird.

Abb. 6.2: Die Nachfragekurve des Monopolisten

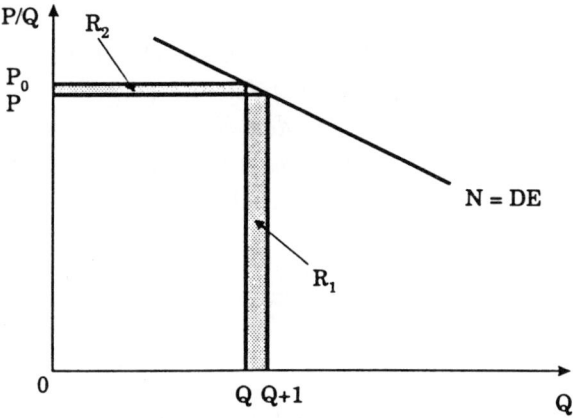

Dies wollen wir uns nun graphisch in Abbildung 6.2. etwas genauer ansehen. Zur Ableitung der Grenzerlöskurve gehen wir von der uns bereits vertrauten Nachfragekurve aus. (Auf der Ordinate ist der Preis/Outputeinheit (P/Q), auf der Abszisse die Outputmenge (Q) abgetragen.)

Diese Nachfragekurve des Monopolisten zeigt den Zusammenhang zwischen der von ihm angebotenen Menge und dem Preis, beantwortet also die Frage, welche Menge läßt sich zu welchem Preis absetzen. Deshalb bezeichnet man die Nachfragekurve des Monopolisten auch als Preis-Absatz-Kurve.

Nehmen wir nun an, daß der Monopolist anfänglich die Menge Q auf den Markt bringt. Die Preis-Absatz-Kurve zeigt uns, zu welchem Preis er diese Menge absetzen kann. Dies ist der Preis P^0. Damit *erlöst der Monopolist insgesamt den Betrag $Q \times P^0$* (= *Erlös* oder auch *Umsatz*). Die naheliegende Frage ist nun die nach der Höhe des *Grenzerlöses*, also danach, *wie sich der Umsatz (der Erlös) des Monopolisten ändert, wenn er seinen Output und damit sein Angebot um eine Einheit erhöht*, also $Q + 1$ Einheiten verkauft werden sollen. Diese Menge $Q + 1$ kann, dies ist sofort auf der Preis-Absatz-Kurve abzulesen, nur zu einem *geringeren* Preis P abgesetzt werden, d.h. aber, daß die *gesamte* Outputmenge $Q + 1$ nur mehr zu dem jetzt *geringeren* Preis P abgesetzt werden kann!

Wie hoch war aber nun der Grenzerlös, der zusätzliche Erlös, der durch diese marginale Mengenausweitung bewirkt wurde? Nun, die Abbildung 6.2 zeigt sehr deutlich, daß sich dieser Grenzerlös aus *zwei Komponenten* zusammensetzt. Aus dem Rechteck 1 (R_1): Durch die zusätzlich verkaufte Menge (+ 1 Einheit) wurde *mengenmäßig* Umsatz *gewonnen, und* aus dem Rechteck 2 (R_2): Durch die zusätzliche Menge wurde *an Preis verloren*, und zwar *für alle vorher zum Preis von P_0 verkauften Einheiten!* Diese *beiden Komponenten* sind nun gegeneinander aufzurechnen, um zum Grenzerlös zu kommen.

Formal können wir das wie folgt anschreiben:

$$GE = P + Q\frac{\Delta P}{\Delta Q}$$

Diese Formel beinhaltet in knapper Form das oben Gesagte. Der Grenzerlös setzt sich aus zwei Komponenten zusammen: P steht für die positive Komponente: Denn die zusätzliche Einheit konnte ja zum Preis von P verkauft werden ($P \times 1$ entspricht ja Höhe mal Breite und damit der Fläche des Rechtecks R_1!). $Q\frac{\Delta P}{\Delta Q}$ entspricht der negativen Komponente: $\frac{\Delta P}{\Delta Q}$ zeigt die Veränderung des Preises hervorgerufen durch die Erhöhung des Outputs um eine Einheit: Diese Veränderung

6. Die Rolle des Monopols

ist jedenfalls negativ, der Preis sinkt ja, wenn mehr angeboten wird.[16] Von diesem Sinken des Preises sind nun aber *alle* (alten) Q Einheiten betroffen. Der Verlust ist also das Produkt $Q\frac{\Delta P}{\Delta Q}$. (Hier handelt es sich exakt um Breite mal Höhe, also die Fläche von Rechteck R_2, dessen Breite Q, dessen Höhe $\frac{\Delta P}{\Delta Q}$ ist.)

Je nachdem, welches der Rechtecke nun größer ist, ist demnach der Grenzerlös, also die mit einer marginalen Mengenausweitung des Monopolisten verbundene Erlös- bzw. Umsatzveränderung positiv, negativ oder aber gerade Null.[17]

Abb. 6.3: Erlös-, Marktnachfrage-(=Durchschnittserlös) und Grenzerlöskurve des Monopolisten

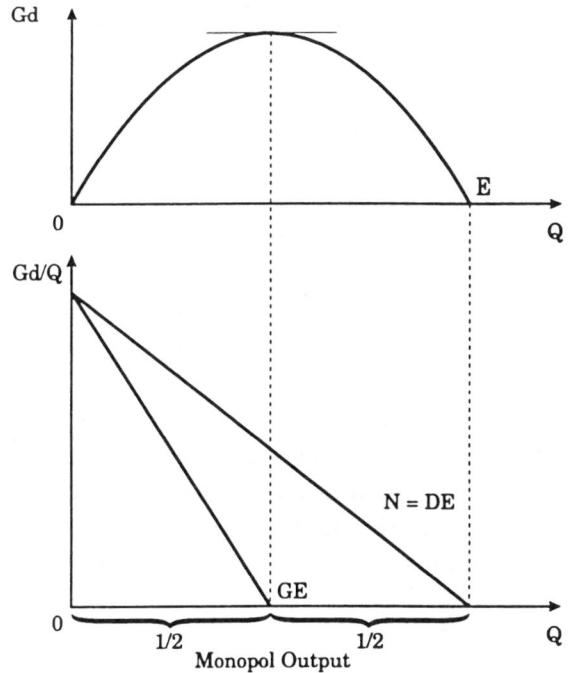

---

[16] Für eine lineare Nachfragekurve, die wir hier unterstellen wollen, gilt, daß der Differenzenquotient $\frac{\Delta P}{\Delta Q}$ dem Differentialquotienten $\frac{dP}{dQ}$, damit der Steigung der Nachfragekurve entspricht.

[17] Also *Vorsicht:* Verwechseln Sie niemals den Preis, der für die *letzte* Einheit gerade noch bezahlt wird, also den Marktpreis P, mit dem Grenzerlös des Monopolisten. Zwar wird für die *letzte* Einheit tatsächlich der Marktpreis bezahlt, aber damit gleichzeitig für *alle anderen Mengeneinheiten*, die ja *vor* der Outputerhöhung zu einem *höheren* Preis verkauft werden konnten.

Weil der Monopolist nun der Marktnachfrage gegenübersteht, ist sein Grenzerlös an jedem Punkt der (fallenden) Nachfragekurve ein anderer! Graphisch können wir das für den Falle einer linearen Nachfragekurve besonders anschaulich darstellen. Dazu betrachten wir Abbildung 6.3. Im unteren Teil ist die Nachfragekurve N – die gleichzeitig die *Durchschnittserlöskurve DE* darstellt – mit der dazugehörigen Grenzerlöskurve eingezeichnet, im oberen Teil der Graphik die dazugehörige Erlösfunktion $E = P \times Q$ (Achtung: Auf der Ordinate werden hier die Geldeinheiten (Gd) abgetragen!). Wir sehen sofort, daß oberhalb des Reservationspreises keine Einheit verkauft werden kann, weshalb bei diesem Preis kein Erlös entsteht (Nachfrage und Erlös sind Null, der Grenzerlös der Reservationspreis!). Auf der anderen Seite ist die Sättigungsmenge (definitionsgemäß) nur zu einem Preis von Null absetzbar, was wiederum einen Erlös von Null ergibt. Zwischen diesen beiden Punkten aber erhebt sich die Erlösfunktion, die dort ihr Maximum erreicht, wo die Tangente an die Erlös kurve zur Waagerechten wird, also die Ableitung der Erlöskurve (Erlösfunktion), der *Grenzerlös*, Null ist. Im Maximum der Erlöskurve (oberer Teil der Abbildung) schneidet also die Grenzerlöskurve, die ja den Anstieg der Erlöskurve in jedem Punkt angibt, die Abszisse (unterer Teil der Abbildung). Auf diese Art und Weise hängen also Nachfrage-, Erlös- und Grenzerlöskurve miteinander zusammen.

Dies wird dann besonders klar, wenn wir uns diese Zusammenhänge in Form einer linearen Nachfragefunktion vor Augen führen. Der Preis ist – das haben wir schon wiederholt betont – im Monopol eine Funktion der vom Monopolisten angebotenen Menge, daher läßt sich die Nachfragefunktion

$$N = N(P)$$

so anschreiben:

$$P = a - bQ$$

Mit dieser Angabe können wir sofort die Preis-Absatz-Kurve zeichnen. a markiert dabei den Ordinatenabschnitt (wenn die nachgefragte Menge Null ist), b die Steigung der Preis-Absatz-Kurve (die wir auch durch die erste Ableitung der Nachfragefunktion erhalten: $\frac{dP}{dQ}$).

6. Die Rolle des Monopols

Der Erlös ergibt sich, wie gehabt, als Produkt von Preis und Menge, also

$$E = PQ = (a - bQ)Q = aQ - bQ^2$$

und die Ableitung dieser Erlösfunktion nach Q ergibt die Grenzerlösfunktion GE, also

$$GE = \frac{d(aQ - bQ^2)}{dQ} = a - 2bQ$$

Für das Zeichnen der Grenzerlöskurve erhält man hier einen entscheidenden Hinweis: Der Ordinatenabschnitt der Grenzerlöskurve ist gleich dem der Preis-Absatz-Kurve (a), die Steigung der Grenzerlöskurve aber – im linearen Fall – immer *doppelt* so groß wie die der Preis-Absatz-Kurve.

Die Erlösfunktion hat nun den in Abbildung 6.3 dargestellten Verlauf. Man sieht ganz deutlich, daß der Erlös mit zunehmendem Angebot zunächst steigt, dann sein Maximum erreicht (dort ist der Grenzerlös Null) und schließlich wieder fällt.

6.5 Begriffe und Konzepte 2: Das Gewinnmaximum des Monopolisten ... und was dabei im besonderen zu berücksichtigen ist.

6.5.1 Das Gewinnmaximum des echten (Lehrbuch-)Monopolisten

Nun könnten wir die Frage stellen: Ist dort, wo der Erlös sein Maximum erreicht, auch der Gewinn des Monopolisten im Maximum? Diese Frage können wir nur dann beantworten, wenn wir die Kostenfunktion des Monopolisten kennen. Sind die Grenzkosten des Monopolisten Null, dann bedeutet Umsatzmaximierung gleichzeitig auch Gewinnmaximierung. Solange die Grenzerlöse positiv sind, steigt der Umsatz, und wenn mit dieser Umsatzsteigerung *keine* Kosten verbunden, mithin die *Grenzkosten Null* sind, steigt damit auch der Gewinn!

Sind die Grenzkosten aber positiv, was wohl in aller Regel der Fall sein dürfte, dann ist Umsatzmaximierung freilich *nicht* gleichbedeutend mit Gewinnmaximierung. In Abbildung 6.4 wurden die Preis-Absatz-, die Erlös- und die Grenzerlöskurven aus Abbildung 6.3 übernommen. Nun ist aber zusätzlich im oberen Teil die Gesamtkostenkurve des Monopolisten eingezeichnet, die sich in nichts von 'normalen' Gesamtkostenkurven, wie wir sie in Kapitel 2 kennengelernt haben, unterscheidet. Im unteren Teil der Abbildung sehen Sie die daraus abgeleiteten Grenz- und Durchschnittskostenkurven. Erst jetzt haben wir alle relevanten Informationen, um die gewinnmaximale Outputentscheidung treffen zu können.

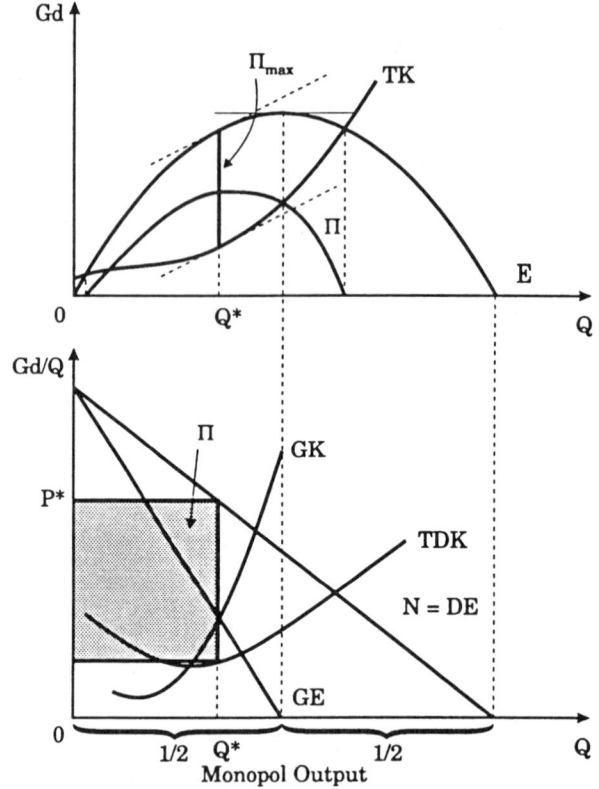

Abb. 6.4: Das Gewinnmaximum des 'Lehrbuch'-Monopolisten

Für den Monopolisten ergibt sich die Gewinnmaximierungsbedingung, wie sie für jedes andere Unternehmen auch gilt: Das gewinnmaximale Outputniveau ist dort erreicht, wo die Grenzkosten einer zusätzlichen Outputeinheit den Grenzerlösen einer zusätzlichen Outputeinheit entsprechen.

In formaler Schreibweise:

$$GK = GE$$

6. Die Rolle des Monopols

Graphisch bedeutet dies im unteren Teil der Abbildung 6.4 den Schnittpunkt der (steigenden) Grenzkostenkurve mit der (fallenden) Grenzerlöskurve, im oberen Teil die *Identität der Anstiege* der Erlös- und der Gesamtkostenkurven. Dies entspricht dem Maximum der im oberen Teil der Abbildung eingezeichneten Gewinnfunktion (graphisch hergeleitet durch die vertikale Distanz zwischen Erlösen und Kosten!).

Zwar bestimmt die Gleichheit von Grenzkosten und Grenzerlösen das gewinnmaximierende Outputniveau des Monopolisten, die Höhe des maximalen Gewinns selbst läßt sich jedoch erst – wie wir ja bereits wissen – durch eine Gegenüberstellung von *Durchschnittserlösen und Durchschnittskosten* beim optimalen Outputniveau errechnen.

Die Höhe des Gewinns läßt sich somit ganz einfach dadurch berechnen, daß vom *Durchschnittserlös*, das ist der Preis P^*, der durch die gewinnmaximale Menge bestimmt ist, die *Durchschnittskosten* TDK_{Q^*}, die an der Durchschnittskostenkurve abgelesen werden können, abgezogen werden. Diese Differenz ist der *Stückgewinn*, der noch mit der Outputmenge zu multiplizieren ist.

Formal ergibt sich damit der Gewinn des Monopolisten wie folgt:

$$\Pi = (P^* - TDK_{Q^*})Q^*$$

Wiederum können wir graphisch den Gewinn als Fläche ausmachen. Die Fläche des schraffierten Rechtecks im unteren Teil der Abbildung 6.4 ergibt sich aus der Höhe $(P^* - TDK_{Q^*})$ mal Breite Q^*.

Jetzt haben wir's geschafft! Alles in allem: Der abgeleitete Monopolgewinn ist in der Tat eine runde Sache! ... für den Monopolisten natürlich. Von der Warte der Konsumenten schaut das freilich etwas anders aus. Eine genauere Untersuchung der *sozialen Kosten* des Monopols folgt in Kapitel 8.[18]

6.5.2 Für Spezialisten und solche, die ...

In diesem Zusammenhang ergibt sich eine besonders interessante Beziehung zwischen dem Gewinnmaximum des Monopolisten und der Preiselastizität der Nachfrage. Erinnern wir uns: Die Preiselastizität der Nachfrage gibt Auskunft über die Sensitivität der Nachfrage in

---

[18] Vgl. dazu Kap. 8.3.4: Die Beurteilung des Marktergebnisses beim 'echten' Monopol mit dem der vollständigen Konkurrenz.

bezug auf Preisänderungen, eine ganz besonders wichtige Information für jede (monopolistische) Unternehmung.

Die Formel für die Preiselastizität der Nachfrage war:[19]

$$\varepsilon = \frac{\Delta Q}{\Delta P} \frac{P}{Q}$$

Wir gehen von der oben abgeleiteten Formel für den Grenzerlös des Monopolisten aus:

$$GE = P + \frac{\Delta P}{\Delta Q} Q$$

und, indem wir zunächst die ganze Gleichung durch P dividieren:

$$\frac{GE}{P} = 1 + \frac{\Delta P}{\Delta Q} \frac{Q}{P}$$

erkennen wir, daß der zweite Term der rechten Seite den Kehrwert der Preiselastizität der Nachfrage darstellt, sodaß wir auch schreiben können:

$$\frac{GE}{P} = 1 + \frac{1}{\varepsilon}$$

Multiplizieren wir nun wiederum mit P, so erhalten wir:

$$GE = P(1 + \frac{1}{\varepsilon})$$

Diese Beziehung wird auch *Amoroso-Robinson-Beziehung* genannt.

'Schön und gut' werden Sie jetzt sagen, 'aber was soll *ich* damit?' Nun, die wesentlichste Aussage, die sich aus dieser Formel ableiten läßt, ist die, daß eine gewinnmaximierende Unternehmung[20] jedenfalls im *elastischen* Bereich der Nachfragekurve operieren muß. 'Aha

---

[19] Zur Herleitung der Preiselastizität der Nachfrage siehe Kap. 4.6.1: Die Preiselastizität der Nachfrage.

[20] Im Gewinnmaximum gilt, wie Sie ja wissen, daß

$$GK = GE$$

also

$$GK = GE = P(1 + \frac{1}{\varepsilon})$$

6. Die Rolle des Monopols

... ist ja hoch interessant!' Na, sehen Sie! Oder noch immer nicht überzeugt?

Um die Bedeutung dieser Aussage zu bestätigen, drehen wir sie um und prüfen, ob das Gegenteil denn richtig sein kann? Wir nehmen also an, daß die Unternehmung im unelastischen Bereich ihrer Nachfragekurve operiert, d.h. für die Preiselastizität der Nachfrage $|\eta| < 1$ gilt. Sagen wir also beispielsweise $\eta = -0.25$. Setzen wir diesen Wert in die Formel ein, so erhalten wir:

$$GE = P(1 + \frac{1}{(-0.25)})$$

und dies ergibt natürlich einen sagenhaft *negativen* Grenzerlös:

$$GE = P(1 - 4) = -3P$$

Das bedeutet nun aber nichts anderes, als daß durch eine *Reduktion des Outputs der Erlös zunimmt!* In unserem Beispiel um $3P$! Reduziert man aber den Output, dann erspart sich die Unternehmung zusätzlich die Kosten für dessen Erstellung. Durch eine Reduktion des Outputs können in einer solchen Situation also nicht nur der Umsatz erhöht, sondern natürlich auch die Kosten gesenkt werden. Was aber nichts anderes heißen muß, als daß der Monopolist in einer solchen Situation eben nie und nimmer im Gewinnmaximum gewesen sein kann.

Im Gewinnmaximum des Monopolisten muß also die Preiselastizität der Nachfrage immer elastisch sein.

Zum Abschluß vielleicht ein kleines Beispiel dazu: Wenn Sie sich beispielsweise auf Mathematik-Nachhilfe spezialisiert haben und mit Ihren Schülern gute Erfolge erzielen, sind Sie gewissermaßen ein Monopolist für Ihre, ganz spezifische Mathe-Nachhilfe. Sie stehen nun vor einem Problem: Die Zeit, die Sie mit Mathe-Nachhilfe zubringen, können Sie nicht mehr für andere Aktivitäten, fr irgendwelche Freizeitaktivitäten beispielsweise, verwenden. Andererseits brauchen Sie für Ihre Freizeitaktivitäten auch ein wenig (oder ein wenig mehr) Cash. Wie wäre es also, wenn Sie versuchten, beide Fliegen auf einen Schlag zu erledigen: Sie verlangen *mehr* für Ihren Nachhilfeunterricht – bei unelastischer Nachfrage erhöht sich Ihr Umsatz –, arbeiten aber weniger und haben dadurch mehr Zeit *und* mehr Geld für Ihre Hobbys! Um in dieser Situation Ihr Gewinn- bzw. Nutzenmaximum zu erreichen, müssen Sie also im *elastischen Bereich* Ihrer Nachfragekurve arbeiten, dort, wo die Nachfrage bereits sehr sensibel auf weitere Preiserhöhungen reagiert.

6.5.3 Der clevere Monopolist übe sich in Bescheidenheit!

Wären Sie der in Abbildung 6.4 dargestellte Monopolist, so könnten sie sich in aller Ruhe in Ihrer Chesterfieldgarnitur zurücklehnen, sich eine Havanna anzünden und sich auf all jene Genüsse freuen, die sich mit Ihrem saftigen Monopolgewinn finanzieren lassen. Denn in der dort dargestellten Situation macht der Monopolist tatsächlich einen Gewinn im strengen ökonomischen Sinne. Die im Monopolunternehmen eingesetzten Ressourcen verdienen eine weit über die Opportunitätskosten hinausgehende Entlohnung, eben den Monopolgewinn.

Aber dürfen Sie, wenn Sie sich in die Situation eines *cleveren* Monopolisten versetzen, sich tatsächlich wiederholt wie in Abbildung 6.4, deren Ergebnis ja streng genommen nur für eine Periode gilt, verhalten? Anders herum: Sollten Sie als cleverer Monopolist durch ein relativ geringes Marktangebot den Marktpreis tatsächlich so hochhalten und damit 'unverschämt' hohe Monopolgewinne einfahren?

Nun, das kommt ganz darauf an! So, wie in Abbildung 6.4 dargestellt, dürfen Sie sich, streng genommen, nur dann verhalten, wenn Sie sich Ihrer Monopolstellung absolut sicher sein könen, d.h. über ein Gut verfügen, für das kaum bzw. überhaupt keine Substitutionsmöglichkeiten bestehen bzw. – im Falle eines gesetzlich geschützten Monopols – Sie davon ausgehen können, daß Ihnen überdies der Staat die Konkurrenz auch in Zukunft effektiv vom Leibe hält. Dies ist nun freilich ein allzu seltener Fall. Selbst wenn Ihnen eine staatliche Regelung einen Monopolschutz gewährt, sind und bleiben Sie als Monopolist auf Ihre Nachfragekurve angewiesen, um die sich auch andere, bereits existierende oder erst *potentielle* Konkurrenten bemühen. Und dies ist nun umso wahrscheinlicher, je mehr der Preis Ihres Produktes von den Durchschnittskosten seiner Produktion abweicht.

Jeder clevere Monopolist ist daher gut beraten, seine Profitgier zu zügeln und den Preis seiner Produkte den Produktionskosten einigermaßen anzupassen. Andernfalls provoziert er geradezu seine eigene Vernichtung als Monopolist! Denn, nun etwas konkreter formuliert, hält er den Preis tendenziell nicht auf der Höhe des *Minimums*

6. Die Rolle des Monopols

der Durchschnittskosten des potentiell konkurrenzfähigsten Mitanbieters, hat dieser auch jeden Grund, in den Markt einzutreten und dem Monopolisten das Leben erst recht zu erschweren.

Die clevere Strategie, den Preis seines Produktes am Minimum der Durchschnittskosten des konkurrenzfähigsten potentiellen Anbieters festzusetzen, wäre eine Form des sogenannten limit pricing!

Der Monopolist muß aber in der Regel gar nicht so weit (herunter)gehen. Denn tritt tatsächlich ein 'zweiter Monopolist' auf den Markt, den wir dann als *Duopol* bezeichnen würden, so muß dieser ja, ceteris paribus, infolge der damit verbundenen großen Angebotsausweitung mit einem krassen Preisverfall rechnen, was natürlich ein starkes Hindernis für einen Markteintritt darstellt. Jedenfalls ist es, wie Sie jetzt sehen, in der Tat gar nicht so leicht, ein (cleverer) Monopolist zu sein und auch zu bleiben!

Die zentrale Frage, auf die es in diesem Zusammenhang ankommt und die ein cleverer Monopolist sehr genau erwägen wird, ist und bleibt die, ob überhaupt und inwieweit ein *potentieller* Konkurrent auf die Nachfragekurve des Monopolisten Einfluß nehmen kann. Kann keine Änderung der Nachfragekurve herbeigeführt werden, dann kann sich der Monopolist beruhigt das dargestellte Gewinnmaximum gönnen. Ist hingegen eine solche Einflußnahme auf seine Nachfragekurve möglich – der Eintritt von Konkurrenten bedeutet, graphisch gesehen, eine Verschiebung der Nachfragekurve nach links, sodaß der Monopolist zum selben Preis nur mehr eine geringere Menge absetzen kann – dann ist er gut beraten, kurzfristige Gewinnmaximierungsgelüste langfristigen Überlebens- und Erfolgsaussichten unterzuordnen!

6.5.4 Der Traum jedes Monopolisten: Vollständige Preisdiskriminierung und Multi-Part-Pricing

Zwar läuft der kurzfristig gewinnmaximierende Monopolist ständig Gefahr, selbst den Eintritt von Konkurrenten zu provozieren, doch braucht ihn das auf der anderen Seite keineswegs davon abzuhalten, nach listigen Möglichkeiten Ausschau zu halten, sein Gewinnmaximum noch über das in Abbildung 6.4 dargestellte hinaus zu erhöhen!

Das muß Ihnen als kritischen Leser sofort als Widerspruch erscheinen. Entweder ist die in Abbildung 6.4 dargestellte Situation das Gewinnmaximum des Monopolisten oder nicht? Ist sie es – was wir ja behauptet haben – dann gibt es daran ja nichts mehr zu verbessern. Anderenfalls wäre es ja kein Maximum gewesen! Dies ist freilich richtig. Die oben dargestellte Situation ist zweifelsfrei das Gewinnmaximum des Monopolisten – allerdings unter einer stillschweigenden, weil durchaus plausiblen Annahme. Der Annahme nämlich, daß eine *Segmentierung* des Marktes *nicht* möglich ist, d.h. daß für *alle* Nachfrager nur ein *einziger* Preis für das fragliche Gut existiert.

Gelänge es hingegen dem Monopolisten, den Markt in bestimmte Submärkte aufzuteilen, zu *segmentieren*, und wären *Arbitragemöglichkeiten*[21] zwischen diesen Marktsegmenten ausgeschlossen, dann könnte er einen Teil der sogenannten *Konsumentenrente* an sich ziehen. Unter der Konsumentenrente versteht man den Unterschiedsbetrag zwischen dem, was ein Haushalt für ein bestimmtes Gut zu zahlen *bereit* wäre, und dem, was er dafür zahlen *muß*.[22]

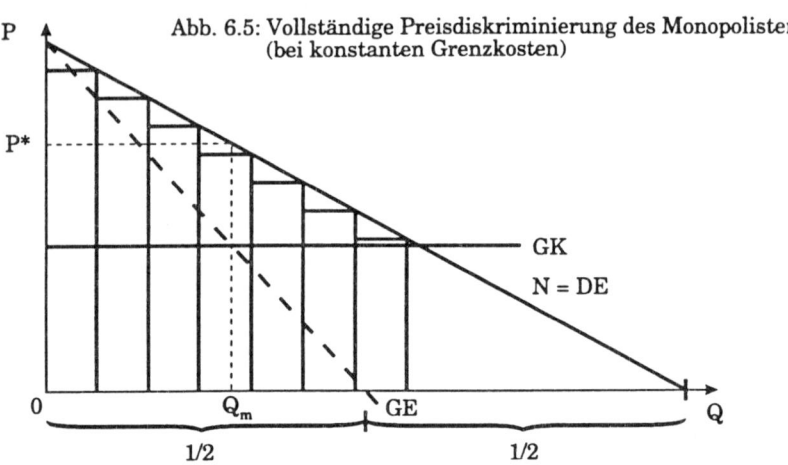

Abb. 6.5: Vollständige Preisdiskriminierung des Monopolisten (bei konstanten Grenzkosten)

Im – für den Monopolisten – optimalen Fall könnte er jedem einzelnen Nachfrager seiner Produkte das abknöpfen, was dieser *für jede einzelne Einheit gerade noch zu zahlen bereit wäre*. Damit könnte er die gesamte Konsumentenrente an sich ziehen. Dies ist in Abbildung 6.5 dargestellt. Gelingt dem Monopolisten die perfekte Preisdiskri-

---

[21] Unter *Arbitrage* versteht man die Ausnutzung von Preisunterschieden für idente Produkte. D.h. ein homogenes Gut wird dort gekauft, wo es billig ist, und dort verkauft, wo es teuer ist. Dies führt zur Einebnung von eben diesen Preisdifferenzen.

[22] Siehe dazu genauer Kapitel 8.

6. Die Rolle des Monopols

minierung, dann kann er 7 Nachfragern je eine Einheit zum jeweiligen Reservationspreis verkaufen. Dies ist ein deutlich besseres Ergebnis als beim üblichen Grenzkosten-Grenzerlös-Optimum, wo er hier nur drei Einheiten zum Preis von P^* verkaufen könnte.

Eine solche vollständige Preisdiskriminierung ist freilich völlig unrealistisch! Ganz abgesehen davon, daß der Monopolist die individuelle Zahlungsbereitschaft der einzelnen Konsumenten ja gar nicht kennen kann, werden Sie kaum ein praktisches Beispiel dazu finden. Oder haben Sie jemals eine Situation erlebt, in der ein Verkäufer ein identisches Produkt unterschiedlichen Kunden zu verschiedenen Preisen, die noch dazu deren maximaler Zahlungsbereitschaft, deren Reservationspreisen, entspechen würden, hätte andrehen können?

Allerdings gibt es für den Monopolisten doch eine gewisse Möglichkeit, zumindest einen kleinen Teil der Konsumentenrente abzuschöpfen. Allerdings nicht wie bei der klassischen Preisdiskriminierung, wo unterschiedlichen Konsumenten unterschiedliche Preise für ein und dasselbe Gut in Rechnung gestellt werden, sondern durch das sogenannte *Multi-Part-Pricing*, bei dem *einem einzelnen* Konsumenten unterschiedliche Preise verrechnet werden und damit ein Teil seiner Konsumentenrente abgeschöpft wird.

Besonders oft wird das in der Praxis im Fall der sogenannten Doppelpackungen vorexerziert, man spricht von *Two-Part-Pricing*. Für eine Packung Kekse muß man beispielsweise 30 Geldeinheiten, für 2 Packungen zusammen nur mehr 50 Geldeinheiten bezahlen.[23] Das bedeutet aber nichts anderes, als daß Sie für die erste Packung 30 Geldeinheiten, für die zweite aber nur mehr 20 Geldeinheiten berappen müssen! Der damit verbundene Transfer vom Konsumenten zum Monopolisten wird in der graphischen Darstellung besonders deutlich (siehe Abbildung 6.6a). Würde ein einheitlicher Preis pro Stück der Ware von 20 Geldeinheiten gelten, dann hätte dieser Konsument, entsprechend seiner hier dargestellten Nachfragekurve zwei Packungen gekauft und dafür 40 Geldeinheiten ausgeben müssen. Seine Konsumentenrente ist in diesem Falle – wie gewohnt – das Dreieck unterhalb der Nachfragekurve und über der Preislinie.[24] Durch die

---

[23] Hier tritt die Preisdifferenzierung sehr 'plump' zu Tage, weniger deutlich wird sie, wenn sie in unterschiedlichen Packungs*größen* 'versteckt' ist. So gibt es beispielsweise eine kleine Packung mit 100 Gramm (zu 30 Geldeinheiten), die größere mit 200 Gramm Inhalt wird um 50 Geldeinheiten angeboten.

[24] Siehe dazu genauer Kapitel 8.

Doppelpackungsstrategie gelingt es nun dem Monopolisten in diesem Fall, sich einen Teil der Konsumentenrente 'einzuverleiben', da er ja de facto 30 Geldeinheiten für die erste und 20 Geldeinheiten für die zweite Packung kassiert. Damit gewinnt er 10 Geldeinheiten, oder graphisch gesehen, den dunkleren Teil der Konsumentenrente in Abbildung 6.6a.

'Leider' für den Monopolisten und 'glücklicherweise' für den Konsumenten liegen die Dinge in der Praxis nicht immer so eindeutig wie in Abbildung 6.6a. Denn jeder Konsument hat eine *andere Nachfragekurve,* und daher ist es für den Monopolisten äußerst schwer, den Preis für den 'zweiten Block' gerade so zu setzen, daß er *nicht* Gefahr läuft, diesen nicht mehr zu verkaufen. Dies ist in Abbildung 6.6b dargestellt, wo dieselbe Preispolitik des Monopolisten aufgrund einer anderen Nachfragekurve (es handelt sich um einen anderen Nachfrager) nicht aufgeht. Hier wird aufgrund des zu hohen Preises für die 2. Einheit die Doppelpackung im Regal liegen bleiben. Dieser Konsument kauft nur die Einzelpackung und es bleibt damit bei *einem* Preis! Nix is' mit Multi-Part-Pricing![25]

Abb. 6.6: 'Two-Part-Pricing:'

Abb. 6.6a: Erfolgreich   Abb. 6.6b: Erfolglos

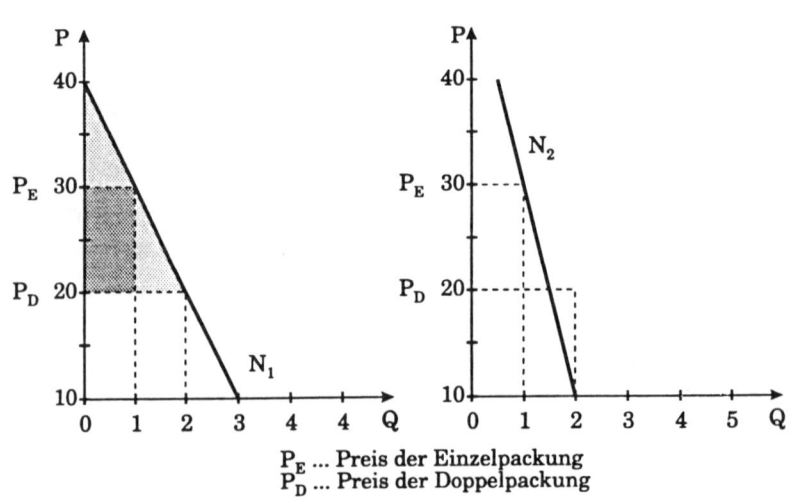

P_E ... Preis der Einzelpackung
P_D ... Preis der Doppelpackung

---

[25] Damit nicht zu verwechseln ist eine *kostenbedingte* Preisdifferenzierung, die in der Praxis sehr oft anzutreffen ist. So geben beispielsweise Mengenrabatte üblicherweise die Kostenersparnisse größerer Aufträge teilweise an die Kunden weiter.

6.5.5 Die Hoffnung so manches Monopolisten: Partielle Preisdiskriminierung

Trotzdem existiert natürlich eine *monopolistische Preisdiskriminierung*. Sie selbst sind mit höchster Wahrscheinlichkeit sogar schon einmal – oder wir wollen hoffen – bereits öfters in den Genuß einer solchen Preisdiskriminierung gekommen. Nein? Sind Sie sicher? Denken Sie nach! Haben Sie niemals ein Buch auf 'Hörerschein'[26] bezogen? Sind Sie nie in den Genuß einer besonders verbilligten Studenten- oder Jugendkarte für Theater- oder Konzertbesuche, für öffentliche Verkehrsmittel etc. gekommen? Oder haben Sie (und Ihre Eltern) sich vielleicht nicht in Ihrer Kindheit über eine Kinderkarte für Schilift, Badeanstalten u. ä. gefreut? All diese Fälle sind Paradebeispiele für Preisdiskriminierung: Tatsächlich wird ja ein und dasselbe Produkt unterschiedlichen Personen(gruppen), die eine unterschiedliche *Preiselastizität der Nachfrage* aufweisen, zu unterschiedlichen Preisen verkauft. Zumeist ist diese Verkaufstaktik allerdings weniger ein Mittel, den Gewinn noch mehr zu erhöhen, als vielmehr ein Gebot der Not! Ohne die Möglichkeit der Preisdiskriminierung wäre so mancher Monopolist vielleicht überhaupt nicht lebensfähig. Die Nachfrage einer Käuferschichte alleine, vielleicht der Vermögenderen, die aufgrund ihrer relativ preisunelastischen Nachfrage auch den höheren Preis bezahlen, würde nicht ausreichen, um das Produkt überhaupt kostendeckend erstellen zu können.

Abb. 6.7: Preisdiskriminierung als Überlebensvoraussetzung

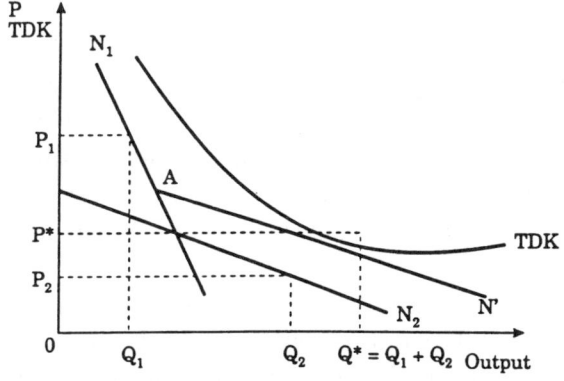

---

[26] Mit einem solchen weist sich ein Student als Hörer eines bestimmten Professors aus und 'darf' damit dessen Buch unter dem regulären Buchhandelspreis beziehen.

Eine solche Situation wird in Abbildung 6.7 dargestellt. Hier sehen wir die Nachfragekurven zweier ganz unterschiedlicher Nachfragergruppen bzw. Käuferschichten: N_1 wäre eine relativ kleine Gruppe preisunelastischer Nachfrager (beispielsweise erwachsene Schifahrer), N_2 eine viel zahlreichere, dafür aber viel weniger zahlungskräftige Gruppe (beispielsweise sehr jugendliche Schifahrer), was in ökonomische Terminologie übersetzt eine elastische Nachfrage bedeutet.

Addieren wir, wie wir es gewohnt sind, beide Nachfragekurven (horizontal), so gelangen wir zur Marktnachfragekurve $N_1 A N'$, und sehen, daß entsprechend dieser Marktnachfragekurve zu keiner Menge auch eine Bereitschaft existiert, die Durchschnittskosten der Produktion dieser Menge zu bezahlen. Entsprechend wird die Produktion dieses Gutes auch unterbleiben.

Gelänge indes eine erfolgreiche *Segmentierung* dieser beiden Käuferschichten, so könnte beispielsweise der Gruppe 1 die Menge Q_1 zum Preis von P_1 und der Gruppe 2 die Menge Q_2 zum Preis P_2 verkauft werden. Der sich für die Gesamtmenge $Q^* = Q_1 + Q_2$ ergebende *Durchschnittspreis* deckt dagegen die Durchschnittskosten der Produktion dieser Menge sehr wohl ab. Damit kann und wird das Produkt, beispielsweise eine Schiliftanlage oder ein Schwimmbad, auch tatsächlich zum Nutzen vieler erstellt werden.

6.6 Längerfristige Perspektiven

6.6.1 Goldene Zeiten: Das langfristige Gewinnmaximum des 'echten' Monopolisten

Ist der Monopolist tatsächlich ein Monopolist und kann er es auch langfristig bleiben, d.h. er ist und bleibt der einzige Anbieter nicht nur auf einem relativ kleinen Markt, sondern in einer bestimmten Branche (beispielsweise in der Papierbranche, zu Papier gibt es wohl kaum ein Substitut!), dann hat er in der Tat seine 'Schäfchen im Trockenen'.

Kurzfristig wählt er jene Outputmenge, bei der – wie in Abbildung 6.4 dargestellt – der Grenzerlös den Grenzkosten entspricht. Langfristig sucht er dann natürlich nach der kostengünstigsten Variante der Produktion seines Outputs und da – langfristig gesehen – *alle* Inputfaktoren völlig flexibel sind, können wir davon ausgehen,

6. Die Rolle des Monopols

daß die Grenzkosten konstant sind, d.h. graphisch gesehen, haben wir es mit einer horizontalen Grenzkostenkurve zu tun.

Dies ist deshalb plausibel, weil der Monopolist die Herstellung seines Outputs in der *optimalen Betriebsgröße* vornehmen wird, d.h. daß er zwar *im* einzelnen Betrieb ab einer bestimmten Ausbringungsmenge steigenden Durchschnittskosten gegenübersteht, jedoch die Anzahl der Betriebe (mit jeweils optimaler Betriebsgröße) entsprechend seiner langfristigen Gewinnmaximierungsbedingung wählen kann.

Dies läßt sich graphisch besonders schön zeigen. In Abbildung 6.8a ist die Marktsituation dargestellt. Wo die aus der Marktnachfragekurve hergeleitete Grenzerlöskurve die waagrechte Grenzkostenkurve schneidet, dort ist der gewinnmaximale Gesamtoutput Q^* festgelegt.

Abb. 6.8: Langfristiges Gleichgewicht eines 'Lehrbuch'-Monopolisten

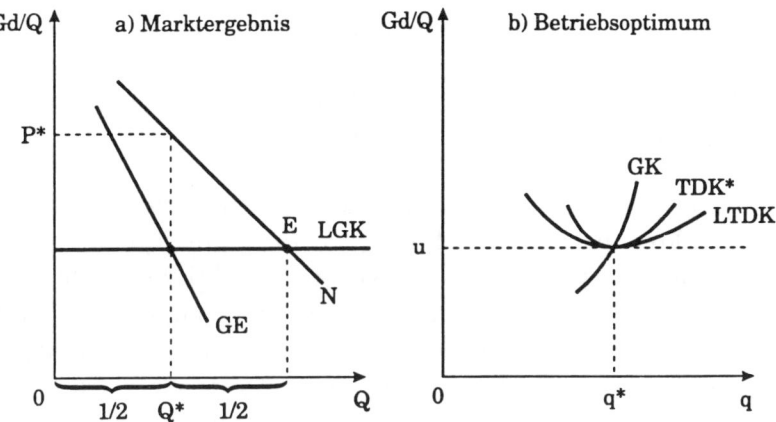

Die Verteilung dieses Gesamtoutputs Q^* erfolgt jetzt auf die einzelnen, betriebsgrößenoptimal, d.h. jeweils im Minimum der Durchschnittskosten arbeitenden Betriebe. Es wird also in jedem Betrieb im Minimum der langfristigen Durchschnittskostenkurve ($LTDK$) produziert. Dies zeigt Abbildung 6.8b.(Achten Sie auf den unterschiedlichen Maßstab!) Die Anzahl der Betriebe des Monopolisten (es handelt sich hier um ein Paradebeispiel der *Skalenvariation!*) ergibt sich durch die Division der optimalen Gesamtangebotsmenge Q^* durch die optimale Ausbringungsmenge des einzelnen Betriebes q^*

(also $\frac{Q^*}{q^*}$). Deutlich erkennt man auch den *ökonomischen Gewinn*, den sich der echte Monopolist in einer solchen Situation einverleiben kann. Oder anders herum: den 'Schaden', den er dabei für die anderen anrichtet. Denn der Output des Monopolisten macht nur die *Hälfte* (!) des Outputs aus, der sich in der Marktform der vollständigen Konkurrenz ergeben würde. Warum? Nun, wir könnten diese, durch ihre Grenzkostenkurve beschriebene Industrie als *constant-cost-industry*[27] interpretieren, mit dem Ergebnis, daß die *langfristige Durchschnittskostenkurve die langfristige Angebotskurve der Industrie* darstellt. Entsprechend ergäbe sich das *langfristige* Marktgleichgewicht bei vollständiger Konkurrenz beim Schnittpunkt von Angebots- und Nachfragekurve, bezeichnet mit Punkt *E*. Wir sehen: Zu wesentlich geringeren Preisen kommt wesentlich mehr Output auf den Markt, mit anderen Worten: die Güterversorgung ist wesentlich besser!

6.6.2 Über kurz oder lang: Monopolistische Konkurrenz

Jeder will also im Grunde Monopolist sein, d.h. eine einzigartige Leistung anbieten, die mit hohem Nutzen verbunden ist und damit möglichst viel Cash einbringt. *Indem* aber *alle* Monopolisten sein wollen, gelingt es kaum einem so recht und wenn, dann bestenfalls nur temporär.

Bringt jemand ein neues Produkt auf den Markt – er wird damit zum Monopolisten – und ist er auch erfolgreich, dann wird er – wenn *keine Marktzutrittsbeschränkungen* (wie beispielsweise Patente oder sonstiger gesetzlicher Schutz) bestehen – bald, eher früher denn später ein Monopolist gewesen sein. Ob Sie den 'Werdegang' von Schiern, Snow- oder Skateboards, Surfbrettern oder Squashrackets und vieler anderer Produkte verfolgen, immer werden Sie im Grunde den gleichen Prozeß feststellen können. Ein oder wenige *Pionierunternehmer* 'machen den Markt auf', verdienen eine Zeitlang (sehr) gut, es dauert aber nicht lange, bis viele Mitkonkurrenten sich ebenfalls aus dem Markt ihren Teil herausschneiden wollen.

Freilich tritt nicht jeder Mitbewerber mit exakt demselben Produkt auf. Jeder versucht nach Möglichkeit, sein Produkt von den Produkten seiner Mitkonkurrenten zu *differenzieren! Produktdifferenzie-*

---

[27]Unter einer *constant-cost-industry* versteht man eine Branche, der es möglich ist, ihren Output zu konstanten Stückkosten zu erhöhen. Siehe dazu Kapitel 7.

6. Die Rolle des Monopols

rung ist hier das entscheidende Schlagwort bzw. die von den einzelnen Anbietern verfolgte Strategie. Die Anbieter nehmen die Preise der Konkurrenten als gegeben hin und versuchen, durch eine Vielzahl von differenzierenden Merkmalen ihr Produkt möglichst deutlich von der Konkurrenz abzuheben, um damit bei der Preisgestaltung einen gewissen Spielraum zu gewinnen, mit anderen Worten, eine fallende Nachfragekurve für ihr Produkt zu schaffen.

Jeder ist damit im engen Sinne des Wortes zwar ein *Monopolist*, aber nur in bezug auf sein *eigenes* Produkt. Dieses konkurriert mit anderen, mehr oder weniger ähnlichen Produkten um die Gunst der Haushalte. Wir nennen diese Form der Anbieterkonkurrenz bei *nicht homogenen*, also gut unterscheidbaren (*heterogenen*) Produkten, *monopolistische Konkurrenz*.

Das vorliegende Buch 'Spaß mit Mikro', in dem Sie gerade eben wieder einmal lustvoll schmökern, ist ein gutes Beispied dafür. Der Autor (bzw. der Verlag) hat ein Monopol auf den Verkauf dieses Buches. Nur er (bzw. der Verlag) dürfen dieses Buch zum Verkauf anbieten. Trotzdem gibt es eine große Anzahl von Mikroökonomik-Lehrbüchern, und die Monopolstellung eines jeden Autors (bzw. des Verlages) bezieht sich eben nur auf das eigene Produkt. Sie sehen bereits, die Monopolstellung ist hier eine relativ schwache. Denn indem ich das Buch 'Spaß mit Mikro' anbiete - - es steht grundsätzlich jedermann frei, ein Mikrolehrbuch herauszubringen, es besteht also keine Marktzutrittsbeschränkung -, nehme ich meinen 'Mitmonopolisten' einen Teil der Gesamtnachfrage nach Mikroökonomiklehrbüchern weg. (Umgekehrt gilt freilich entsprechendes!)

Graphisch gesehen bedeutet das, daß zunächst einmal die Marktnachfragekurve von Mikroökonomiklehrbüchern insgesamt, die den Ausgangspunkt der Überlegungen darstellt, in mehrere 'individuelle' Nachfragekurven für die einzelnen monopolistischen Konkurrenten (die einzelnen Lehrbuchautoren und ihre Verlage) zerfällt. Und – das leuchtet unmittelbar ein – sie 'zerfällt' in umso kleinere Teile, je mehr Autoren (Verlage) Mikroökonomiklehrbücher anbieten. Tritt also ein zusätzlicher Autor mit seinem (an sich einzigartigen) Produkt auf den Markt, dann bedeutet das, daß alle individuellen Nachfragekurven sich ein wenig weiter nach links verschieben werden, die Position der 'alten' Anbieter sich mithin verschlechtert.[28] Denn die Drehung (oder Verschiebung) der individuellen Nachfragekurve eines 'alten' monopolistischen Konkurrenten nach innen (nach links) bedeutet ja nichts anderes, als daß zum selben Preis wie vorher nun weniger Exemplare verkauft werden können.

Keine Zutrittsbeschränkung bedeutet aber auch, daß der Austritt einzelner Anbieter aus dieser Branche ebenfalls jederzeit möglich ist. D. h. werden in einer Branche Verluste geschrieben, dann werden einzelne Unternehmungen wieder austreten bzw. 'ausgetreten werden' (indem sie in Konkurs gehen) und damit genau den gegenteiligen Effekt bewirken: Die Nachfragekurven der anderen 'Monopolisten' werden wieder nach rechts außen verschoben.

Im langfristigen Gleichgewicht der Branche ist dann nichts mehr zu verlieren, aber auch nichts mehr zu gewinnen. Die Opportunitätskosten der in der Produktion dieser Güter steckenden Ressourcen können gerade noch verdient werden.

Abb. 6.9: Gleichgewicht bei monopolistischer Konkurrenz

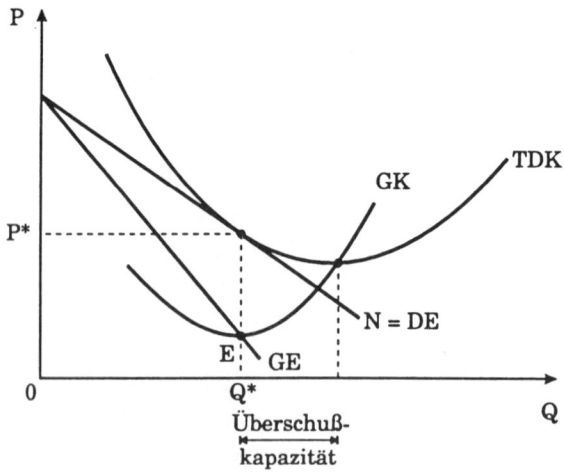

---

[28] Beachten Sie bitte, daß wir hier *ceteris-paribus* argumentieren, d.h. von der Konstanz der Gesamtnachfrage nach Mikrolehrbüchern ausgehen. Dem muß realiter nicht so sein. Ich persönlich hoffe, daß sich die Gesamtnachfrage nach Mikrotexten ständig weiter vergrößert, die Gesamtnachfragekurve sich also nach rechts verschiebt! Welche Gründe könnten mich zu dieser Annahme bzw. Hoffnung bewegen? Denken Sie an die Differenzierung der Güter in inferiore und superiore!

6. Die Rolle des Monopols

Graphisch läßt sich ein solches Gleichgewicht für einen einzelnen monopolistischen Konkurrenten sehr anschaulich darstellen. (Siehe dazu Abbildung 6.9). Der einzelne monopolistische Konkurrent hält sich genauso an die gewinnmaximierende Entscheidungsregel wie jeder andere Unternehmer auch: Er sucht jenes Outputniveau, bei dem der Grenzerlös den Grenzkosten entspricht. Dieser erste Schritt – das haben wir schon wiederholt gezeigt – sagt uns noch nichts über die Höhe des Gewinns bzw. – auch das ist freilich möglich – des (in diesem Falle minimierten) Verlustes aus. Erst eine Gegenüberstellung von Durchschnittserlösen und Durchschnittskosten bringt hier Klarheit. Und da zeigt sich nun im *langfristigen Gleichgewicht* der monopolistischen Konkurrenz, daß im 'Gewinnmaximum' die (individuelle) Nachfragekurve sich als Tangente an die Durchschnittskostenkurve legt.

Dies bedeutet, daß der Durchschnittserlös (der Preis) den Durchschnittskosten gerade entspricht, alle in der Unternehmung eingesetzten Faktoren zu deren Opportunitätskosten entlohnt werden, aber *kein Gewinn* (im ökonomischen Sinne) – wie beim 'echten' Monopol – erzielt wird. Damit besteht kein Signal zum Markteintritt und keine Veranlassung bestehender Unternehmungen zum Marktaustritt. Und alles bleibt, wie es ist: *langfristiges Gleichgewicht*.

Dieses Gleichgewicht bei monopolistischer Konkurrenz hat nun eine bemerkenswerte Eigenschaft: Die einzelnen Firmen operieren *nicht* im Minimum ihrer langfristigen Durchschnittskosten, was, ökonomisch gesprochen, gewiß nicht sinnvoll, also nicht effizient ist. Jede Firma hat damit noch Produktionskapazitäten frei, es herrscht *Überschußkapazität* oder – mit dem englischen Begriff – *excess capacity*.[29] Angesichts der Bedeutung der Marktstruktur der monopolistischen Konkurrenz – sie tritt uns in der wirtschaftlichen Wirklichkeit auf Schritt und Tritt entgegen – können wir also sagen, daß die freilich auch hier am Werk befindlichen Marktkräfte *nicht* zu einer effizienten Nutzung der Ressourcen führen (wie sie durch das Modell der vollständigen Konkurrenz als Referenzmaßstab vorgelegt wird)![30] Ein besonders einprägsames Beispiel für diese Marktform sind die einzelnen Tankstellen (nicht die Ölkonzerne selber!). Wenn

---

[29] Erinnern Sie sich: Kapazität ist definiert als das Produktionspotential bis zum Minimum der Durchschnittskosten.

[30] Siehe dazu genauer Kapitel 8.

6. Wie schwer es ist, ein (echter) Monopolist zu sein ...

Sie Autofahrer sind, dann kennen Sie sicher jede Menge Tankstellen, die zwar an sich alle das gleiche Produkt anbieten, sich aber doch irgendwie voneinander unterscheiden. Jeder einzelne Tankstellenbetreiber ist also ein monopolistischer Konkurrent und bietet sein Produkt (Treibstoffe) in leicht differenzierter Form an: Die Lage der Tankstelle ist ein differenzierendes Merkmal, weiters Selbstbedienung oder Tankwartservice, zusätzlich angebotene Serviceleistungen und auch Handelswaren, aber beispielsweise auch die Freundlichkeit der Bedienung.

Die Frage des Ökonomen wäre in diesem Zusammenhang: gibt es zu viele, oder gibt es zu wenige Tankstellen? Die Antwort ist: es gibt zu viele! Eine bessere Organisation ließe uns vielleicht mit der Hälfte der bisherigen Tankstellen auskommen, was gewiß mit enormen Kosteneinsparungen verbunden wäre. Allerdings auch mit einer starken Einschränkung der Vielfalt und Bequemlichkeit des Angebots! Also mit einer starken Reduktion der *Wahlmöglichkeiten* der Haushalte!

In der Realität gibt es also zu viele Tankstellen, zu viele Kaufhäuser, Boutiquen, Gemüseläden, Schokoladesorten, Soft-Drinks und Appartments (die Liste der Güter ließe sich nicht enden!), die alle *nicht kostenminimal*, d.h. zum Minimum der langfristigen Durchschnittskostenkurve, hergestellt werden!

Festzustellen ist auch, daß der Preis, der für diese Produkte zu berappen ist, die Grenzkosten *übersteigt*! Das ist zunächst ein eher 'desillusionierendes' Ergebnis! Oder doch nicht? Gewiß kann man dieser Ansicht sein. Doch ein Faktum bleibt davon unberührt: Daß wir sehr viele Produkte nicht zu den minimalen Durchschnittskosten kaufen können, ist der *Preis* für die Vielfalt, aus der wir wählen können. Oder anders herum: Die *Opportunitätskosten* einer Modellwelt, in der viel, viel weniger Produkte, dafür aber günstiger zu Auswahl stünden, wäre der Verzicht auf die Vielfalt, die uns derzeit geboten wird![31] Jede Alternative hat – wie immer – ihr Plus und ihr Minus, Vor- *und* Nachteile!

---

[31] Ganz abgesehen davon, ist völlig unklar, wie, mit welchen wirtschaftspolitischen Mitteln eine Modellwelt wie die der vollständigen Konkurrenz in vielen Branchen überhaupt bewerkstelligt werden sollte!

6. Die Rolle des Monopols

6.7 Resümee: Das Monopol: Ein Januskopf!

Können wir nun, nach einer differenzierten Betrachtung des Monopols, dieses als 'Fluch' oder als 'Segen' ansehen? Die Beantwortung dieser Frage hängt jeweils von der konkreten Erscheinungsform des Monopols ab, es ist also jeder einzelne Fall genau zu prüfen, ehe man ein Urteil fällt.

Die hier gewählte Darstellungsweise soll besonders den *dynamischen* Aspekt wirtschaftlichen Geschehens zum Ausdruck bringen. Es sollte besondere Betonung gelegt werden auf die Frage:

Welche von Unternehmerseite 'initiierten' wirtschaftlichen Prozesse laufen in der Zeit ab, wohin tendieren sie, welche Früchte bzw. Gefährdungen für die Wohlfahrt der Gesellschaft, also die Summe der Haushalte, bringen sie mit sich?

Etwas vereinfacht, können wir folgenden 'Zyklus' wirtschaftlichen Geschehens erkennen:

- Am Beginn steht in gewisser Weise das Monopol: Eine Unternehmung präsentiert ein neues Produkt, damit wird sie zum Monopolisten. Sie schafft sich einen neuen Markt für ihr Produkt, auf dem sie vorerst der einzige Anbieter bleibt. Wir können dies durchaus als einen 'schöpferischen Akt' bezeichnen: Ein neues Produkt bedeutet *immer* eine Bereicherung der Wahlmöglichkeiten der Haushalte, die letztlich entscheiden, ob dieses Produkt ankommt oder nicht. Mit dieser 'Schöpfung' können, werden in der Regel, müssen aber keineswegs alte Marktstrukturen, Angebots- und Nachfragebeziehungen 'zerstört' werden, die Konkurrenz (aller Unternehmungen um das Budget der Haushalte) wird aber jedenfalls neu belebt.

    Vom österreichischen Nationalökonomen *Joseph A. Schumpeter* stammt die äußerst treffende Bezeichnung der *schöpferischen Zerstörung* für diese Tätigkeit des dynamischen Unternehmers (vgl. Claudio!) und der von ihm initiierten Prozesse.

    Deshalb können wir sagen: Wir brauchen das Monopol, zumindest temporär, um wirtschaftlich weiterzukommen.

- Findet das Produkt eine breite Akzeptanz am Markt, dann gibt's viel zu verdienen. Jetzt hängt es entscheidend von den *Marktzutrittsbedingungen* ab, was passiert. Zutrittsbeschränkungen können in bestimmten Fällen ökonomisch sinnvoll sein (Motivationsfunktion des Patent-, Marken- und Urheberschutzes) oder aber in gänzlich ungerechtfertigter Weise Monopole schützen.

- Unterstellen wir *freien Marktzutritt,* so werden im geschilderten Szenario neue Unternehmungen auf diesen Markt drängen bzw. ähnliche (differenzierte) Produkte anbieten: Die Marktform der monopolistischen Konkurrenz entsteht. Der Gewinn des 'Entdeckers' verschwindet, im langfristigen Gleichgewicht verdienen alle in diesem Markt eingesetzten Ressourcen 'lediglich' ihre Opportunitätskosten.[32]

- Bevor es aber noch soweit ist, kann es aufgrund der nunmehr intensiven Konkurrenz der Anbieter auch zu empfindlichen Verlusten einzelner Unternehmungen kommen, die damit die Branche, in der jetzt kaum noch etwas oder nichts mehr zu holen ist, verlassen müssen.[33] Beachten Sie bitte gerade vor diesem Hintergrund die enorme Relevanz der Entscheidung bezüglich der *optimalen Betriebsgröße* sowie die explizite Miteinbeziehung möglicher technologischer Entwicklungen in die strategischen Unternehmungsentscheidungen!

- Die verbleibenden Unternehmungen unterliegen einem großen Rationalisierungsdruck. Jetzt kommt es entscheidend auf die Technologie an! Die Frage ist, *in welchem Verhältnis die Kapazität der optimalen Betriebsgröße zur Marktnachfrage insgesamt steht bzw. wie sich dieses Verhältnis absehbar entwickeln wird.*

---

[32] Ein *langfristiges Gleichgewicht* ist eine modellhafte Vorstellung, die die *Tendenz* eines Prozesses anzeigt. Da in der Realität ständig 'schöpferische Zerstörungen' stattfinden, ist der tatsächliche Eintritt solcher langfristigen Gleichgewichtszustände im Sinne eines zum Abschluß gekommenen, ruhenden Prozesses äußerst unwahrscheinlich, die langfristigen durchschnittlichen Verdienstchancen in dieser Branche beschreibt es dennoch zutreffend.

[33] Nicht zu vergessen bei diesem Prozeß ist freilich die Nachfrageseite: Solange die Nachfrage stark genug wächst, kann trotz Eintritt neuer Konkurrenten für alle ausreichend Marktpotential vorhanden sein. Dies *galt* (!) lange Zeit für die Computer-Industrie (Hard- und Software).

6. Die Rolle des Monopols

Drei Möglichkeiten sind hier denkbar:

1. Die Kapazität der optimalen Betriebsgröße gestattet die Existenz *vieler* Unternehmungen mit mehr oder weniger stark differenziertem Output. Es bleibt bei der Marktform der *monopolistischen Konkurrenz*, wie wir sie in diesem Kapitel kennengelernt und im langfristigen Gleichgewicht beschrieben haben.

2. Die Kapazität der optimalen Betriebsgröße gestattet die Existenz *nur weniger* Unternehmungen. Dann wird sich die Marktform des *Oligopols* herausbilden: Wenige Anbieter teilen sich den Markt untereinander auf. Damit wird die Beachtung der *Reaktion der Konkurrenten auf eine Aktion eines Oligopolisten* unabdingbar. Situationen, in denen ein Anbieter die Reaktion seiner Mitanbieter explizit mitberücksichtigen muß, heißen *strategische Situationen*.[34]

Ein gutes Beispiel hiefür geben die Banken und Airlines ab. Wenige, aber zumeist sehr große Unternehmungen teilen sich den Markt. Wenn ein Anbieter mit besseren Konditionen auf den Markt tritt, um damit neue Marktanteile zu gewinnen, kann er *nicht* davon ausgehen, daß dies von seinen Konkurrenten *reaktionslos* hingenommen werden wird. Auch sie werden ihre Konditionen entsprechend verbessern müssen, wollen sie ihren Marktanteil behaupten bzw. wieder zurückgewinnen. Wenn das Spiel so weitergeht, bedeutet das für alle Oligopolisten saftige Gewinneinbußen bzw. mitunter schmerzliche Verluste.

Da die Oligopolisten sehr schnell bemerken, daß sie sich mit einem solchen Wettbewerbsverhalten selbst am meisten schaden (zur Freude der Konsumenten), und es bei wenigen Beteiligten leicht ist, eine Vereinbarung zu treffen (die *Transaktionskosten* der Organisation einer solchen Zusammenkunft sind sehr gering), ist die Wahrscheinlichkeit sehr hoch, daß sie sich dafür auch Zeit nehmen und tatsächlich Absprachen zur Entschärfung des Wettbewerbs bzw. über eine für die Konsumenten nachteilig hohe Preissetzung (*Kartellvereinbarungen*) treffen. (Gibt es ein Substitut für ein Girokonto? Wohl kaum!) Trifft das zu –

---

[34] Hier ergibt sich ein weites Betätigungsfeld für die *Spieltheorie*, die derartige strategische Situationen modelliert und auf die wir in diesem Buch (leider) verzichten müssen.

wobei ein solches Verhalten der Oligopolisten sich auch ohne explizite Absprachen einstellen kann –, so sprechen Ökonomen von einem *kollusiven Oligopol.* Im Extremfall verhalten sie sich dann wie ein Monopolist (mit mehreren Betriebsstätten), weil sie damit das für sie beste Ergebnis erzielen können.

3. Die Kapazität der optimalen Betriebsgröße gestattet lediglich ein einziges Unternehmen: Es entwickelt sich also das *natürliche Monopol.*

Einen Überblick über den Zusammenhang zwischen einzelbetrieblicher Kostenstruktur und daraus resultierender Marktform gibt Abbildung 6.10. Dargestellt sind hier die 'Extremvarianten' natürliches Monopol, Oligopol und schließlich die Marktform der vollständigen Konkurrenz, der wir uns im nächsten Kapitel eingehend zuwenden werden. Soviel vorweg: Im Fall der vollständigen Konkurrenz geht es um ein homogenes Gut, das von einer Myriade von im Vergleich zur Marktgröße sehr kleinen Unternehmungen angeboten wird.[35]

Zurück zur Dynamik des marktwirtschaftlichen Prozesses: Oft steht also am Beginn ein Monopol, dann entbrennt ein (mitunter desaströser) Wettbewerb um den (neuen) Markt, schließlich überleben diesen Wettbewerb nur wenige oder gar nur einer, womit am Ende des Prozesses möglicherweise wieder ein Monopol oder aber das in seiner Politik zum selben Ergebnis tendierende Oligopol steht.

Abb. 6.10: Einzelbetriebliche Kostenstruktur und Marktgröße

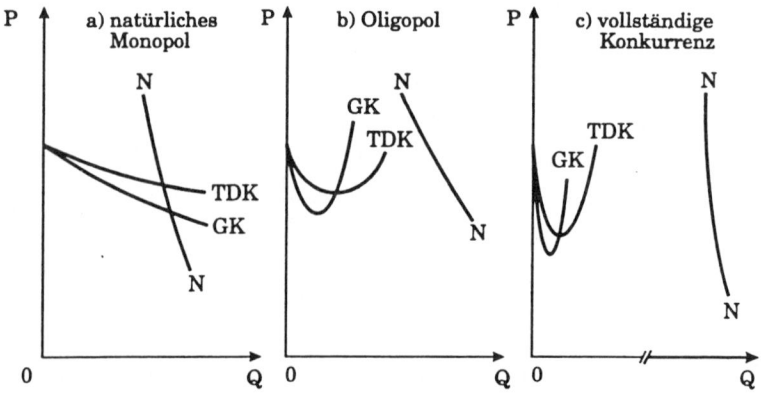

[35] Beachten Sie, daß die Abszisse unterbrochen ist, um die enorm weit rechts liegende Marktnachfragekurve noch einzeichnen zu können. Die einzelnen Anbieter verfügen hier also über keinerlei Marktmacht.

6. Die Rolle des Monopols

Beide in der Praxis sehr oft anzutreffende Marktformen verlangen – das können wir als Ergebnis unserer diesbezüglichen Überlegungen festhalten – nach rigoroser staatlicher Aufsicht bzw. Kontrolle. Wie soll aber diese staatliche Kontrolle ausschauen? Hier gehen die Meinungen auseinander. Der staatliche Eingriff kann unterschiedlicher Art sein. Er kann einmal darin bestehen, Unternehmungszusammenschlüsse, die zu einem dominierenden Marktanteil führen, überhaupt zu verhindern, bzw. andererseits darin, die Märkte *offenzuhalten*, also die Marktzutrittsbeschränkungen so gering wie irgend möglich zu halten. Sind die Märkte 'offen', besteht also die *Gefahr des Eintritts potentieller Konkurrenten*, dann erwartet man, daß die 'Monopolisten' und Oligopolisten in ihrer Preisgestaltung sehr vorsichtig sein werden,[36] wollen sie nicht selbst den Marktzutritt neuer Konkurrenten provozieren. Allein die mögliche Gefährdung durch potentielle Mit-Wettbewerber sollte also die bestehenden Unternehmungen bereits effektiv disziplinieren.

Ganz allgemein nennt man Märkte, bei denen der Zutritt neuer (potentieller) Konkurrenten, aber auch der Austritt von Unternehmungen ohne größere Schwierigkeiten, also ohne prohibitive Kosten, möglich ist, contestable markets. Ist dies der Fall, dann wird erwartet, daß das langfristige Marktergebnis trotz mangelnder tatsächlicher/vollständiger Konkurrenz keine positiven Gewinne im ökonomischen Sinn erlaubt. Denn sobald in dieser Branche positive Gewinne erwirtschaftet werden, tauchen neue Unternehmungen auf diesem Markt auf und bringen über ein steigendes Angebot die Gewinne wieder zum Verschwinden.

Es geht hier also nicht mehr um das Ausmaß der Konkurrenz bestehender Unternehmungen *in* einem Markt, sondern um die Möglichkeit des Wettbewerbs existierender *und potentieller* Unternehmungen *um* einen Markt. Allein die mögliche Gefahr potentieller Mitbewerber diszipliniert also die existierenden Unternehmungen und führt zu einem großen Druck zur Annäherung der Preise an die Grenzkosten!

So wird die Bedingung für *contestable markets*, also die Aufrechterhaltung der Offenheit monopolistisch oder oligopolistisch strukturierter Märkte zu einer konkreten und dringlichen Forderung des

---
[36] Vgl. Abschnitt 6.5.3.

Mikroökonomen an die staatliche Wirtschaftspolitik. Im Rahmen der *Wettbewerbspolitik* ist danach zu trachten, die wirtschaftlichen Rahmenbedingungen, die *Anreizstrukturen* so zu gestalten, daß wettbewerbliches, d.h. leistungsorientiertes Verhalten der Wirtschaftsakteure sichergestellt ist. Das ist ein äußerst anspruchsvolles Unterfangen. Denn einerseits sind Marktzutrittsbeschränkungen 'so weit irgend möglich' zu beseitigen, andererseits aber muß über einen entsprechend gesicherten Patent- und Urheberschutz auch der 'Zugang zu zumindest temporären Monopolstellungen' ermöglicht werden.

Wenn Sie den geschilderten Prozeß in aller Ruhe noch einmal durchgehen und richtig verdauen wollen, dann werden Sie mir hoffentlich zustimmen: Das Monopol – fassen wir es nicht in einer zu engen und damit realitätsfernen Weise als eine statische, ein für allemal feststehende Marktstruktur sondern als die *Möglichkeit temporärer Monopolrenten* auf –, ein so verstandenes Monopol hat Ähnlichkeit mit einem Januskopf. Etwas überspitzt könnte man sagen: Es bringt uns 'Segen' und kann in einen 'Fluch' ausarten.

- Zum 'Segen': Die Marktwirtschaft ist ohne das 'Zuckerbrot' (zumindest) tendenziell und temporär einkassierbarer Monopolrenten einerseits *und* die Peitsche der darum sich entwickelnden Konkurrenz andererseits *nicht* denkbar. Beide Phänomene bedingen einander: Die kurzfristige Monopolstellung und ihre ständige Gefährdung bzw. 'Vernichtung' durch den aufkommenden Wettbewerb.

  Eine beständige und umfassende Verbesserung der Güterversorgung basiert im wesentlichen auf diesem *Anreiz, der Aussicht auf eine Monopolrente* und dem dann folgenden *Disziplinierungsmechanismus der Konkurrenz.*

  Essentiell ist in diesem Zusammenhang – um es noch einmal zu betonen – die *Offenheit der Märkte*. *Neue* Produkte sollten *ohne wesentliche administrative, technologische, materielle und immaterielle Schwierigkeiten* auf den Markt kommen – und damit in vielen Fällen gleichzeitig alte Monopolspositionen gefährden und 'vernichten' können.

- Zum 'Fluch': Technologische Bedingungen und Konkurrenzdruck zwingen die Unternehmungen zur Rationalisierung, und das bedeutet auch Unternehmungszusammenschlüsse. Aus

6. Die Rolle des Monopols

vielen Konkurrenten werden weniger, ganz wenige (Oligopol) oder gar nur mehr einer (natürliches Monopol). Aus Effizienzgründen ist diese Entwicklung durchaus zu begrüßen, gleichzeitig wächst jedoch damit die Gefahr, die Outputmenge zu beschränken und/oder die Preise übergebührlich über die Durchschnittskosten zu setzen, was stets gleichbedeutend mit einer Verschlechterung der Güterversorgung der Volkswirtschaft ist.

Sind die Märkte aber prinzipiell offen, dann – wir haben es erläutert – ist es sehr schwierig, ein 'echter' (Lehrbuch-)Monopolist zu sein und zu bleiben. Dieses 'Offensein' der Märkte kann bisweilen sehr schwer zu bewerkstelligen sein. In vielen Fällen stellen immense Kapitalerfordernisse und spezifisches Know-How (fast) unüberwindliche Eintrittsbarrieren dar. Deshalb kommt neben dem dringlichen wirtschaftspolitischen Imperativ des 'Offenhaltens' der Märkte (beispielsweise kein Zollschutz!) noch die Forderung nach einer starken staatlichen *Überwachungsinstitution* für oligopolistisch und monopolistisch strukturierte Märkte hinzu.

Allerdings zeigt ein Blick in die Praxis, daß mitunter jene Institutionen bzw. die Regierungen, anstatt uns vor ungerechtfertigten Monopolen und übermäßigen Machtzusammenballungen auf Märkten zu schützen, geradezu selbst die Bedingungen für die Existenz von Monopolen schaffen. Die schon erwähnten *Rent-seeking*-Aktivitäten zielen ja letztlich darauf ab, eine vom Staat gewährte Monopolstellung zu erlangen, und einmal erobert, auch zu behalten. Hinzu kommt, daß jene Mittel – und deren sind nicht wenige – die zur Erlangung und, ist diese einmal erobert, zur Aufrechterhaltung von solchen staatlich abgesicherten Monopolstellungen verwendet werden, *keine* Verbesserung der Güterversorgung – wie etwa bei normalen Wettbewerbsprozessen – bewirken, sondern (im Kampf bzw. im Wettbewerb um die Monopolstellung!) für produktive Einsätze verloren sind und nur Verteilungsfolgen zeitigen. Damit kommt ein Kuriosum zutage: Das Problem liegt nicht nur in der einmal bezogenen Monopolstellung selbst, die unter den Umständen des 'freien' Marktzutritts fast immer einer entsprechenden Disziplinierung unterliegt, als vielmehr in den enormen Ressourcen, die zu ihrer staatlich abgesicherten Errichtung und in weiterer Folge zu ihrer Aufrechterhaltung von vielen Unternehmungen verwendet werden und in keiner Weise produktive Beiträge im Sinne einer Verbesserung der Güterversorgung leisten.

7. Worauf es ankommt! Oder: Angebot und Nachfrage

Alle bisherigen Ausführungen haben eines besonders klargemacht: die bedeutende Rolle, die *Preise* im marktwirtschaftlichen System übernehmen.

Sie stellen wichtige, hoch komprimierte Informationen dar, sie signalisieren relative Knappheiten und Überschüsse und lenken damit die knappen Ressourcen in jene Verwendungsrichtungen, in denen sie, signalisiert durch die jeweilige Nachfrage der Haushalte, am dringendsten benötigt werden.

Dadurch 'löst' der Preismechanismus das ökonomische Grundproblem in all seinen tausenderlei Konkretisierungen – vom täglichen Brot bis zum Camrecorder – quasi von selbst.

Preise bilden sich auf Märkten. Sie sind immer die Resultante zweier entscheidender Einflußfaktoren: des Angebots und der Nachfrage. Ökonomisches Denken[1] ist daher im wesentlichen immer ein Denken in den Kategorien von Angebot und Nachfrage! [2]

Ökonomisches Denken ist ja immer der Versuch, die vielfältigen ökonomischen Zusammenhänge, von Knappheiten und Überschüssen, von Preisen und Mengen auf den einzelnen Märkten zu durchschauen, in die Größen Angebot und Nachfrage zu *übersetzen* und ein *systematisches Wissen* über diese Zusammenhänge zu gewinnen.

7.1 Schritt für Schritt: Der Zusammenhang und die Fragestellungen

In diesem Kapitel wollen wir nun das ökonomische Instrumentarium bzw. das analytische Vorgehen vorstellen, mithilfe dessen wir wertvolle Einsichten in den Ablauf ökonomischer Prozesse gewinnen. Neben der Erklärung ökonomischer Zusammenhänge besteht ein Ziel dieser Analyse in der *Vorhersage künftiger Entwicklungen*. Entsprechend der individuellen Risikobereitschaft kann dieses Wissen dann

---

[1] Erinnern Sie sich nur an unseren Badestrand-Ökonomen!

[2] Wenn nicht ausdrücklich anders angegeben, steht Angebot und Nachfrage in diesem Kapitel für das *Markt*angebot und die *Markt*nachfrage.

7. Angebot und Nachfrage

mehr oder weniger umfassend zum eigenen pekuniären Vorteil umgesetzt werden.

Dieses streng analytische Vorgehen darf nun weder *begrifflich* noch *logisch* Raum für Unklarheiten und Unschärfen zulassen. Deshalb empfiehlt sich ein schrittweises Vorgehen:

Zunächst werden wir

- ganz knapp rekapitulieren, was wir bereits über Angebot und Nachfrage wissen und dabei besonders auf die begriffliche 'Reinhaltung' der Fachausdrücke 'Angebot' und 'Nachfrage' achten,

dabei müssen wir

- auf der Angebotsseite einige zusätzliche Einflußfaktoren genauer analysieren,

ehe wir

- Angebot und Nachfrage bei *vollständiger Konkurrenz* 'aufeinander loslassen'

und uns mit den

- daraus abzuleitenden Folgewirkungen näher befassen.

Schließlich ergibt sich aus all diesen Überlegungen gewissermaßen

- die Essenz der Mikroökonomik, die *Preistheorie,* also eine Theorie über die *Preisbildung und Preisentwicklung,*

und wir können uns dann abschließend ein sehr konzises Bild über die

- Funktionsweise von Marktwirtschaften generell bilden.

Hier zeigt sich besonders deutlich der Erklärungs- und Prognoseanspruch einer *Theorie:* Es geht hier nicht um ein einfaches empirisches 'Sich-Auskennen', sondern um ein *systematisches*, also die *Zusammenhänge aufdeckendes Wissen,* womöglich in Form von *Gesetzen* ausgedrückt.

7.2 Die Marktnachfrage – ein Rückblick auf die Haushaltstheorie

Die Nachfrage nach Gütern und Dienstleistungen hängt auf der Ebene des einzelnen Konsumenten von den individuellen Vorlieben, Geschmäckern, Wünschen (graphisch durch die Indifferenzkurven dargestellt) einerseits sowie von dem, was er sich leisten kann (graphisch durch die Budgetgerade dargestellt), andererseits, ab. Unendlich viele Güter werden uns tagtäglich angeboten. Doch wird Sie ein ausgedehnter Stadtbummel mit Sicherheit davon überzeugen, daß Ihnen von den zu tausenden zum Kauf angebotenen Gütern nur einige auch wirklich gefallen. So gibt es in einer Boutique ein Kleid, das Sie hinreißend finden, ein anderes wiederum würden Sie nicht einmal dann nehmen, wenn es Ihnen geschenkt werden würde. Es trifft einfach nicht Ihren Geschmack, Ihren Stil, Punkt. Daraus können wir schließen: Der Geschmack, die Vorlieben, *die Präferenzen* bestimmen wesentlich die *Kaufbereitschaft* eines Individuums. Doch wäre es einfach zu schön, wenn die durch Ihre persönliche Vorliebe bestimmte *Kaufwilligkeit* die einzige Bestimmungsgröße für Ihre Nachfrage wäre. So können Sie zwar in Begeisterung für ein elegantes Jaguar-Coupé ausbrechen, dennoch ist Ihre Nachfrage nach Jaguar-Coupés Null! Zur Kaufbereitschaft muß sich also die *Fähigkeit* gesellen, das in Frage kommende Gut auch bezahlen zu *können:* Eine entsprechende finanzielle Ausstattung also, die Ihre *Kauffähigkeit* sicherstellt. Diesen beiden hier umgangssprachlich dargelegten Nachfragefaktoren sind wir in der Haushaltstheorie unter den Begriffen *Nutzen* und *Budgetbeschränkung* begegnet. Denn ein Haushalt wird nur solche Güter nachfragen, die ihm Nutzen stiften *und* die er sich aufgrund seines Budgets auch leisten kann. Denken Sie also daran, welche Welt hinter diesen so trocken anmutenden Begriffen steckt!

Überlegen Sie sich einmal, welche Güter Ihnen besonders gut gefallen, die aber leider außerhalb Ihrer finanziellen Möglichkeiten liegen. Warum liegen diese Güter außerhalb Ihrer finanziellen Möglichkeiten? Aufgrund der *herrschenden Preise,* über die Sie 'ungefähr' – viel genauer als Sie im ersten Moment meinen – Bescheid wissen und die für deren Erwerb zu bezahlen sind. Daraus folgt, daß sich Ihre Nachfrage bzw. die nachgefragte Menge nach diesen Gütern ändert, sobald sich Ihr Einkommen, Ihr Vermögen oder die Preise der in Frage kommenden Güter ändern. Denken Sie dabei immer an besonders krasse Beispiele: Wenn der Preis des von Ihnen gewünschten Autos auf ein Zehntel seines gegenwärtigen Preises fällt, wie wäre davon Ihre nachgefragte Menge nach diesem Gut betroffen? Wenn Sie das Zehnfache verdienten, was Sie derzeit verdienen, wie würde sich Ihre Nachfrage nach bestimmten Gütern ändern? Ganz gewiß werden Sie sich nicht ein Auto einer Marke zulegen, die sie überhaupt nicht ausstehen können.

Wir halten also fest: Sie sind entweder nicht *willig*, ein Gut zu kaufen, oder es fehlen Ihnen die dafür erforderlichen Mittel, dann sind Sie nicht *fähig*, das Gut zu kaufen.

In den Bereich der individuellen Nachfrage fallen also jene Güter, die der Haushalt präferiert und die er sich leisten kann. Individuelle Präferenzen und Budgetbeschränkung, Kaufwilligkeit und Kauffähigkeit sind also für die individuelle Nachfrage maßgebend.

Wie wir nun die uns zur Verfügung stehende Geldsumme auf die einzelnen von uns präferierten Güter aufteilen, wissen Sie auch schon. Dies bestimmt sich im wesentlichen nach dem *Gesetz des abnehmenden Grenznutzens*. Sie geben doch auch Ihr Geld nicht ausschließlich für das Gut aus, das Sie schlichtweg unwiderstehlich finden, sondern für eine Vielzahl von Gütern. Aufgrund des *Gesetzes vom abnehmenden Grenznutzen* diversifizieren Sie Ihren Konsum, weil Sie gerade dadurch Ihren Nutzen entscheidend erhöhen können. Zwar stiftet der Konsum eines Gutes Nutzen, doch je *mehr* Sie von einem bestimmten Gut konsumieren, desto *geringer* wird der Nutzen der zusätzlichen Einheiten dieses Gutes. Deshalb 'steigen' Sie, wenn der Grenznutzen eines von Ihnen hochgeschätzten Gutes durch die vielen bereits konsumierten Einheiten entsprechend abgesunken ist, auf ein anderes Gut um.

Befinden Sie sich in Ihrem Haushaltsoptimim, dann gilt dort – wie wir im 4. Kapitel eingehend diskutiert haben – das zweite Gossensche Gesetz:

Die Relation der Grenznutzen der zuletzt konsumierten Gütereinheiten (d.i. die subjektive Komponente) zu dem für eine Einheit dieses Gutes zu bezahlenden Preis (d.i. die objektive Komponente) ist im Haushaltsoptimum für alle von Ihnen nachgefragten Güter gleich groß.

Fällt nun der Preis eines dieser Güter, der für den Haushalt ein *Datum* darstellt, dann kommen Sie aus dem Gleichgewicht und müssen erneut versuchen, durch eine Reallokation Ihres Konsums, wieder ins Gleichgewicht zu kommen. Für das im Preis gesunkene Gut ist das Verhältnis Grenznutzen/Preis größer geworden als die entsprechenden Verhältnisse bei den anderen Gütern. Das können Sie nur dadurch wieder in Ordnung bringen, indem Sie den Konsum dieses Gutes ausdehnen, denn da der Grenznutzen bei der Konsumtion weiterer Einheiten dieses Gutes fällt, wird das Verhältnis insgesamt wieder kleiner.

Denken Sie auch hier wieder an besonders krasse praktische Beispiele wie radikale Preissenkungen im Ausverkauf, in den weißen Buchwochen und bei (tatsächlichen oder vorgetäuschten) Geschäftsauflösungen. Ist der Preis eines Pullovers um die Hälfte gefallen, dann kaufen Sie! D.h. Sie kommen nur dann wieder zu einem Gleichgewicht, indem Sie – wenn der Preis eines Gutes *gefallen* ist – *mehr* von diesem Gut nachfragen. Damit ist die *negative* Beziehung zwischen *Preis* und *nachgefragter Menge* ausgehend von einem *individuellen Nutzenmaximierungskalkül des einzelnen Haushalts* abgeleitet und bestätigt.

Die somit durch spezifische Präferenzen und die jeweilige Budgetbeschränkung charakterisierten individuellen 'Nachfragen' der einzelnen Haushalte für ein Gut werden nun zur Marktnachfrage zusammengefaßt, man spricht in diesem Zusammenhang von *Aggregation* der einzelnen Nachfragen (graphisch gesehen: horizontale Addition der individuellen Nachfragkurven[3]):

Die Marktnachfrage stellt einen funktionalen Zusammenhang zwischen Preis und nachgefragter Menge dar. Graphisch läßt sich dies in einem Preis-Mengen-Diagramm durch die negativ geneigte Nachfragekurve zeigen. Also: Nachfrage = funktionaler Zusammenhang zwischen Preis und nachgefragter Menge = Nachfragekurve. Je geringer der Preis eines Gutes, desto größer mithin die nachgefragte Menge. Weil diese Beziehung fast immer empirisch bestätigt werden kann, spricht man auch vom Gesetz der Nachfrage.

---

[3] Vgl. Abb. 4.13.

7.3 Begriffe und Konzepte 1: Das Marktangebot

7.3.1 Marktangebot Teil 1: Ein Rückblick auf die Entscheidungssituation der Unternehmung

Ähnlich wie bei der Nachfrage des einzelnen Haushalts liegen die Dinge auf der Angebotsseite beim Angebot der einzelnen Unternehmung. Zwar ist auch hier das Angebot eines Gutes bestimmt durch die *Fähigkeit* (damit ist die Produktionsfunktion, also die grundsätzliche technologische Möglichkeit der Produktion eines Gutes gemeint) sowie die *Bereitschaft* der Produzenten, das in Frage stehende Gut zu produzieren und anzubieten. Die *Bereitschaft* dazu ist gegeben, wenn durch die Produktion eines Gutes ein *Gewinn* in Aussicht steht. Dieser ist wiederum nur möglich, wenn kostenseitig entsprechend günstige Möglichkeiten der Produktion des Gutes existieren, wenn also eine Technologie existiert, die es den Anbietern ermöglicht, das Gut herzustellen und dabei einen *Gewinn* zu machen. Man sieht sofort:

Ob ein Gut produziert wird oder nicht, hängt vom Preis ab, der dafür am Markt erzielt werden kann. Ist dieser hoch genug, um nach Abzug der Produktionskosten einen Gewinn zu erzielen bzw. zumindest die Kosten zu decken, dann wird produziert, ansonsten nicht.

Die jeweils konkret angebotene Menge ergibt sich also aus der Gewinnmaximierungsentscheidung der Unternehmung. Dabei wird in den meisten Fällen bei einer Ausweitung der Produktion das schon diskutierte *Gesetz des fallenden Grenzertrages* wirksam werden. D.h. zusätzliche Inputeinheiten erbringen zwar positive, aber fallende Grenzprodukte, was *steigende Grenzkosten* der Produktion und damit *positiv steigende Angebotskurven* der einzelnen Anbieter bedeutet.[4]

An dieser Stelle muß eine wichtige Differenzierung im Angebotsverhalten der einzelnen Unternehmung noch einmal besonders hervorgehoben werden:

Grundlegend für die Änderung des Angebots einer Unternehmung ist, ob sie eine Preisänderung als ein vorübergehendes, also temporäres Phänomen erachtet, oder glaubt, daß die Preisänderung längerfristig, also permanent anhalten wird.

---

[4] Vgl. dazu die Ableitung der Angebotskurve der Unternehmung in Kapitel 3.

Hier geht es also wieder um Erwartungen. Wird die Preisänderung als ein temporäres Phänomen angesehen, dann reagiert die Unternehmung entsprechend ihrer *kurzfristigen* Angebotskurve (d.i. die *kurzfristige Grenzkostenkurve*), die Angebotsänderung wird damit *nicht* so stark ausfallen wie in dem Fall, in dem die Unternehmung die Preisänderung als dauerhaftes Phänomen interpretiert. Sie wird in diesem Fall einen *Wechsel der Betriebsgröße* erwägen. Und weil langfristig *alle* Faktoren variabel sind, reagiert die angebotene Menge stärker als wenn sich die Unternehmungen an der kurzfristigen Grenzkostenkurve orientierten.[5]

7.3.2 Das Marktangebot Teil 2: Faktoren jenseits des Entscheidungsspielraums der einzelnen Unternehmung

7.3.2.1 Der Faktor-Preis-Effekt

Die durch die technologischen Möglichkeiten bestimmten 'Angebote' der einzelnen Unternehmungen für ein Gut werden zum Marktangebot zusammengefaßt; auch hier wird dieser Prozeß *Aggregation* genannt. Graphisch gesehen kommen wir auch hier durch die horizontale Addition der individuellen Angebotskurven zur *Marktangebotskurve*, wie sie in Abbildung 7.1 mit A_1 bezeichnet ist.

Allerdings ist hier ein zusätzlicher Einflußfaktor zu beachten. Alle individuellen Angebotskurven wurden unter der Bedingung abgeleitet, daß die Preise der Inputfaktoren bei Variationen des Outputs *konstant* bleiben. Dies ist, für die einzelne Unternehmung betrachtet, gewiß eine sehr einleuchtende Annahme. Denn kauft eine einzelne Firma mehr Inputs zu, dann ist kaum damit zu rechnen, daß deshalb die Preise dieser Inputs steigen werden. Anders liegt der Fall jedoch, wenn eine Branche *insgesamt* auf den für sie wichtigen Inputmärkten beginnt, mehr Inputs nachzufragen, um den Branchenoutput insgesamt, das Marktangebot, auszudehnen. In diesem Fall ist es sehr wahrscheinlich, daß *die Preise der Inputs steigen werden.* Damit verschiebt sich jedoch die Grenzkosten- und damit die Angebotskurve *jeder einzelnen Unternehmung* und damit auch die Marktangebotskurve *nach oben!*

Dieses Phänomen, man bezeichnet es als den *Faktor-Preis-Effekt*,

---

[5] Es ist nicht notwendig, daß alle Unternehmungen einer Branche dieselben Erwartungen hinsichtlich der Dauerhaftigkeit der Preisänderung hegen!

7. Angebot und Nachfrage

ist nun in Abbildung 7.1 dargestellt. Zum anfänglich herrschenden Preis P_1 bietet die Branche entsprechend ihrer anfänglichen Marktangebotskurve $A_1(=\sum a_i)$ den Output Q_1 an. Steigt nun aufgrund einer lebhaften Nachfrage der Preis auf P_2 an, so versucht diese Branche, ihren Output auf Q_2 zu erhöhen, was aber nicht entsprechend der anfänglichen Marktangebotskurve A_1 möglich ist (weil diese unter der Annahme der Konstanz der Inputpreise abgeleitet wurde), sondern nur über steigende Inputpreise erreicht werden kann. Dementsprechend verschieben sich die Grenzkostenkurven der Unternehmungen und damit auch die Marktangebotskurve nach oben zur Marktangebotskurve $A_2(=\sum a_i')$, die die nunmehr höheren Inputpreise reflektiert. Damit ist aber die tatsächliche, die *effektive* Marktangebotskurve dieser Industrie A_E (sie verläuft durch die Punkte E_1 und E_2). Man erkennt, daß die Mengenausweitung auf Q_E infolge eines Preisanstiegs nicht so deutlich ausfällt wie unter der Annahme der Konstanz der Inputpreise.[6] Trifft dieses Phänomen auf eine Branche zu, so spricht man von einer *increasing-cost-industry*.

Abb. 7.1: Der Faktor-Preis-Effekt

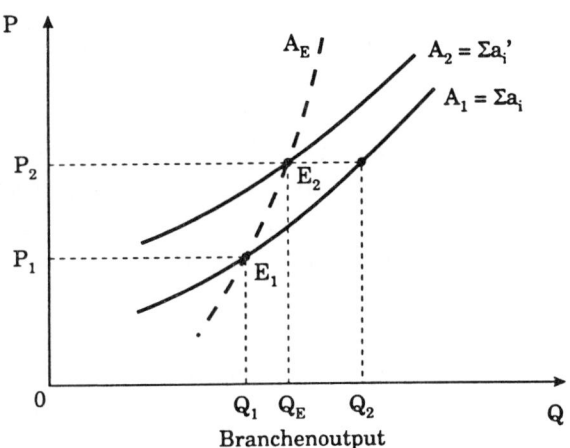

---

[6]Der Faktorpreiseffekt ist ein schönes Beispiel für das explizite Aufheben der wohlbekannten und viel verwendeten *ceteris-paribus-* Klausel. Während die anfängliche Marktangebotskurve unter der Annahme der Konstanz der Faktorpreise, also ceteris paribus, hergeleitet wird, wird für die Herleitung der effektiven Marktangebotskurve diese Annahme fallen gelassen.

7.3.2.2 Externe Ökonomien und Disökonomien

Die Expansion und Kontraktion einer Branche insgesamt, also die *Änderung des Branchenoutputs*, hat regelmäßig Aus- bzw. Rückwirkungen auf die *einzelnen* Unternehmungen dieses Industriezweiges. Ist das der Fall, so spricht man von *externen* – weil *außerhalb* des direkten Einflußbereichs der einzelnen Unternehmung liegenden Faktoren – *Ökonomien* oder *Disökonomien:*

Externe Ökonomien oder Disökonomien liegen dann vor, wenn sich die Kosten der einzelnen Unternehmung aufgrund einer Variation des Outputs der Industrie verändern. [7]

Diese externen Ökonomien und Disökonomien lassen sich wiederum unterteilen in *pekuniäre* und *technologische* externe Ökonomien oder Disökonomien. Der Faktorpreiseffekt ist ein Beispiel für eine pekuniäre externe Disökonomie: Die Erhöhung des *Outputs der Industrie* führte zu einer Erhöhung der *Kosten der einzelnen Unternehmung*, weil die *Inputpreise* steigen!

Jedoch können Variationen des Branchenoutputs auch *Änderungen der Produktionsfunktionen* (also der technologischen Möglichkeiten der Unternehmung) mit sich bringen. Auch hier kann dies für die einzelne Unternehmung positiv oder negativ ausfallen.

Ein klassisches Beispiel für eine technologische externe Ökonomie ist die durch eine Outputerweiterung der Industrie überhaupt erst ermöglichte Verbesserung der Qualität der Inputs der einzelnen Unternehmungen, was gesteigerte Produktivität oder, anders herum, geringere Produktionskosten bedeutet.

Eine Ausweitung der Nachfrage nach Computersoftware macht beispielsweise eine spezifisch organisierte Schulung der Arbeitskräfte (betrieblich, schulisch, universitär) möglich, die sich schließlich in Produktivitätssteigerungen der einzelnen Unternehmungen und damit einer *Verschiebung der einzelnen Grenzkostenkurven nach rechts unten* niederschlägt.

Graphisch ist dieser Fall in Abbildung 7.2 verdeutlicht, die eigentlich genau eine Umkehrung der Abbildung 7.1. darstellt.

Ausgangspunkt ist die Preis-Mengen-Kombination $P_1 Q_1$ auf der anfänglichen Marktangebotskurve $A_1 (= \sum a_i)$. Durch einen nach-

---

[7] Es gibt also einen entscheidenden *qualitativen* Unterschied zwischen der Angebotskurve einer einzelnen Unternehmung und der Angebotskurve einer Branche.

7. Angebot und Nachfrage

frageseitig induzierten Preisanstieg auf P_2 kommt es durch eine nun mögliche Verbesserung der Inputqualität zu einer Rechtsverschiebung der Grenzkostenkurven der einzelnen Unternehmungen und damit zu einer neuen, weiter rechts liegenden Angebotskurve $A_2(=\sum a_i')$. Die daraus resultierende *effektive* Angebotskurve A_E hat also einen flacheren Verlauf. Die angebotene Menge reagiert stärker als ohne Verbesserung der Inputqualität ($Q_E > Q_2$).

Abb. 7.2: 'Technologische externe Ökonomien'

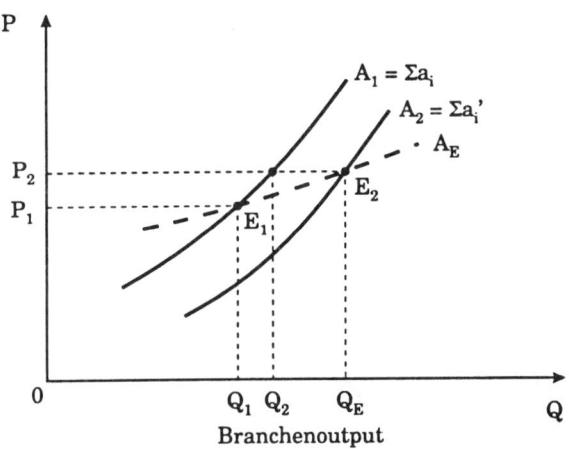

Denkbar ist auch der Extremfall, daß die externen Ökonomien derart stark ins Gewicht fallen, daß die Marktangebotskurve *im Zeitablauf* einen negativen Anstieg aufweist. Oder anders formuliert: Die *Marktangebotskurve* kann im Extremfall fallen, allerdings nur, wenn die *externen Ökonomien*, hervorgerufen durch die Outputexpansion der Industrie insgesamt so bedeutend sind, daß sie die unentrinnbaren *internen Disökonomien* deutlich übersteigen. Es handelt sich also um einen Prozeß, der die *stets steigenden* Grenzkostenkurven der einzelnen Unternehmungen kontinuierlich nach rechts unten verschiebt.[8] Zwar hat in diesem Spezialfall die *langfristige Marktangebotskurve* negativen Verlauf, die Angebotskurven, die Grenzkostenkurven der *einzelnen Unternehmungen* müssen aber *immer* einen positiven An-

---

[8] Und nicht etwa um eine fallende Durchschnittskostenkurve eines natürlichen Monopolisten!

stieg aufweisen.[9] Der Fall einer langfristig fallenden Angebotskurve einer Branche ist in Abbildung 7.3 dargestellt. Ein Nachfrageanstieg (Verschiebung der Nachfragekurve N_1 nach rechts zu N_2) induziert hier technische Innovationen, sodaß eine Erhöhung des Branchenoutputs zu einer Verschiebung der Grenzkostenkurven (der Angebotkurven der einzelnen Unternehmungen) nach rechts unten führt. Diese Rechtsverschiebung der einzelnen Grenzkostenkurven ist hier so stark ausgeprägt, daß insgesamt eine größere Menge zu geringeren Preisen angeboten werden kann ($Q_2 > Q_1$, $P_2 < P_1$). Eine Industrie, für die eine solche Entwicklung zutrifft, nennt man eine *decreasing-cost-industry*. Ein besonders eindrucksvolles Beispiel hiefür gibt die Entwicklung der Computerindustrie ab![10]

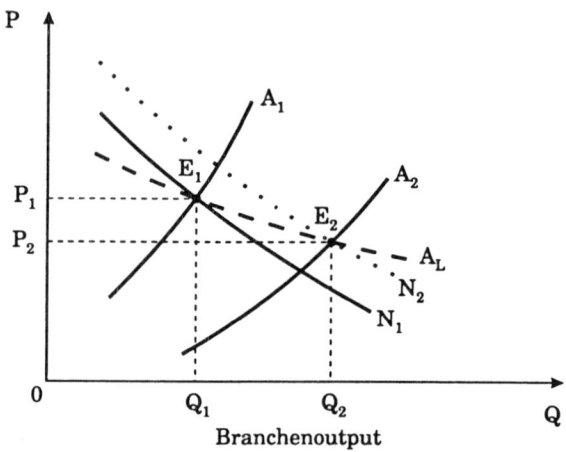

Abb. 7.3: Decreasing Cost Industry

---

[9] Ansonsten wäre ja die Gewinnmaximierungsbedingung, daß die Grenzkostenkurve die Grenzerlöskurve (hier GE = P, also konstant) von unten kommend schneidet, nicht erfüllt.

[10] Verwechseln Sie bitte nicht eine decreasing-cost- Branche mit steigenden Skalenerträgen einer Unternehmung. Skalenökonomien einer Unternehmung bedeuten eine fallende langfristige Durchschnittskostenkurve bei *gegebener Technologie*. Decreasing-cost-Branchen bedeuten aber die Rechtsverschiebung der Kostenkurven der einzelnen Unternehmungen aufgrund einer *neuen, verbesserten Technologie*, wenn der Branchenoutput steigt. Umgekehrtes gilt freilich, wenn der Branchenoutput fällt.

7.3.3 Das Marktangebot Teil 3: Reaktion im Zeitablauf: Momentanes, kurzfristiges und langfristiges Angebot

Die bisherigen Überlegungen zum Marktangebot haben bereits deutlich gemacht, daß die Miteinbeziehung der *Zeit* eine ganz wesentliche Rolle spielt. Es ist also stets zu beachten, auf welche zeitliche Dimension (momentan, kurzfristig oder langfristig) das übliche Angebots-Nachfrage-Schema, auf das wir unten genauer eingehen werden, abstellt.

Wir wollen hier nun noch etwas näher die Reaktion des Angebots *im Zeitablauf* untersuchen, indem wir das Marktangebot für den

- *momentanen*, also *ultrakurzfristigen*, den

- *kurz-* oder *mittelfristigen* und den

- *langfristigen* Fall

explizit untersuchen.

Abb. 7.4: Die Anpassung des Angebots im Zeitablauf

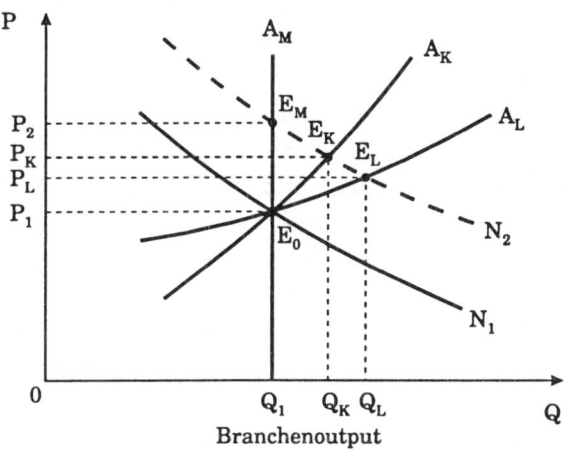

Das zu einem *bestimmten Zeitpunkt* auf den Markt kommende Angebot kann nicht mehr variiert werden, ist also eine feststehende Menge – denken Sie nur an das an einem bestimmten Tag auf den Markt gebrachte Angebot an frischen Fischen oder Erdbeeren (beide Produkte sind nicht bzw. kaum haltbar). Dies kommt durch eine vertikale Angebotskurve (A_M in Abbildung 7.4) zum Ausdruck. In diesem Fall sieht man sehr deutlich, daß der Marktpreis ausschließlich von der Nachfrage bestimmt wird. Je nach Lage der Nachfragekurve (N_1, N_2 in Abbildung 7.4) ergibt sich somit ein niedrigerer (P_1) oder ein höherer Preis (P_2).

Das Angebot wird nun in dem Maße reagibler, in dem mehr und mehr Zeit zur Anpassung an die unterschiedlichen Nachfragegegebenheiten eingeräumt wird.

Während kurz- bis mittelfristig die *variablen* Einsatzfaktoren entsprechend angepaßt werden können (also die Outputanpassung der einzelnen Unternehmung entsprechend der kurzfristigen Grenzkostenkurve erfolgt), ist *langfristig* nicht nur die Anpassung *aller* Inputfaktoren – langfristig gibt es keinen fixen Faktor – an Änderungen der Marktlage möglich , sondern auch der *Eintritt und Austritt* von Unternehmungen generell möglich (ein definitionsgemäß langfristiges Phänomen). Die langfristige Angebotskurve der Branche ergibt sich – liegen keine externen Ökonomien oder Disökonomien vor – als eine Horizontale auf Höhe der über beliebige Outputbereiche konstanten Stückkosten (in Abbildung 7.4 nicht eingezeichnet). Das *langfristige* Angebot dieser Branche ist also *unendlich elastisch*. Eine Branche, für die dies zutrifft, nennt man eine *constant-cost-industry*.

Zwar ist durch den Zutritt neuer Unternehmungen eine Erhöhung des Branchenoutputs möglich, allerdings in der Absence externer Ökonomien in der Regel selten zu konstanten Kosten. Es ist zudem äußerst plausibel anzunehmen, daß in einer Industrie bereits tendenziell jene Unternehmungen tätig sind, die hier komparative Vorteile lukrieren, die neueintretenden Unternehmungen zumeist mit höheren (Opportunitäts-)Kosten arbeiten. Deshalb ist im Regelfall auch langfristig von einer steigenden Marktangebotskurve auszugehen. Industriezweige, für die dies zutrifft, nennt man deshalb – wie bereits erwähnt – *increasing-cost-industries*.

Abbildung 7.4 zeigt nun die Anpassung des Angebots an eine Erhöhung der Nachfrage im Zeitablauf, also vom momentanen A_M über das kurzfristige A_K zum langfristigen Angebot A_L. Das auslösende Moment bildet ein Nachfrageanstieg, dargestellt durch eine Verschiebung der Nachfragekurve nach rechts, von N_1 zu N_2. Da im momentanen Fall überhaupt keine Anpassung des Angebots erfolgen kann, steigt der Preis stark an: von P_1 auf P_2. Kurz- bis

7. Angebot und Nachfrage

mittelfristig erfolgt eine Ausweitung des Angebots über einen Mehreinsatz der variablen Inputs, die Menge steigt auf Q_K, der Preis geht auf P_K zurück. Schließlich treten langfristig gesehen neue Unternehmungen ein, die Menge steigt auf Q_L, der Preis fällt auf P_L.

Diese Beschreibung der Angebotsreaktion auf eine Nachfrageänderung macht einen besonders wichtigen Faktor deutlich:

Kurzfristig reagieren die Preise stärker als die Mengen, langfristig ist es genau umgekehrt!

7.3.4 Die Elastizität des Angebots

Als Maß für die Reagibilität oder Sensitivität der angebotenen Menge auf Preisänderungen können wir nun – analog zum in Kapitel 4 vorgestellten Konzept der Preiselastizität der Nachfrage – die *(Preis-)-Elastizität des Angebots* definieren. Diese Elastizität des Angebots ist ein Maß für die Sensitivität der *angebotenen Menge* auf Produktpreisänderungen.

Die Preiselastizität des Angebots mißt die relative Änderung der angebotenen Menge infolge einer (sie bewirkenden) relativen Änderung des Marktpreises:

Formal läßt sich das so anschreiben:

$$\kappa = \frac{\Delta Q / Q}{\Delta P / P} = \frac{\Delta Q}{\Delta P} \frac{P}{Q}\text{[11]}$$

Im Gegensatz zur Preiselastizität der Nachfrage ist die Angebotselastizität stets *positiv*, d.h. die angebotene Menge steigt mit steigendem Preis, wobei der exakte prozentuelle Zusammenhang eben durch die Angebotselastizität selbst angegeben wird.

Hinsichtlich der Elastizität der angebotenen Menge gilt nun:

- der Faktor-Preis-Effekt führt zu einer Reduktion der Elastizität

- je länger der Anpassungszeitraum ist, desto höher ist die Elastizität des Angebots, denn

---

[11] Da für die Berechnung der Preiselastizität des Angebots dieselben Überlegungen gelten wie für die Preiselastizität der Nachfrage, sei hier auf Kapitel 4.6.1 verwiesen.

- die Anpassung der Unternehmungen ist im langfristigen Fall größer als im kurzfristigen (Änderung der Betriebsgröße möglich!)
- es erfolgt langfristig der Ein- und Austritt der Unternehmungen

Insgesamt kann man in bezug auf die Bestimmungsgrößen des Marktangebots Faktoren unterscheiden, die

- unternehmens*intern*,

- unternehmens*extern*, durch das Zusammenwirken der Entscheidungen der bestehenden Unternehmungen bzw., darüber hinaus durch

- den Markteintritt und Marktaustritt neuer bzw. alter Unternehmungen bedingt sind.

Analog zur Marktnachfrage können wir nun also definieren:

Das Marktangebot stellt die funktionale Beziehung zwischen Preis und angebotener Menge dar. Hier besteht in der Regel ein positiver Zusammenhang: Je höher der Preis, desto höher die angebotene Menge (Gesetz des abnehmenden Grenzertrages). Auch das Angebot läßt sich graphisch in einem Preis-Mengen-Diagramm als eine Kurve, normalerweise mit positivem Anstieg, darstellen. Also: Angebot = funktionale Beziehung zwischen Preis und angebotener Menge = Angebotskurve.

7.4 Begriffe und Konzepte 2: Angebot und Nachfrage: Konkurrenz

Haben wir im vorhergehenden Abschnitt besonders die Determinanten des Marktangebots und dessen Reaktionen auf geänderte Nachfragesituationen diskutiert, so wollen wir nun *Angebot und Nachfrage gemeinsam* betrachten. Es wäre ja völlig unmöglich, allein mit der Angebotsseite, also ohne die Nachfrageseite überhaupt zu einem Marktergebnis und damit zu einem Marktpreis zu kommen! Wir sehen also sofort: *Immer* brauchen wir *beides: Angebot und Nachfrage!* Deshalb wollen wir uns nun explizit dem *Zusammenwirken* von Angebot *und* Nachfrage zuwenden.

7. Angebot und Nachfrage

Auf dem *Markt* treffen Anbieter und Nachfrager, und damit zwei Gruppen mit völlig konträren Interessenslagen, aufeinander: Die Konsumenten sind an niedrigen Preisen interessiert, die Anbieter an hohen. Hier erfahren wir wieder einmal schmerzhaft unsere Doppelnatur als Haushalt und als Unternehmung. Als Haushalt möchten wir die Produkte immer so günstig wie möglich einkaufen, unsere Ressourcen hingegen trachten wir möglichst profitabel, also möglichst teuer zu verkaufen. Unternehmungen dagegen trachten für ihre Produkte möglichst hohe Preise (*Produktpreise*) zu erlösen und die benötigten Produktionsfaktoren möglichst günstig einzukaufen (*Faktorpreise*).

Ist für die Beschreibung des Verhaltens von Haushalt und Unternehmung das *Optimierungskalkül* maßgebend, so tritt nun für das Verständnis der Funktionsweise des Marktmechanismus ein anderes Prinzip in den Mittelpunkt: das *Gleichgewichtskonzept*. Dies ist von ganz entscheidender Bedeutung, geht es doch am Markt um die *Abstimmung* von Millionen von individuellen Wirtschaftsplänen sowie um den Ausgleich der widerstreitenden Interessen von Anbietern einerseits und Nachfragern andererseits.

Diese enorme Aufgabe übernimmt nun der *Wettbewerb*, die *Konkurrenz*.

Die Konkurrenz ist das zentrale Element der Marktwirtschaft!

Nur eine *funktionierende Konkurrenz*, ein Phänomen bzw. ein Prozeß, mit dem wir uns in diesem Kapitel näher auseinandersetzen werden, gewährleistet die Abstimmung bzw. die Konsistenz der individuellen Wirtschaftspläne und sorgt darüber hinaus regelmäßig dafür, daß die Vorteile aus der arbeitsteiligen Produktion auch tatsächlich *allen* Mitgliedern der Gesellschaft zugute kommen.

7.4.1 Funktionsfähiger Wettbewerb und vollständige Konkurrenz

Es ist nun aber keineswegs immer sichergestellt, daß Wettbewerb zustande kommt bzw. im Laufe der Zeit – siehe die Ausführungen zum Monopol – überlebt. Eine wesentliche Voraussetzung für lebhafte Konkurrenz ist eben, daß *viele* Konkurrenten im Spiel sind. Gibt es beispielsweise nur wenige Anbieter, so ist die Verlockung groß, untereinander Absprachen zu treffen, das Angebot zu reduzieren und damit die Preise hochzuhalten, um den Gewinn zu erhöhen. Dies ist im Falle weniger Anbieter deshalb naheliegend, weil die *Transaktionskosten*, die Kosten, untereinander Kontakt aufzunehmen und eine Vereinbarung zu treffen, gering, die Wahrscheinlichkeit, beim Schwindeln, also bei einem über die zugestandene Menge hinausgehenden Verkauf, erwischt zu werden, hingegen groß ist. Beide Umstände begünstigen das Entstehen von Preis- und Mengenabsprachen der Anbieter, von *Kartellen*. Aus diesem Grund besteht gerechtfertigte Sorge um die Aufrechterhaltung der Konkurrenz bei oligopolistischer Marktstruktur. Entsprechende gesetzliche Regelungen verbieten daher solche Absprachen, sind aber freilich keine Gewähr, daß diese nicht trotzdem getroffen werden.

Zumeist bedarf es aber keines die Konkurrenz der Anbieter sicherstellenden direkten staatlichen Eingriffs in das Wirtschaftsgeschehen selbst wie beispielsweise durch das Verbot einer Fusion oder die Zerschlagung von Kartellen.

Von solchen direkten Eingriffen streng zu unterscheiden sind die *Bedingungen* für einen funktionsfähigen Wettbewerb, also die *Voraussetzungen* dafür, daß die Wirtschaftsakteure möglichst reibungs- und komplikationslos ihre Transaktionen vereinbaren und abwickeln können. Diese *rechtlich-institutionellen* Voraussetzungen sind sehr wohl von staatlicher Seite sicherzustellen. Zu diesen grundsätzlichen Voraussetzungen marktwirtschaftlichen Tätigwerdens gehören:

- Die Gewährung und Sicherung von Privateigentum an möglichst allen knappen Gütern und der freien Verfügungsmacht darüber. Es muß also Klarheit über Eigentums- und Verfügungsrechte, *Rechtssicherheit*, bestehen.
- Die Vertragsfreiheit und, eng damit verknüpft,
- die Vertragssicherheit.

Wirtschaften spielt sich also keineswegs in einem (rechtlichen) Vakuum ab. Vielmehr ist effizientes Wirtschaften von einer rechtlich-institutionellen Infrastruktur, die klare Eigentums- und Verfügungsrechte, also Rechtsklarheit und Rechtssicherheit gewährleistet, im entscheidenden Maße abhängig.

Sind diese Voraussetzungen erfüllt, die wir als zentrale *Ordnungsaufgaben* des Staates definieren können, dann ist der Weg zu funktionsfähigem Wettbewerb geebnet. Wir wollen im folgenden schrittweise jene Elemente aneinanderfügen, die den Wettbewerb in immer 'reinerer' Form verbürgen, bis wir schließlich zum *Modell der vollständigen Konkurrenz*, einem wichtigen mikroökonomischen Konzept, gelangen.

Um einen *funktionsfähigen Wettbewerb* sicherzustellen, müssen zunächst *zwei* grundlegende Bedingungen erfüllt sein:

1. Es muß zuallererst ein möglichst *freier Zutritt zu und Abgang von* diesem Markt gewährleistet sein. Es bestehen also keine nennenswerten Marktzutrittsbeschränkungen, beispielsweise durch administrative Hemmnisse oder durch gesetzlichen Schutz (z.B. Tabak-, Salz-, Zuckermonopol) oder durch enorme Kapitalerfordernisse (Papierfabrik, Stahlwerk, Atomindustrie).[12] Damit ist sichergestellt, daß in Zeiten, in denen in einer Branche gut verdient wird, also Profite, *ökonomische Gewinne*, erzielt werden – was, wie wir gesehen haben, in gewisser Weise eine Notwendigkeit darstellt – 'sofort' viele neue Unternehmungen in diese Branche 'wandern', damit das Angebot der Branche steigt und – ceteris paribus – der *Preis* wieder fällt, *beides zum Vorteil der Konsumenten*. Die Gewinne der Branche 'verschwinden' also durch den Wettbewerbsmechanismus wieder. Erwirtschaftet hingegen eine Branche große Verluste, so verbessern sich die Bedingungen für die verbleibenden Unternehmungen durch den *Abzug der Grenzanbieter*.

Als Grenzanbieter bezeichnet man jene Unternehmungen, die zu den herrschenden Marktpreisen gerade noch ihre Opportunitätskosten decken können. Schon ein geringes Fallen der Preise zwingt diese Unternehmungen zum Marktaustritt.

Durch ihren Abzug können die in ihnen gebundenen Ressourcen dann in anderen Branchen, wo sie dringender gebraucht werden, eingesetzt werden. In der Realität bestehen regelmäßig mehr oder weniger große Marktzutritts- und Marktaustrittsbarrieren, wichtig ist, daß diese in der Mehrzahl der Fälle ohne größere Schwierigkeiten überwunden werden können. Im Modell der vollständigen Konkurrenz herrscht völlig ungehinderter,

---

[12] Im Falle eines *natürlichen Monopols* kann sich also kein Wettbewerb abspielen. Deshalb ist hier eine Monopolaufsicht angezeigt. Siehe dazu Kapitel 6.3.

jederzeit möglicher, kostenloser und sofort erfolgender Marktzu- bzw. -austritt.

2. Hinzu tritt die *zweite* wesentliche Bedingung für einen funktionsfähigen Wettbewerb. Es gibt eine *große Anzahl von Marktteilnehmern* sowohl auf der Anbieter- als auch auf der Nachfragerseite. Damit ist sichergestellt, daß die Anbieter stets versuchen, einander durch Preisreduktionen zu unterbieten, und zwar solange, bis der *Marktpreis den Grenzkosten* entspricht. Während in der Realität die Anbieter auf den meisten Märkten die Möglichkeit haben, den Preis für ihre Produkte innerhalb bestimmter, allerdings zumeist sehr enger Grenzen, zu setzen (monopolistische Konkurrenz), so ist im Modell der vollständigen Konkurrenz keiner der Marktteilnehmer – egal wieviel er produziert oder verkauft – imstande, einen spürbaren Einfluß auf den Marktpreis auszuüben. Für bestimmte real existierende Märkte ist diese Bedingung gegeben. Denken Sie an bestimmte Kapitalmärkte oder Weltmärkte für viele Agrarprodukte: Sie können der Welt größter (einzelner) Getreideproduzent sein, den Preis müssen Sie als *Datum* vom Markt her als gegeben hinnehmen.[13]

Liegen diese beiden Bedingungen, freier Marktzu- und -austritt sowie die Existenz vieler Marktteilnehmer auf beiden Marktseiten vor, so ist ein "funktionsfähiger Wettbewerb" sichergestellt. Seine Funktions- und Wirkungsweise lassen sich aber noch verbessern, wenn zusätzlich

3. die *Information* aller Marktteilnehmer bezüglich der Preise und der umgesetzten Mengen möglichst gut, im Idealfall *vollständig* ist. Damit ist ein hoher *Integrationsgrad der Märkte* verbunden oder, anders herum, eine *Segmentierung der Märkte* ausgeschlossen. D.h., daß die Anbieter identische Güter nicht zu unterschiedlichen Preisen verkaufen können.[14] In der Realität ist die Information der Marktteilnehmer großteils unvollständig und, da *Information selbst ein knappes Gut* ist, kostspielig,

---

[13] Wenn Sie jedoch beispielsweise die USA oder Kanada als einen einzigen Getreideproduzenten ansehen, dann gilt dies freilich nicht mehr!

[14] Vgl. dazu die Möglichkeiten der Preisdifferenzierung beim Monopol: Kap. 6.5.4 und 6.5.5. Diese setzen die Segmentierbarkeit von Märkten voraus.

weshalb die Informationssuche als rationaler Prozeß zum Abbruch desselben führen kann und regelmäßig auch wird, noch ehe vollständige Information erreicht ist.[15] Trotzdem bewirkt, sind ausreichend viele Anbieter am Markt, der Konkurrenzmechanismus selbst, durch den Versuch der Anbieter, einander zu unterbieten, was ja irgendwie, beispielsweise durch Werbung, bekanntgemacht werden muß, eine Reduktion des Informationsdefizits.

Für das Modell der vollständigen Konkurrenz ist es schließlich noch notwendig, daß

4. die Möglichkeiten der *Produktdifferenzierung* sehr stark eingeschränkt sind. Ist das erstellte Produkt gar *homogen*, was mitunter durch die Festlegung von Handelsklassen erreicht werden kann, sodaß der Output einer Unternehmung von dem einer anderen nicht mehr unterscheidbar ist, dann kann es für ein solches homogenes Gut nur *einen einzigen* Preis geben. Zu solchen homogenen Gütern zählen die meisten Welthandelsgüter (Rohstoffe, Getreide, Kohle, Stahl, Zellulose, Papier, etc.).

Gibt es jedoch die Möglichkeit der Produktdifferenzierung, beispielsweise durch Markenbildung, durch ein besonderes Zusatzservice etc., also allgemein durch eine erkennbare Unterscheidung von den Produkten der Konkurrenz, dann hat die Unternehmung die Möglichkeit, den Preis des eigenen Produktes – wenn auch nur innerhalb zumeist sehr enger Grenzen – zu setzen. Autos, Fernseher, Personalcomputer, Modejournale, Zeitungen, insbesondere freilich Bekleidung etc. wären dafür einige Beispiele. Die überwiegende Mehrzahl der Güter, die ein moderner Haushalt konsumiert, zählt zu solchen differenzierten bzw. differenzierbaren Produkten.

Jeder, der über die üblicherweise in Ökonomielehrbüchern breitgewalzte Bedingung der Homogenität der Produkte für die vollständige Konkurrenz sowie über die bedauernde Feststellung ebendort, daß diese Homogenität der Güter über weite

---

[15] Der Grenznutzen einer zusätzlichen Informationseinheit wird mit den Grenzkosten der Gewinnung dieser zusätzlichen Informationseinheit bewertet! Vollständige Information kommt in den meisten Fällen zu teuer! Beachten Sie: Beim Kauf einer Zahnbürste werden Sie weniger Informationssuche betreiben als beim Kauf eines Autos! Warum wohl?

Bereiche in der Realität nicht anzutreffen ist, ein wenig nachdenkt, wird den Umstand, daß nur wenige Güter der Homogenitätsbedingung genügen, lautstark begrüßen. Zwar wäre in diesem Fall der Wettbewerb lediglich über den Preis möglich, d.h. der einzelne Anbieter in der vollständigen Konkurrenz, für den der Marktpreis seines Produktes unabänderlich vorgegeben ist, hat zur Erzielung eines Gewinns nur die Möglichkeit, die Kosten der Produktion zu senken. Da dies regelmäßig alle Anbieter versuchen, werden einige dabei tatsächlich erfolgreich sein, d.h. eine kostengünstigere Technologie entwickeln. Die Mitkonkurrenten werden 'begierig' versuchen, ebenfalls diese Technologie einzusetzen. Damit muß der Marktpreis ceteris paribus fallen. Damit müssen aber *alle* Mitkonkurrenten die neue Technologie übernehmen, wollen sie nicht ausscheiden. Homogenität der Güter würde also dazu führen, daß diese Güter wesentlich billiger zu erstehen wären. Auf der anderen Seite würde unsere Welt damit aber enorm viel von ihrer Vielfalt und Buntheit einbüßen! Ist jedoch die Möglichkeit der Produktdifferenzierung gegeben, dann *wandelt* sich der Wettbewerb *teilweise* vom *Preiswettbewerb* zum *Differenzierungswettbewerb*. Und selbst das nur innerhalb bestimmter Preisgrenzen. Es gibt eben fast immer Substitute. Die meisten Unternehmungen, beispielsweise Bekleidungshersteller, Hifi- Industrien oder Lampen- und Möbelerzeuger, versuchen sich primär durch Differenzierung ihre Produkte von denen der Konkurrenz zu unterscheiden und nicht ausschließlich dadurch, ein (homogenes) Produkt kostengünstigst zu produzieren.

Sind diese Bedingungen in 'vollkommener' Ausprägung erfüllt, d.h. noch einmal zusammengestellt, existieren

- ein *vollkommen freier, kostenloser Marktzu- und Marktaustritt*,

- eine *Vielzahl von Anbietern wie auch Nachfragern ohne jegliche Marktmacht*, d.h. Produkt- und Faktorpreise werden von allen Marktteilnehmern als gegeben hingenommen,

- *homogene Güter*,

- *vollständige Information aller Marktteilnehmer* – man spricht hier auch von *vollständiger Markttransparenz* – sowie darüber

7. Angebot und Nachfrage

hinaus noch

- *unendliche Reaktionsgeschwindigkeit* (kein Handel in Ungleichgewichtssituationen, kein *false trading*),

so spricht man von der *Marktform* bzw. *Marktstruktur* oder *Marktsituation* der *vollständigen Konkurrenz*. Für einige reale Märkte, wie beispielsweise Kapital- und Rohstoffmärkte ist diese Marktstruktur tatsächlich annähernd gegeben. Die Mehrzahl der Märkte kann diese Bedingungen freilich nicht in dieser vollkommenen (modellhaften) Ausformung erreichen.

Dies führt mitunter dazu, daß diese gewiß etwas abstrakt anmutenden Bedingungen von Kritikern als realitätsfern abgetan und damit gleichzeitig die *Modell* der vollständigen Konkurrenz als irrelevant verworfen wird. Viele empirische Untersuchungen haben aber gezeigt, daß auch bei nur teilweisem Vorliegen der einen oder der anderen Bedingung die *grundsätzliche Funktionsweise des Marktmechanismus* sowie das daraus folgende Allokationsergebnis *nicht* wesentlich von den Modellaussagen der vollständigen Konkurrenz abweichen. Zwar werden die hier abgeleiteten Schlußfolgerungen aus den Voraussetzungen des Modells der vollständigen Konkurrenz gewonnen – man ist schließlich logisch stringentem Vorgehen verpflichtet –, Sinn und Zweck der hier vorgenommenen Differenzierung zwischen einem funktionsfähigen Wettbewerb und der vollständigen Konkurrenz ist aber, zu betonen, daß die Früchte der vollständigen Konkurrenz auch bereits, und streng genommen *nur* bei einem funktionsfähigen Wettbewerb eingefahren werden können: Denken Sie an die Bedeutung, die der Möglichkeit, einen temporären Monopolgewinn zu erzielen, für die Funktionsfähigkeit des gesamten Systems zukommt![16]

Die bedeutendsten Schlußfolgerungen bei Vorliegen der Marktform der vollständigen Konkurrenz sind nun:

1. Es kommt in aller Regel zu einem *Marktgleichgewicht*, d.h. einem Zustand bzw. einem *Allokationsergebnis*, in dem die Pläne *aller* Marktteilnehmer (aber auch der Nicht-Marktteilnehmer) in Erfüllung gegangen sind.[17] Im Marktgleichgewicht herrscht

---

[16] Darüber hinaus ist das Modell der vollständigen Konkurrenz in der theoretischen Diskussion als *Referenzmaßstab* unentbehrlich. Siehe dazu Kapitel 8.

[17] Erinnern Sie sich an Claudio Gelatinos Eis-am-Strand-Bilderbuchgleichgewicht. Freilich liegt dort nicht die Marktform der vollständigen Konkurrenz vor!

ein Preis, zu dem die angebotene Menge der nachgefragten entspricht! Man sagt auch: Der Markt wird *geräumt*. Der Markt generiert also einen Preis, bei dem *alle individuellen Pläne miteinander kompatibel* sind. Die Existenz eines solchen Gleichgewichts kann nun nicht nur für einen einzelnen Markt nachgewiesen werden, in diesem Fall spricht man von einem *partiellen Gleichgewicht*, sondern auch für alle Produkt- und Faktormärkte gleichzeitig, in diesem Fall spricht man von einem *allgemeinen Gleichgewicht*.

Entscheidend ist, daß durch das Marktsystem die individuellen Pläne aller Wirtschaftssubjekte aufeinander abgestimmt werden, im Marktgleichgewicht also angebotene und nachgefragte Menge einander entsprechen, kurz: Markträumung eintritt!

2. Die zum Gleichgewichtspreis gehörige Gleichgewichtsmenge weist zwei Charakteristika auf:

    1. stellt sie die auf einem Markt *maximal* umsetzbare Menge dar,

    2. wird sie zu den *günstigsten* wirtschaftlichen Bedingungen erstellt, d.h. die umgesetzte Menge hätte *günstiger* nicht hergestellt werden können!

Die Gleichgewichtsmenge ist die maximal umgesetzte Menge. Sie wird zu den kostengünstigsten Bedingungen hergestellt.

3. *Langfristig* betrachtet erwirtschaften die Unternehmungen dieses Marktes nur eine 'normale', eine 'durchschnittliche Profitrate', also *keinen ökonomischen Gewinn*. Denn gibt es in dem Markt einen ökonomischen Gewinn zu erzielen, dann steigen dort sofort neue Unternehmungen ein und der Gewinn wird dann von *zwei* Seiten 'aufgefressen': Durch das gestiegene Angebot fallen – ceteris paribus – die Produktpreise und durch die stärkere Faktornachfrage steigen die Faktorpreise! Das ist die Aussage des *Zero-Profit-Theorems*.[18]

---

[18] Siehe dazu Abbildung 8.6.

Im langfristigen Gleichgewicht der vollständigen Konkurrenz gibt es keinen Gewinn. Die Einnahmen aus dem Erlös der Produkte decken also gerade die Produktionskosten (bewertet zu Opportunitätskosten)!

7.4.2 Wie funktioniert das in der Praxis eigentlich?

Um den Konkurrenzmechanismus in seiner simpelsten Form darzustellen, betrachten wir nun irgendeinen Markt mit vielen Anbietern und Nachfragern – beispielsweise den täglichen Gemüsemarkt –, wie er uns aus dem wirtschaftlichen Alltagsleben zur Genüge bekannt ist.

Bei diesem Konkurrenzmechanismus geht es weniger um den Wettstreit zwischen den Anbietern auf der einen und den Nachfragern auf der anderen Seite um eine vorteilhaftere Position für eine der beiden Marktseiten. Wäre nämlich der Markt lediglich ein Ort, auf dem gegensätzliche Interessen von Anbietern einerseits und Nachfragern andererseits aufeinanderträfen, dann wäre ebenso eine Verhandlungslösung möglich. Das Ergebnis einer solchen Verhandlungslösung wäre dann eine Frage der Machtverteilung zwischen den beiden Seiten bzw. der besseren Verhandlungstaktik, mithin kaum vorhersagbar.[19]

Wettbewerb spielt sich vielmehr *auf den einzelnen Marktseiten*, also *unter* den Anbietern einerseits und *unter* den Nachfragern andererseits, um die Gunst des jeweiligen Gegenparts ab. Und dieser funktioniert umso besser (umso modellmäßiger), je mehr Marktteilnehmer auf beiden Marktseiten involviert sind. Es herrscht äußerst rege Aktivität. Dieser Wettbewerb auf den einzelnen Marktseiten treibt die jeweiligen Marktteilnehmer an, im eigenen Interesse – sie verfolgen ja ein individuelles Optimierungskalkül – den Anforderungen und Wünschen der Gegenseite möglichst zu entsprechen bzw. entgegenzukommen. Die Anbieter versuchen dies dadurch zu erreichen, indem sie ihre Mitkonkurrenten preislich unterbieten (Preiswettbewerb) bzw. ein besseres Produkt anbieten (Differenzierungswettbe-

---

[19] Dies kommt in der Marktform des *bilateralen Monopols* besonders deutlich zum Vorschein. Nur zwei Tauschpartner stehen einander gegenüber und verhandeln über den Preis eines Tauschobjekts. Wir können hier lediglich sagen, daß der Handel (die Transaktion) nur dann zustande kommen wird, wenn beide Tauschpartner dadurch einen Vorteil erzielen bzw. sich dadurch nicht verschlechtern (Bereich möglicher Verhandlungslösungen: Die Linse in der Edgeworth-Box). Über die Höhe des Preises können wir aber keine Aussage treffen. Dies ist vom Tauschgeschick der Tauschpartner abhängig. Hier gibt es also gar keinen Wettbewerb!

werb), die Nachfrager, indem sie ihre Mitkonkurrenten preislich zu überbieten versuchen.[20] Jede Marktseite kämpft so gewissermaßen gegen sich selbst. Erst dieses gegenseitige Unter- bzw. Überbieten *auf den einzelnen Marktseiten* arbeitet in Richtung auf eine Gleichgewichtslösung, die unter den gegebenen Bedingungen regelmäßig die beste Lösung darstellt.[21]

Wie ergibt sich nun durch den Konkurrenzmechanismus das Marktgleichgewicht? Liegt der Preis über dem Gleichgewichtspreis, dann wird von den Produzenten mehr angeboten, als die Nachfrager zu kaufen *bereit* sind: Es kommt zu einem *Überschußangebot!*

Liegt der Preis über dem Gleichgewichtspreis, ist die angebotene Menge größer als die nachgefragte. Man spricht von einem Überschußangebot.

Die Folge sind sich anhäufende Lagerbestände. Da diese mit hohen Kosten verbunden sind, werden die Anbieter versuchen, durch Preisreduktionen, also durch gegenseitiges Unterbieten, die Bestände abzubauen. Es entsteht ein Druck auf die Preise nach unten: Die Preise fallen, womit die *nachgefragte* Menge (entsprechend der Nachfragefunktion) steigt!

Liegt der Preis unter dem Gleichgewichtspreis, dann wird von den Produzenten weniger angeboten, als von den Konsumenten nachgefragt wird: Es herrscht eine Überschußnachfrage!

Die Konsumenten werden um das knappe Angebot konkurrieren, d.h. sich gegenseitig zu überbieten versuchen. Sie sind bereit, höhere Preise zu bezahlen: Es entsteht ein Druck auf die Preise nach oben: die Preise steigen, womit die *angebotene* Menge (entsprechend der

---

[20] Die Nachfragekonkurrenz ist heutzutage auf den meisten Märkten eher schwach ausgeprägt. Angesichts des großen Angebots geben die Käufer den Ton an. Man spricht von einem *Käufermarkt*. Umgekehrt, reißen sich die Haushalte um ein knappes Angebot, dann spricht man von einem *Verkäufermarkt*.

[21] Im Falle *vollständiger Konkurrenz* nehmen die einzelnen Anbieter einander nicht als Konkurrenten im üblichen Sinne wahr. Der Preis, zu dem jeder einzelne Anbieter beliebige Mengen verkaufen kann, ist ja vom Markt her unveränderbar gegeben, daher nimmt der eine Anbieter dem anderen nichts weg! Ganz anders hingegen in realen Konkurrenzsituationen (im Falle der monopolistischen Konkurrenz)! Hier sind die einzelnen Anbieter 'richtige' Rivalen, nehmen sich auch als solche wahr und verhalten sich entsprechend!

7. Angebot und Nachfrage

Angebotsfunktion) steigt.

Die gezeigten, einander entgegengesetzten Reaktionen von Angebot und Nachfrage wirken so in Richtung eines Marktgleichgewichtes. Dieses Marktgleichgewicht ist durch einen Gleichgewichtspreis und eine Gleichgewichtsmenge gekennzeichnet. Zum sich einstellenden Gleichgewichtspreis sind beide Seiten willens und in der Lage, die gleiche Menge des Gutes anzubieten und nachzufragen. Damit entspricht die nachgefragte Menge der angebotenen.[22] Der Markt wird geräumt. Alle Pläne der Wirtschaftssubjekte, auch derjenigen, die nicht auf diesem Markt auftreten, gerade weil sie zum sich einstellenden Preis nicht willens und/oder nicht fähig sind zu kaufen oder zu verkaufen, gehen in Erfüllung. Unter denselben Ausgangsbedingungen – ceteris paribus – sieht kein Akteur einen Grund, sein Verhalten zu ändern. Daher gibt es auch keine Tendenz zu einer Änderung. Es herrscht eben Gleichgewicht!

7.4.3 Halten wir (uns) fest!

Der *Konkurrenzmechanismus* ist also ein *Allokationsmechanismus*, der zunächst einmal

- die in einer Volkswirtschaft vorhandenen (knappen) Ressourcen (Produktionsfaktoren) in die durch die *Nachfrage* aller Haushalte angezeigten dringendsten Verwendungsrichtungen (also beispielsweise in den Haus- und Wohnungsbau oder in die Automobilproduktion) lenkt. 'Angezeigt' bedeutet dabei nicht, daß die Haushalte irgendwelche Fähnchen schwingen oder Signalfeuer abschießen, sondern durch ihre tatsächlich beobachtbare Kaufentscheidung ihre Präferenzen für bestimmte Güter bekunden.

Die Preise, als Resultante von Angebot und Nachfrage – (relativ) hohe für hohe Knappheit, (relativ) geringe für (relative)

---

[22] Nicht aber das Angebot der Nachfrage! Angebot und Nachfrage wurden als Beziehungen zwischen Preis und angebotener bzw. nachgefragter Menge definiert. Sind diese Beziehungen ident, ist das Marktergebnis völlig unbestimmt. Das wird sofort deutlich, wenn wir an die graphische Darstellung denken: Entspricht das Angebot der Nachfrage, dann wären beide Kurven ident, würden mithin 'aufeinander' liegen! Damit wäre jeder Punkt der Kurven eine 'Gleichgewichtslösung'!

Überschüsse –, geben also die entsprechenden Signale, an denen sich der 'Fluß der Ressourcen' orientiert.

Schließlich werden über den Marktmechanismus

- die produzierten Güter den einzelnen Haushalten nach bestimmten Regeln zugeteilt. *Nur wer den Preis eines Gutes auch zu zahlen in der Lage und willens ist, kommt in den Genuß des Gutes.*

Insgesamt generiert der Marktmechanismus ein Ergebnis, bei dem

- die Pläne *aller* Wirtschaftssubjekte berücksichtigt und aufeinander abgestimmt werden und darüber hinaus

- das durch diesen Prozeß generierte Allokationsergebnis bestimmten Effizienzkriterien entspricht.[23]

Er erledigt diese enorme, in jeder *arbeitsteilig* produzierenden Gesellschaft zu lösende Aufgabe

- *praktisch umsonst* (!). Denken Sie dagegen nur an die Koordinationsanstrengungen in Großunternehmungen, ganze Abteilungen sind damit befaßt und beanspruchen nicht wenig Ressourcen. (Sie stellen keinen geringen Kostenbestandteil dar!) Oder denken Sie an die enormen Ressourcen, die eine gesamtwirtschaftliche Planung des ökonomischen Prozesses (Planwirtschaft) beanspruchen würde und die dann nicht mehr für produktive Zwecke zur Verfügung stünden!

- setzt sich gewissermaßen *von selbst durch*, damit ist gemeint, daß es keiner Überwachungsinstitution wie etwa in Unternehmungen und Planwirtschaften bedarf, die dem einzelnen Wirtschaftssubjekten Sanktionen androhen, wenn diese das ihnen zugeteilte Plansoll nicht erfüllen, und

- nimmt *Veränderungen* der relativen Knappheiten und Überschüsse der Güter *sofort* wahr und *reagiert* darauf durch eine *Anpassung der relativen Preise*, die wiederum die entsprechenden *Signale* für die Reallokation der Ressourcen sowie die

---

[23] Siehe dazu genaueres in Kap. 5 und Kap. 8.

7. Angebot und Nachfrage

Güterzuteilung darstellen. Dies verbürgt die ungeheure *Dynamik* und Leistungsfähigkeit des marktwirtschaftlichen Systems.

Der Konkurrenzmechanismus kann also in gewisser Weise als ein 'Supervisor' des Marktgeschehens angesehen werden, er sorgt für eine rasche und höchst effiziente *Informationsbeschaffung und -übermittlung* einerseits und für eine effektive *Disziplinierung* der diese Informationen im Eigeninteresse nützenden Marktteilnehmer andererseits. Daß das dadurch sich einstellende Ergebnis, das *Allokationsergebnis*, das die Pläne aller Wirtschaftssubjekte miteinander kompatibel macht, regelmäßig noch besonderen *Effizienzkriterien* entspricht, ist eine ungeheure Leistung, der sich kaum einer wirklich bewußt ist und die wir nur zu gerne als selbstverständlich hinzunehmen geneigt sind.

7.5 Begriffe und Konzepte 3: Darstellungsformen von Angebot und Nachfrage

Tabelle 7.1: Angebots- und Nachfragetabellen

Preis	angebotene Menge/Tag	Preis	nachgefragte Menge/Tag
0,-	0	0,-	80
1,-	4	1,-	74
2,-	8	2,-	68
3,-	12	3,-	62
4,-	16	4,-	56
5,-	20	5,-	50
6,-	24	6,-	44
7,-	28	7,-	38
8,-	32	8,-	32
9,-	36	9,-	26
10,-	40	10,-	20
11,-	44	11,-	14
12,-	48	12,-	8

Angebot und Nachfrage und ihr Zusammenwirken können nun auf verschiedene Weise dargestellt werden. Dies kann mit einer Tabelle, in algebraischer und in graphischer Darstellung geschehen. Wir haben uns in unseren bisherigen Untersuchungen immer schon einer dieser Formen bedient. Wir wollen nun einen kurzen Überblick über diese Darstellungsformen geben.

Zunächst zur 'Tabellenform': In Tabelle 7.1 sind den jeweiligen Preisen (linke Spalte) die entsprechenden angebotenen und nachgefragten Mengen (rechte Spalte) zugeordnet. Aus dieser Tabelle erkennen wir auch sofort, wie sich Angebot und Nachfrage formal als Funktion darstellen lassen:

Die Angebotsfunktion lautet:
$$Q_A = Q_A(P)$$
Hier lautet die Angebotsfunktion konkret:
$$Q_A = 4P$$
Die Nachfragefunktion lautet:
$$Q_N = Q_N(P)$$
Und hier lautet sie konkret:
$$Q_N = 80 - 6P$$

Nun können wir das Gleichgewicht dieses Marktes berechnen, indem wir Angebots- und Nachfragefunktion gleichsetzen:

$$\begin{aligned} Q_A &= Q_N \\ 4P &= 80 - 6P \\ 10P &= 80 \\ P^* &= 8 \end{aligned}$$

Wird dieses Ergebnis in eine der beiden Funktionen eingesetzt, ergibt das:

$$\begin{aligned} Q_A &= 4 \times 8 \\ Q_A^* &= 32 \\ Q_N &= 80 - 6 \times 8 \\ Q_N^* &= 32 \end{aligned}$$

Das gleiche Ergebnis erhalten wir in der graphischen Darstellung (Abbildung 7.5). Sie ist am beliebtesten und am weitesten verbreitet. Auch wir haben sie bereits wiederholt verwendet. Wir wollen uns im folgenden Abschnitt das (neo)klassische Angebots-Nachfrage-Schema nun etwas genauer ansehen.

7.5.1 Statische Modellierung des Marktgleichgewichtes im Angebots-Nachfrage-Schema

Mithilfe einer graphischen Darstellung kann das Konzept von Angebot und Nachfrage viel leichter 'durchschaut' werden. Das in Abbildung 7.5 dargestellte Angebots-Nachfrage-Diagramm ist wohl eine der gebräuchlichsten Graphiken der Mikroökonomik überhaupt. Dieses, jedem Ökonomie-Studenten im ersten Semester bekannte Angebots-Nachfrage-Schema geht auf den englischen Nationalökonomen *Alfred Marshall* (1842 - 1924) zurück. Wir wollen uns dieses Diagramm nun etwas genauer ansehen:

Die Abszisse ist die Mengenachse. Auf ihr wird also die Menge, zu verstehen als angebotene oder nachgefrage Menge in einem bestimmten *Zeitraum*, aufgetragen. Angebot und Nachfrage sind ja *Stromgrößen* und beziehen sich daher stets auf einen festgelegten und jeweils genauer zu spezifizierenden Zeitraum. Exakterweise müßte daher stets die Menge pro Zeiteinheit (Q/t) angegeben werden. Nur wenn wir uns darüber stets im klaren sind, können wir auf diese genaue Notation verzichten und einfach Q schreiben.

Die Ordinate ist die Preisachse. Der Preis ist eigentlich immer ein Tauschverhältnis von Gütereinheiten. Er gibt an, welche Menge eines anderen Gutes aufgegeben werden muß, um eine Einheit des gewünschten Gutes zu erhalten (Opportunitätskostenprinzip!), beispielsweise 1/2 Einheit Sachertorte für einen Kleinen Braunen (eine kleine Tasse Kaffee), oder 1 Paket Zigaretten für einen Großen Braunen (eine große Tasse Kaffee), man spricht deshalb von *relativen Preisen*. Wir könnten aber den Preis auch in Arbeitsstunden angeben, also 1/4 Std Arbeit für 1 Frühstück, oder 1 Woche Arbeit für 1 Monat Wohnen etc. Wir sind es jedoch gewohnt und es vereinfacht die Sache wesentlich (damit ist es auch ökonomischer!), die Preise in Geldeinheiten anzugeben, also mit *Geldpreisen* zu rechnen. Wir wollen uns an diese praktische Gewohnheit halten und tragen also auf der Ordinate, der Preisachse, die Geldpreise pro Mengeneinheit ab, also Gd/Stk, Gd/kg etc. (allgemein: Geldeinheit pro Gütereinheit).

Die *Marktnachfragekurve N*, entstanden durch die (horizontale) Aggregation der individuellen Nachfragekurven, zeigt nun den Zusammenhang zwischen Preis als *unabhängiger* Variable und der gesamten nachgefragten Menge als *abhängiger* Variable. Damit zeigt die Nachfragekurve N an, welche Mengen eines spezifizierten Gutes

Q die Nachfrager, also die Haushalte, in einem bestimmten Zeitraum zu unterschiedlichen Preisen kaufen *wollen*. Die Nachfragekurve N ist negativ geneigt. Es gilt das *Gesetz der Nachfrage:* Je *geringer* der Preis, desto *höher* die nachgefragte Menge.

Abb. 7.5: Das einfache Angebots-Nachfrage-Schema: Statisches Gleichgewicht

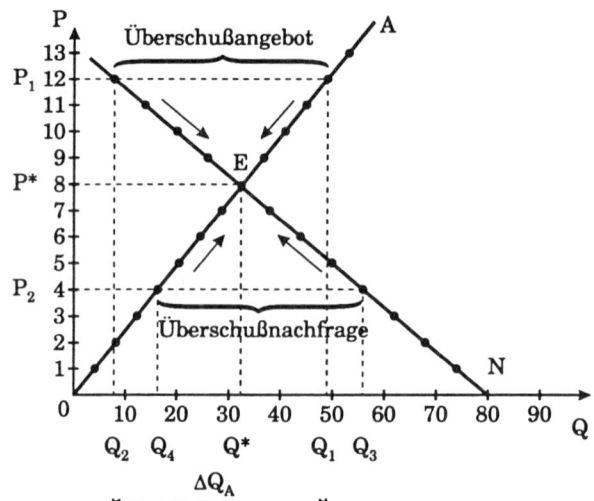

Die *Angebotskurve A*, entstanden durch die (horizontale) Aggregation der individuellen Angebotskurven aller miteinander in Konkurrenz stehender Anbieter,[24] zeigt den Zusammenhang zwischen der *unabhängigen* Variablen Preis und der *abhängigen* Variablen angebotene Menge. Damit zeigt die Angebotskurve A an, welche Mengen eines spezifizierten Gutes Q die Anbieter, also die Produzenten, in einer bestimmten Periode zu den unterschiedlichen Preisen verkaufen *wollen*. In Abbildung 7.5 hat die Angebotskurve einen positiv ansteigenden Verlauf (Gesetz der fallenden Grenzerträge!), d.h. daß die angebotene Menge mit steigendem Preis zunimmt.[25]

---

[24] Wir sehen in diesem Abschnitt von externen Ökonomien und Disökonomien ab, argumentieren also *ceteris paribus*.

[25] Interessant ist hier, daß im Gegensatz zu den üblichen graphischen Gepflogenheiten in der Mikroökonomik (bzw. in der Mathematik generell) die abhängige Variable auf der Abszisse und die unabhängige Variable auf der Ordinate abgetragen ist. Vergewissern Sie sich, daß dies in der Regel genau umgekehrt ist.

7. Angebot und Nachfrage

Der Schnittpunkt von Angebots- und Nachfragekurve E (Abkürzung für *Equilibrium*) markiert nun das Marktgleichgewicht, gekennzeichnet durch Gleichgewichtspreis P^* und Gleichgewichtsmenge Q^*.

Um die Funktionsweise von einfachen Marktprozessen zu verstehen, geht man am besten von Ungleichgewichtssituationen aus. So ist bei einem über dem Gleichgewichtspreis liegenden Preis P_1 die angebotene Menge im betrachteten Zeitraum Q_1, während die nachgefragte Menge im betrachteten Zeitraum nur Q_2 ausmacht. Die Differenz $\Delta Q_A = Q_1 - Q_2$ ist das *Überschußangebot*. Bei diesem Preis übersteigen also die *Verkaufswünsche* die *Kaufwünsche* bei weitem. Deshalb werden nicht alle Anbieter zu diesem Preis auch Kunden finden können. Sie werden deshalb ihre Preise reduzieren. Indem sie den Preis reduzieren, finden sich neue Nachfra*ger*. (Vorsicht: Nicht Nachfrage! Die *nachgefragte* Menge, nicht die Nachfrage steigt.) Es besteht daher ein Druck auf den Preis nach unten in Richtung auf den Gleichgewichtspreis P^*.

Liegt der momentane Preis jedoch unter dem Gleichgewichtspreis P^*, sagen wir bei Preis P_2, dann werden die Nachfrager *nicht* das kaufen können, was sie bei diesem Preis kaufen *wollen*, nämlich Q_3, weil die Anbieter bei dem geringen Preis P_2 nur die Menge Q_4 anbieten. Die Differenz $\Delta Q_N = Q_3 - Q_4$ ist die *Überschußnachfrage*. Einige Nachfrager werden in dieser Situation beginnen, um das knappe Angebot zu konkurrieren, was teilweise nur dadurch gelingen kann, den Produzenten höhere Preise zu bieten. So beginnen also die Nachfrager, den Preis in die Höhe zu treiben. Es besteht daher ein Druck auf die Preise nach oben in Richtung auf den Gleichgewichtspreis P^*.[26]

Solange also einer dieser Prozesse in Kraft ist, was eine rege Konkurrenz, d.h. eine Vielzahl von Anbietern und Nachfragern auf beiden Marktseiten voraussetzt, ist noch kein Marktgleichgewicht erreicht. Jedenfalls sehen wir, daß bei funktionsfähiger Konkurrenz eine *Tendenz zum Gleichgewicht* besteht, also eine Tendenz zu einem Zustand, in dem *alle das tun können, was sie tun wollen!*

Blättern Sie beispielsweise gleich zu den Produktions- und Kostenkurven zurück. Dort werden Sie sehen, daß die abhängigen Variablen, der Output und die Kosten, auf der Ordinate, die unabhängigen hingegen auf der Abszisse abgetragen werden. Also genau umgekehrt zu der Vorgangsweise bei Angebots- und Nachfragekurven.

[26] Sie sehen hier wieder ganz deutlich, daß die Wettbewerbsprozesse *auf* den einzelnen Marktseiten stattfinden!

Doch kehren wir noch einmal kurz zur Situation der Überschußnachfrage zurück. Beim Preis P_2 können also die Nachfrager *nicht* das tun, was sie wollen, nämlich die Menge Q_3 kaufen, weil zu diesem Preis die Anbieter nur bereit sind, die Menge Q_4 anzubieten. Einige Nachfrager, die zu diesem geringen Preis kaufen wollten, gehen hier also leer aus.

Damit stellt sich die interessante Frage, *welche* Nachfrager in den Besitz der zu diesem Preis (P_2) angebotenen Güter kommen? *Andere Zuteilungsmechanismen als der Preis müssen hier einsetzen.* Ein alternativer Zuteilungsmechanismus wäre 'Wer zuerst kommt, mahlt zuerst!' Das 'Zuerst-Kommen' kann dabei eine Frage des Glücks oder der besseren Information, freilich auch von 'guten Beziehungen' sein.

Eine Situation der Überschußnachfrage macht ein zentrales ökonomisches Problem deutlich, nämlich das der *unumgänglichen Zuteilung arbeitsteilig produzierter Güter*. Es geht um die Lösung der Frage, *für wen produziert werden soll?* Dem marktwirtschaftlichen Zuteilungsmechanismus zufolge, bekommt derjenige ein Gut, *der den geforderten Kaufpreis zu zahlen bereit ist und auch bezahlen kann*, der es sich also auch leisten kann! Letzteres ist nun *unter marktwirtschaftlichen Bedingungen* dann der Fall, wenn man *selbst imstande ist, Leistungen zu erbringen, die andere einzutauschen, also zu kaufen bereit sind.*[27]

Des weiteren setzt diese Zuteilungsregel für knappe Güter ein Marktgleichgewicht voraus. Denn im eben beschriebenen Ungleichgewicht gilt sie nicht. In dieser Situation wollen die Nachfrager mehr kaufen, als angeboten wird. Die Pläne der Marktteilnehmer sind also hier nicht kompatibel. Steigt nun der Preis nicht, beispielsweise weil er nicht steigen *darf*, da eine *gesetzliche Höchstpreisregelung* besteht, dann können die Nachfrager nicht das tun, was sie wollen, nämlich die Menge Q_3 kaufen. Die hier bestehende Knappheit kann in diesem Fall nicht beseitigt werden, denn zum gesetzlichen Höchstpreis von P_2 sind die Anbieter nicht bereit, mehr als Q_4 zu produzieren und anzubieten. Wird der Preis als Zuteilungsregel nicht zugelassen, dann müssen andere Zuteilungsmechanismen gefunden werden.

Doch welche? Eine Möglichkeit wäre die *Rationierung* eines knap-

---

[27]Die 'Realität' ist demgegenüber stark durch *Rent-Seeking*, also durch das Ausschalten von Marktprozessen, geprägt!

pen Gutes, das über Bezugsscheine nach bestimmten Kriterien zugeteilt wird. In Notzeiten wird auf dieses Mittel zurückgegriffen. So wird beispielsweise jedem Bewohner, unabhängig von seiner Kaufkraft, eine bestimmte Menge Mehl, Brot oder Eier (pro Zeiteinheit) über entsprechende Bezugsscheine 'garantiert'. In außerordentlichen Notzeiten ist dies gewiß ein gerechtfertigter Zuteilungsmechanismus, der allerdings den Einsatz planwirtschaftlicher (Zwangs-)Instrumente auch auf anderen Ebenen erfordert.

Kennzeichen einer *Planwirtschaft* bzw. *Zentralverwaltungswirtschaft* ist nun gerade, daß sich die *vom Planer vorgegebenen Preise nicht ändern dürfen*. Da der Planer aber nicht über die Information bezüglich des richtigen Preises verfügen kann, auch weil sich dieser ständig durch den Eintritt unvorhergesehener Ereignisse ändert, ist der gesetzte Preis in der Regel falsch! Damit verlieren die Preise aber ihre zentrale Rolle als Knappheitsanzeiger. Die Folgen sind fatal. Das vertraute Bild aus Planwirtschaften war die Schlangenbildung vor Geschäften, also eine Situation der *Überschußnachfrage*, in der der Preis nicht steigen durfte. Um in den Besitz der gewünschten Güter zu kommen, mußte man – so man keine 'Beziehungen' hatte – 'zuerst kommen'. Nachdem das viele versuchen, stehen sie natürlich einander im Wege.

Die dadurch bewirkte Ineffizienz ist enorm und widersinnig. Reagierten die Preise, so entstehen zwar den Nachfragern höhere Kosten (in Form dieser höheren Preise), die Produzenten werden damit aber zur Ausweitung des Angebots veranlaßt. Dürfen die Preise dagegen nicht steigen, *dann entstehen ebenfalls Kosten*. Diesen Kosten steht nun aber keinerlei Gegenwert gegenüber! Die Menschen verbringen Millionen von Stunden in Warteschlangen und können gerade dadurch die Güter, die sie wollen, nicht bekommen! Denn durch das Anstehen geht die Zeit verloren, diese Güter zu produzieren. Und weil der Preis nicht steigen darf, besteht dazu auch gar kein *Anreiz!* Die Knappheit kann also gar nicht überwunden werden, das Ungleichgewicht bleibt bestehen.

Es bleibt festzuhalten:

Es ist die zentrale Aufgabe des Marktes, Preise zu generieren, die die relativen Knappheiten anzeigen, und Prozesse in Richtung auf eine Übereinstimmung der Pläne der einzelnen Wirtschaftssubjekte zu initiieren.

7.5.2 Änderungen von Angebot und Nachfrage: Komparative Statik und ihre graphische Darstellung

Gleichgewicht zwischen Angebot und Nachfrage herrscht also nur im *Schnittpunkt E* zwischen Angebots- und Nachfragekurve (siehe Abbildung 7.5). Nur in diesem Punkt entspricht die *angebotene* Menge der *nachgefragten* Menge, nicht aber – und das wissen Sie bereits – das Angebot der Nachfrage!

Wann aber 'herrscht schon ein Gleichgewicht!' In der Theorie gewiß, aber in der Praxis? Ständig ändern sich doch die Umweltbedingungen, vielerlei Einflußfaktoren. Plötzlich tauchen neue Faktoren auf, andere, gewohnte, verlieren ihre Bedeutsamkeit. Was – so könnte man kritisch einwenden – soll also ein Gleichgewichtskonzept schon bringen?

Im Grunde sehr viel. Denn das Entscheidende am Gleichgewichtskonzept ist *nicht* die tatsächlich modellhafte Verwirklichung eines Marktgleichgewichtszustandes in der Realität. Entscheidend ist eine nachweisbare und gesicherte *Tendenz* zu einem Gleichgewicht hin, dessen Preis-Mengen-Kombinationen über oder unter dem gegenwärtigen Marktzustand liegen. Nur mithilfe des Gleichgewichtskonzeptes können wir überhaupt Vorhersagen über die künftige Preisentwicklung treffen! Was hier zählt, ist einzig und allein die *Brauchbarkeit* des Gleichgewichtskonzepts. Es muß zur Erklärung und Vorhersage von Preis- und Mengenentwicklungen auf Märkten fundamentale Beiträge liefern. Sie werden verwundert sein: Es steht hier ein ganz, ganz *praktisches* Kriterium im Vordergrund: Die Brauchbarkeit des (*theoretischen*) Konzepts!

Wenn wir nun von *Änderungen* des Angebots und der Nachfrage sprechen, meinen wir in der graphischen Darstellung eine *Verschiebung* der entsprechenden Kurven! *Erhöht* sich somit die *Nachfrage*, dann ist das gleichbedeutend mit einer *Verschiebung der Nachfragekurve* nach *rechts*. *Vermindert* sich das *Angebot*, dann verschiebt sich die *Angebotskurve* nach *links*. In all den Fällen, in denen sich Änderungen in den Relationen zwischen angebotener bzw. nachgefragter Menge und dem Preis ergeben, *verschieben* sich die entsprechenden Kurven. Dagegen scharf abzugrenzen sind Bewegungen *auf den Kurven selbst,* also das Steigen oder Fallen der *angebotenen* bzw. *nachgefragten* Menge in Abhängigkeit vom Preis!

7. Angebot und Nachfrage

Unter komparativer Statik versteht man nun den Vergleich zweier Gleichgewichtssituationen, die durch unterschiedliche Konstellationen von Angebot und Nachfrage charakterisiert sind. Die Analyse des genauen Anpassungsprozesses von einer Gleichgewichtssituation zur anderen ist der dynamischen Analyse vorbehalten.

Abb. 7.6: Die Auswirkungen einer Nachfrageerhöhung

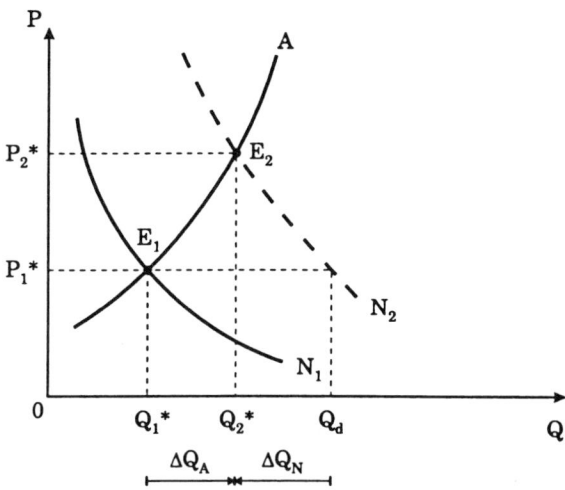

Wir beschränken uns im folgenden auf die komparative Statik. Wie bereits betont, liegt der Wert der Analyse nicht so sehr in der exakten Bestimmung des neuen Gleichgewichtszustandes, also der exakten Vorhersage der künftigen Gleichgewichtsmengen und der Gleichgewichtspreise, als vielmehr darin, *Markttendenzen* abschätzen und vorhersagen zu können. (Sie wären Ihrer materiellen Enge ledig, wenn Sie bloß die Preisentwicklung, beispielsweise des Erdöls, zuverlässig vorhersagen könnten, also sagen könnten, ob der Ölpreis in naher oder fernerer Zukunft steigt oder fällt!)

Betrachten wir jeweils nur *eine* Veränderung, entweder eine des Angebots oder der Nachfrage, und halten die jeweils andere Marktseite konstant – wir arbeiten also mit der *ceteris-paribus-* Klausel –, dann können wir vier Fälle unterscheiden:

1. Eine *Erhöhung der Nachfrage* (beispielsweise nach Wohnungen im Zuge eines allgemeinen Konjunkturaufschwunges) bedeutet eine *Verschiebung der Nachfragekurve nach rechts:* Zu

jedem Preis wird nun eine höhere Menge nachgefragt. Ceteris paribus kommt es zu einer Erhöhung der Gleichgewichtsmenge und des Gleichgewichtspreises. Diesen Prozeß wollen wir uns genauer ansehen: In Abbildung 7.6 ist die Erhöhung der Nachfrage durch eine Rechtsverschiebung der Nachfragekurve von N_1 zu N_2 wiedergegeben. Zunächst bleibt der Preis auf der Höhe des ursprünglichen Gleichgewichtspreises P_1^*. Da jedoch bei diesem Preis die Nachfrager Q_d nachfragen würden, die Anbieter aber nur die Menge Q_1^* anbieten, ergibt sich eine Überschußnachfrage, die auf einem freien Markt den Preis über die geschilderten Mechanismen nach oben treibt. Daher steigt der Preis und bewirkt nun *zweierlei*:

- *Erstens* 'lockt' er neues Angebot in den Markt, der Preis steigt ja und damit die *angebotene* Menge (ΔQ_A). Der gestiegene Preis ist damit eine *unabdingbare Voraussetzung* für eine Erhöhung der angebotenen Menge, eine unabdingbare Voraussetzung für die 'Beseitigung' der Wohnungsknappheit.

- *Zweitens* reduziert der *gestiegene* Preis automatisch die *nachgefragte* Menge (ΔQ_N)!

Letztlich steigt der Preis so lange, bis das neue Gleichgewicht E_2 bei Gleichgewichtspreis P_2^* und Gleichgewichtsmenge Q_2^* erreicht ist: Hier entsprechen sich wieder angebotene und nachgefragte Menge: zu diesem Preis können alle gewünschten Transaktionen ausgeführt werden, alle Pläne sind kompatibel: der Markt wird geräumt: Gleichgewicht!

2. Eine *Senkung der Nachfrage* entspricht einer *Verschiebung der Nachfragekurve nach links*: Zu *jedem* Preis wird nun eine geringere Menge nachgefragt. (Sie können diesen Prozeß leicht nachvollziehen, indem Sie die Nachfragekurve N_2 als ursprüngliche und die Nachfragekurve N_1 als neue Nachfrage ansehen.) Ceteris paribus kommt es zu einer Reduktion der Gleichgewichtsmenge und des Gleichgewichtspreises.

3. Eine *Erhöhung des Angebots* bedeutet eine *Verschiebung der Angebotskurve nach rechts*: Zu *jedem* Preis wird nun eine höhere Menge angeboten. Ceteris paribus kommt es zu einer Erhöhung

7. Angebot und Nachfrage

der Gleichgewichtsmenge und zu einer Senkung des Gleichgewichtspreises. Eine solche Situation ist in Abbildung 7.7 dargestellt.

4. Eine *Senkung des Angebots* führt zu einer *Verschiebung der Angebotskurve nach links:* Zu jedem Preis wird nun eine geringere Menge angeboten. Es kommt zu einer Senkung der Gleichgewichtsmenge und zu einer Erhöhung des Gleichgewichtspreises.

Abb. 7.7: Komparative Statik: Erhöhung des Angebots

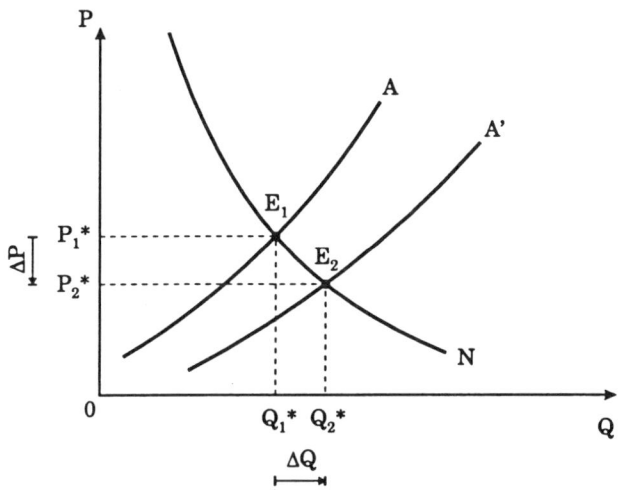

Bevor wir nun auf wichtige Bestimmungsgrößen von Angebot und Nachfrage näher eingehen, wollen wir den 'Reigen' dieser Analyse abschließen: Begonnen haben wir mit einer statischen Modellierung des Marktgleichgewichts. Es folgte die komparativ-statische Analyse, die wichtige Schlußfolgerungen zuläßt. Um dies nun zu komplettieren, nun noch ganz kurz zur

7.5.3 Dynamik

Während in der komparativ-statischen Analyse lediglich ein Vergleich zweier Gleichgewichtszustände vorgenommen und nicht untersucht wird, wie der Anpassungsweg von einem zum anderen Gleichgewicht abläuft, geht es nun um die explizite Miteinbeziehung der *Zeit*. Das hier vorgestellte *dynamische* Modell, das sogenannte *Cobweb-* oder *Spinnennetz*modell, zeigt den *marktlichen Anpassungprozeß von Preisen und Mengen in der Zeit,* also die *Reaktionen der Marktteilnehmer* *auf die jeweiligen Marktergebnisse.* Angebot und Nachfrage werden hier anders interpretiert. Die Nachfragekurve zeigt die Kaufwünsche der Haushalte über einige Zeitperioden hinweg als konstante Beziehung (also ceteris paribus!). Die Angebotskurve zeigt hier die Verkaufswünsche der Produzenten über mehrere Perioden hinweg, doch ist die Reaktion der Anbieter auf ein bestimmtes Marktergebnis (den Preis eines bestimmten Zeitpunktes) *um eine Periode verzögert.* Wir können uns das so vorstellen, daß die Produktion mit dem Vorlauf einer Periode festgelegt werden muß. Bei dieser Produktionsentscheidung, die eine Periode später 'marktwirksam' wird, orientieren sich die Produzenten an den Preisen der laufenden Periode. Formal läßt sich das so anschreiben:

$$Q^A_{t+1} = Q^A(P_t)$$

Das Angebot der nächsten Periode ist also eine Funktion des Preises der laufenden Periode. Die Angebotskurve wird also zu einer *Reaktionskurve.* Sie zeigt, welche Menge die Produzenten in der *nächsten* Periode anbieten, wobei sie dieser Entscheidung die Preise der *laufenden* Periode zugrundelegen.[28] Dies ist – wie gesagt – für all jene Fälle relevant, in denen zwischen der Outputentscheidung und der tatsächlichen Verfügbarkeit des Outputs als Angebot auf dem Markt eine bestimmte Zeitspanne liegt.

Eine graphische Darstellung wird die nun einsetzenden Vorgänge verdeutlichen (siehe Abbildung 7.8): Für die in der ersten Periode angebotene Menge Q^A_1 (völlig *unelastisches* Angebot in Periode 1) ergibt sich entsprechend der Nachfragekurve ein Preis von P^N_1. Diesen Preis nehmen die Produzenten als Grundlage für ihre Angebotsentscheidung für die *nächste* Periode. Dementsprechend (d.h. entsprechend ihrer Angebotskurve) bieten sie in der zweiten Periode die Menge Q^A_2 an (völlig *unelastisches* Angebot in Periode 2). Diese Menge Q^A_2 kann aber am Markt nur zu einem Preis von P^N_2 abgesetzt werden. Wiederum nehmen die Produzenten diesen Preis P^N_2 als Grundlage für ihre Produktionsentscheidung für die *nächste* Periode. Entsprechend ihrer Angebotskurve bieten sie daher in der dritten Periode die Menge Q^A_3, für die sie aber einen Preis von P^N_3 realisieren. Nach diesem Motto geht es weiter.

---

[28] Auch hier haben wir es wieder mit *Erwartungen* zu tun. Die Anbieter *erwarten*, daß für die nächste Periode der Preis der laufenden Periode gilt.

7. Angebot und Nachfrage

Sie sehen: Die Angebotskurve A der Produzenten bezieht sich ganz offensichtlich auf einen *Zeitraum*, wobei das Angebot mit einer Zeitverzögerung auf die Preise der jeweiligen Vorperiode reagiert. Für *eine bestimmte* Periode ist das Angebot aber *völlig unelastisch* (deshalb als Vertikale über den Mengen $Q_1^A, Q_2^A, Q_3^A, Q_4^A$ angedeutet)!

Abb. 7.8: Dynamik: Der Cobweb-Prozeß

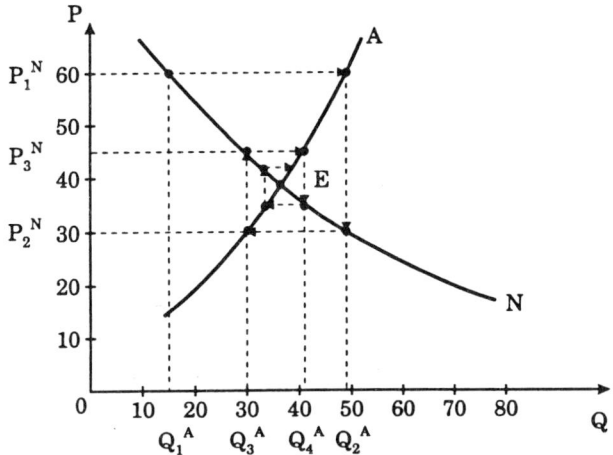

In diesem Beispiel (Abbildung 7.8) sehen wir, daß sich durch das Zusammenspiel von Angebot und Nachfrage der Prozeß dem Marktgleichgewicht E annähert. Dies muß aber keineswegs so sein! Das ist von den Anstiegen der Angebots- und Nachfragekurve abhängig. Ist die Angebotskurve (absolut) steiler als die Nachfragekurve – wie in Abbildung 7.8 – dann ist der Cobwebprozeß stabil, d.h. die Preis- und Mengenschwankungen bremsen sich ein und erreichen schließlich das Marktgleichgewicht E. Entsprechen die (absoluten) Anstiege einander, dann gibt es weder eine Bewegung zum Marktgleichgewicht noch in eine andere Richtung. Das Resultat ist ein konstanter Zyklus (zyklischer Cobweb).[29] Ist hingegen die Angebotskurve (absolut) fla-

---

[29] Wenn Sie tatsächlich einen solchen konstanten Zyklus identifizieren könnten, was würden Sie tun? ... Na klar, sich *antizyklisch* verhalten und damit schöne Gewinne einfahren! Nebenbei: Sie würden (als Spekulant) in diesem Falle zur Stabilisierung von Preisen und Mengen beitragen! Eine zweite Frage ist: Warum sollten aber einzelne Anbieter auf diesen Märkten nicht doch aus ihren Erfahrungen *lernen* (sie werden ja wiederholt in ihren Erwartungen enttäuscht!) und sich

cher als die Nachfragekurve, dann wird der Cobwebprozeß explosiv. In Abbildung 7.9 sind abschließend alle drei Fälle dargestellt.

Dem hier vorgestellten dynamischen Cobwebprozeß kommt nun in der Praxis große Bedeutung zu. Zwar ist der Schweinezyklus das wohl bekannteste Beispiel hiezu, es ist aber bei weitem nicht das einzige oder gar wichtigste. Wie bereits erwähnt, treten diese Preis-Mengenschwankungen (ceteris paribus) vor allem dort auf, wo zwischen der Produktionsentscheidung und der tatsächlichen Verfügbarkeit des Outputs als Angebot auf dem Markt ein *time-lag* besteht. Und dies ist für sehr viele Produkte die Regel und nicht die Ausnahme. Damit gelten die hier abgeleiteten Aussagen für das Angebot an Schweinen, Äpfeln und Krawatten ebenso wie für Mediziner und Ökonomen! Das sollten Sie also in Ihrer persönlichen Angebotsentscheidung entsprechend berücksichtigen! Es lohnt gewiß!

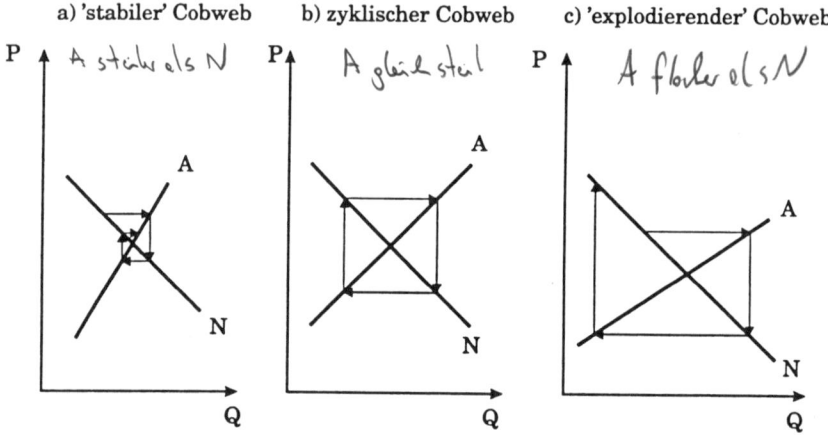

Abb. 7.9: Die drei möglichen Ausprägungen des Cobweb-Prozesses:

7.6 Wohin geht's? Wichtige Bestimmungsgrößen von Angebot und Nachfrage

Wir wollen nun wieder zu unserer 'gewohnten' Angebots- und Nachfragekonzeption zurückkehren. Erinnern Sie sich:

Ökonomisches Denken ist immer ein Denken in den Kategorien von Angebot und Nachfrage. Es ist der Versuch, durch systemati-

---

antizyklisch verhalten?

7. Angebot und Nachfrage

sches Denken ökonomische Ursache-Wirkungs-Zusammenhänge aufzudecken und damit Vorhersagen über künftige Marktentwicklungen zu ermöglichen.

Deshalb war zunächst eine exakte Begriffsbestimmung, die - wie Sie jetzt wissen - von der umgangssprachlichen Wortbedeutung abweicht, nötig. Der große Vorteil unserer genauen Begriffsbestimmung und der ceteris-paribus-Analyse besteht in einem methodisch sehr exakten Vorgehen. Wir können nunmehr - rekapitulierend und Schritt für Schritt vorgehend - die folgenden Fragen stellen bzw. beantworten:

- Die erste Frage bzw. Erkenntnis bestand in der exakten inhaltlichen Bestimmung von Angebot und Nachfrage: *Was genau versteht man unter den Begriffen 'Angebot' und 'Nachfrage'?*

- Die zweite Frage war: *Wie wirken Angebot und Nachfrage zusammen und bestimmen den Preis?*

- Die dritte Frage war: *Wie wirken sich Änderungen von Angebot und Nachfrage auf Preis und Menge aus?*

- Und daran schließt sich nun die *vierte* Frage an, der wir nun abschließend nachgehen wollen: *Welche Faktoren haben einen entscheidenden Einfluß auf Angebot und Nachfrage selbst?*

Die Fragestellung lautet also: Welcher Einflußfaktor wirkt sich *wie, auf welche Größe, auf das Angebot und/oder die Nachfrage* aus? Zwar haben wir dazu schon wichtige Erkenntnisse gewonnen - erinnern Sie sich an die Ausführungen zur Nachfragetheorie und die ersten Abschnitte dieses Kapitels. Abgesehen von diesen bereits erläuterten Einflußfaktoren wollen wir nun abschließend eine wichtige Klassifikation bedeutsamer Determinanten von Angebot und Nachfrage vorstellen.

Bei der Frage, welche Faktoren sich wie auf Angebot und/oder Nachfrage auf bestimmten Märkten auswirken, ist die folgende, wenngleich nicht immer ganz konsistente Klassifikation von Vorteil:

Wir können fragen,

- welche Faktoren von *außerhalb* auf das ökonomische System, also auf Angebot und Nachfrage, einwirken. Wir sprechen hier von *systemexogenen* Faktoren.

- und welche Faktoren *im* ökonomischen System selbst auf Angebot und Nachfrage bestimmter Güter einwirken. Wir sprechen von *systemendogenen* Faktoren.

'Von außen' – *systemexogen* – wirken auf Angebot und/oder Nachfrage ein:

- das *kulturelle, politische* und damit eng verbunden das *institutionell-legistische* System. Deshalb sollten Sie in den Zeitungen nicht nur den Wirtschaftsteil aufmerksam studieren! Erinnern Sie sich an die Auswirkungen der Kuwait-Krise auf den Ölpreis. Welche Auswirkungen haben also Kriege oder auch Abrüstungen auf das Angebot von und die Nachfrage nach bestimmten Gütern? Denken Sie an den Wirtschaftsumbruch im Osten, an die Einschränkungen beim Erwerb von Eigentum an Produktionsfaktoren, an die mit der zunehmenden Einwanderungswelle verbundenen Konsequenzen für bestimmte Märkte. Auf welchen wird das Angebot erweitert und deshalb ein Druck auf die Preise bestehen, auf welchen die Nachfrage zunehmen? Denken Sie auch an die EG-Binnenmarktkonzeption, damit verbunden rechtliche Regelungen bei Export und Import: Zölle und Kontingente, (Export-)Subventionen aller Art. Denken Sie an nationale und internationale (Umwelt-)Normen und Produkthaftungsvorschriften. Miet- und Baurecht werden wesentlich die Kosten und Erträge der 'Wohnungswirtschaft' mitbestimmen. Wo bestehen gesetzlich gesicherte Marktzutrittsbeschränkungen, staatliche Monopole etc. Denken Sie daran, welche Güter und Dienstleistungen verboten sind: Beispielsweise an bestimmte Drogen, an Konsequenzen für die Preise von rezeptpflichtigen Medikamenten, die nur in Apotheken abgegeben werden dürfen etc.

- Zu den externen Einflußgrößen zählen insbesondere auch *Witterungseinflüsse*, wie etwa Dürre- und Hochwasserkatastrophen. Wie bereits erwähnt ist das Wohl ganzer Industriezweige von der Wetterlage abhängig: Nicht nur die Fremdenverkehrswirtschaft allein, auch die Schi-, Getränke-, Schneeketten-, Winterreifen- oder Bekleidungsproduzenten sind hier betroffen.

- *Gesellschaftliche Moden und Trends* sind vielfach von außen vorgegeben. 'Wo ist es 'in' zu wohnen? Wohin fährt man heuer

7. Angebot und Nachfrage 319

auf Urlaub?' Als Paradebeispiel für Trends könnte man die 'Bio- und Fitness'-Welle ansehen. Enorme neue Absatzmärkte erschließen sich, wenn Sie allein an das Stichwort 'umweltkonforme' Produkte denken! Welche Inputs werden also besonders stark gefragt sein. Ein anderes Beispiel: Bildung. Die höhere Bildung hat markante Auswirkungen auf die Nachfrage bestimmter Produkte. Der Trend zum Zweit-Buch beispielsweise dürfte sich auf breiter Front durchgesetzt haben. Versuchen Sie selbst, hier bestimmte zukunftsträchtige Märkte auszumachen. Oder solche, die im Schwinden begriffen sind: Kampagne gegen das Rauchen.

- *Zufällig gemachte Erfindungen*, beispielsweise in der Raumfahrttechnologie haben oftmals ebenfalls markante Auswirkungen auf Angebot und Nachfrage! Hiezu eine aufschlußreiche Anekdote: Als dem Kaiser Tiberius ein Mann gemeldet wurde, der vorgab, ein unzerbrechliches Glas erfunden zu haben, ließ Tiberius ihn vor und fragte ihn, ob denn außer ihm noch jemand von dieser Entdeckung wüßte. Als dieser verneinte, ließ Tiberius ihn hinrichten! Können Sie sich denken, warum?

- Ebenso die *zufällige Entdeckung neuer Ressourcen*. Während nach Öl in der Nordsee oder in der Antarktis aufgrund ökonomischer Motive (hohe Preise für dieses Gut) gesucht wird, lassen zufällige Entdeckungen wie beispielsweise von Gold und Silber in der Neuen Welt die Preise dieser Ressourcen ceteris paribus gehörig fallen.

Von besonderer Bedeutung sind aber die *im* Wirtschaftssystem selbst gelegenen Triebkräfte, die *systemendogenen* Ursachen für Änderungen von Angebot und Nachfrage: Wie erwähnt werden sowohl der technologische Fortschritt als auch die 'Entdeckung' neuer Ressourcen überwiegend durch Marktkräfte selbst bewirkt. Gerade in diesen Fällen sehen wir besonders deutlich die Wirkungsweise des Preissystems. Nur dort, wo die Preise entsprechend hoch sind und relevante Knappheiten anzeigen, nur dort ist die Suche nach Substitutions- bzw. Einsparungsmöglichkeiten auch stark ausgeprägt. So verdanken wir im Grunde den Erdölschocks der 70er-Jahre die energiesparenden Technologien im Verkehrs- und Bauwesen. Auch die Suche nach neuen Rohstofflagern (Nordsee, Antarktis) ist erst durch hohe Ölpreise wirtschaftlich durchführbar geworden. 'Entdeckung' meint also in diesem Zusammenhang gar nicht so sehr das tatsächliche Auffinden neuer Rohstofflager, sondern das durch neue Technologien bewerkstelligte 'Wirtschaftlicher-Werden' ihres Abbaues bzw. die Entdeckung von Substituten. Mittlerweile, aufgrund der Angebotsausweitung einerseits und der Nachfragestagnation (Substitution im Konsum) durch effizienteren Verbrauch andererseits, sind die Preise für Rohöl wieder, und nicht unbeträchtlich, gefallen! Ganz allgemein zeigt dieses Beispiel, daß hohe und damit besondere Knappheit signalisierende Preise einer Ressource oder eines Gutes über die sie bewirkenden Prozesse (Spar- bzw. Substitutionsprozesse) regelmäßig zu einer Entschärfung der Knappheit beitragen. Hohe Preise sind damit die *Grundvoraussetzung* für die Überwindung von Knappheit. Anderenfalls gäbe es einerseits keinen Anlaß für eine intensive Suche nach Substituten dieses Gutes, d.i. im weitesten Sinne alles, was dessen Platz einnehmen kann, andererseits keine Reduktion der Nachfrage.

Es ist also in diesem Zusammenhang zentral zu verstehen, daß eine Knappheit nur dann 'beseitigt' werden kann, wenn sie durch entsprechend hohe Preise signalisiert wird. Nur wenn die Preise entsprechend hoch sind (und keine Zutrittsbeschränkungen existieren), fließen die Ressourcen in diese Branche, um die gewünschten Güter zu produzieren bzw. die benötigten Technologien zu entwickeln und damit letztlich die Knappheit zu entschärfen.

Die wichtigsten im Zusammenhang mit *systemendogenen Faktoren* zu stellenden Fragen sind:[30]

- Wie wirken sich Änderungen im Wirtschaftsklima, insbesondere auch der Erwartungen, Änderungen des Wirtschaftswachstums und des Einkommensniveaus auf die Nachfrage nach bestimmten Gütern aus? Jetzt ist Ihnen vielleicht der Zweck der Klassifikation in inferiore und superiore Güter klarer! Dieses Konzept ist zur Abschätzung künftiger Marktentwicklungen bzw. für die Formulierung entsprechende Unternehmungsstrategien unverzichtbar.

- Wie wirken sich Änderungen von Preisen und Mengen von Gütern auf andere Gütermärkte aus, die mit diesen Gütern

---

[30]Siehe dazu aber auch die Ausführungen zur Nachfragetheorie und zu den Bestimmungsgrößen des Angebots.

7. Angebot und Nachfrage

in der Nachfrage oder im Angebot 'verbunden' sind? Es geht also darum, in einem ersten Schritt zu klären, welche Substitutions- bzw. Komplementaritätsbeziehungen zwischen einzelnen Gütern bzw. Gütergruppen bestehen. In einem zweiten Schritt sind dann die Veränderungen von Angebot und Nachfrage eines bestimmten Gutes auf Folgewirkungen für andere Märkten zu untersuchen und abzuschätzen.

7.7 Zur Informationsleistung der Marktwirtschaft

Immer wieder wurde die zentrale Bedeutung der Preise für wirtschaftliche Entscheidungen betont. Nachdem wir nunmehr das Verhalten der Wirtschaftsakteure, die durch die Möglichkeit temporärer Monopolstellungen bewirkte marktwirtschaftliche Wachstumsdynamik sowie den Preisbildungsprozeß auf Wettbewerbsmärkten analysiert haben, können wir am Ende dieses Kapitels resümieren:

Preise reflektieren relative Knappheiten und Überschüsse und vermitteln dadurch an alle Akteure die für ihre wirtschaftlichen Entscheidungen zentralen Informationen. Denn die (relativen) Preise informieren die Wirtschaftsakteure darüber, was sie mit ihren Ressourcen tun sollen.

Unabdingbare Voraussetzung für richtiges Entscheiden ist, *im Besitz der entscheidungsrelevanten Information zu sein*. Dies gilt gerade auch für die zentralen wirtschaftlichen Entscheidungen, für das 'Was soll produziert werden?' und das 'Wie soll produziert werden?' Die diesbezüglich erforderliche Information, d.h. das Wissen um bestimmte Faktorbestände und Fähigkeiten, liegt aber immer nur *dezentral,* d.h. 'verstreut' über die gesamte Volkswirtschaft, vor: Über die spezifischen Faktorausstattungen und Fähigkeiten *weiß* der Besitzer der Faktoren selbst am besten Bescheid. Als solcher hat man einen starken *Anreiz*, diese Fähigkeiten und Begabungen *bestmöglich einzusetzen bzw. 'auszutesten'* und damit auch *neues, besseres Wissen* zu generieren, weil bei erfolgreichem Suchen eine Belohnung, ein Gewinn, winkt. Was man mit seinen Fähigkeiten tun soll, in welche Branche man gehen, in welcher man investieren soll, diese entscheidenden Informationen vermitteln die Preise. In Kenntnis der jeweiligen Fähigkeiten und Begabungen und im Wissen um die relevanten

Preise fällen Millionen von Entscheidungsträgern die Entscheidungen über den Einsatz ihrer Faktoren – also wiederum *dezentral.*

Das Verhalten unseres Untersuchungsobjekts Claudio Gelatino zeigt genau dies. In Kenntnis seiner Fähigkeiten, d.h. dessen, 'was er hat und was er damit tun kann' *und* im Wissen über die relevanten *Preise* entscheidet Claudio über seinen Ressourceneinsatz. Und wird dabei mit einem Gewinn belohnt!

Weil also einerseits nur die Ressourcenbesitzer die Informationen darüber besitzen, was sie tun können, sowie andererseits – über die Preissignale vermittelt – erfahren, was sie tun sollen, sind die Voraussetzungen für richtige, d.h. gewinnbringende Entscheidungen gegeben. Und nach der grundsätzlichen Tauschlogik ('unsichtbare Hand') werden damit die eigenen Fähigkeiten auch zum Wohle der anderen eingesetzt.

Die individuelle Beweglichkeit wird in marktwirtschaftlichen Systemen nun dadurch enorm erleichtert, daß dezentrales Entscheiden die 'Informationsmenge', die der einzelne Entscheidende benötigt, verringert: Der Informationsbedarf wird auf ein akzeptables Maß, d.h. in bewältigbarer Weise reduziert. Andererseits ermöglicht das marktwirtschaftliche System, daß jeder Akteur viel mehr Information nutzt, als er selbst besitzt.[31]

Man denke bloß an den tag-täglichen Genuß vieler Güter: Durch den Besuch eines Feinschmecker-Restaurants kommt man, ohne das Rezept zu kennen, in den Genuß herrlicher Gerichte, man nutzt die Vorteile der Elektrizität, der Telekommunikation, des Computers, des Autos und unzählig vieler anderer Annehmlichkeiten mehr. Und dies zumeist, ohne die geringste Ahnung von der dahintersteckenden Technologie, also ohne Wissen über die *Produktion* dieser Güter zu haben, deren *Konsum* aber den individuellen Wohlstand ausmacht.

---

[31] Die grundlegende Bedeutung von Information und ihre Nutzung in Marktwirtschaften, also die *Informationsverarbeitung* und *-vermittlung* durch den Preismechanismus, und die daraus sich ergebenden Vorteile, insbesondere im Vergleich zu einer Planwirtschaft, wurden vom österreichischen Ökonomen *Friedrich August von Hayek* (1899 - 1992) in besondere Schärfe herausgearbeitet. Er wurde dafür auch mit dem Nobelpreis (1974) ausgezeichnet. Wie Sie vielleicht schon bemerkt haben, liegt diese Logik freilich schon bei *Adam Smith's 'unsichtbarer Hand'* beschlossen, wenngleich nicht so deutlich ausformuliert.

7. Angebot und Nachfrage

Darüber hinaus ermöglicht die Marktwirtschaft eine *Minimierung der Kosten von möglichen Fehlentscheidungen,* die ja auch immer wieder einmal vorkommen können. Zunächst erfolgt die Minimierung von Fehlentscheidungen aus dem Umstand, daß die zentrale Voraussetzung für eine richtige Entscheidung gegeben ist: Diejenigen, die über die Informationen verfügen, entscheiden. Zum zweiten entscheiden sie jeweils nur über einen limitierten Ressourceneinsatz. Wenn eine Unternehmung über die Durchführung einer Großinvestition entscheidet, dann steht gewiß eine beachtliche Summe auf dem Spiel. Geht dieses Investitionsprojekt daneben, dann sind zwar wertvolle Ressourcen verloren, doch bedeutet das nicht den Untergang der Volkswirtschaft.

Im krassen Gegensatz dazu steht die *Unlogik eines planwirtschaftlichen Systems.* Hier wird versucht, die stets dezentral vorliegende Information zu sammeln, zu *zentralisieren,* um dann auch *zentral über den Ressourceneinsatz zu entscheiden.* Zunächst muß also ein enormer Aufwand betrieben werden, um die Information zu zentralisieren.[32] Weil dies nur äußerst lückenhaft möglich ist, die gesammelte Information also falsch und/oder veraltet ist, wenn sie in der Zentrale vorliegt (der Prozeß der Informationsgewinnung braucht ja Zeit), wird die darauf beruhende Entscheidung ebenfalls mit größter Wahrscheinlichkeit falsch sein. Diese Fehlentscheidung ist nun nicht eine über *ein bestimmtes* Investitionsprojekt in der Volkswirtschaft, sondern betrifft ein Ressourcenvolumen enormen Ausmaßes. Die zentralen Planer entscheiden ja über die Zukunft gesamter *volkswirtschaftlicher Sektoren.*[33]

Zu bedenken ist schließlich auch, daß in einem planwirtschaftlichen System die zentral gefällten Entscheidungen auch entsprechend

---

[32] Was letztlich jedoch nicht gelingen kann, weil wichtige Informationen *privater* Natur sind, und der Besitzer dieser Information *keinerlei Anreiz* hat, diese Information auch *wahrheitsgemäß* preiszugeben. Sagt er, was er tun kann, dann bekommt er das auch als *Plansoll* vorgeschrieben! Das kann aber deshalb nicht in seinem Interesse liegen, weil er die Früchte seiner Bemühungen nicht selbst einstecken kann. Und deshalb gibt er an die datensammelnde Stelle eine *falsche* Information weiter!

[33] Eine weitere entscheidende Frage ist, welche *Ziele* die Planer ihrem Entscheidungsverhalten zugrundelegen. Regelmäßig spielen hier *Eigeninteressen*, nicht die Interessen der Gesellschaft insgesamt, eine große Rolle. Ein planwirtschaftliches System ist regelmäßig eine 'Autobahn in die Korruption'!

durchgesetzt werden müssen. Da der Befehlsempfänger regelmäßig keinen Anreiz hat, der an ihn adressierten Anweisung nachzukommen – sein Anreiz besteht unter diesen Bedingungen in der *persönlichen Aufwandsminimierung* – bedarf es eines enormen Bewachungs- und Beaufsichtigungsapparates mit entsprechender Sanktionskompetenz. Dies macht nicht nur die persönliche Handlungfreiheit des einzelnen unmöglich und erstickt jede Art von Privatinitiative und den daraus resultierenden technischen Fortschritt, sondern *absorbiert*, ebenso wie der Planungsapparat, Ressourcen im gewaltigen Ausmaß, die freilich für die Produktion von Gütern und Dienstleistungen *nicht mehr* zur Verfügung stehen.[34]

---

[34] Das Opportunitätskostenprinzip verkörpert eine Logik, die sich aus der Knappheit ergibt und die nichts mit einem spezifischen Wirtschaftssystem zu tun hat.

8. Die 'Wunder' des Kapitalismus. Oder: Konsumenten- und Produzentenrente

8.1 Was bisher geschah ... ein Rückblick und eine erste Bilanz

Wenn Sie bis hierher durchgehalten haben, dann können Sie stolz auf sich sein. Sie haben jetzt bereits ein solides Basiswissen. Wir wollen nun eine kleine Zwischenbilanz aufstellen, um klarer zu sehen, *was* wir bereits wissen und auch rekapitulieren, *wie, auf welchem Weg* wir bis hierher gekommen sind.

Erinnern wir uns: Im ersten Kapitel haben wir das *Grundproblem*, um das die mikroökonomische Theorie kreist, das *Knappheitsproblem*, vorgestellt und zunächst nur im großen und ganzen skizziert, wie wir damit in *marktwirtschaftlichen Systemen* fertig werden. Die ihren *eigenen Vorteil* verfolgenden Individuen arbeiten, *ohne* dies eigentlich zu wissen, *zum Nutzen aller*. Sie arbeiten *zusammen*, ebenfalls, *ohne* dies eigentlich zu wissen. Denn jeder von uns hat sich auf irgendeine Beschäftigung *spezialisiert*, produziert nur einen Bruchteil der Güter, die er auch konsumiert, selbst. Alles andere tauscht er am Markt gegen Geld, das er aus dem Verkauf seiner eigenen Leistungen am Markt erlöst hat, ein. Wir alle arbeiten also *arbeitsteilig*.

Doch wer *koordiniert* das Ganze? Wo ist das Ministerium für Rohstoff- und Energiewesen, wo die zentrale Planungsstelle für nach den letzten medizinischen Erkenntnissen hergestellte, nährstoffreiche und ausreichende Babynahrung? Die gibt es nicht! Nicht in *marktwirtschaftlichen Systemen*.

Hier koordiniert der Markt die Pläne von Millionen von Individuen, eigentlich der auf Märkten wirkende Preismechanismus! Er signalisiert relative Knappheiten und Überschüsse und lenkt damit die einer Volkswirtschaft zur Verfügung stehenden Ressourcen in die benötigten bzw. gewünschten Verwendungsrichtungen.

'Gewünscht' heißt, daß für ein Produkt tatsächlich eine *Nachfrage*, die Summe der Nachfragewünsche der Haushalte existiert (was graphisch durch die Lage und die Form der Nachfragekurve zum Ausdruck kommt). Miteinander in Konkurrenz stehende gewinnorientierte Unternehmungen haben im marktwirtschaftlichen System einen großen Anreiz, diese Nachfrage möglichst effizient und effektiv zu befriedigen. Sie sind daher ständig auf der Suche nach der Verbesserung ihres Produktprogramms, nach neuen und besseren Produkten und nach neuen und besseren, d.h. kostengünstigeren Technologien. Die *Konkurrenz* sorgt dafür, daß die damit verbundenen Vorteile für die Unternehmungen, ihre Gewinne, im Laufe der Zeit an die Konsumenten weitergegeben werden *müssen*.

Ganz vereinfacht gesagt, bilden also die Technologie auf der einen Seite, der Angebotsseite, und die Präferenzen der Haushalte auf der anderen Seite, der Nachfrageseite, die beiden Pole, um die herum sich das ökonomische Geschehen in den Phänomenen Produktion, Tausch und Konsum (Kapitel 2) abspielt.

Weder Technologie noch Nachfrage sind nun ein für allemal feststehende Größen. Ganz im Gegenteil! Nach ihnen muß ständig gesucht, sie müssen erst *entdeckt* werden! Diese *Entdeckungsfunktion* übernehmen nun in erster Linie die Unternehmer, sie spielen die zentrale Rolle in jeder Marktwirtschaft: Sie investieren in Forschung und Entwicklung, um neue, kostengünstigere Technologien verfügbar zu machen, sie suchen nach latenten Bedürfnissen und konkreten Bedürfnisbefriedigungsmöglichkeiten'! In gewisser Weise können wir sagen:

Marktwirtschaften führen nicht nur dazu, die bereits gegebenen Ressourcen effizient zu nutzen, sondern entdecken darüber hinaus ständig neue Ressourcen und Energievorräte (durch neue Technologien) und neue Mittel der 'Bedürfniswelt'.

Die Marktwirtschaft wird damit selbst – freilich etwas hymnisch formuliert – zu einem Mittel der 'Weltentdeckung'! Dazu ein Beispiel: Vor gar nicht langer Zeit war das Hören eines klassischen Konzerts ein wenigen Leuten vorbehaltener Genuß. Erst die enormen technologischen Neuerungen der Kommunikationsindustrie bringen diese nunmehr für jedermann erschwinglichen Genüsse ins Haus!

Lassen sich also mit einem Gut gute Geschäfte machen, das wird durch den relativ hohen Preis eines Produktes angezeigt – womit dieser Preis eine ganz wichtige *Information* weitergibt –, dann werden *bei freiem Marktzutritt* neue Firmen in die Produktion dieses Gutes einsteigen, das *Angebot* wird steigen und *ceteris paribus* der Preis des nunmehr reichlicher vorhandenen Gutes *sinken*.

8. Konsumenten- und Produzentenrente

So in besonders eindrucksvoller Weise geschehen in der EDV-Industrie (allerdings bei enorm steigender Nachfrage!). Denken Sie an die ersten Taschenrechner Ende der 60er, Anfang der 70er Jahre! Behäbige Geräte zu hohen Preisen! *Dieselben Geräte* würden heute nicht zu einem *Zehntel* ihres damaligen Preises einen Käufer finden! Genau so verhält es sich mit dem ersten Computer! Dinosauriergeräte mit, gemessen an heutigen Maßstäben, lächerlicher Leistung! Und heute sind Personalcomputer bereits so günstig, daß wir sie in immer mehr Haushalten finden können! Ein respektables Ergebnis des marktwirtschaftlichen Prozesses!

Auf welchem Weg haben wir uns das Verständnis für marktwirtschaftliche Zusammenhänge erarbeitet? Wir haben aufgrund seiner zentralen Bedeutung im marktwirtschaftlichen System zunächst dem *Unternehmer* in die Karten gesehen und sind dann über *Produktions- und Kostenfunktion der Unternehmung* zum *Angebot auf dem Markt* vorgedrungen (Kapitel 3). Dabei haben wir besonderes Gewicht auf die Dynamik der unternehmerischen Tätigkeit, die Notwendigkeit des Gewinns und die Schwierigkeit seiner Aufrechterhaltung gelegt (Kapitel 6).

Der *nutzenmaximierende Haushalt* steht auf der anderen Seite, er bildet den *einzelnen Baustein der Nachfrage* (Kapitel 4). Beide, Haushalt und Unternehmung, verfolgen ein *Maximierungskalkül*, um ihr *Optimum* zu erreichen.

Das Opportunitätskostenkonzept auf Basis des entgangenen Nutzens ist dabei das Kriterium aller ökonomischen Entscheidungen, sowohl der Haushalte als auch der Unternehmungen.

Auf dem Markt, unabhängig davon, wie ein konkreter Markt zu klassifizieren ist, ob als (echtes) Monopol, Oligopol, monopolistische oder vollständige Konkurrenz, treffen nun Angebot und Nachfrage aufeinander: Hier bilden sich Preis und Menge.

In aller Regel werden Kräfte wirksam, die zum Marktgleichgewicht führen. Dieses zeichnet sich dadurch aus, daß durch den Gleichgewichtspreis die Pläne aller Marktteilnehmer (wie auch der Nicht-Marktteilnehmer) aufeinander abgestimmt werden. Damit wird das Koordinationsproblem, das sich bei arbeitsteiligem Wirtschaften stellt, gelöst.

Um aber überhaupt einmal soweit zu kommen, mußten wir vorher klären, *warum* sich der Austausch von Gütern überhaupt lohnt. Die Ausführungen von Kapitel 5 'We're living in a Box ... ' konnten die *Vorteilhaftigkeitseffekte* aufzeigen, die bei einem *freien und ungehinderten Waren- und Dienstleistungsaustausch* zu realisieren sind. Im Grunde ist dies nichts anderes als eine tiefergehende Analyse des in Kapitel 2 vorgestellten und von *Adam Smith* erstmals formulierten *fundamentalen Tauschtheorems*, das – bereits wiederholt zitiert – im *freien Austausch* von Gütern und Dienstleistungen einen enormen *Nutzengewinn und Wohlstandszuwachs* für *alle* Beteiligten postuliert. Entsprechend der individuellen Veranlagungen und Talente sowie der Verteilung der Ressourcen *spezialisieren* sich die Individuen auf *natürliche* Weise, d.h. *von selbst* auf eine Tätigkeit, bei der sie über komparative Vorteile verfügen,[1] und *tauschen* die Überschüsse bzw. die Defizite, die dabei anfallen und die am Markt in die Größen *Angebot* und *Nachfrage* umgelegt werden.

Schließlich resultiert aus den Interaktionen aller Individuen regelmäßig ein *Marktgleichgewicht* bzw. letztlich die *Tendenz* dazu. D.h. daß über den Preismechanismus die Pläne von Millionen von einzelnen Wirtschaftssubjekten *koordiniert* und letzlich *miteinander kompatibel* gemacht werden, und dies, *ohne* daß man dafür einer gewaltige Ressourcen verschlingenden Institution, einer Bürokratie, bedürfte (Kapitel 7).

Die *Allokationsergebnisse*, die durch den Marktmechanismus bewerkstelligt werden, bedeuten aber nicht nur *von selbst sich durchsetzende* Koordination der einzelnen Wirtschaftspläne. Die Allokationsergebnisse verfügen in aller Regel über einen äußerst hohen Grad an *Effizienz! Effizienz* bedeutet dabei, ganz einfach formuliert, die Vermeidung von Verschwendung welcher Art auch immer, oder, konkreter im Geist des *ökonomischen Prinzips* gesprochen, daß aus den vorhandenen Mittel das Beste gemacht wird. Weil im marktwirtschaftlichen System aufgrund der hier existierenden *Anreizstruktur* jeder um den bestmöglichen Einsatz der *eigenen* Ressourcen intensiv bemüht ist – ein solches Verhalten liegt ja im Interesse des einzelnen!

---

[1] Das ist freilich nur die Betrachtung der 'Sonnenseite' der Arbeitsteilung. Leider gibt es, wie überall, auch eine 'Schattenseite': Ein Nachteil der Arbeitsteilung liegt in der Gefahr von einseitigen und monotonen Arbeitsabläufen, die menschliche Fähigkeiten eher verkümmern lassen als sie zu fördern. Denken Sie nur an viele Formen der Fließbandarbeit!

8. Konsumenten- und Produzentenrente

–, ist intuitiv klar, daß dadurch die Wohlfahrt insgesamt gefördert, ja sogar *maximiert* wird.

Bei all diesen Erörterungen haben wir einerseits ein Verständnis für die Grundzusammenhänge marktwirtschaftlicher Systeme erhalten und andererseits ein äußerst probates ökonomisches Instrumentarium entwickelt, um künftige Entwicklungen besser abschätzen zu können.

Wir haben aber auch gesehen, daß nur ein *funktionierendes marktwirtschaftliches System*, also ein *funktionsfähiger Wettbewerb*, insbesondere unter den Anbietern, eine *zentrale, jedoch keineswegs immer von selbst gegebene Voraussetzung* für eine möglichst breite Verteilung der Nutzen- und Wohlstandsgewinne darstellt. Darauf wollen wir nun im Folgenden kurz näher eingehen.

8.2 Noch einmal: 'Gewinn' oder Ausbeutung?

Sehr oft wird den hier ganz knapp umrissenen 'Segnungen der Marktwirtschaft' etwas nebulos eine Art 'Ausbeutungstheorie' gegenübergestellt, die im wesentlichen darauf hinausläuft, daß Tauschaktivitäten immer mit der Übervorteilung eines der beteiligten Tauschpartner verbunden seien. Was der eine dabei gewinne, müsse notwendigerweise der andere verlieren. Daß dies eine unhaltbare These ist, konnte durch eine Analyse der Tauschwirkungen sowohl für den Fall des reinen Tausches (Edgeworth-Box) als auch bei Einbeziehung der Produktion wohl in überzeugender Weise bestätigt werden. Erinnern Sie sich der obigen Darstellungen (Kapitel 5), die deutlich machen konnten, daß durch eine Erweiterung des Marktes durch internationalen Handelsverkehr eine Vertiefung der Spezialisierung und Arbeitsteilung erreicht werden kann, und zwar gerade auf jenen Gebieten, auf denen die Tauschpartner über relative Vorteile in der Produktion verfügen – sei es durch die natürliche Ausstattung mit Ressourcen, sei es durch die unterschiedliche Verteilung technologischen Wissens und menschlicher Qualifikationen. Dadurch kann das insgesamt zur Verfügung stehende Gütervolumen sowie – funktionierende Konkurrenz vorausgesetzt – die Kaufkraft der Konsumenten beachtlich erhöht werden. Das Knappheitsproblem kann damit zwar nicht beseitigt, aber es kann wesentlich gemildert werden.

Noch grundsätzlicher kann aber der 'Ausbeutungstheorie' mit der logischen Überlegung entgegengetreten werden, daß ein rationales Individuum nur dann in einen Tausch – eine grundsätzlich *freiwillige* und *zweiseitige* Aktion – einwilligen wird, wenn es sich davon einen Vorteil verspricht. Niemand willigt freiwillig in eine Transaktion ein, die offensichtlich mit Nachteilen verbunden ist. An dieser Stelle ist es entscheidend zu erkennen, daß das Einwilligen in eine Transaktion ganz wesentlich davon abhängig ist, *wieviele unterschiedliche Transaktionsmöglichkeiten* dem einzelnen überhaupt zur Verfügung stehen. Gibt es nur *eine* Transaktionsmöglichkeit, beispielsweise für die Arbeitsleistung eines Arbeiters nur *einen* Arbeitgeber oder für die Nahrungsmittelbeschaffung eines Haushalts nur *einen* Anbieter von Nahrungsmitteln, dann ist die Entscheidungssituation in der Tat sehr 'eng', denn dann besteht de facto nur die Möglichkeit zu tauschen oder nicht zu tauschen. In solchen Situationen kann das Tauschen freilich nur mehr als 'bedingt' freiwillig, als das geringere Übel angesehen werden. Umgangssprachlich wird dies oft mit 'ich habe keine andere *Wahl*' zum Ausdruck gebracht. Gerade die Marktwirtschaft ist es jedoch, die solche 'Engpässe' regelmäßig 'sprengt', d.h. ständig aus sich selbst heraus eine Vielzahl von *neuen* Handlungsalternativen generiert. D.h. *mehrere* Arbeitgeber konkurrieren um die Arbeitsanbieter, eine ungeheure *Vielzahl* von Produkten konkurriert um die Haushaltsbudgets der Konsumenten. Geschieht dies nicht, d.h. '*vermachten*' einzelne Märkte, dann freilich kann wirtschaftspolitischer Handlungsbedarf bestehen und die Notwendigkeit gegeben sein, die Machtstellung einzelner Beteiligter (z.B. Monopole) zu zerschlagen.

Regelmäßig werden aber die Wahlmöglichkeiten, die dem einzelnen offenstehen, fortlaufend erweitert, was natürlich von vorneherein die Stellung des Haushalts sowohl als Konsument als auch als Arbeitsanbieter verbessert. Kann er doch aus der ständig ansteigenden Anzahl von Alternativen immer besser jene heraussuchen, die seinen individuellen Vorstellungen am besten entspricht. Dann geht er die Transaktion ein, *freiwillig!*

Der Begriff 'Gewinn' in der Kapitelüberschrift bezeichnet also keinen Gewinn im Sinne der ökonomischen Theorie, sondern meint im übertragenen Sinne die enorme *Bereicherung*, die wir in marktwirtschaftlichen Systemen durch die stets wachsenden *Auswahlmöglichkeiten* erfahren. Um auf unsere Story von Claudio Gelatino zurückzukommen: Den Stauseebadestrandhaushalten wird eine *neue Handlungsalternative* angeboten: Eis am Strand. Sie *können*

8. Konsumenten- und Produzentenrente

tauschen, *müssen* aber nicht! Ihr Handlungsspektrum wurde aber jedenfalls erweitert und damit ihre Wohlfahrt erhöht!

Zurück zum Alltäglichen: Freilich kann sich immer wieder einmal die *erwartete* Vorteilhaftigkeit für einen der Tauschpartner oder auch für beide als ein Irrtum herausstellen. Beispielsweise kann der Käufer einer Ware über die Qualitäten eines Produktes im Irrtum sein. Der Autor dieser Zeilen hat sich einmal eine elektrische Zitronenpresse angeschafft. Der erste Gebrauch dieses Gerätes verlief für den stolzen neuen Zitronenpressebesitzer jedoch derart *ent*täuschend (bezeichnenderweise: Ende der Täuschung!) – der Aufwand des elektrischen Zitronenpressens ist zumindest gleich hoch, wenn nicht höher, bedenkt man den anschließenden Aufwand für die Reinigung des Geräts! – sodaß der enttäuschte Zitronenpressebesitzer mittlerweile wieder zum händischen Auspressen zurückgekehrt ist. Das Geld für die nicht mehr benutzte Zitronenpresse ist also de facto 'hinausgeschmissen'. Der Fehler lag in diesem Falle wohl auf der Seite des Käufers, dieser unterlag einem *Irrtum* über die 'Fähigkeiten' des Produktes!

Ein ganz anderer Fall liegt jedoch dann vor, wenn der Verkäufer einer Ware etwas verspricht, das mit den Tatsachen nur wenig bis gar nichts zu tun hat. Bei Kenntnis der näheren Umstände, die der Verkäufer *bewußt gefälscht* hat, wäre aber *erst gar kein Tauschgeschäft zustande gekommen*. Hier liegt also eindeutig Betrug vor! Im obigen Beispiel mit der Zitronenpresse wäre es zumindest eine vorsätzliche Täuschung gewesen, hätte der Hersteller oder der Verkäufer der Zitronenpresse behauptet, daß damit das Zitronenpressen praktisch von selbst vonstatten geht.

Ein leider immer wieder vorkommendes Beispiel für den Fall, in dem der eine Tauschpartner eine Sache anpreist, die de facto ganz anders aussieht, sind Urlaubsreisen und -arrangements. Was laut Urlaubsprospekt als luxuriöse Suite mit Blick auf das freie Meer und eigenem, binnen einer Minute erreichbaren Badestrand angepriesen wurde, entpuppt sich als schmuddeliges und enges Hinterhofzimmer eines drittklassigen Hotels, dessen Strand, wenn es einen solchen überhaupt gibt, nur mit einem PKW vernünftig zu erreichen ist.

Oder ein anderes Beispiel: Der Nachbar einer als besonders ruhig angepriesenen Wohnung, in die Sie gerade eingezogen sind, stellt sich als lebensfroher Junggeselle mit ausgeprägtem Hang zu lautstarken und gutbesuchten Parties heraus, die beinahe täglich stattfinden ... etc. Sie haben gewiß auch schon diesbezüglich schlechte Erfahrungen gemacht. Trotzdem bleibt diese Art von Transaktionen, die bei richtiger Kenntnis der Sachlage – die Ökonomen sprechen von *vollständiger Information* – erst gar nicht zustande gekommen wären, die Ausnahme und *nicht* die Regel.

In all diesen Fällen liegt eine schon erwähnte 'asymmetrische Informationsverteilung' vor. In den Beispielen weiß eine Marktseite, der Verkäufer, über die Qualität einer Ware besser Bescheid als die andere Seite, der Käufer, der gewissermaßen 'die Katze im Sack kaufen muß'. Für solche Situationen, die gar nicht so selten sind, haben sich die Betroffenen freilich etwas einfallen lassen. Markenartikel, *freiwillige* Garantien der Produzenten für ihre Produkte, das Renommee einer Kaufhauskette oder eines großen Reiseveranstalters sollen dem Käufer die Qualität des Produktes, über die er an sich im Ungewissen ist, *signalisieren*. Der höhere Preis, der regelmäßig für Markenartikel auf den Tisch gelegt werden muß, kann also teilweise als Entgelt für die Reduktion von Unsicherheit interpretiert werden. (Auf der anderen Seite 'erspart' sich der Konsument, der zu Markenartikel greift, die kostenaufwendige Informationssuche!)

Bei nicht ordnungsgemäßer Erfüllung seiner Vertragsverpflichtung kann der Verkäufer natürlich zur Haftung und zu Schadensersatz herangezogen werden.[2] Eine Fülle von entsprechenden gesetzlichen Regelungen bietet Schutz vor Übervorteilung einer Marktseite. Die umfangreiche Gesetzgebung zum Konsumentenschutz, die die schwächere Markt- und Verhandlungsposition von Konsumenten auszugleichen versucht sowie die Arbeitsschutzgesetzgebung zielen in diese Richtung. Allerdings darf dabei nicht – wie dies wohl oft der Fall sein dürfte – angenommen werden, daß diese Bestimmungen ohne Auswirkungen auf die Preise der Produkte bleiben. Die den Produzenten durch gesetzliche Bestimmungen zusätzlich entstehenden Kosten müssen diese freilich über den Preis der Produkte wiederum auf

---

[2] Die rechtlichen Regelungen, die den Einzelnen für die, Dritte schädigenden Folgen seiner Handlungen haftbar machen (Haftungsregeln), gehören zu den zentralen rechtlichen Grundlagen einer Marktwirtschaft. Ohne strikte Haftungsregeln würde ein marktwirtschaftliches System zu einer *Casino-society*, weil die handelnden Personen dazu verleitet wären, die nötige Sorgfalt im Umgang mit den Ressourcen anderer zu vernachlässigen!

die Konsumenten 'weiterwälzen'.³

Schließlich wäre es natürlich absurd abzustreiten, daß wir uns immer und jederzeit völlig rational, selbst in der hier präsentierten 'weichen Variante' (siehe die Ausführungen zum Rationalitätspostulat) verhalten würden. Die meisten von uns haben immer wieder einmal 'irrationale Ausrutscher' und gehen daher immer wieder einmal Tauschgeschäfte ein, die wir dann gleich anschließend wieder bitter bereuen⁴ und – wenn irgend möglich – rückgängig machen wollen.

8.3 Probleme aufgrund asymmetrischer Informationsverteilung

Die *beidseitige* Vorteilhaftigkeit des Tausches ist jedoch zweifelsfrei die Regel. Es ergeben sich jedoch dann bestimmte Probleme, wenn, wie aus den Beispielen hervorgeht, Information *asymmetrisch auf die Tauschpartner verteilt* ist. Das birgt die Gefahr von 'Marktversagen'⁵, also einer ineffizienten Allokation, in sich, weil damit ein Tauschpartner aus seinem spezifischen Wissen in bezug auf die Qualität eines Gutes Vorteile ziehen kann, die die Transaktion selbst beeinflussen, und zwar zum Nachteil seines Tauschpartners bzw. der Wohlfahrt generell.

Die zwei bedeutsamsten Arten von Marktversagen, die sich im Falle asymmetrischer, also privat gehaltener Information im Tauschfall ergeben können, sind *'Moralische Wagnisse' (moral hazard)* und *falsche (negative) Auslese (adverse selection)*.

8.3.1 Moral Hazard

Moral hazard liegt vor, wenn ein Tauschpartner sowohl die

---

³Die exakte Aufteilung der Kosten auf Produzenten und Konsumenten läßt sich freilich nur bei genauer Kenntnis der Angebots- und Nachfrageelastizitäten angeben. Siehe dazu unten Abbildung 8.7 zur Auswirkung einer Transaktionssteuer auf das Marktergebnis.

⁴Im Moment der Entscheidung selbst dürfte zwar durchaus alles 'mit rationalen Mitteln' zugehen, das Problem liegt eher in einem 'irrationalen' Wechseln der Präferenzen. Jene Hose, die Ihnen in der Boutique noch gut gefiel und die Sie nach langem Durchprobieren vieler Kleidungsstücke eigentlich 'der Verkäuferin zuliebe' gekauft haben (eine oft anzutreffende Form des Selbstbetruges), reut Sie zu Hause bitterlich.

⁵Grob vereinfachend versteht man darunter Situationen, in denen Märkte das optimale Allokationsergebnis verfehlen.

Möglichkeit wie auch den Anreiz hat, Kosten auf den anderen Tauschpartner überzuwälzen.

Solche moral hazard Probleme ergeben sich beispielsweise besonders oft bei Versicherungsverträgen. Nach dem Abschluß einer entsprechenden Versicherung kümmert sich beispielsweise ein Hauseigentümer nicht mehr um den Schnee vor seinem Haus oder auf dem Dach seines Hauses, weil er weiß, daß dadurch eventuell auftretende Schäden von der Versicherung gedeckt werden.

Die Kosten dieses Verhaltens eines nachlässigen Hauseigentümers tragen nun Dritte, und zwar nicht nur der Verunglückte/Geschädigte und die Versicherung, die für den Schaden aufzukommen hat, sondern auch andere Personen, die den gleichen Versicherungsschutz kaufen. Denn damit die Versicherung ihre, durch dieses Verhalten gestiegenen Kosten decken kann, muß sie die Prämie für solche Versicherungen erhöhen, was sich für sorgfältige Hausbesitzer nachteilig auswirkt.

Man erkennt, daß Versicherte sich anders als Nicht-Versicherte benehmen. Man denke an die Änderung des Fahrverhaltens nach dem Abschluß einer Voll-Kasko-Versicherung. Auch hier zeigt sich eine zentrale Erkenntnis der Mikroökonomik, nämlich daß es entscheidend auf die *Anreizstruktur* ankommt, der die Handelnden 'ausgesetzt' sind! Schließen sie eine Versicherung ab, sind sie weniger umsichtig und vorsorgend. Den Schaden bezahlt ja die Versicherung. Sie verhalten sich deshalb so, weil sie dann selbst nicht mehr alle Kosten des Risikos tragen, wohl aber alle Kosten, die den Schadenseintritt verhindern können, also die Kosten aller Handlungen, die das Risiko vermindern![6]

Dies führt zum paradoxen und natürlich ineffizienten Resultat, daß die bloße Existenz von Versicherungen, die idealerweise nur eine Verteilung bereits existierenden Risikos vornehmen sollte, zu einer *Erhöhung des allgemeinen Risikos* führt, eben weil aufgrund des Problems des moral hazard mit einem Ansteigen der Schadensfälle zu rechnen ist.[7]

---

[6] Das Marktversagen ergibt sich, weil der *marginale private Vorteil einer Handlung nicht den marginalen sozialen Kosten der Handlung entspricht*. Es liegen also *externe Effekte* vor. Siehe dazu Kap. 9.2.

[7] Kaum ein Versicherungskaufmann ist sich der 'Belastung' bewußt, die der Verkauf einer Lebensversicherung für die zwischenmenschlichen Beziehungen darstellt. Denn – strikt ökonomisch betrachtet – steigt damit zweifellos der Anreiz für den oder die durch den Todesfall 'Begünstigten', ...

8. Konsumenten- und Produzentenrente

Probleme aufgrund asymmetrischer Informationsverteilung ergeben sich auch bei der sogenannten *'Principal-Agent*-Beziehung'. *Manager* handeln de facto als 'Agenten' der Aktionäre, sie sind aber viel besser über die Lage der Firma und die möglichen Handlungsstrategien informiert als die Aktionäre. Das ist ja schließlich der Grund, warum sie 'angeheuert' werden. Sie verfügen über diesbezügliche Kenntnisse und Fähigkeiten! Da es extrem kostspielig wäre, die Manager ständig zu überwachen, können diese auch *andere* Ziele verfolgen als jene der Aktionäre, der Eigentümer der Unternehmung. Sie können also – freilich nur innerhalb bestimmter Grenzen – sich selbst bestimmte 'Annehmlichkeiten', wie beispielsweise luxuriöse Limousinen samt Chauffeur oder eine opulente Büroausstattung mit entsprechender 'Besatzung' zukommen lassen. All dies schmälert freilich den Gewinn der Unternehmung und freut die natürlich Aktionäre gar nicht.

Andere Fälle von *moral hazard* treten im Bereich hoch spezialisierter, 'professioneller' Handlungen auf. Fragt man einen Arzt, ob man krank und eine Behandlung nötig ist, einen Apotheker, ob man ein Medikament braucht, oder einen Rechtsanwalt, ob man in einer Streitangelegenheit Aussicht auf Erfolg hat, dann haben die befragten Personen einen starken *Anreiz*, eine positive Antwort zu geben, obwohl 'objektiv' die Sachlage vielleicht ganz anders liegt. Für die andere Seite ist es angesichts der asymmetrischen Informationsverteilung sehr schwer, die Korrektheit der Antwort bzw. die Notwendigkeit der vorgeschlagenen Transaktion zu beurteilen. Dasselbe Problem taucht schon beim Autoservice oder beim Ölwechsel auf, bei dem 'normale' Konsumenten regelmäßig nicht in der Lage sind, die Notwendig- bzw. Sinnhaftigkeit bestimmter Aktionen zu beurteilen.

Arzt, Apotheker, Rechtsanwalt und KfZ-Mechaniker befinden sich in einer *moral hazard*-Situation, weil sie ein finanzielles Interesse daran haben, jene Antworten zu geben, die zum Kauf der von ihnen angebotenen Güter und Dienste führen. Es ist damit für die eine Seite sehr schwer herauszufinden, ob diese Ratschläge tatsächlich 'gute' Ratschläge sind.

Verkauft der Automechaniker hingegen nur den Ratschlag, was zu tun ist, nicht aber die Leistung selbst, dann gibt es keine Probleme. Gerade das wird er aber nicht tun, eben weil er, wenn er selbst auch repariert, mehr verdienen kann!

In all diesen Fällen sind Standesrichtlinien ('Standesethik') und Zulassungsbestimmungen etc. bestimmter Berufsgruppen Versuche, diese Probleme zumindest zu entschärfen. Nicht selten verbirgt sich allerdings hinter solchen Regelungen wirksames *Rent-Seeking*, also der Versuch, durch Marktzutrittsbeschränkungen das Angebot gering und damit die Preise hoch zu halten.

Zur Minderung der hier auftretenden Probleme ist es wichtig, daß der Geschädigte über die Problemlage sowie über seine Rechte Bescheid weiß, um davon gegebenenfalls auch Gebrauch machen zu können. Das setzt ein bestimmtes Bildungsniveau voraus sowie möglichst geringe Kosten der 'Rechtsdurchsetzung'. Gesetzlich eingerichtete Behörden ('Konsumentenanwalt', Arbeitsinspektorate und Arbeitsgerichte etc.) wie vereinsmäßig konstituierte Institutionen wie Konsumentenschutzverbände, Umweltschutzorganisationen oder auch 'Autofahrerclubs' spielen hiebei eine wichtige Rolle. Oft sind sie es, die mit ihren Informationsleistungen und Aktionen – und gerade auch durch deren Öffentlichwirksamkeit – Mißstände beseitigen, vielleicht zum Teil sogar präventiv verhindern.

Bei Vorliegen einer asymmetrischen Informationsverteilung, die zu einer *ungleichen 'Machtverteilung'* auf die beiden Marktseiten führen kann, erscheint also staatlicher Eingriff gerechtfertigt.[8] Durch eine entsprechende Gesetzgebung wird versucht, die schwächere Markt- und Verhandlungsposition, beispielsweise von Konsumenten und Arbeitnehmern, wieder auszugleichen.[9]

8.3.2 Falsche Auslese (Adverse Selection)

Eng mit dem Problem von *moral hazard* verbunden ist das Problem der sogenannten *falschen (negativen) Auslese*.

Falsche Auslese (adverse selection) bedeutet, daß nicht wie im Falle normaler Marktprozesse die leistungsfähigen, kompetitiven, kurz: die 'richtigen' Teilnehmer im Markt bleiben, sondern gerade die 'Schlechten', während die 'Guten' ausscheiden.

---

[8] Bei vollständiger Information der Tauschpartner bezüglich der 'Produktqualitäten', der Tauschbedingungen und der Alternativen stellt sich dieses Problem der Schutzbedüftigkeit einer Marktseite vor Übervorteilung gar nicht. Angesichts der vollständigen Information kann es gar nicht zu einer Übervorteilung kommen!

[9] Wie oben bereits erwähnt, bleiben diese Bestimmungen allerdings kaum ohne Auswirkungen auf die Preise der Produkte.

8. Konsumenten- und Produzentenrente

So besteht beispielsweise in Versicherungsmärkten die Tendenz, daß Leute mit dem *höchsten Risiko* die meisten Versicherungen kaufen. Die Nachfrager nach Versicherungen wissen eben immer besser über ihre eigene Risikosituation Bescheid als die Anbieter der Versicherungsleistung. Zur negativen Auslese kommt es nun deshalb, weil jene, die ein *erhöhtes* Risiko haben, aber die *Durchschnitts*prämie zahlen, dabei ein gutes Geschäft machen. Sie kaufen daher mehr Versicherungsschutz (Auto-, Feuer-, Haushalts- und andere Versicherungen) als das normalerweise der Fall sein würde. Das bedeutet aber nichts anderes, als daß deren Versicherungsprämien nicht den zu erwartenden Schaden decken. Die Versicherung hat dann genau jene Kunden, die sie eigentlich *nicht* haben will, nämlich jene, die mit höchster Wahrscheinlichkeit einen Schadensfall aufweisen werden. Will die Versicherung 'überleben', ist sie gezwungen, die Prämien zu erhöhen.[10]

Auf der anderen Seite ist deshalb – wie erwähnt – für jemanden, der *weiß*, daß er/sie eine Person mit einem geringen Risiko ist, die Prämie zu hoch. Diese Personen werden also weniger Versicherungsschutz nachfragen. Weil die Versicherung wegen der vielen 'Risikofälle', die sich gerade aufgrund ihres hohen Risikos versichern lassen, gezwungen ist, die Prämie zu erhöhen, scheiden immer mehr 'gute' Kunden, also solche mit geringem Risiko aus. Diesen Personen (mit geringem Risiko) ist die Prämie zu hoch! Weil aber die Versicherung nicht feststellen kann, welcher Kunde ein hohes oder ein geringes Risiko darstellt, und daher die Durchschnittsprämie verrechnet, 'bekommen' Leute mit geringem Risiko gar keine Versicherung!

Negative Selektion kann auch am am Arbeitsmarkt auftreten, wenn es dort nur einen Lohnsatz gibt, aber zwei Arten von Arbeitsanbietern, nämlich fleißige und faule. Ob man ein fauler oder ein fleißiger Arbeiter ist, darüber weiß aber nur der einzelne Arbeitsanbieter Bescheid. So werden in dieser Situation ebenfalls zu viele 'schlechte' Arbeiter im Markt bleiben, während die fleißigen sukzessive ausscheiden. Denn bei nur *einem* Lohnsatz sind die faulen Arbeiter im Vergleich zu ihrer Produktivität *über*bezahlt, während die fleißigen Arbeiter im Vergleich zu ihrer Produktivität *unter*bezahlt

---

[10] Die Versicherungsunternehmung ihrerseits versucht, dieses Risiko zu minimieren, indem sie beispielsweise bei Lebensversicherungen zwingende ärztliche Untersuchungen vorschreibt, Selbstbehaltsklauseln vorsieht oder bestimmte Gruppenbildungen vornimmt, wie nach Beruf oder Alter des Versicherungsnehmers.

sind. Deshalb werden in erster Linie die relativ überbezahlten Arbeiter im Markt sein – für sie ist die Bezahlung sehr attraktiv –, während die fleißigen Arbeiter aufgrund ihrer Unterbezahlung im Markt unterrepräsentiert sein werden. Auch in diesem Fall selektiert der Markt die falschen Teilnehmer aus!

Generell läßt sich somit festhalten, daß in jenen Fällen, in denen eine Vertragspartei mehr weiß als die andere oder Ansprüche vortäuschen kann, eine Tendenz besteht, die 'Marktergebnisse' zu verändern und deshalb eine falsche Selektion unter den Marktteilnehmern stattfindet. In solchen Situationen generieren Märkte ineffiziente Ergebnisse. Dabei ist es 'rein' ökonomisch, *nicht aber rechtlich* gesehen, nur ein kleiner Schritt von der asymmetrischen Informationsverteilung zu handfestem Betrug.

Eine todkranke Person mit 'Familienanhang' hat ohne eine verpflichtend vorgeschriebene ärztliche Untersuchung den Anreiz, möglichst viel zusätzliche Lebensversicherung zu kaufen. Ein kurz vor der Pleite stehender Bankrotteur hat einen Anreiz, möglichst viel zusätzliche Kredite aufzunehmen und die Feuerversicherung kräftig zu erhöhen, bevor er sein Haus 'warm abträgt'.

Das gängigste Beispiel für das Phänomen der negativen Auslese ist der Markt für Gebrauchtautos, man spricht auch vom *market for lemons* (mit lemon bezeichnet man ein fehlerhaftes Auto). Auf dem Gebrauchtwagenmarkt – es liegt hier eine asymmetrische Informationsverteilung par excellence vor – gibt es einen generellen Preisabschlag für das höhere Risiko, ein schlechtes, also besonders reparaturanfälliges Auto zu erwischen. Allerdings ist dieser Abschlag höher als die anteilige Abschreibung eines durchschnittlichen Modells.[11] Eben weil es am Gebrauchtwarenmarkt sehr schwer ist, eine 'lemon' zu identifizieren, ist ein Käufer nur bereit, einen sehr geringen Preis für ein Gebrauchtauto zu bezahlen. Dieser geringe Preis für Gebrauchtautos entschädigt den Käufer für dieses erhöhte Risiko, tatsächlich eine 'lemon' zu erstehen. Wenn die Preise für Gebrauchtautos aber aufgrund dieser Erwartungen der Käufer so gering sind, dann werden die Verkäufer tatsächlich wenig für ihr Auto erlösen. Wenn ein Auto nun in Ordnung ist, besteht für den Besitzer der An-

---

[11] Der erwartete Nutzenstrom eines ein Jahr alten Autos, das am Gebrauchtwagenmarkt erstanden wird, ist geringer als derjenige eines durchschnittlichen ein Jahr alten Autos.

reiz, es nicht zu verkaufen (weil man ja so wenig dafür erhält), sondern es so lange zu fahren, bis es wirklich nichts mehr taugt. Dann wird es verkauft. Und der Käufer erwirbt dann tatsächlich eine 'Lemon'!

8.4 Begriffe und Konzepte: Konsumentenrente, Produzentenrente und Wohlfahrt

8.4.1 Vollkommener Markt und vollständige Konkurrenz

Doch nun zurück zum Marktgeschehen. Wir wollen nun versuchen, die grundsätzlichen Vorteile, die *Wettbewerbsmärkte* regelmäßig allen Marktteilnehmern eröffnen, zu untersuchen und etwas genauer in den Griff zu bekommen. Mit anderen Worten: Wir wollen versuchen, diese Vorteile zu *quantifizieren!*

Das hier vorzustellende Konzept der *Konsumenten- und Produzentenrente* geht auf einen der bedeutendsten und schon erwähnten englischen Nationalökonomen, auf *Alfred Marshall*, zurück. Die Namensgebung ist vielleicht insoferne etwas ungünstig gewählt, als die Vorteile *nicht* ausschließlich durch Konsumieren und Produzieren, sondern durch den *Tausch* von Gütern auf *perfekten* oder *vollkommenen* Märkten generiert werden.[12]

Wesentliches Charakteristikum eines 'vollkommenen Marktes' ist, daß für das dort gehandelte Gut nur ein allen Marktteilnehmern bekannter Preis existiert, zu dem alle Markttransaktionen abgewickelt werden.

Daß sich auf einem Markt tatsächlich nur ein Preis einstellt, setzt in erster Linie ein *homogenes* Gut sowie *vollständige Information aller Marktteilnehmer, vollständige Markttransparenz* voraus. Wäre nämlich ein homogenes, also ein völlig gleichartiges Gut zu unterschiedlichen Preisen zu haben, was den Nachfragern annahmegemäß bekannt ist, dann wird nur zum günstigsten Preis gekauft. Deshalb kann es im Falle eines homogenen Gutes und vollständiger Markttransparenz tatsächlich nur einen Preis geben. Man spricht in diesem

---

[12] Der Begriff *Rente* wird in der ökonomischen Theorie abweichend vom umgangssprachlichen Verständnis verwendet: Er bezeichnet die Entlohnung eines völlig unelastisch angebotenen Produktionsfaktors (die entsprechende Angebotskurve wäre eine Vertikale! Damit ist die Entlohnung 'rein' nachfrageseitig bestimmt.

Zusammenhang vom *Gesetz des einheitlichen Preises* oder vom *law of indifference*.[13]

Dieses Konzept der *vollkommenen Märkte* darf nicht mit dem der *vollständigen Konkurrenz* verwechselt werden.

Ökonomen sprechen dann von einer vollständigen Konkurrenz auf einem Markt, wenn zusätzlich zu den Bedingungen des vollkommenen Marktes so viele Anbieter und Nachfrager auftreten, daß der sich am Markt ergebende Preis für alle Marktteilnehmer ein Datum darstellt.

Alle Beteiligten müssen den Preis als gegeben hinnehmen und können ihn durch eigene Aktionen nicht beeinflussen. Die logische Konsequenz daraus ist, daß sich die Wirtschaftssubjekte mit ihren *angebotenen und nachgefragten Mengen,* die sie ja frei wählen können, an den herrschenden Preis anpassen werden, man spricht von *Preisnehmern* und *Mengenanpassern*.[14]

Bedingung für das Zustandekommen der Konsumenten- und der Produzentenrente ist zwar lediglich das Vorliegen vollkommener Märkte, wir gehen aber bei unserer Darstellung zunächst zusätzlich von *vollständiger Konkurrenz*, also von *Wettbewerbsmärkten*, deren Allokationsergebnis wir ja in diesem Kapitel genauer *beurteilen* wollen, aus.

---

[13] In der Realität ist nun in vielen Fällen weder Homogenität des Produktes, noch vollständige Markttransparenz gegeben. Es bestehen also *sachliche, zeitliche* und *räumliche Präferenzen* der Nachfrager, die darüber hinaus nicht vollständig über Mengen und Preise informiert sind. Diese *unvollständige Information* bedeutet, daß Information selbst ein knappes Gut ist, also mit ihm 'gewirtschaftet' werden muß. Die Anstrengungen (Kosten) der Informationsbeschaffung müssen mit den Nutzen der zusätzlichen Information abgewogen werden. Die ganze Stadt nach dem günstigsten Preis für einen bestimmten Fotoapparat zu durchkämmen, wäre irrational. Weil der gewünschte Fotoapparat beim Fotohändler um die Ecke zwar teurer kommt, aber die Kosten weiterer Informationsbeschaffung bzw. des Kaufs in einem entlegenen Einkaufszentrum (Zeitkosten!) schwerer wiegen, kaufen Sie beim Fotohändler um die Ecke zum höheren Preis. In diesen Fällen kommt es also zu sogenannten *Multi-Preis-Gleichgewichten*.

[14] Ist ein Monopolmarkt ein vollkommener Markt, so hat zwar der Monopolist die Macht, den Preis durch die Wahl seiner Angebotsmenge zu setzen, er hat aber nicht die Möglichkeit der Marktsegmentierung und kann damit auch nicht die Konsumentenrente der Haushalte teilweise oder vollständig abschöpfen. Vgl. dazu die Abschnitte über die Preisdiskriminierung des Monopolisten, 6.5.4 und 6.5.5.

8.4.2 Konsumenten- und Produzentenrente

In Abbildung 8.1 sehen wir die übliche Darstellung eines Marktgleichgewichtes. Die Marktangebotskurve A kommt durch die *horizontale* Summierung der Angebotskurven (d.s. die Grenzkostenkurven) der einzelnen Unternehmungen zustande (siehe Kapitel 3)[15], die Marktnachfragekurve N durch die *horizontale* Summierung der Nachfragekurven der einzelnen Haushalte (Siehe Kapitel 4). Beim sich im Schnittpunkt E von Angebots- und Nachfragekurve einstellenden Gleichgewichtspreis P^* wird die *maximale* Menge, die freiwillig angeboten und nachgefragt wird, die *Gleichgewichtsmenge* Q^*, umgesetzt. Die Konsumentenrente ergibt sich nun als Fläche P^*AE, also der Fläche *unterhalb* der Nachfragekurve und *oberhalb* der sogenannten Preislinie beim Gleichgewichtspreis P^*.

Die Konsumentenrente ergibt sich aus der Tatsache, daß auf dem Markt ein Preis herrscht und für jede Einheit des gehandelten Gutes derselbe Preis zu bezahlen ist, während der Nutzen für geringere Mengen dieses Gutes deutlich höher liegt als der zu bezahlende Preis.

Erinnern Sie sich: Der einzelne Konsument 'rutscht' auf seiner Grenznutzenkurve solange *abwärts*, bis der Grenznutzen der letzten Einheit dieses Gutes dem Preis entspricht. *Alle* Einheiten vor der letzten haben also einen *höheren* Grenznutzen als die letzte Einheit, für *alle* Einheiten muß der Haushalt aber *denselben Preis* bezahlen!

Für die insgesamt zum herrschenden Gleichgewichtspreis P^* umgesetzte Menge Q^* muß insgesamt der Betrag $OP^* \times OQ^*$ bezahlt werden. Der Nutzen, der den Konsumenten durch die Konsumtion der Menge Q^* entsteht, ist hingegen durch die *gesamte Fläche unterhalb der Nachfragekurve N bis zur Gleichgewichtsmenge Q^**, also durch die Fläche $OAEQ^*$ repräsentiert. Der Gesamtnutzen dieser Menge Q^* überwiegt damit den für den Kauf dieser Menge aufzuwendenden Betrag, den sogenannten *Marktwert*. Der *Nettovorteil* für die Konsumenten, die *Konsumentenrente*, ist daher die *Differenz* dieser Flächen $OAEQ^* - OP^*EQ^*$. Sie kommt deshalb zustande, weil *alle* Konsumenten in der Lage sind, die *gesamte* Menge Q^* zum herrschenden Preis P^* zu kaufen, obwohl sie für geringere Mengen *bereit* gewesen wären, einen höheren Preis zu bezahlen. Grob gesagt, ergibt sich die *individuelle* Konsumentenrente als Unterschiedsbetrag

---

[15] Wir sehen hier von externen Ökonomien und Disökonomien ab.

zwischen dem, was man zu zahlen *bereit* wäre, und dem, was man tatsächlich bezahlen *muß*. Aufsummiert für alle Konsumenten ergibt sich dann die gesamte Konsumentenrente.

Ganz analog zu dieser Vorgehensweise ergibt sich die *Produzentenrente*. Graphisch gesehen ergibt sich die Produzentenrente als Fläche *oberhalb* der Angebotskurve A und *unterhalb* der Preislinie bei P^*, also als Fläche BP^*E.

Abb. 8.1: Produzenten- und Konsumentenrente

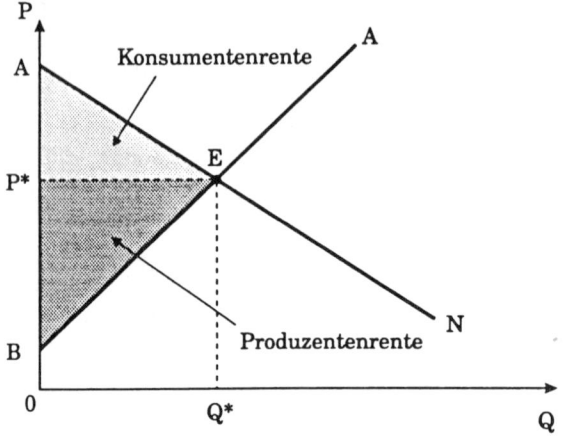

Die Produzentenrente ergibt sich ebenfalls aus der Tatsache, daß auf dem Markt ein Preis, der Gleichgewichtspreis P^* herrscht, zu dem die gesamte Menge Q^* abgesetzt werden kann, während die Kosten für geringere Mengen unter dem erhaltenen Marktpreis liegen.

Deshalb wären einige Produzenten auch *bereit*, geringere Mengen zu niedrigeren Preisen zu verkaufen. Durch den Verkauf der Menge Q^* zum Preis P^* ist den Produzenten ein *Erlös* in Höhe von $OP^* \times OQ^*$ (*Marktwert*) zugeflossen, während die Kosten der Produktion der Menge Q^* als Fläche *unterhalb* der Angebotskurve (die horizontale Summierung der individuellen *Grenzkostenkurven*), also als Fläche $OBEQ^*$ erkennbar sind. Der *Nettovorteil* für die Produzenten, die *Produzentenrente*, ist daher die *Differenz* dieser Flächen $OP^*EQ^* - OBEQ^*$. Sie kommt eben deshalb zustande, weil die gesamte Menge Q^* auf vollkommenen Märkten zum Gleichgewichtspreis von P^* abgesetzt werden kann, obwohl einige Produzenten *bereit*

8. Konsumenten- und Produzentenrente

wären, zu niedrigeren Preisen zu verkaufen.[16]

Versuchen wir, diesen bedeutsamen Umstand durch eine schrittweise Vorgangsweise nochmals klar herauszuarbeiten.

Abb. 8.2: 'Stufenweises Aufdecken' von Produzenten- und Konsumentenrente

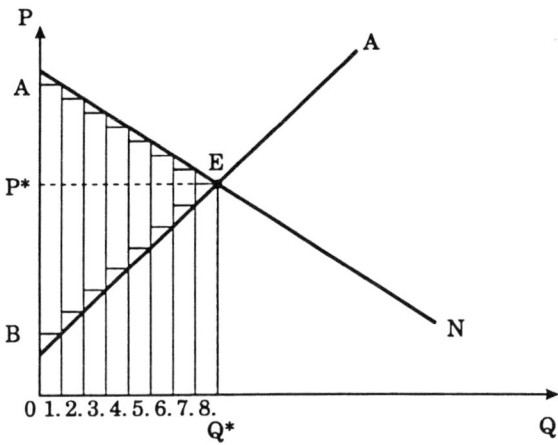

Für die erste verkaufte Einheit dieses Gutes wäre gemäß der Nachfragekurve – siehe Abbildung 8.2 –, die ja die summierte *Kaufbereitschaft* aller Nachfrager darstellt, die *Bereitschaft* vorhanden, diese erste Einheit zum Preis von OA zu kaufen. Tatsächlich *muß* aber dafür nur der Marktpreis OP^* ausgelegt werden. Der Nutzen OA der ersten Einheit dieses Gutes übersteigt damit den tatsächlich dafür zu bezahlenden Preis beträchtlich. Die Differenz ist die Konsumentenrente desjenigen Nachfragers, der für die erste Einheit dieses Gutes *bereit* gewesen wäre, einen Preis in Höhe von OA zu bezahlen, jedoch nur den am Markt herrschenden Preis P^* bezahlen *muß*.

Umgekehrt wäre der Produzent der *ersten* Einheit dieses Gutes bereit, dieses Gut zum Preis OB zu verkaufen. Tatsächlich konnte er am Markt einen wesentlich höheren Preis realisieren, nämlich OP^*. Die Differenz zwischen höherem Marktpreis und seinen Kosten für diese Menge ist seine Produzentenrente. Versuchen Sie nun selbst anhand der Abbildung 8.2, die analoge Argumentation für die 2. und 3. Einheit dieses Gutes zu führen.

---

[16] Eine Feinheit am Rande: Die Produzentenrente darf (für die kurze Frist) nicht als Gewinn der Unternehmungen interpretiert werden. Da die Angebotskurve ja nur die *Grenzkosten* der Unternehmungen reflektiert, bleibt das darüber hinaus erzielte zunächst einmal zur Deckung der Fixkosten.

Dehnen wir nun diese Überlegungen auf alle Nachfrager und Anbieter aus und führen wir dies sukzessive bis zur Gleichgewichtsmenge weiter – wobei sich, wenn wir sehr viele Anbieter und Nachfrager für dieses Gut unterstellen, die Kurven glätten und wieder die Gestalt wie in Abbildung 8.1. annehmen –, dann sehen wir, daß die gesamte Zahlungsbereitschaft aller Nachfrager (d.i. die Fläche unter der Nachfragekurve bis zur Gleichgewichtsmenge) die tatsächlich für die gesamte Menge Q^* am Markt zu bezahlende Summe, den *Marktwert*, bei weitem übersteigt. Die gesamte Konsumentenrente resultiert als *Summe aller individuellen Konsumentenrenten* als Fläche P^*AE. Auf der anderen Seite übersteigt der Marktwert, der dem Erlös der Produzenten entspricht, die Summe der Grenzkosten. Die Differenz ergibt die gesamte Produzentenrente.

8.4.3 Die Beurteilung des Marktergebnisses bei vollständiger Konkurrenz (Wettbewerbsmärkte) mit Hilfe des Konzepts der Konsumenten- und Produzentenrente

Bevor wir mit Hilfe des hier vorgestellten Konzepts der Konsumenten- und Produzentenrente das Marktergebnis bei vollständiger Konkurrenz (auf Wettbewerbsmärkten) genauer bewerten, wollen wir das Marktergebnis anhand unserer einfachen Plus-Minus-, also Kosten-Nutzen-Logik, näher untersuchen:

Betrachten Sie dazu Abbildung 8.3: Um die Menge $Q^* + 1$ absetzen zu können, muß entsprechend der durch die Angebotskurve reflektierten *Kostenstruktur* der Anbieter seitens der Nachfrager die *Bereitschaft* bestehen, die *Grenzkosten* dieser zusätzlichen Outputeinheit auch zu bezahlen. Gemäß der Nachfragekurve, die ja genau diese *Bereitschaft* der Nachfrager reflektiert, ist aber der *Grenznutzen* dieser zusätzlichen Einheit geringer als deren *Grenzkosten*. Weil die Nachfrager also *nicht bereit* sind, die Grenzkosten dieser Einheit zu übernehmen, unterbleibt die Produktion dieser Einheit (warum etwas produzieren, was niemand will?).

Umgekehrt wäre bei der Produktion von Q^*-1 Einheiten entsprechend der die Kaufbereitschaft der Nachfrager reflektierenden Nachfragekurve der *Grenznutzen* einer zusätzlichen Einheit größer als deren *Grenzkosten*. Entsprechend erfolgt die Produktion dieser Einheit, weil jemand *bereit* ist, die Kosten dafür zu übernehmen. Und wir sehen: Exakt im Marktgleichgewicht E, bei Gleichgewichtspreis P^* und

8. Konsumenten- und Produzentenrente

Gleichgewichtsmenge Q^*, gilt nun, daß die *Grenzkosten* der zuletzt produzierten Einheit dem *Grenznutzen* der zuletzt nachgefragten Einheit gerade noch entsprechen.

Abb. 8.3: Beurteilung des Marktergebnisses mit Hilfe von Produzenten- und Konsumentenrente

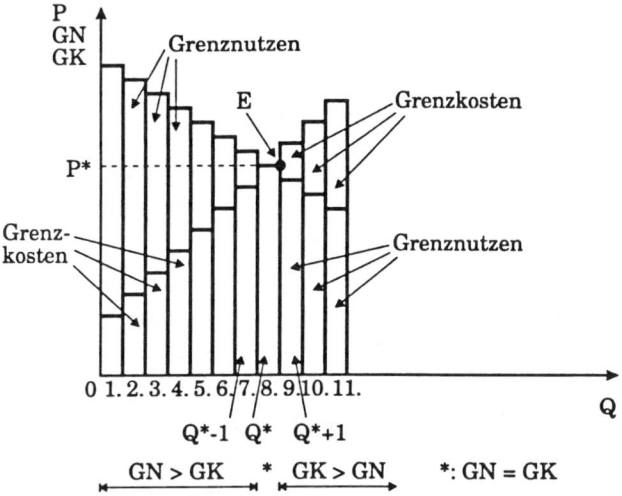

Erinnern Sie sich an die Gewinnmaximierungsbedingung der Wettbewerbsunternehmung (Kapitel 3). Dort haben wir bei der Outputregel gesehen, daß im Gewinnmaximum die Bedingung

$$GK = P$$

erfüllt sein muß. Und erinnern Sie sich an die Bedingung für das Nutzenmaximum des Haushalts, die bestimmt, daß der nutzenmaximale Konsum eines vom Haushalt gerne und regelmäßig konsumierten Gutes solange ausgedehnt wird, bis gilt:

$$GN = P$$

Hier, *im Marktgleichgewicht*, wo

$$GK = P^* = GN$$

gilt, sind beide Bedingungen erfüllt!

Das bedeutet aber wiederum nichts anderes, als daß die von den Konsumenten insgesamt *gewünschte* Menge, die durch die die Bewertung der Nachfrager reflektierende Nachfragekurve angezeigt wird, *effizient*, d.h. zu den *geringsten Kosten* produziert wurde, also *günstiger nicht* hätte produziert werden können.[17]

Bewerten wir das Ergebnis auf Wettbewerbsmärkten nun mithilfe des Konzepts der Produzenten- und Konsumentenrente, dann entdecken wir eine interessante Eigenschaft des Marktgleichgewichts bei vollständiger Konkurrenz:

In diesem Marktgleichgewicht ist die Summe aus Konsumenten- und Produzentenrente und – nimmt man dies als Wohlfahrtsmaß – die Wohlfahrt insgesamt in ihrem Maximum.

Prüfen wir auch diese Aussage nach, indem wir die Gleichgewichtssituation E mit Ungleichgewichtssituationen vergleichen (siehe Abbildung 8.4). Nehmen wir zunächst einen Preis, der unter dem Gleichgewichtspreis liegt, P_u. (Wir argumentieren jetzt also auf der Preisachse, nicht wie vorhin auf der Mengenachse!) In diesem Falle ist die nachgefragte Menge, die wir sofort auf der Nachfragekurve ablesen können, Q_u^N größer als die angebotene Menge Q_u^A, die entsprechend auf der Angebotskurve abzulesen ist. (Es herrscht, wie Sie ja bereits wissen, zu diesem Preis P_u also eine *Überschußnachfrage*.) Angebotene und nachgefragte Menge sind also bei diesem Preis nicht ident. Es herrscht kein Gleichgewicht, damit gehen nicht alle Pläne der Marktteilnehmer in Erfüllung, denn: *Nur die kürzere Marktseite*, in diesem Fall die Anbieter, können ihre gesamte zu diesem Preis angebotene Menge auch tatsächlich absetzen. Einige Nachfrager hingegen gehen leer aus. Die *tatsächlich umgesetzte* Menge ist in diesem

---

[17]Denn die Angebotskurve reflektiert ja die *effiziente* Kostenstruktur der Anbieter, da diese unter kompetitiven Bedingungen regelmäßig am letzten Stand der Technik produzieren. Ein Betrieb, der eine neue Technologie, die die Grenz- und damit die Durchschnittskosten senkt, nicht übernimmt, kann ceteris paribus nicht lange im Markt bleiben. Er wird zunächst zum *marginalen*, zum *Grenzanbieter*, d.h. zu demjenigen Anbieter, der zu den höchsten, gerade noch am Markt unterzubringenden Kosten produziert. Ein auch nur geringes Fallen der Marktpreise zwingt diesen Anbieter zum Marktaustritt.

Falle also Q_u^A!

Abb. 8.4: Umverteilungseffekt und Wohlstandsverlust bei einem unter dem Gleichgewichtspreis liegenden Preis P_u

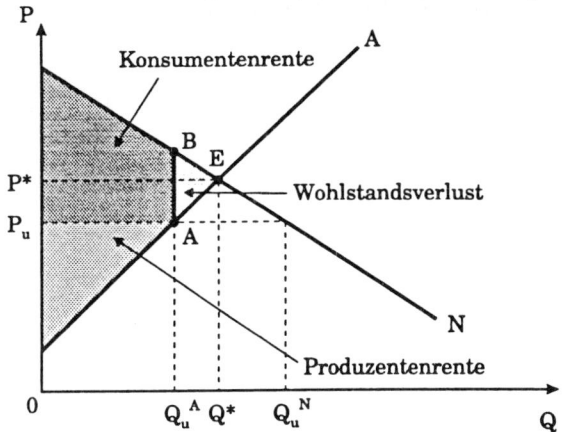

Aber bewerten wir dieses Marktergebnis:

1. Zunächst ist die tatsächlich umgesetzte Menge *geringer* als die Gleichgewichtsmenge,

2. Konsumentenrente und Produzentenrente haben sich verändert (Verteilungswirkung!).

3. Die *Summe* aus Produzenten- und Konsumentenrente ist aber jedenfalls *geringer* als im Marktgleichgewicht. Damit ergibt sich insgesamt ein *Wohlstandsverlust!* Dieser ist durch das Dreieck AEB bezeichnet.

Genau umgekehrt liegen die Dinge in dem Fall, in dem der Preis über dem Gleichgewichtspreis liegt. Ein solcher wäre P_o in Abbildung 8.5. In diesem Falle ist die angebotene Menge größer als die nachgefragte. Zum Preis von P_o wollen die Unternehmungen die Menge Q_o^A anbieten, die Haushalte aber nur die Menge Q_o^N nachfragen. Entsprechend ergibt sich ein Angebotsüberschuß von $Q_o^A - Q_o^N$. Die *tatsächlich* umgesetzte Menge ist aber nur die, die beim Preis von P_o auch nachgefragt wird, also Q_o^N. Auch in diesem Falle bestimmt also die *kürzere* Marktseite die umgesetzte Menge, die auch hier, wie in *jedem Ungleichgewicht jedenfalls geringer* ist als die Gleichgewichtsmenge Q^*. Damit ist aber auch die Summe aus Konsumenten- und Produzentenrente *nicht* maximal. Prüfen Sie das selbst in Abbildung

8.5 nach und beschreiben Sie den Unterschied zum Marktgleichgewicht analog zur obigen Analyse!

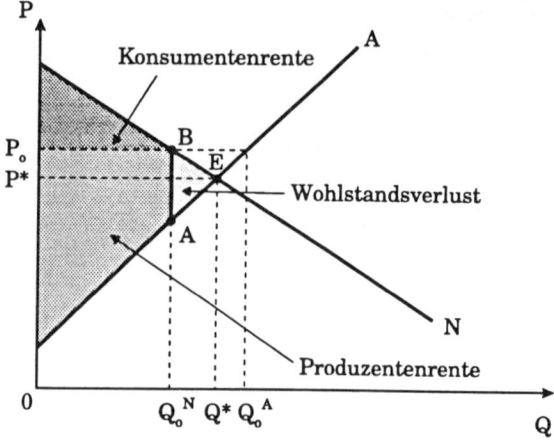

Abb. 8.5: Umverteilungseffekt und Wohlstandsverlust bei einem über dem Gleichgewichtspreis liegenden Preis P_o

Sowohl die simple Plus-Minus-Logik, die Gegenüberstellung von Grenznutzen und Grenzkosten (zu Opportunitätskosten!) einer Handlungsalternative (hier: noch eine Einheit eines Gutes produzieren oder nicht?) als auch das Produzenten-Konsumentenrenten-Konzept führen also zu dem Ergebnis, daß bei vollständiger Konkurrenz (auf Wettbewerbsmärkten) das sich einstellende Ergebnis dem *Pareto-Kriterium* genügt!

Und das heißt:

Unter bestimmten Umständen generieren freie Wettbewerbsmärkte von selbst, aus sich heraus, ohne staatlichen Eingriff in den Wirtschaftsablauf ein Ergebnis, bei dem kein Wirtschaftssubjekt mehr besser gestellt werden kann, ohne daß dadurch ein anderes schlechter gestellt würde.

Diese Aussage nennt man den *ersten Hauptsatz der Wohlfahrtsökonomik!* Er gehört zweifellos zu den zentralen Erkenntnissen der Mikroökonomik, ist aber freilich 'nichts anderes' als eine Bestätigung des *Smith'schen* Theorems der *unsichtbaren Hand*.

Die *drei* zentralen Bedingungen, die im einzelnen vorliegen müssen, um dieses 'Traumergebnis' zu erzielen, dürfen aber keinesfalls übersehen werden. Zwei zentrale Bedingungen, das *Nichtvorlie-*

gen von externen Effekten und öffentlichen Gütern, werden wir im 9. Kapitel eingehend diskutieren.

Die dritte Bedingung haben wir bereits immer wieder betont, nämlich daß *Wettbewerb*, streng genommen *vollständige Konkurrenz*, eine zentrale Bedingung für die Gültigkeit dieser Aussage ist.

Die wirtschaftliche Realität ist nun mit mehr oder weniger monopolistischen Elementen durchzogen, was – Sie wissen warum – schließlich auch so sein *muß*. Daß das auf einem Monopolmarkt sich einstellende Ergebnis aus *wohlfahrtstheoretischer Perspektive* vom 'Super-Ergebnis' des Konkurrenzmarktes deutlich abweicht, ist ebenfalls schon erläutert worden. Mit dem hier vorgestellten Konzept der Konsumenten- und Produzentenrente haben wir aber eine Bewertungsmethode zur Hand, die wir nun gleich ausprobieren wollen.

8.4.4 Extreme Gegensätze: Vergleich des Marktergebnisses beim 'echten' Monopol mit dem der vollständigen Konkurrenz

Wir wollen nun zwei Extremsituationen aus wohlfahrtstheoretischer Sicht miteinander vergleichen: Das langfristige Gleichgewicht bei vollständiger Konkurrenz mit dem langfristigen Gleichgewicht eines 'echten' Monopols.

Betrachten Sie dazu Abbildung 8.6: Um beide Marktformen gut miteinander vergleichen zu können, nehmen wir nicht nur gleiche Nachfragebedingungen an, sondern unterstellen zudem, daß sowohl am Wettbewerbsmarkt der *Branchenoutput* als auch der *Marktoutput* des Monopolisten langfristig zu identischen und konstanten Stückkosten hergestellt werden können.[18] Die Angebotskurve des Wettbewerbsmarktes entspricht also der Grenzkostenkurve des Monopolisten. Obwohl in beiden Marktformen dieselben Kostenstrukturen vorliegen, ist der Unterschied im Marktergebnis besonders kraß: In Abbildung 8.6c ist das langfristige Gleichgewicht des Monopolisten dargestellt: Wie wir wissen, hat der Monopolist die Macht, durch die Wahl seiner Outputmenge den Marktpreis zu bestimmen. Seinen gewinnmaximierenden Output findet er durch die Gleichsetzung von Grenzerlösen GE_m mit den Grenzkosten GK_m: Diese Identität bestimmt sein Marktangebot Q_m^*, das – entsprechend der Marktnach-

---

[18] Es handelt sich also um eine *constant-cost-industry!*

fragekurve (seiner *Preis-Absatz-Kurve*) – zum Preis von P_m^* abgesetzt werden kann. Dies sichert dem Monopolisten den maximalen Gewinn. Und dieser ist nicht gering! Er entspricht dem dunklen Rechteck $ABCD$.

Abb. 8.6: Vergleich der Marktergebnisse bei vollständiger Konkurrenz und 'echtem' Monopol

a) Eine Unternehmung im langfristigem Gleichgewicht bei vollständiger Konkurrenz

b) langfristiges Marktgleichgewicht bei vollständiger Konkurrenz (einer constant - cost - Branche)

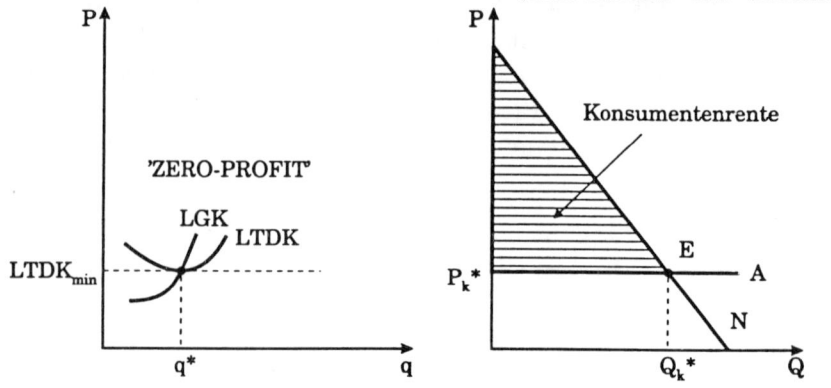

c) langfristiges Marktgleichgewicht beim 'echten' Monopol (bei konstanten Grenzkosten)

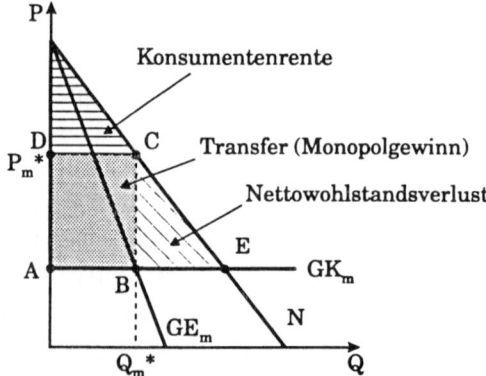

Vergleichen wir dieses Ergebnis nun mit dem langfristigen Gleichgewicht bei vollständiger Konkurrenz bei identer Kostenstruktur (constant-cost-industry): Das Marktangebot setzt sich zusammen aus einer Myriade kleiner Unternehmungen, die sich mit ihren Mengen an die herrschende Preislage anpassen. In Abbildung 8.6a ist das langfristige Gleichgewicht *einer* solchen Wettbewerbsunternehmung dargestellt (beachten Sie bitte den Maßstab!). Die Unternehmung produziert im Minimum der langfristigen Durchschnittskostenkurve. Dort gilt: $LGK = LTDK = P^*$. Der damit verbundene Erlös deckt exakt die Opportunitätskosten der Produktion, die Unternehmung macht *keinen* Profit (*Zero-profit*-Theorem durch freien Marktzu- und Marktaustritt)! Da wir hier eine constant-cost-industry unterstellen, ist die *langfristige Angebotskurve der Branche eine Horizontale* auf der Höhe des Minimums der totalen Durchschnittskosten.[19] Das Marktgleichgewicht E ergibt sich auf Wettbewerbsmärkten beim Schnittpunkt der Marktangebots- mit der Marktnachfragekurve. Dort gilt, wie wir gerade gesehen haben: $GK = P^* = GN$.

Der Unterschied im Ergebnis zum 'echten' Monopol ist nun frappant! Im hier gezeigten und (freilich deutlich überzeichneten) Fall ist der Marktoutput des Monopolisten trotz der hier unterstellten *gleichen* Kostenstruktur *nur die Hälfte* (!) des Angebots, das im Marktgleichgewicht der vollständigen Konkurrenz zustande kommt (Q_k^*). Damit nicht genug: Der Monopolist erlöst für sein Angebot einen wesentlich höheren (deutlich über seinen Grenzkosten liegenden) Preis.

Wiederholen wir hier das Spielchen $Q_m^* + 1$ (eine Einheit mehr, eine Einheit weniger, s.o.), dann sehen wir, daß das Monopolergebnis fernab jeglicher Effizienz liegt. Denn: Der Grenznutzen einer zusätzlichen Einheit $Q_m^* + 1$ überwiegt die Grenzkosten dieser zusätzlichen Einheit deutlich. Daher wäre es vernünftig, diese Einheit auch zu produzieren, was eben nicht geschieht, weil ...

Beurteilen wir das Ergebnis nun mithilfe des Konzepts der Konsumenten- und Produzentenrente, so zeigt sich ein noch darüber hinausgehender Verlust: Handelt es sich beim Rechteck $ABCD$ 'lediglich' einen Transfer von den Konsumenten zum Monopolisten, also um eine Verteilungswirkung – was im Falle der vollständigen Konkurrenz Konsumentenrente war, ist hier zur Produzentenrente des Monopolisten geworden –, so ist aufgrund des durch den höheren Preis (im Vergleich zur Wettbewerbslösung) *geringeren Transaktionsvolumens* ein *Nettoverlust* an Konsumenten- *und* Produzentenrente in Form des Dreiecks CBE zu beklagen.

---

[19] Die kurzfristige Angebotskurve hat hingegen sehr wohl positiven Anstieg. Die kurze Periode ist eben in der Tat zu 'kurz', daß neue Unternehmungen in diese Branche einsteigen könnten.

8.4.5 Realitätsnäher und damit relevanter: 'Vergleich' des Marktergebnisses bei monopolistischer Konkurrenz mit dem der vollständigen Konkurrenz

Der vorhin gebrachte Vergleich zwischen der langfristigen Gleichgewichtslösung eines 'echten' Monopolisten und der der vollständigen Konkurrenz ist, darauf wurde wiederholt verwiesen, eine realitätsferne 'Extremdarstellung'.[20] Trotzdem soll damit nicht die tatsächlich existierende Gefahr verniedlicht werden, daß es im Zuge des Wettbewerbsprozesses auf den Märkten tatsächlich zu Monopolbildungen oder marktbeherrschenden Stellungen einzelner Unternehmungen kommen kann.

Wesentlich realitätsbezogener ist hingegen das ebenfalls bereits vorgestellte Modell der *monopolistischen Konkurrenz*. Wir wollen nun auch das langfristige Gleichgewicht der monopolistischen Konkurrenz mit dem der vollständigen Konkurrenz vergleichen. Schauen Sie dazu bitte auf Abbildung 8.7, in der die beiden Gleichgewichtssituationen dargestellt sind. Abbildung 8.7a zeigt die bekannte Situation einer Unternehmung im langfristigen Gleichgewicht der vollständigen Konkurrenz: Keine Gewinne, aber auch keine Verluste! Abbildung 8.7b hingegen zeigt die ebenfalls bekannte Situation des langfristigen Gleichgewichts einer Unternehmung bei monopolistischer Konkurrenz. Im Unterschied zum *echten* Monopolisten, der einen Markteintritt potentieller Mitkonkurrenten wirksam verhindern kann, ist dies bei der Marktform der monopolistischen Konkurrenz nicht der Fall. Machen die dort anbietenden Unternehmungen einen Gewinn, einen *ökonomischen Gewinn*, dann werden andere, neue Unternehmungen in diese Branche einsteigen. Das hat aber eine *Linksverschiebung* der einzelnen Nachfragekurven und damit auch der Grenzerlöskurven der bereits bestehenden monopolistischen Konkurrenten zur Folge. Im langfristigen Gleichgewicht tangiert die Nachfragekurve eines monopolistischen Konkurrenten gerade noch seine Durchschnittskostenkurve. Die Durchschnittserlöse entsprechen damit gerade den Durchschnittskosten, aus einem Gewinn wird also langfristig auch hier nichts! Zum Unterschied vom

---

[20] Die Gründe für diese Behauptung wurden im Kapitel 6 eingehend erörtert. Wenn Sie sich also nicht mehr erinnern, sollten Sie dort noch einmal nachlesen! Insbesondere den Abschnitt 6.3: 'Wie kommt der Monopolist eigentlich zu seinem Monopol?

8. Konsumenten- und Produzentenrente 353

Ergebnis bei vollständiger Konkurrenz sehen wir aber bei monopolistischer Konkurrenz, daß die einzelnen Anbieter *nicht im Minimum ihrer Durchschnittskosten* produzieren. Hier herrscht ja *excess capacity*!

Abb. 8.7: Wohlstandsverlust (?) bei monopolistischer Konkurrenz

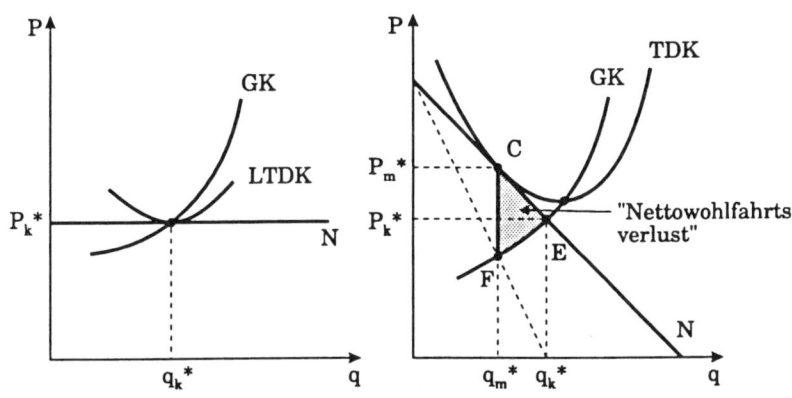

a) langfristiges Gleichgewicht einer Unternehmung der vollständigen Konkurrenz

b) langfristiges Gleichgewicht einer Unternehmung der monopolistischen Konkurrenz

Um einen Vergleich mit der Referenzsituation der vollständigen Konkurrenz vornehmen zu können, müssen wir allerdings unterstellen, daß das produzierte Gut auf beiden Märkten im wesentlichen das Gleiche ist. Das ist etwas problematisch, denn die vollständige Konkurrenz war ja gerade durch die Homogenität, die monopolistische Konkurrenz durch die Differenziertheit des dort gehandelten Produkts gekennzeichnet. Nehmen wir als Beispiel den Markt für Zahnpasta, so könnten wir annehmen, daß das Grundprodukt an sich homogen ist, die Details aber von Anbieter zu Anbieter unterschiedlich ausfallen. Gehen wir also von der weitgehenden Ähnlichkeit des betrachteten Produktes aus, dann können wir das Marktergebnis der monopolistischen Konkurrenz mit dem der vollständigen Konkurrenz mit Hilfe des Konzepts der Produzenten- und Konsumentenrente vergleichen.

Auch hier kommt es zu einer Reduktion des Transaktionsvolumens durch den höheren Preis. Es ergibt sich ein Nettowohlfahrtsverlust an Konsumenten- und Produzentenrente in Höhe des Dreiecks

FCE.[21] Wir haben damit das *Minus*, die Kosten der Produktvielfalt gefunden! Es gibt aber auch ein *Plus* bei monopolistischer Konkurrenz. Dieses Plus besteht eben im Nutzen, der aus der Produktvielfalt resultiert.[22]

8.5 Noch einmal: Die Bedeutung der Transaktionskosten

Als *eines*, wenn nicht *das zentrale* ökonomische Phänomen haben wir den Tausch identifiziert. Ohne, daß uns dies in besonderer Weise bewußt würde, tauschen wir alle viele Male pro Tag, schließen unzählige Transaktionen mit vielen uns zum Teil völlig unbekannten Tauschpartnern ab. Warum tun wir das eigentlich? Wir haben immer wieder betont, daß ein Tausch eine *freiwillige* Transaktion darstellt. Können wir also den Abschluß eines Tauschgeschäftes beobachten, dann liegt es nahe, daß sich *beide* Tauschpartner dadurch verbessern, *ihre Wohlfahrt erhöhen* konnten. (Wir haben das im Detail im 5. Kapitel analysiert!) Dies läßt aber den Schluß zu, daß mit zunehmender Anzahl der Transaktionen die Wohlfahrt der Individuen steigt.

Das 'reibungslose' Funktionieren des marktwirtschaftlichen Systems stellt nun – wir haben wiederholt darauf hingewiesen – keine Selbstverständlichkeit dar, sondern bedarf bestimmter Voraussetzungen bzw. Bedingungen, insbesondere der 'Verteilung' und der 'Sicherung' von handelbaren Eigentumsrechten (möglichst an allen knappen Gütern) sowie der Sicherstellung eines funktionsfähigen Wettbewerbs.

In einem solchen marktwirtschaftlichen Umfeld schlagen uns Unternehmer ständig neue und bessere Handlungsalternativen, *Tausch-*

---

[21] Allerdings gibt es hier keinen Transfer von den Konsumenten zu den Produzenten, wie das beim Monopol der Fall ist. Die Durchschnittserlöse des monopolistischen Konkurrenten decken im langfristigen Gleichgewicht ja gerade seine Durchschnittskosten. Auch sehen Sie in Abbildung 8.7 eine unterschiedliche Kostenstruktur der beiden Anbieter. Man könnte argumentieren, daß die Durchschnittskostenkurve des vollständigen Konkurrenten deshalb tiefer liegt als die des monopolistischen Konkurrenten, weil er sich die Kosten der Differenzierung seines Produktes erspart!

[22] Besitzen die Haushalte eine Präferenz für differenzierte Produkte, dann ist die Nachfrage (nicht die nachgefragte Menge) auf dem Markt der monopolistischen Konkurrenz größer, was einen Zuwachs an Konsumentenrente im Vergleich zur vollständigen Konkurrenz bedeuten könnte.

8. Konsumenten- und Produzentenrente

geschäfte, vor, was von zentraler Bedeutung für unsere persönliche Wohlfahrt ist. (Denken Sie wieder an das einfache Beispiel von Claudio Gelatino!)

Wohlfahrt im ökonomischen Sinne ist also kein technisches Problem, sondern im entscheidenden Maße vom Umfang des dem einzelnen Individuum zugänglichen Handlungsspektrums abhängig. Je mehr Alternativen zur Auswahl stehen, desto besser.

Und in diesem Zusammenhang spielen nun die *Transaktionskosten* eine ganz entscheidende Rolle. Sie sind uns auf unserem 'Spaziergang durch die Marktwirtschaft' immer wieder begegnet.

Unter Transaktionskosten versteht man all jene Kosten, die mit einer Transaktion in Zusammenhang stehen, die also durch die Suche nach einem passenden/dem passendsten Tauschpartner, durch den Abschluß und die Abwicklung eines Tauschgeschäftes bedingt sind.

Auch hier trägt der marktwirtschaftliche Prozeß wesentlich zur Senkung der Transaktionskosten und damit zur Nutzenerhöhung aller bei. Zunächst einmal arbeitet der Konkurrenzmechanismus in Richtung auf eine möglichst hohe *Transparenz* der in der Realität stets mehr oder minder *segmentierten Märkte*. D.h. er 'produziert' Informationen, die für ein effizientes Handeln eine grundlegende Voraussetzung darstellen. Als künftiger Nachfrager nach einer hübschen Sitzgarnitur für Ihr neues Wohnzimmer stünden Sie den vielen verschiedenen Sitzmöbel*produzenten* ziemlich verloren gegenüber. Den Marktüberblick verschafft Ihnen der Möbel*händler*. Er – freilich diszipliniert durch seine Mitkonkurrenten – tritt als 'Mittler' auf. Er verfügt über die Marktübersicht, er kennt die verschiedenen Möbelproduzenten im In- und im Ausland, ihre Preise, ihre Produkte, die Qualität etc. In dieser Kenntnis, die ihm freilich auch die Sitzmöbelproduzenten liefern, stellt er sein Sortiment zusammen, wobei er bemüht sein muß, dies möglichst 'gut' zu tun, möglichst besser als sein Konkurrent, den Sie als kritischer Konsument vielleicht auch aufsuchen werden.

Vermittler, Groß-, Zwischen- und Kleinhändler tun im wesentlichen dasselbe wie der von Ihnen kontaktierte Möbelhändler. Sie verschaffen Ihnen einen Marktüberblick, den Sie sich teurer erkaufen müßten! Denken Sie nur an den mit dieser Informationssuche verbundenen Zeitaufwand! Diese Zeit ist dann *anderweitig*, etwa für die Produktion jener Güter, bei denen Sie komparative Vorteile genießen, oder für die Konsumtion Ihrer Lieblingsgüter nicht mehr verfügbar. Der 'Handel' beschafft Ihnen freilich auch die Güter dort, wo Sie diese 'bequem' haben können. Damit reduzieren Händler die/Ihre Transaktionskosten.[23] Einen Teil dessen, was Sie sich dadurch erspart haben, verlangt der Händler freilich als sein 'Honorar', das Entgelt seiner Leistung (er selbst muß ja teurer verkaufen als er einkauft, andernfalls kann er nicht im Markt bleiben!). Der Handel arbeitet zudem auch gegen die Segmentierung der Märkte und ebnet damit bestehende Preisunterschiede tendenziell ein: Es wird dort gekauft, wo eine Ware billig ist, und dort verkauft, wo eine Ware teuer ist (also in der Einschätzung der Konsumenten hoch steht). Dementsprechend muß der Preis auf dem einen Markt steigen, auf dem anderen fallen!

Um auf die 'reinen' Transaktionskosten zu kommen, müssen wir fragen, was alles nötig ist, *damit* es überhaupt zu Tauschgeschäften kommen kann: Sehen wir zunächst von der *rechtlich-institutionellen Infrastruktur* ab, deren grundsätzliche Bedeutung für das Funktionieren des marktwirtschaftlichen Prozesses bereits wiederholt betont wurde, so steht an erster Stelle, wie schon erwähnt, ein geeigneter bzw. möglichst der geeignetste Tauschpartner. Alle Aufwendungen, die nötig sind, um ihn in der ungeheuren Menge der Tauschpartner ausfindig zu machen, zählen zu den Transaktionskosten. Im einzelnen also:

1. die Kosten der Bekanntgabe der eigenen Angebote (z.B. Werbung & Marketing) bzw. die Kosten des In-Erfahrung-Bringens fremder Angebote (z.B. Kauf von entsprechenden Zeitschriften und Studium des 'dortigen Wohnungsmarktes' bzw. Kosten einer Annonce). Wir könnten all diese Kosten auch als *Suchkosten* bezeichnen;

---

[23] Mit der *'reinen' Abwicklung einer Transaktion*, beispielsweise dem Einkauf von Lebensmitteln, sind ganz bestimmte Kosten, eben die *Transaktionskosten* verbunden, nämlich die Zeit und Mühe des Einkaufen-Gehens. *Deshalb* kaufen Sie nicht jedes einzelne Stück separat ein, sondern gehen in bestimmten Abständen zum Lebensmittelhändler. Dann allerdings kaufen Sie gleich mehreres! Doch ist hier Vorsicht geboten: Die Kosten des Transports, des physischen Bewegens der Waren durch die Händler von einem Ort zum anderen sind *keine* Transaktionskosten! Hier handelt es sich um ganz normale Produktionskosten. Die Produktion besteht hier in der Überwindung räumlicher Distanzen.

8. Konsumenten- und Produzentenrente

2. die Kosten der Prüfung der einzelnen Alternativen (hohe Zeitkosten);

3. die Kosten des Vertragsabschlusses selbst (z.B. Notariats- und Rechtsanwaltsgebühren oder 'bloß' Vertragsgebühren);

4. die Kosten der *Sicherstellung* der Ausführung (z.B. Zeitkosten für regelmäßige Überwachung der Erfüllung durch den Partner etc.) bzw. die Kosten der Schlichtung von Meinungsverschiedenheiten bzw. bei nicht vereinbarungsgemäßer Vertragserfüllung.

Diese Aufzählung zeigt, daß mit einem Tausch(geschäft) regelmäßig Transaktionskosten verbunden sind, und es ist leicht einzusehen, daß gilt: Je höher die Transaktionskosten, desto geringer das Tausch- bzw. Transaktionsvolumen, desto geringer aber mithin die Wohlfahrt!

In diesem Zusammenhang wird die grundlegende Bedeutung einer ganz bestimmten 'Tauschethik' sowie der *rechtlich-institutionellen Infrastruktur* der Marktwirtschaft offenbar. 'Tauschethik' bedeutet, daß sich die überwiegende Mehrheit der Wirtschaftsakteure an die Regeln des *'Fair Play'* hält und nicht auf Übervorteilung ihres Tauschpartners und auf Betrug aus ist. Die die *Eigentumsrechte festlegende rechtlich-institutionelle Infrastruktur* gewährleistet dagegen *Rechtsklarheit* und *Rechtssicherheit*. Sowohl durch das Einhalten der 'Tauschethik' als auch durch das Rechtssystem werden die Transaktionskosten also entscheidend reduziert. Existierte die dadurch gesicherte Rechtssicherheit nicht bzw. geht sie verloren, dann wird das Transaktionsvolumen drastisch sinken. Werden diese grundlegenden Tauschregeln nicht mehr beachtet, müssen mehr und mehr knappe Ressourcen zum Schutz der eigenen Situation, für die 'Klärung der Rechtslage' wie auch für 'Raubzüge' gegen andere abgestellt werden. Diese Ressourcen sind somit für Produktions- und Konsumtionsaktivitäten verloren. Das Tauschen generell würde sehr erschwert. Denn der Mann, der die tägliche Zeitung bringt, muß jetzt täglich bezahlt werden, denn wird er im vorhinein bezahlt, kommt er vielleicht nicht mehr, wenn er bis zum Monatsende mit der Bezahlung wartet, bekommt er sein Geld vielleicht nicht mehr, weil der Empfänger die Leistung bestreitet ...

Gerade anhand dieses simplen Beispiels sieht man wie bedeutsam 'Fair Play', Rechtssicherheit und Rechtsklarheit für das möglichst reibungslose Funktionieren unserer 'Tauschwelt' sind.

Auf der anderen Seite gibt es aber auch *Transaktionssteuern*, wie die in den meisten Industriestaaten üblichen *Umsatz-* oder Mehrwertsteuern. Sie verteuern eine Transaktion und mindern daher das Transaktionsvolumen und damit auch die Wohlfahrt! Dies läßt sich anschaulich in einem Marktdiagramm mithilfe des Konzepts der Produzenten- und Konsumentenrente darstellen.

Abb. 8.8: Die Einführung einer Transaktionssteuer reduziert das Handelsvolumen und führt zu einem Nettowohlfahrtsverlust

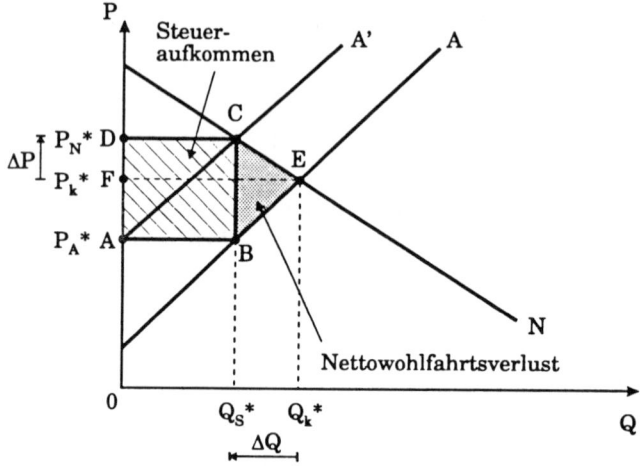

Abbildung 8.8 vergleicht nun die Marktgleichgewichtslösung ohne Staatseingriff mit der Situation, die sich nach der Einführung einer 10 %igen Umsatzsteuer ergibt. Durch die Einführung dieser Steuer ergibt sich ein sogenannter *spread*. Der Preis, den der Käufer für die Ware bezahlen muß, stimmt nun nicht mehr mit dem überein, was der Verkäufer dieser Ware dafür bekommt. Graphisch gesehen kommt die Einführung einer Umsatzsteuer einer Verschiebung der Angebotskurve nach oben gleich (die Steuer, die der Anbieter an den Staat für jede verkaufte Einheit abliefern muß, kann als Kosten interpretiert werden).[24] Je nach Verlauf der Angebots- und Nachfragekurve *reduziert* sich dadurch das Transaktionsvolumen (von Q_k^* auf

---

[24] Man kann aber auch die Nachfragekurve um den Steuerbetrag nach unten verschieben. Das Ergebnis ist dasselbe.

8. Konsumenten- und Produzentenrente 359

Q_s^*), Produzenten- und Konsumentenrente sinken. Beachten Sie bitte auch, daß die Einführung der Umsatzsteuer in unserer Darstellung den Preis des Gutes *nicht im selben Ausmaß erhöht.* Wie die Steuerlast auf die Konsumenten und Produzenten aufgeteilt wird, läßt sich nur bei Kenntnis der jeweiligen Angebots- und Nachfrageelastizitäten sagen.

Vor allem ist aber zu beachten, daß dem durch die Einführung einer Umsatzsteuer bewirkten Steueraufkommen (schraffierte Fläche *ABCD*) ein *Nettowohlfahrtsverlust* in Höhe des Dreiecks *BCE* gegenübersteht. Damit ist aus der Sicht der Wohlfahrtsökonomik eine Transaktionssteuer äußerst fragwürdig! Allerdings könnten wir die Transaktionssteuer des Staates als 'Gebühr' für die Benützung der von ihm bereitgestellten *öffentlichen Güter* Rechtsklarheit und Rechtssicherheit interpretieren. Dann schaut die Sache wieder ganz anders aus! Sie sehen: Auch hier gibt es ein Plus und ein Minus!

Abschließend wollen wir noch kurz auf eines der wichtigsten Instrumente zur Senkung der Transaktionskosten näher eingehen: Auf das *Tauschmedium Geld*. Unter Geld versteht man ein gesetzliches und allgemein akzeptiertes, d.h. von jedem zur Tilgung einer Schuld anzunehmendes und regelmäßig auch gerne angenommenes Zahlungsmittel. Es reduziert die Transaktionskosten vor allem deshalb ungemein, weil es die Suche nach einem geeigneten Tauschpartner, der exakt den zu Ihrem gegengleichen Tauschwunsch hat, überflüssig macht. In einer Tauschwirtschaft ohne Geld, einer sogenannten *barter-economy*, müssen, damit es zu einer Transaktion kommt, die Tauschpartner in ihrem Tauschwunsch *gegenseitig* übereinstimmen. Wollen sizilianische Bauern ihre Zitronen und Orangen gegen Holz aus den gemäßigten Breiten eintauschen, so müssen sie einen Tauschpartner finden, der seinerseits Holz aus gemäßigten Breiten gegen sizilianische Zitronen und Orangen, und nicht gegen sizilianische Tomaten tauschen will. Es versteht sich von selbst, daß die Suche nach einem Tauschpartner mit exakt dem gegengleichen Tauschwunsch – man spricht dann vom Vorliegen einer *doppelten Koinzidenz* – einer Suche nach der Nadel im Heuhaufen gleichkommt. Da in diesem Fall die Transaktionskosten extrem hoch sind, wird erst gar kein Tausch zustandekommen! Die einzelnen Wirtschaftssubjekte können sich damit nicht auf einen marktmäßigen Austausch in größerem Umfang einstellen. Damit kann aber die Spezialisierung in der Produktion nicht so weit fortschreiten, daß auch nur eine bescheidene Diversifizierung in der Konsumtion erfolgen könnte! Die Auswirkungen auf das Nutzenniveau des Haushaltes sind Ihnen ja bekannt ... (Kap. 5.)

Hinzu kommt, daß in einer reinen Tauschwirtschaft ohne Geld auch die Funktion des Geldes als einfaches und probates *Rechenmittel* nicht zum Tragen kommen würde. Schon bei relativ geringer Anzahl von Gütern in dieser Wirtschaft, würde die Anzahl der Tauschraten der einzelnen Güter zueinander schlichtweg 'explodieren'! So gibt es bei n Gütern nicht weniger als $\frac{n(n-1)}{2}$ *relative* Preise! Die hier nötige Informationsbeschaffung wäre eine enorme, aber völlig unnötige Mühsal. Einigte man sich nun, daß ein bestimmtes Gut die Zahlungsmittelfunktion übernimmt, also zu Geld im weitesten Sinne wird, dann reduziert sich die Zahl der Preise in dieser Wirtschaft auf ganze $(n-1)$ *Geldpreise* der einzelnen Güter!

Schließlich ist man sogar in Geldwirtschaften beim Versuch, immer kostengünstigeres, d.h. Transaktionskosten sparendes Geld zu finden, sehr erfolgreich gewesen. Hier geht es um die *transaktionskostengeringste Form des Geldes.* War früher Gold ein weithin akzeptiertes Zahlungsmittel, dessen 'Handling' aber mit großen Kosten und Risiken verbunden war, so sind es heute kaum mehr die leicht transportierbaren Banknoten. Mit dem *Buchgeld*, über das man mit Scheck oder Anweisung sehr einfach verfügen und mit dem man mit einer Unterschrift seine Verbindlichkeiten in Taiwan tilgen kann, hat man wohl das bis dato effizienteste Tauschmittel entdeckt.[25]

8.6 Zum Schluß: Das Wertparadoxon

Mithilfe des Konzepts der Konsumentenrente können wir nun ein klassisches Paradoxon, klassisch deshalb, weil es insbesondere den klassischen Ökonomen Kopfzerbrechen bereitete, lösen. Es geht um die Frage, warum ein Gut wie Wasser mit einem derart hohen Gebrauchswert so billig, ein Gut wie Diamanten mit einem kaum ersichtlichen Gebrauchswert hingegen derart teuer ist. Damit liegt

---

[25] Geld dient darüber hinaus noch als *Wertaufbewahrungsmittel*. Dies ist ebenfalls eine sehr praktische Eigenschaft des Geldes, kann aber unter Umständen zu gewissen Problemen führen. In einer Geldwirtschaft haben Sie nämlich die Möglichkeit, den Verkauf Ihrer Waren und den Kauf anderer Waren *zeitlich* zu trennen. Geschieht dies in einem größeren Umfang, dann kann es dadurch zu Nachfrageausfällen und *makroökonomischen* Problemen, wie beispielsweise Arbeitslosigkeit kommen!

hier offensichtlich ein Widerspruch zwischen *Tauschwert* (= Preis) und *Gebrauchswert* (= Nutzen) vor. Daraus wurde auf ein Versagen des Marktes zur Bestimmung des 'wirklichen Wertes' eines Gutes geschlossen.

Um die Frage der Höhe des *Preises* eines Gutes, seines *Tauschwertes,* zu lösen, müssen wir – was Sie bereits wissen – *beide* Einflußkomponenten, *Angebot und Nachfrage* berücksichtigen. Und unter Berücksichtigung auch der Angebotsbedingungen zeigt sich, daß, wäre Wasser ebenso *rar* wie Diamanten, der Preis, der Tauschwert einer Einheit Wasser wohl um ein Vielfaches über jenem für Diamanten liegen würde.

In einer Graphik (siehe Abbildung 8.9) kann das besonders anschaulich dargestellt werden. Es versteht sich dabei wohl von selbst, daß die Nachfragekurve von Wasser – trotz der anderen Maßeinheiten (in Millionen Liter)! – um ein Vielfaches weiter rechts liegt als die Nachfragekurve von Diamanten (als Maßeinheit wurden hier Karat gewählt). Das ist aber eben nur die *eine* Seite, die Nachfrageseite. Zur Bestimmung des Preises brauchen wir aber noch die *Angebotsseite*. Und da zeigt sich sofort, warum Wasser so günstig und Diamanten so teuer sind. Denn Wasser ist derart *reichlich* vorhanden – das Angebot von Wasser sei vollkommen unelastisch und mit Q_W^a bezeichnet –, Diamanten aber derart knapp – das entsprechende Angebot ebenfalls völlig unelastisch und mit Q_D^a bezeichnet –, daß die Schnittpunkte der entsprechenden Angebots- und Nachfragekurven bei Wasser einen extrem niedrigen, bei Diamanten hingegen einen extrem hohen Preis ergeben.

Abbildung 8.9 zeigt aber auch, daß es sich deshalb bei den entsprechenden Konsumentenrenten genau *gegenteilig* verhält. Die Konsumentenrente aus 'Wasserkäufen', die Differenz zwischen dem, was man pro Einheit zu zahlen *bereit* wäre und was man pro Einheit bezahlen *muß,* ist um ein Vielfaches höher als die Konsumentenrente beim Kauf von Diamanten, die fast vernachlässigbar ist. Der *Marktwert* (d.i. Preis mal umgesetzte Menge) von Wasser ist gering, die über der Preislinie und unterhalb der Nachfragekurve ablesbare *Konsumentenrente* enorm. Der *Gebrauchswert, der Nutzen* von Wasser liegt bzw. besteht fast ausschließlich *in* der Konsumentenrente, während er bei den Diamanten fast ausschließlich im *Marktwert* selbst liegt. Damit realisieren die Käufer von Diamanten, wenn überhaupt, so nur eine ganz geringe Konsumentenrente. Hier ist es also genau umgekehrt wie bei Wasser: Der Marktwert der Diamanten deckt einen Großteil ihres Gebrauchswertes ab.

Abb. 8.9: Das Wertparadoxon

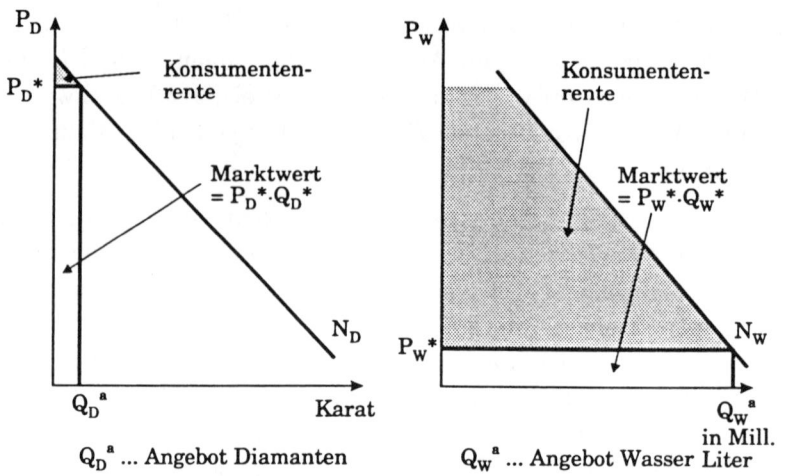

Gerade die penible Unterscheidung von *totalen* und *marginalen Größen*, die Unterscheidung von *Gesamt-* und *Grenznutzen*, ermöglicht uns also die Lösung dieses 'Wertparadoxons':

Wasser ist relativ 'sehr' reichhaltig vorhanden. Der Preis für eine Einheit bemißt sich nach dem Nutzen der *letzten* Einheit: Weil Wasser sehr reichhaltig vorhanden ist, ist der *Grenznutzen der letzten Einheit gering*, damit auch der Preis von Wasser (und auch der Marktwert des Wassers insgesamt), der *Gesamtnutzen* des Wassers aber sehr hoch.

Demgegenüber sind Diamanten relativ 'sehr' knapp. Weil Diamanten extrem rar sind und sich auch hier der Preis für eine Einheit nach dem Nutzen der *letzten* Einheit bemißt, ist ihr Preis entsprechend hoch! Damit ist der Marktwert der Diamanten groß, unabhängig davon, ob die Haushalte der *Gesamtkonsumtion* dieses Gutes einen hohen oder geringen Gesamtnutzen beimessen.

9. Die 'Wunden' des Kapitalismus. Oder: Marktversagen?

9.1 Geschichten vom Strand VI: Happy End mit kleinen Schönheitsfehlern

Kehren wir nun nach der im vorigen Kapitel gegebenen Zusammenfassung und Übersicht wieder zu unserem Stauseebadestrand zurück. Die für alle Betroffenen unerfreuliche Gewitterfront hat sich längst verzogen und die Sommersonne lacht wieder vom Himmel, aus dem Geäst und den naheliegenden Feldern zirpen die Grillen ihre Sommermelodie, in die auch die Vögel mit ihrem Gesang lebensfroh miteinstimmen. Es ist ein fröhliches und ruhiges Bild zugleich: Die Erholung und Entspannung suchenden, in der Sonne oder im Schatten liegenden - - seelenruhig nutzenmaximierenden(!) - Stauseebadestrandhaushalte, die spielenden Kinder, Thomas und Katharina ... und auch Claudio ist wieder da! Er hat sich von seinem Schock inzwischen wieder erholt. Zwar hat er den Schaden selbst tragen müssen, doch hat er auch etwas daraus gelernt. Er ist nun etwas aufmerksamer, sucht bewußter nach für ihn *relevanter Information* und hat mit nicht geringer Verwunderung entdeckt, daß diese mitunter nahezu kostenlos zu bekommen ist. Der Wetterbericht beispielsweise – ein *öffentliches* Gut – ist leicht und billig zu erhalten. Mittlerweile hat er sich auf seine Kundschaft und seine Kundschaft sich auf ihn einstellen können. Man hat eben aus der Erfahrung, mitunter aus Schaden gelernt! (Unser Ökonom am Badestrand hingegen hat seine Schlüsse aus der theoretischen Überlegung gezogen!) Das Geschäft läuft gut, alle sind zufrieden![1] Kein Wunder! Das Ausspannen am nur eine knappe Autostunde von der Stadt entfernten Stausee ist ein relativ günstiges Vergnügen. Es sind dafür keine Strand- bzw. Badegebühren zu berappen wie üblicherweise für die Benutzung von Badeanstalten.[2] Die Stauseebadestrandhaushalte kommen in den Genuß eines *öffentlichen Gutes*. Wir wollen zunächst eine ganz ein-

---
[1]Wirklich *alle*? Alle, *bis auf einen*, den Besitzer des etwas entfernt gelegenen Strandcafes. Diesem ist der Rückgang seiner Nachfrage (d.i. die Linksverschiebung seiner Nachfragekurve) freilich nicht entgangen. Er hat einen (monopolistischen) Konkurrenten erhalten, was ihm gar nicht paßt!
[2]Allerdings sind alle Aufwendungen, um zum Stausee zu gelangen, also Auto- und Zeitkosten durchaus als Kosten des Stauseebadens anzusprechen.

fache Definition eines öffentlichen Gutes geben, die wir später etwas differenzieren müssen:

Als öffentliche Güter bezeichnen wir Güter, die von mehreren Personen – regelmäßig von einer sehr großen Zahl – gleichzeitig konsumiert werden können. Der Konsum dieses Gutes durch eine Person schmälert den Konsum desselben Gutes anderer Personen nicht. Das entscheidende Kriterium für öffentliche Güter ist damit das der Nicht-Rivalität im Konsum.

Hinzu tritt aber regelmäßig noch ein weiteres Kriterium, das wir bereits kennengelernt haben: Das Kriterium der *Nicht-Auschließbarkeit*.

Öffentliche Güter sind regelmäßig auch noch dadurch gekennzeichnet, daß man niemanden am Konsum dieses Gutes hindern, also niemanden von ihm ausschließen kann. Öffentliche Güter, auf die zusätzlich das Kriterium der Nicht-Ausschließbarkeit zutrifft, nennt man auch Kollektivgüter.

Zu den klassischen Beispielen für öffentliche Güter gehören die Landesverteidigung und die innere Sicherheit, aber auch ein Leuchtturm und die Straßenbeleuchtung. Mein 'Konsum' an diesen Gütern schmälert den anderer Personen nicht. In allen Fällen gilt *zudem*, daß niemand vom Konsum dieser Güter ausgeschlossen werden kann. Die genannten Güter sind damit *Kollektivgüter*. Nicht so jedoch eine Theatervorstellung, der Besuch eines Konzertes oder eine Badeanstalt, der Inhalt eines Buches, eine Zeitung oder Börsenspezialinformation. Für diese Güter gilt zwar das Prinzip der Nicht-Rivalität im Konsum, ein Theaterstück, ein Konzert bzw. eine Badeanstalt können von mehreren Personen ohne gegenseitige Beeinträchtigung besucht, ein Buch und eine Zeitung können von mehreren Personen gelesen, die Börseninformation von einigen Anlegern genutzt werden. Doch gilt für diese Güter das Ausschließbarkeitskriterium. Nur wer den Preis der Eintrittskarte, des Buches, der Zeitung bzw. der Börseninformation zahlt, kommt in den Genuß dieser Güter.[3] Diese Güter sind also öffentliche Güter, aber *keine* Kollektivgüter.

---

[3] Wir wir alle wissen, stimmt das für Bücher (ebenso wie für Computerprogramme) nur sehr bedingt.

9. 'Marktversagen'

In unserem Stauseebadestrandbeispiel können wir aber nicht nur sagen, daß die Stauseebadestrandhaushalte in den Genuß eines öffentlichen Gutes kommen, sondern auch, daß sie von einem *positiven externen Effekt* betroffen sind. Denn daß es diesen Stausee überhaupt gibt, ist auf die Errichtung eines Kraftwerks zurückzuführen, mit dem elektischer Strom erzeugt werden soll. Daß sich der dadurch entstehende Stausee im Sommer auch als Badesee nutzen läßt, war für seine Errichtung völlig unbedeutend. Die Errichter und Betreiber des Kraftwerks interessieren bloß die Gewinne der Stromerzeugung. Der positive *Nebeneffekt* der Stromerzeugung, nämlich daß der Stausee auch bestens als Erholungsgebiet und für Badefreuden genutzt werden kann, ist ein besonders schönes Beispiel für einen *positiven externen Effekt,* einen Effekt, der sich auf den *Nutzen* Dritter positiv auswirkt, *ohne daß* die beglückten Haushalte dafür etwas zu berappen hätten.

Leider gibt es neben positiven auch negative externe Effekte, d.h. daß sich bestimmte Handlungen von Wirtschaftssubjekten negativ auf den *Nutzen* anderer Haushalte oder auf die *Produktion* von Unternehmungen auswirken, ebenfalls – und das ist ein ganz entscheidendes Charakteristikum eines externen Effekts – *ohne, daß dafür eine geldliche Entschädigung erfolgen würde.*

Externe Effekte haben nun besondere Relevanz für die Umweltqualität. Gerade in bezug auf das Gut 'Umwelt' kommt es nämlich zu einer unangenehmen Häufung *negativer* externer Effekte, wobei als Verursacher dieser Effekte eigentlich jeder einzelne von uns anzusprechen ist. Durch unsere Aktivitäten, durch das Konsumieren im weitesten Sinne verursachen wir regelmäßig negative externe Effekte, was sich auf die Güter 'Luft', 'Wasser' und unsere sonstige physische Umwelt – regelmäßig *öffentliche* Güter – eben äußerst nachteilig auswirkt. Warum das so ist und was man dagegen unternehmen könnte, werden wir in diesem Kapitel noch eingehend erörtern.

Doch vorerst zurück zum Stauseebadestrand: Blicken wir allein hier um uns, so entdecken wir eine ganze Menge solcher externer Effekte: Das Schreien kleiner Kinder, eine Strandparty 'ausgelassener' Jugendlicher, Abfälle voriger Stauseebadestrandbenutzer, das laute Vorbeirauschen eines Motorbootes, das Radiospielen einzelner Stauseebadestrandhaushalte, ästhetische und weniger ästhetische Erscheinungen kaum bekleideter Zeitgenossen sind nur einige Beispiele für hier auftretende externe Effekte (wobei die Beurteilung, ob negativ oder positiv den jeweils davon betroffenen Stauseebadestrandhaushalten selbst überlassen bleibt).

Negative externe Effekte ergeben sich aber auch und insbesondere bei *beginnender Nutzungsrivalität* des öffentlichen Gutes[4] 'Stauseebadestrand', den man auch als eine *jedermann frei zugängliche 'Ressource'* klassifizieren könnte.[5] Ab einer bestimmten Anzahl von den Stauseebadestrand frequentierenden Haushalten wird's eng. Ein Haushalt rückt dem anderen gewissermaßen zu nahe! Den Strandteil, den *ein* Haushalt für sich beansprucht, kann *ein anderer nicht mehr nutzen*. Das macht solange nichts, solange im Verhältnis zur Größe bzw. der Aufnahmekapazität des öffentlichen Gutes 'Stauseebadestrand' (Angebot) *nicht 'zu viele'* Haushalte (Nachfrage) ihre Nutzung durchsetzen wollen. Dasselbe gilt natürlich auch für das Gut 'Straßennetz'! Auch dieses ist ein Kollektivgut, ein Gut, das sehr viele gemeinsam nutzen können und von dem niemand ausgeschlossen werden kann. Allerdings tritt auch hier ab einer bestimmten Anzahl von Nutzern erst eine beginnende und schließlich vollständige *Rivalität im Konsum* auf. Die einzelnen Autos stehen dann einander im Wege bzw. sitzen dann überhaupt im Stau fest. Jeder einzelne Autofahrer behindert also die anderen in deren Fortkommen, er verursacht damit den anderen einen *negativen externen Effekt,* eben weil diese, mitunter auch durch seine Straßenmitbenutzung weniger schnell weiterkommen. (Das gilt natürlich umgekehrt entsprechend!) Diese gegenseitige Behinderung ziehen aber die einzelnen Autofahrer *nicht* mit in ihr Kalkül. Für sie ist ausschließlich ihr eigenes Weiterkommen relevant. Genau dasselbe passiert an unserem Stauseebadestrand: Wichtig ist, ein nettes Plätzchen zu finden. Daß dadurch unter Umständen ein anderer Hauhalt nicht mehr zum Zug kommt, ist dem 'erfolgreichen' Stauseebadestrandhaushalt völlig egal.

Weitere negative externe Effekte können dadurch auftreten, daß die Badenden und die anderen Wassersport Betreibenden die Fischer stören. Deren *Produktion* wird dadurch negativ beeinflußt, wiederum, *ohne daß* die Stauseebadestrandhaushalte das irgendwie mitberücksichtigen würden.

---

[4] Der kritische Leser verzeihe diese (termino)logische Unschärfe.
[5] Welche natürlichen Ressourcen, die ebenfalls jedermann frei zugänglich sind, kennen Sie?

Allein die hier gebrachten Beispiele zeigen schon: Bei externen Effekten und öffentlichen Gütern – sehr wichtige und nicht ganz einfache mikroökonomische Konzepte – gibt's oft Probleme, Probleme, die uns sogar ziemliches Kopfzerbrechen bereiten können. Damit wollen wir uns in diesem Kapitel nun näher befassen.

9.2 Begriffe und Konzepte: Externe Effekte und öffentliche Güter

9.2.1 Externe Effekte

9.2.1.1 Was sind externe Effekte eigentlich?

Externe Effekte sind kein außergewöhnliches oder seltenes Phänomen, wie dies vielleicht durch die Bezeichnung 'extern' suggeriert wird. Ganz im Gegenteil: Externe Effekte begleiten bzw. 'verfolgen' uns – wie uns nur ein Blick auf den Stauseebadestrand gezeigt hat – auf Schritt und Tritt. Das wird uns klar, wenn wir die Definition von externen Effekten noch einmal wiederholen:

Externe Effekte sind 'Auswirkungen' irgendwelcher Aktivitäten, die den Nutzen von Haushalten oder die Produktion von Unternehmungen beeinflussen, ohne daß die betroffenen Haushalte oder Unternehmungen im Falle eines positiven externen Effektes etwas bezahlen müßten oder im Falle eines negativen externen Effektes dafür entschädigt würden.

Wenn Sie sich am Weg zur Uni oder zu Ihrem Arbeitsplatz eines besonders hübsch bemalten und mit Blumen adrett geschmückten Hauses erfreuen, liegt genauso ein positiver externer Effekt vor, wie es von negativen externen Effekten geradezu wimmelt, weil an Ihnen lärmende und die Luft verpestende Autos vorbeirasen. Fahren Sie hingegen selbst mit dem Auto zur Uni oder zu Ihrem Arbeitsplatz, so verursachen, wie bereits erwähnt, auch Sie selbst den anderen negative externe Effekte. Nicht nur durch die Lärm- und Abgasentwicklung, sondern auch dadurch, daß Sie das öffentliche Gut 'Straßennetz' nutzen, und – entsprechende Verkehrsdichte vorausgesetzt – dadurch gleichzeitig andere an der Nutzung desselben Gutes behindern ...

Wenn Sie als Liebhaber klassischer Musik jeden Abend mit den in Ihre Wohnung herüberdröhnenden Rolling Stones Songs Ihres Pop-Fan-Nachbarn konfrontiert sind, liegt ebenfalls ein negativer externer

Effekt vor. Teilen Sie jedoch die Musikpräferenz Ihres Nachbarn nicht nur grundsätzlich, sondern auch in bezug auf die Zeit dieses Musikkonsums, dann kommen Sie in den Genuß eines positiven externen Effekts (ein wohl eher selten anzunehmender Fall).

Ob von anderen verursachte Unannehmlichkeiten – das Rasenmähen des lieben Nachbarn am Feiertag morgen –, ob von anderen verursachte Annehmlichkeiten: Der gepflegte Garten Ihres Nachbarn, in den Sie von Ihrer Wohnung aus einblicken, bereitet Ihnen genüßliche Entspannung – externe Effekte sind also fast immer und zumeist reichlich 'mit von der Partie'! Sie sind unsere treuen Wegbegleiter und geben uns einige, nicht ganz so einfache Rätsel auf.

9.2.1.2 Warum gibt es überhaupt externe Effekte?

Entscheidend ist nun, externe Effekte als Güter zu interpretieren, die uns durchaus wichtig sind, für die es aber keine Märkte gibt.[6]

An unserem Badestrand treffen wir auf Haushalte, die Ruhe präferieren, aber auch auf andere Haushalte, die Bewegung, Aktivität und damit auch Lärmentwicklung vorziehen, die jedoch für die *anderen* Haushalte negative externe Effekte darstellen. Das reicht

---

[6] Hier ist jedoch gleich einmal Vorsicht angebracht! Die Interpretation von externen Effekten als an sich wichtige Güter, für die es keine Märkte gibt, bedarf einer deutlichen Grenzziehung! Ein freundliches und aufmunterndes Lächeln, ein Ratschlag eines Freundes, ein sorgsam und mit viel Hingabe gepflegtes Haus oder ein hübscher Garten, deren Anblick uns erfreut, stellen nämlich ebenfalls externe Effekte dar, enorm wichtige positive externe Effekte, die *gewiß nicht als marktfähige Güter interpretiert werden sollten*. Wenn Sie nach ähnlichen Beispielen suchen, werden Sie erkennen, wie wichtig Ihnen gerade solche 'Dinge' sind, die man *nicht* kaufen kann. Es sind Zweifel daran angebracht, ob die Wohlfahrt steigt, wenn Märkte für diese 'Güter' entstehen. Tatsächlich können wir das ja beobachten. Sie suchen ja in Ermangelung von Freunden bzw. eines Ihnen vertrauten Beichtvaters einen Psychiater auf, mit dem Sie Ihre Probleme besprechen und dem Sie sich mitteilen können, *kaufen* also das *Gut* 'Abladen' oder 'einfach von der Seele reden'! (Freilich kommt es hier zu einer Nutzeneinbuße, *gerade weil* Sie für diese Leistung bezahlen müssen!) Trotzdem sollte man die Wahlmöglichkeit, sich solche Leistungen wie die eines Psychiaters 'kaufen' zu können, nicht verbieten! Nebenbei und vielleicht nicht ganz uninteressant: Es ist zu beachten, daß dann, wenn Sie eine schöne Frau ausschließlich deshalb geheiratet hat, weil Sie über das entsprechenden Kleingeld verfügen, eine besonders erfolgreiche *Internalisierung* dieses externen Effekts vorliegt! Mußte der Begünstigte eines positiven externen Effektes vor der Heirat dafür nichts bezahlen, so wird er nunmehr zur Kasse gebeten. Also Vorsicht!

9. 'Marktversagen'

vom Fußballspiel bis zur Strandparty. Für das *Gut* 'Ruhe am Stauseebadestrand' gibt es nun *keinen* Markt, auf dem die Anbieter und Nachfrager dieses Gutes eine für alle Beteiligten positive, ja optimale Lösung finden könnten. Genauer besehen, kommt es deshalb nicht zu Verhandlungen zwischen den beteiligten Stauseebadestrandhaushalten über die Verteilung des Gutes 'Ruhe am Stauseebadestrand', weil:

1. *keine* entsprechenden *Eigentumsrechte*, also weder das Recht der Haushalte auf Ruhe noch das Recht auf Lärmentwicklung *definiert und auf die Mitglieder der Gesellschaft verteilt sind*

   und

2. weil es sich beim Gut 'Ruhe am Badestrand' zusätzlich um ein *öffentliches Gut* handelt, von dessen Konsum niemand ausgeschlossen werden kann.[7] Gehen wir davon aus, daß die (Stauseebadestrand-)Haushalte das Recht auf Lärmentwicklung haben, dann besteht – eben weil 'Ruhe' ein öffentliches Gut ist – zunächst einmal kein entsprechender Anreiz, dieses Gut zu produzieren, d.h. für den einzelnen Haushalt auf Aktivitäten (Ballspiel, Strandparty, Radiohören), die mit Lärmentwicklung verbunden sind, zu verzichten. Taucht nun aber doch ein Ruhe präferierender Stauseebadestrandhaushalt auf und bietet eine Entschädigung für den (teilweisen) Verzicht auf lärmentwickelnde Aktivitäten, dann eröffnet sich für andere, ebenfalls Ruhe präferierende Haushalte die sogenannte *Freifahrer-, Trittbrettfahrer-* oder, mit der englischen Bezeichnung, *free-rider-Option.* Sie als Ruhe präferierender Haushalt am Badestrand wissen genau, daß Sie vom Konsum dieses Gutes nicht ausgeschlossen werden können. Sollen doch die anderen dafür bezahlen! Eben diejenigen Stauseebadestrandhaushalte, die auch Ruhe präferieren. Damit kommen Sie in den Genuß des Gutes, ohne dafür zu bezahlen. Sie 'fahren frei'. Weil sich aber alle Ruhe präferierenden Stauseebadestrandhaushalte so verhalten, kommt es erst gar nicht zur Nachfrage und damit zur Produktion dieses Gutes. Ein Gut, dessen Produktion alle

---

[7] Man könnte auch sagen, daß hier deshalb ein externer Effekt besteht, weil Eigentumsrechte auf Ruhe nicht individuell durchsetzbar sind, weil der externe Effekt in diesem Fall ein öffentliches Gut ist.

Beteiligten besser stellen würde, wird damit nicht produziert. Damit wird aber das Effizienzziel verfehlt![8]

Wenn Sie das jetzt noch nicht so ganz durchschaut haben, dann bloß keine Panik! Das alles wird Ihnen gewiß nach der aufmerksamen Lektüre des folgenden Abschnitts klarer werden!

9.2.2 Das Coase-Theorem

Nehmen wir einmal an, daß Sie als Ruhe präferierender Haushalt einem anderen Stauseebadestrandhaushalt gegenüberstehen bzw. gegenüberliegen, der offensichtlich und unüberhörbar lautes Radiospielen präferiert. Wir können also zunächst eindeutig einen negativen externen Effekt konstatieren. Sind nun aber *eindeutige und handelbare Eigentumsrechte*, in unserem Fall das handelbare Recht auf Ruhe (oder umgekehrt auf Lärmentwicklung), *definiert und auf die Beteiligten verteilt und bestehen keine Transaktionskosten*[9], warum sollte es dann zwischen den beteiligten Stauseebadestrandhaushalten nicht zu *Verhandlungen* kommen, die letztendlich zu einem *für beide Teile nutzenerhöhenden Ergebnis führen?*

Mit der Einführung durchsetzbarer Eigentumsrechte ist aber der externe Effekt in ein marktfähiges Gut verwandelt worden, über dessen optimale (Re-)Allokation die beteiligten Wirtschaftssubjekte nun verhandeln können!

Haben Sie das Recht auf Ruhe, so können Sie es dem Musikliebhaber (ganz oder teilweise) verkaufen, wenn Ihnen der Preis, den der Musikfreak für das Musikmachen zu zahlen bereit ist, paßt. Umgekehrt kann der Musikfreak, hat er das Recht auf Lärmentwicklung,

---

[8] Dasselbe trifft für die klassischen öffentlichen Güter wie innere und äußere Sicherheit zu. Sie können als Staatsbürger nicht davon ausgeschlossen werden, vielmehr *müssen* Sie diese Güter konsumieren. Weil in dieser Situation alle die Freifahreroption wählen würden, kann es über *Märkte* nicht zur Erstellung dieser wohl für alle vorteilhaften Güter kommen. Der *Staat* stellt nun diese öffentlichen Güter zur Verfügung. Für die Produktion dieser Güter müssen knappe Ressourcen verwendet werden, die auch bezahlt werden müssen. Finanziert werden diese Güter über Steuern, und das sind eben *keine freiwilligen* Beiträge sondern *Zwangsabgaben!*

[9] Zur Erinnerung: Transaktionskosten sind all jene Kosten, die im Zusammenhang mit der Anbahnung und der Abwicklung eines Tauschgeschäftes auftreten. Siehe Kapitel 8.5.

dasselbige Ihnen (ganz oder teilweise) verkaufen, wenn Sie bereit sind, ihn für seinen Nutzenentgang entsprechend zu entschädigen. Das wird freilich davon abhängen, was Sie zu zahlen bereit sind. Diese Situation kann in einer Graphik besonders anschaulich dargestellt werden:

In Abbildung 9.1 ist auf der Abszisse das Radiospielen (in Zeiteinheiten, in Stunden) abgetragen,[10] auf der Ordinate das Grenz*leid* des Ruhe präferierenden und der Grenz*nutzen* des Musik präferierenden Stauseebadestrandhaushalts, ausgedrückt in Geldeinheiten. Die positiv ansteigende Kurve ist die Grenzleidkurve des Ruhe präferierenden Haushalts. Je größer (d.h. je länger) der Musikkonsum des anderen Haushalts, desto größer das Leid! Weil der Grenznutzen des Musikkonsums entsprechend dem Gesetz vom abnehmenden Grenznutzen mit zunehmendem Musikkonsum fällt, wird umgekehrt die Nutzeneinbuße des Musik präferierenden Haushalts umso größer, je größer der Verzicht auf den Musikkonsum wird. Die Grenzkosten des Verzichts steigen also.

Gehen wir nun davon aus, daß die Haushalte das Recht auf Musikkonsum und damit auf 'Lärmentwicklung' besitzen und daß sie mit diesem Recht auch Handel treiben können, d.h. entsprechend *handelbare Eigentumsrechte verteilt sind.* In dieser Situation kann also der Musik präferierende Stauseebadestrandhaushalt nach Herzenslust Musik spielen. Er wird dies solange tun, bis sein Grenznutzen des Musikkonsums auf Null abgesunken ist. Diese Menge ist in Abbildung 9.1 durch den Schnittpunkt seiner Grenznutzenkurve mit der Abszisse M_0^M festgelegt (Sättigungsmenge). Dieser Musikkonsum führt aber beim Ruhe präferierenden Stauseebadestrandhaushalt zu einer Nutzeneinbuße in Höhe von $M_0^M D$. In dieser Situation könnte nun der Ruhe präferierende Haushalt dem Musik präferierenden Haushalt ein Geschäft vorschlagen: Er bietet ihm für jede Stunde Verzicht auf Musikkonsum eine Entschädigung in Höhe von P_1 an. Bei diesem Preis ist der Musikfreak tatsächlich bereit, auf einige Stunden Musikkonsum zu verzichten. Entsprechend seiner Grenznutzenkurve ist der Musik präferierende Haushalt bereit, seinen Musikkonsum auf M_1^M zu reduzieren. Es kommt also zu einem Tauschgeschäft: Der Musikliebhaber verkauft einige Einheiten an Musikkonsum dem Ruheliebhaber (der diese quasi stillegt). Der Gewinn dieser Transaktion

---

[10]Man könnte aber auch die Lautstärke (in dB) als Maßeinheit verwenden!

besteht für den Musikliebhaber nun darin, daß der Nutzenverlust durch den Verzicht auf 'etwas' Musikkonsum geringer ist – er entspricht der Fläche unter der Grenznutzenkurve $M_0^M A M_1^M$ –, als der dafür erhaltene Geldbetrag $(M_0^M - M_1^M)P_1 = M_0^M B A M_1^M$. Der Gewinn dieser Transaktion für den Ruhe präferierenden Stauseebadestrandhaushalt ist der Nettonutzengewinn, der sich aus dem reduzierten Grenzleid (Fläche unter seiner Grenzleidkurve: $M_0^M D C M_1^M$) abzüglich der Entschädigungszahlung an den musikliebenden Haushalt ($M_0^M B A M_1^M$) ergibt. Durch Verhandlungen (durch die *Reallokation* der Güter Geld und Musikkonsum) können sich also *beide* Haushalte verbessern.

Abb. 9.1: Verhandlungen über das Gut 'Ruhe am Stauseebadestrand'

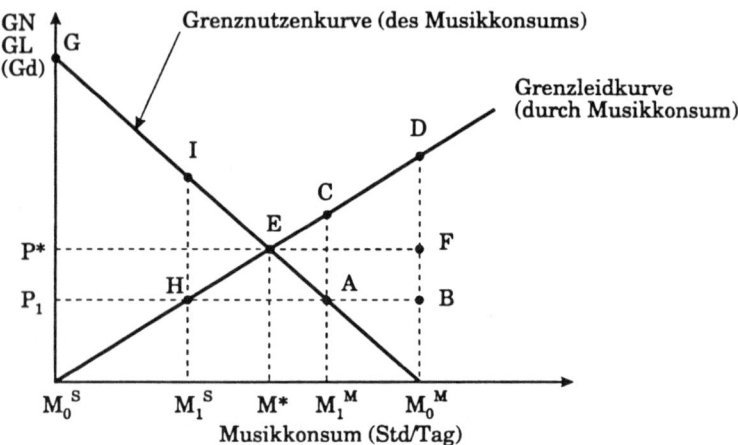

Die möglichen Verbesserungen sind jedoch erst dann gänzlich ausgeschöpft, wenn der Musikkonsum so lange reduziert wird, bis bei der letzten Einheit der Nutzengewinn des einen Haushalts durch die Reduktion des Musikkonsums dem Nutzenverlust des anderen Haushalts eben durch den Verzicht auf eine Einheit gerade entspricht. Und das ist im Schnittpunkt E der Grenzleid- und der Grenznutzenkurve der Fall. Einigen sich also die beiden beteiligten Haushalte, den Musikkonsum auf die Menge M^* zu reduzieren und wird dafür pro reduzierter Einheit ein Preis von P^* vereinbart, so haben die beiden die maximale Verbesserung ihrer Situation auf dem Wege *freiwilliger Verhandlungen* erreicht. Beide orientierten sich dabei am einzelwirtschaftlichen Vorteilskalkül!

Drehen wir nun die Argumentation um und gehen wir davon aus, daß die Stauseebadestrandhaushalte das Recht auf Ruhe besitzen, d.h. es besteht nun eine *andere Verteilung der Eigentumsrechte!* Die Ausgangslage vor Verhandlungen wird dann durch den Punkt M_0^S beschrieben. Es herrscht Stille ... aber, wie Sie jetzt sofort erkennen können, keine pareto-effiziente Stille! Denn: In dieser Situation ist zwar das Grenzleid des Ruhe präferierenden Haushalts durch das Radiospielen Null (es wird ja keine Musik gemacht), die Verzichtskosten für den Musik präferierenden Haushalt sind demgegenüber aber enorm, nämlich $M_0^S G$. Wenn sich also die beteiligten Parteien darauf verständigen können, ein wenig Musik zu spielen, dann ist der Nutzen, den der Musik präferierende Haushalt aus diesem Musikkonsum zieht, wesentlich *größer* als die Nutzenminderung, die der Ruhe präferierende Haushalt dafür in Kauf nehmen müßte. Schlägt also der Musik präferierende Stauseebadestrandhaushalt seinem Verhandlungspartner eine Entschädigung (einen Preis) in Höhe von P_1 pro Stunde Musikkonsum vor, dann ist dieser bereit, einen Musikkonsum von M_1^S zu tolerieren. Der Gewinn dieser Transaktion besteht für ihn darin, daß die Entschädigungszahlung den erlittenen Nutzenverlust *mehr* als deckt. Das Rechteck $M_0^S P_1 H M_1^S$ ist *größer* als die Fläche unter der Grenzleidkurve bei M_1^S, d.i. die Fläche $M_0^S H M_1^S$. Umgekehrt ist der Nutzengewinn dieser Transaktion für den Musikliebhaber die Differenz der Flächen $M_0^S G I M_1^S$ und $M_0^S P_1 H M_1^S$. Für *beide* Haushalte ist diese Transaktion also mit Vorteilen verbunden! Wiederum sehen wir, daß die möglichen Nutzengewinne erst dann gänzlich ausgeschöpft sind, wenn das Gleichgewicht E auf dem 'Musik-am-Strand-Markt' und damit die Preis-Mengen-Kombination $M^* P^*$ erreicht ist. Wir sehen also:

Ganz unabhängig davon, wie die Eigentumsrechte verteilt sind, ob die Haushalte das Recht auf Ruhe oder auf Musikkonsum haben, es wird sich das gleiche Allokationsergebnis einstellen! Hauptsache ist, daß eindeutige und handelbare Eigentumsrechte definiert und verteilt sind und keine Transaktionskosten bestehen. Die Verteilung der Eigentumsrechte selbst hat aber keinerlei Auswirkungen auf das Allokationsergebnis, sondern 'lediglich' Konsequenzen hinsichtlich der Verteilung des Wohlstandes auf die Beteiligten! [11]

---

[11] Das Attribut 'lediglich' verschleiert allerdings, daß es in gewissen Fällen in

Dieses Beispiel zeigt uns deutlich, daß in einer solchen (und damit in ähnlichen) Situation(en) also *weder ein striktes Verbot* des Musikmachens, *noch ein vollständiger Freibrief* für das Lärmschlagen eine effiziente Lösung des Problems darstellen.[12] Das Optimum liegt also irgendwo dazwischen!

Und dieses Optimum wird sich als Gleichgewichtslösung durch freiwillige, eigennutzbestimmte Verhandlungen der beteiligten Parteien einstellen!

Voraussetzung dafür, daß dieses Ergebnis erzielt werden kann, ist allerdings, daß

1. klar definierte und frei handelbare Eigentumsrechte bestehen und daß

2. keine prohibitiv hohen Transaktionskosten vorliegen!

Sind diese Voraussetzungen erfüllt, dann wird der externe Effekt – wie wir im Beispiel gesehen haben – zu einem *Gut*, über dessen Verteilung sich die beteiligten Wirtschaftssubjekte in (freiwilligen) Verhandlungen einigen. Wir können damit auch sagen: Über den Mechanismus:

- Verteilung von klar definierten und frei handelbaren Eigentumsrechten (*staatlicher Akt*),

- freiwillige, aufgrund des Eigennutzkalküls geführte Transaktionen der beteiligten Wirtschaftssubjekte (*private Handlungen*)

kommt es zu einer *Internalisierung*, d.h. zu einer expliziten Berücksichtigung vormaliger externer Effekte im einzelwirtschaftlichen Kalkül der beteiligten Parteien, und damit zu einer *Eliminierung der externen Effekte.*

Diese freiwilligen Verhandlungen führen – wie wir ebenfalls in unserem Beispiel gesehen haben – zu einem *pareto-effizienten* Ergebnis,

---

Abhängigkeit von der Verteilung der Eigentumsrechte zu dramatischen Verteilungswirkungen kommen kann.

[12] Prüfen Sie das gleich in Abbildung 9.1 selbst nach: Der Situation 'vollständiges Verbot des Musikkonsums' entspricht der Punkt M_0^S, dem 'Freibrief für Lärmschlagen' der Punkt M_0^M.

und zwar *unabhängig davon, wie die Eigentumsrechte anfänglich verteilt sind.*[13] Dies hat ausschließlich Folgen für die Verteilung.[14] Das ist der Inhalt des berühmten *Coase-Theorems*. Es geht auf den Nobelpreisträger (1991) *Ronald Harry Coase*, einem der sogenannten *Chicago-Boys*, zurück.[15]

Das Coase-Theorem ist nun, entgegen weit verbreiteter Vorurteile, keineswegs eine lächerliche und irrelevante, typisch akademische Übung. Die Diskussion des Coase-Theorems sowie die Anwendung auf viele praktische Problemfälle – so ungewöhnlich dies im ersten Moment erscheinen mag – macht zunächst einmal die *enorme Bedeutung, die das Rechtssystem, insbesondere der Status der Eigentumsrechte, im ökonomischen Zusammenhang spielt*, deutlich.

Wir können durch das Coase-Theorem besonders schön erkennen, daß für das 'reibungslose' Funktionieren des ökonomischen Prozesses ein Rechtssystem vorliegen muß, das nicht nur ausreichende Rechtsklarheit und Rechtssicherheit verbürgt, sondern auch für alle knappen Güter durchsetzbare Eigentumsrechte definieren und verteilen sollte!

Das Wirtschaften spielt sich – wie wiederholt betont – *keineswegs* in einem Vakuum ab, sondern setzt grundlegende *Institutionen*, wie ein *Rechts- und Normensystem* voraus, an das sich die Mehrzahl der Individuen (Mitglieder der Gesellschaft) auch halten, das sie also in gewisser Weise verinnerlicht haben. (Dazu zählen freilich neben dem

---

[13] Zwei kleine 'Haken' gibt's bei dieser Sache doch noch: 1. Soll tatsächlich das *paretoeffiziente* Ergebnis erreicht werden, dann müssen beide Beteiligten über *vollständige* Information, d.h. über Kenntnis vom Kurvenverlauf auch des Partners verfügen. Trifft dies nicht zu, so eröffnet sich ihnen die Möglichkeit *strategischen Verhaltens*, was eine Verbesserung durch eine Verhandlungslösung zwar keineswegs ausschließt, aber das Erreichen der paretoeffizienten Lösung unwahrscheinlich macht. Schließlich dürfen – zweitens – mit der Verteilung der Eigentumsrechte *keine Einkommenseffekte* verbunden sein, weil damit eine Verschiebung der Kurven verbunden wäre und somit die Verteilung der Eigentumsrechte doch die Lösung determinierte.

[14] Ein Umstand, den man gewiß nicht unterschätzen sollte.

[15] Mit der Bezeichnung *Chicago-Boys* belegt man jene Ökonomen, die an der betont marktwirtschaftlich orientierten Chicago University, einer Bastion der neoklassischen Orthodoxie, lehren. (Zu diesen zählt neben andern auch der Ihnen gewiß bekannte Hauptvertreter des Monetarimus *Milton Friedman*.) Die *Chicago-Boys* zeichnet eine besondere Skepsis hinsichtlich staatlicher Eingriffe in das Marktgeschehen aus. Man könnte ihren Standpunkt in Anlehnung an *G. W. Leibniz* so zusammenfassen: Die Welt, wie sie ist, ist die beste der möglichen Welten. Wäre sie es nicht, würden die einzelnen Individuen sie ändern.

gesetzten Recht auch bestimmte ethische Verhaltensnormen!)

Wir können mit Hilfe des Coase-Theorems auch deutlich die *'Unvollkommenheit'* der Welt, in der wir leben, erkennen. Gleichzeitig zeigt das Coase-Theorem Möglichkeiten, und zwar gewiß sehr unkonventionelle Möglichkeiten auf, diese Unvollkommenheiten zu heilen. 'Unvollkommenheit der Welt' bedeutet in diesem Zusammenhang, daß das Marktsystem *unvollständig* ist. Erinnern Sie sich: Wir haben externe Effekte als *Güter* definiert, die uns wichtig sind, für die es aber *keine* Märkte gibt! 'Heilen' bedeutet in diesem Zusammenhang, nach Möglichkeiten zu suchen, diese Unvollständigkeiten (teilweise) auszubügeln, und zwar nicht durch einen direkten Staatseingriff in das Geschehen selbst, sondern dadurch, daß der Staat *handelbare Eigentumsrechte* klar definiert und unter den Gesellschaftsmitgliedern verteilt. Er legt damit die *Rahmenbedingungen*, die *Ordnung* fest, innerhalb derer sich die Wirtschaftssubjekte dann selbst miteinander arrangieren können. D.h. die beteiligten bzw. betroffenen Wirtschaftssubjekte können miteinander in Verhandlungen darüber eintreten, wie sie *durch die Eigentumsrechte abgegrenzten Güter* untereinander aufteilen wollen.

Haben Sie also das klar definierte Recht auf Ruhe am Samstag morgen, aber einen notorischen Frühaufsteher als Nachbarn, der partout am Samstag morgen seinen Rasen mähen möchte, so wird nichts draus, wenn er Ihnen dieses Recht nicht abkauft! Sie müssen nicht verkaufen, Sie können verkaufen, wenn Sie wollen. Das wird vom Angebot des Nachbarn abhängig sein. Haben jedoch die Haushalte das Recht auf Lärmentwicklung am Samstag morgen (beispielsweise ab 7 Uhr früh), also Ihr Nachbar das Recht, ab 7 Uhr seinen Rasen zu mähen, dann sind Sie am Zug. Sie werden ihm dieses Recht abkaufen, wenn Sie das Bedürfnis haben, sich am Samstag einmal richtig auszuschlafen.

Ein besonders schönes Beispiel für die Internalisierung von externen Effekten durch freiwillige Verhandlungen der Betroffenen – man spricht hier von einer *dezentralen* Lösung des Externalitätenproblems, weil sich die Betroffenen selbst zusammensetzen und eine Lösung finden und nicht der Staat von oben (*zentral*) die Lösung vorschreibt (ohne natürlich über die Nutzenfunktionen der Privaten Bescheid zu wissen!) – war jüngst den Zeitungen zu entnehmen: Die Hotellerie einer berühmten Fremdenverkehrsgemeinde in den österreichischen Hochalpen bezahlt nunmehr den dortigen Bauern für die Bewirtschaftung der Almen eine Art 'Erschwernisentschädigung'. Die Bauern erhalten pro aufgetriebene Großvieheinheit einen runden Betrag! Warum ist die dortige Hotellerie plötzlich so großzügig? Der Grund dafür liegt darin, daß durch den Rückgang der Landwirtschaft in den hochalpinen Regionen die Erhaltung und die Pflege der Landschaft leidet. Auch die hochalpine Kulturlandschaft bezieht ja ihren Reiz aus dem Eingriff des Menschen in die Naturlandschaft, einem Eingriff, der sich allerdings in die natürliche Umgebung entsprechend einfügt. Unterbleibt dieser Eingriff, verliert die Landschaft wesentlich an Reiz und Attraktivität aber auch an Stabilität und damit Sicherheit. Die alpine Landbewirtschaftung ist also mit *positiven externen Effekten* verbunden, positiv deshalb, weil sie sich auf den Nutzen und die Produktion Dritter positiv auswirkt, ohne daß dafür (bisher) eine Kompensation erfolgt wäre. Unterbleibt die Bewirtschaftung, fallen auch die positiven externen Effekte weg. Deshalb wird nun, nachdem die Bewirtschaftung offenbar teilweise eingestellt wurde, eine Entschädigung dafür bezahlt, die die den positiven externen Effekt bewirkende Handlung also *subventioniert!* Allerdings nicht vom Staat, sondern von denjenigen, die auch den Nutzen dieser Aktivität haben! Ein Musterbeispiel für eine dezentrale Verhandlungslösung! Das von den Bauern produzierte Gut 'Ästhetik und Landschaftserhaltung' wird nun von den Nutznießern dieser Güter gekauft. Die unmittelbar Betroffenen finden unter Nutzung ihre Informationen eine für alle vorteilhafte Lösung!

Kehren wir nun aber wieder zu unserem Stauseebadestrand zurück!

9.2.3 Öffentliche Güter und das Problem des 'Freifahrens'

Beim obigen Beispiel zur Erläuterung des Coase-Theorems ('Ruhe am Stauseebadestrand') sind wir davon ausgegangen, daß nur zwei Beteiligte über ein Gut, einen externen Effekt, verhandeln und damit die Internalisierung dieses externen Effektes bewirkten. Erweitern wir nun die Anzahl der betroffenen Wirtschaftssubjekte, so wird die Sache etwas komplizierter. Dies hat zwei Gründe: Zum einen steigen die *Transaktionskosten,* d.h. es ist einiges an Aufwand nötig, um alle Beteiligten zunächst einmal zusammenzubekommen, und schwierig, eine alle zufriedenstellende Transaktion auszuhandeln und deren Einhaltung entsprechend zu überprüfen. (Kein zweiseitiges Tauschgeschäft mehr!) Zum anderen stellen sehr viele externe Effekte bzw. deren *Beseitigung öffentliche Güter* dar. Und im Falle eines öffentlichen Gutes, von dem niemand ausgeschlossen werden kann, eröffnet sich für den einzelnen Betroffenen die ebenfalls bereits erwähnte *Freifahreroption*. Das Gut 'Ruhe am Strand' ist für alle Stauseebadestrandhaushalte ein öffentliches Gut. Alle Stauseebadestrandhaushalte konsumieren es gemeinsam, keiner kann vom Konsum dieses Gutes ausgeschlossen werden, vielmehr *müssen* Sie als Stauseebadestrandhaushalt dieses Gut konsumieren![16] Ist's Ihnen zu laut, dann ziehen Sie ab! Dann sind Sie aber kein Stauseebadestrandhaushalt mehr.[17] Wenn Sie nun – wie andere Stauseebadestrandhaushalte auch – Ruhe präferieren, warum sollten Sie sich dann an den Kosten für die Erstellung dieses Gutes beteiligen, wenn Sie, ist es erst einmal (durch die Beiträge der *anderen* Stauseebadestrandhaushalte) erstellt, ohnedies nicht davon ausgeschlossen werden können?

Sie werden in dieser Situation rationalerweise Ihre Präferenz für das Gut 'Ruhe am Strand' erst gar nicht wahrheitsgemäß offenbaren. Sie werden so tun, als wäre es Ihnen völlig egal, ob Ruhe herrscht oder nicht, obwohl Sie eigentlich die Ruhe dem Lärm vorzögen und sogar bereit wären, dafür etwas zu bezahlen. Dagegen haben Sie Ihre Präferenz für das Gut 'Eis-am- Strand' ganz deutlich und ehrlich bekundet, indem Sie bereit waren, den geforderten Preis zu bezahlen. Im Falle eines privaten Gutes gibt es keine andere (friedliche und das Eigentum respektierende) Möglichkeit, als durch Bezahlung des Preises in den Genuß eines Gutes zu kommen. (Gönnen Sie sich kein Eis, so bekunden Sie freilich auch eine Präferenz!)

Wir können deshalb auch etwas drastischer formulieren und sagen: Während bei marktfähigen, ausschließbaren Gütern ehrlich, d.h. entsprechend den eigenen Präferenzen gehandelt wird, ist im Falle öffentlicher Güter die Verlockung groß zu lügen, also seine Präferenzen nicht wahrheitsgemäß zu bekunden! Denn: Wenn die Gefahr besteht, entsprechend seiner Präferenzoffenbarung auch zur

---

[16] Genauso wie Sie als Staatsbürger die öffentlichen Güter 'Landesverteidigung' oder 'innere Sicherheit' konsumieren *müssen*. Öffentliche Güter sind also ihrerseits positive oder negative *externe Effekte!*

[17] Man sieht hier deutlich die Ineffizienz dieser unbefriedigenden Situation, wenn die Möglichkeit einer Verhandlungslösung, die alle besserstellt, nicht genutzt wird!

9. 'Marktversagen' 379

Finanzierung dieses Gutes herangezogen zu werden, dann wäre es nur rational, eine sehr geringe oder überhaupt keine Präferenz anzugeben! Das individuelle Rationalverhalten favorisiert also die Freifahreroption![18] Weil nun alle oder die meisten die Freifahreroption wählen, kann das entsprechende Gut infolge der damit gescheiterten Finanzierung gar nicht erstellt werden. Für die Gesellschaft der Stauseebadestrandhaushalte ergibt sich damit kein effizientes Ergebnis. Denn es kommt nicht zur Produktion von Gütern, deren Nutzen die Kosten der Produktion übersteigt!

Zwar können wir annehmen, daß bei relativ kleinen Gruppen durch die darin bestehenden Sanktionierungsmechanismen (die bestehenden Normen) der Verzicht auf die Freifahreroption 'erzwungen wird'.[19] Je größer und je unüberschaubarer aber die Gruppe/die Gesellschaft wird, desto unauffälliger läßt sich die Freifahreroption nutzen![20]

Auch an unserem Badestrand, wo sich eine kleine und überschaubare Gruppe von Haushalten vergnügt, dürfte die Produktion des Gutes 'Ruhe am Strand' in einer alle zufriedenstellenden Weise kein allzu großes Problem sein. Dasselbe gilt übrigens für das öffentliche Gut 'Sauberkeit des Badestrandes'.[21]

Die Wahl der Freifahreroption wird also durch die Überschaubarkeit der Gruppe stark eingeschränkt! Die zunehmende Attraktivität der Freifahreroption auf der einen und die steigenden Transaktionskosten auf der anderen Seite führen dazu, daß es mit steigender Gruppengröße immer unwahrscheinlicher wird, daß ein öffentliches Gut – obwohl der von ihm allen Betroffenen gestiftete Nutzen die Kosten seiner Erstellung wesentlich übersteigen mag – produziert wird. Das Problem der öffentlichen Güter ist damit, daß sie unter marktwirtschaftlichen Umständen überhaupt nicht oder in zu geringem Umfang produziert werden!

---

[18] *Favorisiert* deshalb, weil wir in der Realität auch die Nichtwahrnehmung der Freifahreroption beobachten können.

[19] Denn wie kommt denn die Kirche ins Dorf? Alle Mitglieder der entsprechenden Gemeinschaft 'müssen', wahrscheinlich entsprechend ihrem Vermögen und Ansehen, Beiträge leisten. Tun sie das nicht, werden sie sozial geächtet!

[20] Also in die Kirche zu gehen, ohne für ihren Bau etwas zu berappen!

[21] Während die Erstellung des öffentlichen Gutes 'Sauberkeit eines kleinen Dorfes' keine Schwierigkeit zu sein scheint, ist die von 'Sauberkeit der Straßen einer Stadt' ein gehöriges Problem! Warum?

So werden mit zunehmender Stauseebadestrandpopulation tatsächlich die Schwierigkeiten und damit die Transaktionskosten für ein alle Betroffenen zufrieden- bzw. besserstellendes Arrangement stark ansteigen, was einem solchen ebenso im Wege steht, wie die Tatsache, daß mit zunehmender Zahl der Beteiligten die Möglichkeit, die Freifahreroption zu nutzen, immer attraktiver wird.

Ein anderes Beispiel wird diesen Sachverhalt noch deutlicher machen: Betrachten wir diesmal die *Wasserqualität* des Stausees, an dessen Ufern viele Haushalte Erholung und Erfrischung suchen. Die Wasserqualität des Stausees ist ein öffentliches Gut – es liegt Nicht-Rivalität im Konsum vor –, zudem kann kein Stauseebadestrandhaushalt vom Konsum dieses Gutes ausgeschlossen werden, vielmehr müssen die betroffenen Stauseebadestrandhaushalte dieses Gut konsumieren (oder sich nach anderen Bademöglichkeiten umschauen).

Wir können nun mit gutem Grund annehmen, daß der Nutzen der Haushalte mit steigender Qualität des Wassers zwar ebenfalls steigt, aber entsprechend dem Gesetz vom abnehmenden Grenznutzen mit immer kleineren Zuwächsen. Diese Beziehung ist für drei unterschiedliche Stauseebadestrandhaushalte in den drei oberen Teilen der Abbildung 9.2 dargestellt. Auf der Abszisse ist jeweils die Wasserqualität abgetragen. Die drei oberen Diagramme in Abbildung 9.2. zeigen also die unterschiedlichen Verläufe der Grenznutzenkurven dieser Stauseebadestrandhaushalte für das Gut 'Wasserqualität'. Und Sie erinnern sich: Die individuellen Grenznutzenkurven können als individuelle Nachfragekurven nach dem betreffenden Gut interpretiert werden.

Da das betreffende Gut in diesem Fall ein öffentliches und kein privates ist, müssen nun aber, um zur hypothetischen Marktnachfragekurve zu gelangen, die individuellen Grenznutzenkurven nicht horizontal – wie bei gewöhnlichen Grenznutzenkurven –, sondern vertikal addiert werden. Daß hier vertikal und nicht horizontal addiert wird, liegt in der Nicht-Rivalität des Gutes 'Wasserqualität' begründet. Es handelt sich um ein unteilbares Gut, das ja alle gemeinsam nutzen. Eine Verbesserung der Wasserqualität führt damit zu einem Nutzenzuwachs bei <u>allen</u> Stauseebadestrandhaushalten, eine Verschlechterung der Wasserqualität zu einer Nutzeneinbuße bei <u>allen</u> Stauseebadestrandhaushalten! [22]

---

[22] Die Gesamtmenge X eines öffentlichen Gutes wird ja von *allen* Betroffenen

9. 'Marktversagen'

Im Gegensatz zum Gut 'Eis-am-Strand', von dem eine Portion *entweder* vom Haushalt A *oder* vom Haushalt B verzehrt wird, nicht aber von beiden, nutzen das Gut 'Wasserqualität' *alle* Stauseebadestrandhaushalte *gemeinsam*, ohne daß dabei einem Haushalt durch die Konsumtion eines anderen Haushalts etwas entgeht! Daher ist der Gesamtnutzen, den die Stauseebadestrandhaushalte aus der Konsumtion des öffentlichen Gutes 'Wasserqualität' ziehen, die vertikale und nicht die horizontale Summe ihrer Grenznutzenkurven. Die *hypothetische* Marktnachfragekurve, die die *Summe der individuellen Zahlungsbereitschaft der Stauseebadestrandhaushalte* für unterschiedliche Mengen des Gutes 'Wasserqualität' angibt, hat damit den im unteren Teil von Abbildung 9.2 gezeigten Verlauf.

Abb. 9.2: 'Ableitung der Nachfrage' nach dem öffentlichen Gut 'Wasserqualität'

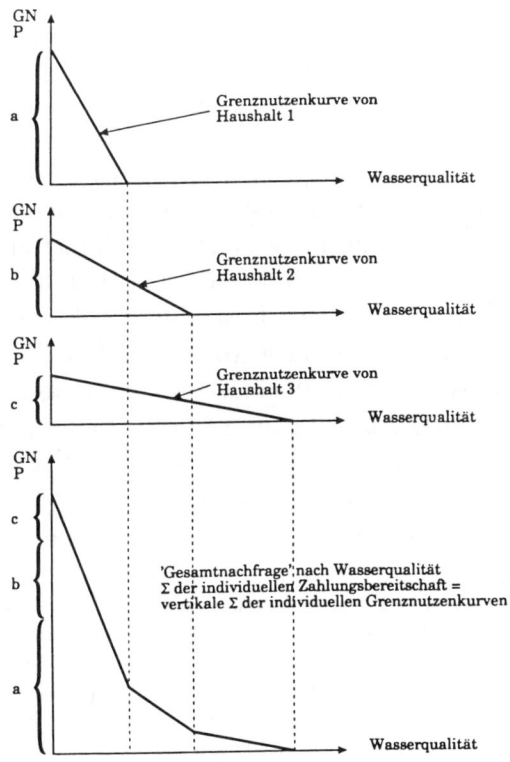

konsumiert, geht also als X in die jeweiligen Nutzenfunktionen ein. Demgegenüber ist die Gesamtmenge eines privaten Gutes die *Summe* der einzelnen nachgefragten (konsumierten) Mengen der Haushalte. In deren Nutzenfunktion steht also nur die jeweils konsumierte Menge x_i, nicht die Gesamtmenge X!

Unglücklicherweise nimmt nun am Oberlauf dieses Flusses eine Fabrik ihre Produktion auf und leitet die dabei entstehenden Abwässer in den Fluß. Sofort müssen wir folgende Fragen stellen: a) Sind hier handelbare Eigentumsrechte auf sauberes Wasser oder auf Wasserverschmutzung definierbar und, wenn ja, auch verteilt, und b) wie sind sie verteilt.[23] Handelbare Eigentumsrechte könnten in diesem Fall so verteilt werden, daß die einzelnen Haushalte das Recht auf sauberes Wasser besitzen, oder umgekehrt, der Fabrikant das Recht auf Wasserverschmutzung. In unserem Beispiel besitze der Fabrikant das Recht auf Wasserverschmutzung (was der derzeitigen Gesetzeslage innerhalb bestimmter Grenzen entsprechen dürfte). Er darf damit sein ungeklärtes Abwasser in den Fluß leiten. Dies führt nun aber durch die Reduzierung der Wasserqualität zu einer Nutzenverminderung bei allen Stauseebadestrandhaushalten. Das ist ja deutlich aus ihren Grenznutzenkurven ablesbar: Die Reduzierung der Wasserqualität führt zu einem Verlust an Fläche unter den jeweiligen Grenznutzenkurven. Was können nun die Stauseebadestrandhaushalte in dieser Situation unternehmen? Sie könnten den Fabrikanten aufsuchen und ihm einen Vorschlag, ein Tauschgeschäft, unterbreiten: Wenn er zu einer Reduktion der eingeleiteten Abwässer bereit ist, dann bieten sie ihm dafür eine Entschädigungszahlung an![24] Unternimmt der Fabrikant tatsächlich Abwasservermeidungsaktivitäten, so wird zwar das Wasser reiner, er 'produziert' damit das Gut 'Wasserqualität'. Es entstehen ihm aber auch Kosten für diese Vermeidungs- bzw. Produktionsaktivitäten. Wir können davon ausgehen, daß die Kosten mit zunehmender Abwasservermeidung, d.h. mit zunehmender Produktion des Gutes 'Wasserqualität' stark ansteigen. Also: Je massiver die Vermeidungsaktivität, desto sauberer das Wasser, desto höher die Kosten. Abbildung 9.3 zeigt die steigende Grenzkosten-

---

[23] Man muß hier sehr aufpassen, um nicht einem weitverbreiteten Vorurteil aufzusitzen: Das hier gewählte Beispiel darf nicht zum Eindruck führen, hie umweltverschmutzender Produzent, da geschädigte Haushalte! Negative externe Effekte in bezug auf die Umweltqualität entstehen sowohl durch die Produktion von Unternehmungen als auch durch den Konsum der Haushalte! Wir können ja auch annehmen, daß eine am Oberlauf unseres Flusses gelegene Stadt die Abwässer ihrer Haushalte ungeklärt in den Strom leitet.

[24] Stattdessen könnten die Haushalte den Bau einer Kläranlage beschließen! *Zwei* Probleme stellen sich: 1. Welche Größe soll die Kläranlage besitzen, d.h. welche Wasserqualität soll hergestellt werden? und 2. Wie sollen die Kosten dafür auf die einzelnen Stauseebadestrandhaushalte aufgeteilt werden?

9. 'Marktversagen'

kurve der Produktion des Gutes 'Wasserqualität' (Vermeidung von Wasserverschmutzung).

Legen wir nun die Grenzkostenkurve für die Produktion des Gutes 'Wasserqualität', die *Angebotskurve*, mit der hypothetischen Nachfragekurve nach dem Gut 'Wasserqualität', die die Summe der individuellen Zahlungsbereitschaft der Stauseebadestrandhaushalte angibt (hergeleitet in Abbildung 9.2), in eine Abbildung (Abbildung 9.4) zusammen, dann sehen wir: Bei gemeinsamer Betrachtung von Kosten (dem Minus) und Nutzen (dem Plus) des Gutes 'Wasserqualität' zeigt sich, daß es auch hier entsprechend den Verläufen von Angebots- und Nachfragekurven eine 'optimale' Menge des Gutes 'Wasserqualität', damit auch eine 'optimale Wasserverschmutzung' gibt. Sie ist dort festgelegt, wo die steigenden Grenzkosten der Produktion des Gutes 'Wasserqualität' der *Summe* der individuellen Grenznutzen der Nachfrager – es handelt sich ja um ein öffentliches Gut – entsprechen.

Abb. 9.3: Die Grenzkosten der Produktion des öffentlichen Gutes 'Wasserqualität'

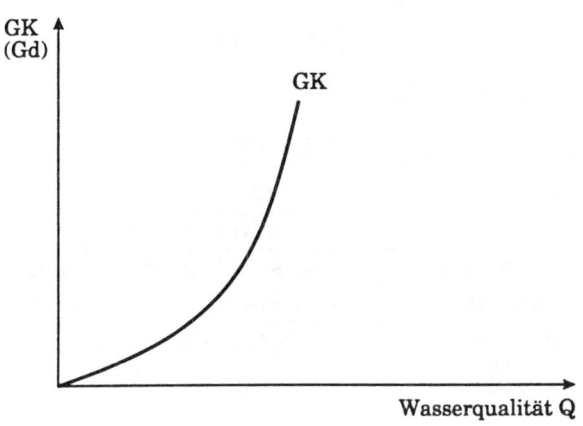

Dieses hypothetische Optimum unterscheidet sich also vom Gleichgewichtsergebnis bei einem privaten Gut dadurch, daß beim öffentlichen Gut im Optimum die Summe der individuellen Grenznutzen den Grenzkosten entspricht, während beim privaten Gut die Grenzkosten gerade den einzelnen Grenznutzen der jeweiligen Haushalte entsprechen.

Wenn Sie ein Konsument des Gutes 'Eis-am-Strand' sind, dann konsumieren Sie ja so lange, bis der Preis dieses Gutes dem Grenznutzen der *letzten* Portion gerade entspricht. Bei dem öffentlichen Gut 'Wasserqualität' hingegen, bei dem Ihr Konsum den Konsum desselben Gutes durch andere *nicht* hindert bzw. beeinträchtigt, gilt dagegen für das Optimum, daß die *Summe der individuellen Grenznutzen* den Grenzkosten entsprechen muß.

Abb. 9.4: Optimale Menge des Gutes 'Wasserqualität'

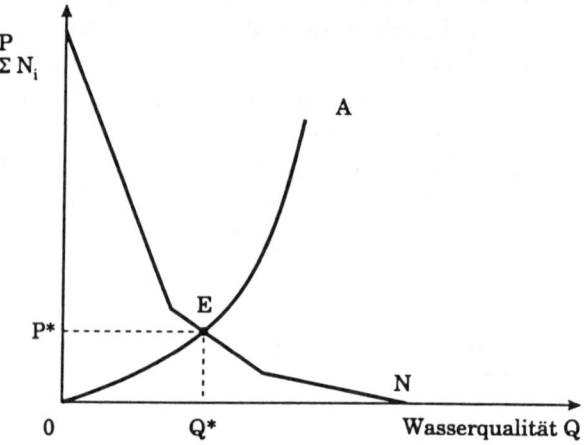

Dies läßt sich so zusammenfassen:[25]

Optimalitätsbedingung für ein privates Gut:	Optimalitätsbedingung für ein öffentliches Gut:
$GK_P = GN_P^i$	$GK_K = \sum GN_K^i$
Dieses Optimum wird durch den Markt generiert!	Dieses Optimum wird durch den Markt *nicht* generiert.
Im Marktgleichgewicht gilt: $GK_P = P_P = GN_P^i$	Es gibt für dieses Gut *keinen Markt*.

Selbst wenn nun eindeutige Eigentumsrechte definiert und verteilt wären und keinerlei Transaktionskosten bestünden, so ist dieses Marktgleichgewicht *rein hypothetisch*. Denn aufgrund der hier offenstehenden Freifahreroption wird es gar nicht zur 'Eröffnung dieses Marktes' kommen! Denn: Es sind nicht bloß drei Stauseebadestrandhaushalte wie im Beispiel involviert, sondern im Falle der Qualität des Flußwassers vielleicht (Hundert-)Tausende. Abgesehen

---

[25] In der folgenden Übersicht bedeuten die tiefgestelltes Indizes P und K *privates* bzw. *kollektives* Gut, der hochgestellte Index i steht für die einzelnen Haushalte.

9. 'Marktversagen' 385

von den badenden und sonstigen Wassersport betreibenden Stauseebadestrandhaushalten sowie den Fischern und Fischzüchtern sind all jene betroffen, die ein Interesse an sauberem Flußwasser besitzen, also ganze Städte für deren Wasserversorgung, ganze Landstriche für die Bewässerung von landwirtschaftlichen Kulturen etc.

Erweitern wir aber unser Beispiel allein auf vielleicht 100 Stauseebadestrandhaushalte, dann wird sofort klar: Für den einzelnen Stauseebadestrandhaushalt ist es rational, seine Präferenz für sauberes Wasser, für das *öffentliche Gut* 'Wasserqualität', nicht wahrheitsgemäß zu bekunden, wenn er fürchten muß, im Maße seiner Präferenzen auch zur Finanzierung dieses Gutes herangezogen zu werden. Ist das öffentliche Gut aber einmal erstellt, dann kann der einzelne Stauseebadestrandhaushalt nicht mehr davon ausgeschlossen werden. Damit spricht aber alles für die Ausnutzung der Freifahreroption!

Die Situation, die aufgrund der *Nichteröffnung dieses Marktes* entsteht, ist damit alles andere als paretoeffizient. Denn es werden Handlungsmöglichkeiten nicht genutzt, die zu einer Besserstellung der Gesellschaftsmitglieder führen, ohne daß dabei irgendjemand schlechter gestellt würde. Die Nichtrealisierung des hypothetischen Marktgleichgewichtes E mit Q^* und P^* führt zur Nichtausschöpfung eines möglichen Wohlfahrtsgewinns im Umfang der hypothetischen Konsumentenrente P^*EB und Produzentenrente P^*EO.

Wir können damit festhalten:

Öffentliche Güter werden nicht durch Märkte bereitgestellt. Es herrscht damit eine Unterversorgung der Gesellschaft mit diesen Gütern! Weil der Markt also von selbst nicht in der Lage ist, diese Güter und den damit verbundenen Wohlstandsgewinn zu generieren, spricht man hier von 'Marktversagen'.

Und ganz allgemein gilt:

- Existieren externe Effekte (d.i. gleichbedeutend mit der Nichtexistenz der entsprechenden *Märkte*)

  und

- kommt den externen Effekten bzw. ihrer *Beseitigung* der Charakter eines *öffentlichen Gutes* mit einer großen Anzahl von Betroffenen zu, dann verfehlt die unter diesen Bedingungen entstehende Marktallokation das Paretooptimum!

Der Grund für dieses 'Marktversagen' liegt also, wie wir gesehen haben, sowohl in der Unvollständigkeit des Marktsystems[26] als auch in der Ermöglichung der Freifahreroption, wenn es sich bei den externen Effekten bzw. bei deren Beseitigung um ein öffentliches Gut handelt, von dessen Bereitstellung sehr viele Personen betroffen sind!

9.2.4 Gibt es staatliche Korrekturmöglichkeiten?

Welche Möglichkeiten hat nun der *Staat* bzw. die *Regierung*, in solchen Situationen, in denen eine paretoeffiziente Situation 'von selbst' nicht erreicht wird, regulierend einzugreifen?

9.2.4.1 Der Hinweis von Coase: Bedenke die Transaktionskosten!

Zunächst einmal müssen wir ganz nüchtern feststellen:

Wenn es aufgrund der mit der Gruppengröße stark ansteigenden Transaktionskosten von selbst nicht zur Internalisierung von externen Effekten kommt, dann gilt offensichtlich, daß die bestehenden Transaktionskosten die möglichen Nutzengewinne übersteigen und eine Internalisierung der externen Effekte von einem wohlfahrtstheoretischen Standpunkt aus daher überhaupt nicht wünschenswert ist!

Die Kosten dieser Internalisierung übersteigen ja den daraus erzielbaren Nutzengewinn! Das erlaubt aber eine besonders interessante Schlußfolgerung:

Bestehende externe Effekte können auch auf die Existenz von Transaktionskosten zurückgeführt werden. Gibt es nämlich keine Transaktionskosten und sind die Eigentumsrechte klar definiert – was das Coase-Theorem voraussetzt –, dann werden die externen Effekte

---

[26] Allerdings muß man fairerweise einwenden, daß das Marktsystem deshalb unvollständig ist, weil *entsprechende Eigentumsrechte* nicht klar definiert sind bzw. sich solche Eigentumsrechte u. U. gar nicht sinnvoll definieren lassen. Wenn aber in Ermangelung entsprechender Eigentumsrechte die relevanten Märkte gar nicht eröffnet werden können, also *gar nicht existieren*, wie kann dann 'der Markt' für das Ergebnis verantwortlich gemacht werden? Aufgrund dieser Überlegung steht die oft leichtfertig gebrauchte Vokabel 'Marktversagen' unter Anführungszeichen!

durch Verhandlungslösungen der beteiligten Wirtschaftssubjekte ohnehin von selbst internalisiert, d.h. beseitigt. So einleuchtend diese Diagnose ist, so sehr verliert sie ihre Relevanz, wenn es sich bei den externen Effekten bzw. bei deren Beseitigung um ein öffentliches Gut handelt und sich die Beteiligten durch die Wahl der Freifahreroption selbst im Wege stehen!

Allerdings weist das Coase-Theorem auf eine erste und wichtige Handlungsmöglichkeit des Staates hin: So können nämlich durch die *eindeutige Definition von Eigentumsrechten die Transaktionskosten* unter Umständen so weit *gesenkt* werden, daß damit die *Chance*, durch freiwillige Verhandlungen der Betroffenen zu einer *Internalisierung* zu kommen, *ansteigt*. Denn es fallen damit alle jene Kosten weg, um überhaupt erst einmal zu klären, wer welches Recht hat und wer nicht! Der Staat setzt – wie beim 'normalen' Wettbewerbsprozeß – auch hier die *Ordnung* durch die präzise Ausgestaltung der Eigentumsrechte.

Der Staat sollte, so die wirtschaftspolitische Schlußfolgerung des Coase-Theorems, wo dies möglich ist, für alle knappen Güter durchsetzbare Eigentumsrechte definieren und verteilen, also die entsprechenden Märkte schaffen.

Innerhalb dieser vom Staat gesetzten Ordnung können dann die einzelnen betroffenen Wirtschaftssubjekte unter Nutzung ihres Wissens miteinander in Verhandlungen eintreten. Die Lösung der Externalitätenproblematik erfolgt also *dezentral*. Hier besteht über den Weg der Senkung der Transaktionskosten durch eine klare Definition der Eigentumsrechte eine wichtige und in der Praxis noch kaum genutzte Möglichkeit der Internalisierung externer Effekte!

Bei der Verteilung der Eigentumsrechte ist freilich besonders Bedacht zu nehmen auf *systematische Unterschiede in den Transaktionskosten* der Beteiligten. Die Eigentumsrechte sollten also so verteilt werden, daß der Anreiz zu Verhandlungen bei derjenigen Partei mit den geringeren Transaktionskosten liegt. In unserem Beispiel mit der das Wasser verschmutzenden Fabrik sollten die Eigentumsrechte für sauberes Wasser eigentlich den Haushalten zustehen. Denn dann muß der Produzent von sich aus initiativ werden. Es ist anzunehmen, daß die Kosten, die ihm dabei entstehen geringer sind als diejenigen, die jeder einzelne Haushalt auf sich nehmen müßte, um von sich aus zu einer alle Betroffenen miteinbeziehenden Lösung zu kommen. Schließlich dürfen auch die mit der Verteilung der Eigentumsrechte verbundenen *Verteilungswirkungen* nicht übersehen werden.[27]

9.2.4.2 Der Vorschlag von Pigou: Das Sozialkostenkonzept

Eine *zweite* Möglichkeit des Staates wäre, mit Hilfe von *Steuern* bzw. *Abgaben* und *Subventionen* das Wirtschaftsgeschehen zu lenken. Man spricht in diesem Fall von einer *zentralen* Lösung. Dazu müssen wir ein neues Konzept einführen, das auf den berühmten englischen Nationalökonomen *Arthur C. Pigou* (1877 - 1959) zurückgehende sogenannte *Sozialkostenkonzept*.

Bei der üblichen Darstellung des Angebot-Nachfrage-Schemas bzw. der diesem Schema zugrundeliegenden Unternehmungs- und Haushaltsdarstellungen (in diesem Buch 'alles' bis einschließlich Kapitel 8!) sind wir immer von der folgenden Annahme ausgegangen:

Alle mit einer Aktivität zusammenhängenden Kosten werden von den Verursachern selbst getragen bzw. jeglicher von einer Aktivität ausgehende Nutzen kommt den jeweiligen Wirtschaftssubjekten selbst zugute. Alle Kosten und Nutzen sind damit in den jeweiligen Kosten- bzw. Angebotskurven und Nutzen- bzw. Nachfragekurven enthalten.

Die Angebotskurve der Unternehmung zeigt *alle* mit der Produktion eines Gutes verbundenen Kosten, die Nachfragekurve *alle* mit der Konsumtion eines Gutes verbundenen Nutzengewinne. Treten nun aber *externe* Effekte auf, dann gilt diese Voraussetzung nicht mehr! Das Attribut 'extern' weist ja gerade auf diesen Umstand hin!

Liegen externe Effekte vor, dann stimmen die sozialen, die Gesellschaft insgesamt betreffenden Kosten und Nutzen nicht mehr mit den privaten Kosten und Nutzen überein!

Wir können auch sagen, daß im Falle von Externalitäten das *private Grenzprodukt* einer Tätigkeit und das *soziale Grenzprodukt* einer Tätigkeit *auseinanderfallen!*

---

[27] Dazu ein Extrembeispiel: Würde einem Produzenten das Recht auf Emission hoch toxischer Stoffe zugestanden, dann müßten die betroffenen Haushalte entweder aus dieser Gegend wegziehen oder bereit sein, den Produzenten für die Einstellung der Emission zu entschädigen. Das könnte extrem teuer kommen und hat dementsprechende Verteilungswirkungen!

9. 'Marktversagen'

Externe Effekte (Externalitäten) können also mit diesem Konzept definiert werden als der Unterschied zwischen dem privaten und dem sozialen Grenzprodukt einer Produktions- oder Konsumtionsaktivität.[28]

Wir können also schreiben:

SOZIALES GRENZPRODUKT = PRIVATES GRENZPRODUKT
+ positive externe Effekte
− negative externe Effekte

Eine graphische Darstellung (Abbildung 9.5) zeigt nun deutlich, warum es bei Vorliegen von externen Effekten nicht zu einer effizienten Nutzung einer Ressource bzw. zu einer effizienten Bestimmung eines Aktivitätsniveaus kommt und wie durch einen *staatlichen Eingriff* mittels Steuern und Subventionen ein effizientes Ergebnis erreicht werden kann.

Abb. 9.5: Auseinanderfallen von privaten und sozialen Grenzerträgen: der Internalisierungsvorschlag von Pigou

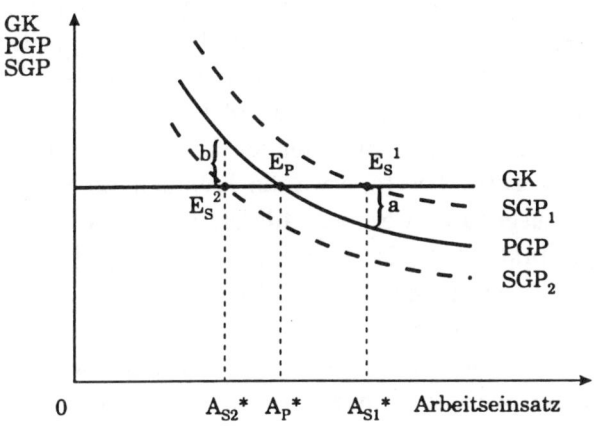

In Abbildung 9.5 treffen wir auf bereits Vertrautes: Auf die durch die *Input-Regel* feststellbare optimale Einsatzmenge eines Produktionsfaktors. (siehe Abbildung 3.2, S. 102.) Auf der Abszisse sind auch

---

[28] Das ist völlig gleichbedeutend mit der Aussage: Externe Effekte bestehen in der Differenz zwischen *privaten* und *sozialen* Grenz*kosten*! Während das private Grenzprodukt dem jeweiligen Wirtschaftssubjekt zufällt, wirkt die Externalität, egal ob positiv oder negativ auf alle anderen Gesellschaftsmitglieder.

hier wieder der Faktoreinsatz (hier der Arbeitseinsatz), auf der Ordinate das Grenzprodukt und die Grenzkosten dieses Faktoreinsatzes abgetragen. Allerdings haben wir nun neben der *privaten* Grenzproduktkurve *PGP* noch zwei *soziale* Grenzproduktkurven SGP_1 und SGP_2 eingezeichnet. Mit der privaten Aktivität, dem Einsatz des Faktors Arbeit in einer Unternehmung, sind hier also *externe Effekte* verbunden. Zwei Fälle sind zu unterscheiden:

- Fall 1:
  Es handelt sich um einen positiven externen Effekt. Das *soziale* Grenzprodukt liegt damit jeweils *über* dem *privaten* Grenzprodukt. Während das private Grenzprodukt *PGP* zur Gänze der Unternehmung zufällt, kommen die mit dem Einsatz dieses Inputfaktors entstehenden positiven externen Effekte *anderen* Gesellschaftsmitgliedern zugute, *ohne daß* dieser positive Effekt der Unternehmung abgegolten würde! Denken Sie beispielsweise an eine ökologisch betriebene Landwirtschaft: Während die Erlöse aus den mit Hilfe menschlicher Arbeitskraft gewonnenen Erzeugnissen (landwirtschaftliche Produkte) dem Landwirt selbst zugute kommen, bewirkt er durch den schonenden und pfleglichen Umgang mit seinem Boden eine Reihe von positiven externen Effekten. Da keine Überdüngung stattfindet, kann das Grundwasser als Trinkwasser verwendet werden, die durch die angepaßte Arbeitsweise entstehenden ästhetischen Effekte können ebenfalls durch Dritte, etwa die Fremdenverkehrswirtschaft, positiv ausgenutzt werden. *Addiert* man also zum privaten Grenzprodukt *PGP* die *positiven externen Effekte*, dann erhält man die Kurve für das soziale Grenzprodukt SGP_1, die über der privaten Grenzproduktkurve *PGP* liegt. Der Landwirt orientiert sich aber bei seiner Arbeitseinsatzentscheidung ausschließlich am privaten Grenzprodukt. Wo dieses mit den Grenzkosten des Arbeitseinsatzes übereinstimmt (Schnittpunkt E_p), liegt sein optimaler Faktoreinsatz A_p^*. Von der Warte der Gesellschaft aus betrachtet, ist dieses Faktoreinsatzvolumen aber *nicht optimal*. Die (sozialen = privaten) Grenzkosten sind hier geringer als das soziale Grenzprodukt SGP_1, das neben dem privaten Grenzprodukt noch die positiven externen Effekte umfaßt. Der von der Warte der Gesellschaft aus optimale Faktoreinsatz wäre also durch den Schnittpunkt E_S^1 der

(sozialen = privaten) Grenzkostenkurve GK mit der sozialen Grenzproduktkurve SGP_1 festgelegt. Wir sehen:

Von der Warte der Gesellschaft aus betrachtet, wird also bei Vorliegen eines positiven externen Effektes zu wenig produziert. Um die Produktion auf das soziale Optimum E_S^1 anzuheben, bedarf es einer Subvention!

Damit wird das private Grenzprodukt PGP nach oben korrigiert und fällt mit dem sozialen Grenzprodukt SGP_1 zusammen. *Der externe Effekt ist damit internalisiert!* Für den Produzenten ist damit nicht mehr die Kurve PGP relevant, sondern die soziale Grenzproduktkurve SGP_1. Entsprechend dehnt er seinen Faktoreinsatz (Arbeitseinsatz) bis zum gesellschaftlichen Optimum A_{S1}^* aus. Die Subvention hat damit das Versagen des Marktes, 'von selbst' ein gesellschaftliches Optimum zu erreichen, korrigiert.

Beachten Sie bitte, daß die Subvention hier pro erstellter *Outputeinheit* gewährt wird. Deshalb verschiebt sich die *PGP*-Kurve (um den Betrag a) nach *oben!* Die Subvention könnte aber auch pro eingesetzter *Inputeinheit*, der Arbeitsleistung, erfolgen! Dann verbilligt sich der Faktoreinsatz, die Grenzkostenkurve verschiebt sich um den Betrag a nach *unten*. Das Ergebnis ist dasselbe!

- Fall 2:
  Es handelt sich um einen negativen externen Effekt. In diesem Fall liegt das *soziale* Grenzprodukt SGP_2 *unter* dem *privaten* Grenzprodukt *PGP*. Der Produzent zieht also nicht alle bei der Produktion anfallenden Kosten ins Kalkül. Denken Sie an das Beispiel der das Wasser verschmutzenden Fabrik. Der Produzent *nutzt* einen Produktionsfaktor, nämlich das Wasser, als Aufnahmemedium für seine Schadstoffe, *ohne* die dabei entstehenden Kosten in seinem Kalkül zu berücksichtigen, also *ohne* für die Nutzung eines Produktionsfaktors zu bezahlen! Diese Kosten müssen in Form von Nutzeneinbußen (für schlechtere Wasserqualität) oder in Form von Aufwendungen (für die Kosten eines Klärwerks) von *anderen* getragen werden. Wir sehen sofort, daß die sich ausschließlich am privaten Grenzprodukt

orientierende Faktoreinsatzentscheidung *nicht zum sozialen Optimum führt.*

Der Verursacher eines negativen externen Effektes wird regelmäßig zu viel von seinem Produkt produzieren. Die Korrektur auf ein optimales Aktivitätsniveau, die Internalisierung des externen Effektes, erfolgt in diesem Fall mit Hilfe einer Steuer.

Um den Produzenten mit der tatsächlichen Kostensituation, reflektiert durch die SGP_2 Kurve, zu konfrontieren, ist eine *Steuer* nötig. Da der Produzent diese Steuer von seinem Ertrag abziehen muß, reduziert sich sein privates Grenzprodukt nun exakt auf das soziale Grenzprodukt SGP_2. Damit wird ebenfalls eine optimale Internalisierung des negativen externen Effektes erreicht: Im nunmehr gewählten Optimum E_S^2 entsprechen die (sozialen = privaten) Grenzkosten dem sozialen Grenzprodukt.

Beachten Sie bitte auch hier, daß die Steuer nicht nur, wie dies durch die Senkung der PGP-Kurve zum Ausdruck kommt, vom *Output* (pro Outputeinheit in Höhe von b), sondern auch durch die Besteuerung des *Inputeinsatzes* erhoben werden kann. Dann würde sich die Grenzkostenkurve um den Betrag b nach oben verschieben, der Output damit ebenfalls reduziert. Beide Besteuerungsarten führen zum gleichen Ergebnis.

Aus diesen Überlegungen können wir eine äußerst bedeutsame *wirtschaftspolitische Schlußfolgerung* ziehen:

Können externe Effekte einem bestimmten Inputeinsatz zugeschrieben werden, so läßt sich mit Hilfe von Besteuerung oder Subventionierung dieses Faktors das gewünschte Ergebnis erzielen.

Diesem, an sich einfachen Internalisierungskonzept, Subventionen im Falle positiver externer Effekte, Steuern im Falle negativer externer Effekte – es ist, nebenbei bemerkt über 70 Jahre alt (!) –, kommt nun gerade in bezug auf die Korrektur die Umwelt betreffender negativer externer Effekte zentrale Bedeutung zu. Die wirtschaftspolitische Handlungsanleitung müßte dementsprechend lauten, jenen *Faktoreinsatz, der zu großen Umweltbelastungen führt,* zu identifizieren und entsprechend zu besteuern (also allen voran fossile Brennstoffe!). Damit wird dem Verwender dieses Inputs die Inanspruchnahme einer natürlichen Ressource, der Umwelt, deutlich angezeigt. Es wird

9. 'Marktversagen' 393

begonnen, sparsamer mit dieser Ressource umzugehen, oder mit anderen Worten: Es wird begonnen, mit dem knappen Gut 'Umwelt' nun auch wirtschaftlich umzugehen.

Das Hauptproblem besteht bei diesem Ansatz darin, das *Ausmaß* der positiven oder negativen externen Effekte auch nur annähernd zutreffend festzustellen, also zu quantifizieren! Der Staat bzw. ein zentraler Planer hat dafür jeweils kaum ausreichende Information, die beteiligten Wirtschaftssubjekte auf Befragen hin zumeist keinen Anreiz, die Wahrheit zu sagen.[29]

Trotzdem erweist sich gerade das Instrument der Steuern und Subventionen für die Korrektur externer Effekte deshalb als zweckmäßig, weil damit jedenfalls die *Anreizstruktur*, der die Wirtschaftssubjekte 'ausgesetzt' sind, zielkonform gestaltet werden kann. Darüber hinaus ist dieses Instrument relativ leicht handhabbar.

Besondere Bedeutung kommt diesem Instrument, wie erwähnt, bei der Neuorientierung unseres Wirtschaftssystems auf ein *ökologiekonformes Wirtschaften* zu. Hier besteht wohl dringender Handlungsbedarf! Dies umso mehr, wenn Sie daran denken, daß es *gerade der Staat* ist, der im Umweltbereich wider besseres Wissen die *falschen Signale* setzt. So wird der Faktor Arbeit massiv besteuert und damit verteuert, die natürlichen Ressourcen hingegen nicht! Das führt zu einer krassen *Verzerrung der Preisrelationen* mit entsprechenden Auswirkungen auf die Umwelt: Mit den natürlichen Ressourcen wird 'zu wenig sparsam', damit ineffizient umgegangen. Hier liegt also *Staatsversagen* vor: Durch einen staatlichen Eingriff kommt es zu einer Verschlechterung der Situation anstatt zu einer Wohlstandserhöhung.

Dennoch gibt es viele sinnvolle Möglichkeiten der Subventionierung bzw. der Besteuerung verschiedenster privatwirtschaftlicher Aktivitäten zur Korrektur externer Effekte, nicht nur im Umweltbereich. Denken Sie bloß an die Subventionierung der Grundlagenforschung sowie der Ausbildung auf Schul- und Universitätsebene, der Kunst- und Kulturförderung. Der für die Lösung unserer drängendsten Probleme knappste Faktor ist gewiß das *Humankapital*

---

[29] Auf die Frage, wie groß Ihr Nutzenverlust durch die Minderung der Wasserqualität ist, um die Höhe der Steuer festzulegen, mit der die Emissionen verursachende Produzent belegt werden soll, wird Ihre Antwort interessanterweise wahrscheinlich *anders* ausfallen als wenn es dabei darum geht, Ihren Beitrag zur Finanzierung der Kläranlage zu bestimmen!

und es ist fraglich, ob dieses ohne massive staatliche Subventionierung im ausreichenden Maße 'gebildet' würde.

Ebenfalls in diese Richtung zielen auch Steuererleichterungen für Autoren, die ja auch Güter produzieren, bei denen die Durchsetzung des Ausschlußpinzips nicht bzw. nur eingeschränkt möglich ist. Werden die Bücher kopiert oder einfach 'nur' aus Bibliotheken entlehnt, so gelangt der Konsument in den Nutzen des Buches, ohne dafür den Autor entsprechend zu entschädigen!

Wenn ein negativer externer Effekt bzw. seine Beseitigung den Charakter eines öffentlichen Gutes annimmt und dieses durch eine Neuregelung der Eigentumsrechte nicht über Märkte bereitgestellt werden kann, dann besteht schließlich noch die Möglichkeit des *staatlichen Angebots* von öffentlichen Gütern, sei es auf nationaler Ebene, wie dies beispielsweise für die innere und äußere Sicherheit zutrifft, sei es auf regionaler Ebene, wie im Fall von Klärwerken, öffentlichen Parkanlagen oder der Sauberkeit der Städte. Allerdings bleibt auch hier das Problem bestehen, den *optimalen Umfang* des staatlichen Angebots an öffentlichen Gütern zu bestimmen. Zu bedenken ist nämlich stets, daß dafür jedenfalls knappe Ressourcen aufgewendet werden müssen, die für andere Verwendungen nicht mehr verfügbar sind bzw. die natürlich durch die Staatsbürger finanziert werden müssen. Überdies ist zu beachten, daß, wenn sich der Staat um die Bereitstellung öffentlicher Güter kümmert, das noch lange nicht bedeutet, daß der Staat diese auch selbst produzieren muß. Ebenso wie der Staat die Straßen nicht selbst baut[30], sondern mit dieser Aufgabe private Bauunternehmungen betraut und so die Konkurrenz des Marktes nützt, so kann er auch die Straßenerhaltung und -reinigung ebenso wie die Müllabfuhr und ähnliches durchaus – beispielsweise im Wege von Ausschreibungen – den Privaten überlassen. Damit besteht zumindest ein *Anreiz*, eine festgelegte Menge eines öffentlichen Gutes *kostenminimal* herzustellen! Und das spart Steuern!

---

[30] Nur so ganz nebenbei: Es war 'der Staat', der das Gut 'Straßen' so umfangreich und für die Nutzer unmittelbar gratis zur Verfügung gestellt hat, sodaß die Nachfrage danach sich entsprechend entwickelt. Es ist also 'der Staat', der das Verkehrs- und das damit verbundene Umweltproblem verursacht hat!

9.2.4.3 Übersicht über die staatlichen Handlungsmöglichkeiten bei Marktversagen

Abschließend können wir die Möglichkeiten, die dem Staat (der Regierung) zur Verfügung stehen, um bei den hier geschilderten Fällen von Marktversagen korrigierend einzugreifen, wie folgt im Überblick darstellen:

- Zunächst ist zu prüfen, ob die Möglichkeit einer dezentralen Verhandlungslösung der Beteiligten grundsätzlich gegeben ist. Hier stellt sich die Frage, ob entsprechende *Eigentumsrechte* definiert und sonstige Möglichkeiten zur *Senkung von Transaktionskosten* genutzt werden können.

- Auch kommt der staatlichen 'Produktion' bzw. Bereitstellung von relevanter *Information* (zumeist ein öffentliches Gut) in diesem Zusammenhang größte Bedeutung zu! So kann beispielsweise eine genaue Aufklärung der Bevölkerung über die Luft-, Boden- und Wasserqualität und die Aufdeckung der Verschmutzungsquellen einen derart starken öffentlichen Druck auf die jeweiligen Emittenten bewirken, daß diese 'von selbst' Vermeidungsaktivitäten setzen!

- Mit Hilfe von *Steuern* bei negativen externen Effekten und *Subventionen* bei positiven externen Effekten kann die *Anreizstruktur* wirksam korrigiert werden.

- Schließlich hat der Staat noch ein wirksames Instrument zur Hand. Er kann mit *Geboten und Verboten* direkt das individuelle Handlungsspektrum einschränken und damit 'gesellschaftlich' nicht erwünschtes Verhalten wirksam unterbinden. Die Beispiele hiezu sind äußerst vielfältig, mitunter ist es aus ökonomischer Sicht fragwürdig, ob das jeweils gesetzte Ziel auch tatsächlich erreicht werden kann.

    Beispiele für Verbote und Gebote gibt es zuhauf: Das *Verbot* der Straßennutzung (Fahrverbote für bestimmte Stadtteile und Straßenzüge), einer bestimmten Art der Landnutzung, Verbote der Verwendung bestimmter Stoffe (Fluorkohlenwasserstoffe) und der Emission bestimmter gefährlicher Substanzen (z.B. Pestizide, Dioxine etc.).

Es entfällt bei dieser Variante zwar die Notwendigkeit *freiwilliger Verhandlungen* unter den Beteiligten, doch sind mit diesen Maßnahmen – wie gezeigt – regelmäßig Nutzenverluste verbunden. Darüber hinaus ist zu beachten, daß neben dem Manko der Einschränkung individueller Handlungsfreiheit, Gebote und Verbote dann kaum 'befolgt' werden, wenn keine bzw. wenig Akzeptanz dafür vorliegt und deren Einhaltung nicht rigoros kontrolliert wird (was unter Umständen nicht unbeträchtliche Ressourcen bindet!).

- Schließlich gibt es noch die Möglichkeit, die *Unvollkommenheit des Marktsystems* durch das *staatliche Angebot von öffentlichen Gütern* zu kompensieren. Hier muß aber noch einmal betont werden, daß die staatliche Bereitstellung öffentlicher Güter nicht bedeuten muß, daß sie auch vom Staat (von staatlichen Unternehmungen) selbst produziert werden.

Bei den in der Realität wohl am häufigsten anzutreffenden Instrumenten zur Korrektur der hier erörterten Marktfehler, bei Verboten und Geboten sowie der staatlichen Bereitstellung öffentlicher Güter, ist also stets eine grundsätzliche Skepsis angezeigt.

Es muß stets bedacht werden, daß das Vorliegen von Marktversagen nicht eo ipso schon einen Staatseingriff rechtfertigt. Zum einen ist fraglich, ob dieser das 'Marktversagen' wirksam 'heilen' kann, zum anderen muß auch der mit dem Staatseingriff selbst regelmäßig verbundene, zumeist nicht unbedeutende Ressourceneinsatz bedacht werden. Es ist stets auch die Möglichkeit von Staatsversagen, also einer Verschlechterung der Situation durch Staatseingriff, zu bedenken.

9.3 Beruhigendes und weniger Beruhigendes: Das Umweltproblem

9.3.1 Eine Paradoxie!

Bei der Diskussion der uns auf Schritt und Tritt begleitenden externen Effekte ist Ihnen gewiß aufgefallen, daß sich die 'Umwelt' bzw. bestimmte 'Ausschnitte' oder 'Teile' der Umwelt besonders gut als Demonstrationsbeispiel(e) für die Problematik der externen Effekte verwenden lassen. So kann das, was mit dem Gut 'Wasserqualität' am Stauseebadestrand gezeigt wurde, genausogut anhand des öffentlichen Gutes 'Luftqualität in der Stadt' demonstriert werden.

Auf den ersten Blick scheint es, daß die Umwelt ein 'Opfer' unseres Wirtschaftssystems sei und daß durch die bedrohliche Kumulation vieler immer massiver auftretender externer Effekte eine Entwicklung in Gang gesetzt worden ist, die möglicherweise die Überlebensfähigkeit unseres Planeten insgesamt in Frage stellt. Opfern wir also unsere Umwelt am 'Altar der Wirtschaft'?

Gerade weil uns diese Fragen heute in besonderem Maße beschäftigen und zu diesem Problem eine Vielzahl von kaum haltbaren Vorurteilen und auch Vorwürfen an die Adresse der Ökonomik bestehen, wollen wir uns mit diesem Thema abschließend noch etwas näher auseinandersetzen und eine *ökonomische* Analyse des Umweltproblems vorstellen. Trifft diese *Diagnose* zu, dann kann nach geeigneten *Therapien* gesucht werden!

Wir haben – mit den gebotenen Einschränkungen – externe Effekte als Güter definiert, die uns wichtig sind, für die aber keine Märkte existieren. Weil also das Marktsystem unvollständig ist, haben wir ein 'Versagen' des Marktes bzw. des Marktmechanismus konstatiert.[31] Diese Unvollständigkeit des Marktsystems trifft nun in besonderer Weise auf weite 'Teile der Umwelt' zu!

Es erfolgt deshalb kein effizienter Umgang, keine effiziente Nutzung mit der knappen Ressource Umwelt, sondern ganz offensichtlich eine massive Übernutzung, und zwar regelmäßig durch alle Wirtschaftssubjekte, also Unternehmungen und Haushalte, weil wir alle in vielfältiger Weise das knappe Gut 'Umwelt' nutzen, ohne dafür etwas bezahlen zu müssen.

Der Grund, warum alle das knappe Gut Umwelt kostenlos nutzen können, liegt darin, daß es keine *Institution* gibt, die den Umgang mit dem Gut/der Ressource Umwelt regelt, sprich: Weil es *keine klar definierten Eigentumsrechte* gibt (und weil sich solche zum Teil gar nicht definieren bzw. durchsetzen lassen![32])

---

[31] Die Anführungszeichen sind deshalb gesetzt, weil es sich genaugenommen um ein Versagen des Rechtssystems handelt, für alle knappen Güter durchsetzbare Eigentumsrechte zu definieren!
[32] Wie wollen Sie ein Eigentumsrecht auf frische Luft in der Stadt durchsetzen? Trotzdem zeigt gerade ein genaueres Durchdenken, daß es auch hier Lösungsmöglichkeiten gibt!

An dieser Stelle müssen wir zunächst einmal eine wichtige Differenzierung vornehmen: Wir können die Umwelt, also die *Summe an natürlichen Ressourcen im weitesten Sinne*, in *zwei* Kategorien einteilen:

- in *nicht regenerierbare (erschöpfliche)* Ressourcen einerseits; dazu zählen all jene Ressourcen, *auf die sich das Preissystem erstreckt, die also mit einem Preis belegt werden (können)*. Dazu zählen in erster Linie Bodenschätze wie Erze, aber auch Kohle und Erdöl.

Andererseits in sogenannte

- *regenerierbare Ressourcen*, die nach einer bestimmten Zeit wieder 'nachwachsen' bzw. bei entsprechender 'Pflege' einen jährlichen Ertrag abwerfen. *Vorausgesetzt, daß diese regenerierbaren Ressourcen entsprechend behandelt werden*, können wir dann auch von *unerschöpflichen* Ressourcen sprechen!

Und hier tritt nun das schon in der Überschrift angedeutete Paradoxon auf:

Nicht die nicht regenerierbaren, also definitiv erschöpflichen Ressourcen – wie lange Zeit geglaubt und befürchtet –, sondern jene an sich regenerierbaren Ressourcen, die im Gemeineigentum stehen, die also für jedermann frei zugänglich sind, sind gefährdet, d.h. von ihrem definitiven Abbau bzw. ihrer Zerstörung bedroht! Damit stellen die an sich regenerierbaren und für jedermann frei zugänglichen Ressourcen unser größtes und wohl auch bedrohlichstes Problem dar.

Das wollen wir nun versuchen, deutlich zu machen!

Beginnen wir mit einem einfachen Beispiel: Ein Fischbestand ist eine an sich regenerierbare Ressource! Man könnte also meinen: No problem! Indes: Steht er im *Gemeineigentum*, also *allen* zur Nutzung offen, dann kommt es mit großer Wahrscheinlichkeit zur *Überfischung* und damit zur Gefahr des definitiven Abbaus dieser an sich regenerierbaren Ressource (= Ausrottung des Fischbestandes)! Denn: Für den einzelnen Fischer ist es vorteilhafter, in die *Fangtechnologie* zu investieren als in die *Erhaltung des Bestandes!* Er muß ja fürchten, daß – aufgrund des *freien Zugangs* zu dieser Ressource – seine im Sinne der Erhaltung des Bestandes gesetzte Verzichtsleistung zu einem *erhöhten*

9. 'Marktversagen'

Fang anderer Fischer führt und damit konterkariert wird. Die individuelle Handlungsstrategie lautet *unter diesen Umständen*, d.h. bei einer *öffentlich zugänglichen* oder *Common-Property-Ressource*: Derjenige ist der Erfolgreichste, der möglichst schnell möglichst viele Fische in seine Netze zieht. Damit wird in die Fischfang- bzw. 'Abbautechnologie' investiert und der Bestand sehr schnell erschöpft. Ein Ergebnis, das unter dem Strich natürlich alle Fischer schlechter stellt! Denn alle verlieren damit ihre Lebensgrundlage.

Im Fall von Common-Property-Ressourcen führt also individuelles Rational- bzw. Eigennutzverhalten zu einem kollektiv unerwünschten bzw. ineffizienten Ergebnis. Weil die relevanten Preise fehlen, kommt die 'unsichtbare Hand' nicht zur Wirkung!

Was für den Fischbestand eines *frei zugänglichen* Gewässers gilt, gilt nun gleichermaßen für die Pilze im Wald ... *wenn, ja wenn es jedermann freisteht*, die Pilze nach Belieben zu sammeln. Der eine Pilzsucher zieht bei seinen Überlegungen nicht in Betracht bzw. ist es ihm gleichgültig, daß das, was er in seinen Korb legt, ein anderer nicht mehr pflücken kann (negativer externer Effekt) ... (bzw. fürchtet er genau diese Handlung anderer Pilzsucher, weshalb er besonders eifrig und flink pflückt.) Was nun für den Fischbestand und die Pilze gilt, gilt genauso für öffentliche Parkanlagen, das öffentliche Straßennetz und freilich auch für frei zugängliche Badestrände (wie auch unseren Stauseebadestrand!).[33]

Das wäre an sich noch nicht so dramatisch! Doch gelten diese Zusammenhänge leider auch für so essentielle Güter wie die Luft (die Atmosphäre) und das Wasser (die Flüsse und Weltmeere mit allen darin lebenden Tierbeständen), natürliche, an sich regenerierbare Ressourcen (!)[34], die aber im Gemeineigentum stehen, jedoch nicht etwa 'bloß' einer Stadt oder 'bloß' eines Landes, sondern heute

---

[33] Eine Badeanstalt hingegen verlangt einen *Preis* für die Nutzung und hißt darüber hinaus die Flagge, wenn ihre Aufnahmekapazität erschöpft ist! Hier gibt es also *Mechanismen*, die eine Übernutzung wirksam unterbinden!

[34] Luft und Wasser haben unbestritten eine bestimmte Regenerationskapazität, d.h. sie 'vertragen' durchaus ein bestimmtes Ausmaß an Inanspruchnahme (Verschmutzung). Sie verfügen also über einen Selbstreinigungsmechanismus, weisen andererseits aber auch bestimmte Nutzungsschwellen, Grenzen ihrer Aufnahmefähigkeit und Belastbarkeit, auf. Werden diese Grenzen überschritten, ... Das Problem ist, daß wir diese Belastungsgrenzen *nicht kennen!* Wir provozieren damit gewissermaßen eine *verificatio post festum!*

der gesamten, mondialen Staatengemeinschaft! Damit werden diese an sich regenerierbaren Ressourcen weltweit von jedermann 'gratis' genutzt, also beansprucht, ohne daß dabei berücksichtigt würde, daß durch die dann drohende *Übernutzung* der Bestand dieser Ressource insgesamt gefährdet wird!

Gefährdet wird der Bestand einer regenerierbaren Ressource dann, wenn mehr und mehr 'Anspruchsberechtigte', Nutzer, auftreten.[35] Wir wollen uns kurz vergegenwärtigen, *wie* Knappheit überhaupt entsteht. In Abbildung 9.6 sind drei Ihnen nunmehr schon gut vertraute Angebots-Nachfrage-Schemata dargestellt. In allen dreien sei das 'Angebot' einer natürlichen Ressource als Vertikale dargestellt: Es ist 'einfach da' und damit völlig (preis)unelastisch! Durch die vertikale Angebotskurve dargestellt sei hier aber nicht die Ressource selbst, sondern ihr (jährliches) 'Angebot', d.i. der maximale jährliche Ertrag (Nutzenstrom), den diese Ressource – sagen wir die Atmosphäre – 'abgeben' kann, ohne dadurch in ihrer Regenerationskapazität eingeschränkt zu werden! Die Nachfragekurve nach dem Gut 'Luft' ergibt sich primär durch den Stand der Weltbevölkerung. Sie liegt bei verhältnismäßig geringem Bevölkerungsniveau noch so weit links von der Angebotskurve, daß es noch nicht einmal zu einem Schnittpunkt mit ihr kommt: Es gibt hier überhaupt *keine Knappheit, damit aber keine Notwendigkeit zu wirtschaften!* Das ist bzw. *war* also mit der Bezeichnung *'freies Gut'* gemeint! Wächst nun die Zahl der Nutzer, sprich die Weltbevölkerung, dann wird sich die Nachfragekurve nach natürlichen Ressourcen pari passu nach rechts verschieben! *Knappheit entsteht*, mehr und mehr Nutzer konkurrieren um eine in ihrem Bestand absolut festgelegte Ressource!

Im Gegensatz zu marktfähigen Gütern, die mit einem Preis belegt werden können, für die sich also im Zuge dieses Prozesses ein Preis entwickelt, der als Signal für ihre Knappheit fungiert, gibt es nun bei vielen regenerationsfähigen natürlichen Ressourcen, bei denen das Ausschlußprinzip nicht durchgesetzt ist bzw. nicht funktioniert, keinen Preis, der Angebot und Nachfrage aufeinander abstimmen könnte. Das Preissystem ist unvollständig!

Die Nachfrager nutzen diese Güter, die Luft und das Wasser (mit

---

[35]Freilich ließe sich hier noch differenzieren zwischen der *Anzahl* der 'Nutzungsberechtigten' und dem *Umfang* ihrer Nutzung.

9. 'Marktversagen' 401

all seinen Beständen), damit zum Preis von Null! Wie Sie im rechten Teil der Abbildung 9.6 sehen können, übersteigt aber die nachgefragte Menge die 'angebotene' Menge bei diesem Preis deutlich. Es wird von der Nutzung der *Flows*, der *jährlichen Erträge*, der in einer Periode immer und immer wieder (regenerativ) zur Verfügung gestellten 'Güter', zur Nutzung und damit zum Abbau der *Stocks*, *der Bestände* übergegangen. Je geringer jedoch der Bestand einer regenerativen Ressource, desto geringer in der Regel die Regenerationskapazität. Die Ressouce läuft damit Gefahr, definitiv abgebaut oder zerstört zu werden ('worst case')!

Abb. 9.6: Das Entstehen von Knappheit und die Übernutzung einer an sich regenerierbaren natürlichen Ressource mit freiem Zugang

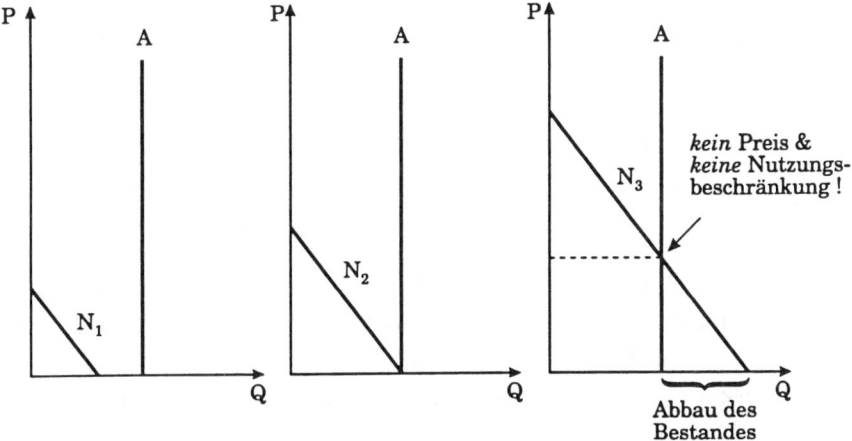

Dagegen beobachten wir – und das erscheint nun auf den ersten Blick als Paradoxie – bei natürlichen *nicht regenerierbaren, definitv erschöpflichen Ressourcen, für die aber das Ausschlußprinzip durchgesetzt werden kann, für die es also einen Preis gibt*, ständige 'Entknappungstendenzen'! D.h. der reale Preis für die meisten dieser Güter, insbesondere freilich für Öl, ist zuletzt stark *gefallen*. Hier entwickelt der Preismechanismus seine 'segensreiche' Wirkung: Zunächst wird eine Ressource *knapper*, damit *steigt* ihr Preis. Dieser Anstieg ist nun das entscheidende *Signal!* Denn: Einerseits versuchen die Nachfrager, dieses Gut *sparsamer* einzusetzen, also *effizienter* zu nutzen. Andererseits setzen weltweit *Substitutionsprozesse, Suchprozesse* nach anderen Stoffen, nach *Technologien*, ein, die früher oder später auch erfolgreich sind! Insgesamt kann dies dann wieder zu einer *Preissenkung* dieser Ressource führen. Beachten Sie aber, daß die

Preissteigerung eine unabdingbare Vorbedingung für die geschilderten Prozesse ist!

Und weil im Falle einer an sich sogar regenerativen (!), aber jedermann zur Benutzung freistehenden Ressource *dieser Preismechanismus fehlt*, geht's daneben! Die *ökonomische* Diagnose des Umweltproblems lautet damit:

Es ist nicht das Wirtschaftssystem, das die Umwelt zerstört, sondern die durch die mangelnden bzw. teilweise unmöglichen Rechtsabgrenzungen bedingte Unvollständigkeit des Marktsystems, die zum Umweltproblem führt. Weil die Umwelt über weite Bereiche ein für jedermann frei zugängliches Gut ist, wird mit ihr erst gar nicht gewirtschaftet, also effizient umgegangen.

Deshalb sitzen wir in der Bredouille! Das ist äußerst beunruhigend! Allerdings ist dieses Problem, die Übernutzung einer öffentlich zugänglichen Ressource und damit die Gefahr ihres Abbaus bzw. ihrer Zerstörung, an sich *nicht neu*. Neu und beunruhigend ist heute die *Dimension*, in der dieses Problem auftritt. Was früher das Problem eines *Dorfes* war, ist heute das Problem der ganzen *Welt!*

Im Dorf gab es nämlich früher eine Weide, die *allen* Dorfbewohnern zur Nutzung offenstand, die 'Gemeinschaftsweide' oder *Allmende*. Und das dort auftretende Problem war, seiner Struktur nach, völlig analog zu dem hier Geschilderten. Es heißt deshalb bis heute *das Problem der Allmende* oder, mit der englischen Bezeichnung:

9.3.2 The Tragedy of the Commons!

Weil es für das Verständnis der wichtigsten Umweltprobleme von fundamentaler Bedeutung ist, wollen wir uns das nun genauer ansehen.

Die Frage, vor der *der einzelne* Bauer des Dorfes stand, war, ganz einfach formuliert, folgende: Zahlt es sich aus, *noch eine Kuh* auf diese Weide zu schicken oder nicht? Gehen wir hier wieder anhand unserer ganz simplen Plus-Minus-Logik vor, und betrachten wir zwei *institutionell* unterschiedliche Szenarien:

- Szenario *A* ist das *Szenario der Allmende:* Die Weide steht *jedem* Dorfbewohner zur Nutzung offen.

- Im Szenario *B* hingegen steht die Weide im *ausschließlichen Eigentum eines Bauern.*

9. 'Marktversagen'

Schauen wir uns zunächst das Plus und das Minus dieser Entscheidung des einzelnen Bauern

- im Szenario A, der Allmende, näher an: Das Minus besteht in den Kosten, die die Anschaffung einer zusätzlichen Kuh mit sich bringt. Gehen wir davon aus, daß der Preis einer Kuh für den einzelnen Bauer fix vorgegeben und konstant ist, und bezeichnen wir diesen mit P_K. Das Plus besteht in dem Ertrag, den der Bauer durch das Auftreiben einer zusätzlichen Kuh erwirtschaften kann: Sind bereits k Kühe auf der Gemeinschaftsweide, so ist das *Gesamt*produkt dieser k Kühe, entsprechend der Produktionsfunktion

$$Q = f(k)$$

das *Durchschnittsprodukt* jeder einzelnen Kuh damit

$$DP(k) = \frac{f(k)}{k}$$

Wird nun eine *zusätzliche* Kuh auf die Gemeinschaftsweide getrieben, dann ist das Durchschnittsprodukt *nach* dem Auftrieb

$$DP(k+1) = \frac{f(k+1)}{k+1}$$

Dieses neue Durchschnittsprodukt ist nun das relevante Plus, das der einzelne Bauer dem Minus, den Kosten einer Kuh (P_K) gegenüberstellen muß, denn der Auftrieb dieser zusätzlichen Kuh führt ja zu einer Veränderung des Durchschnittsprodukts bei allen und so auch bie seinen anderen Kühen.

Ist das neue Durchschnittsprodukt größer als der Preis, also

$$DP(k+1) > P_K$$

dann lohnt es sich, eine weitere Kuh auf die Gemeinschaftsweide zu stellen, andernfalls nicht.

Wir können nun annehmen, daß das Durchschnittsprodukt fällt. Denn würde das Durchschnittsprodukt steigen, dann wäre es zunehmend vorteilhafter, weitere Kühe auf die Weide zu treiben. Und weil dies für alle Bauern gilt, ist anzunehmen, daß bereits so viele Kühe grasen, daß das Durchschnittsprodukt fällt![36]

---

[36] Welches Gesetz gilt hier?

- Wie schaut es demgegenüber aus, wenn die Weide im *exklusiven Eigentum eines Bauern steht* (Szenario B)? Nun, das Minus, die Kosten einer zusätzlichen Kuh bleibt mit P_K unverändert. Was sich hingegen *ändert, ist das Plus!* Nicht das neue Durchschnittsprodukt, $DP(k+1)$, zählt, sondern – wie wir es von der Gewinnmaximierungsentscheidung der Unternehmung her gewohnt sind – das *Grenzprodukt* der zusätzlich aufgetriebenen Kuh, also:

$$GP(k+1) = f'(k+1)$$

Und auch hier haben wir Grund zu der Annahme, daß das Grenzprodukt fällt. Der Bauer wird also solange zusätzliche Kühe auf *seine* Weide stellen, bis das Grenzprodukt der letzten Kuh den Kosten dieser Kuh entspricht:

$$GP(k+1) = f'(k+1) = P_K$$

Abb. 9.7: Übernutzung einer frei zugänglichen Ressource: 'The Tragedy of the Commons'

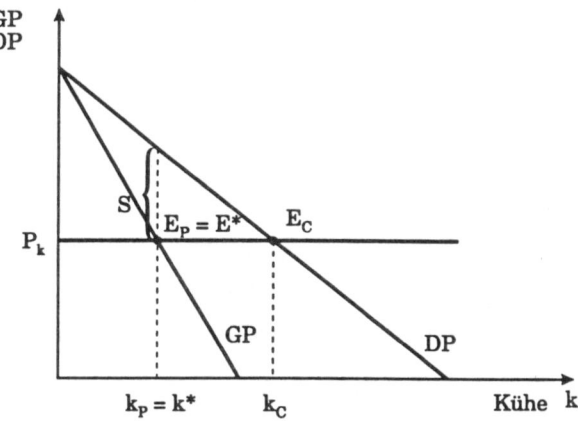

Sehen wir uns nun diese Zusammenhänge in einer Graphik genauer an. In Abbildung 9.7 sind auf der Abszisse die Anzahl der Kühe, auf der Ordinate das zugehörige Grenz- und Durchschnittsprodukt abgetragen. Sie sehen nur mehr den relevanten Teil der Produktionsfunktion, den des fallenden Durchschnittsprodukts. Jetzt müssen Sie noch einmal Ihre Kenntnisse über die Zusammenhänge zwischen Grenz- und Durchschnittsgrößen auspacken! Es gilt: Fällt das Durchschnittsprodukt, dann liegt das Grenzprodukt unter dem

Durchschnittsprodukt. Dementsprechend ist die Zahl der aufgetriebenen Kühe, also die Intensität der Nutzung dieser Weide, einer regenerierbaren natürlichen Ressource, im Falle der Orientierung am Grenzprodukt *geringer* als im Falle der Orientierung am Durchschnittsprodukt ($k_P < k_C$). Letzteres ist – wie oben gezeigt – dann der Fall, wenn die regenerierbare natürliche Ressource 'Weide' von jedem Bauern frei zugänglich genutzt werden kann. In diesem Fall werden also *zu viele* Kühe auf der Weide stehen, damit droht die Weide zertrampelt zu werden. Die Ressource wird übernutzt, möglicherweise zerstört.

Die Ursache für die Übernutzung der Allmende liegt in einer Kumulierung externer Effekte, die jedoch ihrerseits eine Folge mangelhafter bzw. fehlender Rechtsabgrenzungen, also unzweckmäßiger Eigentumsrechte (ungehinderter Zugang zur gemeinschaftlichen Weide!) sind.

Der einzelne Bauer orientiert sich bei seiner Entscheidung – wie wir gesehen haben – im Falle der Allmende ja am *Durchschnittsprodukt, nicht am Grenzprodukt!* Zwar wird er die Auswirkungen, die der Auftrieb einer zusätzlichen Kuh auf *seine (eigenen) anderen* Kühe hat, mitberücksichtigen, *nicht aber* jene Auswirkungen, die diese Maßnahme für die *anderen* Bauern mit sich bringt. (Deren Durchschnittsprodukt sinkt ja durch den Auftrieb einer zusätzlichen Kuh ebenfalls! Das Gras, das die zusätzliche Kuh frißt, kann nicht mehr von einer anderen gefressen werden!) Damit verursacht aber der einzelne Bauer den anderen Bauern durch den Auftrieb einer zusätzlichen Kuh einen *negativen externen Effekt!*

Wir kommen also zu dem ebenso interessanten wie besorgniserregenden Schluß:

Steht eine an sich regenerierbare natürliche Ressource jedermann frei zur Nutzung zu Verfügung, so wird sie – im Vergleich zu einer privatwirtschaftlichen Nutzung – übernutzt. Damit droht ihr die Zerstörung (der völlige Abbau der regenerierbaren Ressource)!

Allerdings sind unsere Bauern vernünftig und erkennen rechtzeitig die drohende Gefahr bzw. lernen sie aus dem tatsächlich eingetretenen Schaden! Also entscheiden sie sich für irgendeine Form der *Nutzungsbeschränkung!*

Grundsätzlich stehen zwei Möglichkeiten zur Auswahl: Einerseits kann die öffentlich (frei) zugängliche Ressource *privatisiert* werden. Damit richtet sich die Entscheidung über den Umfang der Weidenutzung nach dem Grenzprodukt und das 'effiziente' Ergebnis $E_P = E^*$ wird realisiert. Die Gefahr der Übernutzung ist damit deutlich reduziert.[37] Die zweite Möglichkeit besteht darin, die *individuellen Nutzungsrechte der gemeinschaftlichen Ressource zu beschränken*. Möglich sind hier eine *Mengen*- oder eine *Preis*lösung.

Die *Mengenlösung* besteht darin, jenen maximalen Nutzungsumfang, der den dauerhaften Erhalt der Ressource gewährleistet, nach einem festzulegenden Schlüssel auf die Nutzer zu verteilen, also eine *mengenmäßige Zutrittsbeschränkung* einzuführen. Diese Lösung finden wir in der Praxis häufiger: Zwar gibt es heute kaum mehr Allmenden *im* Dorf, jedoch sehr viele gemeinschaftlich bewirtschaftete Almen. Der einzelne an einer solchen Almgemeinschaft beteiligte Bauer darf keineswegs beliebig viele Rinder auftreiben und aus dem Gemeinschaftswald nur eine genau festgelegte Menge an Holz entnehmen, die richtigerweise dem jährlichen Holzzuwachs entsprechen sollte.

Die *Preislösung* besteht darin, die *Kosten* der Weidenutzung zu erhöhen, also entweder eine *Benutzungsgebühr* oder eine *Steuer pro aufgetriebene Kuh* zu verrechnen. Diese optimale Benutzungsgebühr oder Stücksteuer S ergibt sich nun als Differenz zwischen dem Durchschnitts- und dem Grenzprodukt beim optimalen Inputeinsatz k^*. Damit verschiebt sich die Grenzkostenkurve um den Betrag S parallel nach oben, was die Bauern zur Reduktion ihrer Weidenutzung auf insgesamt k^* Einheiten veranlassen wird.

---

[37]Sie ist damit freilich nicht gebannt! Daß der Preise für die produzierten Güter Milch und Fleisch, die für die Lage der (Wert)Grenzproduktkurve verantwortlich sind, die Grenzkostenkurve just dort schneidet, wo die Regenerierbarkeit der Ressource sichergestellt ist, wäre reiner Zufall. Sie sehen das deutlich, wenn Sie annehmen, daß die Preise steigen: Dann würde sich ja die Wertgrenzproduktkurve nach außen drehen und damit eine Intensivierung, auch der *privatwirtschaftlichen Nutzung* anzeigen! Allerdings kann dem privaten Eigner dieser Ressource plausibel unterstellt werden, daß er an einer *dauerhaften Erhaltung* seiner Einkommensquelle interessiert ist und daher sorgfältig darauf achtet, daß eine den Bestand der Ressource gefährdende Nutzung unterbleibt (was sich in diesem Fall auf die Grenzkostenkurve auswirken würde). Demgegenüber geht es bei gemeinschaftlicher Nutzung ohne Nutzungsbeschränkung gewissermaßen darum, wer der Schnellste im Abbau ist! Weil jeder so viel wie möglich (jedoch unter Beachtung *bloß seines eigenen* Plus und Minus) herausholen will, ...

9. 'Marktversagen'

* * *

Das hier vorgestellte Problem der Allmende oder 'The Tragedy of the Commons' beschreibt exakt die Struktur unserer brennendsten Umweltprobleme. Denn zu solchen an sich regenerierbaren, aber für jedermann frei zugänglichen und frei nutzbaren Ressourcen können wir 'nicht nur' Fischbestände in *internationalen* Gewässern – in nationalen ist eben dieses Problem bereits aufgetreten und (teilweise) gelöst –, sondern vor allem die Atmosphäre sowie die internationalen und damit wohl größten Bereiche der Weltmeere zählen. Noch gibt es also für diese an sich regenerierbaren Ressourcen, die ein bestimmtes Maß an Nutzung bzw. Inanspruchnahme durchaus vertragen keine *Institution* – wie die Dorfversammlung im Fall der Allmende –, die die Nutzung dieser Ressourcen in der Weise *regeln und auch wirksam überwachen* würde, sodaß die Regenerationsfähigkeit dieser zentralen Lebensressourcen dauerhaft erhalten bliebe. (Ein zusätzliches und nicht geringes Problem ist, daß wir über die Grenzen der Beanspruchbarkeit dieser Ressourcen kaum etwas wissen!) Es ist aber auch zu betonen, daß bis in die jüngste Vergangenheit dazu überhaupt kein Anlaß bestand! Es gab diese Arten von Knappheit noch gar nicht!

Die derzeitigen Verträge, die die Nutzungsrechte der einzelnen Staaten beschränken, sind zwar wichtige erste Schritte, die Lösung des Problems sind sie hingegen deshalb nicht, weil sich auch hier wiederum eine *spezifische Möglichkeit des Freifahrens* eröffnet. Halten sich nämlich alle anderen Vertragsparteien an die getroffenen Vereinbarungen, dann wird es für Sie umso lukrativer, dagegen zu verstoßen: Halten sich die anderen an die Beschränkung und fischen weniger, dann ist Ihr zusätzlicher (und nicht gestatteter) Fangzug für die Erhaltung des Fischbestandes *irrelevant, jedoch umso einträglicher!* Dieser Verlockung kann nun kaum ein 'Vertragspartner' widerstehen und so .... finden wir uns in der 'tragedy of the commons' wieder!

Unser wahrscheinlich drängendstes *international commons*-Problem ist die Nutzung der Atmosphäre. Nehmen wir an, die Staatengemeinschaft einigt sich auf einen Vertrag zur Nutzung dieser regenerierbaren, aber öffentlichen Ressource 'Erdatmosphäre'. Ziel dieses Vertrages ist die Erhaltung der für unser aller Leben unverzichtbaren Atmosphäre im gegenwärtigen Zustand. Als Mittel dazu wird eine umfassende und von allen zu tragende Reduktion der CO_2-Emissionen vereinbart. Halten sich die Länder an die vereinbarten (stark reduzierten) Kohlendioxidemissionen, dann wird die Belastung der Atmosphäre massiv reduziert. In dieser Situation ist aber das 'Umfallen' *eines* Landes de facto für die atmosphärische Belastung *irrelevant*, doch besonders verlockend, weil Kosten eingespart werden können ... damit ist das 'Umfallen' gewissermaßen vorprogrammiert. Und weil alle Länder die gleiche Überlegung anstellen und sich dementsprechend verhalten werden, droht die Tragödie!

Wie Sie sehen, werden Verträge also insbesondere dann nicht gehalten, wenn der (heimliche oder offene) Vertragsbruch lohnt. Gewiß ist das eine äußerst bedauerliche Erkenntnis! Die große Wahrscheinlichkeit des Vertragsbruchs ist aufgrund der hohen *einzelwirtschaftlichen Opportunitätskosten* gegeben. Womit wir am Ende unserer Reise durch die Mikroökonomik bzw. durch die Marktwirtschaft uns erneut des dabei verwendeten 'Kompasses' besinnen, nämlich des Opportunitätskostenkonzepts.

Bei der Lektüre dieses Buches sollten Sie gelernt haben, daß die einzelnen Wirtschaftssubjekte auf die *Anreizstruktur* reagieren, die sie vorfinden und vor diesem Hintergrund das für sie Beste zu machen versuchen. Deshalb liegt die *zentrale wirtschaftspolitische Aufgabe* darin, *die Anreizstrukturen so zu gestalten, daß die Tragedy of the Commons verhindert wird.*

Von entscheidender Bedeutung für den spar- und sorgsamen Umgang mit knappen Ressourcen und für die erfolgreiche Bewältigung des Knappheitsproblems ist es, die Anreizstruktur, die die einzelnen Wirtschaftsakteure vorfinden, so zu gestalten, daß diese <u>alle Opportunitätskosten</u> ihrer Entscheidungen auch <u>selbst tragen</u> müssen.

Aufbauend auf dieser zentralen *ökonomischen Erkenntnis (Diagnose)* hat die ökonomische Theorie viele konkrete *Therapievorschläge* – siehe oben – parat. Diese gilt es – nach genauer Prüfung der Sachlage – zu verwirklichen! Es gibt also insbesondere in der wirtschafts*politischen Praxis* noch viel zu tun! Sind jetzt Sie am Ball?

10. 'Economics is everybody's business!' Oder: Warum Sie sich Mikro doch noch genauer anschauen sollten!

10.1 Viele gute Gründe

Eine, wenn nicht *die* Motivation beim Verfassen dieses Buches, von der ersten bis zur letzten Zeile, ist meine felsenfeste Überzeugung, daß *economics everybody's business* ist, und das Studium der VWL, insbesondere natürlich der Mikroökonomik, daher für *jeden* mit einem Gewinn verbunden sein *muß*. Erinnern Sie sich, ... nehmen Sie sich noch (und immer wieder einmal) etwas Zeit, und gehen Sie das Inhaltsverzeichnis, die einzelnen *Kapitelüberschriften* durch. Ist da nicht ständig gerade auch von Ihnen, von Ihrem Verhalten und Tun, von Ihren *Entscheidungssituationen* die Rede? Geht es damit nicht auch um Möglichkeiten, wie Sie Ihr *Entscheidungsverhalten* und damit *Ihre (ökonomische) Situation verbessern können*?

Zu den Konzepten, die Ihr Entscheidungsverhalten wesentlich verbessern können, zählt zunächst einmal die hier vorgestellte und sich wie ein roter Faden durch das Buch ziehende simple *Plus-Minus-Logik*. Wir haben diese 'bloß' verfeinert mithilfe des grundlegenden *Opportunitätskostenkonzeptes*, durch die konsequente Anwendung des *Marginalprinzips* und den dazugehörigen Konzepten von *Grenzertrag* und *Grenzkosten* und haben auch die Bedeutung der Berücksichtigung von *sunk costs* für ein richtiges Entscheidungsverhalten erkannt.

Darüber hinaus finden Sie in 'Spaß mit Mikro' wertvolle Hinweise, wie Sie Ihr ökonomisches Geschick *mittel- bis langfristig* clever und zumeist zum Nutzen aller meistern können. Denken Sie nur an die Logik des *fundamentalen Tauschtheorems* sowie an das Denken-und-Arbeiten-Lernen mit den ökonomischen Kategorien *Angebot und Nachfrage!*

Rekapitulieren wir kurz ... Das ökonomische Grundproblem, das *Knappheitsproblem*, das jeden von uns hautnah betrifft, war unser Ausgangspunkt (Kapitel 1). Den Mittelpunkt unserer Überlegungen bildeten die Phänomene *Produktion, Konsumtion* und *Tausch* (Kapitel 2), lauter Tätigkeiten, *in die wir ständig verwickelt sind*, zumeist ohne dies systematisch zu durchschauen.

Wenn Sie Ihr Glück als Unternehmer versuchen wollen (Kapitel 3), dann ist für Sie das *fundamentale Tauschtheorem* ebenso von grundlegender Relevanz wie ... natürlich auch für Ihr Glück im Privatleben! Oder kommen Sie vielleicht nicht gerade dann in den Genuß der Gesellschaft jener Mitmenschen, an denen Ihnen sehr viel liegt, wenn Sie es schaffen, diesen Personen auch etwas zu bieten? Liegt hier vielleicht auch eine Art 'Tauschgeschäft' vor?

Als Unternehmer interessiert Sie natürlich vor allem Ihre *Nachfrage,* die sich aus den unzähligen Kaufentscheidungen der Haushalte zusammensetzt. Zentrale Bestimmungsgrößen für die Wohlfahrt der Haushalte und deren Nachfrageverhalten haben wir eingehend im 4. Kapitel untersucht. Und wenn Sie als nutzenmaximierender Haushalt zur Erkenntnis gelangen, daß Sie das Ihrer Meinung nach nicht gerade erfolgreich bewerkstelligen, so wird eine Analyse der Determinanten Ihres Wohlbefindens gewiß einen ersten Schritt zur Besserung darstellen. Indem Sie einmal in aller Ruhe über den Kreis der Ihnen zugänglichen Handlungsalternativen nachdenken, werden Sie *entdecken,* daß dieser eigentlich viel größer ist, als Sie zunächst meinten. Sie *entdecken* gewissermaßen in diesem Suchprozeß neue Möglichkeiten! Und wenn das kein Gewinn ist ...

Für Ihre Tauschabsichten bzw. -geschäfte müssen Sie Partner finden, umgekehrt erweitert sich im marktwirtschaftlichen System Ihr Handlungsspielraum auch dadurch, daß Ihnen andere ständig neue Alternativen präsentieren. Diese *müssen besser sein als die alten*, denn würden Sie sonst umsteigen? Im 5. Kapitel haben wir dieses *Tauschphänomen* einmal ganz grundsätzlich untersucht und geklärt, aufgrund welcher fundamentalen Zusammenhänge die Wohlfahrt steigt, das 'living in a box' sich durchaus recht passabel gestalten läßt. Wiederum wird es für Sie mit einem Gewinn verbunden sein, wenn sie peinlichst darauf achten, daß der auf 'unsichtbare Weise' vor sich gehenden Wohlstandsmehrung keine unnötigen Hindernisse in den Weg gelegt werden. Seien Sie also auf der Hut vor den gar nicht so selten auftretenden 'Rent-seekers'!

Auf der anderen Seite ist für Ihr (ökonomisches) Geschick – ganz egal, für welchen Beruf Sie sich entscheiden – von grundlegender Bedeutung, inwieferne es Ihnen gelingt ... na, wissen Sie, wovon hier die Rede ist? Wenn nicht, dann sollten Sie sich das 6. Kapitel noch einmal ganz besonders genau anschauen! Hier ist nicht wenig an Gewinn und Spaß für Sie drinnen!

10. Vom Nutzen der Mikro.

Letztlich geht es in der Mikro aber nicht primär um Ihr persönliches Fortkommen – das ist nur die Perspektive, aus der das vorliegende Mikrobuch geschrieben ist –, sondern es geht um das Verständnis für die *Funktionsweise marktwirtschaftlicher Systeme.* Diese einigermaßen verstehen und beurteilen zu können (Kapitel 7 und 8) ist ein Anspruch, den man von jedem aufgeschlossenen, kritischen und interessierten Zeitgenossen *gerade heute* verlangen kann. Noch dazu, wo uns das marktwirtschaftliche System gerade jene Wohlfahrt beschert, die wir so oft – zumeist ohne Kenntnis der Zusammenhänge und in Ermangelung einer besseren Alternative – entweder als selbstverständlich hinnehmen oder als nebensächlich abtun.

Schließlich stehen wir zweifellos vor großen Problemen, die zumeist etwas vorschnell und unbegründet dem marktwirtschaftlichen System in die Schuhe geschoben werden. Das derzeit wichtigste, die Menschheit insgesamt betreffende Problem ist wahrscheinlich das Umweltproblem. Im 9. Kapitel wurde, ausgehend von der Diskussion der externen Effekte, gerade auf dieses Problem hingearbeitet. Es wurde eine *ökonomische* Ursachenanalyse vorgestellt, die doch sehr überzeugend die Gründe für die Misere aufdeckt, aber auch – und insoferne bewährt sich die ökonomische Theorie sogar *zweifach* (!) – eine ganze Reihe zielführender, die Funktionsweise marktwirtschaftlicher Systeme nutzende Politikinstrumente zur Hand gibt. Leider herrscht auch an diesem Wissen noch immer ein weitverbreiteter Mangel, und so verwundert es nicht, daß auch die praktizierte Umweltpolitik sehr zu wünschen übrig läßt. Gerade auch Ihr Engagement für eine *rationale* Umweltpolitik ist gefordert! Hier ist einiges an Wohlstandserhöhung zu holen!

10.2 Endlich: Das definitive Schlußwort!

Die Aussage 'Economics is everybody's business!' darf nun aber keineswegs falsch verstanden werden. Sie ist keine Losung, sondern so simpel gemeint, wie gesagt bzw. geschrieben: 'VWL geht jeden an!' Begründungen hiefür wurden wohl zuhauf geliefert. Damit ist aber nicht gesagt, daß die 'Wirtschaft' das Ziel oder das Zentrum unseres Denkens und Handelns ist bzw. sein sollte![1]

---

[1] Wenn dem in einem konkreten Fall (oder mehreren konkreten Fällen) tatsächlich so ist, dann ist dies der Reflex einer individuellen Entscheidung!

Dazu müssen wir bedenken, daß eine Quelle für ökonomisches Räsonnieren, für die Ökonomik als Wissenschaft, die *Philosophie*, genau genommen die griechisch-abendländische Denktradition der Philosophie ist. Diese ist von einem durch und durch *rationalistischen* Denkansatz geprägt. Ausgangspunkt dieses Denkens bildet die sichere Erkenntnis, daß das menschliche Leben auf der Erde *endlich*, die uns zugemessene *Zeit* also *knapp* ist. Damit sind wir aber gerade beim *ökonomischen Grundproblem*, das wir ja auch immer wieder als Problem der *knappen Zeit* angesprochen haben. Weil also unser Leben endlich, *knapp* ist, sollten wir – so der Ansatz der griechischen Philosophie – eben gerade *nicht zu viel Zeit auf wirtschaftliche Belange verwenden!* Indem wir die Arbeit, die zur Herstellung der Güter notwendig ist, *teilen, ersparen* wir uns viel Mühe, indem wir die Arbeit *bewußt – in Form der Unternehmung – organisieren bzw. das Marktsystem die enorme Aufgabe der Koordination des weltweit arbeitsteiligen Wirtschaftens übernimmt, sparen wir enorm viel Zeit!* Und diese Zeit können wir dann für die *Schönen Künste* verwenden![2]

Auch in diesem Sinne:

Viel Spaß!

---

[2] Zu einer dieser Schönen Künste darf sich wohl auch die Ökonomik zählen!

Namen- und Sachregister

A
Absatzpotential 85, 91
Adverse Selektion
(Falsche Auslese) 336 ff.
Allmende, Problem der 402 ff.
Allokation, effiziente 36
Allokationsergebnis 68, 205, 297, 328
Allokationsmechanismus 68, 301 f.
Amoroso-Robinson-Theorem 254
Analyse, dynamische 311
Angebot
(s.a. Marktangebot) 12, 290
–, Elastizität des A. 289
Angebotsfunktion 304
Angebotskurve der
Wettbewerbsunternehmung 113 f.
Anreizstruktur
– marktwirtschaftliche 88 f., 226, 242 f., 328, 334, 393, 405, 408
appropriative activities 224
Arbitrage 258
Auktionator 233
'Ausbeutung' 329 f.
Ausgangsausstattung 192
Ausschließbarkeitskriterium
(Nicht-Ausschließbarkeit,
Ausschlußprinzip) 10, 87, 364

B
Barter-economy
(s.a. Naturaltauschwirtschaft) 359
Becker, Gary 58

Bedürfnisse 5, 55
Betriebsgröße 70, 91, 93, 97
–, optimale 77, 93, 97
Betriebsoptimum 78
Bogenelastizität 180
Break-even-point 117
Bruttosozialprodukt 61
Budgetgerade
(= Budgetlinie) 151

C
Casino-Society 332
Ceteris paribus 13, 283
Chicago-boys 375
Coase, Ronald H. 375
Coase-Theorem 370 ff., 387
Cobweb-Modell 313
Common-Property-Ressource 399 ff.
Conspicuous consumption 129, 176
Constant-cost-industry 264, 288, 350
Contestable markets 273

D
Deckungsbeitrag 115, 116
Decreasing-cost-industry 286
Dezentrale Lösung (des
Externalitätenproblems) 376, 387
Differenzierungswettbewerb 296, 299
Diseconomies of scale
(= interne Disökonomien) 95
Disökonomien, externe 284

Distributionsproblem
(= Verteilungsproblem) 68, 230
Diversifizierung 9, 134
Duopol 257
Durchschnittserlöse 116, 253
Durchschnittsertrag 47 f.
(= Durchschnittsprodukt) 43
Durchschnittskosten
–, variable 116
–, totale 117
Durchschnittskostenkurve
–, langfristige
(= envelope curve) 83, 97, 98
Dynamik 313 f.

E
Economies of scale 94
Economies of size 94
Edgeworth-box 196 ff.
Edgeworth, Francis Y. 200
Effizienz 26, 36f., 328
–, technische 81
–, ökonomische 82, 120, 121, 211
Eigentumsrechte 87, 90, 357, 369 f., 373, 375, 386 f., 397
Einkommenseffekt 167, 375
Einkommenselastizität 172
Einkommens-Expansions-Pfad 168
Elastizität 172, 234
–, Angebotselastizität 289
–, Bogenelastizität 180
–, Einkommenselastizität 168, 172
–, Kreuzpreiselastizität
(indirekte Elastizität) 185
–, Preiselastizität (direkte) 179
–, Punktelastizität 181
Engel-Kurve 169
Engel Ernst 169
Entdeckungswettbewerb 243
Entdeckungsfunktion der Unternehmer 323
Entrepreneur
(= Unternehmer) 30, 55, 59, 85

Entscheidungstheorie 57
envelope curve 83, 97
equimarginale rule
(= zweites Gossen'sches Gesetz) 134
Erlös (Umsatz) 108
Ertragsfunktion 46, 108
Ertragsgesetz, klassisches (Gesetz
des fallenden Grenzertrages) 42, 46
Excess capacity
(= Überschußkapazität) 78, 267, 353
Externe Effekte (= Externalitäten)
217, 334, 365, 367 ff., 378, 386, 388, 405

F
Faktor (= Input,
= Produktionsfaktor) 39
Faktorangebotsentscheidung 127
Faktormärkte 99
Faktorpreiseffekt 282
Faktorvariation
–, partielle 42, 49
–, vollständige (totale) 50f.
Faktorverbrauchsfunktion 71
False trading 297
Fixkosten, 65
–, anteilige 65
Fixkostendegression 91
Freifahrer-Problem (= Free-rider-, Trittbrettfahrerverhalten) 89, 369, 378 f., 407
Friedman, Milton 375

G
Gebrauchswert 86
Geld 359 f.
Geldpreise 305, 360
Gesamtnutzen 131, 362
Gesamtprodukt (= Output) 39
Gesetz des fallenden Grenzertrages
(= Ertragsgesetz) 42f.
Gesetz des abnehmenden Grenznut-

Namen- und Sachregister

zens 132, 139, 192, 279
Gesetz der Nachfrage 165, 178, 306
Gesetz des einheitlichen Preises
(law of indifference) 340
Gewinn 31, 329
−, ökonomischer 31, 92, 116
Gewinnmaximierung 13
− der Wettbewerbsunternehmung
(s.a. Input-, Outputregel) 21, 98, 110, 118
−, des Monopolisten 251f.
Giffen, Sir 176
Giffen Gut 175
Gleichgewicht 123, 205, 208, 297
−, allgemeines 298
−, partielles 298
−, langfristiges 267, 351
Gleichgewichtskonzept 67, 291
Gossen, Hermann H. 132
−, erstes Gossen'sches Gesetz 132
−, zweites Gossen'sches Gesetz 134
Grenzanbieter 293
Grenzerlös 107, 247
−, des Monopolisten 247, 254
Grenzerlöskurve
−, der Wettbewerbsunternehmung 108 f.
−, des Monopolisten 249
Grenzertrag (= Grenzprodukt) 42 f., 106
Grenzertragsfunktion 47
Grenzkosten 72
−, soziale 389
Grenznutzen 131, 362
Grenzprodukt (= Grenzertrag) 42 f., 106
−, soziales 389 ff.
Grenzrate der Substitution 153, 157
Grenzrate der
−, technischen Substitution 80
Grenzrate der Transformation 38
Grundproblem, ökonomisches 9, 325, 412
Gut 5

−, einkommensneutrales 170, 173
−, freies 11, 400
−, Giffen 175
−, heterogenes 265
−, homogenes 265
−, inferiores 170, 173
−, intangibles 197
−, Investitionsgut 6
−, Kollektivgut 364
−, Komplementärgut 185
−, Konsumgut 6
−, marktfähiges (= privates) 7, 10, 400
−, meritorisches 124
−, normales 170, 173
−, öffentliches 87 ff., 364, 378, 385
−, privates (= marktfähiges) 7, 10, 400
−, Produktionsgut 6
−, Substitutionsgut 185
−, superiores (= Luxusgut) 170, 173
−, tangibles 196
Güterraum 193, 198

H
Haushalt 55, 126
−, Problemstellung des 126
−, Bestimmungsgründe der Wohlfahrt 144
Haushaltsnachfrage 163
Haushaltsoptimum 160
Haushaltsproduktion 61, 64
Hayek, Friedrich August von 322
Humankapitalinvestition 15

I
Identifikation der Nachfrage 234
Increasing-cost-industry 283, 288
Indifferenzkurve 142, 151
Infant-Industry-Agrument 224
Information, Preise als, 19, 276, 321
−, vollständige (s.a. Markttranspa-

renz) 294
–, unvollständige 340
Informationsleistung der Marktwirtschaft 303, 321ff., 326, 357
Informationsverteilung, asymmetrische 16, 86, 331 f., 333 ff.
Infrastruktur der Marktwirtschaft 292, 356, 357
Input (= (Produktions-)Faktor, Ressource) 25, 39
Inputregel 98, 389
Integrationsgrad der Märkte 294
Internalisierung externer Effekte 39 ff.
International-Commons-Problem 407
Investieren 58
Investition 13
Investitionsgüter 58
Isoerlöskurve 119, 120, 216
Isokostenkurve 81
Isoquante 78

K
Kapital 58
Kapitalakkumulation 9, 13, 58
Kartell 271
Käufermarkt 303
Knappheitsproblem 9, 201, 325, 401, 412
–, und Marktmechanismus 401
Koinzidenz, doppelte 9, 359
Kollektivgüter 364
Komparative Vorteile 216, 220
Komplementärgüter 185
Konkurrenz 65
–, monopolistische 264, 352
–, vollständige 185, 296 f., 340
–, Vergleich mit Monopol 349
–, Funktionsweise der 65, 291 ff.
Konsum(tion) 6, 25, 53
Konsumentenrente 140, 258, 341
Konsummöglichkeitenmenge 149

Konsumoptimum 215
Kontraktkurve 206
Konvexität der Präferenzen 147, 156
Koordinationsproblem (s.a. Gleichgewicht) 12, 298, 325, 327
Korrekturmöglichkeiten bei 'Marktversagen' 390f.
Kosten 19, 25. 68 ff.
–, fixe 70
–, explizite 30
–, implizite 30
–, langfristige 78 ff.
–, Opportunitätskosten 14, 21
–, reale 37
–, sunk costs ('versunkene') 32
–, totale (= Totalkosten) 69, 73
–, versunkene (sunk costs) 32, 34
Kostenvorteile
–, absolute 220
–, komparative 218, 220
Kreuzpreiselastizität 185

L
Leibniz, Gottfried W. 375
Limit pricing 257

M
Markt 7, 291
–, vollkommener 339
Marktangebot 281, 290
–, momentanes 287
–, kurzfristiges 287
–, langfristiges 287
Marktform (= Marktstruktur) 290
Marktforschung, empirische 234
Marktgleichgewicht 205, 294, 297, 298, 328
Marktmacht
(s.a. Preissetzungsmacht) 240
Marktnachfrage 177, 278, 280
–, hypothetische, nach einem öffentlichen Gut 381

Marktpotential
(s.a. Absatzpotential) 91, 234
Markträumung 298
Marktrisiko 100
Marktsegmentierung 259
Marktseite, kürzere 229, 346
Markttransparenz (s.a. Information) 294
Marktversagen 333, 334, 363, 385
–, und staatliche Handlungsmöglichkeiten 394
Marktwert 342
Marktwirtschaft 7, 291
Marktzutrittsbedingungen 91, 270
Marktzutrittsbeschränkungen 293
Marshall, Alfred 305 , 339
Mengenanpasser 208, 340
Mengenlösung (beim Externalitätenproblem) 406
Mengenrationierung 229
Mikroökonomik 57 f., 67
Monopol (Monopolist) 239
–, bilaterales (zweiseitiges) 207
–, natürliches 244
–, Vergleich mit vollständ. Konkurrenz 349
Monopolrente 243
Monopsonist 69
Moral Hazard 333 ff.
Motivation (s.a. Anreizstruktur) 226, 241, 408
Multi-Preis-Gleichgewichte 340

N

Nachfrage (s.a. Marktnachfrage) 177ff., 189
–, elastische 183
–, isoelastische 184
–, unelastische 184
Nachfragekurve des Monopolisten 246
Nachfragetheorie 66, 165, 189
Naturaltauschwirtschaft
(s.a. 'reine' Tauschwirtschaft bzw. barter economy) 8, 360
Nicht-Rivalität im Konsum 364
Nichtsättigungsbedingung 146, 155
Niveauvariation
(Skalenvariation) 50, 93
Nutzen 131
Nutzenkonzeption
–, kardinale 137
–, ordinale 136, 141
Nutzenmaximierung 21, 151
Nutzungsbeschränkung einer frei zugänglichen Ressource 366, 405
Nutzungsrivalität 366

O

Ökonomien
–, externe 284
–, interne 95
Oligopol 271
–, kollusives 272
Opportunitätskosten 14, 327
Opportunitätskostenkalkül 14, 24
–, bei Konsumentscheidungen 27
–, bei Produktionsentscheidungen 24
Optimierungskalkül 67
Ordnungsaufgaben des Staates
(s.a. Infrastruktur der Marktwirtschaft) 292
Outputeffekt 84
Outputeffizienz 79
Outputregel 107 ff.

P

Pareto-Effizienz 204
Pareto Vilfredo 204
Paretokriterium 205, 348
Patentschutz 90, 242
Pigou, Arthur C. 388
Pionierunternehmer 264
Planwirtschaft
(s.a. Zentralverwaltungswirtschaft)

309, 323
Polypol 240
Präferenzordnung 146ff.
Preise 10, 162, 276, 301
–, relative 13, 56
Preis-Absatz-Kurve 231, 248
Preis-Expansions-Pfad 164
Preisdiskriminierung 257
–, partielle 261
–, kostenbedingte 260
–, vollständige 257
Preiseffekt 174
Preiselastizität der Nachfrage 179
Preislösung (d. Externalitätenproblems) 406
Preismechanismus 291ff.
Preisnehmer 69, 100, 208, 340
Preispolitik 187, 235
Preissetzungsmacht 247
Preistheorie 12
Preiswettbewerb 296, 299
Principal-Agent-Problem 335
Prinzip, ökonomisches 20
Produktdifferenzierung 264, 295
Produktion 53
Produktionsfaktoren (= Faktoren, Inputs, Ressourcen) 25, 39, 58
–, fixe 41
–, klassische 69
–, komplementäre 40
–, substitutive 40
–, variable 41
Produktionsfunktion 39, 74
–, homogene 51
–, limitationale 40
–, substitutionale 40
Produktionsgebirge 79
Produktionsmittel
(s.a. Produktionsfaktoren, Faktoren, Inputs, Ressourcen) 25, 39, 58
Produktionsmöglichkeitenkurve 35 f., 118, 120
Produktionsmöglichkeitenmenge 35
Produktionsoptimum 214, 216

Produktionsrisiko 100
Produktivität 11, 48, 218
Produzentenrente 342
Punktelastizität 181

R

Rate der Transformation
(= Transformationsrate) 37
Rationalität
–, formale 21
–, substantielle 22
Rationalkalkül 19
Rationalverhalten 18 f.
Rent-Seeking 223, 275, 308, 336
Rente, ökonomische 224, 339
Reservationspreis 139
Residuum 60, 92
Ressourcen (= Produktions/Faktoren, Inputs) 10, 25, 39, 58
–, natürliche 398
–, frei zugängliche 366
–, regenerierbare 398
–, nicht regenerierbare 398, 401
Ricardo, David 220
Risiko 55, 59
–, Branchenrisiko 60
–, Konjunkturrisiko 60
–, Marktrisiko 100
–, Produktionsrisiko 100
–, technologisches 60
Rivalität im Konsum 366
Robinson-Crusoe-Gleichgewicht 215

S

Sättigungsmenge 138
Schöpferische Zerstörung 86
Schumpeter, Joseph A. 86, 269
Schweinezyklus 316
Schwelle des Ertragsgesetzes 46
Segmentierung 258, 262, 294
Separation von Konsumtions- und Produktionsoptima 215

Shut-down-point 116
Signalling 17
Situation, strategische 271
Skalenvariation (= Niveauvariation) 50, 93 f., 263
Skalenerträge 51, 63, 94
Smith, Adam 56, 91, 220, 322
Snob-Effekt 121, 176
Soziale Kosten des Monopols 348
Sozialkostenkonzept 388 ff.
Spezialisierung 7
Spezialisierungsgewinne 213, 218
Spinnetzzyklus (Cobweb-Modell) 296
Spread 355
Staatsversagen 393, 396
Steuern (= Zwangsabgaben) 370
Statik, komparative 311
Strategische Situationen 271
Stückgewinn 253
Substitution 64
Substitutionsgüter 185
Substitutionseffekt
-, beim Haushalt 166
-, bei der Unternehmung 84
Substitutionsgüter 185
Sunk costs 32, 34
System,
-, marktwirtschaftliches 67, 321f., 325
-, planwirtschaftliches 309, 323

T
Tausch 10, 53
Tauschbereitschaft 12
'Tauschethik' 357
Tauschgleichgewicht 204, 205
Tauschlinse 202
Tauschmittel bzw. -medium 7, 256
Tauschrate (Preisverhältnis) 161
Tauschtheorem, (= Theorem der unsichtbaren Hand) 56 f.
Tauschwert 85, 361

Tauschwirtschaft, 'reine'
(s.a. barter economy) 360
Theorem der komparativen Kostenvorteile 220ff.
Theorem der unsichtbaren Hand
(= Tauschtheorem) 56 f.
Totalkosten 69
Two-Part-Pricing 257
Transaktionskosten 8, 61 f., 292, 354 f., 356ff., 386 f.
Transaktionssteuer 358
Transformationskurve 37
Transformationsrate
(= Rate der Transformation) 37
Transitivität (der Präferenzordnung) 146, 155
Tragedy of the Commons 402

U
Überschußangebot 300, 307
Überschußkapazität (excess capacity) 267
Überschußnachfrage 231, 300, 307
Umsatz (= Erlös) 108
Umwelt 398
Umweltproblem 87, 396 ff., 402
Unsichtbare Hand 56 f.
Unternehmer
(= Entrepreneur) 55, 85
Unternehmerlohn 30
Unternehmung 55, 68
Unternehmungsoptimum
- der Wettbewerbsunternehmung
(s.a. Input-, Outputregel) 110
-, des Monopolisten 236
Unvollständigkeit des Marktsystems 386
Urheberrecht 90

V
verificatio post festum 399
Verhaltensannahme 18

Verkäufermarkt 300
Verteilungsproblem
(= Distributionsproblem) 68, 230
Vollständigkeit der Präferenzordnung 146, 154
Voraussetzungen, institutionelle der Marktwirtschaft 292, 356, 357

W

Wert 162
Wertaufbewahrungsmittel 360
Wertgrenzprodukt 99, 102
Wertparadoxon 360 ff.
Wettbewerb (s.a. Konkurrenz) 145, 291
–, funktionsfähiger 291 ff.
Wettbewerbsgleichgewicht 205, 208
Wettbewerbsmechanismus 291ff.
Wettbewerbsunternehmung 99
Wirtschaften 10
Wirtschaftssubjekte 57
Wohlfahrt 346, 355
Wohlfahrtsökonomik 205
– erster Hauptsatz der 348

Z

Zahlungsbereitschaft 343, 381
Zuteilungsmechanismus
(s.a. Distributionsproblem) 230, 308
Zero-Profit-Theorem 32, 298, 351
Zentralverwaltungswirtschaft 309, 323